R을 이용한 마이크로데이터 분석

김성용 지음

한나래 아카데미

R을 이용한 마이크로데이터 분석

2022년 7월 10일 1판 1쇄 박음
2022년 7월 20일 1판 1쇄 펴냄

지은이 | 김성용
펴낸이 | 한기철, 조광재

펴낸곳 | (주) 한나래플러스
등록 | 1991. 2. 25. 제22-80호
주소 | 서울시 마포구 토정로 222, 한국출판콘텐츠센터 309호
전화 | 02) 738-5637 · 팩스 | 02) 363-5637 · e-mail | hannarae91@naver.com
www.hannarae.net

ISBN 978-89-5566-297-9 93310

필자가 우리나라 모 정부출연기관에서 근무하던 90년대 초는 중요한 정책 결정을 할 때 데이터 분석의 결과보다는 거대한 사회적 담론에 더 의존하던 시대였다. 이러한 환경에서 미국 유학 시절 처음으로 접한 마이크로데이터의 방대하고 촘촘한 정보는 필자를 매료시키기에 충분했다. 이후 마이크로데이터 분석은 필자의 박사학위 논문뿐만 아니라 지금까지 수행해온 연구 활동의 주요한 수단이 되었다. 그리고 이제는 데이터의 시대라고 불릴 만큼 다양한 형태의 마이크로데이터가 컴퓨터 및 통계분석용 소프트웨어와 결합하여 기업체, 공공기관 등에서 주요한 의사결정 도구로 사용되고 있다.

이 책은 독자들이 연구 활동이나 정책 결정, 또는 비즈니스에서 마이크로데이터를 활용할 때 적절한 통계모형을 R에서 구현할 수 있도록 하기 위해 집필되었다. 기존에 STATA나 SAS 등으로 통계모형을 분석하는 책들은 있었지만, 무료 통계 패키지인 R을 이용한 마이크로데이터 분석서는 찾아보기 어려웠던 점도 필자가 이 책을 집필한 계기가 되었다.

이 책에 포함된 통계모형들은 필자가 대학에서 강의하는 데이터 분석 교과목과 개인 연구에서 다루었던 모형들 중 활용도가 높은 것을 추린 것이다. 본문의 각 장은 통계모형에 대한 이론적인 설명은 가능한 한 간략하게 담고, 마이크로데이터에 적합한 통계모형을 적용하고 그 실행 결과를 해석하는 실질적인 방법을 위주로 구성하였다. 하지만 패널데이터 모형을 다루는 장에서는 계량경제학을 공부한 독자가 아니라면 다소 이해하기 어려운 수식을 사용할 수밖에 없었다. 집필 과정에서 통계모형과 실습용 예제의 설명은 R 패키지에 부속된 매뉴얼을 많이 참조하였다.

독자마다 통계모형을 적용하고자 하는 연구 주제는 다양할 것이다. 그래서 이 책에서는 여러 분야의 마이크로데이터를 실습용으로 채택하였다. 실습용 데이터는 국내 자료보다는 대부분 해외 자료로 구성되어 있지만 R에서 손쉽게 불러올 수 있고, 무엇보다도 학술논문에서 그 신뢰성이 검증되어 실습용으로 가장 이상적이라고 판단하여 선별한 데이터들이다. R 패키지의 마이크로데이터를 우선적으로 활용하였고, 그 외에 통계학, 계량경제학 교재, 그리고 개인적인 연구 활동으로부터 확보한 마이크로데이터를 실습용으로 추가하였다. 따라서 이 책은 학부 고학년이나 대학원 과정에서 계량경제학 수업의 실습용 교재로 활용하기에도 손색이 없을 것이다.

필자는 이 책에 수록된 R 프로그램 코드가 제대로 작동하는지, 그리고 실행 결과가 교재 내용과 일치하는지 여러 번 확인하였다. 혹시 모를 오류가 있다면 모두 필자의 책임이다. 각 장에서 사용한 R 패키지의 사용 방법에 대해 좀 더 자세하게 알고 싶은 독자들을 위해 R 패키지의 URL 주소와 버전 번호를 각 장의 참고문헌에 제시하였다.

이 책이 출간되기까지 많은 분들의 도움이 있었다. 무엇보다도 이 책의 출간을 허락해주신 한나래출판사 조광재 사장님과 원고를 깐깐하게 읽어주시고 깔끔하게 편집해주신 편집부에 심심한 감사의 말씀을 드린다. 긴 집필 기간 내내 사랑과 격려로 함께 한 가족에게도 이 지면을 빌어 감사의 말을 전한다. 그리고 늘 삶의 지혜를 주시는 나의 하나님께 감사드린다.

2022년 6월

김성용

차 례

05장 다항로짓모형

06장 가산자료모형

07장 종속변수가 제한된 값을 가진 모형

2부 패널데이터 분석

08장 패널데이터 분석 기초

09장 오차성분 구조가 특별한 패널데이터 모형

01장 준비하기

학습목표

데이터 시대라고 할 수 있는 현대사회에서 마이크로데이터가 가지는 유용성에 대해 알아본다. 마이크로데이터를 이용한 다양한 형태의 모형을 분석하기 전에 반드시 거쳐야 할 작업으로, 데이터를 불러오고, 데이터에 포함된 관측치와 각종 변수를 목적에 맞게 가공하는 데이터 전처리 방법에 대해 학습한다.

1 마이크로데이터

1-1 마이크로데이터의 개념

마이크로데이터는 개인, 가구, 사업체 등 개별 단위에 관한 세부적이고 촘촘한 정보를 기록한 자료이다. 예를 들면, 통계청에서 제공하는 경제총조사, 기업활동조사, 가계동향조사 등이 대표적인 마이크로데이터이다. 소비자를 대상으로 한 각종 설문조사, 소매점포의 매출정보를 기록한 POS 데이터, 온라인 쇼핑몰에서 수집한 고객의 구매정보를 기록한 데이터도 일종의 마이크로데이터다. 마이크로데이터는 서베이 리서치, 센서스, 사회실험, 행정기록 등을 통해 수집한다. 최근에는 정보기술의 발달로 사물인터넷 센서를 통해 데이터가 실시간으로 수집·기록되기도 한다.

마이크로데이터의 용도는 마치 의료용 진단기인 MRI와 같다. 의사가 MRI를 사용하여 육안으로 진단하기 어려운 질병의 원인을 알아내듯이, 마이크로데이터는 사회의 각 구성원이 직면한 다양한 문제를 관찰하고 그 해결방법을 제시하는 데 유용하게 사용된다. 사회경제구조가 점점 복잡해지고 데이터 중심의 의사결정 문화가 정착되어감에 따라, 마이크로데이터는 학술연구뿐만 아니라 기업경영에서부터 교육, 정치, 행정이나 국가전략 수립에 이르기까지 다방면으로 활용되고 있다.

국내외 유수 기업들이 고객에 관한 세부적이고 깊이 있는 데이터를 수집·분석하여 활용한다는 점은 잘 알려진 사실이다. 유통업체인 아마존은 자사의 온라인 쇼핑몰에서 수집한 고객의 구매데이터를 분석한 후 고객이 선호하거나 곧 구입할 만한 상품을 예측하여 인근 매장으로 배송한다. IBM의 왓슨은 환자의 의료데이터를 분석하여 의사에게 정확한 처방을 추천한다. 국내의 모 카드회사는 수많은 고객데이터를 분석하여 고객의 라이프스타일에 맞는 세부적인 맞춤형 카드 상품을 제시한다.

국가 차원에서는 사회문화, 경제, 보건의료, 범죄, 도로교통, 환경, 에너지 등 다양한 분야에 관한 마이크로데이터를 구축하여 수요자들이 편리하게 이용할 수 있도록 서비스를 제공하고 있다. 통계청의 마이크로데이터 통합서비스가 그 사례이다. 그 외에도 여러 연구기관이나 비영리조직에서 기관 고유의 목적이나 연구를 위해 수집한 마이크로데이터를 인터넷을 통해 무상으로 제공하고 있다.

이러한 데이터 환경의 변화는 예전처럼 단지 통계학자나 전문가만이 마이크로데이터를 분석할 수 있는 것이 아님을 의미한다. 이제는 누구나 자신의 컴퓨터로 인터넷에 접속해 마이크로데이터를 다운로드한 후 R, Stata, SAS, SPSS 등 자신에게 익숙한 통계 소프트웨어를 사용하여 데이터를 분석할 수 있는 시대가 도래하였다.

1-2 마이크로데이터의 특징

1) 개별 단위에 대한 횡단면 또는 패널조사 자료

마이크로데이터는 통계조사의 관찰 단위와 집계수준이 개인, 가구, 사업체 단위로 세분된 측면에서 일반적인 통계자료가 제공할 수 없는 개체 특성에 대한 정보를 포함한다. 이러한 특성으로 인해 마이크로데이터를 이용한 심층 분석은 다음과 같은 장점을 가진다.

- 첫째, 마이크로데이터를 사용하여 회귀분석을 하면 결정계수가 매우 작은 값을 가지는 등 모형의 설명력이 낮은 경우가 많다. 그럼에도 불구하고 마이크로데이터에 포함된 많은 양의 정보는 여러 측면에서 대단히 유용하다. 예를 들면, 어떤 가설의 타당성 여부를 검정할 때 마이크로데이터를 사용하면 비현실적이거나 강한 가정 등에 덜 의존해도 된다. 이러한 측면에서 마이크로데이터는 이론 검정을 위한 보다 현실적인 도구를 제공한다.

- 둘째, 마이크로데이터는 횡단면 차원과 시계열 차원에서 나타난 개별 단위의 변화를 기록한다. 따라서 전체 모집단에서 특정 집단만을 추출하여 어떤 변수의 영향을 분석하거나, 시점 변화에 따라 특정 집단에서 나타나는 행동의 변화 패턴을 파악할 수 있다. 예를 들면, 마이크로데이터로 저소득층에 지급되는 복지급여가 수급자의 노동활동에 미치는 영향을 분석하거나, 2010년부터 2019년까지 우리나라 중산층 가구에서 나타난 가계비 지출의 변화와 그 영향 요인을 규명할 수 있다.
- 셋째, 마이크로데이터는 집계수준이 개별 단위이기 때문에 통계모형을 분석할 때 개체 간에 존재하는 이질성이 매우 중요한 영향 요인이 된다. 이러한 이질성은 연구자가 관측할 수 있는 요인(성별, 학력, 연령 등)이거나 또는 관측하지 못하는 요인(지적 능력, 내적 동기 등)일 수 있다. 패널데이터를 이용할 수 있다면, 연구자가 관측할 수 없는 이질성을 고정효과나 임의효과로 간주하여 이들 요인의 효과를 통제할 수 있기 때문에 보다 신뢰할 만한 추정치를 얻을 수 있다.

2) 다양한 이산형 측정값을 가지는 종속변수

마이크로데이터에서 종속변수는 매크로데이터의 경우처럼 부드러운 변화 패턴보다는 분절되거나 비선형적인 변화 패턴을 보이는 경우가 많다. 예를 들면, 우리나라 가구당 국내산 한우 구입액은 양(+)의 값을 가지며, 시계열적인 변화 패턴을 보면 부드러운 곡선 모양을 보인다. 하지만 개별 가구의 국내산 한우 구입내역을 보면 연중 내내 지출액이 없는 가구가 있는가 하면, 지난달에는 지출이 없다가 이번 달에는 지출이 발생한 가구가 있을 수도 있다.

이처럼 마이크로데이터를 분석할 때 우리가 관심을 두는 종속변수 값은 다양한 형태를 가질 수 있다. 어떤 변수는 정량적이며 연속적인 값을 가진다. 하지만 다른 어떤 변수는 [그림 1-1]에서 보듯이 정성적인 변수로서 횡단면 조사에서 얻은 이항선택형 변수이거나, 또는 다항선택형 변수일 수도 있다. 또 다른 어떤 변수는 패널조사에서 얻은 변수로서 정량적이나 중도절단된 값을 가질 수 있다.

- **이항선택 변수**: 특정 제품의 구매 여부나 기저질환 유무 등과 같이 '예, 아니오'로 측정되는 경우
- **서열선택 변수**: 소비자 만족도, 정책 평가점수 등과 같이 3점 또는 5점 리커드 척도로 측정되는 경우

- **다항선택 변수**: 브랜드 선택과 같이 여러 개의 값 가운데 어느 하나만으로 측정되는 경우
- **측정값의 다수가 영(0)인 변수**: 종속변수가 흡연량, 음주량, 기혼 여성의 근로시간 등을 나타내는 경우
- **중도절단 변수**: 사건 발생 후 경과한 시간처럼 측정값이 일정 범위로 제한되는 경우
- **가산형 변수**: 방문횟수, 특허 건수 등과 같이 정수값으로 측정되는 경우

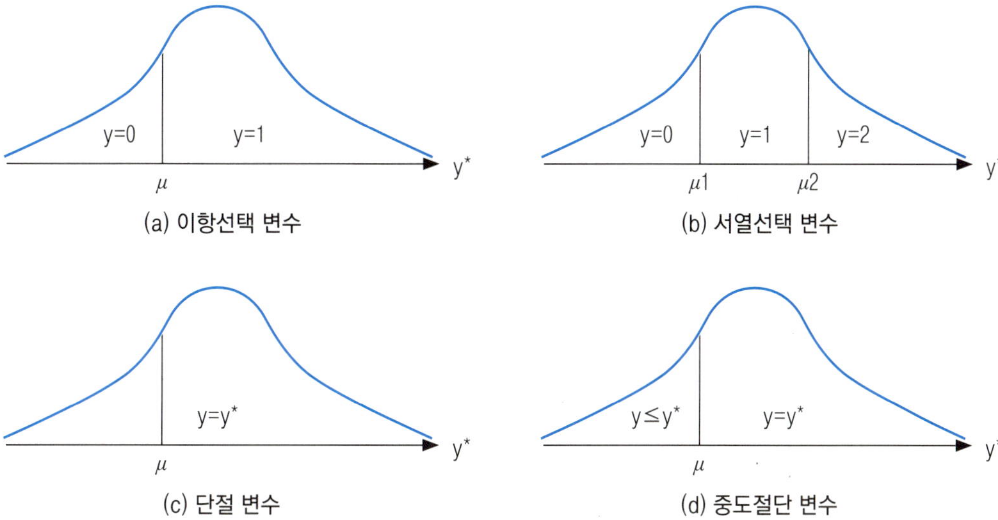

[그림 1-1] 제한된 값을 가진 종속변수의 유형과 분포 형태

또한 마이크로데이터를 작성하여 제공하는 기관의 문제가 아니라 조사 대상자의 자의에 의해 표본에 선정되지 못하여 측정값이 존재하지 않는 경우도 있다. 예를 들면 기업의 성장률에 영향을 미치는 요인을 분석한다고 하자. 대규모 기업과 달리 소규모 기업은 도산을 하여 청산된 경우가 많아 이들 기업이 데이터 제공 기관의 데이터 수집 대상에서 아예 배제될 수 있다. 이러한 경우에 선정된 표본에서 조사 대상의 대표성이 결여되는 표본선택의 편향 문제가 나타날 수 있다. 마이크로데이터를 분석할 때 종속변수의 형태나 데이터 수집 과정의 특수성을 무시한 채 종속변수와 설명변수의 함수 관계를 최소자승모형으로 적용한다면, 그 부작용은 상상을 초월할 수 있다. 따라서 종속변수의 유형에 부합하는 통계모형을 사용하는 것이 대단히 중요하다.

3) 비실험자료와 인과효과 분석

통계모형 분석에서 핵심은 '종속변수와 설명변수의 함수 관계를 어떻게 하면 보다 정확하게 설명할 수 있을까' 하는 점이다. 특히 설명변수 가운데 정책에 관한 변수가 있다면 계수값은 해당 정책의 효과를 측정한다고 볼 수 있다. 하지만 정책효과를 인과효과(causal effect)라는 관점에서 엄밀하게 측정하는 방식은 반사실적 접근법(counterfactual approach)이다. 반사실적 접근법이란 '만약 정책 참여자가 정책에 참여하지 않았다면, 어떠한 결과가 초래되었을까'를 추정하여 이를 정책에 참여한 대상의 실제 성과값과 비교하는 방식이다.

그러나 이러한 방식으로 정책효과를 측정하는 데 가장 어려운 점은 '반사실적인 성과가 존재하는가?'라는 점이다. 정책 평가와 관련하여 반사실적인 성과에 대한 데이터가 없다면 이를 통계적인 방법으로 추정해야 한다. 이러한 이유 때문에 대상자의 정책 참여 여부가 전적으로 확률에 의해 결정되는 실험(randomized controlled trials, RCTs)을 통하여 정책효과를 평가하는 방법이 최근 주목을 받고 있다. 그러나 정책 참여 여부를 확률적 방식으로 결정할 수 없다면, 정책 참여자들은 비참여자들과 정책의 참여 여부 외에도 여러 측면에서 서로 다를 수 있기 때문에 두 집단의 성과값 차이를 정책효과라 단정할 수 없다.

마이크로데이터를 사용하여 정책의 인과효과를 분석할 때, 정책 참여 여부를 나타내는 변수의 측정값은 대부분 확률에 의해 결정되지 않는다. 따라서 마이크로데이터를 사용하여 정책효과를 엄밀하게 추정하려면, 매칭분석이나 회귀단절모형과 같이 비확률적인 자료를 이용하여 인과효과를 추정하는 방법을 사용해야 한다.

2 책의 구성과 내용

마이크로데이터를 제대로 분석하여 의사결정의 도구로 사용하려면 데이터를 읽고, 분석·해석하며, 이를 통해 소통하는 '데이터 문해력(data literacy)'을 필수적으로 갖추어야 한다. 이 책은 빅데이터 시대를 살아가는 독자들의 데이터 문해력을 높이기 위한 목적 아래 앞서 설명한 마이크로데이터의 특성에 주목하면서 다음과 같이 구성하였다.

- 첫째, 통계학이나 계량경제학 비전공자라도 마이크로데이터를 비교적 쉽게 분석할 수 있도

록 하였다. 이를 위해 통계모형의 이론적 내용은 최소화하고, 각 장마다 실습 예제를 다채롭게 구성하였다. 이 책에 수록된 [실습] 예제의 수는 총 221개다. 독자들로 하여금 [실습] 예제의 R 코드를 직접 실행하고 분석 결과를 해석하는 법을 익히도록 함으로써 통계모형의 이해도와 활용 능력을 높이고자 하였다. 독자들이 실습용 데이터를 자신의 데이터로 바꾸었을 때 웬만한 통계분석은 능히 수행할 수 있도록 안내하고자 하였다.

- 둘째, 각 장의 [실습]에서 사용한 데이터는 국내 기관(통계청, 연구기관 등)에서 제공하는 마이크로데이터, 저명한 학술지 논문에서 사용한 데이터, 통계학 또는 계량경제학 도서에 수록된 예제 데이터들로 구성하였다. [실습]에서 사용한 마이크로데이터의 수는 총 44개다. 실습용 데이터는 기업 생산, R&D 투자, 고용, 국제무역, 해외직접투자, 가계비 지출, 정당 선호도, 범죄, 교통사고, 환경, 레저, 직업교육, 교통수단, 보건의료 등 다양한 주제로 구성하였다. 이로써 다양한 관심 분야를 지닌 독자들이 이 책에 수록된 통계모형을 이해하고 자신의 분야에 활용할 수 있도록 하였다. [실습]에 사용된 데이터의 일부는 한나래출판사 홈페이지의 데이터 자료실에서 다운로드할 수 있다.
- 셋째, 마이크로데이터를 자신의 연구 분야에 실제로 사용하려면 데이터를 자신이 쉽게 사용할 수 있는 형태로 변형하는 데이터 전처리 과정을 반드시 거쳐야 한다. 이 책의 1장 후반에서는 가계동향조사 자료와 한국복지패널 자료를 [실습] 사례로 들어 마이크로데이터의 전처리 과정에서 반드시 알아두어야 하는 R 함수를 소개하였다. 또한 각 장마다 실습용 데이터를 효과적으로 조작하는 데 필요한 R 함수를 소개하고 그 기능을 가급적 상세히 설명하였다. R은 다른 어떤 통계 프로그램보다 우수하고 뛰어난 그래픽 기능을 제공한다. 이에 각 장마다 간단한 그래프로 복잡하고 난해한 통계모형보다 더 많은 정보를 얻을 수 있는 방법을 소개하였다.
- 넷째, 마이크로데이터 분석에 사용되는 통계모형 가운데 사용 빈도가 높고 실용적인 것을 골라 종속변수 유형과 자료 형태에 따라 3부 12개의 장으로 구분하여 기술하였다. 1부에서는 횡단면데이터에서 나타날 수 있는 종속변수의 유형에 따라 최소자승모형(2장), 이항선택모형(3장), 다항선택모형(4장), 다항로짓모형(5장), 가산자료모형(6장), 제한적인 값을 가진 종속변수 모형(7장)으로 구분하였다. 2부에서는 패널데이터를 분석하기 위한 다양한 모형을 설명한다. 기초적인 패널데이터 분석(8장)에서 시작하여 오차 구조가 다소 복잡한 패널 모형(9장), 패널 모형의 도구변수 추정과 동태 패널 모형(10장), 제한된 종속변수 값을 가진 패널 모형(11장) 등과 같은 심화 분석의 순서로 구성하였다. 3부에서는 정책의 인과효과를 보다 엄밀하게 분석하기 위한 방법으로 매칭분석(12장), 회귀단절모형(13장)에 대해 다루었다.

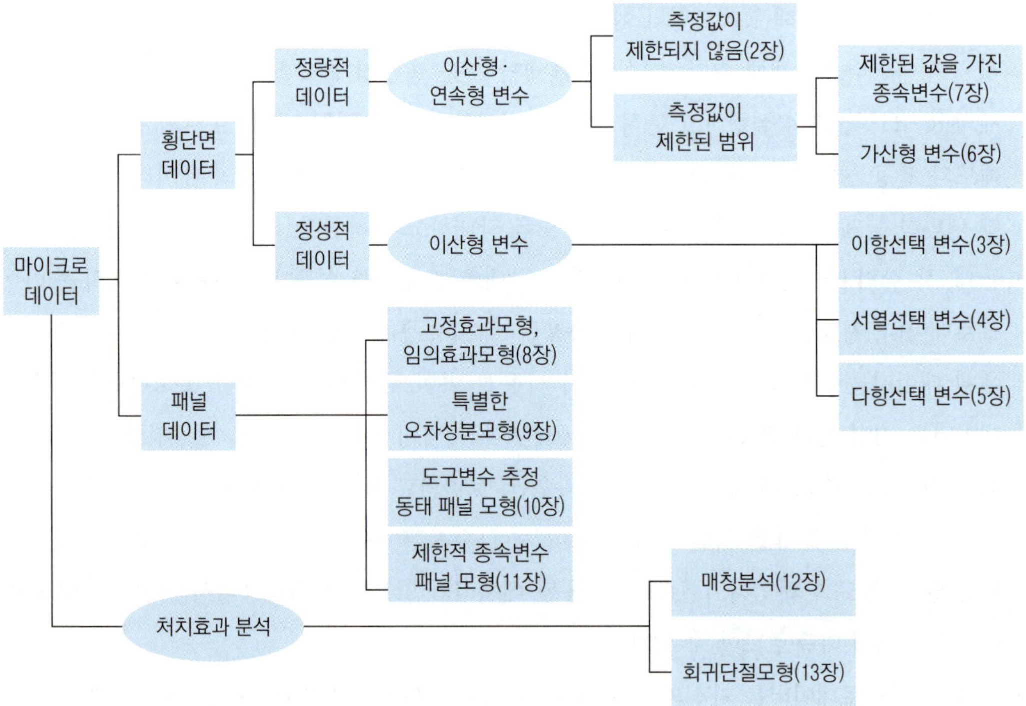

[그림 1-2] 이 책의 구성과 내용

- 다섯째, 이 책의 주요 독자층은 통계학 지식이 있는 학부 고학년 학생이나 대학원생, 연구원, 그리고 실무담당자들이다. 학부나 대학원의 계량경제학이나 데이터 분석 수업의 교재로도 사용할 수 있도록 내용을 구성하였다.

3 R 설치와 실행

소프트웨어 R은 공식 사이트(https://www.r-project.org/)에서 무료로 다운로드할 수 있다. 사이트에 방문하여 자신의 컴퓨터 운영체제와 맞는 링크(link)를 선택한 다음에 설치 안내를 따르면 된다. R은 일종의 프로그래밍 언어이다. 독자들이 프로그래밍에 익숙하지 않다면, Rstudio에서 R 프로그램 작성과 실행을 하면 대단히 편리하다. Rstudio는 R을 좀 더 편리하게 사용하도록 도와주는 프로그램(integrated development environment, IDE)으로, R이 사전에 설치되어 있어야 사용할 수 있다. Rstudio는 http://www.rstudio.com에 접속해 무료로 설치할 수 있다.

Rstudio는 [그림 1-3]과 같이 4개의 창으로 구성된다.

- **스크립트창(좌상단 창)**: R 함수나 명령어에 관한 코드, 주석 등을 입력하는 창이다.
- **환경창(우상단 창)**: 불러온 데이터, 새로 생성한 변수, 개체 등이 목록으로 나타난다. 이를 작업공간(workspace)이라고도 한다.
- **콘솔창(좌하단 창)**: R 코드의 실행 결과를 확인하는 창이다.
- **기타(우하단 창)**: 저장된 파일, 실행 결과로부터 얻은 그래프, 설치된 패키지 목록, 도움말 등을 보여준다.

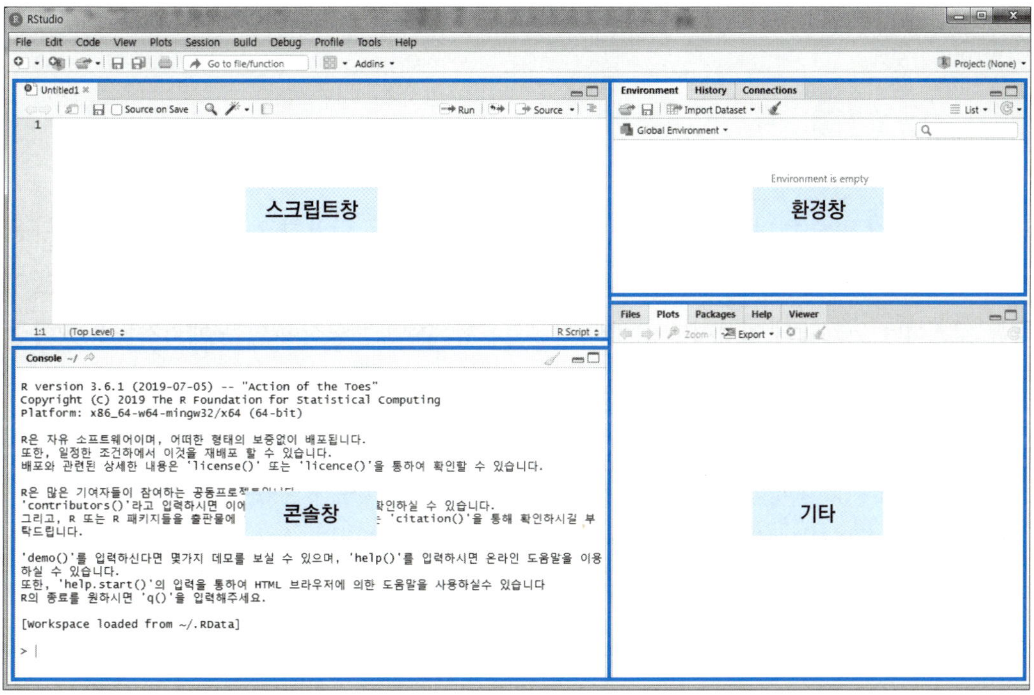

[그림 1-3] Rstudio 사용자 인터페이스

1) R 코드 작성 방법

R 코드를 작성하기 위해 스크립트(script)를 이용하는 방법은 2가지다. 첫 번째는 R 코드를 텍스트 파일 형태로 작성한 다음에 이를 확장명이 R인 파일로 저장하는 것이다. 두 번째는 Rstudio의 메뉴 탭에서 [File] → [New] → [R Script] 순서로 클릭하면 스크립트창이 생성되

는데 여기에 필요한 R 코드를 작성하는 것이다.

R 코드를 작성할 때 새로운 명령어는 새로운 줄에 작성하는 것이 일반적이다. 이때 해당 코드가 어떤 작업을 수행하기 위한 것인지를 나타내는 주석(comments)을 달아주면 이해하기 편하다. 주석은 # 다음에 작성해야만 R이 특정 작업을 수행하라는 코드로 인식하지 않는다. 완성된 코드는 메뉴 탭에서 [File]의 저장 기능을 이용하여 자신의 디렉터리에 확장명을 R로 하여 저장할 수 있다.

R 스크립트에 있는 코드는 한 줄씩 실행할 수도 있고 여러 줄을 한꺼번에 실행할 수도 있다. 한 줄의 코드를 실행하려면 커서를 해당 줄의 맨 앞이나 맨 뒤에 갖다 놓은 다음에 [Ctrl+Enter] 키를 누르면 된다. 반면 여러 줄의 코드를 한꺼번에 실행하려면, 마우스로 해당 코드를 모두 선택한 다음에 [Ctrl+Enter]를 누르면 된다.

2) R 패키지

R의 가장 큰 장점 중 하나는 전 세계 사용자들이 구축해놓은 다양하고 방대한 패키지를 다운로드해 사용할 수 있다는 점이다. 패키지는 유능한 R 사용자들이 특수한 목적을 위해 만들어 놓은 로직이나 코드들의 집합이다. R에서 다운로드할 수 있는 공신력 있는 패키지들을 모아놓은 서버가 CRAN(Comprehensive R Archive Network)이다(http://cran.r-project.org). 자신이 설치한 R에서 이용 가능한 패키지가 어떤 것이 있는지를 알아보려면 Rstudio 화면 우하단에 위치한 패키지창(packages window)을 클릭해보면 된다. 이미 활성화된 패키지라면 해당 패키지 이름 옆에 있는 상자에 체크(☑) 표시가 되어 있다. 작업을 시작하기 전에 사용하려는 모든 패키지를 체크하기보다는 필요할 때 해당 패키지를 활성화하는 것이 편리하다. 해당 패키지를 활성화하려면 함수 library(패키지 이름)를 실행하면 된다.

새로운 패키지를 설치하려면 패키지창에서 해당 패키지 이름을 입력한 후에 Install 설치 버튼을 클릭하거나, 함수 `install.packages("패키지 이름")`를 실행하면 된다. 새로운 패키지를 설치한 다음에는 함수 `library(패키지 이름)`를 실행하여 이를 활성화해야 한다.

이 책의 각 장마다 다양한 목적과 기능을 지닌 R 패키지와 함수를 사용하였다. 각 장의 첫 페이지에는 특정 통계모형을 분석하기 위한 R 패키지와 함수의 기능을 간단히 소개하였다. 그리고 각 장의 끝부분에 있는 참고문헌에는 해당 패키지와 그 부속물을 다운로드할 수 있도록 CRAN의 URL 주소를 제시하였다.

4 데이터 전처리

마이크로데이터를 사용하여 연구 목적에 부합하는 통계모형을 분석하기 전에 데이터 전처리 과정(data preprocessing)을 수행해야 한다. 데이터 전처리는 원시자료를 데이터 분석의 목적과 방법에 맞는 형태로 처리하기 위하여 불필요한 정보를 분리·제거하고 가공하는 예비적인 조작이다. 여기에는 데이터의 정제, 통합, 축소, 변환 등의 과정이 포함된다. 데이터 전처리 과정을 단계별로 설명하면 다음과 같다.

① 자신의 연구 주제나 목적에 맞는 적절한 마이크로데이터를 확보한다.

② 마이크로데이터를 R로 불러온 다음, 분석에 사용할 변수만을 선택해 새로운 데이터셋(R에서 이를 데이터프레임이라 한다)을 구축한다.

③ 데이터프레임에 있는 변수의 이름을 연구자가 알기 쉽도록 새롭게 부여한다. 각 변수에 결측치, 이상치 등이 있는지를 확인하고 이를 적절한 방식으로 처리한다. 데이터프레임에 속한 기존 변수들을 사용하여 새로운 변수를 생성한다.

④ 데이터프레임에 있는 변수들이 어떤 유형의 변수인지, 예를 들면 연속형 변수인지, 이항 형태의 더미변수인지, 범주형 또는 요인형 변수인지, 아니면 가산형 변수인지를 파악한다. 각 변수의 기술통계량(평균, 표준편차, 최소값, 최대값 등)이나 빈도 등을 구한다.

⑤ 연구자가 관심을 가지는 변수들 간의 교차분할표를 작성하거나 산점도, 박스플롯 등을 그려봄으로써 변수들 간 상호 관계를 파악한다.

⑥ 연구 목적에 부합하는 통계모형을 선택하여 분석하고 그 결과를 기술한다.

이 절에서는 데이터 전처리에 빈번하게 사용하는 R 패키지와 함수를 소개한다. 그 외 나머지 함수들은 각 장의 실습에서 필요할 때마다 별도로 설명한다.

[표 1-1] 데이터 전처리에 사용되는 R 패키지와 함수

패키지명	함수	기능
foreign	read.dta	Stata로 생성된 데이터 파일을 R로 불러온다.
	read.xport	SAS로 생성된 데이터 파일을 R로 불러온다.
	read.spss	SPSS로 생성된 데이터 파일을 R로 불러온다.
readxl	read_excel	엑셀로 작성된 데이터 파일을 R로 불러온다.
base	str	데이터프레임의 구조를 보여준다.
	head	데이터프레임의 1행부터 6행까지의 값을 알려준다.
	colMeans	데이터프레임에서 각 열의 평균값을 계산해준다.
dplyr	with	새로운 변수를 만들어준다.
	mutate	둘 이상의 새로운 변수를 동시에 생성한다.
	ifelse	조건문을 생성해준다.
dplyr	rename	기존 변수명을 새로운 이름으로 대체해준다.
	recode	연속형 변수의 값을 여러 범주를 가진 변수로 전환해준다.
base	cut	
base	summary	데이터프레임에 포함한 변수들의 기술통계량을 생성해준다.
pastecs	stat.desc	
dplyr	filter	데이터프레임에서 특정한 조건을 만족하는 관측치만을 추출한다.
	select	데이터프레임에서 특정 변수만을 추출한다.
base	plot	플롯 차트를 그려준다.
ggplot2	ggplot	다양한 형태와 옵션을 가진 차트를 그려준다.

4-1 마이크로데이터 불러오기

R에서 마이크로데이터를 불러오는 방법은 데이터의 형태에 따라 달라진다. 먼저, 데이터가 [그림 1-4]와 같이 text, raw, csv 등의 텍스트 파일 형태로 저장된 경우에 R에서 데이터를 불러오는 방법을 알아보자.

quarter prod1 prod2 prod3 prod4 20-1 20 10 5 30 20-2 23 19 4 35 20-3 19 15 8 25 20-4 21 12 6 28 21-1 25 18 5 40	20-1,20,10,5,30 20-2,23,19,4,35 20-3,19,15,8,25 20-4,21,12,6,28 21-1,25,18,5,40
① quarterly_sales.txt	② quarterly_sales.csv

[그림 1-4] 텍스트 형태의 데이터

[그림 1-4]의 데이터는 3가지 제품의 분기별 판매량을 나타낸다. 이 텍스트 파일들은 동일한 정보를 포함하지만, ①은 첫 행에 변수명을 포함하는 텍스트 파일이며 ②는 변수명을 포함하지 않고 각 행이 콤마로 구분된 csv 파일이다. R에서 텍스트 파일 sales.txt와 sales.csv는 다음 코드를 사용하여 불러올 수 있다.

```
> mydata1<-read.table("D:/MDAR/quarterly_sales.txt", header=TRUE)
> mydata2<-read.table("D:/MDAR/quarterly_sales.csv", sep=",")
```

여기서 mydata1이나 mydata2는 데이터프레임(data frame)이다. 데이터프레임은 엑셀의 시트(sheet)처럼 행과 열을 가지며, 열은 각각의 변수를 나타내고 행은 각 변수의 관측치를 나타낸다. 위의 두 R 코드는 데이터 파일 sales.txt, sasles.csv를 불러와 각각 mydata1과 mydata2라는 이름의 데이터프레임으로 저장하라는 의미이다.

외부 데이터를 불러올 때 데이터 파일이 현재 작업 중인 디렉터리에 있지 않다면, 파일명에 해당 데이터 파일이 있는 디렉터리 주소를 표시해주어야 한다. R에서 작업용 디렉터리를 설정하는 방법은 함수 setwd("디렉터리 이름")를 사용하거나 또는 Rstudio의 상단 메뉴에서 [Session] → [Set Working Directory] → [Choose Directory] 순으로 클릭하면 된다.

데이터를 불러오기 위한 함수에 다음과 같은 인자를 추가할 수 있는데, 그 의미는 다음과 같다.

- header=TRUE는 데이터의 첫 행은 변수명이라는 의미이다
- sep=","는 데이터의 각 열은 빈칸 또는 탭이 아니라 콤마로 구분된다는 의미이다. 만약 특정

기호(예를 들어 ;)가 구분자로 사용되었다면 sep=";"와 같이 하면 된다.

- dec=","는 숫자의 소수 부분을 소수점 대신에 콤마로 나타냄을 의미한다.
- na.strnings="."는 데이터 파일에서 .를 결측치로 지정하는 방법이다. 여러 개의 값을 결측치로 지정하려면 na.strnings=c(".","9","99")라고 하면 된다. R에서 결측치는 변수의 유형에 따라 NA 또는 <NA>로 표시된다.

데이터 파일 sales.csv는 변수명을 포함하고 있지 않아 생성된 데이터프레임 mydata2에는 각 열의 변수명으로 v1, v2, v3, v4, v5가 자동으로 지정된다. 이 변수명들을 바꾸려면 다음과 같은 코드를 사용한다.

```
> colnames(mydata2)<-c("quarter","prod1", "prod2", "prod3", "prod4")
```

다음으로 텍스트 형태가 아니거나 다른 소프트웨어에서 생성된 데이터를 가져오려면 먼저 library(foreign)를 활성화해야 한다. 통계분석용 소프트웨어별로 생성된 데이터를 Rstudio로 불러오는 함수는 다음과 같다.

- Stata : read.dta
- SPSS : read.spss
- SAS : read.xport 또는 read.ssd
- Minitab : read.mtp

Stata 데이터의 경우 프로그램 버전에 따라 데이터 불러오기에 적용되는 패키지가 다르다. Stata 프로그램 버전이 5~12인 경우는 함수 read.dta가 실행되지만, 그 이상의 버전으로 저장된 데이터 파일을 Rstudio로 불러오려면 별도의 패키지를 설치해야 한다. 즉, 스크립트창에 install.packages("readstata13")라고 패키지를 설치하고 library(readstata13)로 해당 패키지를 활성화한 다음, 함수 read.dta13을 사용해야 한다. 엑셀 파일을 불러오는 방법은 매우 다양하지만 가장 대표적인 것은 패키지 readxl에 있는 함수 read_excel을 사용하는 것이다.

데이터 불러오기를 할 때 위의 함수들을 써도 되지만 Rstudio의 상단 메뉴에서 [File] → [Import Dataset] 순으로 클릭해도 된다.

1) 변수 선택과 변수명 부여하기

[실습 1-1]은 Stata 파일로 저장된 마이크로데이터를 R로 불러와 자신의 연구 목적에 맞는 데이터프레임으로 저장하는 과정을 나타낸 것이다. 실습에 사용된 데이터 파일은 통계청의 2014년 가계동향조사 마이크로데이터의 일부분이다. Rstudio로 불러온 데이터 파일을 데이터프레임 mydata로 저장해보자.

마이크로데이터를 Rstudio로 불러온 후 가장 먼저 할 일은 자신의 연구 목적에 필요한 변수만을 취사선택하는 것이다. 변수를 취사선택하는 방법은 마이크로데이터의 부분집합을 만드는 것이다. 가계동향조사 자료에서 가구 특성과 가구주 정보를 나타내는 변수, 그리고 가구소득, 가계비, 식품구입액(외식비 제외), 곡물구입액, 육류구입액, 외식비를 나타내는 변수로 구성된 데이터프레임 fdsurvey를 생성해보자.

실습 1-1 마이크로데이터로부터 데이터프레임 만들기

```
> library(readstata13)
> mydata<-read.dta13("D:/MDAR/hsurvey_2014.dta")
> fdsurvey<-subset(mydata, select=c(c1, c183, c194, c205, c249, c46, c57,
                  c68,c90, c113, c259,c3,c5,c40,c42,c43,c47,c152))
```

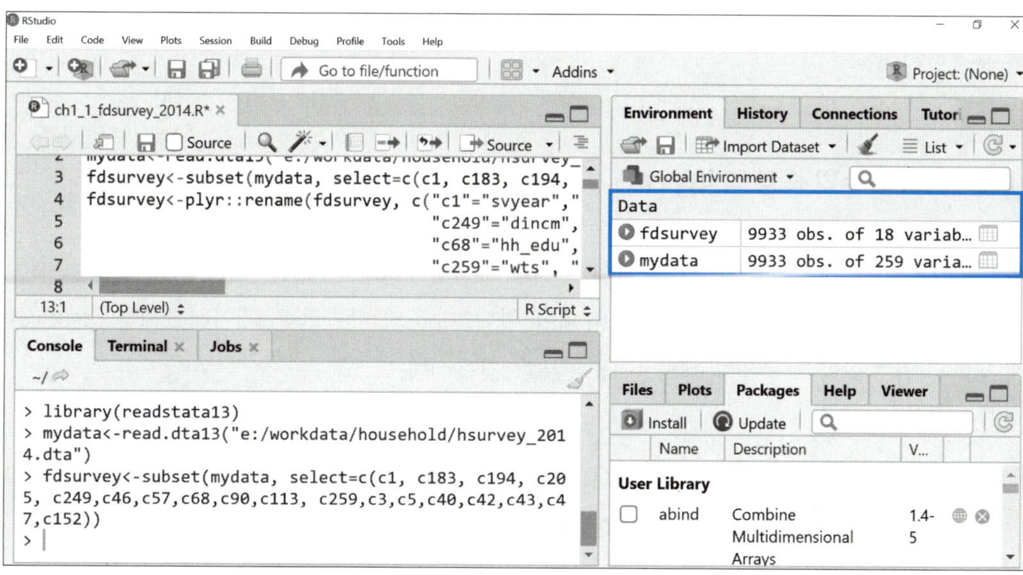

[그림 1-5] Rstudio로 불러온 데이터프레임

[실습 1-1]의 R 코드에서 함수 subset은 데이터프레임 mydata로부터 부분집합을 구성하라는 의미이고, 함수 select는 데이터프레임 mydata에 포함된 변수 중에서 목록 c() 안에 제시된 변수만을 선택하라는 의미이다. [그림 1-5]에서 보듯이 함수 subset을 실행한 결과, Rstudio의 오른쪽 위에 위치한 데이터(Data) 영역에 데이터프레임 mydata와 fdsurvey가 생성되어 있음을 확인할 수 있다.

일반적으로 마이크로데이터에 있는 변수의 명칭은 특별한 의미가 없이 순서대로 부여하되, 사용자가 해당 변수의 의미를 파악할 수 있도록 조사표, 파일설계서와 코드집을 별도로 제공한다. 따라서 파일설계서와 코드집에 제시된 각 변수의 의미를 참조하여 연구자 자신이 쉽게 알 수 있도록 각 변수에 새로운 이름을 부여할 필요가 있다. 이는 패키지 plyr의 함수 rename에 의해 다음과 같이 실행한다.

```
> fdsurvey<-plyr::rename(fdsurvey, c("c1"="svyear", "c183"="hid",
   "c194"="hdtype", "c205"="hdsize", "c249"="dincm", "c46"="hh_gender",
   "c57"="hh_age", "c68"="hh_edu", "c90"="hh_emp", "c113"="hh_jbtype",
   "c259"="wts","c3"="hdincm", "c5"="wage_incm", "c40"="expn",
   "c42"="fdexpn","c43"="grains","c47"="meats","c152"="fafh"))
```

이때 plyr::rename은 패키지 plyr에 있는 함수 rename을 사용한다는 의미이다. 이는 library(plyr)로 해당 패키지를 활성화한 다음에 함수 rename을 사용하는 것과 같은 결과를 산출한다.

2) 데이터와 변수의 속성 파악하기

데이터프레임을 만들고 난 후 다음 단계에서는 데이터프레임에 어떠한 변수들이 포함되어 있고, 그 변수들의 속성은 무엇인지를 파악해야 한다. 다음의 함수들은 데이터프레임 fdsurvey에 포함된 변수들의 속성을 파악하는 데 유용한 것들이다.

- str(fdsurvey): 데이터프레임의 구조, 즉 변수명, 변수 형태(수치형, 범주형, 문자형, 논리형 등), 그리고 데이터에 포함된 변수의 측정값 일부를 알려준다.
- head(fdsurvey): 데이터프레임에 있는 관측치의 일부를 보여준다.

데이터프레임 fdsurvey는 관측치 수가 9,933개이며 총 18의 변수를 포함한다. 변수 형태를 보면, int는 정수형 변수, chr는 문자형 변수, num는 실수형 변수를 각각 나타낸다. 하지만 가구 식별번호를 나타내는 변수 hid는 문자형 변수인 반면, hdtype, dincm 등은 정수형 변수라기보다는 범주형(또는 요인형) 변수이다. 따라서 데이터를 제공하는 기관의 파일설계서와 코드집을 참조하여 각 변수의 속성을 재구성해보자. 예를 들어 가구 식별번호를 나타내는 hid를 문자형 변수로 지정하려면 다음과 같이 함수 as.character를 사용하면 된다.

```
> str(fdsurvey)
'data.frame' : 9933 obs. of 18 variables:
$svyear     : int 2014 2014 2014 2014 2014 2014 2014 2014 2014 2014 ...
$hid        : chr "1" "2" "3" "4" ...
$hdtype     : int 1 1 2 2 2 2 1 2 2 1 ...
$hdsize     : int 2 3 2 1 3 2 1 2 3 2 ...
$dincm      : int 0 1 0 0 0 0 0 0 0 0 ...
$hh_gender  : int 1 1 2 2 1 2 1 1 1 2 ...
$hh_age     : int 85 36 40 86 73 68 38 66 85 73 ...
$hh_edu     : int 2 3 3 1 3 3 3 3 0 1 ...
$hh_emp     : int 1 1 2 2 2 2 1 2 2 1 ...
$hh_jbtype  : chr "9" "8" "Z" "Z" ...
-- 중략 --
$meats      : int 62049 32888 21522 18790 56154 4020 1852 7908 19944 ...
$fafh       : int 10801 460442 28806 11291 271990 26986 177715 22601 ...
> fdsurvey$hid<-as.character(fdsurvey$hid)
```

위에서 데이터프레임 fdsurvey에 붙은 기호 $가 의미하는 바는 변수 hid가 데이터프레임 fdsurvey에 속하는 변수라는 뜻이다. $를 사용하지 않으면, R은 해당 변수를 특정 데이터프레임에 속하지 않는 새로운 변수로 인식하게 되므로 주의해야 한다.

이번에는 범주형(요인형) 변수를 지정해보자. 변수 hdtype, dincm, hh_gender, hh_edu, hh_emp, hh_jbtype이 여기에 해당한다. 범주형 변수를 지정할 때, 각 측정값의 의미도 함께 지정하면 나중에 결과값을 해석할 때 편리하다. [실습 1-2]에서 함수 factor는 변수를 범주형으로 변환한다. levels=c()는 범주의 측정값을 나타내는데, labels=c()는 각 측정값의 의미를 지정하는 데 사용된다. 예를 들면, hh_gender는 가구주의 성별을 나타내는 범주형 변수로서 측정값으로 1과 2를 가지는데, 1은 남성, 2는 여성을 의미한다. hh_edu는 가구주 학력을 나타내는 범주형 변수로서 0부터 7까지의 측정값을 가진다. 0 무학, 1 초졸, 2 중졸, 3 고졸, 4 전문대졸, 5 대졸(4년제), 6 대학원 석사, 7 대학원 박사를 의미한다.

실습 1-2 **범주형 변수 만들기**

```
> fdsurvey$hdtype<-factor(fdsurvey$hdtype, levels=c(1,2),
              labels=c("worker_household", "others_household"))
> fdsurvey$dincm<-factor(fdsurvey$dincm, levels=c(0,1),
              labels=c("non-dual income", "dual income household"))
> fdsurvey$hh_gender<-factor(fdsurvey$hh_gender, levels=c(1,2),
              labels=c("male", "female"))
> fdsurvey$hh_edu<-factor(fdsurvey$hh_edu, levels=c(0,1,2,3,4,5,6,7),
              labels=c("non", "elementary", "middle", "high",
                    "college","university", "master", "doctoral"))
> fdsurvey$hh_emp<-factor(fdsurvey$hh_emp, levels=c(1,2),
              labels=c("employed", "non-employed"))
> fdsurvey$hh_jbtype<-factor(fdsurvey$hh_jbtype,
              levels=c(1,2,3,4,5,6,7,8,9,"A","Z"),
              labels=c("manager", "professional", "office worker",
                    "service worker", "sales worker", "agri_aquaric worker",
                    "craftsman", "mechanics", "labor worker",
                    "professional soldier", "others & no_job"))
```

각 변수의 속성에 따라 변수 형태를 재구성한 다음에 함수 str(fdsurvey)를 다시 실행해 보자. 데이터프레임에 어떠한 변화가 나타났는가?

```
> str(fdsurvey)
'data.frame' : 9933 obs. of 18 variables:
$ svyear     : int 2014 2014 2014 2014 2014 2014 2014 2014 2014 2014 ...
$ hid        : chr "1" "2" "3" "4" ...
$ hdtype     : Factor w/ 2 levels "worker_household",..: 1 1 2 2 2 2 1 2 ...
$ hdsize     : int 2 3 2 1 3 2 1 2 3 2 ...
$ dincm       : Factor w/ 2 levels "non-dual income",..: 1 2 1 1 1 1 1 1 ...
$ hh_gender : Factor w/ 2 levels "male","female": 1 1 2 2 1 2 1 1 1 2 ...
$ hh_age     : int 85 36 40 86 73 68 38 66 85 73 ...
--이하 생략--
```

4-2 변수 생성과 제거

1) 새로운 변수 만들기

마이크로데이터를 분석할 때 원자료에 포함된 변수들이 사용자가 정확히 필요로 하는 형태를 취하는 경우는 매우 드물다. 데이터를 좀 더 쉽게 사용하려면, 원자료의 변수를 사용하여 새로운 변수를 생성해야 하는 경우가 많다. 예를 들면, 특정 공식에 부합하는 변수를 생성하거나, 변수 측정값이 너무 큰 경우 측정 단위를 바꾸거나, 또는 연속형 변수를 범주형 변수(또는 요인형 변수)로 변환하는 경우 등이다.

첫 번째 사례로, 가구원 1인당 외식비 지출액을 측정하는 변수를 생성해보자. 가구 구성원 중에는 성인뿐만 아니라 청소년이나 아동도 있어 가구마다 가구 구성원의 연령별 분포가 다를 수 있다. 따라서 성인 기준으로 환산한 가구원 1인당 외식비를 구하기 위해 외식비 지출액을 가구원 수가 아닌 가구원 수의 제곱근 값으로 나누어보자.

$$\text{가구원 1인당 외식 지출액} = \text{외식비 지출액} / \sqrt{\text{가구원 수}}$$

위 공식에 의해 정의되는 가구원 1인당 외식비 지출액을 만 원 단위로 측정하는 변수를 생성하기 위한 R 코드는 다음과 같다.

```
> fdsurvey$pc_fafh<-with(fdsurvey, (fafh/10000)/sqrt(hdsize))
```

이번에는 가구주 연령의 제곱값을 나타내는 변수를 만들어보자.

```
> fdsurvey$hh_agesq<-with(fdsurvey, hh_age^2)
```

패키지 dplyr의 함수 mutate를 사용하면 여러 개의 변수를 동시에 생성할 수 있다.

```
> library(dplyr)
> fdsurvey<-mutate(fdsurvey, pc_fafh=(fafh/10000)/sqrt(hdsize),
                   hh_agesq=hh_age^2)
```

R에서는 범주형 변수를 회귀모형의 설명변수로 사용해도 무방하다. 하지만 간혹 0 또는 1의 값을 가지는 더미변수가 필요하다. 더미변수는 함수 ifelse를 사용하여 생성할 수 있다. 여기서 condition은 더미변수를 규정하는 조건이며, a는 해당 조건이 충족될 때 더미변수 값, b는 그렇지 않을 때 더미변수 값이다.

```
> dummy_var<-ifelse(condition, a, b)
```

그 예로 가구주 성별을 나타내는 변수 hh_gender로부터 더미변수 female을 생성해보자. female은 여성 가구주 여부를 나타내는 더미변수로서 hh_gender의 측정값이 "male"이면 0의 값을 가지는 반면, 그 측정값이 "male"이 아니면 1의 값을 가진다.

```
> fdsurvey$female<-ifelse(fdsurvey$hh_gender=="male",0,1)
```

연속형 변수를 몇 개의 범주를 가지는 변수로 전환하는 방법을 알아보자. 예를 들어, 가구주 연령을 기준으로 30대 이하 연령층 가구, 40대 연령층 가구, 50대 연령층 가구, 60대 이상 연령층 가구 등으로 구분해보자. 패키지 car의 함수 recode를 사용하면, 표본가구를 가구주 연령대와 가구원 수에 따라 구분하는 범주형 변수 age_group과 hsize_group을 생성할 수 있다.

```
> library(car)
> fdsurvey$age_gp<-car::recode(fdsurvey$hh_age, "17:39='30대 이하';
                              40:49='40대'; 50:59='50대'; 60:96 ='60대 이상'")
> fdsurvey$hsize_gp<-car::recode(fdsurvey$hdsize, "1='1인 가구';
                              2='2인 가구'; 3:9= '3인 이상 가구'")
```

함수 seq를 사용하면 1부터 총 관측치 수(n)까지의 값을 측정값으로 가지는 변수를 쉽게 생성할 수 있다. 함수 dim은 데이터프레임의 총 관측치 수와 변수 수를 반환한다. dim()[1]은 총 관측치 수를 측정값으로 가지는 변수를 생성한다.

```
> newid<-seq(dim(fdsurvey)[1]) # 1부터 n까지의 값을 가지는 변수 만들기
> tn<-dim(fdsurvey)[1]   # 총 관측치 수를 값으로 가지는 변수 만들기
```

2) 기존 변수나 관측치의 제거

데이터프레임에 있는 기존 변수를 작업 공간에서 제거하는 R 코드는 변수명<-NULL이다. 작업 공간에 있는 객체 값(values)을 제거할 경우에는 rm(객체 이름)이라 하면 된다. rm(fdsurvey$hh_emp)는 실행되지 않는다.

```
> fdsurvey$hh_emp<-fdsurvey$hh_jbtype<-NULL
> hd_type<-c("A","B","C","D","E")
> rm(hd_type) # 작업 공간에 있는 객체 hd_type 제거하기
```

3) 결측치 지정과 제거

마이크로데이터에 있는 변수의 상당수가 결측치를 포함하는 경우가 있다. 데이터와 함께 제공되는 설계서나 코드집을 보면 데이터 제공 기관에서 결측치를 어떻게 처리했는지 알 수 있다. 대개 결측치는 ., 999, 9999 등으로 표시한다. R에서 결측치를 확인하고 처리하는 방법은 다음과 같다.

```
> table(is.na(subdata)) # 데이터프레임 subdata에 있는 결측치 확인
> table(is.na(subdata$wage)) # 변수 wage의 결측치 확인
> mean(subdata$wage) # 결측치가 있을 경우 NA라고 출력됨
> summary(subdata$wage, na.rm=TRUE) # 결측치를 제외한 평균, 분위수, 결측치 수 출력
# 변수 wage에서 모든 형태의 누락된 값을 찾아 이를 결측치로 지정하기
> subdata$wage<-ifelse(subdata$wage %in% c(0, ".", "NA",999, 9999, 99999,
                        999999), NA, subdata$wage)
# 데이터 subdata에 있는 변수 firm_size의 4번째, 17번째, 58번째, 100번째 관측치를 결측치로 지정
> subdata[c(4, 17, 58, 100), firm_size]<-NA
# 변수 wage의 모든 누락된 값을 해당 변수의 평균값으로 대체
> subdata$wage<-ifelse(subdata$wage %in% c(0, ".", NA, 999, 9999,99999),
                        mean(subdata$wage, na.rm=TRUE), subdata$wage)
# 결측치가 없는 관측치만을 별도의 데이터프레임 subnomiss로 지정
> subnomiss<-na.omit(subdata)
> subnomiss2<-subdata[complete.cases(subdata),] # na.omit와 동일한 결과를 제공
```

4-3 특정 조건을 만족하는 새로운 데이터프레임 만들기

앞에서 원자료보다 관측치나 변수의 수가 적은 새로운 데이터프레임을 만드는 방법에 대해 배웠다. 예를 들면, 함수 subset(데이터프레임, 조건식)을 사용하는 것이다. 데이터프레임 fdsurvey에서 40대 연령층인 1인 가구만 추출해서 분석하고 싶다면 다음과 같이 하면 된다.

```
> mydata1<-subset(fdsurvey, subset=hdsize==1 & hh_age>=40 & hh_age<=49)
```

이외에도 데이터프레임 이름[, c("변수명1", "변수명2")]를 적용할 수 있다. 예를 들어 fdsurvey에서 가구번호, 가구주 연령, 가구소득, 세 변수만 추출하고 싶다면, 다음의 두 방법 중 하나를 선택하면 된다.

```
> mydata2<-subset(fdsurvey, select=c("hid", "hh_age", "hdincm"))
```

```
> mydata3<-fdsurvey[, c("hid", "hh_age", "hdincm")]
```

1) R의 조건식에 자주 사용되는 연산자

논의를 더 진행하기 전에 R의 조건식에 사용되는 연산자를 정리해보자. 이 연산자들은 자주 사용되기 때문에 꼭 기억할 필요가 있다.

연산자	의미
x < y	x가 y보다 작다.
x <= y	x가 y보다 작거나 같다.
x > y	x가 y보다 크다.
x >= y	x가 y보다 크거나 같다.
x == y	x와 y가 서로 정확히 같다.
x != y	x와 y가 서로 같지 않다.
! a	a가 아니다.
a | b	a 또는 b 중 어느 하나이다.
a & b	a와 b 모두이다.

2) 함수 filter와 파이프 연산자를 이용한 데이터 추출

R에서 특정 조건을 만족하는 관측치나 특정 변수만을 추출하는 또 다른 방법은 데이터 처리에 특화된 패키지인 tidyverse를 이용하는 것이다. 패키지 tidyverse에는 여러 개의 하부 패키지가 있는데, 이 중 패키지 dplyr은 데이터 조작을 손쉽게 하도록 개발된 것이다. dplyr에 포함된 함수 가운데 가장 활용도가 높은 것이 select(), filter(), mutate(), group_by(), summarize() 등이다. filter는 행(즉, 관측치)을 필터링하는 함수인 반면, select는 열(즉, 변수)을 선택하는 함수이다. summarize()는 많은 값을 하나의 요약통계량으로 나타내는 함수이다. 이 함수들을 group_by()와 함께 이용하면 집단별 통계분석을 쉽게 할 수 있다.

예를 들어 1인 가구이며 가구주 연령이 50살 이상인 가구만을 대상으로 월평균 가구소득과 외식비 지출을 구한다고 하자. 이때 R의 파이프(pipes) 연산자 %>%를 이용하면 편리하다. 연산자 %>%는 '그다음'이라는 의미로 생각하면 이해하기가 쉽다. 아래 R 코드가 의미하는 바는 다음과 같다. 데이터프레임 fdsurvey를 파이프 연산자를 이용하여 filter로 보낸 다음 50살 이상인 1인 가구만을 추출하고, 여기에 함수 group_by를 적용하여 가구주 성별에 따라 두 집단으로 구분한다. 그다음 집단별로 가구소득과 외식비의 평균, 해당 가구수를 구한다.

```
> fdsurvey %>%
  filter(hh_age>=50 & hdsize==1) %>%
  group_by(hh_gender) %>%
  summarize(count=n(), mean_fafh=mean(fafh), mean_income=mean(hdincm))
# A tibble: 2 x 4
  hh_gender count mean_fafh mean_income
  <fct>     <int>     <dbl>       <dbl>
1 male        321   151524.    1732028.
2 female     1102    51841.    1101016.
```

[실습 1-3]은 패키지 dplyr의 함수들을 조합하여 인구사회적 특성을 달리하는 여러 유형의 데이터셋을 구성하고, 집단별로 요약통계량을 구하는 방법을 나타낸 것이다.

실습 1-3 **filter와 select를 이용한 데이터 추출**

```
> temp1<-filter(fdsurvey, hdsize %in% c(1,2))
> temp2<-filter(fdsurvey, hdsize %in% c(1,2) & hh_edu %in%
                        c("master", "doctoral"))
> temp3<-filter(fdsurvey, hh_age>=60 & hdsize==1)
> temp4<-fdsurvey %>% select(-svyear, -hh_age, -hdsize)
> temp5<-fdsurvey %>%
        filter(hh_age>=65) %>%
        select(hid, hdsize, hdincm, fdexpn:fafh)
> fdsurvey %>%
        group_by(age_gp) %>%
        summarize(incm_m=mean(hdincm),fdexp_m=mean(fdexpn),
              grain_m=mean(grains), meat_m=mean(meats))
# A tibble: 4 x 5
  age_gp    incm_m  fdexp_m  grain_m  meat_m
  <chr>      <dbl>    <dbl>    <dbl>   <dbl>
1 30대 이하 3937253.  290182.   12534.  38747.
2 40대      4481022.  353813.   18815.  53377.
3 50대      4342570.  315956.   22220.  51624.
4 60대 이상 2000111.  257991.   27263.  37062.
```

[실습 1-3]에서 templ은 fdsurvey에서 가구원 수가 1인 또는 2인인 가구만을 추출한 데이터프레임이다. filter와 함께 사용한 연산자 %in%는 c() 안에 제시된 값을 가진 관측치만을 추출하라는 의미이다. temp2는 fdsurvey에서 가구원 수가 1인 또는 2인이고, 가구주 학력이 석사 또는 박사인 가구만을 추출한 데이터프레임이다. temp3은 fdsurvey에서 가구주 연령이 60세 이상인 1인 가구만을 추출한 데이터프레임이다. temp4는 fdsurvey에서 변수 svyear, hh_age, hdsize를 제외한 나머지 변수들로 구성한 데이터프레임이다. temp5는 가구주 연령이 65세인 가구만을 추출하되 변수 hid, hdsize, hdincm, 그리고 fdexpn에서 fafh까지(즉 fdexpn, grains, meats, fafh)로 구성된 데이터프레임이다.

[실습 1-3]의 마지막 R 코드는 가구주 연령대별로 가구소득과 식품비의 평균을 구하는 것이다. 여기에 연산자 %>%를 추가한 다음에 함수 arrange(incm_m)를 사용하면, 변수 incm_m의 값을 기준으로 오름차순 정렬한 형태로 각 변수의 평균을 출력해준다. 이를 내림차순으로 변경하려면 arrange(desc(incm_m))라고 하면 된다. 그 실행 결과는 지면을 고려하여 제시하지 않는다.

4-4 기술통계량 구하기

1) 함수 summary 이용하기

데이터에 있는 각 변수의 기술통계량을 구하는 방법을 알아보자. 우선 R에 내장된 함수인 summary(fdsurvey)를 사용하면, 데이터프레임 fdsurvey에 있는 모든 변수의 기술통계량(최소값, 1사분위수, 중위값, 평균값, 3사분위수, 최대값, 결측치 수)을 계산해준다. summary는 일부 변수에만 적용할 수 있다. 범주형 변수에 summary를 적용하면 범주별 빈도수를 알려준다.

실습 1-4 **함수 summary를 이용한 기초통계량 구하기**

```
> summary(fdsurvey[c("hdsize", "hh_age", "hdincm","fdexpn", "grains",
                    "meats", "fafh")])

    hdsize          hh_age          hdincm           fdexpn
Min.    :1.000  Min.    :18.00  Min.    :      0  Min.    :     0
1st Qu. :2.000  1st Qu. :41.00  1st Qu. :1620310  1st Qu. :180504
Median  :3.000  Median  :51.00  Median  :3161855  Median  :279248
Mean    :2.668  Mean    :52.81  Mean    :3558840  Mean    :301859
3rd Qu. :4.000  3rd Qu. :64.00  3rd Qu. :4826978  3rd Qu. :393396
--이하 생략--
> summary(fdsurvey$hh_edu, na.rm=TRUE)
 non  elementary  middle  high  college  university  master  doctoral
 365        1215    1092  3423     1107        2296     359        76
```

여러 개의 변수에 대해 한 가지 기술통계량(예를 들어, 평균)을 구하고자 한다면, 함수 sapply(데이터프레임, 기술통계량, na.rm=TRUE)를 사용하면 된다. 함수 sapply에서 인자 na.rm=TRUE는 기술통계량을 계산할 때 결측치를 제외하라는 의미이다. 해당 변수가 결측치를 가질 때 이러한 인자를 추가하지 않으면 오류 메시지가 나타난다. R에서 제공하는 기술통계량은 mean, sd, var, min, max, median, range, quantile 등이다.

실습 1-5 **함수 sapply를 이용하여 여러 변수의 평균 구하기**

```
> sapply(fdsurvey[,c("hh_age", "hdincm","fdexpn", "grains", "meats",
                   "fafh")], mean, na.rm=TRUE)
 hh_age       hdincm       fdexpn       grains        meats         fafh
52.8057 3558839.6786 301858.9661 20987.4953 44860.7484 265896.8439
```

2) 함수 stargazer 이용하기

패키지 stargazer를 이용하면 데이터프레임에 있는 모든, 또는 일부 변수들의 기술통계량을 보기 좋게 출력할 수 있다. [실습 1-6]에서 인자 type="text"는 기술통계량을 텍스트 형태의 표로 출력하라는 의미이며, digits=0는 기술통계량 값의 소수점 자릿수를 지정한다. 인자 covariate.labels는 기술통계량을 구하는 변수에 대한 설명문을 부여한다. 이 인자를 사용하지 않으면 해당 변수 이름이 출력된다. summary.stat을 사용하여 구하고자 하는 기술통계량을 선택할 수 있다. 기본값을 적용할 경우, 기술통계량으로 n, mean, st.dev, min, pctl(25), pctl(75), max가 출력된다. pctl(25)와 pctl(75)는 각각 1사분위수와 3사분위수를 의미한다. out="descrp _stats.txt"는 결과물이 텍스트 파일 descrp_stats.txt에 저장됨을 뜻한다.

실습 1-6 함수 stargazer를 이용하여 기술통계량 구하기

```
> library(stargazer)
> stargazer(subset(fdsurvey[,c("hdsize", "hh_age", "hdincm","fdexpn",
                               "grains", "meats", "fafh")]),
          summary.stat=c("n","mean","sd","min","max"),
          type="text", digits=0, out="descrp_stats.txt",
          covariate.labels = c("가구원 수(명)", "가구주 연령(세)",
                               "가구소득(원, 월 기준)",
                               "식품비 지출액(원, 월 기준)", "곡물 지출액(원, 월 기준) ",
                               "육류 지출액(원, 월 기준)", "외식비 지출액(원, 월 기준)"))
==============================================================
Statistic                   N      Mean    St. Dev.  Min     Max
--------------------------------------------------------------
가구원 수(명)              9,933        3          1    1        9
가구주 연령(세)            9,933       53         14   18       96
가구소득(원, 월 기준)      9,933 3,558,840 2,566,505    0 35,878,930
식품비 지출액(원, 월 기준) 9,933   301,859   166,783    0  1,839,660
곡물 지출액(원, 월 기준)   9,933    20,987    23,439    0    500,000
육류 지출액(원, 월 기준)   9,933    44,861    38,616    0    492,300
외식비 지출액(원, 월 기준) 9,933   265,897   216,186    0  2,078,400
--------------------------------------------------------------
```

3) 범주형 변수의 빈도 구하기

변수가 범주형일 때 기술통계량보다는 빈도를 구하는 것이 자료의 특성을 이해하기가 더 쉽다. 하지만 summary는 범주형 변수의 경우 각 범주값의 비율을 알려주지 않는다는 단점이 있다. 이러한 경우에는 table(변수명)을 사용하면 된다. 각 범주의 빈도를 비율로 나타내려면 prop.table(table(변수명))을 사용하고, 소수점 자릿수를 2자리로 조정하려면 round(prop.table(table(변수명)),2), 퍼센트 비율로 나타내려면 round(100*prop.table(table(변수명)),2)을 사용한다.

함수 prop.table을 이용하면 두 변수의 빈도로 구성된 교차표를 만드는 것도 가능하다. 예를 들어, 가구주 학력의 분포를 나타내는 교차표를 가구주 성별로 구분하여 나타내보자. 이를 위해서는 가구주 성별과 가구주 학력을 구성요소로 하는 table(행 변수, 열 변수)에 prop.table 함수를 적용하면 된다. 이때 각 범주의 비율은 다음과 같은 방법으로 달리 계산할 수 있다.

- **비율을 전체 표본을 기준으로 계산**: prop.table(table(행 변수, 열 변수))
- **비율을 행 변수값을 기준으로 계산**: prop.table(table(행 변수, 열 변수),1)
- **비율을 열 변수값을 기준으로 계산**: prop.table(table(행 변수, 열 변수),2)

실습 1-7 **두 변수의 결합 빈도를 나타내는 교차표 구하기**

```
> round(100*prop.table(table(fdsurvey$hh_edu)),2)

 non  elementary  middle  high  college  university  master  doctoral
 3.67      12.23   10.99 34.46    11.14       23.11    3.61      0.77
> round(100*prop.table(table(fdsurvey$hh_edu, fdsurvey$hh_gender),1),2)

             male  female
non         16.16   83.84
elementary  45.02   54.98
middle      63.92   36.08
high        76.63   23.37
college     82.93   17.07
university  85.02   14.98
master      84.12   15.88
doctoral    96.05    3.95
```

4) 집단별 기술통계량 비교하기

다음으로 변수들의 기술통계량을 집단별로 구하려면 함수 aggregate(데이터프레임, by=집단을 나타내는 변수, 기술통계량, na.rm=TRUE)를 사용한다. 이때 집단을 나타내는 변수는 반드시 리스트(list) 형태이어야 한다. 따라서 by=fdsurvey[, "hh_gender"]가 아니라 by=fdsurvey["hh_gender"]를 사용해야 한다. 예를 들어 가구소득과 외식비의 평균을 가구주 성별로 구분하여 계산하려면, aggregate(fdsurvey[,c("hdincm_c","pc_fafh")], by=fdsurvey["hh_gender"], mean, na.rm=TRUE)라고 하면 된다. 반면, 집단을 구분하는 변수가 가구원 수와 가구주 성별로 둘 이상일 경우에는 by=fdsurvey[c("hsize_gp","hh_gender")]라고 하면 된다.

[실습 1-8]은 aggregate를 사용하여 가구소득과 외식비의 평균을 가구원 수와 가구주 성별로 구분하여 계산한 결과다. 가구소득을 나타내는 변수 hdincm_c는 변수 hdincm를 만 원 단위로 변환한 것이다.

실습 1-8 **aggregate를 이용한 집단별 평균 구하기**

```
> aggregate(fdsurvey[, c("hdincm_c","pc_fafh")], by=fdsurvey["hh_gender"],
                    mean, na.rm=TRUE)
  hh_gender  hdincm_c  pc_fafh
1      male  406.4501  18.05340
2    female  224.5330  10.98177
> aggregate(fdsurvey[,c("hdincm_c","pc_fafh")],
                    by=fdsurvey[c("hsize_gp","hh_gender")], mean, na.rm=TRUE)
     hsize_gp hh_gender  hdincm_c    pc_fafh
1      1인 가구      male  210.3019  20.522172
2      2인 가구      male  309.3531  14.755480
3 3인 이상 가구      male  480.9174  19.423607
4      1인 가구    female  128.6231   7.434713
5      2인 가구    female  265.6435  13.461358
6 3인 이상 가구    female  371.1090  15.203638
```

5) 표본 가중치를 고려한 기술통계량 구하기

마이크로데이터에는 개체(개인, 가구, 기업 등)별로 가중치가 부여되어 있는 것이 일반적이다. 가중치를 적용하는 이유는 표본추출이 단순임의추출이 아니라 층화다단계추출일 경우 추출확률의 차이를 보정하거나 또는 무응답을 조정하기 위해서다. 보다 더 중요하게는 성별, 연령과 같은 인구사회적인 특성의 관점에서 조사 표본의 분포가 센서스나 추계 가구(인구) 수 모집단 분포와 일치하도록 교정하는 데 있다. 따라서 마이크로데이터를 사용하여 표본의 기술통계량을 구할 때 이러한 가중치를 적용하는 것이 바람직하다는 것이 중론이다.

다음은 가구별 가중치 wts를 적용하여 임금소득을 가구주 연령별로 계산하기 위한 R 코드를 나타낸 것이다.

```
> age_wage1<-fdsurvey %>%
  filter(!is.na(wage_incm)) %>%
  group_by(hh_age) %>%
  summarize(m_wage=weighted.mean(wage_incm, wts))
```

6) 교차표 만들기

두 범주형 변수를 사용하여 범주 조합별로 특정 변수의 기술통계량을 구해보자. [실습 1-9]는 소득분위수와 가구주 연령대별로 평균 외식비를 구하는 방법이다.

먼저, 소득분위별로 가구를 구분해보자. quantile(fdsurvey$hdincm, na.rm=TRUE)는 변수 hdincm의 사분위수를 구하는 코드이다. 가구를 소득분위에 따라 구분할 때 함수 recode보다 좀 더 편리한 함수는 cut()이다. 표본가구를 가구소득의 사분위수에 따라 네 집단으로 구분하려면 인자 breaks에 각 분위의 소득을 입력하고, 그에 대응하는 labels를 추가한다. right=TRUE는 각 구간의 상한값을 나타내는 방식을 지정하는데, 예를 들면 소득구간이 [1620310, 31618555]임을 의미한다. include.lowest=TRUE는 소득의 최소값을 1분위 구간에 포함하라는 의미이다. 즉, 소득구간 [0, 1620310]에 속한 가구는 1분위로 분류된다. 동일한 방식으로 연령대는 20대 이하, 30대, 40대, 50대, 60대, 70대 이상으로 구분해보자.

실습 1-9 소득분위와 가구주 연령층의 조합별로 평균 외식비 구하기

```
> quantile(fdsurvey$hdincm,na.rm = TRUE)
  0%       25%       50%       75%       100%
   0  1620310  3161855  4826978  35878930
> income_group=cut(fdsurvey$hdincm,
                 breaks=c(0,1620310, 3161855, 4826978, 35878930),
                 labels=c("1분위", "2분위", "3분위", "4분위"),
                 include.lowest=TRUE, right=TRUE)
```

```
> yy<-transform(fdsurvey,
          income_group=cut(fdsurvey$hdincm,
            breaks=c(0,1620310, 3161855, 4826978, 35878930),
            labels=c("1분위", "2분위", "3분위", "4분위"),
            include.lowest=TRUE, right=TRUE),
          age_group=cut(fdsurvey$hh_age,
            breaks=c(18,29,39,49,59,69,96),
            labels=c("20대 이하","30대","40대","50대","60대","70대 이상"),
            include.lowest=TRUE, right=TRUE))
> xx<-as.data.frame(summarize(group_by(yy, income_group,
                         age_group), m_fafh=mean(pc_fafh)))
`summarise()` has grouped output by 'income_group'. You can override using the `.groups` argument.
> cross_table<- xtabs(m_fafh~income_group + age_group, data=xx)
> options(digits=2)
> cross_table
             age_group
income_group 20대 이하 30대 40대 50대 60대 70대 이상
        1분위      13.3 11.3 10.3  8.6  5.4       3.1
        2분위      21.4 16.2 15.3 15.5 11.1       8.6
        3분위      23.4 19.2 19.3 20.3 17.8      13.8
        4분위      26.1 23.9 24.7 27.6 23.2      19.2
```

함수 transform을 사용하면 소득분위와 가구주 연령대별로 표본가구를 구분하는 두 변수 income_group과 age_group이 포함된 데이터프레임을 만들 수 있다. 이때 새로운 데이터프레임을 yy라고 하자. 데이터프레임 yy에 함수 summarize와 group_by를 적용하면, 소득분위와 가구주 연령대별로 평균 외식비를 계산할 수 있다. 계산 결과를 데이터프레임 xx로 지정하자. xtabs(m_fafh~income_group + age_group, data=xx)는 데이터프레임 xx의 변수 m_fafh, 즉 평균 외식비에 대해 소득분위와 가구주 연령대의 조합별로 교차분할표를 만들라는 의미다.

이외에도 알아두면 편리한 데이터 조작에 특화된 R 함수들이 있다. 1장에서 다루지 못한 R 함수들은 각 장에서 필요할 때마다 별도로 설명한다.

5 데이터 시각화

5-1 다양한 형태의 차트

데이터 분석가에게 간단한 그래프는 다른 어떤 것보다도 많은 정보를 제공한다. R은 다른 통계 패키지에 비해 다양하며 가독성이 뛰어난 차트를 그릴 수 있는 함수를 제공한다. 먼저, 단순한 그래프인 산점도부터 그려보자. 아래와 같이 두 변수 x, y의 값을 이용하여 산점도를 그리기 위한 R 코드와 그 결과물은 다음과 같다.

```
> x<-c(6,8,9,11,15,17)
> y<-c(0,4,7,9,11,15)
> plot(x,y)
> plot(x,y, type="b") # 각 점들을 선으로 연결한다
```

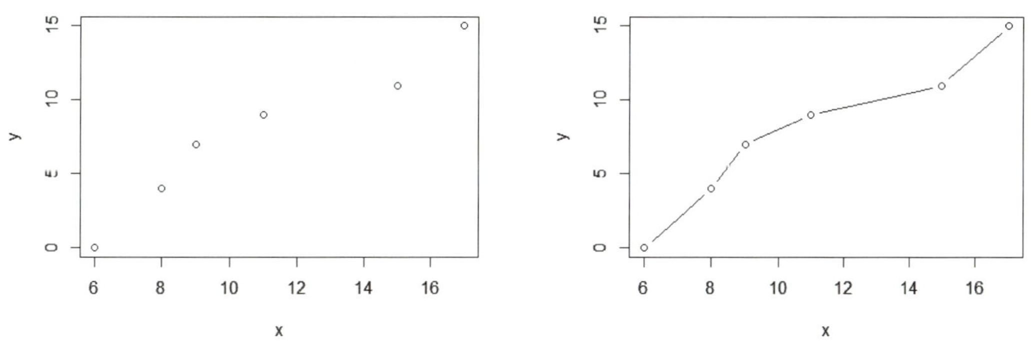

함수 plot에 의해 그린 산점도에 여러 가지 요소를 추가함으로써 그래프의 가독성을 높일 수 있다. [실습 1-10]에서 추가되는 함수들이 가지는 의미는 다음과 같다.

- points(x,y) : 점 (x,y)를 추가하라.
- abline(a=값, b=값, lty=값, lwd=값) : x절편이 a이고, 기울기가 b인 직선을 추가하라. lty는 선의 형태를, lwd는 선의 두께를 각각 나타낸다. lty에서 각 숫자가 의미하는 바는 다음과 같다. 1: ——, 2: — — , 3: - - - -, 4: - — - , 5: —— ——, 6: - — — -

- text(x, y, "mytext", pos=값) : 좌표 (x, y) 위에 글자 'mytext'를 추가하라. 이때 pos는 글자 'mytext'가 좌표 (x, y)의 상, 하, 좌, 우 어디에 위치할지를 지정한다. 1 = 하, 2 = 좌, 3 = 상, 4 = 우를 각각 나타낸다.
- arrows(x0, y0, x1, y1) : 화살표를 점 (x0, y0)에서 점 (x1, y1) 방향으로 추가하라.

실습 1-10 **함수 plot을 이용한 차트 그리기**

```
> plot(x,y, main="이상치의 사례")
> points(14,2)
> abline(a=-6, b=1.3, lty=2, lwd=2)
> text(13,3, "이상치", pos=3)
> arrows(13,3,14,2, length=0.15)
```

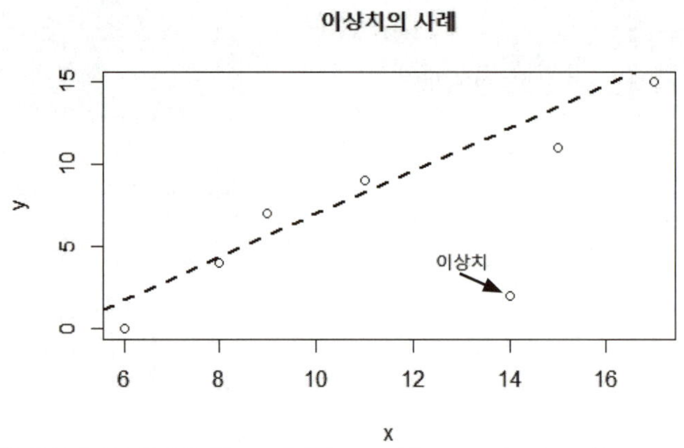

[실습 1-11]의 몇 가지 예시는 파이그래프, 세로형 막대그래프, 가로형 막대그래프를 그리기 위한 R 코드와 그 결과물을 예시한 것이다. [실습 1-11]에서 언급한 몇 가지 옵션의 기능에 대해서 알아보자.

먼저, col=gray(seq(.2,.8,.1))은 회색의 농도를 0.2에서 시작하여 0.8까지 0.1씩 줄여나간다는 의미다. las=2는 축 제목의 방향을 지정하는 것으로 0~3의 값을 가진다. 0이면 축 제목을 각각 해당 축과 평행 방향, 1이면 축 제목을 모두 수평 방향, 2이면 축 제목을 각각 해당 축과 직각 방향, 3이면 축 제목을 모두 수직 방향으로 표시함을 의미한다. horiz=TRUE는 수평 방향의 막대그래프를 그리라는 의미다.

실습 1-11 다양한 형태의 차트 그리기

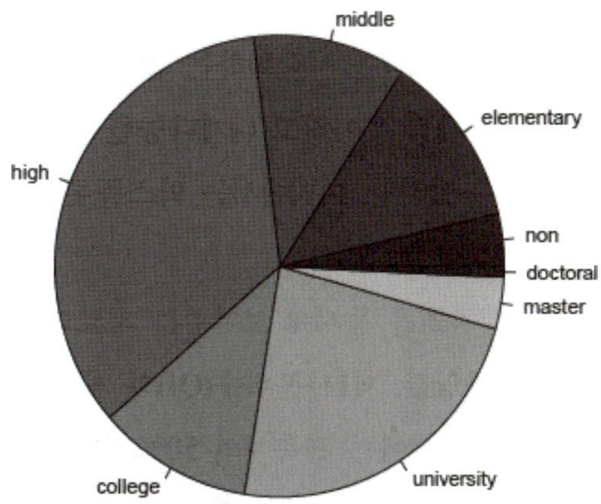


```
> pie(table(fdsurvey$hd_edu),
col=gray(seq(.2,.8,.1)))
```

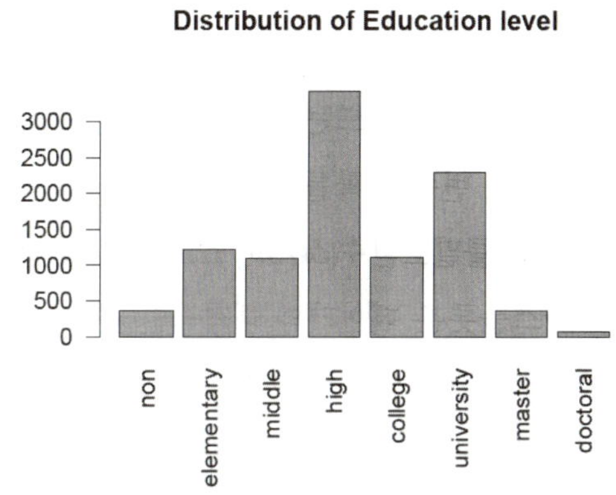


```
> barplot(table(fdsurvey$hd_edu),
        horiz=FALSE, las=2, main=
"Distribution of Education level")
```

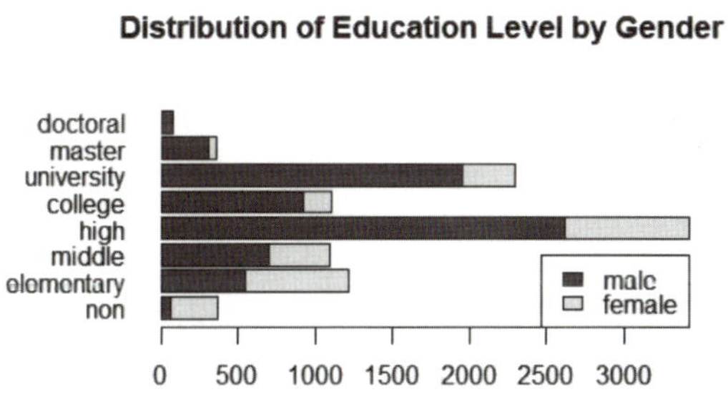


```
> par(mar=c(7,5,5,5))
> barplot(table(fdsurvey$hh_gender,
fdsurvey$hh_edu), horiz=TRUE, las=1,
main= "Distribution of Education
      level by Gender", legend= TRUE,
args.legend=c(x="bottomright"))
```

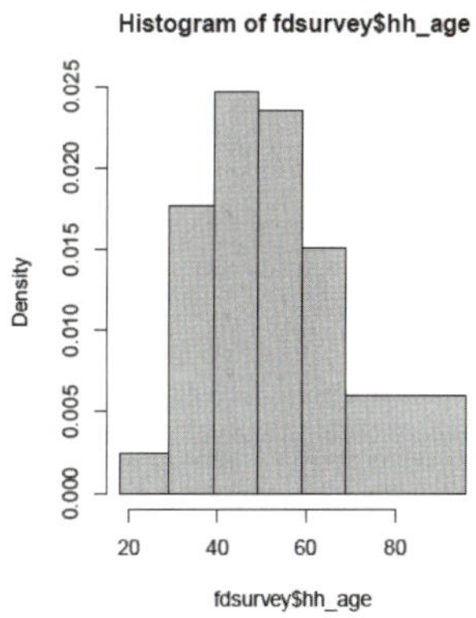


```
>hist(fdsurvey$hh_age, breaks=c(18,
    29,39,49,59,69,96))
```

5-2 함수 ggplot 이용하기

이 절에서는 패키지 `ggplot2`의 함수 `ggplot`을 이용하여 데이터를 시각화하는 법을 배운다. R에서 그래프를 만드는 몇몇 시스템이 있지만 `ggplot2`는 가장 우아하고 다재다능한 시스템 중 하나다. 변수의 확률분포는 다양한 그림으로 나타낼 수 있지만, 여기에서는 박스플롯(box plot)과 확률밀도함수(density function)에 대해서만 설명한다.

박스플롯은 데이터의 대략적인 분포와 개별적인 이상치들을 동시에 보여주는 자료의 시각화 형태 중 하나다. 박스플롯은 5가지 요약통계량으로 중앙값, 제1사분위수(Q1)와 제3사분위수(Q3), 그리고 최소값과 최대값을 나타내준다. 네모 상자 내에는 관측치의 50%가 포함되며, 중앙값은 네모 상자 내의 실선으로 표시된다. Q1과 Q3의 차이, 즉 상자 길이의 1.5배에 해당하는 값을 IQR이라 한다. 상자의 양쪽 끝에서 IQR만큼 떨어진 지점을 안쪽 울타리(inner)라 하고, 안쪽 울타리에서 다시 IQR만큼 떨어진 지점을 바깥쪽 울타리(outer)라고 한다. 안쪽 울타리 내에 있는 데이터 중에서 상자로부터 가장 멀리 떨어진 데이터가 있는 지점까지는 수염(whisker)으로, 안쪽 울타리를 벗어나는 값들은 별도의 점(dots)으로 표시한다.

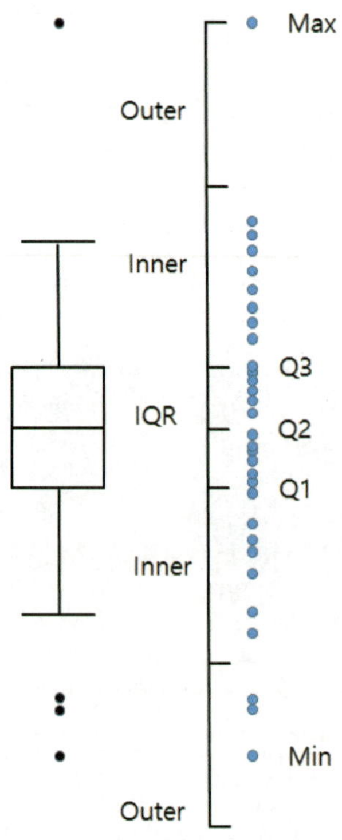

[그림 1-6] 박스플롯을 해석하는 방법

특정 변수의 박스플롯을 집단별로 나타내면, 해당 변수의 분포가 집단별로 어떻게 다른지를 이해하는 데 용이하다. [실습 1-12]는 함수 boxplot을 사용하여 외식비 지출의 분포가 가구주 연령대와 가구원 수별로 어떻게 차이가 나는지 비교하기 위한 R 코드이다. age_gp는 x축, pc_fafh는 y축에 놓고 플롯을 그리되, 플롯의 형태는 geom에 의해 지정한다. grid.arrange는 두 그림을 하나로 합쳐서 나타내는 함수이며, 이때 인자 widths=c(5,5)는 두 그림의 비율을 5:5로 표현하라는 의미다.

[실습 1-12]의 결과에 따르면, 가구주 연령이 60대 이상인 가구가 다른 연령층 가구에 비해 전반적으로 외식비 지출 규모가 상당히 적다는 것을 알 수 있다. 또한 이들 계층에서는 하위 1사분위에 해당하는 지출금액이 0에 가까워서 25% 정도의 가구는 외식에 지출을 거의 하지 않는 것으로 보인다. 다음으로 가구 규모와 외식비 지출의 관계를 살펴보면, 가구 규모가 클수록 외식비 지출이 늘어나고 있어서 규모의 경제효과가 나타나고 있음을 보여준다. 1인 가구의 경우에 하위 25% 가구가 0에 가까운 외식비 지출을 보이나, 외식비 지출이 상당히 높은 가구도 있음을 볼 때 가구 간 외식비 지출의 차이가 2인 또는 3인 이상인 가구보다 다소 크게 나타난다.

실습 1-12 집단별로 박스플롯 그리기

```
> boxplot(fdsurvey$pc_fafh~fdsurvey$age_gp)
> boxplot(fdsurvey$pc_fafh~fdsurvey$hsize_gp)
> myplot1<-ggplot(fdsurvey, mapping=aes(x=age_gp, y=pc_fafh,
        color= age_gp)) +geom_boxplot(show.legend = FALSE)+
 labs(x="Age of Houusehold Head", y="Per capita FAFH Expenditure")
> myplot2<-ggplot(fdsurvey, mapping=aes(x=hsize_gp, y=pc_fafh,
        color= hsize_gp)) +geom_boxplot(show.legend = FALSE)+
 labs(x="Household Size", y="Per capita FAFH Expendiutre")
> library(gridExtra)
> myplot<-grid.arrange(myplot1, myplot2,ncol=2, widths=c(5,5))
```

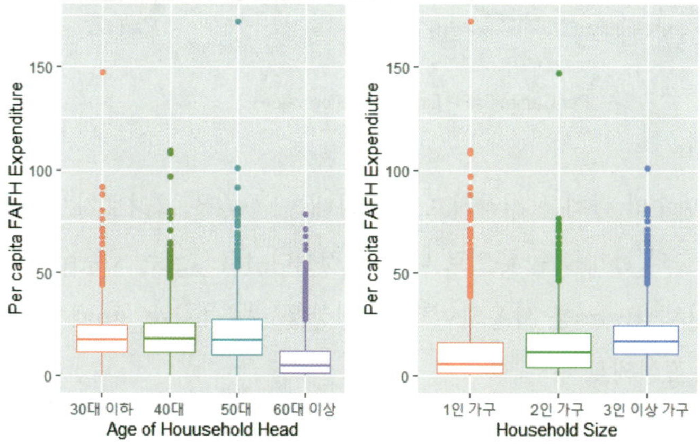

다음으로 확률밀도함수를 그리는 방법에 대해 알아보자. [실습 1-13]은 외식비 지출의 분포를 1인 가구와 2인 가구, 3인 이상 가구로 구분하여 비교한 것이다. 일반적으로 소득이나 지출액의 분포는 대부분 왼쪽으로 치우쳐 있기 때문에 분포를 정확히 알기 어려울 수 있다. 외식비 지출의 분포를 좀 더 정확하게 보려면, 이들 값을 로그변환한 후에 확률밀도함수를 그리는 것이 더 낫다. 외식비 로그값의 확률밀도함수를 그려보면, 외식비를 전혀 지출하지 않는 가구가 123개 있기 때문에 경고메시지가 나타난다.

실습 1-13 가구 규모별로 외식비 로그값의 분포 그리기

```
> ggplot(fdsurvey,aes(x=log(pc_fafh), color=hsize_gp))+
      geom_density(size=2)+labs(x="Per Capita FAFH Expenditure(log value)")
경고메시지(들):
Removed 123 rows containing non-finite values (stat_density).
```

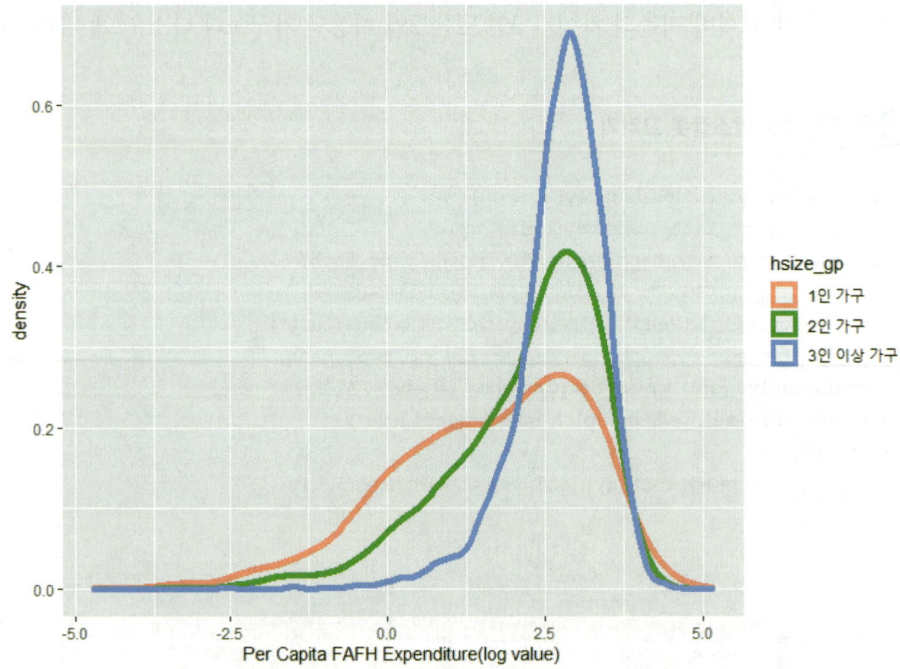

이번에는 두 변수의 관계를 시각적으로 나타내는 플롯을 그려보자. [실습 1-14]는 가구주 연령과 외식비 지출의 관계를 플롯으로 나타낸 것이다. hh_age는 x축, pc_fafh는 y축에 놓고 플롯을 그리되, 인자 class를 사용하여 점의 색상을 변수 hsize_gp에 대응시켜 가구 규모를 각기 다른 색으로 표현해보자.

실습 1-14 **가구주 연령과 1인당 외식비 지출액 간의 관계**

```
> ggplot(data=fdsurvey) +
 geom_point(mapping=aes(x=hh_age, y=pc_fafh, color=hsize_gp))+
          theme(legend.position = "right")
```

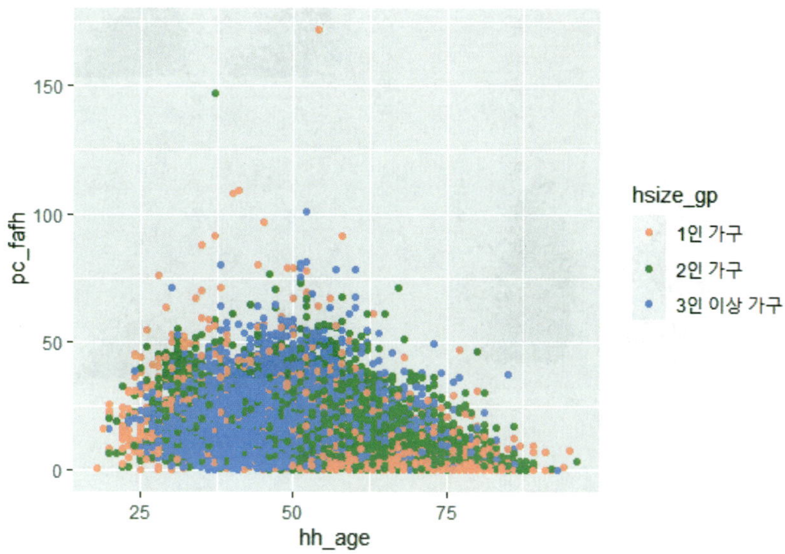

이번에는 ggplot에 인자 fact_wrap과 facet_grid를 추가해보자. 이들 인자는 범주형 변수에 대해 플롯을 면분할하는(facet, 데이터의 각 부분집합에 대해 하위 플롯을 그리는) 기능을 한다. 인자 facet_wrap은 하나의 변수에 대해 플롯을 면분할할 때 사용하며, 면분할하려는 변수를 기호 ~ 다음에 기입한다. nrow=1은 각 범주값에 대응하는 하위 플롯을 한 행에 나타내라는 의미다. 인자 facet_grid는 두 변수 조합으로 플롯을 면분할할 때 사용하며, 두 범주형 변수는 공식에서 ~에 의해 분리된다.

```
> fig1<-ggplot(data=fdsurvey) +
            geom_point(mapping=aes(x=hh_age, y=pc_fafh)) +
            facet_wrap(~hsize_gp, nrow=1)
> fig2<-ggplot(data=fdsurvey) +
            geom_point(mapping=aes(x=hh_age, y=pc_fafh)) +
            facet_grid(hh_gender~hsize_gp)
> library(gridExtra)
> fig_fafh<-grid.arrange(fig1, fig2, widths=c(5,5))
```

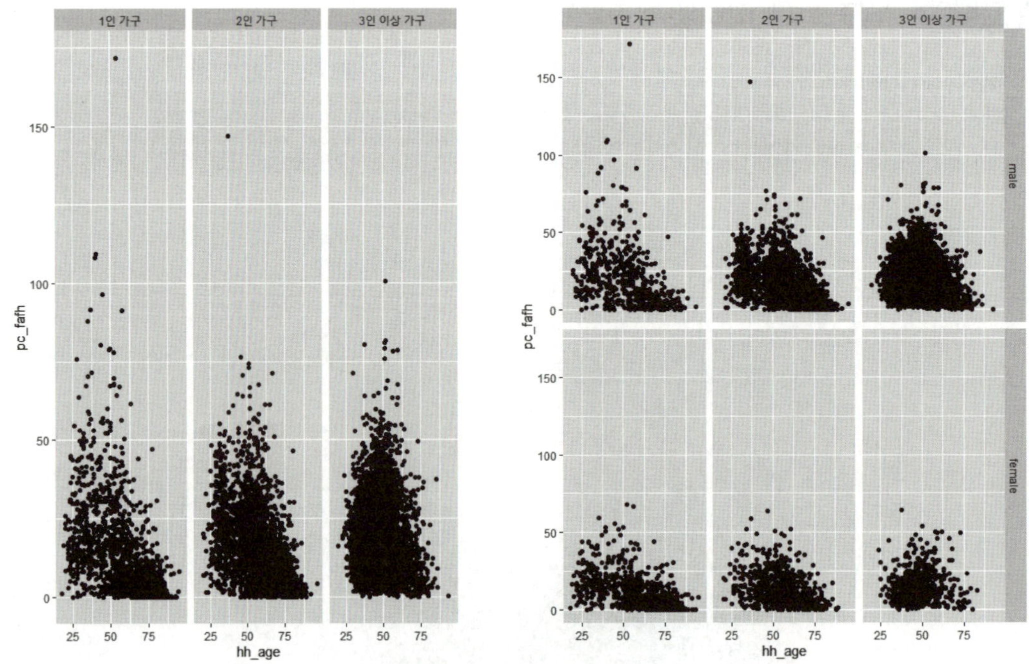

[실습 1-15]는 가구주 연령이 변할 때 외식비 지출이 어떻게 변하는지를 나타내는 플롯을 가구 규모별로 구분한 것이다. geom을 달리할 때 어떠한 변화가 나타나는지를 알아보자. 왼쪽 그림은 geom_point를 적용한 것이며, 오른쪽 그림은 geom_smooth를 추가로 적용하여 데이터에 적합한 평활선을 나타낸 것이다. loess는 평활법으로 국소 회귀분석(local regression)을 사용했음을 의미한다.

실습 1-15 가구주 연령의 변화에 따른 외식비 지출의 변화를 나타내는 플롯

```
> fafh<-fdsurvey %>%
        filter(!is.na(pc_fafh)) %>%
        group_by(hh_age, hsize_gp) %>%
        summarize(m_fafh=mean(pc_fafh))
> fig_fafh_1<-ggplot(data=fafh) +
        geom_point(mapping=aes(x=hh_age, y=m_fafh, color=hsize_gp))
> fig_fafh_2<-ggplot(data=fafh) +
        geom_point(mapping=aes(x=hh_age, y=m_fafh, color=hsize_gp)) +
        geom_smooth(mapping=aes(x=hh_age, y=m_fafh, linetype=hsize_gp),se=FALSE)
> fig_fafh_1
> fig_fafh_2
```

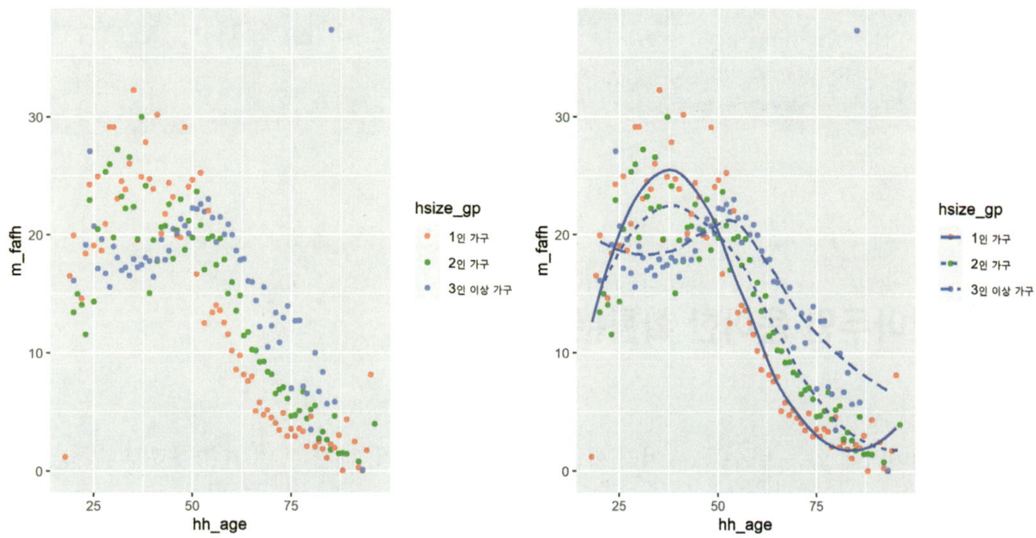

앞의 그림에서 보듯이 연령 변화에 따른 외식비 지출의 변화 패턴은 가구 규모별로 매우 다르다. 외식비 지출은 50대 후반을 기점으로 그 이전 연령대에서는 1인 가구 > 2인 가구 > 3인 이상 가구 순으로 높으며, 그 이후의 연령대에서는 3인 이상 가구 > 2인 가구 > 1인 가구 순으로 높게 나타난다. 또한 외식비 지출이 최고점에 도달하는 연령이 1인 가구와 2인 가구에서는 대략 30대 후반인 반면, 3인 이상 가구에서는 50대 초반이다. 특히 1인 가구의 외식비 지출은 연령 증가에 따른 변화 정도가 매우 큰데, 외식비 지출이 정점에 다다른 30대 후반 이후에는 다른 가구에 비해 빠른 속도로 감소하는 패턴을 보인다.

함수 ggplot에 geom 형태를 달리 지정하고 적절한 옵션을 추가하여 그릴 수 있는 플롯은 무궁무진하다. geom의 형태로는 geom_point, geom_smooth, geom_bar, geom_boxplot, geom_count, geom_polygon, geom_abline 등이 있다.

완성된 플롯을 보고서나 논문에 활용하려면 이를 저장할 필요가 있다. 플롯을 저장하는 방법은 크게 2가지다. 첫 번째는 Rstudio에서 Plots의 Export 탭을 이용하는 것이다. 이 방법은 편리하고 이미지나 pdf 파일 형태로 저장된 그림을 얻을 수 있으나, 해상도가 낮은 것이 단점이다. 두 번째는 함수 ggsave()를 이용하는 것이다. 다음과 같이 인자 width, height, dpi를 적절하게 사용하여 자신의 디렉터리에 그림 파일을 저장할 수 있다.

```
> ggsave("D:/MDAR/myfigure_1.png", fig_fafh_1,
        width = 5, height=5, dpi=300)
> ggsave("D:/MDAR/myfigure_2.png", fig_fafh_2,
        width = 5, height=5, dpi=300)
```

6 알아두면 용이한 확률분포함수

마이크로데이터에 있는 변수들은 여러 형태의 분포를 가진다. 예를 들면 표준정규분포, 로그정규분포, 로지스틱 분포 등이다. [표 1-2]는 각 분포함수에 대응하는 R 함수를 정리한 것이다. 이 R 함수들은 각 장에서 통계모형을 추정하거나, 통계모형의 추정 결과를 이용하여 사후적인 분석을 진행할 때 매우 유용하게 사용할 수 있다. 예를 들어, 다음의 R 코드는 $n=10$, $p=0.2$인 이항분포에서 $x=2$일 확률을 계산하라는 의미다.

```
> dbinom(2, 10, 0.2)
[1] 0.3019899
```

7 R 데이터 저장과 불러오기

지금까지 작업한 데이터프레임 fdsurvey를 자신의 디렉터리에 저장하는 방법은 다음과 같다. R 데이터 파일인 fdsurvey를 Rstudio로 다시 불러오려면 함수 load를 사용한다.

```
> save(fdsurvey, file="D:/MDAR/fdsurvey.RData")
> load("D:/MDAR/fdsurvey.RData")
```

[표 1-2] 통계 분포에 관한 R 함수

구분	파라미터	확률밀도함수 (pmf/pdf)	누적밀도함수 (cdf)	분위수 (quantile)	난수 (random numbers)
이산형 분포					
베르누이	p	dbinom(x, 1, p)	pbinom(x, 1, p)	qbinom(q, 1, p)	rbinom(R, 1, p)
이항분포	n, p	dbinom(x, n, p)	pbinom(x, n, p)	qbinom(q, n, p)	rbinom(R, n, p)
초기하	S, W, n	dhyper(x, S, W, n)	phyper(x, S, W, n)	qhyper(q, S, W, n)	rhyper(R, S, W, n)
포아송	λ	dpois(x, λ)	dpois(x, λ)	dpois(q, λ)	dpois(R, λ)
기하	p	dgeom(x, p)	pgeom(x, p)	qgeom(q, p)	rgeom(R, p)
연속형 분포					
단일	a, b	dunif(x, a, b)	punif(x, a, b)	qunif(q, a, b)	runif(R, a, b)
로지스틱	-	dlogis(x)	plogis(x)	qlogis(q)	rlogis(R)
지수	λ	dexp(x, λ)	pexp(x, λ)	qexp(q, λ)	rexp(R, λ)
표준정규	-	dnorm(x)	pnorm(x)	qnorm(q)	rnorm(R)
정규	μ, σ	dnorm(x, μ, σ)	pnorm(x, μ, σ)	qnorm(q, μ, σ)	rnorm(R, μ, σ)
로그정규	m, s	dlnorm(x, m, s)	plnorm(x, m, s)	qlnorm(q, m, s)	rlnorm(R, m, s)
χ^2	n	dchisq(x, n)	pchisq(x, n)	qchisq(q, n)	rchisq(R, n)
t	n	dt(x, n)	pt(x, n)	qt(q, n)	rt(R, n)
F	m, n	df(x, m, n)	pf(x, m, n)	qf(q, m, n)	rf(R, m, n)

8 데이터 병합

마이크로데이터를 분석할 때 동일한 변수를 가지나 조사연도가 서로 다른 횡단면데이터를 통합하여 분석하는 경우가 있다. 예를 들면, 두 시점 간에 나타난 변화를 살펴보고자 하는 경우이다. 또는 동일한 표본으로부터 추출한 데이터로 개체의 식별번호는 동일하나 서로 다른 변수들을 가지는 두 데이터를 하나의 데이터로 병합(merge)하여 분석하는 경우가 있다. 이에 대해 알아보자.

먼저, 조사 대상과 연도가 서로 다르나 동일한 변수를 가진 두 횡단면데이터를 하나로 결합하는 방법을 알아보자. [실습 1-16]은 가계동향조사 2006년 자료와 2015년 자료로부터 일부 변수만을 선택하여 이를 하나의 데이터프레임으로 결합하는 방법을 나타낸 것이다. 함수 rbind()에 의해 두 데이터를 행 결합하려면, [실습 1-16]과 [그림 1-7]에서 보듯이 두 데이터가 동일한 이름과 개수의 변수를 가져야 한다. 즉 열의 이름과 속성, 개수가 서로 같아야 한다.

실습 1-16 함수 rbind에 의한 두 데이터프레임의 결합

```
> mydata06<-read.dta13("D:/MDAR/hdsurvey_2006.dta")
> mydata15<-read.dta13("D:/MDAR/hdsurvey_2015.dta")
> temp06<-mydata06[c("year","pid","wt","age","hsize","hincm","fhead",
                     "f_emp","fhead_emp","grain","veg_vprd","fafh")]
> temp15<-mydata15[c("year","pid","wt","age","hsize","hincm","fhead",
                     "f_emp","fhead_emp","grain","veg_vprd","fafh")]
> fdexp06_15<-rbind(temp06,temp15)
```

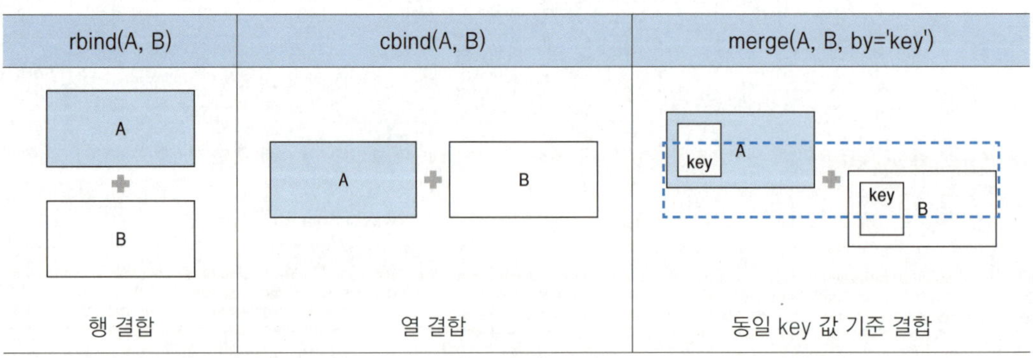

[그림 1-7] 데이터프레임의 결합과 병합

두 번째로, 동일한 대상에 대한 조사 결과로서 서로 다른 변수를 가진 두 데이터를 결합하는 방법을 알아보자. 두 데이터가 동일한 대상에 대한 관측치이며, 행의 개수도 같다면 함수 cbind()에 의해 두 데이터를 열 결합할 수 있다. [실습 1-17]은 함수 cbind와 merge를 이용하여 두 마이크로데이터를 하나의 데이터프레임으로 병합하는 방법을 나타낸 것이다. 단지 실습을 위해 원 데이터프레임으로부터 함수 subset을 이용하여 여러 형태의 부분집합을 만들어보자. hsdata1, hsdata2, hsdata3, hsdata4는 모두 fdsurvey로부터 추출된 데이터프레임으로 서로 다른 변수나 관측치를 가진다. 독자 스스로 각 코드를 실행해봄으로써 두 데이터프레임이 병합 전후로 어떠한 형태인지를 확인해보기 바란다.

실습 1-17 데이터프레임의 병합

```
> hsdata1<-subset(fdsurvey, select=c("hid", "hdincm", "hh_age", "female",
              "hh_edu"))
> hsdata2<-subset(fdsurvey, select=c("hid", "expn", "fdexpn", "fafh",
              "grains", "meats"))
# hsdata_full1과 hsdata_full2는 동일한 데이터프레임이다
> hsdata_full1<-merge(hsdata1, hsdata2, by='hid')
> hsdata_full2<-cbind(hsdata1, hsdata2)
> hsdata3<-subset(fdsurvey[-(1:200),], select=c("hid", "hdincm", "hh_age",
              "female", "hh_edu"))
> hsdata4<-subset(fdsurvey[-(9834:9933),], select=c("hid", "expn", "fdexpn",
              "fafh", "grains", "meats"))
> hsdata_alltrue<-merge(x=hsdata3, y=hsdata4, by='hid', all=TRUE)
> hsdata_xtrue<-merge(x=hsdata3, y=hsdata4, by='hid', all.x=TRUE)
> hsdata_ytrue<-merge(x=hsdata3, y=hsdata4, by='hid', all.y=TRUE)
```

함수 merge에 사용되는 인자 by는 두 데이터프레임을 병합할 때 정렬 기준이 되는 변수를 지정한다. 인자 all=TRUE, all.x=TRUE, all.y=TRUE는 [그림 1-8]에서 보듯이 정렬의 기준이 되는 변수가 측정값을 가지지 않을 때 이를 어떻게 처리할지를 나타낸다. all=TRUE는 두 데이터프레임 중 공통 값을 가지고 있지 않은 행에 대해서는 NA로 채운 후에 전체 행을 병합한다(이를 outer join이라 한다). all=FALSE는 두 데이터프레임이 모두 공통 값을 가진 행만을 병합한다(inner join). all.x=TRUE는 두 데이터프레임 중 좌측 x 프레임의 모든 행을 유지하는 방식으로 병합(left outer join)하는 반면, all.y=TRUE는 두 데이터프레임 중 우측 y 프레임의 모든 행을 유지하는 방식으로 병합(right outer join)한다.

Inner join	Outer join	Left Outer join	Right Outer join
merge(A, B, by='key')	merge(x=A, y=B, by='key', all=TRUE)	merge(x=A, y=B, by='key', all.x=TRUE)	merge(x=A, y=B, by='key', all.y=TRUE)

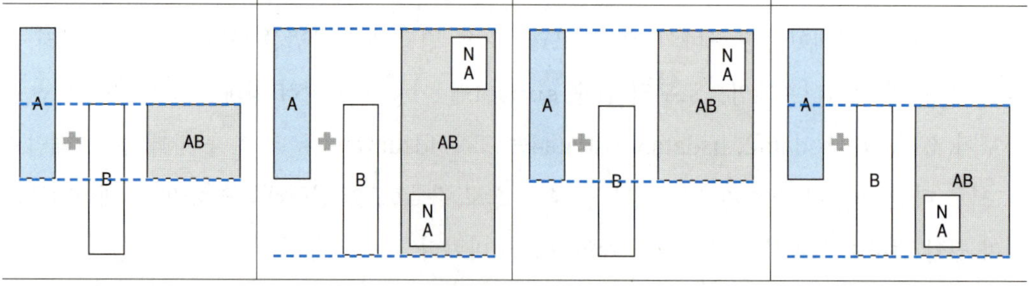

[그림 1-8] 함수 merge에 의한 두 데이터프레임의 병합 방법

9 사례연습: 한국복지패널 자료

[실습 1-18]은 한국복지패널(Korea Welfare Panel Survey, KOWEPS) 원자료에 앞에서 배운 R 함수와 코드를 적용하여 연령별, 성별 근로소득을 분석한 것이다. 지면을 고려하여 마지막 실행 결과인 연령 변화에 따른 근로소득의 변화를 나타내는 그림과 이를 남녀별로 구분한 그림만을 제시하였다. [실습 1-18]에 제시된 각 코드를 직접 실행해보면서 각 함수가 지닌 기능을 복습하기 바란다.

실습 1-18 한국복지패널 자료 분석

```
# 데이터 분석에 필요한 패키지 불러오기
> library(readstata13)
> library(plyr)
> library(ggplot2)
> library(dplyr)
> library(gridExtra)
> mydata<-read.dta13(file="D:/MDAR/koweps_hpwc14_2019_beta1.dta")

# 데이터에서 필요한 변수만을 선택하기
> subdata<-subset(mydata, select=c(h14_pid, h14_g3, h14_g4, h14_g6,
                  h14_g10, p1402_1, p1402_6, p1402_8aq1, p1402_4aq1,
                  h14_eco9, h14_eco10, p1403_5, p1407_3aq6, p1407_3aq7,
                  np1406_39, np1406_40))
```

```
# 선택한 변수에 변수명을 부여하기
> subdata<-plyr::rename(subdata, c("h14_g3"="gender",
                        "h14_g4"="birth_year", "h14_g6"="edu",
                        "h14_g10"="marital", "p1402_1"="work_type",
                        "p1402_6"="tenure", "p1402_8aq1"="wage",
                        "p1402_4aq1"="union", "h14_eco9"="job",
                        "h14_eco10"="firm_size", "p1403_5"="health",
                        "p1407_3aq6"="univ_1", "p1407_3aq7"="univ_2",
                        "np1406_39"="edu_fa", "np1406_40"="edu_mo"))

# 데이터프레임에 있는 결측치 확인하기
> table(is.na(subdata))
> table(is.na(subdata$wage)) # 변수 wage의 결측치 확인

# 변수 wage에서 모든 형태의 누락된 값을 찾아 이를 결측치로 지정하기
> subdata$wage_1<-ifelse(subdata$wage %in% c(0, ".", NA, "NA", 9, 99, 999,
                        9999, 99999, 999999), NA, subdata$wage)

> subdata<-mutate(subdata, age=2020-birth_year+1) # 개인별 연령 구하기

# 연령별 평균 임금소득을 구하기
> age_wage1<-subdata %>%
        filter(!is.na(wage)) %>%
        group_by(age) %>%
        summarize(m_wage=mean(wage))

# 연령 변화에 따른 평균 임금소득의 변화를 나타내는 선 그래프 그리기
> wage_plot1<-ggplot(age_wage1, mapping=aes(x=age, y=m_wage),
                                color=gender) +geom_line()

# 성별을 나타내는 범주형 변수를 생성하기
> subdata$gender<-factor(subdata$gender,labels=c("Male","Female"),
                        ordered=TRUE)

# 연령별 평균 임금소득의 변화를 나타내는 선 그래프를 남녀별로 구하기
> age_wage2<-subdata %>%
        filter(!is.na(wage)) %>%
        group_by(age, gender) %>%
        summarize(m_wage=mean(wage))
> wage_plot2<-ggplot(age_wage2, mapping=aes(x=age, y=m_wage,
                                linetype=gender)) +geom_line()
> wage_plot3<-ggplot(age_wage2, mapping=aes(x=age, y=m_wage,
                                fill=gender)) +geom_col()

# 앞에서 그린 두 그림을 하나로 나타내기
> myplot<-grid.arrange(wage_plot1, wage_plot2, ncol=2, widths=c(5,5))
> myplot
```

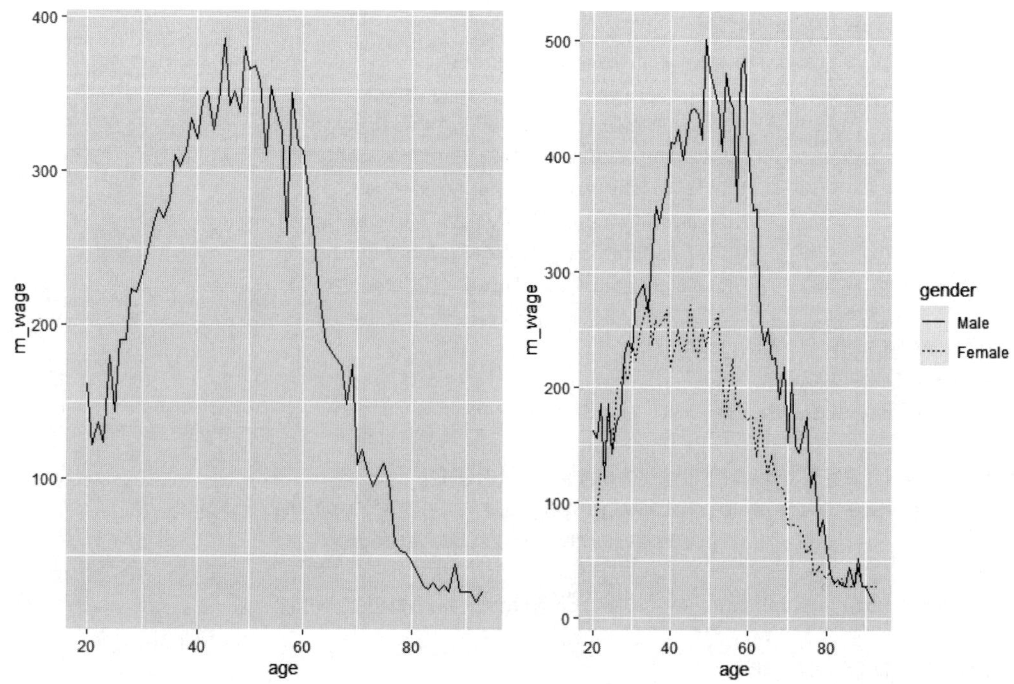
400
300
200
100
m_wage
20
40
60
80
age
500
400
300
200
100
0
m_wage
20
40
60
80
age
gender
Male
Female

참고문헌

Garbuszus, J.M. & Jeworutzki, S. (2021). ***readstata13:*** *Import 'Stata' Data Files*. R package version 0.10.0. URL https://CRAN.R-project.org/package=readstata13.

Muenchen, R. A. & Hilber, J. M. (2010). *R for Stata Users*. Springer.

R Core Team. (2020). ***foreign:*** *Read Data Stored by 'Minitab', 'S', 'SAS', 'SPSS', 'Stata', 'Systat', 'Weka', 'dBase', ...* R package version 0.8-81. URL https://CRAN.R-project.org/package=foreign.

Wickham, H. (2021). ***dplyr:*** *Grammar of Data Manipulation.* R package version 1.0.7. URL https://CRAN.R-project.org/package=dplyr.

Wickham, H. (2021). ***ggplot2:*** *Create Elegant Data Visualisations Using the Grammar of Graphics.* R package version 3.3.5. URL https://CRAN.R- project.org/package=ggplot2.

Wickham, H. & Bryan, J. (2019). ***readxl:*** *Read Excel Files.* R package version 1.3.1. URL https://CRAN.R-project.org/package=readxl.

1부

횡단면데이터 분석

02장 다중선형회귀분석

학습목표

설명변수가 둘 이상인 다중선형회귀모형을 최소자승법으로 추정하고, 모형 추정식에 사용된 설명변수의 유형에 따라 계수 추정치를 해석하는 방법에 대해 알아본다. 모형의 추정 결과를 토대로 계수값에 대한 가설을 검정하는 방법을 배운다. 다중선형회귀모형의 기본 가정인 오차의 등분산과 설명변수의 다중공선성 여부를 진단하고 해결하는 방법을 알아본다.

[표 2-1] 2장에서 사용할 R 패키지와 함수

패키지	함수	기능
base	lm	선형회귀모형을 추정한다.
	summary	모형의 추정 결과를 출력한다.
	coef	설명변수의 계수 추정치를 출력한다.
stargazer	stargazer	추정 결과를 깔끔한 표 형태로 출력한다.
margins	margins	선형회귀모형의 추정 결과로부터 설명변수의 한계효과를 구한다.
car	linearHypothesis	선형회귀모형의 추정 결과를 토대로 계수값에 대한 가설검정을 실행한다.
	vif	다중공선성을 진단하기 위한 분산팽창계수를 계산한다.
	hccm	오차의 이분산에 견고한 분산·공분산을 제공한다.
lmtest	bptest	선형회귀모형에서 오차의 이분산 여부를 검정한다.
	coeftest	vcovHC와 함께 사용하여 이분산에 견고한 표준오차를 가진 계수 추정치와 그에 대응하는 p값을 제공한다.
sandwich	vcovHC	오차의 이분산에 견고한 다양한 분산·공분산 행렬을 제공한다.

1 다중선형회귀모형의 추정

마이크로데이터는 개체의 특성에 관한 세부적인 정보를 포함하고 있기 때문에 다중선형회귀모형을 적용하기에 적합하다. 식 (2-1)과 같이 k개의 설명변수를 가진 다중선형회귀모형이 있다고 하자.

$$y = \beta_0 + \beta_1 x_1 + \beta_2 x_2 + \beta_3 x_3 + \cdots + \beta_k x_k + u \tag{2-1}$$

위의 모형을 최소자승법으로 추정하는 R 코드는 다음과 같다.

```
lm(y~x1+x2+x3+...+xk, data=df)
```

R에서 y~x1 + x2 + x3 + ⋯ + xk를 회귀모형의 공식(formula)이라고 부른다. 공식에서 ~는 종속변수와 설명변수를 구분하는 기호이며, +는 서로 다른 설명변수들을 구분하는 기호이다. data는 분석에 사용하는 데이터프레임 df를 지정하는 인자다. 상수항은 lm(y~0+x1+x2+x3+...+xk, data=df)라고 하지 않으면 자동으로 추가된다.

회귀모형의 추정 결과는 특정 이름을 가진 객체에 저장할 수 있다. 예를 들어 ols_fafh라는 이름의 객체에 저장하려면 ols_fafh<-lm(...)라고 하면 된다. R은 추정 결과를 화면에 바로 출력해주지 않는다. 추정 결과를 보려면 함수 summary(ols_fafh)를 실행해야 한다. 함수 summary는 계수 추정치와 표준오차, 결정계수(R^2), 그 외 많은 유용한 통계량들을 제공한다. 추정 결과를 별도의 객체에 저장하지 않고 바로 화면에 출력하려면 summary(lm(...))라고 하면 된다. 하지만 추정 결과를 객체로 저장하는 방식을 추천한다. 왜냐하면 추정 이후에 해당 객체를 이용하여 예측치 분석, 가설검정 등 사후 분석을 할 수 있기 때문이다.

[실습 2-1]은 [실습 1-1]에서 생성한 데이터프레임 fdsurvey를 사용하여 성인 가구원 1인 기준으로 측정한 외식비 지출액(pc_fafh)을 가구소득, 가구주 연령, 그리고 가구주 성별에 대해 회귀분석을 한 결과이다. 함수 lm에 의한 추정 결과로부터 얻을 수 있는 정보의 목록은 함수 names(ols_fafh)를 실행하면 알 수 있다.

```
> names(ols_fafh)
[1] "coefficients"  "residuals" "effects" "rank"
[5] "fitted.values" "assign"    "qr"      "df.residual"
[9] "xlevels"       "call"      "terms"   "model"
```

이 목록의 구성요소를 사용하면 추정 결과의 일부를 가져올 수 있다. 예를 들면 ols_fafh$coefficients는 모든 설명변수의 계수 추정치를 반환하며, ols_fafh$coefficients[c("(Intercept)", "hh_age"]는 상수항과 hh_age의 계수 추정치를 반환한다. 또는 함수 coef()를 사용하여 모든 설명변수나 특정 설명변수의 계수 추정치를 가져올 수 있다.

실습 2-1 최소자승법에 의한 다중선형회귀모형의 추정

```
> load("D:/MDAR/fdsurvey.RData")
> ols_fafh<-lm(pc_fafh~hh_age+hdincm+hh_gender, data=fdsurvey)
> summary(ols_fafh)
--중략--
Coefficients:
                  Estimate  Std. Error  t value  Pr(>|t|)
(Intercept)       1.806e+01  4.866e-01   37.120   < 2e-16 ***
hh_age           -1.837e-01  7.542e-03  -24.356   < 2e-16 ***
hdincm            2.302e-06  4.397e-08   52.365   < 2e-16 ***
hh_genderfemale -1.693e+00  2.407e-01   -7.032  2.17e-12 ***
---
Signif. codes: 0 '***' 0.001 '**' 0.01 '*' 0.05 '.' 0.1 ' ' 1

Residual standard error: 10.14 on 9929 degrees of freedom
Multiple R-squared: 0.3579, Adjusted R-squared: 0.3577
F-statistic: 1844 on 3 and 9929 DF, p-value: < 2.2e-16
> ols_fafh$coefficients
 (Intercept)        hh_age        hdincm hh_genderfemale
 1.806417e+01 -1.836881e-01  2.302382e-06    -1.692509e+00
> ols_fafh$coefficients[c("(Intercept)","hdincm")]
 (Intercept)       hdincm
1.806417e+01  2.302382e-06
> coef(ols_fafh)["hdincm"]
      hdincm
2.302382e-06
> ols_fafh2<-lm(pc_fafh~hh_age+hdincm+female, data=fdsurvey)
> ols_fafh2$coefficients["female"]
   female
-1.692509
```

R에서 최소자승모형을 추정할 때 hh_gender와 같은 범주형 변수는 1의 값을 가진 범주(female)를 기준으로 계수 추정치를 제시한다. 범주형 변수 hh_gender를 사용하든, 더미변수 female을 사용하든 추정 결과는 동일하기 때문에 범주형 변수에 대응하는 더미변수를 별도로 생성하여 설명변수로 사용하지 않아도 된다.

1) 회귀모형의 공식에서 변수 변환하기

R이 가진 장점 중 또 다른 하나는 추정하려는 회귀모형의 공식에 바로 변수 변환을 적용할 수 있다는 점이다. 예를 들면 [실습 2-1]에서 가구소득의 단위를 원에서 만 원으로 변경하려면, 단위를 변경한 새로운 변수 hhincm_ad를 생성하여 회귀모형에 설명변수로 추가하면 된다. 하지만 회귀모형의 공식에 직접 I(hdhincm/10000)를 사용하여도 그 결과는 동일하다. 여기서 I()는 변수의 수치적인 변환을 할 때 사용하는 함수이다. 아래의 예에서 보듯이 만 원 단위로 변환된 가구소득의 계수 추정치는 0.023으로 원 단위로 측정된 가구소득의 계수 추정치와 비교할 때 정확하게 만 배인 반면, 다른 모든 변수의 계수 추정치는 이전과 변함이 없음을 알 수 있다.

```
> fdsurvey$hhincm_ad<-fdsurvey $hhincm/10000
> ols_fafh3<-lm(pc_fafh~hh_age+I(hdincm/10000)+female, data=fdsurvey)
> coef(ols_fafh3)
  (Intercept)        hh_age   I(hdincm/10000)        female
  18.06417460   -0.18368808        0.02302382   -1.69250856
```

모형 추정식에서 변수 변환은 종속변수에도 바로 적용할 수 있다. [실습 2-2]는 그 사례로, 로그변환한 종속변수를 가진 모형을 최소자승법으로 추정한 결과다. [실습 2-2]에 사용된 데이터는 패키지 wooldridge에서 불러온 데이터 wage1이다. 데이터 wage1은 미국의 1976년 인구조사(Current Population Survey) 자료로부터 추출한 것이다. R 패키지로부터 데이터를 불러오는 함수는 data(데이터명, package="패키지명")이다. 물론 함수 data를 실행하기 전에 해당 패키지를 설치해야 한다.

모형 추정식에서 종속변수로 시간당 임금(wage)의 로그값이, 설명변수로 학교 교육기간으로 측정한 근로자 학력(educ), 잠재경력기간(exper), 현직근무기간(tenure)이 사용되었다. 잠재경력기간은 현재 나이에서 학교 교육기간을 제외한 기간이다.

실습 2-2 로그변환한 종속변수를 가진 모형의 추정

```
> install.packages("wooldridge")
> data(wage1, package="wooldridge")
> ols_wage<-lm(log(wage)~educ+exper+tenure, data=wage1)
```

2) 추정 결과를 표로 출력하기

R은 여러 모형의 추정 결과를 비교하기 쉬운 양식(예를 들면, 표나 LaTex 형태)으로 출력해주는 기능을 제공한다. [실습 2-3]에서 보듯이 패키지 stargazer의 함수 stargazer을 이용하면 여러 추정 결과를 하나의 표 형태로 요약한 결과를 얻을 수 있다. 추정식에서 종속변수 pc_fafh와 설명변수 hincm을 로그 형태의 변수로 변환했기 때문에 해당 변수의 값들 중에 0의 값을 가지는 관측치가 있다면 회귀분석이 실행되지 않는다. 따라서 변수 pc_fafh와 hdincm이 0의 값을 가지는 관측치는 결측치로 처리하여 분석에서 제외하였다.

실습 2-3 회귀분석 결과를 표로 작성하기

```
> fdsurvey2<-fdsurvey
> fdsurvey2$pc_fafh[fdsurvey2$pc_fafh==0]<-NA
> fdsurvey2$hdincm[fdsurvey2$hdincm==0]<-NA
> model_1<-lm(log(pc_fafh)~log(hdincm)+hh_age+I(hh_age^2)+female,
              data=subset(fdsurvey2, hdsize==1))
> model_2<-update(model_1, data=subset(fdsurvey2, hdsize==2))
> model_3<-update(model_1, data=subset(fdsurvey2, hdsize>=3))
> library(stargazer)
> stargazer(list(model_1,model_2, model_3), type="text", digits=3,
              dep.var.labels = "Log of per-capita expenditure on FAFH")

==========================================================================
                                 Dependent variable:
               -----------------------------------------------------------
                         Log of per-capita expenditure on FAFH
                        (1)                 (2)                 (3)
--------------------------------------------------------------------------
log(hdincm)           0.496***            0.741***            0.615***
                     (0.029)             (0.023)             (0.016)

hh_age                0.024**             0.038***            0.049***
                     (0.010)             (0.008)             (0.006)
```

```
I(hh_age2)              -0.001***             -0.001***             -0.001***
                        (0.0001)              (0.0001)              (0.0001)

female                  -0.563***             -0.095**              -0.105***
                        (0.058)               (0.037)               (0.026)

Constant                -4.042***             -8.774***             -7.661***
                        (0.482)               (0.379)               (0.254)

-----------------------------------------------------------------------------------------
Observations              1,768                 2,990                 5,008
R2                        0.522                 0.503                 0.294
Adjusted R2               0.521                 0.502                 0.293
Residual Std. Error   1.067 (df = 1763)     0.857 (df = 2985)     0.603 (df = 5003)
F Statistic     482.207*** (df = 4; 1763) 754.100*** (df = 4; 2985) 519.952*** (df = 4; 5003)
=========================================================================================
Note:                                                  *p<0.1; **p<0.05; ***p<0.0
```

함수 stargazer을 사용하려면 list()에는 추정 결과를 저장한 객체 이름을 나열하고, 추정 결과를 표 형태로 출력하려면 type="text"라고 하며, LaTex 형태로 출력하려면 type="latex"라고 하면 된다. 기본값으로 관측치 수와 추정 결과의 적합도를 나타내는 통계량이 모두 출력된다. 이를 몇 가지로 제한하려면 keep.stat=c("n","rsq","adj.rsq","ser","f")에서 일부만을 제시하면 된다. "n"은 분석에 사용된 관측치 수, "rsq"는 결정계수, "adj.rsq"는 조정 결정계수, "ser"는 잔차의 표준오차, "f"는 F 검정통계량 값을 각각 의미한다.

2 다양한 함수 형태를 가진 모형의 추정과 해석

1) 로그함수 모형

마이크로데이터를 분석할 때 자연로그 log(•)나 이차함수 형태의 변수가 포함된 회귀모형을 추정하는 경우가 흔하다. 특히 종속변수가 지출액, 매출액, 상품가격, 가구소득, 임금 등을 나타내는 변수일 때 이를 로그변환한 후에 회귀분석을 한다. 자연로그 형태의 변수를 사용하는 것은 다음과 같은 몇 가지 이점이 있다.

- 첫째, 추정된 계수값의 의미를 해석하는 것이 용이하다. 예를 들어, 종속변수와 설명변수가 모두 로그 형태이면 설명변수의 계수 추정치는 종속변수에 대한 설명변수의 탄성치를 의미한다. 즉, 종속변수에 대한 설명변수의 효과를 해석할 때 설명변수의 측정 단위가 무엇인지에 대해 신경을 쓰지 않아도 된다.
- 둘째, 종속변수가 양의 값을 가지는 경우 로그변환할 때가 그러지 않을 때에 비해 선형 회귀모형의 기본 가정을 보다 더 잘 충족한다.[1] 일반적으로 종속변수가 지출액, 매출액, 임금 등과 같이 양의 값을 가지는 변수일 경우 이분산적(heteroskedastic)이거나 왜도가 심한 분포를 가진다. 로그변환은 이러한 분포의 문제를 제거하지는 못하더라도 완화할 수 있다.
- 셋째, 로그변환하면 변수의 범위(최대값과 최소값의 차이)가 상당 정도 줄어들기 때문에 종속변수나 설명변수의 이상치에 대해 덜 민감한 추정치를 얻게 된다.

[실습 2-4]는 1970년 미국 보스턴 지역의 주택 센서스 자료를 사용하여 주택가격에 영향을 주는 요인들을 분석한 것이다. 추정식은 다음과 같다.

$$\log(price) = 11.005 - 0.901\log(nox) - 0.215\log(dist) + 0.246\,rooms - 0.015\,crime - 0.042\,stratio$$

여기서 *price*는 중앙값으로 평가된 면적 $100m^2$당 주택가격이며, *nox*는 주택이 위치한 도시의 대기오염 수준, *rooms*는 주택에 있는 방의 개수, *dist*는 보스턴 고용센터까지의 가중평균거리, *crime*은 주민 1인당 범죄발생 건수, *stratio*는 교사 1인당 학생 수를 각각 의미한다. 데이터는 패키지 `wooldridge`에서 함수 `data(hprice2, package="wooldridge")`로 불러올 수 있다.

추정 결과에서 대기오염 농도(*nox*)의 계수 추정치가 -0.901이라는 의미는 종속변수와 설명변수가 모두 로그변환된 형태이기 때문에 탄성치를 의미한다. 즉, 대기오염 농도가 1% 증가할 때 다른 모든 변수의 값이 일정하다면 주택가격은 0.901% 하락함을 뜻한다. 그렇다면 설명변수 *stratio*의 계수 추정치가 -0.042라는 의미는 무엇일까? 종속변수는 로그변환되었지만 설명변수는 그렇지 않기 때문에 정확한 의미를 이해하려면 약간의 수학적인 공식이 필요하다. 주택가격을 *price*, 설명변수 *stratio*의 계수 추정치를 β_5라고 할 때 β_5의 의미는 다음과 같다.

---

1 선형회귀모형의 기본 가정은 다음과 같다. ①파라미터의 선형함수이며, ②설명변수 서로 간에 완전한 상관관계가 없으며, ③오차는 0인 조건부 평균과 등분산을 가지며, ④시계열 상관이 없으며, ⑤정규분포를 가진다.

$$\%\Delta price = 100 \times [\exp(\beta_5 \Delta stratio) - 1] \quad (2\text{-}2)$$

따라서 교사 1인당 학생 수가 1명 증가할 때(즉 $\Delta stratio = 1$), 다른 모든 변수의 값이 일정하다면 주택가격의 퍼센트 변화는 $\%\Delta price = 100 \times [\exp(-0.042) - 1] = -4.1\%$이다.

실습 2-4 **종속변수와 설명변수가 모두 로그 형태인 함수의 추정**

```
> data(hprice2, package="wooldridge")
> reg_hprice<-lm(log(price)~log(nox)+log(dist)+rooms+crime+stratio,
            data=hprice2)
> summary(reg_hprice)
- - 중략 - -
Coefficients:
             Estimate  Std. Error  t value   Pr(>|t|)
(Intercept) 11.005202    0.289504   38.014    < 2e-16 ***
log(nox)    -0.900736    0.106331   -8.471   2.73e-16 ***
log(dist)   -0.214767    0.039989   -5.371   1.20e-07 ***
rooms        0.246468    0.016876   14.604    < 2e-16 ***
crime       -0.014839    0.001446  -10.263    < 2e-16 ***
stratio     -0.042209    0.005457   -7.735   5.75e-14 ***
---
Signif. codes: 0 '***' 0.001 '**' 0.01 '*' 0.05 '.' 0.1 ' ' 1

Residual standard error: 0.2411 on 500 degrees of freedom
Multiple R squared: 0.6564, Adjusted R-squared: 0.653
F-statistic: 191 on 5 and 500 DF, p-value: < 2.2e-16
```

그러나 로그변환된 종속변수에 대해 회귀분석을 할 때 문제점도 없지는 않다. 첫 번째는 종속변수 값이 0인 경우이다. 앞 장에서 보았듯이, 가구 중에는 외식 등 특정 품목에 대한 지출이 전혀 없는 가구가 있다. 0의 값을 가지는 종속변수는 로그변환을 할 수 없기 때문에 R에서 이를 적절히 처리하지 않고 회귀분석을 하면 에러 메시지가 나타난다. 이러한 문제를 처리하는 방법 중 하나는 $\log(y+1)$을 사용하는 것이다. 하지만 이 방식은 0의 값을 가지는 관측치 비율이 추정 결과를 왜곡시키지 않을 만큼 충분히 낮은 경우에만 적용할 수 있다. 다른 모형으로 토빗모형이나 헤크만 2단계 모형이 있는데 이에 대해서는 7장에서 설명한다.

두 번째 문제점은 로그함수 회귀모형의 추정 결과로부터 원 종속변수(즉, $\log y$가 아닌 y)의 값을 예측할 때 주의할 필요가 있다는 점이다.

2) 이차함수 모형

마이크로데이터 분석에서 x_1과 x_1^2과 같이 동일한 변수의 제곱항을 설명변수로 가지는 이차함수 $y = \beta_0 + \beta_1 x_1 + \beta_2 x_1^2 \cdots + \beta_k x_k + u$를 회귀분석하는 경우가 있다. 이때 설명변수 x_1의 한계효과는 $\Delta\hat{y} / \Delta x_1 = \hat{\beta}_1 + 2\hat{\beta}_2 x_1$이다. 따라서 이차함수 형태의 회귀모형은 설명변수의 한계효과가 일률적이지 않고, 설명변수 값에 따라 증가 또는 감소하는 특성을 반영하고자 할 때 사용한다.

[실습 2-5]는 이차함수 형태를 사용하여 임금률의 결정 요인을 분석한 것이다. [실습 2-2]와 동일하게 종속변수는 로그변환한 시간당 임금률이며, 설명변수는 학력(educ, 학교 교육기간), 잠재경력기간(exper), 현직근무기간(tenure), 성별(female), 대도시 거주 여부(smsa)이다. 잠재경력기간이 이차함수 형태로 사용되었다.

실습 2-5 이차함수 형태의 회귀식 추정 결과

```
> reg_wage<-lm(log(wage)~educ+exper+I(exper^2)+tenure+female+smsa,
        data=wage1)
> summary(reg_wage)
-- 중략 --
Coefficients:
              Estimate  Std. Error  t value  Pr(>|t|)
(Intercept)   0.362981   0.098912     3.67   0.00027 ***
educ          0.075534   0.006829    11.06    < 2e-16 ***
exper         0.034026   0.004755     7.16   2.8e-12 ***
I(exper^2)   -0.000666   0.000103    -6.45   2.6e-10 ***
tenure        0.015563   0.002846     5.47   7.1e-08 ***
female       -0.303894   0.035516    -8.56    < 2e-16 ***
smsa          0.157390   0.039768     3.96   8.6e-05 ***
---
Signif. codes: 0 '***' 0.001 '**' 0.01 '*' 0.05 '.' 0.1 ' ' 1

Residual standard error: 0.396 on 519 degrees of freedom
Multiple R-squared: 0.451, Adjusted R-squared: 0.444
F-statistic: 71 on 6 and 519 DF, p-value: <2e-16
> bhat<-coef(reg_wage)
> (x_star<-abs(bhat["exper"]/(2*bhat["I(exper^2)"])))
exper
  25.6
```

추정 결과에 따르면 변수 exper^2의 계수 추정치는 매우 유의미하다. exper의 계수 추정치는 양(+)의 부호를 가지는 반면, exper^2의 계수 추정치는 음(-)의 부호를 가진다. 이러한 추정 결과가 의미하는 바는 잠재경력기간이 증가할 때, 잠재경력기간이 적은 근로자의 임금률은 증가하지만 그 기간이 어느 수준을 초과하는 근로자의 임금률은 감소한다는 것이다. 시간당 임금률이 가장 높은 잠재경력기간은 $x_1^* = \left|\hat{\beta}_1 / 2\hat{\beta}_2\right|$에 의해 계산된다. 위의 사례에서 $x_1^* = \text{exper}^* = 25.6$이다. 여기서 coef(reg_wage)는 추정 결과에서 계수 추정치만을 가져오라는 함수이다.

[실습 2-6]은 추정 결과를 사용하여 잠재경력기간과 로그 임금률의 관계를 그림으로 나타낸 것이다. 추정 함수식에서 exper와 exper^2을 제외한 나머지 설명변수 값에는 평균값을 대입한 후에, exper의 각 값에 대응하는 로그 임금률(yhat)을 계산하였다. bhat["변수 이름"]은 지정한 변수의 계수 추정치를 불러온다. 이렇게 추정한 yhat를 변수 exper에 대해 도시한 그림을 보면, 추정 결과에서 본 것과 같이 잠재경력기간과 임금률의 관계는 위로부터 볼록한 이차함수 형태를 가진다. 로그 임금률은 잠재경력기간이 25.6일 때 최대값 1.79를 갖는다.

선형회귀모형에서는 계수값이 한계효과를 의미한다. 하지만 동일한 설명변수의 제곱이 설명변수로 추가되었다면, 설명변수의 한계효과는 별도로 계산해야 한다. 이때 패키지 margins의 함수 margins를 이용하면 편리하다. [실습 2-6]에서 구한 로그 임금률에 대한 잠재경력기간의 한계효과는 0.0114이다. 식 (2-2)로 계산한 시간당 임금률에 대한 한계효과는 $100 \times [\exp(0.0114) - 1] = 1.15\%$이다. 즉 잠재경력기간이 1년 늘어날 때 시간당 임금률은 1.15%만큼 증가한다.

실습 2-6 종속변수 예측치와 설명변수의 한계효과 구하기

```
> yhat<-bhat["(Intercept)"]+bhat["educ"]*mean(wage1$educ)+
        bhat["exper"]*wage1$exper+bhat["I(exper^2)"]*I((wage1$exper)^2)+
        bhat["tenure"]*mean(wage1$tenure)+
        bhat["female"]*mean(wage1$female)+bhat["smsa"]*mean(wage1$smsa)
> myplot<-ggplot(wage1, mapping=aes(x=exper, y=yhat))+
                     geom_line()+labs(x="exper", y="log(wage)")
> myplot
> library(margins)
> summary(margins(reg_wage, variable='exper'))
factor    AME     SE      z      p  lower  upper
 exper 0.0114 0.0018 6.1859 0.0000 0.0078 0.0150
```

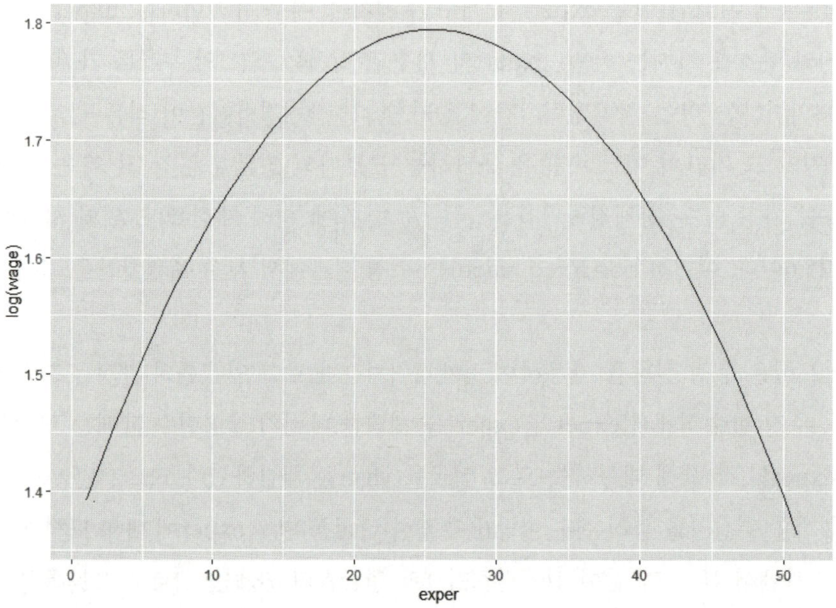

3) 두 설명변수가 결합된 경우

마이크로데이터를 분석할 때 식 (2-3)과 같이 어느 한 설명변수의 한계효과가 다른 변수의 값에 의해 영향을 받는 경우가 종종 있다.

$$\ln wage = \beta_0 + \beta_1 educ + \beta_2 exper + \beta_3 educ \times exper + \beta_4 tenure + u \qquad (2\text{-}3)$$

식 (2-3)을 추정하기 위한 R 코드는 다음과 같다. 모형 추정식에서 *는 다른 의미를 가지는데, 다음의 두 공식은 함수 `lm()`에서 동일한 추정 결과를 제공한다. 두 변수의 결합효과에 대해서는 2장 3절에서 보다 자세히 설명한다.

```
> log(wage)~educ*exper+tenure
```

```
> log(wage)~educ+exper+educ:exper+tenure
```

[실습 2-7]은 데이터 wage1을 이용하여 식 (2-3)을 추정한 결과다. 식 (2-3)에서 교육기간(즉, 학력)의 한계효과는 $\Delta \ln wage / \Delta educ = \beta_1 + \beta_3 exper$이다. $\beta_3 > 0$이라면 식 (2-3)이 의미하는 바는 학력이 증가할 때 로그 임금률의 증가 정도는 잠재경력기간이 오랜 사람일수록 더 크다는 것이다. 이러한 효과를 경력기간과 학력의 결합효과(interaction effect)라고 부른다.

결합효과를 가진 회귀모형의 추정 결과를 해석할 때 주의해야 할 점이 있다. 먼저, 결합효과의 존재 여부를 검정할 때 β_1이나 β_3 각각에 대한 추정값의 유의성 여부를 기준으로 판단하지 말아야 한다. 올바른 방법은 $\beta_1 = 0$, $\beta_3 = 0$에 대한 결합검정 결과를 토대로 판단하는 것이다. [실습 2-7]에서 β_3의 추정값은 -0.000406으로 매우 작고 10% 유의수준에서도 유의미하지 않다. 하지만 결합검정 결과는 $\beta_1 = 0, \beta_3 = 0$이라는 귀무가설을 기각함을 보여준다. 선형회귀모형에서 가설검정을 실행하는 방법에 대한 보다 자세한 설명은 2장 4절을 참고하기 바란다.

둘째, 학력의 한계효과에서 계수값 $\hat{\beta}_1$을 어떻게 해석할지 주의해야 한다. 얼핏 보면 $\hat{\beta}_1$은 경력기간이 0인 사람에 대한 학력의 한계효과로 해석할 수 있다. 하지만 이러한 해석은 의미가 있거나 흥미롭지 않다. 왜냐하면 경력기간이 0인 사람은 정책적인 관심의 대상이 아닐 뿐만 아니라 실제로 표본에서 경력기간이 0년인 사람은 존재하지도 않기 때문이다. 이러한 해석 방법은 $\hat{\beta}_1$의 부호가 음(-)으로 나타날 때, 경력이 전혀 없는 사람의 경우 임금에 대한 학력의 한계효과가 음(-)이라는 잘못된 결론에 도달할 수도 있다.

$\hat{\beta}_1$이 의미하는 바를 보다 설득력 있게 해석하는 방법은 $\hat{\beta}_1$이 특정 계층에 대한 학력의 한계효과라고 해석하는 것이다. 예를 들면 평균적인 경력기간을 가진 집단에 대한 학력의 한계효과라고 해석하는 것이 더 의미가 있을 것이다. 결합효과가 포함된 회귀모형을 추정할 때 원 모형을 식 (2-4)와 같이 변형하면, 결합효과와 관련된 변수들의 계수값을 해석할 때 보다 정확한 의미를 부여할 수 있다.

$$\ln wage = \delta_0 + \delta_1 educ + \delta_2 exper + \beta_3 (educ - \overline{educ}) * (exper - \overline{exper}) + \beta_4 tenure + u \qquad (2\text{-}4)$$

식 (2-4)에서 $\overline{educ}$, $\overline{exper}$은 각각 $educ$, $exper$의 평균값을 의미한다. 이때 $\Delta \ln wage / \Delta educ = \delta_1 + \beta_4 (exper - \overline{exper})$이기 때문에 δ_1은 $exper$가 평균값을 가질 때 학력의 한계효과를 의미한다. 달리 말하면, 평균적인 경력기간을 가진 사람들에 대한 학력의 한계효과다. 마찬가지로 δ_2는 평균적인 학력수준을 가진 사람들에 대한 잠재경력기간의 한계효과를 의미한다.

실습 2-7 두 설명변수가 결합된 회귀식의 추정

```
> reg_wage2<-lm(log(wage)~educ*exper+tenure, data=wage1)
-- 중략 --
Coefficients:
              Estimate  Std. Error  t value  Pr(>|t|)
(Intercept)   0.180336    0.159852     1.13      0.26
educ          0.100365    0.012170     8.25   1.3e-15 ***
exper         0.008872    0.005798     1.53      0.13
tenure        0.022192    0.003098     7.16   2.7e-12 ***
educ:exper   -0.000406    0.000473    -0.86      0.39
---
Residual standard error: 0.441 on 521 degrees of freedom
Multiple R-squared: 0.317, Adjusted R-squared: 0.312
F-statistic: 60.4 on 4 and 521 DF, p-value: <2e-16
> library(car)
> myH0<-c("educ=0", "educ:exper=0")
> linearHypothesis(reg_wage2, myH0)
Linear hypothesis test

Hypothesis:
educ = 0
educ:exper = 0

Model 1: restricted model
Model 2: log(wage) ~ educ * exper + tenure

  Res.Df  RSS  Df  Sum of Sq     F  Pr(>F)
1    523  132
2    521  101   2       30.8  79.2  <2e-16 ***
```

[실습 2-8]은 회귀식 (2-4)를 추정한 결과다. educ의 계수 추정치 0.0935가 의미하는 바는 경력기간이 17년(exper의 평균값)인 사람들에 대한 학력의 한계효과다. 여기에서는 학력과 경력기간의 평균값을 이용하여 회귀모형을 변형하였지만, 중앙값이나 정책적으로 관심을 두는 계층을 나타내는 특정 값을 사용해도 무방하다.

실습 2-8 **두 설명변수가 결합된 회귀식의 변형**

```
> myreg_m<-lm(log(wage)~educ+exper+I(educ-mean(educ)):I(exper-mean(exper))+
                        tenure, data=wage1)
> summary(myreg_m)
-중략--
Coefficients:
                                        Estimate  Std. Error  t value  Pr(>|t|)
(Intercept)                             0.267084   0.106143     2.52     0.012 *
educ                                    0.093460   0.007519    12.43   < 2e-16 ***
exper                                   0.003775   0.001770     2.13     0.033 *
tenure                                  0.022192   0.003098     7.16   2.7e-12 ***
I(educ-mean(educ)):I(exper-mean(exper)) -0.000406   0.000473    -0.86     0.391
---
Signif. codes: 0 '***' 0.001 '**' 0.01 '*' 0.05 '.' 0.1 ' ' 1

Residual standard error: 0.441 on 521 degrees of freedom
Multiple R-squared: 0.317, Adjusted R-squared: 0.312
F-statistic: 60.4 on 4 and 521 DF, p-value: <2e-16
```

4) 베타계수

회귀분석에서 설명변수의 측정 단위가 서로 다른 경우가 흔하다. 예를 들면 설명변수들은 개, 원, kg 등 서로 다른 단위로 측정되거나, 아니면 5점 척도나 검사값(대기오염 농도나 당도 등)으로 표현되기도 한다. 설명변수의 측정 단위가 서로 다르면, 설명변수의 한계효과를 기준으로 어느 변수가 종속변수의 변화에 가장 큰 영향을 주는지 설명하는 것이 쉽지 않다.

이러한 문제를 해결하는 방법은 설명변수의 측정 단위를 통일하는 것이다. 즉, 종속변수와 설명변수를 표준화 형태로 전환하는 것이다. 여기서 '표준화한다'는 의미는 각 변수에서 해당 변수의 평균치를 뺀 다음에 표준편차로 나누어주는 것이다. 달리 말하면, 각 변수의 z-스코어를 계산하는 것을 의미한다. 회귀모형식 (2-1)을 z-스코어로 표현한 식은 다음과 같다.

$$\frac{(y_i-\bar{y})}{\sigma_y}=\frac{\sigma_1}{\sigma_y}\hat{\beta}_1\frac{(x_{i1}-\bar{x}_1)}{\sigma_1}+\frac{\sigma_2}{\sigma_y}\hat{\beta}_1\frac{(x_{i2}-\bar{x}_2)}{\sigma_2}+\cdots+\frac{\sigma_k}{\sigma_y}\hat{\beta}_1\frac{(x_{i1}-\bar{x}_k)}{\sigma_k}+\frac{\hat{u}_i}{\sigma_y} \tag{2-5}$$

식 (2-5)에서 각 설명변수는 z-스코어로 대체되고, 각 설명변수의 계수값이 바뀐 것을 알 수 있다. 예를 들면 z-스코어로 표현된 변수 $\frac{(x_{i1}-\bar{x}_1)}{\sigma_1}$의 계수값은 $\frac{\sigma_1}{\sigma_y}\hat{\beta}_1$로 원래 계수값에 종속변수 y의 표준편차와 설명변수 x_1의 표준편차의 비율을 곱한 것이다. z_y를 y의 z-스코어, z_j를 x_j의 z-스코어라고 할 때 식 (2-5)는 다음과 같이 쓸 수 있다. 이때 각 변수의 표준화 과정에서 상수항이 없어짐을 유의하라.

$$z_y = \hat{b}_1 z_1 + \hat{b}_2 z_2 + \cdots + \hat{b}_k z_k + e$$

위 식에서 계수값 $\hat{b}_j = (\hat{\sigma}_j / \hat{\sigma}_y)\hat{\beta}_j$을 베타계수(beta coefficients)라고 한다. 베타계수는 설명변수 z_j값이 1 표준편차만큼 증가할 때 종속변수가 $\hat{b}_j$ 표준편차만큼 변함을 의미한다. 따라서 베타계수 추정치는 설명변수 x_j의 측정 단위와 무관하게 된다.

R에서 베타계수는 종속변수와 설명변수를 각각 표준화하여 z-스코어 형태로 변환하지 않고도 추정할 수 있다. 그 방법은 종속변수와 설명변수 각각에 대해 함수 scale을 적용하는 것이다. [실습 2-9]는 주택가격에 영향을 주는 각 요인의 베타계수를 추정한 결과다. 사용된 데이터는 [실습 2-4]와 동일하다. 각 설명변수의 단위가 개(rooms), 명(crime, stratio), km(dist) 등으로 서로 다를 뿐만 아니라 대기오염농도를 나타내는 변수 nox의 경우는 측정 단위가 의미하는 바를 이해하기가 쉽지 않다. 이러한 측정 단위의 문제로 인해 주택가격에 대한 각 요인들의 효과를 서로 비교하는 것이 어렵다.

실습 2-9 베타계수의 추정

```
> reg_beta<-lm(scale(price)~0+scale(nox)+scale(dist)+scale(rooms)+
              scale(crime)+scale(stratio), data=hprice2)
> summary(reg_beta)
--중략--
Coefficients:
                Estimate  Std. Error  t value   Pr(>|t|)
scale(nox)      -0.34045     0.04450   -7.651   1.03e-13 ***
scale(dist)     -0.23484     0.04298   -5.464   7.35e-08 ***
scale(rooms)     0.51389     0.03000   17.129    < 2e-16 ***
scale(crime)    -0.14328     0.03069   -4.669   3.89e-06 ***
scale(stratio)  -0.27028     0.02994   -9.027    < 2e-16 ***
---
Signif. codes:
0 '***' 0.001 '**' 0.01 '*' 0.05 '.' 0.1 ' ' 1

Residual standard error: 0.606 on 501 degrees of freedom
Multiple R-squared: 0.6357,        Adjusted R-squared: 0.632
F-statistic: 174.8 on 5 and 501 DF, p-value: < 2.2e-16
```

베타계수를 추정할 때 상수항은 표준화하는 과정에서 제외됨을 주의해야 한다. 각 설명변수에 대한 베타계수의 추정 결과를 살펴보면, 미국에서 주택가격에 가장 큰 영향을 주는 요인은 방의 개수이다. 베타계수 추정치 0.514가 의미하는 바는 방의 개수가 1 표준편차만큼 늘어날 때 주택가격은 0.514 표준편차만큼 상승함을 뜻한다. 한편, 대기오염 수준이 1 표준편차만큼 증가할 때 주택가격은 0.34 표준편차만큼 하락하는 반면, 범죄율이 1 표준편차만큼 증가할 때 주택가격은 0.14 표준편차만큼 하락한다. 이러한 결과는 대기오염 수준이 범죄율보다 주택가격에 미치는 영향이 더 크다는 점을 의미한다. 만약 주택가격에 미치는 각 설명변수의 효과를 금전적인 가치로 측정하려고 한다면, 표준화하지 않은 원래의 변수 형태를 사용하여 한계효과를 구해야 한다. 베타계수 값의 유의수준이나 t값은 표준화하지 않은 변수를 사용할 때와 비교하여 달라지지 않는다. 독자들 스스로 이를 확인해보기 바란다.

3 범주형 설명변수를 가진 회귀모형

마이크로데이터에서 설명변수는 연속형이 아닌 더미변수 또는 범주형 변수일 때가 많다. 예를 들면 성별, 학력, 취업 여부, 결혼 여부, 정책 참여 여부 등이 그렇다. 이러한 설명변수를 포함한 회귀모형을 추정하고 해석하는 법을 알아보자.

1) 더미변수 형태의 설명변수

특정 제품의 구매액 함수에서 구매자 성별을 나타내는 설명변수가 더미변수(0 또는 1의 값을 가지는 변수)라고 하자. 구매액에 관한 선형회귀모형에서 성별을 나타내는 더미변수의 계수 추정치는 남녀 간 평균 구매액의 차이를 의미한다. 예를 들어 구매자 학력이 3개 범주값($g=3$), 즉 중졸 이하, 고졸, 대졸 이상으로 측정되었다고 하자. 학력은 더미변수 2개로 표현할 수 있는데, 각 더미변수는 0 또는 1의 값을 가진다. 모형 추정식에 g-1개의 더미변수만을 사용하는 것은 범주 하나가 비교를 위한 기준 범주로 제외되기 때문이다. 따라서 범주 g에 대응하는 더미변수의 계수 추정치는 기준 범주와 범주 g 간 평균 구매액의 차이를 의미한다.

[실습 2-10]은 선형회귀모형을 사용하여 가구의 외식비 지출함수를 가구원 1인 기준으로 추정한 것이다. 1인 가구와 2인 이상 가구를 구분하는 더미변수로 single이 사용되었다. 함수

as.numeric(hdsize==1)에 의해 생성된 더미변수 single은 해당 가구의 가구원 수가 1인이면 1의 값을, 2인 이상이면 0의 값을 가진다.

가구주 연령, 가구소득, 가구소득의 제곱을 나타내는 설명변수의 효과를 통제할 때 더미변수 single의 계수 추정치는 3.382이다. 이 계수값이 의미하는 바는 1인 가구와 2인 이상 가구가 서로 동일한 가구소득과 가구주 연령을 가질 때, 1인 가구의 월평균 외식비 지출은 2인 이상 가구보다 33,820원 더 많다는 것이다.

실습 2-10 설명변수가 더미변수인 선형회귀모형의 추정

```
> fdsurvey$single<-as.numeric(fdsurvey$hdsize==1)
> summary(lm(pc_fafh~hh_age+single+I(hdincm/10000)+I((hdincm/10000)^2),
                         data=fdsurvey))
-- 중략 --
Coefficients:
                      Estimate  Std. Error  t value  Pr(>|t|)
(Intercept)          1.238e+01   5.525e-01    22.40   <2e-16 ***
hh_age              -1.642e-01   7.704e-03   -21.31   <2e-16 ***
single               3.382e+00   2.876e-01    11.76   <2e-16 ***
I(hdincm/10000)      3.903e-02   9.257e-04    42.16   <2e-16 ***
I((hdincm/10000)^2) -1.116e-05   6.468e-07   -17.25   <2e-16 ***
---
Signif. codes: 0 '***' 0.001 '**' 0.01 '*' 0.05 '.' 0.1 ' ' 1

Residual standard error: 9.985 on 9928 degrees of freedom
Multiple R-squared: 0.3773,        Adjusted R-squared: 0.377
F-statistic: 1504 on 4 and 9928 DF, p-value: < 2.2e-16
```

2) 2개의 더미변수가 결합된 설명변수

다중선형회귀모형에서 서로 다른 2개의 더미변수를 결합하여 사용하면, 4개의 집단별로 종속변수 값이 어떻게 달라지는지를 파악할 수 있다. 예를 들어 외식비 지출이 가구 규모와 가구주 성별에 따라 어떻게 달라지는지 알아보자. 이를 위해 1인 가구 여부를 나타내는 더미변수 single과 가구주 성별을 나타내는 더미변수 female을 결합해보자. 이 2개의 더미변수 값을 결합하여 나타낼 수 있는 가구 유형은 [표 2-2]와 같이 4개다. 즉, 가구주가 여성인 1인 가구, 가구주가 남성인 1인 가구, 가구주가 여성인 2인 이상 가구, 가구주가 남성인 2인 이상 가구이다.

[표 2-2] 2개의 더미변수 결합으로 표현되는 가구 유형

가구 유형	single	female	single:female
가구주가 여성인 1인 가구	1	1	1
가구주가 남성인 1인 가구	1	0	0
가구주가 여성인 2인 이상 가구	0	1	0
가구주가 남성인 2인 이상 가구 (기준 가구)	0	0	0

[실습 2-11]은 2개의 더미변수 single과 female의 결합을 설명변수로 추가하여 가구의 외식비 지출함수를 추정한 결과다. 이때 기준 가구는 가구주가 남성인 2인 이상의 가구이다. 모든 유형의 가구가 동일한 가구주 연령과 가구소득을 가진다고 할 때, 기준 가구의 외식비 지출액과 비교하여 가구주가 남성인 1인 가구의 지출액은 91,990원(single의 계수 추정치×10000) 더 많고, 가구주가 여성인 2인 이상인 가구의 지출액은 3,391원(female의 계수 추정치×10000) 더 적다. 결합항 single:female의 계수 추정치가 의미하는 바는 모든 유형의 가구가 동일한 연령과 가구소득을 가진다고 할 때, 가구주가 여성인 1인 가구의 외식비 지출은 가구주가 여성인 2인 이상 가구보다 91,990 - 84,190 = 7,800원 더 많은 반면, 가구주가 남성인 1인 가구보다 3,391 + 84,190 = 87,581원 더 적고, 가구주가 남성인 2인 이상 가구보다 84,190 + 3,391 - 91,990 = 4,409원 더 적다는 것이다.

실습 2-11 **2개의 더미변수를 결합한 회귀모형의 추정**

```
> fafh_2<-lm(pc_fafh~hh_age+single*female+I(hdincm/10000)+
              I((hdincm/10000)^2), data=fdsurvey)
> summary(fafh_2)
--중략--
Coefficients:
                    Estimate  Std. Error  t value  Pr(>|t|)
(Intercept)         1.171e+01  5.584e-01   20.980  <2e-16 ***
hh_age             -1.459e-01  7.675e-03  -19.011  <2e-16 ***
single              9.199e+00  4.482e-01   20.523  <2e-16 ***
female             -3.391e-01  2.911e-01   -1.165   0.244
I(hdincm/10000)     3.829e-02  9.235e-04   41.466  <2e-16 ***
I((hdincm/10000)^2) -1.077e-05 6.399e-07  -16.836  <2e-16 ***
single:female      -8.419e+00  5.802e-01  -14.511  <2e-16 ***
---
Signif. codes:  0 '***' 0.001 '**' 0.01 '*' 0.05 '.' 0.1 ' ' 1
```

```
Residual standard error: 9.837 on 9926 degrees of freedom
Multiple R-squared: 0.3957,        Adjusted R-squared: 0.3953
F-statistic: 1083 on 6 and 9926 DF, p-value: < 2.2e-16
```

이외에도 선형회귀모형에서 더미변수 single과 female을 연속형 설명변수와 결합하여 보다 더 다양한 형태의 변수 조합을 표현할 수 있다. 즉 설명변수로 더미변수만 구성된 형태, 더미변수와 연속형 변수의 곱으로 구성된 형태, 두 더미변수의 곱으로 구성된 형태를 사용하는 것이다. R에서 이러한 다양한 형태의 변수 조합을 포괄하는 회귀모형식은 다음과 같이 표현할 수 있다.

$$pc\_fafh \sim single + female + hdincm + single{:}hdincm + single{:}female$$
$$\Leftrightarrow fafh \sim single * (hdincm + female)$$

3) 범주값이 셋 이상인 설명변수

마이크로데이터에서는 셋 이상의 범주값을 가지는 설명변수들을 흔히 볼 수 있다. 예를 들면, 가구주 직업이나 학력이 이에 해당한다. 이러한 변수들을 함수 as.factor를 사용하여 범주형 변수(factor variable)로 전환하면, 회귀모형을 추정할 때 각 범주값에 대응하는 더미변수를 별도로 만들지 않고 범주형 변수 자체를 설명변수로 사용할 수 있기 때문에 편리하다.

[실습 2-12]의 예를 살펴보자. 가구주 학력을 나타내는 변수 hh_edu는 범주형 변수이다. R에서는 변수 hh_edu의 효과를 측정하기 위해 각 학력수준을 나타내는 더미변수를 여러 개 생성하지 않아도 된다(이 경우는 7개의 더미변수를 만들어야 한다!). 변수 factor(hh_edu)를 설명변수로 사용하면, 여러 개의 더미변수를 사용한 경우와 동일한 추정 결과를 얻을 수 있다.

R은 학력을 나타내는 범주 가운데 첫 번째 범주(이 경우는 무학력이 첫 번째 범주이다!)를 기준 집단으로 간주한다. 기준 집단을 변경하는 방법은 함수 relevel(변수명, "기준 집단의 범주값")을 사용하는 것이다. [실습 2-12]는 기준 집단을 무학력에서 고졸로 변경하여 추정한 것이다. 다른 모든 조건이 일정할 때, 가구주 학력이 전문대졸이거나 대학원 박사인 가구는 기준 집단인 가구주 학력이 고졸인 가구와 비교하여 외식비 지출에서 유의미한 차이를 보이지 않음을 알 수 있다.

실습 2-12 범주형 설명변수의 기준값 조정하기

```
> fdsurvey$hh_edu<-relevel(fdsurvey$hh_edu, "high")
> fafh_4<-lm(pc_fafh~hh_age+single+I(hdincm/10000)+I((hdincm/10000)^2)+
                    factor(hh_edu), data=fdsurvey)
> summary(fafh_4)
--중략--

Coefficients:
                            Estimate  Std. Error  t value  Pr(>|t|)
(Intercept)                 1.196e+01  6.010e-01   19.907   < 2e-16 ***
hh_age                     -1.408e-01  9.159e-03  -15.370   < 2e-16 ***
singleTRUE                  3.820e+00  2.928e-01   13.045   < 2e-16 ***
I(hdincm/10000)             3.829e-02  9.433e-04   40.593   < 2e-16 ***
I((hdincm/10000)^2)        -1.070e-05  6.488e-07  -16.486   < 2e-16 ***
factor(hh_edu)non          -3.826e+00  6.088e-01   -6.284  3.43e-10 ***
factor(hh_edu)elementary   -2.085e+00  3.781e-01   -5.513  3.61e-08 ***
factor(hh_edu)middle       -8.691e-01  3.613e-01   -2.405  0.016184 *
factor(hh_edu)college      -2.574e-01  3.549e-01   -0.725  0.468340
factor(hh_edu)university   -5.986e-01  2.775e-01   -2.157  0.031028 *
factor(hh_edu)master       -2.086e+00  5.612e-01   -3.718  0.000202 ***
factor(hh_edu)doctoral      2.135e-02  1.163e+00    0.018  0.985359
---
Signif. codes: 0 '***' 0.001 '**' 0.01 '*' 0.05 '.' 0.1 ' ' 1
Residual standard error: 9.957 on 9921 degrees of freedom
Multiple R-squared: 0.3813,      Adjusted R-squared: 0.3806
F-statistic: 555.8 on 11 and 9921 DF, p-value: < 2.2e-16
```

4 다중선형회귀모형의 가설검정

다중선형회귀모형의 추정 결과로부터 계수값에 대한 다양한 제약식을 검정하는 방법을 알아보자. 예를 들어, 어떤 산업에 속한 기업들의 생산함수를 추정하기 위해 Cobb-Douglas(이하 C-D) 함수 형태를 사용할 수 있다. C-D 생산함수는 로그변환하면 추정하기가 쉽지만 대체탄력성이 1이라는 강한 가정을 갖는다. 따라서 좀 더 유연한 함수 형태로 다음과 같은 트랜스로그함수 형태의 생산함수를 고려해보자.

$$\ln Y = \beta_0 + \beta_1 \ln L + \beta_2 \ln K + \frac{\beta_3}{2}(\ln L)^2 + \frac{\beta_4}{2}(\ln K)^2 + \beta_5 \ln L \ln K + u$$

[실습 2-13]은 1차 금속제조업에 속하는 27개 기업의 자료를 사용하여 트랜스로그 생산함수(reg_TL)를 추정한 것이다. 이 추정 결과를 사용하여 제약식 $\beta_3=\beta_4=\beta_5=0$의 충족 여부를 검정해보자. 만약 $\beta_3=\beta_4=\beta_5=0$이라면, 이 산업의 생산기술을 표현하는 데 적합한 함수 형태는 C-D 함수가 될 것이다.

실습 2-13 트랜스로그 생산함수의 제약식 검정

```
> data(SIC33, package="AER")
> SIC33<-mutate(SIC33,llab_sq=0.5*log(labor)^2,
               llab_cap=log(labor)*log(capital), lcap_sq=0.5*log(capital)^2)
> reg_TL<-lm(log(output)~log(labor)+log(capital)+llab_sq+llab_cap+lcap_sq,
            data=SIC33)
> library(car)
> myH0<-c("llab_sq=0", "llab_cap=0", "lcap_sq=0") #F test
> linearHypothesis(reg_TL, myH0)
Linear hypothesis test

Hypothesis:
llab_sq = 0
llab_cap = 0
lcap_sq = 0

Model 1: restricted model
Model 2: log(output) ~ log(labor) + log(capital) + llab_sq + llab_cap +
  lcap_sq

  Res.Df     RSS  Df  Sum of Sq       F  Pr(>F)
1     24 0.85163
2     21 0.67993   3    0.17171  1.7678  0.1841
```

R에서 가설검정은 패키지 car의 함수 `linearHypothesis`를 사용한다. 제약식을 부여하지 않은 회귀분석 결과가 객체 reg_TL에 저장되었다면 가설검정은 `linearHypothesis(reg_TL, myH0)`에 의해 실행할 수 있다. 여기서 myH0는 귀무가설을 나타내는 길이가 q인 벡터이며, 검정하려는 계수값은 그에 대응하는 변수명을 사용한다. q는 검정해야 할 가설의 수이다. [실습 2-13]에서 myH0는 귀무가설 $\beta_3=\beta_4=\beta_5=0$을 벡터 형태로 표현한 것이다.

F 검정통계량은 $F=\dfrac{SSR_r-SSR_{ur}}{SSR_{ur}}\cdot\dfrac{n-k-1}{q}$에 의해 계산된다. 여기서 SSR_r은 제약식이 부

가된 회귀모형의 잔차제곱합(Residual Sum of Squares), SSR_{ur}은 제약식이 부과되지 않는 회귀모형의 잔차제곱합이다. 그리고 n, k, q는 각각 관측치 수, 상수항을 제외한 설명변수 수, 제약식 수를 의미한다.

[실습 2-13]의 첫 번째 가설검정에서 $SSR_r=0.85163$, $SSR_{ur}=0.67993$, $n=27$, $k=5$, $q=3$이다. 검정 결과에 따르면, F 검정통계량 값에 대응하는 유의확률이 0.1841로 나타나 귀무가설 $\beta_3=\beta_4=\beta_5=0$은 유의수준 10%에서도 기각되지 않는다. 따라서 1차금속제조업의 생산함수는 C-D 함수를 가진다고 할 수 있다.

이번에는 C-D 생산함수(reg_CD)를 추정한 후에 1차금속제조업의 생산기술이 규모수익불변을 보이는지를 검정해보자. 이에 대응하는 귀무가설은 $\beta_1+\beta_2=1$이다. 검정 결과에 따르면 규모수익불변이라는 귀무가설은 기각되지 않는다.

```
> reg_CD<-lm(log(output)~log(labor)+log(capital), data=SIC33)
> H0_CD<-c("log(labor)+log(capital)=1")
> linearHypothesis(reg_CD, H0_CD)
--중략--
Model 1: restricted model
Model 2: log(output) ~ log(labor) + log(capital)

  Res.Df     RSS  Df  Sum of Sq       F  Pr(>F)
1     25 0.85574
2     24 0.85163   1  0.0041075  0.1158  0.7366
```

이외에도 다수의 귀무가설을 한꺼번에 검정하는 왈드(Wald) 검정이 있다. 하지만 선형회귀모형에서 왈드 검정은 F 검정과 동일하다. 이런 이유로 본문의 여러 장에서 왈드 검정을 실행하지만 이에 대해서는 별도로 설명하지 않는다.

5 다중선형회귀모형의 진단과 문제 해결

5-1 다중공선성

마이크로데이터를 사용하여 회귀분석을 할 때 흔히 접하는 문제가 일부 설명변수들이 서로 높은 상관관계를 가지는 다중공선성 문제다. 다중회귀모형에서 다중공선성의 의미를 이해하려면, 먼저 추정치의 분산이 어떤 구조를 가지는지 알 필요가 있다. 식 (2-1)의 회귀모형에서 $\hat{\beta}_j$의 분산 추정치는 다음과 같이 계산된다.

$$Var(\hat{\beta}_j) = \frac{\hat{\sigma}^2}{SST_j(1-R_j^2)} = \frac{1}{n-1} \bullet \frac{\hat{\sigma}^2}{Var(x_j)} \bullet \frac{1}{(1-R_j^2)} \quad (2\text{-}6)$$

식 (2-6)으로 표현되는 $\hat{\beta}_j$의 분산은 3가지 요소로 구성된다. 첫 번째는 SST_j이다. 이는 변수 x_j의 편차제곱합로 $SST_j = \sum_{i=1}^{n}(x_{ij} - \overline{x}_j)^2 = (n-1)Var(x_j)$로 표현된다. 두 번째는 $\hat{\sigma}^2$으로 이는 오차의 분산 추정치다. 세 번째는 $1/(1-R_j^2)$이다. R_j^2는 x_j를 다른 모든 설명변수에 대해 회귀분석을 하여 구한 결정계수이다.

다중공선성은 이 3가지 요소 가운데 R_j^2와 관련된다. 즉, 어느 한 설명변수 x_j가 다른 설명변수와 상관관계가 높다면 R_j^2와 $1/(1-R_j^2)$ 값은 커지며 그로 인해 $\hat{\beta}_j$의 분산이 커진다. $\hat{\beta}_j$의 분산이 크다는 것은 우리가 추정한 $\hat{\beta}_j$의 정확도가 떨어지며, 그로 인해 신뢰구간은 넓어지게 되어 $\hat{\beta}_j$에 근거한 가설검정의 정확도가 떨어지게 됨을 의미한다. 이때 $1/(1-R_j^2)$를 분산팽창계수(Variance Inflation Factor, VIF)라 부르며 흔히 다중공선성 여부를 평가하는 값으로 사용한다. 다중공선성 여부의 기준이 되는 VIF 값이 이론적으로 정해지지는 않았지만 대략 10(엄밀하게 적용할 경우는 5)보다 크다면 다중공선성이 존재하는 것으로 알려져 있다.

R에서 VIF는 패키지 `car`의 함수 `vif()`에 의해 손쉽게 계산할 수 있다. [실습 2-14]는 임금방정식에 사용된 각 설명변수의 VIF 값을 계산한 결과다. VIF 값이 가장 큰 설명변수는 잠재경력기간을 나타내는 변수 exper로 그 값은 1.478이다. 이 값이 의미하는 바는 설명변수 exper가 다른 변수들과 상관관계가 없는 경우와 비교하여 exper의 분산이 1.478배 정도 더 높다는 것이다. 언뜻 보면 세 변수가 서로 상관관계가 높을 것으로 생각할 수 있지만 실제로 염려할 정도는 아니다.

실습 2-14 **함수 vif에 의한 설명변수의 다중공선성 진단**

```
> myreg<-lm(log(wage)~educ+exper+tenure, data=wage1)
> library(car)
> vif(myreg)
    educ    exper   tenure
1.112771 1.477618 1.349296
```

만약 다중공선성 문제가 나타난다면 어떻게 해야 할까? 해결책으로 표본의 수를 늘리거나 설명변수 가운데 일부를 추정식에서 제외하는 방법 등을 고려해볼 수 있다. 식 (2-6)을 보면 표본수 n이 늘어난다면 $\hat{\beta}_j$의 분산이 작아짐을 알 수 있다. 하지만 마이크로데이터에서 연구자가 추가적인 자료를 더 수집하여 표본수를 늘리는 것은 어려운 일이다. 이러한 관점에서 보면 표본수가 적으면 다중공선성 문제가 발생할 가능성이 높다고 할 수 있다. 두 번째로 추정식에서 일부 설명변수를 제외하는 방법은 누락된 변수 문제(omitted variables problem)를 야기하여 편향된 추정치를 초래할 수 있다. 이러한 경우라면 다중공선성 문제를 그냥 놔두는 것보다 더 못한 결과를 얻게 된다.

다중공선성 문제를 유발하는 원인을 파악하여 분석의 범위를 조정하는 것도 해결책의 하나다. 예를 들면, 항목별 식품비 지출액을 설명변수로 사용하는 회귀모형이 있다고 하자. 대개 육류 지출액이 높은 가구들은 과일, 가공식품, 외식 등에 대한 지출도 높을 것이다. 이러한 다중공선성 문제라면 항목별 지출액을 하나의 변수로 합하여 분석 범위를 항목별 지출액의 영향이 아닌 전체 지출액의 영향을 분석하는 것으로 변경하여 다중공선성 문제를 해결할 수도 있다.

다중공선성 문제를 다룰 때 중요한 점은 연구자가 관심을 두는 변수가 다중공선성 문제로 인해 영향을 받고 있는가를 살피는 것이다. 만약 추정모형식에 서로 간에 상관관계가 높은 설명변수들이 있지만 이들 변수가 연구자가 관심을 두는 변수와 상관관계가 없거나 또는 낮다면, 우리는 다중공선성 문제를 그다지 염려할 필요가 없다. 예를 들어보자. 저자가 근무하는 대학교에서 수강생의 강의 출석률이 최종 성적에 미치는 영향을 분석한다고 하자. 그렇다면 출석률을 제외한 다른 변수들의 영향을 통제하기 위해 저자는 수강생의 직전 학기 누적평점, 수능점수, 가능하다면 고교 성적 등에 관한 자료를 수집할 것이다. 학생들의 누적평점이나 수능점수, 그리고 고교 성적은 서로 상관관계가 높을 것이다. 하지만 이들 변수와 출석률의 상관관계는 그다지 높지 않을 것이다. 그렇다면 이들 3가지 변수와 출석률을 설명변수로 하는 회귀모형식을 추정하는 것은 크게 문제가 되지 않는다.

5-2 오차의 이분산성

이분산성(heteroskedasticity)은 식 (2-1)의 선형회귀모형을 추정할 때 오차의 분산이 일정하다는 가정, 즉 $Var(u|x_1, x_2, \cdots, x_k)=\sigma^2$이 충족되지 않음을 의미한다. [실습 2-15]를 예로 들어보자. [그림 2-1]에서 각 점들은 소득과 식품비 지출액에 대한 관측치들을 나타낸다. 반면, 직선은 식품비 지출액을 가구소득에 대해 회귀분석한 결과로부터 얻은 회귀선(regression line)으로 각 가구소득에 대한 식품비 지출액의 예측치를 나타낸다. 이때 각 점에서 회귀선에 이르는 수직거리가 잔차를 의미한다고 보면 된다.

[그림 2-1]에서 소득수준이 낮은 가구들의 식품비 지출액은 평균값(즉, 회귀선)에 근접해 있지만, 소득수준이 높은 가구일수록 식품비 지출이 회귀선에서 멀리 떨어져서 분포하는 경우가 많음을 확인할 수 있다. 이러한 점은 소득수준이 높은 가구일수록 선택의 여지가 많기 때문에 일부 가구들은 자신의 소득을 단가가 높은 식품(프리미엄급 육류나 과일, 유기농식품 등)을 구입하는 데 사용하는 반면, 다른 가구들은 자신의 소득을 식품이 아닌 다른 제품 구입에 사용하는 현상을 반영한다.

실습 2-15 식품비 지출함수의 추정과 회귀선 그리기

```
> install.packages("devtools")
> library(devtools)
> devtools::install_github("ccolonescu/POE5Rdata")
> data(food, package="POE5Rdata")
> foodmodel<-lm(food_exp~income, data=food)
> par(cex=1, pch=16, lwd=2)
> plot(food$income, food$food_exp, type="p", col="darkgray", xlab="Income",
      ylab="Food Expenditure")
> abline(foodmodel)
```

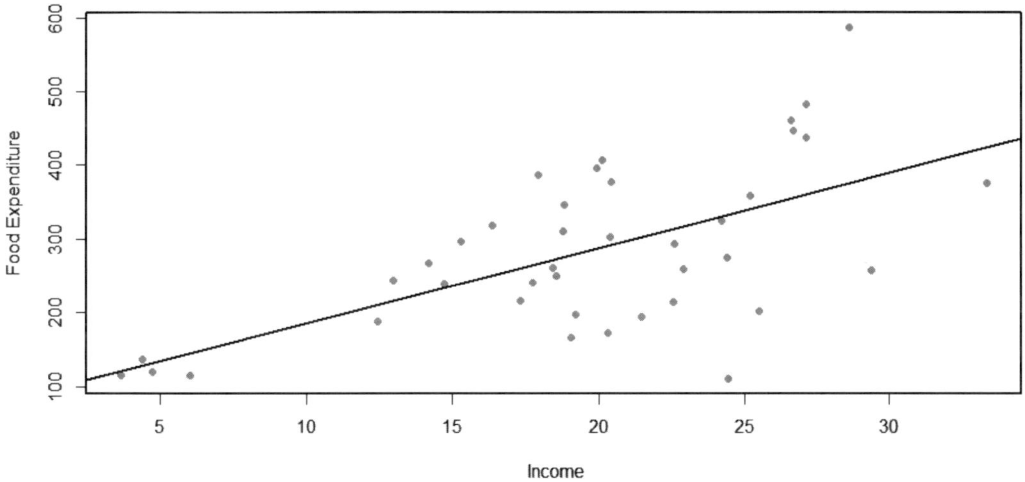

[그림 2-1] 식품비 지출액과 가구소득의 관계

1) 이분산에 견고한 표준오차 구하기

최소자승법에 의한 추정량은 이분산이 존재하더라도 여전히 비편향(unbiased)이며 일치적(consistent)이다. 하지만 추정치의 표준오차가 정확하지 않아 그 값에 근거한 t 검정이나 F 검정 등이 더 이상 유효하지 않게 된다. 다행히 R에서는 이분산 여부에 관계없이 이분산 견고 표준오차(heteroskedasticity-robust standard errors)를 제공하기 때문에 이에 기초한 t 검정이나 F 또는 LM 검정이 모두 가능하다. 이러한 검정은 모형식의 오차가 등분산 가정을 충족하는지를 사전에 알지 못하더라도 실행할 수 있다는 장점이 있다.

오차가 이분산을 가질 때 계수 추정치의 분산(정확히 얘기하면 공분산 행렬)은 다음과 같이 표현할 수 있다.

$$Var(\hat{\beta} \mid X) = (X^T X)^{-1} X^T \Omega X (X^T X)^{-1}$$

만약 오차가 이분산을 가지지 않는다면 위의 식은 $\sigma^2(X^TX)^{-1}$로 단순화될 것이다. 횡단면데이터를 사용하는 선형회귀모형의 경우 $\Omega = dia(\omega_1, \omega_2, \cdots, \omega_n)$와 같은 대각행렬의 모양을 가진다.

R에서 최소자승법으로 추정한 계수값의 이분산 견고 표준오차를 구하는 방법은 패키지 car의 함수 hccm을 사용하거나 패키지 sandwich의 함수 vcovHC를 사용하는 것이다. 함수

lm에 의한 선형회귀모형의 추정 결과가 객체 myreg에 저장되었다면 공분산 행렬은 다음과 같이 구할 수 있다.

```
> hccm(myreg)
> hccm(myreg, type=c("hc0", "hc1", "hc2", "hc3", "hc4")
> vcovHC(myreg, type=c("HC0", "HC1", "HC2", "HC3", "HC4")
```

이분산에 견고한(heteroskedasticity-consistent, HC) 공분산 행렬은 인자 type에 지정된 값에 따라 다양한 행태를 가진다. 인자 type에 지정된 값이 의미하는 바는 $\hat{e}_i$를 잔차라고 할 때 다음과 같이 대각행렬 Ω의 주대각 원소 ω_i의 값과 관련된다.

$$\text{등분산: } \omega_i = \hat{\sigma}^2$$

$$HC0\text{: } \omega_i = \hat{e}_i^2$$

$$HC1\text{: } \omega_i = \frac{n}{n-k}\hat{e}_i^2$$

$$HC2\text{: } \omega_i = \frac{\hat{e}_i^2}{1-h_{ii}}$$

$$HC3\text{: } \omega_i = \frac{\hat{e}_i^2}{(1-h_{ii})^2}$$

$$HC4\text{: } \omega_i = \frac{\hat{e}_i^2}{(1-h_{ii})^{\delta_i}}$$

위 식에서 h_{ii}는 행렬 $X(X^TX)^{-1}X^T$의 주대각 원소로 i번째 관측치가 X의 제곱합 SST에서 차지하는 비중을 의미하며, $\bar{h}$는 h_{ii}의 평균값, $\delta_i = \min\{4, h_{ii}/\bar{h}\}$이다. $HC0$는 통상적으로 후버-화이트(Huber-White)의 표준오차로 불린다. $HC1$, $HC2$, $HC3$는 소규모 표본에 적합한 표준오차의 추정량인데, 이 가운데 $HC3$가 가장 우수한 것으로 보고되고 있다. 따라서 R에서는 $HC3$가 기본값이다. $HC4$는 소규모 표본에서 영향력 있는 관측치(influential observation)가 존재할 때 적합한 표준오차의 추정량이다.

보다 편리한 방법은 각 계수 추정치에 대해 수정된 표준오차뿐만 아니라 t값과 p값을 한꺼번에 구하는 것이다. 이는 다음과 같이 패키지 lmtest의 함수 coeftest를 hccm 또는 vcovHC와 함께 사용하면 된다.

```
> coeftest(myreg, vcov=hccm(myreg, type=c("hc0","hc1","hc2","hc3","hc4"))
```

```
> coeftest(myreg, vcov=vcovHC(myreg, type=c("hc0","hc1","hc2","hc3","hc4"))
```

coeftest(myreg)는 오차의 등분산을 가정한 표준오차를 제공하며, coeftest(myreg, vcov=hccm)과 coeftest(myreg, vcovHC)는 $HC3$ 형태의 표준오차를 제공한다.

[실습 2-16]은 데이터 wage1에 최소자승법을 적용하여 추정한 계수값의 이분산 견고 표준오차를 $HC3$로 계산한 것이다.

실습 2-16 이분산에 견고한 표준오차 구하기

```
> library(car)
> library(lmtest)
> reg_het<-lm(log(wage)~educ*exper+tenure+female+nonwhite, data=wage1)
> coeftest(reg_het)

t test of coefficients:

             Estimate   Std. Error  t value    Pr(>|t|)
(Intercept)  5.0073e-01  1.5629e-01  3.2038    0.00144 **
educ         8.7633e-02  1.1612e-02  7.5468   2.016e-13 ***
exper        4.7987e-03  5.5196e-03  0.8694    0.38503
tenure       1.7382e-02  2.9891e-03  5.8150   1.061e-08 ***
--이하 생략--
> coeftest(reg_het, vcov=hccm(reg_het, type="hc3"))

t test of coefficients:

             Estimate   Std. Error  t value    Pr(>|t|)
(Intercept)  5.0073e-01  1.6948e-01  2.9545    0.003274 **
educ         8.7633e-02  1.2526e-02  6.9959   8.165e-12 ***
exper        4.7987e-03  5.5554e-03  0.8638    0.388105
tenure       1.7382e-02  3.6709e-03  4.7350   2.830e-06 ***
--이하 생략--
```

등분산 가정하에서 표준오차와 이분산 견고 표준오차를 비교하면 다음과 같은 특징이 있다. 첫째, 각 계수값의 유의수준에는 변화가 없다. 오차의 등분산 가정하에서 유의한 변수는 이분산 견고 표준오차를 적용하더라도 여전히 유의하다. 유의하지 않은 변수의 경우도 마찬가지다. 이는 표준오차의 차이가 유의수준에 변화를 줄 만큼 크지 않기 때문이다. 설명변수 중 tenure의 표준오차가 가장 큰 변화를 보인다.

둘째, 등분산 가정하의 표준오차와 비교할 때 이분산 견고 표준오차가 더 커진 변수도 있지만 더 작아진 변수도 있다. 예를 들어, 변수 exper의 이분산 견고 표준오차는 0.0053으로 통상적인 표준오차 0.0055에 비해 더 작다. 일반적으로 이분산 견고 표준오차는 등분산 가정하의 표준오차에 비해 더 큰 것으로 알려져 있다.

[실습 2-17]은 함수 `linearHypothesis`에 등분산 가정과 이분산 견고 표준오차(*HC*3)를 적용하여 임금률이 성별과 인종별로 차이가 없다는 귀무가설에 대해 검정을 실행한 결과다. *F* 검정 결과에 따르면, 오차의 등분산을 가정하든 또는 이분산을 가정하든 귀무가설은 모두 기각되었다.

실습 2-17 이분산 견고 표준오차를 적용한 가설검정

```
> myH0<-c("female=0", "nonwhite=0")
> linearHypothesis(reg_het, myH0)
Linear hypothesis test

Hypothesis:
  female = 0
nonwhite = 0

Model 1: restricted model
Model 2: log(wage) ~ educ * exper + tenure + female + nonwhite

 Res.Df     RSS  Df  Sum of Sq      F     Pr(>F)
1   521  101.312
2   519   90.135  2     11.177  32.18  6.692e-14 ***
 ---
 Signif. codes: 0 '***' 0.001 '**' 0.01 '*' 0.05 '.' 0.1 ' ' 1

> linearHypothesis(reg_het, myH0, vcov=hccm(reg_het, type="hc3"))
Linear hypothesis test

Hypothesis:
  female = 0
nonwhite = 0

Model 1: restricted model
Model 2: log(wage) ~ educ * exper + tenure + female + nonwhite
```

```
Note: Coefficient covariance matrix supplied.

  Res.Df Df      F    Pr(>F)
1   521
2   519  2 29.797 5.621e-13 ***
---
Signif. codes: 0 '***' 0.001 '**' 0.01 '*' 0.05 '.' 0.1 ' ' 1
```

한 가지 유념해야 할 사항은 이분산 견고 표준오차와 이에 근거한 *t*, *F*, *LM* 검정통계량은 모두 표본의 크기가 클 때만 정당화된다는 점이다. 최소자승추정량의 표준오차에 근거한 *t* 검정 통계량은 잔차가 등분산을 가지며 정규분포를 따를 때 표본의 크기와 무관하게 정확한 *t* 분포를 갖는다. 하지만 견고한 *t* 검정 통계량은 소규모 표본에서 실제 *t* 분포와 다른 분포를 가질 수 있다. 따라서 소규모 표본에서 견고한 표준오차를 사용한 가설검정은 잘못된 결론을 낼 우려가 있다.

2) 오차의 이분산 검정

이분산 견고 표준오차를 사용하여 오차의 이분산 문제를 상당 정도 해소할 수 있지만, 이분산 여부를 검정할 수 있다면 다음과 같은 이점이 있다. 첫째, *t* 검정 통계량은 고전적인 선형회귀모형의 가정하에서 정확한 *t* 분포를 따른다. 따라서 이분산이 없다면 최소자승법에 의한 추정치의 표준오차와 이에 근거한 검정통계량을 적용하는 것이 더 바람직하다.

둘째, 이분산이 존재한다면 최소자승법에 의한 추정량은 더 이상 BLUE 추정량이 아니다. 이분산 형태를 안다면 최소자승법보다 더 나은 추정량을 얻을 수 있다.

오차의 이분산 여부는 회귀분석으로 얻은 잔차를 사용하여 검정할 수 있다. 그 방법으로 B-P(Breusch-Pagan) 검정과 화이트(White) 검정이 있다. R에서 2가지 형태의 이분산 검정은 패키지 `lmtest`의 함수 `bptest`를 이용하면 쉽게 할 수 있다.

[실습 2-18]의 이분산성 검정에서는 패키지 `wooldridge`의 데이터 `hprice1`을 사용하였다. 종속변수로 price(주택가격, 천 달러), 설명변수로 lotsize(대지면적, 제곱피트), sqrft(건물면적, 제곱피트), bdrms(침실 수)가 사용되었다.

실습 2-18 **이분산 검정: B-P 검정과 화이트 검정**

```
> data(hprice1, package="wooldridge")
> myreg<-lm(price~lotsize+sqrft+bdrms, data=hprice1)
# B-P 검정(LM검정)
> library(lmtest)
> bptest(myreg)

studentized Breusch-Pagan test

data: myreg
BP = 14.092, df = 3, p-value = 0.002782
# 화이트 검정
> bptest(myreg, ~fitted(myreg)+I(fitted(myreg)^2))

studentized Breusch-Pagan test

data: myreg
BP = 16.268, df = 2, p-value = 0.0002933
```

[실습 2-18]에서 보듯이 2가지 형태의 이분산 검정 결과에 따르면, 둘 다 p값이 매우 낮게 나타나 오차가 등분산을 가진다는 귀무가설이 모두 기각된다.

반면, 이분산에 대한 F 검정은 함수 bptest에 의해 실행할 수 없기 때문에 수동으로 시행해야 한다. [실습 2-19]에서 함수 resid(myreg)는 최소자승추정의 결과인 myreg로부터 각 관측치의 잔차를 구해준다. 오차의 이분산 여부는 잔차의 제곱을 종속변수로 하는 선형회귀모형의 F값이 유의미한지에 의해 검정할 수 있다. p값이 0.001보다 작기 때문에 오차가 등분산을 가진다는 귀무가설을 기각한다.

실습 2-19 **이분산 검정: *F* 검정**

```
> summary(lm(resid(myreg)^2~lotsize+sqrft+bdrms, data=hprice1))
--중략--

Coefficients:
              Estimate  Std. Error  t value  Pr(>|t|)
(Intercept) -5.523e+03   3.259e+03   -1.694   0.09390 .
lotsize      2.015e-01   7.101e-02    2.838   0.00569 **
sqrft        1.691e+00   1.464e+00    1.155   0.25128
bdrms        1.042e+03   9.964e+02    1.046   0.29877
---
```

```
Signif. codes: 0 '***' 0.001 '**' 0.01 '*' 0.05 '.' 0.1 ' ' 1

Residual standard error: 6617 on 84 degrees of freedom
Multiple R-squared: 0.1601,        Adjusted R-squared: 0.1301
F-statistic: 5.339 on 3 and 84 DF, p-value: 0.002048
```

이분산 검정과 관련하여 주의해야 할 점은 추정모형의 함수가 올바르지 않으면 오차가 등분산을 가짐에도 불구하고 기각될 수 있다는 점이다. 예를 들어 특정 변수가 누락되거나, 정확한 회귀모형식이 로그함수나 이차함수 형태임에도 불구하고 이러한 함수 형태를 고려하지 않는다면 이분산 검정은 잘못된 결론에 도달할 수 있다. 따라서 회귀모형식의 함수 형태가 제대로 세워졌는지를 먼저 검정한 후에 이분산 검정을 하는 것이 올바른 방법이다.

3) 이분산 문제의 해결: 가중 최소자승추정

이분산 여부를 검정한 결과 이분산이 발견되었다면 적절한 조치를 취해야 한다. 우선, 최소자승추정에 의해 구한 계수 추정치에 이분산 견고 표준오차를 적용하는 방법을 생각해볼 수 있다. 그러나 오차의 이분산이 어떠한 설명변수와 연관되어 있는지를 안다면, 최소자승추정량보다 더 효율적인 추정량을 얻을 수 있다.

식 (2-1)에서 오자의 분산이 관측치 i에 대해 다음과 같은 형태의 이분산을 가진다고 해보자.

$$Var(u_i \mid x_i) = \sigma^2 h(x_i) = h_i$$

$h(x_i)$는 오차의 이분산을 초래하는 설명변수들의 함수이다. 오차가 등분산을 가지도록 하려면 다음과 같이 변형된 회귀모형식을 추정하면 된다.

$$y / \sqrt{h_i} = \beta_0 / \sqrt{h_i} + \beta_1 x_1 / \sqrt{h_i} + \beta_2 x_2 / \sqrt{h_i} + \cdots + \beta_k x_k / \sqrt{h_i} + u / \sqrt{h_i} \qquad (2\text{-}7)$$

위 식의 추정 결과는 다음과 같이 잔차의 가중제곱합을 최소화하는 추정량을 구하는 것과 동일하다.

$$\sum_{i=1}^{n}(y_i - b_0 - b_1x_{1i} - b_2x_{2i} - \cdots - b_kx_{ki})^2 / h_i \tag{2-8}$$

식 (2-8)은 각각의 잔차제곱합에 가중치 $1/h_i$가 부여된 형태이기 때문에, 추정량 $\hat{b}_j$를 가중 최소자승(weighted least sqaures, WLS) 추정량이라고 부른다. $1/h_i$와 같은 역수 형태의 가중치를 사용하는 원리는 잔차의 분산을 크게 하는 관측치에 대해서는 적은 값의 가중치를 부여하여 해당 잔차제곱합을 작게끔 하는 것이다.

R에서 가중 최소자승추정치는 함수 lm에 인자 weight를 추가하여 구한다. 실습 [2-20]은 데이터 food를 사용하여 통상적인 최소자승추정(OLS)과 가중 최소자승추정(WLS) 결과를 비교한 것이다. 가중치로 $1/income$이 사용되었다.

실습 2-20 식품비 지출함수의 가중 최소자승추정

```
> fd_ols<-lm(food_exp~income, data=food)
> fd_wls<-lm(food_exp~income, data=food, weight=1/income)
> sapply(list(ols=fd_ols, wls=fd_wls), function(x)
       coef(summary(x)) ["income", c("Estimate", "Std. Error")])
                ols       wls
Estimate  10.209643 10.451009
Std. Error  2.093264  1.385891

> confint(fd_ols, level=0.95)
                2.5 %     97.5 %
(Intercept) -4.463279 171.29528
income       5.972052  14.44723

> confint(fd_wls, level=0.95)
                2.5 %     97.5 %
(Intercept) 30.526331 126.8418
income       7.645419  13.2566
```

식품에 대한 소득의 한계소비성향 추정치는 OLS는 10.21인 반면, WLS는 14.4로 나타나 이분산을 교정한 WLS 추정치의 경우가 다소 높다. 계수값의 표준오차를 비교해보면 WLS가 OLS보다 더 효율적인 추정량을 제공함을 알 수 있다. 하지만 두 추정치의 95% 신뢰구간을 계산해보면 OLS에 의한 신뢰구간이 WLS에 의한 신뢰구간을 포함하고 있어 두 추정치 사이에 큰 차이가 있다고 보기는 어렵다. WLS의 추정 결과를 해석할 때 주의할 점은 식 (2-7)과 같이 설명변수가 변형되더라도 계수값은 여전히 소득의 한계소비성향으로 해석해야 한다는 점이다.

만약 이분산의 함수 형태 $h(x_i)$에 대해 확신이 없다면 WLS 추정치에 대해 이분산 견고 표준오차를 적용할 수도 있다. 패키지 car와 lmtest를 불러와 활성화한 후에 함수 coeftest를 적용하면 한계소비성향 추정치의 이분산 견고 표준오차를 구할 수 있다.

```
> library(car)
> library(lmtest)
> coeftest(fd_wls, hccm)

t test of coefficients:

             Estimate  Std. Error  t value    Pr(>|t|)
(Intercept)   78.6841     12.8615   6.1178  3.924e-07 ***
income        10.4510      1.2062   8.6644  1.567e-10 ***
---
Signif. codes: 0 '***' 0.001 '**' 0.01 '*' 0.05 '.' 0.1 ' ' 1
```

WLS 추정을 적용하는 데 현실적으로 어려운 점은 이분산의 함수 형태를 파악하는 것이 거의 불가능하다는 것이다. 그 대안은 이분산이 어떠한 함수 형태를 가지더라도 이를 포괄하는 유연한 함수 형태 $h(x_i)$를 가정하여 추정하는 것이다. 이분산의 함수 형태를 정확하게 알지 못할 때 WLS 추정을 실행하는 절차는 다음과 같다.

① y를 $x_1, x_2, \cdots, x_k$에 대해 회귀분석을 한 다음에 잔차($\hat{u}$)를 구한다.
② 잔차의 제곱값에 대해 로그를 취한 값 $\log(\hat{u}^2)$을 구한다.
③ 다음의 식 (2-9)를 추정한 결과로부터 종속변수의 예측치 $\hat{g}$를 구한다.

$$\log(u^2) = \alpha_0 + \delta_1 x_1 + \delta_2 x_2 + \cdots + \delta_k x_k + e \tag{2-9}$$

④ 예측치 $\hat{g}$에 지수를 취한 값 $\hat{h} = \exp(\hat{g})$를 구한다.
⑤ 모형 추정식 $y = \beta_0 + \beta_1 x_1 + \beta_2 x_2 + \beta_3 x_3 + \cdots + \beta_k x_k + u$를 가중치 $1/\hat{h}_i$를 사용하여 WLS에 의해 추정한다.

위와 같은 방식으로 구해진 추정량을 feasible GLS(FGLS) 추정량이라 부른다. FGLS 추정량은 불편추정량이 아니지만 일치추정량이며 OLS에 비해 효율적이다. 특히, 표본의 크기가 클수록 FGLS 추정량은 이분산 문제를 교정하는 데 OLS의 매력적인 대안이다. FGLS의 추정 결과를 해석할 때 주의할 점은 기울기의 계수 추정치는 여전히 원 모형의 독립변수에 대한 한계효과를 의미한다는 것이다.

[실습 2-21]은 이분산 검정에 사용하였던 데이터 hprice1을 사용하여 FGLS 추정을 실행한 결과다. FGLS 추정 결과를 OLS 추정 결과와 비교해보면, 추정치 크기에서 상당한 변화가 있었다. 즉 주택가격에 대한 대지면적의 효과는 0.00207에서 0.004135로 더 커진 반면, 건물면적과 침실 수의 효과는 오히려 작아졌다. 그러나 이들 계수값의 부호나 유의성 여부에는 변화가 없었다.

실습 2-21 주택가격 모형에 관한 FGLS 추정

```
> myreg<-lm(price~lotsize+sqrft+bdrms, data=hprice1)
> log_u2<-log(resid(myreg)^2)
> var_reg<-lm(log_u2~lotsize+sqrft+bdrms, data=hprice1)
> w<-1/exp(fitted(var_reg))
> myfgls<-lm(price~lotsize+sqrft+bdrms, data=hprice1, weight=w)
> summary(myfgls)
--중략--
Coefficients:
             Estimate   Std. Error  t value   Pr(>|t|)
(Intercept) 45.911604   30.823535    1.489    0.14010
lotsize      0.004135    0.001426    2.901    0.00475 **
sqrft        0.092462    0.014866    6.220   1.86e-08 ***
bdrms        6.175451    8.893592    0.694    0.48937
---
Signif. codes: 0 '***' 0.001 '**' 0.01 '*' 0.05 '.' 0.1 ' ' 1

Residual standard error: 1.974 on 84 degrees of freedom
Multiple R-squared: 0.4675,         Adjusted R-squared: 0.4485
F-statistic: 24.58 on 3 and 84 DF, p-value: 1.633e-11
```

4) 이분산 문제의 해결: 모형 추정식의 변형

우리는 앞서 종속변수의 로그변환이 이분산 정도를 완화해준다는 점을 배웠다. 그래서 이번에는 주택가격의 회귀모형식에 대해 FGLS 추정을 사용하는 대신 종속변수인 주택가격을 로그변환한 후에 두 형태의 이분산 검정을 해보았다. 그 결과 [실습 2-22]에서 보듯이 오차가 등분산을 가진다는 귀무가설을 기각할 수 없다. 이처럼 종속변수를 로그변환하는 간단한 조치만으로도 잔차의 이분산 정도를 줄일 수 있음은 횡단면데이터를 사용하는 많은 실증연구에서 이미 입증돼온 사실이다.

다음으로, 로그변환이 아닌 원 변수 형태의 주택가격 회귀모형에서 대지면적의 제곱항을 설명변수로 추가한 후 이분산 검정을 해보았다. 그 결과 귀무가설은 기각할 수 없다. 이러한 점은 오차의 이분산 문제가 회귀모형의 함수 형태를 올바르게 선택하지 못한 데에서 비롯될 수 있음을 보여준다.

실습 2-22 수정된 주택가격 모형에 대한 이분산 검정

```
> logreg<-lm(log(price)~lotsize+sqrft+bdrms, data=hprice1)
> bptest(logreg)

studentized Breusch-Pagan test

data: logreg
BP = 3.5427, df = 3, p-value = 0.3153
> bptest(logreg, ~fitted(logreg)+I(fitted(logreg)^2))

studentized Breusch-Pagan test

data: logreg
BP = 1.0768, df = 2, p-value = 0.5837
> myreg2<-lm(price~lotsize+sqrft+bdrms+I(lotsize^2), data=hprice1)
> bptest(myreg2)

studentized Breusch-Pagan test

data: myreg2
BP = 4.2418, df = 4, p-value = 0.3743
```

이 2가지 사실은 마이크로데이터를 사용한 많은 실증연구에서 왜 종속변수를 로그변환하는지, 또는 이차함수 형태의 설명변수를 가진 회귀모형을 추정하는지에 대한 이유를 설명해준다. 그것은 다름 아닌 간단한 조치만으로도 오차의 이분산 가능성을 줄일 수 있기 때문이다. FGLS는 전술한 바와 같이 OLS보다 더 유효한 추정량과 t 분포, 그리고 F 분포를 갖는 검정통계량을 제공한다는 이점이 있다. 하지만 이는 표본의 크기가 큰 경우에 해당한다. 오차의 등분산이 의심스러울 때 만약 표본의 크기가 그리 크지 않다면, 종속변수를 로그변환하거나 또는 이차함수 형태의 설명변수를 사용한 모형식을 최소자승법으로 추정한 후 이분산에 견고한 표준오차를 적용하는 것이 바람직할 것이다.

참고문헌

Fox, J. (2021). ***car:*** *Companion to Applied Regression.* R package version 3.0-11. URL https://CRAN.R-project.org/package=car.

Hlavac, M. (2018). ***stargazer:*** *Well-Formatted Regression and Summary Statistics Tables.* R package version 5.2.2. URL https://CRAN.R-project.org /package=stargazer.

Wooldridge, J. M. (2019). *Introductory Econometrics: A Modern Approach, 7th edition.* Cengage Learning.

Zeileis, A. (2020). ***lmtest:*** *Testing Linear Regression Models.* R package version 0.9-38. URL https://CRAN.R-project.org/package=lmtest.

Zeileis, A. (2021). ***sandwich:*** *Robust Covariance Matrix Estimators.* R package version 3.0-1. URL https://CRAN.R-project.org/package=sandwich.

03장 이항선택모형

학습목표

종속변수가 0 또는 1의 값으로 측정되는 이항선택에 관한 의사결정모형을 분석하는 방법을 배운다. 이항선택모형으로 가장 빈번하게 사용하는 로짓모형과 프로빗모형의 추정 방법에 대해 알아본다. 계수 추정치를 이용하여 한계확률효과를 계산하고 설명변수 값의 변화에 따른 예측확률의 변화를 시각적으로 표현하는 방법을 배운다.

[표 3-1] 3장에서 사용할 R 패키지와 함수

패키지	함수	기능
gmodels	CrossTable	둘 이상의 측정값을 가지는 범주형 변수에 대해 빈도를 나타내는 교차분할표를 생성한다.
stats	glm	로짓모형, 프로빗모형 등과 같은 이항선택모형을 추정한다.
	predict	이항선택모형의 추정 결과로부터 여러 형태의 예측값을 계산한다.
mfx	logitmfx	로짓모형에서 설명변수의 한계확률효과를 계산한다.
	probitmfx	프로빗모형에서 설명변수의 한계확률효과를 계산한다.
margins	margins	이항선택모형에서 설명변수의 한계확률효과를 계산한다.
texreg	screenreg	회귀모형의 추정 결과를 표 형태로 출력해준다.
effects	allEffects	이항선택모형에서 다양한 형태의 설명변수 조합에 대해 예측확률을 계산한다.
	plot.effect	이항선택모형에서 다양한 형태의 설명변수 조합에 대해 계산된 예측확률을 그림으로 표현한다.

1 이항 종속변수와 최소자승추정

종속변수가 소비자의 구매행동을 측정한 변수라고 하자. 이때 종속변수를 구매액과 같은 연속형 변수보다는 '구매함(1)' 또는 '구매하지 않음(0)'과 같은 이항 형태로 측정하는 경우가 있다. 이러한 경우에 소비자의 구매행동을 어떻게 분석할 수 있을까? 우선, 2장에서 배운 최소자승모형을 생각해볼 수 있다. 0 또는 1의 값을 가지는 종속변수를 최소자승법으로 추정한 모형을 선형확률모형(linear probability model, LPM)이라 부른다. 그 이유는 종속변수의 예측치를 일종의 확률로 해석할 수 있기 때문이다.

그러나 종속변수가 0 또는 1의 값을 가질 때 최소자승법을 적용하여 소비자의 반응이나 선택을 분석할 경우 여러 문제가 발생한다. 예를 들면, 종속변수의 예측치가 범위 [0, 1]을 넘어서서 확률이 가질 수 있는 값의 범위를 벗어나거나, 또는 오차가 등분산을 가져야 한다는 최소자승법의 기본 가정을 위배할 수 있다. 이항선택상황에서 최소자승모형의 문제점을 실제로 확인해보기 위해 다음의 실습 사례를 살펴보자.

1) 선형확률모형의 사례: 타이타닉호 승객의 생존확률

[실습 3-1]에서 사용한 자료(titanic2.dta)는 타이타닉호 침몰 당시에 배에 타고 있던 승객들의 나이와 생존 여부를 추적조사하여 집계한 자료이다. 생존 여부를 나타내는 변수 survived는 더미변수로서 생존했다면 Yes, 그렇지 않았다면 No의 값을 가진다. 이를 함수 `str(mydata)`을 통해 확인해보자.

생존 여부(survived)와 연령(age)의 관계를 함수식을 사용하여 추정하기 전에 그림을 통해 두 변수 사이의 관계를 먼저 파악해보자. 함수 `plot`은 숫자형 변수에만 적용할 수 있기 때문에 변수 survived에 함수 `as.numeric`을 적용하여 "Yes"는 1의 값으로, "No"는 0의 값으로 변환하면 생존 여부의 산점도를 연령(age)에 대해 그릴 수 있다. 그러나 변수 survived는 0 아니면 1의 값을 가지기 때문에 산점도를 그리면 겹치는 관측치가 너무 많아서 생존 여부와 연령의 관계를 파악하기가 쉽지 않다. 이러한 문제점을 해결하는 방법은 함수 `jitter`를 사용하여 서로 겹친 관측치를 위아래로 흩뿌려서 표현하는 것이다. 그 결과가 [그림 3-1]이다.

실습 3-1 이항 종속변수의 산점도 그리기

```
> library(foreign)
> mydata<-read.dta("D:/MDAR/titanic2.dta")
> str(mydata$survived)
Factor w/ 2 levels "No","Yes": 2 2 2 2 2 2 2 2 2 2 ...
> mydata$survived<-as.numeric(mydata$survived=="Yes")
> plot(jitter(mydata$age,.2),jitter(mydata$survived,.2),main="탑승객 연령과 생존 여부")
```

[그림 3-1]을 보면 각 관측치를 나타내는 점들이 승객이 생존한 경우에는 연령이 낮은 구간에 많이 집중되어 있는 반면, 승객이 사망한 경우에는 연령이 높은 구간에 집중되어 있다. 우리는 이러한 분석 결과를 통해 타이타닉호 침몰 당시에 어린아이들부터 먼저 구조했다는 역사적 사실을 확인할 수 있다.

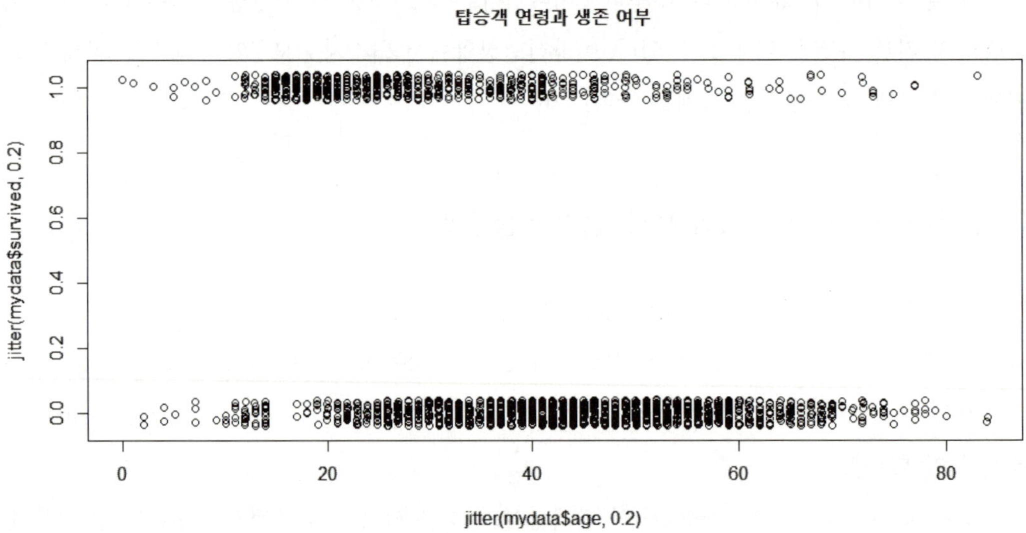

[그림 3-1] 타이타닉호 승객의 생존 여부와 연령에 대한 산점도

[실습 3-2]는 변수 survived를 연령에 대해 최소자승법으로 추정한 결과다. 연령의 계수 추정치가 -0.013으로 유의미하기 때문에 승객의 생존 여부와 연령은 서로 음(-)의 관계를 가진다고 말할 수 있다. 최소자승모형으로부터 구한 종속변수의 예측치는 0.588, 0.562, 0.509 등의 값을 가지기 때문에 생존확률이라고 해석할 수 있다. 이러한 생존확률은 식 (3-1)과 같이 설명변수와 계수 추정치를 선형결합하여 구할 수 있다.

$$X\hat{\beta} = \hat{\beta}_0 + \hat{\beta}_1 X_1 + \hat{\beta}_2 X_2 + \hat{\beta}_3 X_3 + \hat{\beta}_4 X_4 + \cdots + \hat{\beta}_k X_k \quad (3\text{-}1)$$

이러한 의미에서 0 또는 1의 값을 가지는 종속변수에 대한 최소자승모형을 선형확률모형이라 부른다. 우리는 최소자승모형의 추정 결과를 토대로 탑승객의 연령이 낮을수록 생존확률이 높다고 볼 수 있다. 여기까지만 보면, 이항변수 형태의 종속변수에 최소자승모형을 적용하더라도 그 추정 결과를 해석하는 데 전혀 무리가 없는 것처럼 보인다.

2) 선형확률모형의 문제점

선형확률모형에 의해 추정한 종속변수 y의 예측치, 즉 생존확률을 나타내는 회귀선을 함수 abline를 사용하여 [그림 3-1]에 추가한 것이 [그림 3-2]이다. [그림 3-2]에 나타난 회귀선을 자세히 들여다보면, 연령이 60세를 초과할 때 생존확률은 0의 값을 지나 음(-)의 값을 가짐을 알 수 있다. 이러한 결과는 생존확률이 [0, 1]의 범위에 있어야 한다는 측면에서 보면 확률의 기본 정의와 부합하지 않는다.

실습 3-2 이항선택모형의 최소자승추정

```
> summary(linprob<-lm(survived~age, data=mydata))
-- 중략 --
Coefficients:
              Estimate   Std. Error   t value   Pr(>|t|)
(Intercept)   0.839874   0.024448     34.35     <2e-16 ***
age          -0.013248   0.000583    -22.73     <2e-16 ***
---
Signif. codes: 0 '***' 0.001 '**' 0.01 '*' 0.05 '.' 0.1 ' ' 1

Residual standard error: 0.421 on 2199 degrees of freedom
Multiple R-squared: 0.1902,      Adjusted R-squared: 0.1898
F-statistic: 516.5 on 1 and 2199 DF, p-value: < 2.2e-16
> bhat<-coef(linprob)
> linprob_hat<-fitted(linprob)
> head(linprob_hat, n=3)
        1         2         3
0.5881542 0.5616573 0.5086636
> abline(linprob)
```

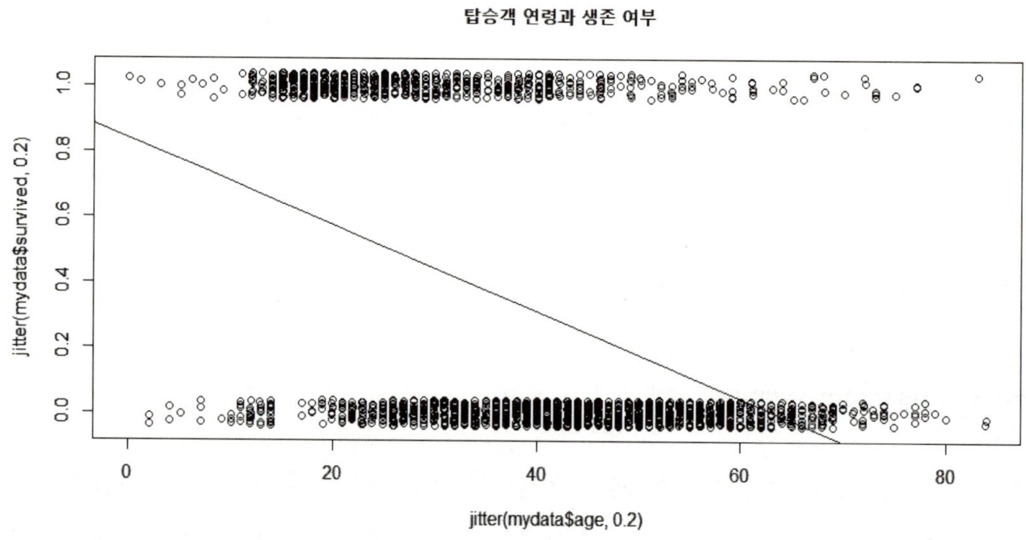

[그림 3-2] 승객의 연령과 생존 여부, 생존확률 예측치

다음으로 $\hat{y}_i$를 예측치라고 할 때 잔차는 $1-\hat{y}_i$ 또는 $-\hat{y}_i$의 값을 가진다. 이항분포를 따르는 잔차의 분산은 $(1-\hat{y}_i)\times\hat{y}_i$이기 때문에 예측치가 0.5에 가까울수록 분산은 커지게 된다. 이는 선형확률모형의 오차가 이분산을 가진다는 의미다. 이로 인해 추정된 계수값의 표준오차는 오류를 가지게 되어 계수 추정치에 근거한 통계적 추론은 잘못된 결론에 도달할 수 있다.

2 선형확률모형의 대안

이항선택모형에서 어떻게 하면 최소자승추정이 가지는 문제점을 해결할 수 있을까? 해답은 식 (3-1)로 표현된 $X\hat{\beta}$가 어떠한 값을 가지더라도 이에 대한 확률값은 [0, 1] 범위 내에 있도록 하는 적절한 변환 방법을 찾아내는 것이다.

2-1 로짓모형과 프로빗모형

첫 번째 변환이 로지스틱 변환(logistic transformation)이다. 로지스틱 변환을 이해하기 위해서는 오즈(odds)라는 개념부터 알아야 한다. 오즈는 어떤 사건이 발생할 가능성을 나타내는 개념으로 확률의 다른 표현이다. 예를 들어, 생존할 오즈는 (생존자 수÷사망자 수)로 계산된다. 오즈 개념을 적용하여 생존율이 성별로 차이가 나는지를 알아보자.

먼저, 오즈값을 계산해보기 위해 승객의 성별로 생존자 수와 사망자 수를 나타내는 교차표를 만들어보자. [실습 3-3]의 교차분할표에서 남자가 생존할 오즈값은 367/1364 = 0.269, 여자가 생존할 오즈값은 344/126 = 2.730이다. 생존할 오즈값은 생존확률과 사망확률의 비율인 $\frac{\Pr(Y=1)}{1-\Pr(Y=1)}$로 표현할 수 있다.

실습 3-3 성별 생존자 수와 사망자 수를 나타내는 교차표

```
> library("gmodels")
> CrossTable(mydata$men, mydata$survived, prop.chisq=FALSE, format="SPSS")

 Cell Contents
|-------------------------|
|                   Count |
|             Row Percent |
|          Column Percent |
|           Total Percent |
|-------------------------|

Total Observations in Table:  2201

             | mydata$survived
  mydata$men |         0 |         1 | Row Total |
-------------|-----------|-----------|-----------|
          No |       126 |       344 |       470 |
             |   26.809% |   73.191% |   21.354% |
             |    8.456% |   48.383% |           |
             |    5.725% |   15.629% |           |
-------------|-----------|-----------|-----------|
         Yes |      1364 |       367 |      1731 |
             |   78.798% |   21.202% |   78.646% |
             |   91.544% |   51.617% |           |
             |   61.972% |   16.674% |           |
-------------|-----------|-----------|-----------|
Column Total |      1490 |       711 |      2201 |
             |   67.697% |   32.303% |           |
-------------|-----------|-----------|-----------|
```

[실습 3-4]는 식 (3-1)과 같은 선형결합으로부터 구한 생존확률 Pr(Y=1)의 각 값에 대응하는 오즈값을 구한 것이다. 패키지 MASS의 함수 `fractions`을 이용하면 각 확률값에 대응하

는 오즈값을 출력해준다. [실습 3-4]에서 보듯이 생존할 확률은 0과 1의 범위에 있는 값을 가지나 생존할 오즈값은 0.01에서 99의 값을 가진다. 이러한 오즈값의 특성으로부터 설명변수들의 선형결합을 통해 y값을 예측할 때, 선형결합으로부터 구한 $X\hat{\beta}$값이 어떠한 값을 가지더라도 오즈값이 취할 수 있는 범위 안에 포함됨을 알 수 있다. 하지만 오즈값이 가지는 한 가지 결점은 음(-)의 값을 가지지 않는다는 점이다.

이러한 문제점을 해결하는 방법은 다름 아닌 오즈값에 로그를 취하는 것이다. 로그변환한 오즈값은 [실습 3-4]에서 보듯이 $-\infty$에서 $+\infty$의 값을 가진다. 이처럼 로그변환한 오즈값을 로짓(logit)이라고 부른다. 선형결합 함수식 (3-1)에 의해 추정한 확률을 로짓 변환한다면 함수식이 어떠한 값을 가지더라도 예측확률 값은 0과 1의 범위에 속한다.

로짓모형의 한 가지 단점은 추정 결과를 해석하는 것이 쉽지 않다는 점이다. 예를 들면 "남자가 생존할 가능성을 로그변환한 값이 -1.39이다."라는 표현은 이해하기가 어렵다. 이 때문에 로짓값을 확률값으로 변환하여 해석하는 것이 더 낫다. 예를 들어 로짓값이 -1.39일 때 공식 $\Pr(y=1|X)=\dfrac{\exp(X\beta)}{1+\exp(X\beta)}$를 적용하여 확률값으로 전환하면 $\dfrac{\exp(-1.39)}{1+\exp(-1.39)}\approx 0.20$이다.

실습 3-4 확률값에 대응하는 오즈값, 로짓값 구하기

```
> library(MASS)
> prob<-c(0.01,0.03, 0.05, 0.20, 0.40, 0.50, 0.70, 0.80, 0.95, 0.97, 0.99)
> odds<-prob/(1-prob)
> data.frame(prob, odds=as.character(fractions(odds)), logit=log(odds))
   prob  odds  logit
1  0.01  1/99 -4.595
2  0.03  3/97 -3.476
3  0.05  1/19 -2.944
4  0.20   1/4 -1.386
5  0.40   2/3 -0.405
6  0.50     1  0.000
7  0.70   7/3  0.847
8  0.80     4  1.386
9  0.95    19  2.944
10 0.97  97/3  3.476
11 0.99    99  4.595
```

두 번째 변환은 프로빗 변환이다. 이는 식 (3-1)에 표준정규분포의 누적밀도함수를 적용하여 확률값이 [0, 1]의 범위 내에 있도록 하는 방법이다.

이항선택모형을 좀 더 일반화해보자. 종속변수 y가 유기농 식품의 구매 여부를 나타낸다고 하자. 이때 실제 관측되는 변수 y의 값은 1 또는 0이다. 실제 관측되지는 않지만 변수 y를 대변하는 잠재변수(latent variable)로 연속형 값을 가진 변수 y^*가 존재한다고 가정하자. 예를 들어, y에 대응하는 잠재변수 y^*로 소비자 유보가격과 실제 판매가격의 차이를 생각해보자. 소비자 유보가격이 실제 판매가격보다 크다면($y^* > 0$) 구매하고($y=1$), 그렇지 않으면($y^* \le 0$) 구매하지 않는 것($y=0$)으로 관측된다고 할 수 있다.

잠재변수 y^*와 설명변수 X의 관계가 식 $y^* = X\beta + u$로 표현된다고 할 때, 앞서 설명한 y와 y^*의 관계는 다음과 같이 나타낼 수 있다.

$$y = \begin{cases} 1 \text{ if } y^* > 0 \\ 0 \text{ if } y^* \le 0 \end{cases}$$

이때 $y=1$일 확률은 다음과 같다.

$$\begin{aligned} \Pr(y=1) &= \Pr(X\beta + \mathrm{u} > 0) = \Pr(-\mathrm{u} < X\beta) \\ &= F(X\beta) \end{aligned} \tag{3-2}$$

여기서 $F(\bullet)$는 확률변수의 누적빈도함수로, $X\beta$가 어떠한 값을 가지더라도 이에 대한 확률값이 [0, 1] 범위 내에 있도록 하는 일종의 변환함수(link function)이다. 식 (3-2)와 같은 모형을 일반선형모형(generalized linear model, GLM)이라고 부른다. [표 3-2]와 같이 이러한 변환함수 $F(\bullet)$를 어떻게 정하느냐에 따라 이항선택모형을 추정하기 위한 모형은 다양한 형태를 가질 수 있다.

[표 3-2] 이항선택모형의 유형

모형 유형	확률 $p = \Pr(y=1 \mid X)$
로짓모형	$\Lambda(X\beta) = e^{X\beta} / (1+e^{X\beta})$
프로빗모형	$\Phi(X\beta) = \int_{-\infty}^{X\beta} \phi(z)dz$
선형확률모형	$F(X\beta) = X\beta$

2-2 모형의 선택

'이항선택모형인 로짓모형과 프로빗모형 가운데 어느 것을 사용해야 하는가?'라는 질문에 답해보자. [그림 3-3]은 동일한 X값에 대한 로짓변환과 프로빗변환을 그림으로 나타낸 것이다. X값이 중앙값인 0에서 멀어질수록 로짓변환한 값과 프로빗변환한 값은 다소 큰 차이를 보이지만, 중앙값에 가까울수록 두 값의 차이가 없음을 알 수 있다.

```
> curve(plogis(x), -10,10, lwd=2, lty=1)
> curve(pnorm(x), add=TRUE, lwd=2, lty=2)
> legend("topleft", c("logit","probit"), lwd=2, lty=1:2)
```

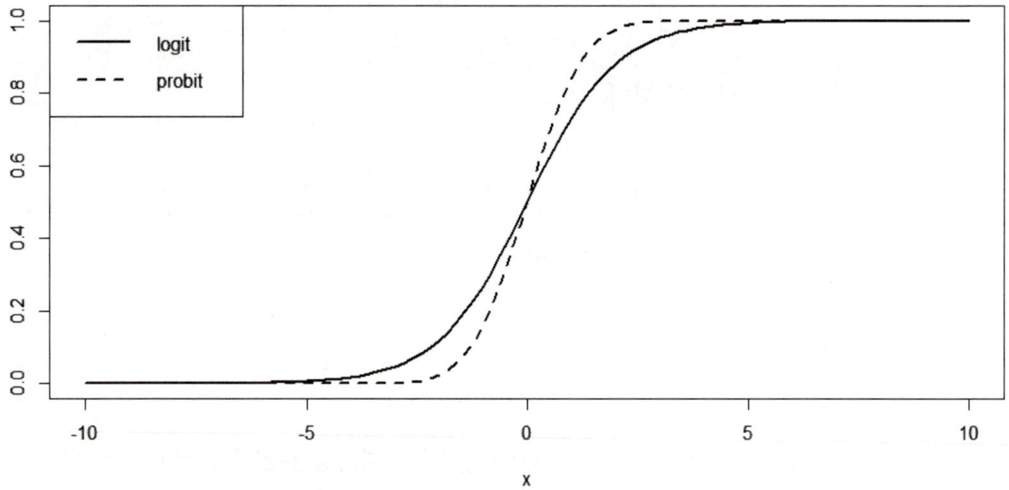

[그림 3-3] 로짓함수와 프로빗함수(표준정규분포의 누적밀도함수)의 비교

여러 문헌들에 따르면 선형확률모형(OLS), 로짓모형, 프로빗모형의 계수 추정치들 간에 $\hat{\beta}_{Logit} \simeq 4\hat{\beta}_{OLS}$, $\hat{\beta}_{Probit} \simeq 2.5\hat{\beta}_{OLS}$, $\hat{\beta}_{Logit} \simeq 1.6\hat{\beta}_{Probit}$의 관계가 있는 것으로 보고되고 있다. 이러한 차이는 단지 확률분포함수의 다름에서 비롯된 것이지, 분석 결과가 다름을 의미하지는 않는다.

3 이항선택모형의 추정과 활용

3-1 추정 방법

로짓모형이나 프로빗모형은 모두 최우추정으로 추정한다. y가 이항분포를 따르기 때문에 y를 관찰할 확률은 $\Pr(y \mid X) = F(X\beta)^{y_i}\{1 - F(X\beta)\}^{1-y_i}$이며, 관측치 i에 대한 로그우도함수는 $l_i(\beta) = y_i \ln F(X\beta) + (1 - y_i)\{1 - F(X\beta)\}$와 같게 된다. 따라서 N개의 관측치 전체에 대한 로그우도함수는 식 (3-3)과 같다.

$$Q(\beta) = \sum_{i=1}^{N}\{y_i \ln F(X\beta) + (1 - y_i)\ln[1 - F(X\beta)]\} \tag{3-3}$$

이항선택모형은 [실습 3-5]에서 볼 수 있듯이 함수 `lm` 대신에 `glm`으로 추정한다. `glm` 구조는 `lm`과 유사하며, 변환함수를 지정하는 인자 `family=binomial(link=' ')`가 추가된다. `link` 값은 GLM 유형에 따라 달라진다. 로짓모형을 추정하려면 `link='logit'`, 프로빗모형을 추정하려면 `link='probit'`이라고 지정한다.

3-2 사례연습: 소비자의 온라인 식품구매

사례연습에 사용된 자료 OnlineBuy는 소비자가 온라인을 통해 식품을 구매한 내역을 기록한 자료이다. 온라인 구매 여부를 나타내는 종속변수 internet은 지난 1년간 온라인을 통해 식품을 구매한 적이 있다면 1, 그렇지 않다면 0의 값으로 측정된다. 데이터에는 pid_new(가구식별번호) 외에 설명변수로 smart(응답자의 스마트폰 활용 능력, 6점 척도), female(여성 응답자이면 1, 그렇지 않으면 0), age(응답자 나이), hhsize(가구원 수), capital(거주지가 서울이면 1, 아니면 0), metro(거주지가 광역시이면 1, 아니면 0), hincm(월평균 가구소득, 만 원), apt(아파트에 거주하면 1, 아니면 0), safety(식품 구입 시 안전성 관심 정도, 100점 만점 기준), num_child(동거하는 유아 수, 유치원 이하), num_parent(부모와 동거하면 1, 아니면 0), offline(오프라인에 의한 연간 식품구매액, 만 원)이 있다.

모형 추정에 앞서 응답자의 연령변수 age를 4개의 연령층을 나타내는 범주형 변수 age_

group으로 변환하였다. 패키지 texreg의 함수 screenreg를 사용하면 여러 가지 모형의 추정 결과를 표 형태로 보여준다. [실습 3-5]의 추정 결과에 따르면 연령, 가구소득, 가구원 수, 스마트폰 활용 능력이 유의미하다. 설명변수의 계수값이 의미하는 바를 로짓모형의 연령 계수값을 예로 들어 정확하게 얘기해보자. 50대 가구의 계수값에 대응하는 오즈값이 $e^{-0.4368}=0.646$이므로 50대 가구가 온라인으로 식품을 구매할 오즈값은 다른 모든 조건이 동일할 때 40대 가구보다 $(1-0.646)\times100=35.4\%$ 더 낮다고 할 수 있다.

선형확률모형과 이항선택모형의 추정 결과를 비교하면 몇 가지 다른 점이 있다. 첫째, 이항선택모형의 추정 결과에서는 선형확률모형과 달리, 계수 추정치의 유의성 여부를 판단하는 통계량으로 t값 대신에 z값이 출력된다. z값은 왈드 검정 통계량의 제곱근으로, 그 제곱값은 자유도가 1인 카이제곱 분포를 따른다.

둘째, 로짓(프로빗)모형은 OLS에서처럼 R^2를 계산할 수 없다. 하지만 로그우도값 $L(\hat{\beta})$과 L_0을 안다면 유사(pseudo)결정계수를 계산할 수 있다. $L(\hat{\beta})$은 상수항과 다른 설명변수를 포함한 회귀모형의 로그우도값을 의미하고, L_0은 상수항만을 포함한 회귀모형의 로그우도값을 의미한다. 로짓(프로빗)모형과 같은 GLM을 추정하면 로그우도값 대신에 그에 대응하는 편차(deviance)인 Null deviance와 Residual deviance를 기본값으로 제공한다. 로그우도값을 구하려면 추정 결과에 함수 logLik를 적용하면 된다. 편차를 $D(\hat{\beta})$라고 할 때 로그우도값과 편차의 관계는 $D(\hat{\beta})=-2L(\hat{\beta})$이다. 따라서 로짓모형 또는 프로빗모형의 적합도를 나타내는 맥패든(McFadden)의 유사결정계수는 다음과 같이 계산할 수 있다.

실습 3-5 **로짓모형과 프로빗모형의 추정**

```
> load("D:/MDAR/OnlineBuy.RData")
> OnlineBuy$age_group<-car::recode(OnlineBuy$age,"21:39='less40s';
                          40:49='40s'; 50:59='50s'; 60:78='over50s' ")
> OnlineBuy$offline<-OnlineBuy$offline/10000
> logit.res<-glm(internet~factor(age_group)+hincm+hhsize+smart+offline,
                 family=binomial(link='logit'), data=OnlineBuy)
> probit.res<-update(logit.res, family=binomial(link='probit'))
> lpm.res<-lm(internet~factor(age_group)+hincm+hhsize+smart+offline,
              data=OnlineBuy)
> library(texreg)
> screenreg(list(lpm=lpm.res, logit=logit.res, probit=probit.res), digits=4)
```

```
==================================================================
                              lpm          logit         probit
------------------------------------------------------------------
(Intercept)                  0.1598 **    -1.5010 ***   -0.9257 ***
                            (0.0492)      (0.2296)      (0.1392)
factor(age_group)less40s     0.0744        0.3217        0.1978
                            (0.0384)      (0.1700)      (0.1053)
factor(age_group)50s        -0.0934 **    -0.4368 **    -0.2645 **
                            (0.0326)      (0.1521)      (0.0921)
factor(age_group)over50s    -0.0511       -0.2504       -0.1552
                            (0.0377)      (0.1764)      (0.1067)
hincm                        0.0002 **     0.0008 **     0.0005 **
                            (0.0001)      (0.0003)      (0.0002)
hhsize                       0.0236 *      0.1061 *      0.0659 *
                            (0.0117)      (0.0538)      (0.0328)
smart                        0.0300 ***    0.1311 ***    0.0811 ***
                            (0.0080)      (0.0359)      (0.0221)
offline                      0.3728        1.7531        1.0634
                            (0.8464)      (3.9005)      (2.3772)
------------------------------------------------------------------
R^2                          0.0502
Adj. R^2                     0.0455
Num. obs.                 1440          1440          1440
AIC                                     1802.8467     1802.4041
BIC                                     1845.0259     1844.5832
Log Likelihood                          -893.4233     -893.2020
Deviance                                1786.8467     1786.4041
==================================================================
*** p < 0.001; ** p < 0.01; * p < 0.05
> names(logit.res)
[1]  "coefficients" "residuals"      "fitted.values" "effects"            "R"
[6]  "rank"         "qr"             "family"        "linear.predictors"  "deviance"
[11] "aic"          "null.deviance"  "iter"          "weights"            "prior.weights"
--이하 생략--
> 1-(logit.res$deviance/logit.res$null.deviance)
[1] 0.03914641
> 1-(probit.res$deviance/probit.res$null.deviance)
[1] 0.03938442
```

$$pseudoR^2 = 1 - \frac{L(\hat{\beta})}{L_0} = 1 - \frac{D(\hat{\beta})}{D_0}$$

이러한 방식으로 계산된 유사결정계수값은 로짓모형 0.0391, 프로빗모형 0.0394이다.

셋째, 모형의 유의성 여부를 검정하려면 선형회귀모형과 달리 F 검정 대신에 로그우도비 검정을 해야 한다. 이항선택모형에서 로그우도비 검정은 패키지 `lmtest`의 함수 `lrtest(logit.res)`로 실행할 수 있다.

3-3 이항선택모형의 활용

1) 예측확률

이항선택모형의 가장 큰 장점은 종속변수와 관련된 사건이 발생할 확률, 즉 종속변수가 1의 값을 가질 확률을 예측하는 데 활용할 수 있다는 점이다. [실습 3-4]의 예를 들자면 특정 가구 집단에 대해 온라인에 의한 식품구매 확률을 계산할 수 있다. 함수 `predict`를 이용하면 `glm`에 의한 이항선택모형의 추정 결과(logit.res)를 토대로 표본 전체에 대해, 또는 설명변수의 특정 값에 대해 다음의 예측치를 구할 수 있다.

- `predict(logit.res)`는 표본 전체에 대해 $X_j\hat{\beta}$값을 계산한다.
- `predict(logit.res, xpred)`는 xpred로 지정한 설명변수 값에 대해 $X_j\hat{\beta}$값을 계산한다.
- `predict(logit.res, type="response")`는 표본 전체에 대해 예측확률 $F(X_j\hat{\beta})$의 값을 계산한다.
- `predict(logit.res, xpred, type="response")`는 xpred에 의해 지정된 설명변수 값에 대해 예측확률 $F(X_j\hat{\beta})$의 값을 계산한다.

[실습 3-6]은 로짓모형의 추정 결과(logit.res)를 토대로 두 유형의 가구가 온라인을 통해 식품을 구매할 확률을 예측한 결과다. 가구 1은 1인 가구로, 응답자 연령 30대 이하이며, 월평균 가구소득 300만 원, 스마트폰 활용 능력 5점, 오프라인에 의한 연간 식품구매액 200만 원이다. 가구 2는 4인 가구로, 응답자 연령 50대이며, 월평균 가구소득 500만 원, 스마트폰 활용 능력 점수 5점, 오프라인에 의한 연간 식품구매액 400만 원이다. 로짓모형으로 추정한 두 가구의 온라인에 의한 식품구매 확률은 각각 0.461, 0.399이다.

이와 유사하게 `predict(probit.res, xpred, type="response")`를 적용하면, 프로빗모형으로 예측한 구매 확률도 계산할 수 있다. 그 값은 0.461, 0.401로 로짓모형의 경우와 유사하다. 독자들이 직접 확인해보길 바란다.

실습 3-6 로짓모형에서 예측확률 구하기: 가구 유형별

```
> xpred<-list(age_group=c("less40s","50s"), hhsize=c(1,4),
        hincm=c(300, 500), smart=c(5,5), offline=c(0.02,0.04))
> predict(logit.res,xpred, type="response")
        1         2
0.4609963 0.3987136
```

이번에는 온라인에 의한 식품구매 확률을 가구 규모별로 계산해보자. 예측모형으로 범주형 변수 age_group 대신에 연속형 변수 age를 사용한 이항선택모형을 사용하자. 예측확률을 구할 때 가구원 수를 제외한 나머지 모든 변수는 표본평균값을 적용한다. [실습 3-7]에서 함수 rep(mean(hincm),5)는 hincm의 평균을 5번 반복한다는 의미이다. attach(OnlineBuy)는 변수를 지정할 때 데이터프레임을 별도로 지정하지 않아도 되게끔 한다.

실습 3-7 로짓모형에서 예측확률 구하기: 가구원 수별

```
> logit.res2<-glm(internet~age+hincm+hhsize+smart+offline,
              family=binomial(link='logit'),data=OnlineBuy)
> probit.res2<-update(logit.res2, family=binomial(link='probit'))
> attach(OnlineBuy)
> xpred<-list(age=rep(mean(age),5), hhsize=c(1,2,3,4,5),
        hincm=rep(mean(hincm),5),smart=rep(mean(smart),5),
        offline=rep(mean(offline),5))
> predict(logit.res2,xpred, type="response")
        1         2         3         4         5
0.2915993 0.3147526 0.3388649 0.3638436 0.3895785
```

2) 한계확률효과

이항선택모형의 추정 결과를 활용하는 두 번째 방법은 설명변수의 한계확률효과를 구하는 것이다. 이항선택모형은 종속변수 값이 1일 확률을 추정하기 때문에 한계효과를 한계확률효과라고 해석하는 것이 맞다. 하지만 편의상 한계효과라고 하자. 이항선택모형은 식 (3-2)와 같이 비선형함수인 확률분포함수로 표현되기 때문에 계수 추정치 자체가 설명변수의 한계효과를 의미하지 않는다. 따라서 한계효과를 별도로 구해야 한다.

먼저, 설명변수가 연속형 변수라면 한계효과는 식 (3-4)와 같이 계산된다.

$$\frac{\partial \Pr(y=1|X)}{\partial X_j} = \frac{\partial \Pr(y=1|X)}{\partial X\hat{\beta}} \bullet \frac{\partial X\hat{\beta}}{\partial X_j} = f(X\hat{\beta}) \bullet \hat{\beta}_j \tag{3-4}$$

식 (3-4)에서 $f(X\hat{\beta})$는 각 모형의 확률분포함수 형태에 따라 달라지기 때문에 모형별로 한계효과를 계산하는 수식을 정리하면 [표 3-3]과 같다.

[표 3-3] 이항선택모형에서 설명변수의 한계확률효과

모형 유형	확률 $p = \Pr(y=1\|X)$	한계확률효과
로짓모형	$\Lambda(X\beta) = e^{X\beta} / (1+e^{X\beta})$	$\Lambda(X\beta)(1-\Lambda(X\beta))\beta_j$
프로빗모형	$\Phi(X\beta) = \int_{-\infty}^{X\beta} \phi(z)dz$	$\phi(X\beta)\beta_j$
선형확률모형	$F(X\beta) = X\beta$	β_j

반면, 설명변수가 더미변수라면 한계효과를 계산할 때 미분을 할 수 없기 때문에 식 (3-4)의 방법으로 한계효과를 계산하는 것은 불가능하다. 설명변수 가운데 X_1이 더미변수라면 한계효과는 식 (3-5)와 같은 방법으로 구한다.

$$F(\hat{\beta}_0 + \hat{\beta}_1 \bullet 1 + \hat{\beta}_2 X_2 + \cdots + \hat{\beta}_k X_k) - F(\hat{\beta}_0 + \hat{\beta}_1 \bullet 0 + \hat{\beta}_2 X_2 + \cdots + \hat{\beta}_k X_k) \tag{3-5}$$

이항선택모형에서 한계효과를 계산할 때 발생하는 어려움은 한계효과가 설명변수 X의 함수 형태로 표현되어 있어서 $X\hat{\beta}$값에 따라 달라진다는 점이다. 이러한 이유로 한계효과는 대개 다음과 같이 2가지 방식으로 계산한다.

- 각 설명변수의 평균값($\bar{X}$)에서 계산한 한계효과 : 이를 한계평균효과(marginal effect at the mean)라고 한다.
- 각 관측치에서 계산한 한계효과의 평균값 : 이를 평균한계효과(average marginal effect)라고 한다.

설명변수의 한계효과는 패키지 mfx나 margins를 이용하면 손쉽게 계산할 수 있다. 하지만 식 (3-4)와 (3-5)를 이용하여 한계효과를 직접 계산해본다면 한계효과의 계산식을 이해하는 데 도움이 될 것이다. 2가지 방식을 모두 사용해보자.

이항선택모형에서 설명변수의 한계효과를 구할 때 패키지 margins의 함수 margins는 추정모형이 로짓모형인지 아니면 프로빗모형인지를 구분하는 인자가 따로 없다. 반면 패키지 mfx에서는 분석 모형이 로짓모형이면 함수 logitmfx를, 프로빗모형이면 함수 probitmfx를 이용한다. 함수 margins나 logitmfx(또는 probitmfx)는 추정모형식에 성별과 같이 범주값이 2개인 범주형 변수에 대해서는 서로 동일한 한계효과 추정치를 제공한다. 하지만 인종, 학력 등과 같이 범주값이 3개 이상인 범주형 변수에 대해서는 두 패키지의 한계효과 추정치가 서로 다르다는 문제점이 있다. [실습 3-8]부터 [실습 3-10]까지의 사례를 살펴보자.

먼저, [실습 3-8]은 함수 logitmfx를 이용하여 로짓모형에서 각 설명변수의 한계효과를 구한 결과다. 이때 설명변수의 한계평균효과를 구하려면 인자 atmean=TRUE를, 평균한계효과를 구하려면 인자 atmean=FALSE를 사용한다.

실습 3-8 로짓모형에서 설명변수의 한계효과 구하기: 함수 logitmfx 이용

```
> library(mfx)
> logitmfx(internet~factor(age_group)+hincm+hhsize+smart+offline,
           data=OnlineBuy, atmean=TRUE)
--중략--
Marginal Effects:
                              dF/dx   Std. Err.       z     P>|z|
factor(age_group)less40s  7.4328e-02  4.0245e-02  1.8469  0.0647632 .
factor(age_group)50s     -9.4682e-02  3.1629e-02 -2.9935  0.0027581 **
factor(age_group)over50s -5.4793e-02  3.7506e-02 -1.4609  0.1440407
hincm                     1.6917e-04  5.7359e-05  2.9493  0.0031847 **
hhsize                    2.3808e-02  1.2065e-02  1.9733  0.0484657 *
smart                     2.9430e-02  8.0459e-03  3.6577  0.0002545 ***
offline                   3.9345e-01  8.7534e-01  0.4495  0.6530855
---
Signif. codes: 0 '***' 0.001 '**' 0.01 '*' 0.05 '.' 0.1 ' ' 1

dF/dx is for discrete change for the following variables:

[1] "factor(age_group)50s" "factor(age_group)less40s" "factor(age_group)over50s"
```

함수 logitmfx는 연속형 설명변수의 한계평균효과는 정확하게 계산하지만, 변수 age_group과 같이 범주값이 3개 이상일 때는 각 범주의 한계평균효과를 정확하게 계산해주지 못한다. 그 이유는, 예를 들어 factor(age_group)less40s의 한계효과를 계산할 때

factor(age_group)50s와 factor(age_group)over50s에 0의 값 대신에 해당 변수의 평균값을 대입하여 계산하기 때문이다.

이러한 경우에 함수 margins를 이용하면 범주값이 3개 이상일 때 각 범주의 한계효과를 정확하게 계산할 수 있다. 하지만 함수 margins로 구한 연속형 변수의 한계효과는 함수 logitmfx로 계산한 결과와 다르다는 것을 주의해야 한다.

실습 3-9 **로짓모형에서 범주형 설명변수의 한계효과 구하기: margins 이용**

```
> library(margins)
> mfxa1<-margins(logit.res, variables=c("age_group"),
            at=list(hincm=mean(OnlineBuy$hincm),hhsize=mean(OnlineBuy$hhsize),
            smart=mean(OnlineBuy$smart), offline=mean(OnlineBuy$offline)))
> summary(mfxa1)[, c(1,6:11)]
factor                 AME     SE       z      p   lower   upper
age_group50s       -0.0945 0.0325 -2.9111 0.0036 -0.1581 -0.0309
age_groupless40s    0.0774 0.0412  1.8801 0.0601 -0.0033  0.1581
age_groupover50s   -0.0560 0.0389 -1.4390 0.1501 -0.1323  0.0203
> amfx1<-margins(logit.res)
> summary(amfx1) [2,]
factor                 AME     SE       z      p   lower   upper
age_groupless40s    0.0752 0.0400  1.8830 0.0597 -0.0031  0.1536
```

설명변수의 평균한계효과를 구할 때에도 동일한 문제가 발생한다. 따라서 한계효과를 구할 때 범주형 설명변수는 함수 margins를, 연속형 설명변수는 함수 logitmfx를 이용하는 것을 추천한다. [실습 3-10]은 범주값 age_less40s의 한계효과를 공식을 사용하여 구하는 과정이다. 범주값 age_less40s의 평균한계효과는 0.07525이고 한계평균효과는 0.07739로 [실습 3-9]에서 구한 값과 일치한다.

실습 3-10 **공식을 이용하여 범주형 설명변수의 한계효과 구하기**

```
# 함수 model.matrix를 이용하여 age_group별 더미변수 만들기
> newdata<-model.matrix(~ 0+internet+age_group+hincm+hhsize+smart+offline,
                        data=OnlineBuy)
> OnlineBuy2<-as.data.frame(newdata)
> head(OnlineBuy2)[4:6,2:5]
  age_group40s  age_group50s  age_groupless40s  age_groupover50s
4            0             1                 0                 0
5            0             0                 0                 1
6            0             1                 0                 0
```

```
> logit.res2<-glm(internet~age_groupless40s+age_group50s+age_groupover50s+hincm+
                 hhsize+smart+offline, family=binomial(link='logit'), data=OnlineBuy2)
> attach(OnlineBuy2) # 설명변수가 속한 데이터프레임을 OnlineBuy로 지정하기
# age_less40의 평균한계효과 구하기
> eff_50s<-predict(logit.res2, newdata=data.frame(age_groupless40s=1,
                  age_group50s=0,age_groupover50s=0, hincm=hincm, hhsize=hhsize,
                  smart=smart, offline=offline), type="response")
> eff_non50s<-predict(logit.res2, newdata=data.frame(age_groupless40s=0,
                  age_group50s=0, age_groupover50s=0, hincm=hincm, hhsize=hhsize,
                  smart=smart, offline=offline), type="response")
> summary(eff_50s-eff_non50s)
  Min.  1st Qu.  Median    Mean  3rd Qu.    Max.
0.02905  0.07257  0.07707  0.07525  0.07935  0.08026
# age_less40의 한계평균효과 구하기
> neff_50s<-predict(logit.res2, newdata=data.frame(age_groupless40s=1,
                  age_group50s=0, age_groupover50s=0, hincm=mean(hincm),
                  hhsize=mean(hhsize), smart=mean(smart), offline=mean(offline)),
                  type="response")
> neff_non50s<-predict(logit.res2, newdata=data.frame(age_groupless40s=0,
                  age_group50s=0, age_groupover50s=0, hincm=mean(hincm),
                  hhsize=mean(hhsize), smart=mean(smart), offline=mean(offline)),
                  type="response")
> neff_50s-neff_non50s
      1
0.07739
```

3) 예측 분류와 임계치 선택

이항선택모형 추정을 통해 구한 예측확률을 토대로 소비자의 행동(반응)을 분류한다고 할 때 임계치(threshold)를 결정해야 한다. 예를 들면, 어떤 소비자의 예측된 구매 확률이 0.5보다 크면 해당 소비자가 구매할 것이라고 판정하는 것이다. 이때 임계치는 어떻게 결정할 수 있는지 알아보자.

온라인 식품구매 사례를 다시 살펴보자. 패키지 caTools의 함수 sample.split을 사용하여 데이터 OnlineBuy를 70:30의 비율로 나누어보자. 그리하여 표본의 70%에 해당하는 데이터 data_train은 모형 추정(달리 말하면 기계학습) 용도로 사용하고, 나머지 30%에 해당하는 데이터 data_test는 신규 소비자가 온라인으로 식품을 구매할 확률을 예측하기 위한 용도로 사용한다고 하자.

실습 3-11 이항선택모형의 성능 평가 지표와 ROC 곡선

```
> library(caTools)
> set.seed(12345)
> test<-sample.split(OnlineBuy, SplitRatio=0.70)
> data_train<-subset(OnlineBuy, test==TRUE)
> data_test<-subset(OnlineBuy, test==FALSE)
> model_train<-glm(internet~factor(age_group)*(hhsize+capital)+hincm+smart,
                   family=binomial(link='logit'), data=data_train)
> pred_train<-predict(model_train, type="response")
> tapply(pred_train, data_train$internet, mean)
        0         1
0.3255758 0.4089988
> table(data_train$internet, pred_train>=0.4)

   FALSE  TRUE
 0   450   169
 1   170   171
```

데이터 data_train을 사용하여 추정한 예측 결과에 따르면, 평균 구매확률은 실제 온라인 구매를 한 집단에서는 0.409이고 구입하지 않은 집단에서는 0.326이다. 두 집단의 평균 구매확률에 비교해볼 때 예측모형의 성능이 그다지 좋지는 않다.

함수 table을 적용하여 각 관측치의 예측확률이 0.4 이상이면 'TRUE(구매함)', 그렇지 않다면 'FALSE(구매하지 않음)'로 분류해보자. [실습 3-11]에서 0, 1은 변수 internet의 실제 값인 반면, FALSE, TRUE는 변수 internet의 예측값이다. [실습 3-11]의 예측 결과를 다음과 같이 4가지 유형으로 구분해보자. 이때 혼동을 피하기 위해 논리값 TRUE, FALSE 대신에 positive, negative로 표현하자.

- TP(true positives): 모형에 의해 positive(구매함)라고 예측했는데, 실제로도 구매한 사례를 나타내는 경우이다. [실습 3-11]에서 171명이다.
- TN(true negatives): 모형에 의해 negative(구매하지 않음)라고 예측했는데, 실제로도 구매하지 않은 사례를 나타낸다. [실습 3-11]에서 450명이다.
- FP(false positives): 모형에 의해 positive라고 예측했는데, 실제로는 구매하지 않은 사례를 나타내는 경우다. [실습 3-11]에서 169명이다.
- FN(false negatives): 모형에 의해 negative라고 예측했는데, 실제로는 구매한 사례를 나타내는 경우이다. [실습 3-11]에서 170명이다.

이항선택모형에서는 선형회귀모형과 달리 앞에서 정의한 예측의 분류 결과를 토대로 모형의 성능을 평가하는 다음 2가지 지표를 생각해볼 수 있다.

- **참양성률**(true positive rate, TPR) **또는 재현율**(recall): 실제값이 '참(Yes)'인 데이터 중에 '참(Positive)'이라고 예측해 맞춘 데이터 비율이다. TP/(TP+FN)로 계산한다.
- **허위양성률**(false positive rate, FPR): 실제값이 '거짓(No)'인 데이터 중에서 '참(Positive)'이라고 예측하여 틀린 데이터의 비율이다. FP/(FP+TN)로 계산한다.

두 평가 지표는 모두 임계치와 관련된다. 아래의 R 코드는 임계치가 달라질 때 두 평가 지표 TPR과 FPR이 어떻게 달라지는지를 보여주는 ROC(receiver operating characteristic) 곡선을 도출하는 과정을 나타낸 것이다. 함수 `performance`에서 `"tpr"`는 TPR, `"fpr"`는 FPR을 각각 의미한다.

```
> library(ROCR)
> ROCRpred<-prediction(pred_train, data_train$internet)
> ROCRperf<-performance(ROCRpred, "tpr", "fpr")
> plot(ROCRperf, colorize=TRUE, print.cutoffs.at=seq(0,1,by=0.1),
      text.adj=c(-0.2, 1.2))
> pred_test<-predict(model_train, type="response", newdata=data_test)
```

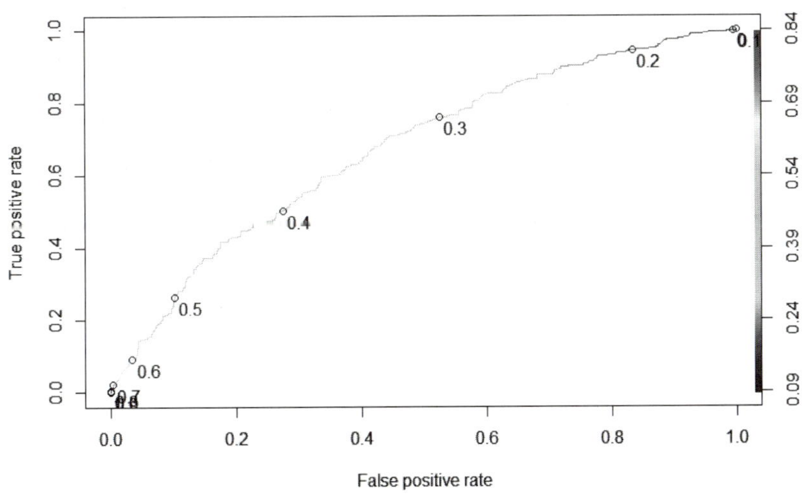

[그림 3-4] ROC 곡선

함수 plot(ROCRperf,...)의 실행 결과가 [그림 3-4]이다. 임계치가 1일 때 모든 사례는 거짓으로 판정하기 때문에 FPR은 0의 값을 가진다. 이는 ROC 곡선에서 점 (0, 0)에 해당한다. 반면, 임계치가 0일 때 모든 사례는 참으로 판정하기 때문에 FPR은 1의 값을 가진다. 이는 ROC 곡선에서 점 (1, 1)에 해당한다. 따라서 ROC 곡선 위에 표시된 숫자는 임계치를 의미한다. ROC 곡선의 모양은 예측에 사용할 여러 모형 가운데 어느 것을 선택할지를 결정하는 데 매우 유용한 정보를 제공한다. ROC 곡선의 모양이 점 (0, 1) 방향으로 휘어질수록 예측모형의 성능이 우수하다.

그렇다면 예측모형을 선택한 후에 임계치는 어떻게 결정할 수 있을까? ROC 곡선은 두 평가 지표가 서로 상쇄관계가 있음을 보여준다. 즉, 임계치를 낮추어 TPR을 증가시키면 FPR도 증가한다. 반대로 임계치를 높여 FPR을 낮추면 TPR이 감소한다. 이를 토대로 적절한 임계치를 결정하는 방법을 제시하면 다음과 같다. 첫째, '거짓'인 데이터를 '참'이라고 예측할 때 큰 손실이 발생할 위험이 있는 경우에는 높은 임계치를 선택해야 한다. 예를 들어 이항선택모형을 가짜뉴스 선별에 적용하는 경우이다. 두 번째, '참'인 데이터를 '거짓'으로 예측할 때 큰 손실이 발생할 위험이 있는 경우에는 낮은 임계치를 선택해야 한다. 예를 들어, 이항선택모형을 암환자 판정에 적용하는 경우이다.

두 평가 지표의 상쇄 관계를 고려할 때 data_test에 적용할 임계치로 0.3～0.4를 추천할 수 있다. 하지만 온라인 구매를 할 소비자를 구매하지 않는다고 예측할 경우, 기업에 미치는 손해는 그 반대의 경우에 비해 훨씬 클 것이다. 따라서 상대적으로 낮은 임계치가 더 나을 수 있다. 임계치가 0.3일 때 신규 소비자 480명 가운데 274명이 구매할 것으로 예측된다. 이 예측의 정확도는 54.4%이다. 만약 모든 소비자가 온라인 식품구매를 할 것이라고 예측하여 온라인 마케팅을 진행했다면, 그 예측의 정확도는 데이터 OnlineBuy에 나타난 구매 비율인 34.7%에 불과할 것이다. 이항선택모형에 의한 예측의 정확도는 이 수치보다 훨씬 높다는 점을 기억하라!

```
> pred_test<-predict(model_train, type="response", newdata=data_test)
> table(data_test$internet, pred_test>=0.3)

   FALSE  TRUE
 0   154   167
 1    52   107
> # 정확도
> (154+107)/480
[1] 0.54375
> table(OnlineBuy$internet)

  0   1
940 500
> 500/1450
[1] 0.3448276
```

4 다수의 설명변수가 결합된 로짓모형과 예측확률 구하기

이항선택모형에서 계수 추정치 자체가 한계효과라는 의미를 지니지는 않는다. 그래서 predict를 이용하여 설명변수의 특정 값에 대한 예측확률을 구하거나, 또는 패키지 mfx를 이용하여 각 설명변수의 한계확률효과를 계산하는 방법을 알아보았다. 하지만 이러한 방법들은 설명변수들의 결합효과를 나타내는 항목이 모형 추정식에 포함되는 경우에 적용하기가 쉽지 않다. 이때 패키지 effects의 함수 allEffects와 plot.effect를 사용하면 이러한 문제들을 손쉽게 해결할 수 있다.

이를 위해 이항변수 survived에 대한 로짓모형을 다시 추정해보자. 생존확률을 예측하기 위한 설명변수로 age 외에도 성별 변수 men과 객실등급 변수 class를 추가해보자. 동일한 연령의 승객이라도 1등 객실에 있거나 여성인 승객이 먼저 구조될 가능성이 높기 때문에, 이들 3가지 변수의 결합효과를 모형 추정식에 추가하는 것이 예측확률을 높일 것이다.

[실습 3-12]에서 titanic_1은 타이타닉호에 탑승한 승무원을 제외한 승객만을 대상으로 3가지 설명변수(age, men, class)의 결합효과를 고려한 로짓모형을 추정한 결과다. 로짓모형의 추정에서 class*men*age는 세 설명변수의 일원, 이원, 삼원 형태의 모든 결합을 의미한다. 즉, class + men + age + class:men + class:age + men:age + class:men:age와 같다.

실습 3-12 **설명변수의 결합효과를 고려한 로짓모형 추정**

```
> mydata2<-subset(mydata, class!="Crew")
> titanic_1<-glm(survived~class*men*age, data=mydata2,
              family=binomial(link=logit))
> summary(titanic_1)
 -- 중략 --
Coefficients:
                       Estimate  Std. Error  z value  Pr(>|z|)
(Intercept)             4.83059   1.31038     3.686   0.000227 ***
classSecond             0.23502   1.68474     0.140   0.889055
classThird             -3.39591   1.35963    -2.498   0.012501 *
menYes                 -1.53360   1.44051    -1.065   0.287049
age                    -0.03568   0.03051    -1.169   0.242234
classSecond:menYes     -1.25595   1.92497    -0.652   0.514109
classThird:menYes       0.59751   1.51599     0.394   0.693480
classSecond:age        -0.05294   0.03965    -1.335   0.181778
classThird:age         -0.01265   0.03216    -0.393   0.694099
menYes:age             -0.07852   0.03519    -2.231   0.025678 *
classSecond:menYes:age  0.04600   0.04919     0.935   0.349733
classThird:menYes:age   0.06809   0.03767     1.807   0.070686 .
---
Signif. codes: 0 '***' 0.001 '**' 0.01 '*' 0.05 '.' 0.1 ' ' 1
--이하 생략--
```

모형 추정식에서 설명변수 개수가 많고 그 결합 형태도 다양하다. 따라서 추정 결과에서 계수 추정치의 의미를 해석하기가 쉽지 않고, 어떠한 설명변수(또는 결합 형태)가 유의미한지 식별하기도 어렵다. 이러한 경우에 패키지 car의 함수 Anova를 사용하면, 설명변수들의 어떠한 결합이 유의미한지를 쉽게 파악할 수 있다. Anova는 Type II의 편차분석(analysis of deviance)을 실행하는 함수로서, 모형 내 다른 모든 설명변수들은 그대로 둔 채 해당 변수만을 제거할 때 증가하는 잔차제곱합(RSS)의 유의성 여부를 검증한다.[1] 함수 Anova의 검증 결과에 따르면 일원 또는 이원 형태의 설명변수 결합효과들은 모두 유의미한 반면, 삼원 형태의 결합효과를 나타내는 항은 유의미하지 않다.

1 함수 Anova는 함수 anova와 다르다. 함수 anova(titanic_1, test="Chisq")는 상수항만을 가진 모형에서 설명변수를 하나씩 추가할 때 감소하는 잔차제곱합의 유의성 여부를 검정한다.

```
> library(car)
> Anova(titanic_1)
Analysis of Deviance Table (Type II tests)

Response: survived
             LR Chisq  Df  Pr(>Chisq)
class         108.887   2   < 2.2e-16 ***
men           242.089   1   < 2.2e-16 ***
age           187.140   1   < 2.2e-16 ***
class:men      61.574   2   4.26e-14 ***
class:age      12.732   2   0.001719 **
men:age         3.198   1   0.073720 .
class:men:age   3.565   2   0.168186
---
Signif. codes: 0 '***' 0.001 '**' 0.01 '*' 0.05 '.' 0.1 ' ' 1
```

이번에는 삼원 형태의 결합효과를 제외하고 일원과 이원 형태의 설명변수 결합만을 고려한 로짓모형을 다시 추정해보자. 그 결과가 [실습 3-13]의 titanic_2이다. [실습 3-13]의 추정 결과를 토대로 두 설명변수의 조합별로 해당 변수의 값이 변할 때 승객의 생존확률이 어떻게 달라지는지를 시각적으로 표현해보자.

[실습 3-13]에서 설명변수가 3개이기 때문에 가능한 두 설명변수의 조합은 3개가 된다. 두 설명변수의 가능한 모든 조합에 대한 생존확률의 변화를 계산하기 위한 함수가 allEffects와 plot이다. 함수 allEffects에서 설명변수 값은 인사 given.values에 의해 지정할 수 있다. 분석 실습에서는 객실 등급별 승객의 비율을 각각 1/3로 동일하도록 설정하였고, 남녀 승객의 비율도 동일하게 설정하였다. plot(titianic.2_all,.....)은 두 설명변수의 각 조합에서 각 설명변수 값이 변할 때 생존확률의 변화를 그림으로 나타내라는 의미이다. 인자 ticks=list(at=c(.01, ..., .99))는 생존확률을 나타내는 y축 눈금의 간격을 설정하는 방식을 나타낸다. rug=FALSE는 x축에 있는 변수가 연속형 변수일 때 해당 변수의 한계분포를 나타내지 말라는 의미이다. 한계분포를 나타내야만 하는 경우가 아니라면, 이를 사용하지 않는 것이 더 깔끔한 그림을 얻을 수 있다.

[그림 3-5]는 plot(titanic.2_all...)을 실행한 결과다. [그림 3-5]에서 좌측 위쪽은 남녀별로 객실 등급의 차이에 따른 생존확률의 변화를, 우측은 객실 등급별로 연령이 늘어날 때 생존확률의 변화를 나타낸 것이다. 반면 좌측 아래쪽은 연령이 늘어날 때 생존확률의 변화를 남녀별로 나타낸 것이다. 각 그림에서 실선은 생존확률을 나타내고, 실선 주위의 가는 선이나 음영은 95% 신뢰구간을 나타낸다.

실습 3-13 로짓모형에서 설명변수의 결합효과에 대한 유의성 검정

```
> titanic_2<-glm(survived~class*men*age - class:men:age, data=mydata2,
                 family=binomial(link=logit))
> Anova(titanic_2)
Analysis of Deviance Table (Type II tests)

Response: survived
           LR Chisq  Df  Pr(>Chisq)
class       108.887   2   < 2.2e-16 ***
men         242.089   1   < 2.2e-16 ***
age         187.140   1   < 2.2e-16 ***
class:men    61.574   2    4.26e-14 ***
class:age    12.732   2    0.001719 **
men:age       3.198   1    0.073720 .
---
Signif. codes: 0 '***' 0.001 '**' 0.01 '*' 0.05 '.' 0.1 ' ' 1
> library(effects)
> titanic.2_all<-allEffects(titanic_2,
                  given.values=c(classSecond=1/3,classThird=1/3, menYes=0.5))
> plot(titanic.2_all,
       ticks=list(at=c(.01, .05,seq(.1,.9, by=.2), .95, .99)), rug=FALSE)
```

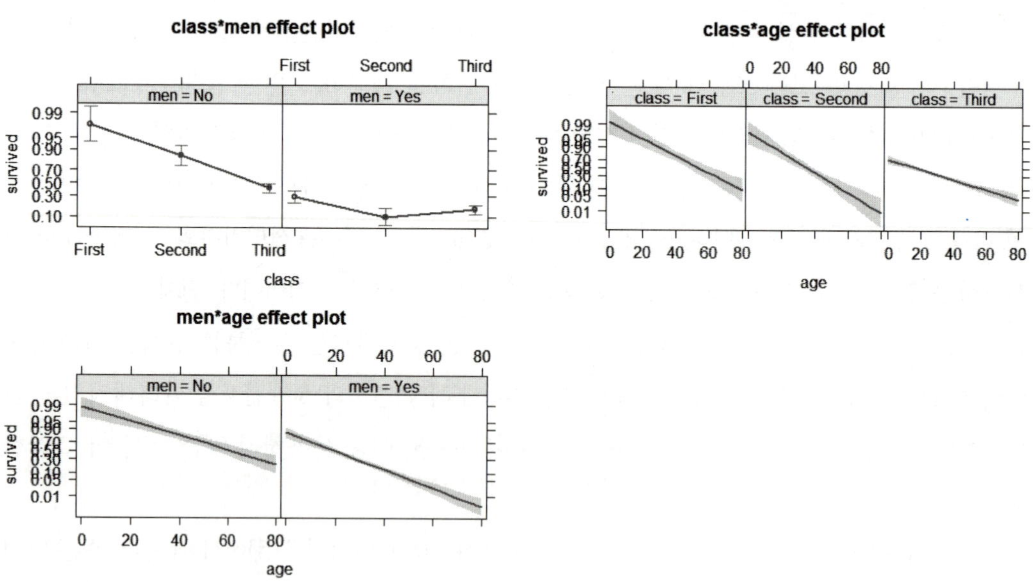

[그림 3-5] 두 설명변수의 조합별 생존확률의 변화

분명한 것은 [그림 3-5]와 같이 로짓모형의 추정 결과를 시각적으로 보여주는 것이 계수 추정치를 오즈비 측면에서 해석하거나, 또는 설명변수의 한계확률효과를 계산하는 것보다 더 효과적이라는 점이다.

마지막으로, 두 변수의 조합별로 생존확률의 변화를 나타내는 [그림 3-5]에서 그림의 가독성을 높이기 위해 3개의 그림을 하나로 합쳐서 표현해보자. 이를 위해 함수 effect("class*men*age",..)로 계산되는 생존확률에 함수 plot을 실행한다. [그림 3-5]와 달리, 연령을 99백분위수에 해당하는 73세까지로 한정하여 생존확률을 계산해보자. 연령 변수는 인자 xlevels를 사용하여 0세부터 73세까지 변하도록 설정할 수 있다.

[그림 3-6]은 이러한 방식에 의해 구한 것이다. 함수 plot(effect(...))를 실행하면 생존확률을 계산하는 데 사용한 로짓모형 titanic_2에 class:men:age 항이 설명변수로 포함되지 않아서 경고메시지가 나타나지만 문제되지는 않는다.

```
> with(mydata2, quantile(age, c(0,0.99)))
0%  99%
 0   73
> plot(effect("class*men*age", titanic_2, xlevels=list(age=0:73)),
      ticks=list(at=c(.01, .05,seq(.1,.9, by=.3), .95, .99)), rug=FALSE)
NOTE: class:men:age does not appear in the model
```

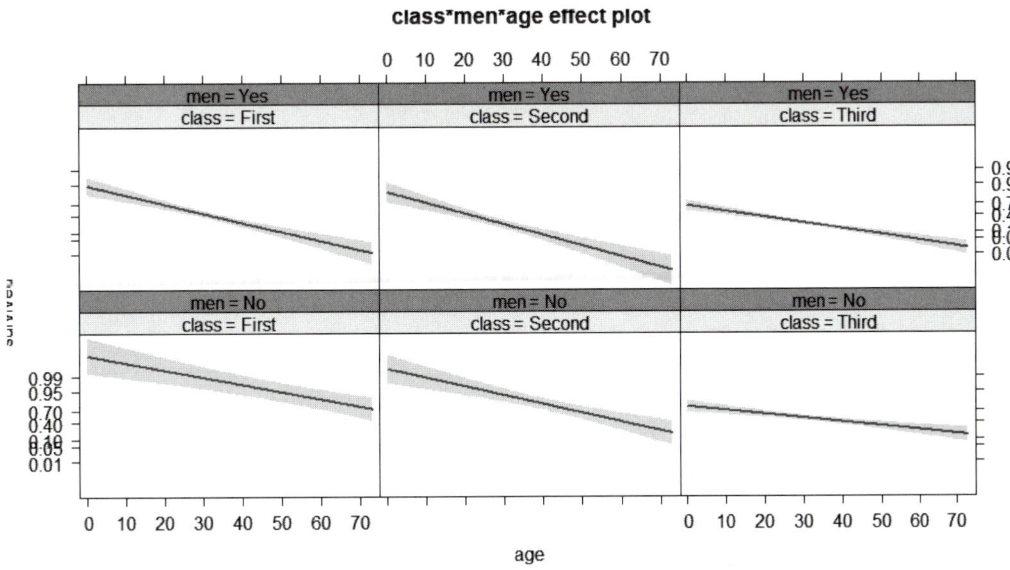

[그림 3-6] 연령·남녀·객실 등급별 생존확률의 변화

[그림 3-6]으로부터 알 수 있는 사실은 로짓모형의 계수 추정치와 [그림 3-5]로부터 알 수 있던 사실과 동일하다. 즉, 타이타닉호가 침몰할 때 우선 구조한 사람은 객실 등급에 따라 다소 차이가 있었지만 주로 여자와 아동이었다는 점이다.

참고문헌

Fernihough, A. & Henningsen, A. (2019). ***mfx:*** *Marginal Effects, Odds Ratios and Incidence Rate Ratios for GLMs.* version 1.2-2. URL https://CRAN.R-project.org/package=mfx.

Fox, J. & Hong, J. (2009). "Effect displays in R for multinomial and proportional-odds logit models: Extensions to the effects Package." *Journal of Statistical Software,* 32(1), 1-24.

Fox, J., Weisber, S. & Hong, J. (2020). ***effects:*** *Effect Displaly for Linear, Generalized Linear, and Other Models*. R package version 4.2-0, URL https://socialsciences.mcmaster.ca/jfox.

Freindly, M. & Meyer, D. (2016). *Discrete Data Analysis with R: Visualization and Modeling Techniques for Categorical and Count Data*. Champman and Hall/CRC Press.

Leifeld, P. & Zucca, C. (2020). ***texreg:*** *Conversion of R Regression Output to Latex or HTML tables*. version 1.37.5. URL https://CRAN.R-project.org/ package=texreg.

Warnes G. R. et al. (2018). ***gmodels:*** *Various R Programming Tools for Model Fitting*. version 2.18.1. URL https://CRAN.R-project.org/package=gmodels.

04장 다항선택모형

학습목표

선택할 수 있는 범주(또는 대안)의 수가 셋 이상인 다항선택 문제에 적용하는 의사결정모형을 다룬다. 다항선택모형에서 각 범주는 서로 독립적이며 배타적이다. 이 장에서는 범주들이 서열을 가지는 서열선택모형과 그렇지 않은 다항회귀모형의 추정 방법을 배운다. 설명변수의 계수 추정치를 해석하는 방법과 추정 결과를 토대로 설명변수 값이 변할 때 각 범주를 선택할 확률을 계산하고 이를 시각적으로 표현하는 방법에 대해 알아본다.

[표 4-1] 4장에서 사용할 R 패키지와 함수

패키지	함수	기능
MASS	polr	서열선택모형을 추정한다.
oglmx	ologit.reg	서열로짓모형을 추정한다.
	oprobit.reg	서열프로빗모형을 추정한다.
	oglmx	서열선택모형으로 로짓모형과 프로빗모형을 추정한다.
	margins.oglmx	서열선택모형에서 설명변수의 한계확률효과를 계산한다.
erer	ocME	서열로짓모형에서 설명변수의 한계확률효과를 계산한다.
VGAM	vglm	비례오즈에 관한 여러 형태를 가정한 서열선택모형을 추정한다.
nnet	multinom	설명변수가 모두 개체 특정적인 다항회귀모형을 추정한다.
effects	Effect, effect	여러 설명변수의 값이 변할 때 범주별 선택확률을 계산한다.
	plot.Effect	Effect에 의해 계산된 확률값의 변화를 그림으로 표현해준다.
car	Anova	설명변수들의 결합효과가 사용된 서열선택모형에서 설명변수들에 대한 type II의 편차분석을 실행한다.
margins	marginal_effects	다항회귀모형에서 관측치별로 설명변수의 한계확률효과를 구한다.
	margins	다항회귀모형에서 설명변수의 평균한계확률효과와 한계평균확률효과를 구한다.

1 다항선택의 의사결정 문제

다항선택에 관한 의사결정 문제를 예로 들어보자. 부산에서 서울로 출장을 가는 데 선택할 수 있는 교통편이 기차, 고속버스, 비행기 3가지라고 하자. 그리고 이들 교통편은 가격, 소요시간, 하루 이용편수 측면에서 서로 다른 속성을 가진다고 해보자. 이때 3가지 교통편 중 어느 하나를 이용하면 동시간대에 다른 하나는 이용할 수 없다는 의미에서 이 대안들은 상호 배타적이다. 이처럼 셋 이상의 대안이나 선택 범주들 가운데 어느 하나를 선택하는 의사결정에 적용할 수 있는 모형이 다항선택모형(multinomial model)이다.

다항선택모형은 선택 범주나 대안들이 서열적 특성을 가지느냐, 아니면 서열적 특성이 없는 여러 대안이나 범주들 가운데 어느 하나를 선택하느냐에 따라 서열선택모형과 비서열 다항회귀모형으로 구분할 수 있다. 우리는 먼저 서열선택모형부터 살펴본 후 다음으로 일반로짓모형이라 할 수 있는 다항회귀모형에 대해 알아볼 것이다.

그 외에 다항선택 문제를 다루는 모형으로 조건부로짓이나 혼합로짓이 있다. 이에 대해서는 5장의 다항로짓모형에서 포괄적으로 다룰 것이다.

2 서열선택모형

응답자의 선택을 나타내는 종속변수 값이 서열(또는 순위)을 가지며 3개 이상의 범주에 의해 측정되는 경우가 있다. 다음이 그 사례에 해당한다.

- **공정무역 커피의 구매 빈도**: 자주 구매함, 가끔 구매함, 구매한 적 없음
- **영화관 영화 관람횟수**: 월 2회 이상, 월 1회, 연 3회, 연 1회 또는 그보다 적게
- **병원 서비스의 만족도 평가**: 매우 만족한다, 만족한다, 보통이다, 만족하지 않는다, 전혀 만족하지 않는다

이러한 경우에 적용할 수 있는 모형이 서열선택모형이다. 서열선택의 문제는 서열프로빗모형(ordered probit) 또는 서열로짓모형(ordered logit)으로 분석할 수 있다.

2-1 모형 형태와 추정 방법

서열로짓(또는 서열프로빗)모형이 설명하는 선택상황은 2장의 로짓(또는 프로빗)모형의 개념을 확대한 것이다. 종속변수 y_i값이 J점 리커드 척도로 측정된다고 할 때, 서열선택 문제를 모형으로 어떻게 표현할 수 있는지 알아보자. 이를 위해 먼저 소비자의 만족도를 측정하는 서열선택 문제에서 잠재변수와 관측변수의 의미에 대해 알아보자. 흔히 소비자의 만족도는 3점 척도(예: 만족, 보통, 불만족)나 5점 척도(매우 만족, 만족, 보통, 불만족, 매우 불만족)로 측정한다. 이때 척도로 측정된 값을 소비자 만족도의 관측변수라고 한다면, 연구자가 직접 관찰할 수 없어서 척도에 의해 간접적으로 측정할 수밖에 없는 소비자 만족도를 잠재변수라고 한다. 응답자의 서열선택을 대변하는 잠재변수 y_i^*가 설명변수 벡터 x_i와 오차항 ε_i의 함수인 식 (4-1)과 같이 표현할 수 있다고 가정하자.

$$y_i^* = x_i\beta + \varepsilon_i \qquad i=1, 2, \cdots, n \tag{4-1}$$

y_i^*는 관측할 수 없으나 실제로 관측되는 값인 y_i는 1, 2, ⋯, J라는 값을 가지기 때문에 이항선택모형의 경우처럼 y_i^*와 y_i를 연결하는 어떤 고리(mechanism)를 생각해보자. $\kappa=(\kappa_0, \kappa_1, \cdots, \kappa_J)$를 임계치 파라미터(threshold parameters) 벡터라고 할 때 y_i가 j값으로 관측되는 상황은 식 (4-2)와 같이 표현할 수 있다.

$$y_i = j \Leftrightarrow \kappa_{j-1} < y_i^* \le \kappa_j \Leftrightarrow \kappa_{j-1} - x_i\beta < \varepsilon_i \le \kappa_j - x_i\beta \tag{4-2}$$

y_i^*값이 클수록 y_i값이 더 크다는 점을 반영하기 위해 $\kappa_0 < \kappa_1 < \cdots < \kappa_J$라고 가정하되 y_i^*값이 속할 수 있는 구간을 모두 포괄하도록 $\kappa_0=-\infty$, $\kappa_J=+\infty$라고 하자. y_i의 모든 값에 대해 식 (4-2)를 적용하면 다음을 얻게 된다.

$$\begin{aligned}
y_i = 1 &\Leftrightarrow \kappa_0 < y_i^* \le \kappa_1 \Leftrightarrow \kappa_0 - x_i\beta < \varepsilon_i \le \kappa_1 - x_i\beta \\
y_i = 2 &\Leftrightarrow \kappa_1 < y_i^* \le \kappa_2 \Leftrightarrow \kappa_1 - x_i\beta < \varepsilon_i \le \kappa_2 - x_i\beta \\
&\vdots \qquad\qquad\qquad \vdots \qquad\qquad\qquad \vdots \\
y_i = J &\Leftrightarrow \kappa_{J-1} < y_i^* \le \kappa_J \Leftrightarrow \kappa_{J-1} - x_i\beta < \varepsilon_i \le \kappa_J - x_i\beta
\end{aligned} \tag{4-3}$$

$J=5$일 때 식 (4-3)을 그림으로 나타낸 것이 [그림 4-1]과 [그림 4-2]이다. 두 그림에서 가로축은 5개의 구간으로 구분되어 있는데, 맨 왼쪽은 $y_i=1$, 맨 오른쪽은 $y_i=5$에 해당한다. [그림 4-1]은 잠재변수에 대한 분포이며 [그림 4-2]는 오차에 대한 분포로 두 그림 모두 동일한 분포를 나타낸다.

오차항의 누적밀도함수를 $F(\bullet)$라고 한다면, y_i가 j값을 가질 확률은 [그림 4-1]에서 보듯이 두 임계치의 구간에서 측정된 확률밀도함수의 아래 면적이다. $y_i=1$일 확률은 확률분포의 맨 왼쪽 꼬리 부분의 면적이며, $y_i=5$일 확률은 맨 오른쪽 꼬리 부분의 면적에 해당한다. 이를 수식으로 표현하면 다음과 같다.

$$\begin{aligned}\pi_{ij}=P(y_i=j)&=P[\kappa_{j-1}-x_i\beta<\varepsilon_i\leq\kappa_j-x_i\beta] \\ &=F(\kappa_j-x_i\beta)-F(\kappa_{j-1}-x_i\beta)\end{aligned} \tag{4-4}$$

식 (4-4)에서 $F(\kappa_j-x_i\beta)=F[(\kappa_j+c)-(x_i\beta+c)]$으로 임의의 c값에 대한 두 함수값이 서로 같기 때문에 서열선택모형에서 상수항이 식별되지 않는다. 이러한 이유로 서열선택모형을 추정할 때 상수항은 제외한다.

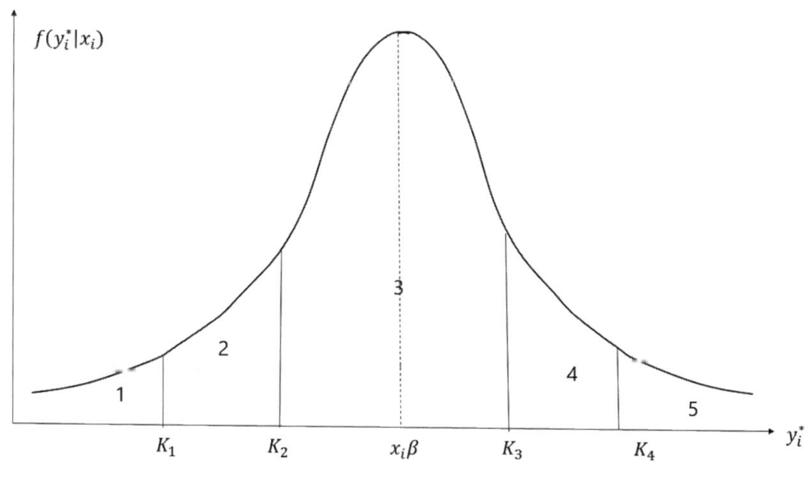

[그림 4-1] 서열선택모형에서 잠재변수의 분포와 임계치의 관계

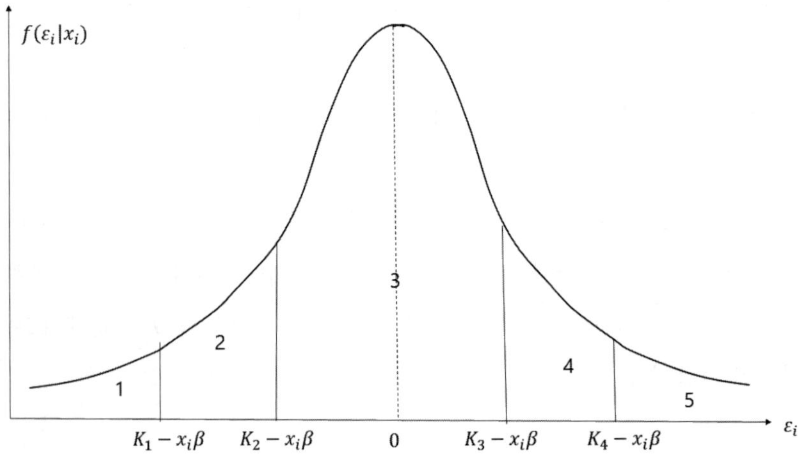

[그림 4-2] 서열선택모형에서 오차항의 분포와 임계치의 관계

1) 서열프로빗모형

서열프로빗모형에서는 식 (4-4)의 오차항이 표준정규분포를 따른다고 가정한다. 즉 $F(\bullet) = \Phi(\bullet)$이다. 표준정규분포라는 가정은 파라미터 (κ, β, σ)를 식별하기 위해 필요한 가정이다. 예를 들어, 분산이 σ^2일 때 y_i가 j값을 가질 확률은 다음과 같다.

$$\pi_{ij} = \Phi\left(\frac{\kappa_j - x_i\beta}{\sigma}\right) - \Phi\left(\frac{\kappa_{j-1} - x_i\beta}{\sigma}\right) \qquad j = 1, \cdots, J$$

이때 식별할 수 있는 것은 (κ, β, σ)가 아니라 단지 κ/σ와 β/σ이다. 위의 식에서 임의의 상수를 파라미터 (κ, β, σ)에 곱하더라도 확률은 변하지 않기 때문에 $\sigma = 1$로 설정한다면 파라미터 값을 식별할 수 있게 된다.

2) 서열로짓모형

서열로짓모형은 식 (4-4)에서 오차항이 로지스틱 분포를 따를 때, 즉 누적확률밀도함수가 $F(z)=\Lambda(z)=e^z/(1+e^z)$인 경우이다. 이때 y_i가 j값을 가질 확률은 다음과 같다.

$$\pi_{ij}=\Lambda(\kappa_j-x_i\beta)-\Lambda(\kappa_{j-1}-x_i\beta) \qquad j=1, \cdots, J \tag{4-5}$$

서열로짓모형을 설명하는 다른 방법은 비례오즈모형(proportional odds model)이다. [그림 4-1]과 [그림 4-2]로부터 y_i가 j값을 가질 때 누적 확률은 다음과 같다.

$$P(y_i \leq j|x_i)=\pi_{i1}(x_i)+\pi_{i2}(x_i)+\cdots+\pi_{ij}(x_i)$$

누적확률에 로짓 개념을 적용하여 변환한 누적로짓을 다음과 같이 파라미터들의 선형함수로 표현할 수 있다고 하자.

$$logit[P(y_i \leq j \mid x_i)] = \log \frac{[P(y_i \leq j \mid x_i)]}{[P(y_i > j \mid x_i)]} = \kappa_j - x_i\beta \tag{4-6}$$

만약 J가 '반대함(1)', '보통(2)', '동의함(3)'과 같이 3개의 값을 가진다고 할 때, $logit[P(y_i \leq 1|x_i)]$이 의미하는 바는 '보통 또는 동의함'에 대비하여 '반대함'을 선택할 로짓값에 해당한다.

식 (4-6)에서 보듯이 j값에 대응하는 로짓값은 설명변수 x_i가 κ_j를 포함하지 않기 때문에 단지 절편 κ_j의 값만 다르게 된다. 그리하여 j값과 m값의 상대적 오즈값은 다음과 같이 단지 임계치에 의해서만 결정된다.

$$\frac{P(y_i \leq j \mid x_i) / P(y_i > j \mid x_i)}{P(y_i \leq m \mid x_i) / P(y_i > m \mid x_i)} = \frac{\exp(\kappa_j)}{\exp(\kappa_m)} \tag{4-7}$$

따라서 κ_j가 $\kappa_0 < \kappa_1 < \cdots < \kappa_J$라는 서열구조를 가진다고 가정하면, y_i값이 가지는 서열 관계는 식 (4-6)에 의해 충분히 설명할 수 있다. 식 (4-7)과 같은 특성 때문에 식 (4-6)으로 표현되는 모형을 비례오즈모형이라고 부른다.

그렇다면 비례오즈모형이 잠재변수를 가정하여 얻은 식 (4-4)와 어떻게 같게 되는지 알아보자. 먼저 식 (4-6)에서 오즈값을 확률로 표현해보자. 우리는 식 (4-6)과 $P(y_i > j|x_i) = 1 - P(y_i \leq j|x_i)$로부터 다음의 식을 얻을 수 있다.[1]

$$P(y_i \leq j \mid x_i) = \frac{\exp(\kappa_j - x_i\beta)}{1 + \exp(\kappa_j - x_i\beta)} = \Lambda(\kappa_j - x_i\beta)$$

위의 식에서 y_i가 j값을 가질 확률은 다음과 같이 계산하는데, 이는 식 (4-5)와 정확하게 일치함을 알 수 있다.

$$\begin{aligned}\pi_{ij} = P(y_i = j \mid x_i) &= P(y_i \leq j \mid x_i) - P(y_i \leq j-1 \mid x_i) \\ &= \Lambda(\kappa_j - x_i\beta) - \Lambda(\kappa_{j-1} - x_i\beta)\end{aligned}$$

서열선택모형을 추정하기 위한 로그우도함수는 다음과 같다.

$$\ln L = \sum_{i=1}^{I}\sum_{j=1}^{J} 1(y_i = j)\ln[F(\kappa_j - x_i\beta) - F(\kappa_{j-1} - x_i\beta)] \quad (4\text{-}8)$$

여기서 $1(y_i = j)$는 $y_i = j$일 때 1, 그렇지 않을 때 0의 값을 가지는 함수이다.

3) 계수 추정치의 해석

서열선택모형에서 β의 추정치는 설명변수 값이 증가할 때 잠재변수 y_i^*값이 어떻게 변하는지를 알려준다. 만약 β_j값이 양수로 추정되었다면 x_{ij}값이 증가할 때 잠재변수 값이 낮은 서열 점수(범주)에 속할 확률은 감소하는 반면, 높은 서열 점수(범주)에 속할 확률은 증가한다고 막연하게 해석할 수는 있다. 하지만 β의 추정치를 구체적으로 해석하기가 쉽지 않다. 왜냐하면 추정함수가 로그값으로 측정되기 때문이다. 서열선택모형에서 계수 추정치는 다음과 같이 여러 가

---

1 식 (4-6)으로부터 다음의 식이 성립한다. $P(y_i \leq j|x_i) = \exp(\kappa_j - x_i\beta)(1 - P(y_i \leq j|x_i))$, $[1 + \exp(\kappa_j - x_i\beta)]P(y_i \leq j|x_i) = \exp(\kappa_j - x_i\beta)$

지 방법으로 해석할 수 있다.

먼저, 오즈비(odds ratio)라는 개념을 사용하여 계수 추정치의 의미를 해석할 수 있다. 오즈비는 계수 추정치를 지수변환한 값이다. 예를 들어, 어떤 설명변수의 계수 추정치가 0.18654라면 오즈비는 exp(0.18654) = 1.205이다. 이 오즈비가 의미하는 바는 다음과 같다. 설명변수가 한 단위 증가할 때 다른 모든 조건이 동일하다면 '종속변수 값이 더 높은 범주에 속할 가능성은 1.205배 늘어난다' 또는 '응답자가 더 높은 범주를 선택할 오즈비가 20.5%[즉, (1.205 - 1)× 100%] 더 높아진다'라고 해석할 수 있다.

두 번째로 보상변화(compensation variation)라는 관점에서 계수 추정치의 의미를 해석할 수 있다. 즉 잠재변수 y_i^*값이 변하지 않을 때 두 설명변수의 변화분에 대한 비율을 구하는 것으로, $0 = \Delta y_i^* = \beta_l \Delta x_{il} + \beta_m \Delta x_{im}$으로부터 다음과 같은 식을 얻을 수 있다.

$$\frac{\Delta x_{il}}{\Delta x_{im}} = -\frac{\beta_m}{\beta_l} \tag{4-9}$$

예를 들어 x_{il}이 소득수준, x_{im}이 실업 여부를 나타내는 더미변수라고 할 때, 식 (4-9)가 의미하는 바는 실업의 부정적 효과를 보상하는 데 필요한 소득의 증가분이 $-\beta_m/\beta_l$이라고 할 수 있다.

세 번째로 y_i가 한 단계 더 높은 값에 도달하려면 특정 설명변수 값이 얼마나 증가해야 하는가라는 측면에서 계수값들을 해석할 수 있다. 예를 들어, y_i값이 j에서 $j+1$로 이동하는 데 필요한 x_{il}의 최대 변화값은 $(\kappa_j - \kappa_{j-1})/\beta_l$이다.

네 번째로 로짓값보다 확률값이 해석하기 쉽기 때문에 확률의 변화에 초점을 맞추어 특정 설명변수 값이 증가할 때 y_i가 j값을 가질 확률의 변화를 살펴볼 수 있다. 이때 먼저, 이산적인 확률효과를 살펴보는 방법이 있다. 예를 들어, 특정 설명변수 값이 Δx_{il}만큼 증가할 때 나타나는 확률의 변화는 다음과 같이 계산할 수 있다.

$$\begin{aligned}\Delta\pi_{ij} &= P(y_i = j \mid x_i + \Delta x_{il}) - P(y_i = j \mid x_i) \\ &= [F(\kappa_j - x_i\beta - \Delta x_{il}\beta) - F(\kappa_{j-1} - x_i\beta - \Delta x_{il}\beta)] - [F(\kappa_j - x_i\beta) - F(\kappa_{j-1} - x_i\beta)]\end{aligned}$$

그다음은 설명변수의 한계(확률)효과를 구하는 것이다. 서열선택모형에서 설명변수의 한계효과는 각 선택 범주(j)별로 계산한다. 즉, 설명변수 x_{il}이 한 단위 증가할 때 범주 j를 선택할 확률의 변화는 다음과 같이 표현한다.

$$\frac{\partial P(y_i = j)}{\partial x_{il}} = [f(\kappa_{j-1} - x_i\beta) - f(\kappa_j - x_i\beta)]\beta_l$$

이항선택모형의 경우와 마찬가지로 서열선택모형의 한계효과도 설명변수의 평균값을 대입하여 계산하거나, 각 관측치별로 한계효과를 구한 다음에 이를 평균할 수도 있다.

서열선택모형을 추정하면, β 추정치 외에도 J-1개의 임계치 추정치를 구할 수 있다. 임계치 추정치들이 모두 유의하고 오름차순으로 나타난다면, 서열선택모형이 해당 범주의 선택 문제에 대한 응답자의 선호체계를 잘 반영한다고 할 수 있다. 그러나 특정 임계치의 추정값이 유의하지 않다면, 그 임계치와 관련된 범주의 구분이 응답자 측면에서 적절하지 않다는 것을 의미한다.

2-2 사례연습: 국가별 빈곤대책의 적절성 평가

[실습 4-1]의 데이터 WVS는 호주, 노르웨이, 스웨덴, 미국에 있는 사람들을 대상으로 1995년과 1997년 사이에 설문조사한 World Values Survey의 일부 자료이다. 이 데이터는 패키지 effects로부터 불러올 수 있다. 설문조사에서 '당신 나라의 정부가 빈곤 상태에 있는 자국민을 위해 하는 일의 양이 적당하다고 생각하는가, 아니면 너무 많거나, 너무 적다고 생각하는가?'라는 질문의 응답 내용을 기록한 변수는 poverty이다.

종속변수 poverty는 Too Little(너무 적다), About Right(적당하다), Too Much(너무 많다)라는 3가지 측정값을 가진다. [실습 4-1]에서 보듯이 함수 head를 적용할 때 poverty 측정값은 서열을 가짐을 확인할 수 있다. 만약 종속변수가 서열 요인변수(ordered factor)로 지정되지 않았다면 함수 factor와 인자 levels를 사용하여 조정해야 한다.

실습 4-1 데이터 WVS에서 변수 poverty의 서열 구조

```
> library(effects)
> data(WVS)
> head(WVS$poverty)
[1] Too Little About Right Too Little Too Much   Too Little About Right
Levels: Too Little < About Right < Too Much
> WVS$poverty_status<-factor(WVS$poverty, levels=c("Too Little",
                    "About Right", "Too Much"), ordered=TRUE)
```

그 외에 데이터 WVS는 대졸 여부(degree), 종교 유무(region), 연령(age), 성별(gender), 국적(country)에 관한 변수를 포함한다.

서열선택모형의 추정에 앞서 poverty와 설명변수(age, country) 간의 관계를 함수 ggplot을 이용하여 그림으로 나타내보자. [그림 4-3]에서 보듯이 'Too Much'라는 응답은 호주와 미국에서는 연령이 높을수록 많이 나타나며, 전 연령층에 대해 다른 국가들보다 미국에서 더 많이 나타나는 것을 알 수 있다.

```
> library(ggplot2)
> ggplot(WVS, aes(x=poverty, y=age)) +
        geom_boxplot(size=.75) +
        facet_grid(~country, margins=FALSE) +
        geom_jitter(alpha=0.3) +
        theme(axis.text.x = element_text(angle = 45, hjust = 1, vjust = 1))
```

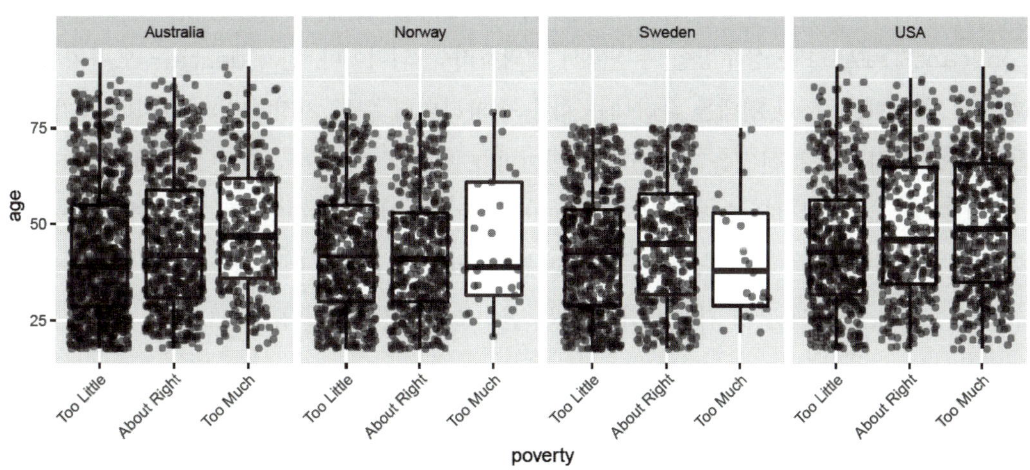

[그림 4-3] 응답자의 연령, 국적과 poverty와의 관계

서열로짓모형은 여러 가지 함수에 의해 추정할 수 있다. ① 패키지 MASS의 함수 polr와 인자 method="logistic"을 이용하거나, ② 패키지 oglmx의 함수 ologit.reg를 이용하거나, ③ 패키지 oglmx의 함수 oglmx와 인자 link="logit"을 이용해 추정할 수 있다.

서열프로빗모형 역시 여러 가지 함수로 추정할 수 있다. ① 패키지 oglmx의 함수 oprobit.reg를 이용하거나, ② 함수 polr에서 인자 method="probit"을 적용하거나, ③ 함수 oglmx에서 인자 link="probit"을 적용하여 추정할 수 있다.

서열로짓모형을 예로 들어 추정해보자. 다음의 3가지 R 코드는 모두 서열로짓모형을 추정하는 것으로 동일한 추정 결과를 제공한다. 하지만 패키지 oglmx를 이용하여 서열선택모형을 추정하려면 종속변수를 수치형 변수로 변환해주어야 한다.

```
> library(MASS)
> ologit_0<- polr(poverty~religion+degree+country+age+gender, data = WVS,
                  method="logistic", Hess = TRUE)
> library(oglmx)
> WVS$poverty<-as.numeric(WVS$poverty)
> ologit_1<-ologit.reg(poverty~religion+degree+country+age+gender, data = WVS)
> ologit_2<-oglmx(poverty~religion+degree+country+age+gender, link="logit",
                  constantMEAN=FALSE, constantSD=FALSE, delta=0, data = WVS)
```

함수 polr에서 Hess=TRUE는 최우추정 과정의 최적값에서 얻은 헤시안 행렬을 사용하여 계수 추정치의 표준오차를 계산하라는 의미이다. oglmx에서 constantMEAN=FALSE, constantSD=FALSE는 상수항을 추정에서 제외하라는 의미이다. 인자 delta는 오차항이 이분산을 가질 때, 이분산 형태를 나타내는 함수의 파라미터 수를 지정한다. 파라미터 수가 0이라는 것은 오차가 등분산임을 가정한다는 의미이다.

함수 olgmx의 장점은 오차가 이분산을 가질 때 이분산의 함수 형태를 안다면, 이를 공식으로 추가할 수 있다는 점이다. 예를 들어 변수 country와 age가 이분산 구조를 설명하는 변수라고 한다면, 다음과 같이 기호 ~ 다음에 두 변수를 추가할 수 있다.

```
> oglmx(poverty~religion+degree+country+age+gender, ~country+age,
        link="logit", constantMEAN=FALSE, constantSD=FALSE, data = WVS)
```

[실습 4-2]는 함수 polr에 의한 서열로짓모형의 추정 결과다. 앞서 설명한 바와 같이 계수 추정치가 한계효과를 의미하지 않기 때문에 수치의 의미를 직접 해석할 수는 없다. 그러나 계수 추정치의 부호를 토대로 '종교가 있고, 대학 졸업자이며, 미국 사람이고, 연령이 높고, 남성 응답자일수록 자국의 정부가 빈곤 해소를 위한 노력을 적게 하기보다 많이 한다는 쪽으로 응답할 확률이 더 높다'고 유추할 수 있다.

실습 4-2 polr를 이용한 서열로짓모형의 추정

```
> summary(ologit_0)
--중략--
Coefficients:
                  Value  Std. Error  t value
religionyes     0.17973   0.077346    2.324
degreeyes       0.14092   0.066193    2.129
countryNorway  -0.32235   0.073766   -4.370
countrySweden  -0.60330   0.079494   -7.589
countryUSA      0.61777   0.070665    8.742
age             0.01114   0.001561    7.139
gendermale      0.17637   0.052972    3.329

Intercepts:
                          Value   Std. Error  t value
Too Little|About Right   0.7298     0.1041    7.0128
About Right|Too Much     2.5325     0.1103   22.9496

Residual Deviance: 10402.59
AIC: 10420.59
```

실제로 오즈비 개념을 적용하여 설명변수 가운데 성별의 계수 추정치가 가지는 의미를 해석해보자. 성별을 나타내는 변수의 계수 추정치가 0.17637이기 때문에 오즈비는 exp(0.1763) = 1.193이다. 따라서 남자가 '빈곤 감소를 위한 정부 노력이 너무 적은 것에 비해 적지 않다(즉, 적당하거나 너무 많다)'라고 답할 오즈값이 다른 모든 조건들이 동일할 때 여자에 비해 1.193배 높거나, 19.3% 더 높다고 해석할 수 있다. 노르웨이 사람에 대한 계수 추정치는 -0.3224이고 이에 대한 오즈값은 0.7244이다. 따라서 노르웨이 사람들이 '빈곤 감소를 위한 정부 노력이 적지 않다'라고 답할 오즈값은 다른 모든 조건들이 동일하다면 기준 국가인 호주에 비해 $(1-0.7244)\times 100\% = 27.6\%$ 더 낮다고 할 수 있다.

추정 결과의 아래쪽에 있는 `Too Little|About Right`와 `About Right|Too Much`는 각각 임계치 κ_1과 κ_2의 추정치다. 임계치는 모두 유의미한 것으로 나타난다.

함수 `polr`는 실행하기 쉬운 구조이지만, 설명변수의 계수 추정치와 임계치 추정치에 대해 p값을 제공하지 않는다. 따라서 이를 별도로 구해야 하는 번거로움이 있다. [실습 4-3]은 계수 추정치의 p값을 구하는 과정을 예시한 것이다. 간단하게 패키지 `lmtest`의 함수 `coeftest`를 적용하여 설명변수 계수 추정치의 p값을 구할 수도 있지만, 이는 임계치 추정치에 대해 p값을 제공하지 않는다는 문제가 있다.

실습 4-3 서열로짓모형에서 계수 추정치의 유의확률 구하기

```
> summary_table <- coef(summary(ologit_0))
> pval <- pnorm(abs(summary_table[, "t value"]), lower.tail = FALSE)* 2
> summary_table <- cbind(summary_table, "p value" = round(pval,3))
> summary_table
                          Value  Std. Error    t value  p value
religionyes          0.17973194 0.077346042   2.323738    0.020
degreeyes            0.14091745 0.066193109   2.128884    0.033
countryNorway       -0.32235359 0.073766034  -4.369946    0.000
countrySweden       -0.60329785 0.079493909  -7.589234    0.000
countryUSA           0.61777260 0.070664761   8.742301    0.000
age                  0.01114091 0.001560585   7.138933    0.000
gendermale           0.17636863 0.052972253   3.329453    0.001
Too Little|About Right  0.72976353 0.104061643   7.012800    0.000
About Right|Too Much    2.53247870 0.110349780  22.949558    0.000
> lmtest::coeftest(ologit_0)
```

반면, [실습 4-4]에서 보듯이 ologit.reg나 olgmx는 설명변수의 계수 추정치와 임계치 추정치의 p값뿐만 아니라 맥패든의 유사결정계수값도 함께 제공한다.

실습 4-4 ologit.reg를 이용한 서열로짓모형의 추정

```
> ologit_1<-ologit.reg(poverty~religion+degree+country+age+gender, data=WVS)
> summary(ologit_1)
Ordered Logit Regression
Log-Likelihood: -5201.296
No. Iterations: 5
McFadden's R2: 0.03144993
AIC: 10420.59

               Estimate  Std. error  t value   Pr(>|t|)
religionyes    0.1797334  0.0773460   2.3238  0.0201385 *
degreeyes      0.1409178  0.0661931   2.1289  0.0332634 *
countryNorway -0.3223520  0.0737660  -4.3699  1.243e-05 ***
countrySweden -0.6032998  0.0794939  -7.5893  3.217e-14 ***
countryUSA     0.6177777  0.0706647   8.7424  < 2.2e-16 ***
age            0.0111410  0.0015603   7.1403  9.310e-13 ***
gendermale     0.1763699  0.0529722   3.3295  0.0008701 ***
----- Threshold Parameters -----
                                   Estimate  Std. error  t value   Pr(>|t|)
Threshold (Too Little->About Right)  0.72977     0.10406   7.0132  2.33e-12 ***
Threshold (About Right->Too Much)    2.53248     0.11034  22.9509  < 2.2e-16 ***
---
Signif. codes: 0 '***' 0.001 '**' 0.01 '*' 0.05 '.' 0.1 ' ' 1
```

1) 한계확률효과 추정

패키지를 이용하여 추정 결과로부터 각 설명변수의 한계확률효과를 계산하는 방법에 대해 알아보자. 먼저, 패키지 erer의 함수 ocME를 사용하여 한계확률효과를 계산한 결과가 [실습 4-5]이다. 설명변수의 한계확률효과는 각 설명변수의 평균값에서 각 범주(j)별로 계산된다. 그러나 한계확률효과를 구하려고 하는 설명변수가 더미변수라면, 평균값이 아니라 1의 값이 해당 더미변수에 적용되어야 한다. 인자 rev.dum=TRUE가 이러한 기능을 한다.

실습 4-5 서열로짓모형에서 설명변수의 한계효과 계산: ocME의 경우

```
> library(erer)
> ME_0<-ocME(w=ologit_0, rev.dum=TRUE, digits = 8)
> ME_0
              effect.Too Little  effect.About Right  effect.Too Much
religionyes         -0.04488207          0.02370509       0.02117698
degreeyes           -0.03518194          0.01729895       0.01788299
countryNorway        0.08030792         -0.04311664      -0.03719128
countrySweden        0.14865623         -0.08357326      -0.06508297
countryUSA          -0.15213276          0.06734289       0.08478987
age                 -0.00278493          0.00141130       0.00137363
gendermale          -0.04405840          0.02228805       0.02177035
```

한계확률효과의 추정치가 어떤 의미를 가지는지 알아보자. 예를 들어, 변수 religious와 범주 effect.Too Little에 해당하는 값(-0.04488207)은 '종교를 가진 사람은 그렇지 않은 사람보다 Too Little이라고 답할 확률이 4.5%포인트 더 낮다'고 해석할 수 있다. 다음으로 변수 age와 범주 effect.Too Much에 해당하는 값(0.00137363)은 '응답자의 연령이 한 살 증가할 때 Too Much라고 답할 확률은 0.137% 증가하다'고 해석할 수 있다. 함수 ocME를 사용할 때 한계확률효과의 유의수준은 제시되지 않지만, 설명변수에 대한 계수 추정치의 유의수준과 동일하다.

두 번째는 [실습 4-6]에서와 같이 패키지 oglmx의 함수 oglmx 또는 ologit.reg를 사용하여 서열로짓모형을 추정한 다음에 추정 결과에 margins.oglmx를 적용하는 것이다. 이때 atmeans=TRUE, AME=FALSE는 설명변수의 평균값에서 한계효과를 계산하라는 의미이다. atmeans=FALSE, AME=TRUE는 각 관측치에 대해 계산한 한계효과의 평균값인 평균한계효과를 계산하라는 의미이다. ascontinous=FALSE는 평균값에서 한계효과를 계산할 때 한계효과를 계산하려는 설명변수가 더미변수라면 평균값 대신에 1의 값을 대입하라는 의미이다.

margins.oglmx는 ocME와 달리 한계효과 추정치에 대해 유의확률값을 제시한다.

실습 4-6 서열로짓모형에서 설명변수의 한계효과 계산: margins.oglmx 경우

```
> margins.oglmx(ologit_1, atmeans=TRUE, AME=FALSE, ascontinuous = FALSE)
Marginal Effects on Pr(Outcome==Too Little)
                 Marg. Eff   Std. error  t value    Pr(>|t|)
religionyes    -0.04488244   0.01926252  -2.3300   0.0198040 *
degreeyes      -0.03518202   0.01649227  -2.1332   0.0329048 *
countryNorway   0.08030754   0.01823812   4.4033   1.066e-05 ***
countrySweden   0.14865672   0.01899922   7.8244   5.102e-15 ***
countryUSA     -0.15213396   0.01690166  -9.0011   < 2.2e-16 ***
gendermale     -0.04405871   0.01321579  -3.3338   0.0008567 ***
age            -0.00278495   0.00039004  -7.1402   9.317e-13 ***
------------------------------------
Marginal Effects on Pr(Outcome==About Right)
                 Marg. Eff   Std. error  t value    Pr(>|t|)
religionyes     0.02370525   0.01059215   2.2380   0.0252210 *
degreeyes       0.01729895   0.00787854   2.1957   0.0281130 *
countryNorway  -0.04311635   0.01036013  -4.1618   3.158e-05 ***
countrySweden  -0.08357343   0.01178559  -7.0912   1.330e-12 ***
countryUSA      0.06734316   0.00674031   9.9911   < 2.2e-16 ***
gendermale      0.02228816   0.00671789   3.3177   0.0009075 ***
age             0.00141131   0.00020403   6.9173   4.604e-12 ***
------------------------------------
Marginal Effects on Pr(Outcome==Too Much)
                 Marg. Eff   Std. error  t value    Pr(>|t|)
religionyes     0.02117719   0.00870756   2.4320   0.0150138 *
degreeyes       0.01788307   0.00864359   2.0689   0.0385517 *
countryNorway  -0.03719119   0.00800042  -4.6487   3.341e-06 ***
countrySweden  -0.06508329   0.00758892  -8.5761   < 2.2e-16 ***
countryUSA      0.08479079   0.01080774   7.8454   4.316e-15 ***
gendermale      0.02177055   0.00655345   3.3220   0.0008938 ***
age             0.00137364   0.00019344   7.1011   1.238e-12 ***
---
Signif. codes:  0 '***' 0.001 '**' 0.01 '*' 0.05 '.' 0.1 ' ' 1
```

2) 범주별 선택확률 구하기

먼저, 함수 predict을 사용하면 각 설명변수 값에 대응하는 응답자 집단에 대해 각 범주를 선택할 확률을 예측할 수 있다. [실습 4-7]은 종교가 있고 대졸자가 아닌 30세 노르웨이 남성이 각 범주를 선택할 확률을 구한 결과다. 이 집단이 '너무 적다(Too Little)'라는 범주를 선택할 확률은 58.9%, '적절하다(About Right)'를 선택할 확률은 30.8%, '너무 많다(Too Much)'를 선택할 확률은 10.3%이다.

실습 4-7 predict를 이용하여 범주별 선택확률 구하기

```
> fittp<-cbind(WVS, predict(ologit_0, type="probs"))
> head(fittp, 3)
  poverty  religion  degree  country  age  gender  Too Little  About Right  Too Much
1       1       yes      no      USA   44    male   0.3242497    0.4200439 0.2557065
2       2       yes      no      USA   40  female   0.3744021    0.4096330 0.2159649
3       1       yes      no      USA   36  female   0.3848970    0.4065882 0.2085148
> new_data <- data.frame("religion"= "yes","degree"="no","country"="Norway",
                         "age"=30,"gender"="male")
> round(predict(ologit_0, new_data,type = "probs"), 3)
 Too Little  About Right  Too Much
      0.589        0.308     0.103
```

각 범주의 선택확률이 종교, 학력, 국적, 연령, 성별 측면에서 서로 다른 여러 집단에 대해 어떻게 다른지를 알아보고자 할 때, 예측된 확률을 수치보다는 그림으로 보여줄 수 있다면 가독성 측면에서 더 효과적이다. 이러한 기능을 하는 것이 패키지 effects의 함수 Effect와 plot.Effect이다.

함수 plot.Effect의 유용성을 살펴보기 위해 앞서 분석한 poverty 함수의 추정식에 다소 변화를 주어보자. 일례로, 설명변수 religion, degree, age, gender의 효과는 국가(country)별로 다를 수 있기 때문에 이들 설명변수의 결합효과를 고려한 모형을 추정해보자.

[실습 4-8]은 국가와 다른 설명변수들의 결합효과를 고려한 서열로짓모형을 추정한 결과다. 하지만 결합효과를 나타내는 항들이 너무나 많아서 어떠한 변수들의 결합효과가 유의미한지를 판별하기가 쉽지 않다. 이러한 경우에 편리한 방법은 3장 4절에서 설명한 바와 같이 패키지 car의 함수 Anova를 사용하는 것이다. [실습 4-8]에 따르면 국가와 성별의 결합효과를 제외한 나머지 결합효과는 모두 유의미한 것으로 나타난다.

실습 4-8 국가와 다른 설명변수들의 결합효과를 고려한 서열로짓모형의 추정

```
> data(WVS)
> ologit_3<- polr(poverty~country*(religion+degree+age+gender), data = WVS,
              method="logistic", Hess = TRUE)
> summary(ologit_3)
 -- 중략 --
Coefficients:
                                  Value Std. Error t value
countryNorway                 0.5308176   0.286989  1.84961
countrySweden                 0.5446552   0.546029  0.99748
countryUSA                   -0.0347317   0.248059 -0.14001
religionyes                   0.0094685   0.112476  0.08418
degreeyes                    -0.1242920   0.167603 -0.74158
age                           0.0155849   0.002597  6.00185
gendermale                    0.0696120   0.090212  0.77165
countryNorway:religionyes    -0.2186724   0.216256 -1.01118
countrySweden:religionyes    -0.8789724   0.513263 -1.71252
countryUSA:religionyes        0.6002277   0.174433  3.44101
countryNorway:degreeyes       0.0558595   0.208202  0.26829
countrySweden:degreeyes       0.6281743   0.214295  2.93136
countryUSA:degreeyes          0.3030866   0.206394  1.46848
countryNorway:age            -0.0157142   0.004367 -3.59846
countrySweden:age            -0.0092122   0.004657 -1.97826
countryUSA:age                0.0005419   0.003975  0.13635
countryNorway:gendermale      0.1873611   0.144503  1.29659
countrySweden:gendermale      0.0563508   0.154414  0.36493
countryUSA:gendermale         0.2119735   0.139513  1.51938
--이하 생략--

> library(car)
> Anova(ologit_3, type=2)
Analysis of Deviance Table (Type II tests)

Response: poverty
                 LR Chisq Df  Pr(>Chisq)
country           250.881  3   < 2.2e-16 ***
religion            4.132  1   0.0420698 *
degree              4.284  1   0.0384725 *
age                49.950  1   1.577e-12 ***
gender             10.749  1   0.0010435 **
country:religion   21.143  3   9.833e-05 ***
country:degree     12.861  3   0.0049476 **
country:age        17.529  3   0.0005501 ***
country:gender      3.049  3   0.3841657
---
Signif. codes: 0 '***' 0.001 '**' 0.01 '*' 0.05 '.' 0.1 ' ' 1
```

이들 결합효과 가운데 연령과 국가의 결합효과에 대한 추정 결과를 토대로 연령에 따라 poverty에 대한 반응이 국가별로 어떻게 다르게 나타나는지를 살펴보자. [실습 4-9]는 함수 Effect를 사용하여 국가별로 연령 효과가 어떻게 다른지를 비교한 것이다. 첫 번째 인자 focal.predictors는 예측확률을 구할 때 관심을 두는 변수를 함수 c(•)에 의해 벡터 형태로 지정하는 데 사용한다. 만약 관심 있는 변수가 연령과 국가라면 c("age","country")라고 지정하면 된다. 함수 Effect를 적용할 때 focal.predictors에 지정하지 않은 변수들에는 모두 평균값이 설정된다. 함수 Effect의 두 번째 인자는 서열로짓모형의 추정 결과가 저장된 객체이다.

함수 Effect를 실행하면 각 연령에 대해 각 범주를 선택할 확률을 국가별로 보여준다. 예를 들면, 20세 미국인이 'Too Little'이라고 답할 확률은 43.3%인 반면, 60세의 스웨덴 사람이 'About Right'라고 답할 확률은 30.9%이다. 그리고 40세 노르웨이 사람이 'Too Much'라고 답할 확률은 11.1%이다.

실습 4-9 함수 Effect를 사용하여 국가별·연령별 예측확률 구하기

```
> library(effects)
> Effect(focal.predictors = c("age", "country"), ologit_3)

age*country effect (probability) for Too Little
    country
age  Australia    Norway     Sweden       USA
 20  0.5958889 0.5632140  0.6496015 0.4330782
 40  0.5191570 0.5638496  0.6200674 0.3562127
 60  0.4415107 0.5644851  0.5896166 0.2861049
 70  0.4035049 0.5648027  0.5741134 0.2543308
 90  0.3312402 0.5654379  0.5426958 0.1981045
age*country effect (probability) for About Right
    country
age  Australia    Norway     Sweden       USA
 20  0.3050532 0.3250955  0.2699789 0.3918455
 40  0.3502854 0.3247160  0.2895692 0.4171736
 60  0.3883075 0.3243362  0.3089823 0.4258700
 70  0.4031610 0.3241462  0.3185295 0.4234793
 90  0.4221528 0.3237659  0.3371079 0.4056632

age*country effect (probability) for Too Much
    country
```

```
age  Australia    Norway     Sweden       USA
 20  0.09905788 0.1116905 0.08041952 0.1750762
 40  0.13055755 0.1114343 0.09036331 0.2266137
 60  0.17018180 0.1111787 0.10140107 0.2880252
 70  0.19333407 0.1110511 0.10735706 0.3221899
 90  0.24660694 0.1107962 0.12019630 0.3962323
```

함수 Effect에 의해 구한 확률값을 다음과 같이 plot()에 대입하면, 연령 변화에 따라 각 범주의 선택확률이 국가별로 어떻게 달라지는지 보여주는 그림을 얻을 수 있다. rug=FALSE는 그림이 복잡해지지 않도록 연령의 한계분포를 x축에 나타내지 말라는 의미이다.

```
> plot(Effect(focal.predictors = c("age", "country"), ologit_3), rug=FALSE)
```

함수 Effect에서 인자 xlevels나 given.values를 사용하여 특정 설명변수 값을 임의로 지정할 수 있다. e_out_1은 각 범주의 선택확률을 20세부터 계산하되 10세씩 증분하여 80세까지 계산한 결과를 국가별로 제시하라는 의미이다. e_out_2는 각 범주의 선택확률을 18세부터 83세까지의 남성에 대해 계산한 결과를 국가별로 제시하라는 의미이다.

```
> e_out_1<-Effect(focal.predictors = c("age", "country"), ologit_3,
                  xlevels=list(age=seq(20,80,10)))
> e_out_2<-Effect(focal.predictors = c("age", "country"), ologit_3,
                  given.values=c(gendermale=1), xlevels=list(age=18:83))
> plot(e_out_1, rug=FALSE)
```

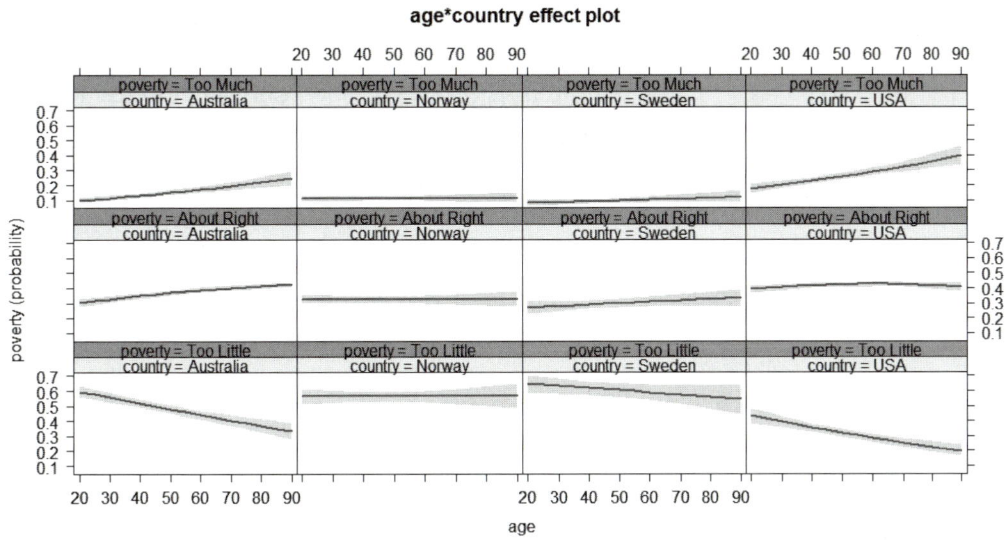

[그림 4-4] plot.Effect에 의해 각 범주의 선택확률을 연령별·국가별로 나타내기

[그림 4-4]에 따르면, 'Too Much'라고 응답할 확률은 연령이 증가할 때 미국의 경우는 빠르게 늘어나고, 호주에서는 늘어나지만 그 정도가 미국에 비해 작고, 노르웨이나 스웨덴의 경우는 거의 변화가 없다. 반대로 'Too Little'이라고 응답할 확률은 연령이 증가할 때 미국과 호주에서는 빠르게 감소하는 반면, 노르웨이에서는 변화가 거의 없고, 스웨덴의 경우는 감소 정도가 작은 편이다.

2-3 다항식 형태의 설명변수와 예측확률 구하기

1) 연령의 비선형 효과

서열로짓모형에서 설명변수인 연령과 종속변수 y의 관계가 선형이 아니라 비선형일 수 있다. 즉 연령 효과가 선형이 아닌 3차 이상의 다항식 형태를 가진다고 해보자. 이러한 연령 효과를 서열로짓모형에 반영하는 가장 용이한 방법은 다음과 같이 패키지 splines의 함수 ns를 사용하는 것이다.

```
> library(splines)
> ologit_4<- polr(poverty~country*(religion+degree+gender+ns(age, 4)),
                data = WVS, method="logistic", Hess = TRUE)
```

ns(age,4)에서 4는 전체 구간을 소구간으로 나눌 때 구간(knots)의 수이다. 일반적으로 구간의 수는 3~5개가 적절한 것으로 알려져 있다. 지면을 고려하여 summary(ologit_4)의 결과는 생략하고 Anova(ologit_4)의 실행 결과만 나타낸 것이 [실습 4-10]이다. 삼차함수 형태의 연령 효과를 고려할 경우, AIC 값이 10389.07에서 10373.85로 상당히 줄어 모형 적합도 측면에서 ologit_4가 ologit_3보다 더 낫다. Anova의 결과에 따르면 ologit_3과 마찬가지로 국가와 성별의 결합효과를 나타내는 변수(country:gender)를 제외한 모두 변수들이 유의미하다.

실습 4-10 비선형 연령 효과를 고려한 서열로짓모형의 추정

```
> rbind(Linear=AIC(ologit_3), Cubic=AIC(ologit_4))
           [,1]
Linear 10389.07
Cubic  10373.85
> Anova(ologit_4)
Analysis of Deviance Table (Type II tests)

Response: poverty
                    LR Chisq  Df   Pr(>Chisq)
country              243.397   3    < 2.2e-16 ***
religion               4.203   1    0.0403589 *
degree                 4.073   1    0.0435715 *
gender                11.603   1    0.0006584 ***
ns(age, 4)            63.667   4    4.911e-13 ***
country:religion      21.074   3    0.0001016 ***
country:degree        13.136   3    0.0043508 **
country:gender         3.694   3    0.2964071
country:ns(age, 4)    43.026  12    2.235e-05 ***
---
Signif. codes: 0 '***' 0.001 '**' 0.01 '*' 0.05 '.' 0.1 ' ' 1
```

비선형 연령 효과를 고려하여 추정한 서열로짓모형을 가지고 연령이 20세부터 80세까지 변할 때 각 범주의 선택확률이 국가별로 어떻게 달라지는지를 나타낸 것이 [그림 4-5]이다. 예를 들어, 미국에서 'Too Little'이라고 응답할 확률은 20세에서 30세까지는 크게 감소하다가 30세부터 45세에서 다시 증가하고, 그 이후 80세까지 계속 감소하는 패턴을 보인다.

```
> fig4_5<-plot(Effect(focal.predictors = c("age", "country"), ologit_4,
         xlevels=list(age=20:80)), rug=FALSE)
```

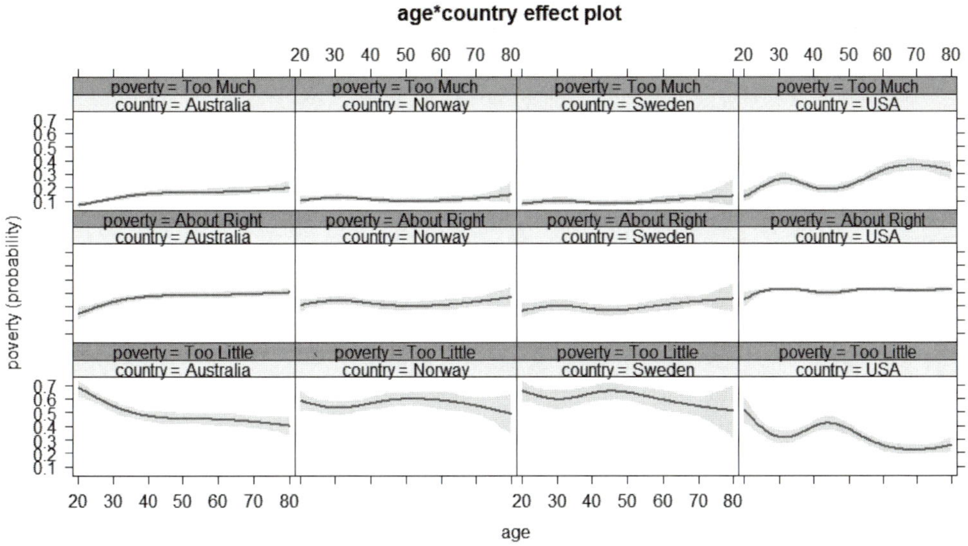

[그림 4-5] 비선형 연령 효과를 고려한 각 범주별 선택확률의 연령별·국가별 변화

이번에는 plot.Effect에서 설명변수 값의 변화에 따른 예측확률의 변화가 [그림 4-6]과 같이 여러 개의 선이 아닌 범주별로 분할된 면적 형태로 보이도록 하는 방법에 대해 살펴보자. 이러한 방식은 설명변수 값의 변화에 따른 예측확률을 선택 범주별로 비교하는 데 유용하다. [그림 4-6]은 함수 plot에서 인자 style="stacked"를 적용하여 구할 수 있다.

```
> fig4_6<-plot(Effect(focal.predictors=c("age", "country"), ologit_4,
        xlevels=list(age=20:80)), rug=FALSE, style="stacked")
```

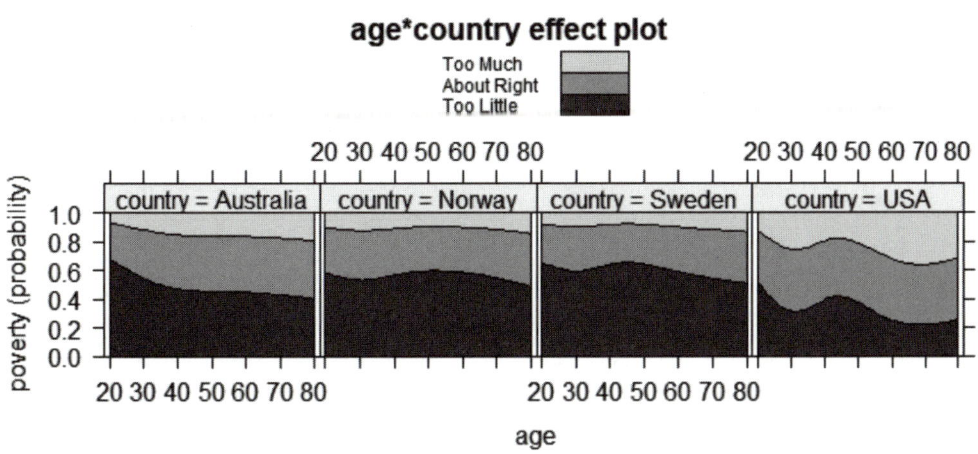

[그림 4-6] 연령 변화에 따른 범주별 선택확률의 비교

[그림 4-6]에서 노르웨이와 스웨덴의 경우 가장 짙은 회색의 면적이 가장 넓어 이들 국가의 사람들은 연령에 관계없이 'Too Little'이라고 답할 가능성이 높다고 할 수 있다.

2) 종속변수 예측치를 잠재변수 값으로 나타내기

이번에는 설명변수 값이 변할 때 종속변수 y의 예측치를 확률이 아닌 잠재변수 값으로 표현해 보자. 이는 함수 `plot`에 인자 `latent=TRUE`와 잠재변수의 범위를 나타내는 인자 `ylim`을 추가하면 된다.

```
> fig4_7<-plot(Effect(focal.predictors = c("age", "country"), ologit_4,
        xlevels=list(age=20:80), latent=TRUE), rug=FALSE, ylim=c(0,3.5))
```

y축은 [그림 4-7]에서 보듯이 로짓값으로 측정된다. 종속변수 y의 예측치를 잠재변수로 나타내는 방식은 예측의 목적이 확률보다는 분류일 때 적합하다. [그림 4-7]에서 점선으로 표현된 2개의 수평선 `AR_TM`과 `TL_AR`은 각각 ologit_4에서 추정된 임계치에 해당한다. `AR-TM`은 'About Right'와 'Too Much'의 경계를 나타내는 반면, `TL_AR`은 'Too Little'과 'About Right'의 경계를 나타낸다.

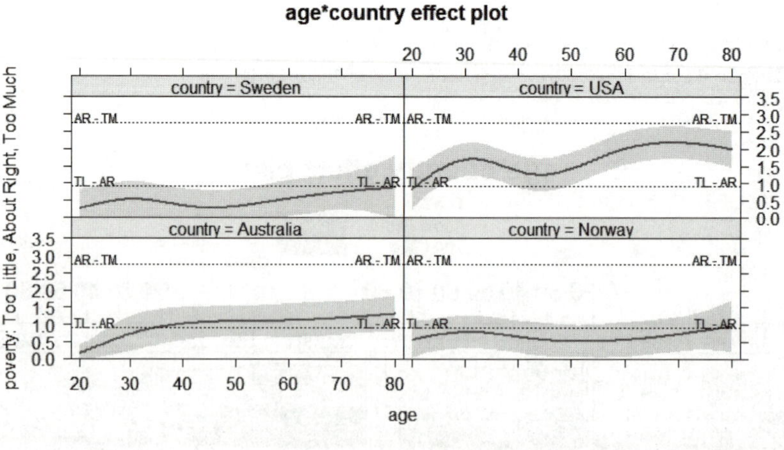

[그림 4-7] 연령 변화에 따른 잠재변수 예측치의 국가별 비교

잠재변수의 예측치는 짙고 굵은 선으로 나타나는 반면, 선 위아래의 옅은 색 음영은 잠재변수의 예측치에 대응하는 신뢰구간을 의미한다. 노르웨이와 스웨덴의 경우 잠재변수의 예측치가 대부분 TL_AR 아래쪽에 위치해 연령에 관계없이 'Too Little'이라 답할 것으로 예상된다. 하지만 음영으로 표현된 신뢰구간의 상한값이 스웨덴의 경우는 비교적 고령층에서, 노르웨이 경우는 40세 이하 연령층과 고령층에서 임계치를 다소 크게 벗어나고 있기 때문에 이러한 예상은 확실하지는 않다. 미국의 경우는 대부분의 연령층에서 'About Right'라고 답할 것으로 예상된다.

2-4 비례오즈 가정 검정

앞에서 각 선택 범주에 대응하는 설명변수의 계수값이 상수항을 제외하고 모두 동일하다는 비례오즈 가정하에 서열선택모형을 추정하였다. 이러한 가정이 타당한지를 검정하는 방법에 대해 알아보자. 비례오즈 가정을 검정하는 방법은 다음과 같은 두 모형에 대해 로그우도비 검정을 하는 것이다.

$$\text{PO: } y_j = \alpha_j + x\beta \qquad j = 1, 2, \cdots, J\text{-}1$$
$$\text{NPO: } y_j = \alpha_j + x\beta_j \quad j = 1, 2, \cdots, J\text{-}1$$

PO는 비례오즈라는 가정하의 서열선택모형을 의미하는 것으로 모든 범주에 대해 동일한 계수값 β를 가진다. 반면 NPO는 비서열 다항회귀모형으로 설명변수의 계수값이 각 범주에 따라 서로 다른 β_j를 가진다. 비례오즈 가정의 충족 여부는 위의 두 모형을 패키지 VGAM의 함수 vglm으로 추정한 결과에 대해 로그우도비 검정을 실행하면 된다.

[실습 4-11]은 비례오즈 가정의 검정 결과다. ologit_po는 비례오즈 가정하에서 서열선택모형을 추정한 결과이며, 인자 parallel=TRUE가 비례오즈 가정을 의미한다. 반면 glogit_npo는 인자 parallel=FALSE를 적용하여 비서열 다항회귀모형을 추정한 결과이다. 주의할 점은 함수 lrtest는 패키지 lmtest가 아닌 패키지 VGAM의 함수라는 점이다. 이를 강조하기 위해 VGAM::lrtest라는 표현을 사용하였다.

실습 4-11 **서열로짓모형에서 비례오즈 가정의 검정**

```
> library(VGAM)
> ologit_po<-vglm(poverty~religion+degree+country+age+gender, data = WVS,
          family=cumulative(parallel=TRUE))
> glogit_npo<-vglm(poverty~religion+degree+country+age+gender, data = WVS,
          family=cumulative(parallel=FALSE))
> VGAM::lrtest(glogit_npo, ologit_po)
Likelihood ratio test

Model 1: poverty ~ religion + degree + country + age + gender
Model 2: poverty ~ religion + degree + country + age + gender
   #Df  LogLik  Df  Chisq  Pr(>Chisq)
1  10746  -5015.8
2  10753  -5201.3   7  370.91    < 2.2e-16 ***
---
Signif. codes:  0 '***' 0.001 '**' 0.01 '*' 0.05 '.' 0.1 ' ' 1
```

검정 결과에 따르면, 두 모형 간에 차이가 없다는 귀무가설이 매우 높은 유의수준에서 기각되어 비례오즈 가정이 충족되지 않음을 보여준다.

귀무가설이 기각되었다면 함수 vglm을 이용하여 부분비례오즈모형(partial proportional odds model)을 추정하는 것이 가능하다. 예를 들면, 특정한 설명변수에 대해서만 범주별로 기울기가 서로 다른 서열선택모형을 추정하는 것이다. 변수 country의 계수 추정치가 범주별로 서로 다른 서열선택모형을 추정하는 방법은 다음과 같다. 추정 결과에서 첫 번째 열은 About Right와 Too Much 대비 Too Little을 선택할 확률을 추정한 모형의 계수값이며, 두 번째 열은 Too Much 대비 About Right와 Too Little을 선택할 확률을 추정한 모형의 계수값이다.

```
> ologit_ppo<-vglm(poverty~religion+degree+country+age+gender, data = WVS,
           family=cumulative(parallel=FALSE~country))
> coef(ologit_ppo, matrix=TRUE)
                logitlink(P[Y<=1])  logitlink(P[Y<=2])
(Intercept)             0.71784163          2.36086123
religionyes            -0.14910634         -0.14910634
degreeyes              -0.14142770         -0.14142770
countryNorway           0.12270979          1.78119459
countrySweden           0.44490226          2.06866933
countryUSA             -0.36255216         -0.87274828
age                    -0.01060523         -0.01060523
gendermale             -0.17384427         -0.17384427
```

3 다항회귀모형

다항선택모형에서 종속변수가 서열이나 순위를 가지고 있지 않은 경우를 살펴보자. 이때 적용하는 모형이 일반로짓모형(generalized logit model)이다. 일반로짓모형의 설명변수가 소득, 연령, 성별 등과 같이 모두 개체 특정적인 변수라면 패키지 `nnet`의 `multinom` 또는 패키지 `VGAM`의 `vglm`을 사용하는 것이 편리하다.

반면, 다항선택모형에서 설명변수가 개체 특정적인 변수 외에 대안 특정적인 변수도 포함한다면 패키지 `mlogit`의 함수 `mlogit`으로 추정해야 한다. `mlogit`으로 추정하는 일반로짓모형은 조건부로짓모형, 내포로짓모형, 혼합로짓모형 등 다양한 유형의 다항선택 문제를 포괄하고 있기 때문에 이를 5장에서 다항로짓모형이라는 이름으로 상세하게 다룰 것이다. 이 절에서 다루는 일반로짓모형은 함수 `multinom`으로 추정하는 비서열 다항회귀모형(이하 다항회귀모형)에 국한한다.

3-1 모형 구조와 추정 방법

J개의 독립적이며 상호 배타적인 범주(대안)들 가운데 어느 하나를 선택하는 문제를 살펴보자. 이때 x_i라는 특성을 가진 개인 i가 범주 j를 선택할 확률을 $P(y_i=j|x_i)=x_{ij}$라고 하자. 비교 대상의 기준이 되는 확률값을 π_{i1}이라 할 때 이항선택모형에서 다루었던 로짓 개념을 적용하여 두 확률 π_{ij}와 π_{i1}의 로짓값과 x_i의 관계를 $\log\dfrac{\pi_{ij}}{\pi_{i1}}=x_i\beta_j$라고 표현해보자. 확률값은 0과 1의 값 사이에 있으며 이들 확률값의 합은 1이라는 사실을 이용하면, 선택확률 π_{ij}는 다음과 같이 표현할 수 있다.

$$\pi_{ij}=\frac{\exp(x_i\beta_j)}{\sum_{r=1}^{J}\exp(x_i\beta_r)} \qquad j=1, 2, \cdots, J \tag{4-10}$$

위의 식에서 주목할 점은 계수값 β에 선택 대안(범주)을 나타내는 하첨자 j, r이 붙어 있다는 점이다. 이는 설명변수의 계수값이 선택 대안(범주)별로 다르다는 점을 의미한다(서열선택모형에서는 설명변수의 계수값이 선택 대안에 관계없이 동일함을 기억하라!). 따라서 설명변수의 개수가 상수항을 포함하여 $(k+1)$개라면 선택 대안의 수가 J개일 때, 추정해야 하는 계수값의 수는

$(k+1)\times J$이다. 모형 안에 추정해야 할 계수값의 수가 너무 많으면 모든 계수값이 식별되지 않는 부수적인 모수의 문제(incidental parameters problem)가 발생할 수 있다.

이러한 문제를 해결하기 위해 식 (4-10)의 분모와 분자를 기준 범주에 대응하는 값 $\exp(x_i\beta_1)$로 나누어 다음과 같이 정규화해보자.

$$\pi_{i1} = \frac{1}{1+\sum_{r=2}^{J}\exp(x_i(\beta_r-\beta_1))}$$

$$\pi_{ij} = \frac{\exp(x_i(\beta_j-\beta_1))}{1+\sum_{r=2}^{J}\exp(x_i(\beta_r-\beta_1))} \qquad j=2,\cdots,J$$

위 식은 확률값이 단지 계수값의 차이에 의해 결정됨을 보여준다. 따라서 임의의 상수를 각 계수값에 더하더라도 확률값은 변하지 않기 때문에 또다시 계수값을 식별하지 못하는 문제가 발생한다. 이러한 문제를 해결하는 방법은 기준 범주에 대응하는 β_1의 값을 0으로 지정하는 것이다. 이러한 과정을 거친 다항회귀모형은 다음과 같은 형태를 가진다.

$$\pi_{i1} = \frac{1}{1+\sum_{r=2}^{J}\exp(x_i\beta_r)}$$

$$\pi_{ij} = \frac{\exp(x_i\beta_j)}{1+\sum_{r=2}^{J}\exp(x_i\beta_r)} \qquad j=2,\cdots,J$$

다항회귀모형은 다음의 로그우도함수를 극대화하는 방식으로 추정된다.

$$\log L(\beta_2,\cdots,\beta_J;y,x)=\sum_{i=1}^{n}\sum_{r=1}^{J}d_{ij}\log\pi_{ij}$$

여기서 d_{ij}는 개인 i가 범주 j를 선택하면 1, 그렇지 않으면 0의 값을 가진다.

3-2 계수 추정치 해석하기

서열선택모형과 마찬가지로 다항회귀모형에서도 계수 추정치 자체가 종속변수(확률값)에 대한 설명변수의 한계효과를 의미하지는 않는다. 다항회귀모형에서 계수 추정치는 기준 범주에 대한 상대적인 값으로 해석해야 한다.

첫 번째, $\exp(x_i\beta_j)=\frac{\pi_{ij}}{\pi_{i1}}$이기 때문에 설명변수 x_{il}이 Δx_{il}만큼 증가할 때 기준 범주 대비 범주 j를 선택할 오즈비의 변화는 다음과 같다.

$$\frac{\exp(x_i\beta_j+\Delta x_{il}\beta_{jl})-\exp(x_i\beta_j)}{\exp(x_i\beta_j)}=\exp(\Delta x_{il}\beta_{jl})-1$$

$\Delta x_{il}=1$이라면 $\exp(\beta_{jl})-1$은 x_{il}가 한 단위 증가할 때의 오즈비 변화를 나타낸다. 만약 β_{jl}이 작은 값을 가진다면 $\exp(\beta_{il})-1\approx\beta_{il}$이기 때문에 계수값 자체를 해당 변수의 값이 한 단위 증가할 때 나타내는 오즈비 변화로 해석할 수 있다.

두 번째, 설명변수 x_{il}이 연속형 변수라면 기준 범주와 범주 j를 선택할 확률에 대한 x_{il}의 한계효과는 각각 다음과 같이 계산할 수 있다.

$$MPE_{i1l}=\frac{\partial\pi_{i1}}{\partial x_{il}}=-\pi_{i1}\sum_{r=2}^{J}\pi_{ir}\beta_{rl}$$
$$MPE_{ijl}=\frac{\partial\pi_{ij}}{\partial x_{il}}=-\pi_{ij}\left[\beta_{jl}-\sum_{r=2}^{J}\pi_{ir}\beta_{rl}\right]$$

한계확률효과는 변수 x_{il}뿐만 아니라 다른 설명변수들의 계수 추정치에도 의존하기 때문에 해당 변수의 계수 추정치 부호만을 가지고 그 부호를 단언할 수 없다.

세 번째, x_{il}의 평균한계확률효과는 $AMPE_{jl}=\frac{1}{n}\sum_{i=1}^{n}MPE_{ijl}$으로 계산할 수 있다.

3-3 사례연습: 유권자의 정치의식과 투표행태

다항회귀모형의 실습에 사용된 자료는 패키지 `effects`의 데이터 BEPS이다. 이 데이터는 영국 선거패널조사(British Election Panel Survey) 1997~2001년 자료의 일부이다.

앤더슨, 헬스, 시놋(Anderson, Health & Sinnott, 2002)은 이 데이터를 사용하여 유권자의 정치적 식견이 정치 이슈와 관련하여 자신이 지지하는 정당의 선택에 어떠한 영향을 주는지를 분석했다. 종속변수 vote는 유권자가 투표 시 선택한 당을 나타내며 3가지 측정값으로 보수당(Conservative), 노동당(Labour), 자유민주당(Liberal Democrat)을 가진다. vote의 측정값은 선거가 없는 해에는 어느 당에 투표할 것인지를 묻는 질문의 응답 내용을, 선거가 있는 해에는 선거 직후 어느 당에 투표했는지를 묻는 질문의 응답 내용을 기록한 것이다.

설명변수로는 age(응답자 연령), economic.cond.national(국가경제 여건에 대한 응답자의 인식, 5점 척도), economic.cond.household(가계경제 상태에 대한 응답자의 인식, 5점 척도), Blair(노동당 지도자 Blair에 대한 평가, 5점 척도), Hague(보수당 지도자 Hague에 대한 평가, 5점 척도), Kennedy(자유민주당 지도자 Kennedy에 대한 평가, 5점 척도), Europe(유럽통합에 대한 응답자의 태도, 11점 척도로 높은 점수일수록 더 부정적임을 나타냄), political.knowledge(유럽통합 문제에 관한 각 당의 입장에 대한 응답자의 지식 정도, 4점 척도로 0은 전혀 모름, …, 3은 모두 알고 있음을 의미함), gender(응답자 성별)이다.

영국의 유럽연합 가입에 대한 각 정당의 입장은 노동당이 가장 찬성하고, 그다음이 자유민주당이며, 보수당은 가장 반대한다. 따라서 다른 모든 조건이 동일할 때 유럽통합에 대해 부정적인 유권자라면 political.knowledge의 측정값이 높을수록 다른 당보다는 보수당에 투표할 가능성이 높다고 할 수 있다.

앞에서 설명한 바와 같이 다항회귀모형을 추정할 때 먼저 기준 범주를 정할 필요가 있다. 다항회귀모형에서는 종속변수의 첫 번째 범주값을 자동적으로 기준 범주로 지정한다. 종속변수의 범주값이 어떤 순서로 되어 있는지를 알려면 함수 `levels`를 사용하면 된다. [실습 4-12]의 아래쪽에서 보듯이 vote의 기준 범주는 'Conservative'이다. 만약 기준 범주를 'Labour'로 바꾸려면 함수 `relevel`에서 인자 `ref="Labour"`를 지정한다.

실습 4-12 데이터 BEPS 구조와 기준 범주 정하기

```
> library(effects)
> data(BEPS)
> head(BEPS)
              vote  age  economic.cond.national  economic.cond.household
1 Liberal Democrat   43                       3                        3
2           Labour   36                       4                        4
3           Labour   35                       4                        4
4           Labour   24                       4                        2
  Blair  Hague  Kennedy  Europe  political.knowledge  gender
1     4      1        4       2                    2  female
2     4      4        4       5                    2    male
3     5      2        3       3                    2    male
4     2      1        3       4                    0  female
> summary(BEPS)
```

```
        vote                age         economic.cond.national
Conservative       :462  Min.    :24.00  Min.    :1.000
Labour             :720  1st Qu. :41.00  1st Qu. :3.000
Liberal Democrat :343  Median :53.00  Median :3.000
                         Mean    :54.18  Mean    :3.246
                         3rd Qu. :67.00  3rd Qu. :4.000
                         Max.    :93.00  Max.    :5.000
--이하 생략--
> levels(BEPS$vote)
[1] "Conservative"   "Labour"     "Liberal Democrat"
> BEPS$vote<-relevel(BEPS$vote, ref="Labour")
```

[실습 4-13]은 패키지 nnet의 함수 multinom을 사용하여 다항회귀모형을 추정한 결과다. 지지 정당을 선택하는 데 영향을 주는 설명변수들 가운데 Europe과 political.knowledge 사이의 결합효과가 있을 것이라고 판단하여 이들 두 변수의 결합효과를 고려한 다항회귀모형을 추정해보자.

추정 결과에 함수 summary를 적용하면 상수항을 포함한 각 설명변수의 계수 추정치와 표준오차, 잔차 편차와 AIC 값을 산출한다. 그러나 함수 polr와 마찬가지로 계수 추정치의 유의확률에 대한 정보를 제공하지 않기 때문에 이를 별도로 계산해야 한다. 계수 추정치의 유의확률을 계산하려면 함수 summary를 적용할 때 인자 Wald=TRUE를 적용할 필요가 있다. 이 인자를 적용하면 계수 추정치를 표준오차로 나눈 왈드 통계량을 제공하는데, 이를 이용하면 계수 추정치의 유의확률을 손쉽게 구할 수 있다. [실습 4-13]에서 pval은 공식에 의해 계산한 각 계수 추정치의 유의확률(또는 p값)이다.

또는 다항회귀모형의 추정 결과에 함수 stargazer을 적용하면 [실습 4-14]에서 보듯이 계수 추정치의 표준오차가 계수 추정치 아래의 괄호 안에 제시되며 유의수준 여부도 함께 표시된다.

실습 4-13 지지 정당 선택에 관한 다항회귀모형의 추정

```
> library(nnet)
> beps_1<-multinom(vote~age+gender+economic.cond.national+
                    economic.cond.household+Blair+Hague+Kennedy+
                    Europe*political.knowledge,data=BEPS)
> summary(beps_1, Wald=TRUE)
--중략--
```

```
Coefficients:
                 (Intercept)         age  gendermale  economic.cond.national
Labour            -0.8734060 -0.01979856  0.11261130               0.5220150
Liberal Democrat  -0.7184647 -0.01460248  0.09139624               0.1451172
                 economic.cond.household     Blair      Hague   Kennedy
Labour                       0.178631593 0.8236153 -0.8683750 0.2395664
Liberal Democrat             0.007725179 0.2779054 -0.7808223 0.6556648
                      Europe  political.knowledge  Europe:political.knowledge
Labour           -0.00170617             0.658269                  -0.1589324
Liberal Democrat  0.06841243             1.160233                  -0.1828532

Std. Errors:
 -- 중략 --

Value/SE (Wald statistics):
 -- 중략 --

Residual Deviance: 2233.039
AIC: 2277.039
> summary_table <- summary(beps_1, Wald=TRUE)
> z<-summary_table$Wald.ratios
> pval <- 2*(1-pnorm(abs(z)))
> pval
                 (Intercept)          age  gendermale  economic.cond.national
Labour             0.2060980 0.0002234007   0.5063026            9.532755e-07
Liberal Democrat   0.3279321 0.0096605990   0.6077129            1.870902e-01
                 economic.cond.household        Blair  Hague      Kennedy
Labour                         0.0633523 0.0000000000      0 2.583670e-03
Liberal Democrat               0.9388807 0.0004029931      0 3.019807e-14
                      Europe  political.knowledge  Europe:political.knowledge
Labour             0.9695183         1.231633e-03                1.207867e-09
Liberal Democrat   0.1650642         1.183947e-07                3.727085e-11
```

각 설명변수의 계수 추정치는 앞에서 설명한 바와 같이 기준 범주에 대한 로짓 계수값이다. 예를 들어 노동당 선택에 대한 age의 계수값 -0.0198은 응답자의 연령이 한 살 늘어날 때 보수당 대비 노동당을 선택할 로짓 계수값이 0.0198만큼 감소한다고 해석할 수 있다. 달리 말하면, 응답자의 연령이 늘어날수록 보수당보다 노동당을 선택할 확률이 낮아진다고 해석할 수 있다.

실습 4-14 함수 stargazer에 의한 다항회귀모형의 추정 결과 제시하기

```
> stargazer(beps_1,type="text")

=========================================================
                            Dependent variable:
                       ------------------------------
                          Labour   Liberal Democrat
                           (1)          (2)
---------------------------------------------------------
age                     -0.020***    -0.015***
                         (0.005)      (0.006)

gendermale               0.113        0.091
                         (0.169)      (0.178)

economic.cond.national   0.522***     0.145
                         (0.107)      (0.110)

economic.cond.household  0.179*       0.008
                         (0.096)      (0.101)

Blair                    0.824***     0.278***
                         (0.079)      (0.079)

Hague                   -0.868***    -0.781***
                         (0.075)      (0.079)

Kennedy                  0.240***     0.656***
                         (0.080)      (0.086)

Europe                  -0.002        0.068
                         (0.045)      (0.049)

political.knowledge      0.658***     1.160***
                         (0.204)      (0.219)

Europe:political.knowledge -0.159***  -0.183***
                         (0.026)      (0.028)

Constant                -0.873       -0.718
                         (0.691)      (0.734)

---------------------------------------------------------
Akaike Inf. Crit.      2,277.039    2,277.039
=========================================================
Note:                  *p<0.1; **p<0.05; ***p<0.01
```

이번에는 오즈비를 가지고 각 설명변수의 계수 추정치 의미를 설명해보자. 오즈비는 로짓 계수값의 지수값이기 때문에 [실습 4-15]에서 보듯이 함수 exp(coef(beps_1))를 사용하여 구할 수 있다. 노동당의 경우 연령의 오즈비는 0.98이다. 이 수치는 다른 변수들의 값이 모두 동일하다고 하고, 응답자의 연령이 한 살 늘어날 때 '보수당 대비 노동당을 선택할 가능성은 0.98배이다' 또는 '보수당 대비 노동당을 선택할 오즈비가 2% 더 낮다'라고 해석할 수 있다. 자유민주당의 경우 남성의 오즈비는 1.096이다. 이 수치는 남성이 여성에 비해 '보수당 대비 자유민주당을 선택할 가능성이 1.096배이다' 또는 '보수당 대비 자유민주당을 선택할 오즈비가 9.6% 더 높다'라고 해석할 수 있다.

함수 fitted(beps_1)를 사용하면 추정 결과로부터 응답자별로 각 정당을 선택할 확률을 구할 수 있다. 아래의 결과는 첫 번째부터 세 번째 응답자에 대해 예측한 각 정당별 선택확률이다.

```
> head(pred<-fitted(beps_1), 3)
  Conservative     Labour   Liberal Democrat
1  0.007691841  0.6513865          0.3409216
2  0.103269590  0.6418123          0.2549181
3  0.007238159  0.8854175          0.1073444
```

1) 설명변수의 한계확률효과 구하기

설명변수 계수값의 의미를 오즈비 개념보다는 한계확률효과에 의해 표현하는 것이 이해하기가 더 쉽다. 다항회귀모형의 추정 결과에 패키지 margins의 함수 marginal_effects를 적용하면 관측치별로 각 설명변수의 한계확률효과를 구할 수 있다. 이때 인자 category는 한계확률효과를 구할 종속변수의 범주값을 지정하는 데 사용된다.

```
> library(margins)
> head(marginal_effects(beps_1, category="Conservative"), 3)
     dydx_age  dydx_economic.cond.national   dydx_Europe
1 0.0001374903                -0.002996027  0.0023807650
2 0.0016966572                -0.038419243  0.0290074184
3 0.0001382307                -0.003458238  0.0022790546
--이하 생략--
```

```
> head(marginal_effects(beps_1, category="Labour"), 3)
      dydx_age  dydx_economic.cond.national  dydx_Europe
1 -0.0012531018                  0.08631385  -0.006548232
2 -0.0021623721                  0.09626309  -0.024825776
3 -0.0006207447                  0.03916758  -0.004165361
--이하 생략--
```

실습 4-15 다항회귀모형에서 설명변수의 오즈비 제시하기

```
> beps_1.rrr<-exp(coef(beps_1))
> stargazer(beps_1, type="text", coef=list(beps_1.rrr))

==========================================================
                            Dependent variable:
                       -----------------------------
                       Labour Liberal Democrat
                         (1)            (2)
----------------------------------------------------------
age                     0.980***       0.986***
                       (0.005)        (0.006)

gendermale              1.119***       1.096***
                       (0.169)        (0.178)

economic.cond.national  1.685***       1.156***
                       (0.107)        (0.110)

economic.cond.household 1.196***       1.008***
                       (0.096)        (0.101)

Blair                   2.279***       1.320***
                       (0.079)        (0.079)

Hague                   0.420***       0.458***
                       (0.075)        (0.079)

Kennedy                 1.271***       1.926***
                       (0.080)        (0.086)

Europe                  0.998***       1.071***
                       (0.045)        (0.049)
```

```
political.knowledge              1.931***        3.191***
                                (0.204)         (0.219)

Europe:political.knowledge       0.853***        0.833***
                                (0.026)         (0.028)

Constant                         0.418           0.488
                                (0.691)         (0.734)

------------------------------------------------------------
Akaike Inf. Crit.            2,277.039       2,277.039
============================================================
Note:               *p<0.1; **p<0.05; ***p<0.01
```

함수 marginal_effects에 summary를 적용하면 관측치별로 계산된 한계확률효과의 평균값, 표준편차, 최대값, 최소값을 구할 수 있다. 따라서 함수 summary로 구한 평균값은 평균한계확률효과이다.

```
> summary(marginal_effects(beps_1, category="Conservative"))[4,]
          dydx_age                      dydx_gendermale
      "Mean  :1.926e-03 "             "Mean  :-0.0113351 "
 dydx_economic.cond.national  dydx_economic.cond.household
      "Mean  :-0.0394842 "            "Mean  :-0.0115357 "
         dydx_Blair                       dydx_Hague
      "Mean  :-0.064603 "             "Mean  :0.0910969 "
        dydx_Kennedy                      dydx_Europe
      "Mean  :-0.0458742 "            "Mean  : 0.0240942 "
   dydx_political.knowledge
      "Mean  : 0.045129 "
```

각 설명변수의 평균한계효과는 패키지 margins의 함수 margins에 의해서도 손쉽게 구할 수 있다. [실습 4-16]에서 margins(beps_1, category="Conservative")로 계산한 보수당을 선택할 확률에 대한 각 설명변수의 평균한계효과는 summary(marginal_effects(beps_1, category="Conservative"))[4,]의 실행 결과와 정확히 일치한다. 여기서 숫자 4는 평균값이 위치한 행을 나타낸다.

실습 4-16 **설명변수의 평균한계효과 구하기: 함수 margins 이용**

```
> margins(beps_1, category="Conservative")
Average marginal effects
--중략--
      age  gendermale  economic.cond.national  economic.cond.household
 0.001926    -0.01134                -0.03948                 -0.01154
  Blair    Hague  Kennedy    Europe  political.knowledge
-0.0646   0.0911 -0.04587   0.02409              0.04513
> margins(beps_1, category="Labour")
Average marginal effects
--중략--
      age  gendermale  economic.cond.national  economic.cond.household
-0.001789    0.009288                  0.0726                  0.02929
  Blair     Hague  Kennedy    Europe  political.knowledge
 0.1094  -0.06359 -0.02912  -0.01687              -0.0711
> margins(beps_1, category="Liberal Democrat")
Average marginal effects
--중략--
       age  gendermale  economic.cond.national  economic.cond.household
-0.0001372    0.002047                -0.03311                 -0.01775
   Blair     Hague  Kennedy     Europe  political.knowledge
-0.04475  -0.02751    0.075  -0.007227              0.02598
```

함수 margins의 장점은 각 설명변수의 평균값에서 한계확률효과를 계산할 수 있다는 점이다. [실습 4-17]에서처럼 인자 at=list()에 각 설명변수의 평균값을 지정해줌으로써 평균한계효과가 아닌 한계평균효과를 구할 수 있다. 함수 margins를 실행하면 각 설명변수로 지정한 평균값이 먼저 나타나고, 그다음에 각 설명변수의 한계평균효과가 나타난다.

실습 4-17 **설명변수의 한계평균효과 구하기: 함수 margins 이용**

```
> BEPS$gendermale<-ifelse(BEPS$gender=="male",1,0)
> margins(beps_1, category="Conservative",
          at=list(age=mean(BEPS$age),
                  economic.cond.national=mean(BEPS$economic.cond.national),
                  economic.cond.household=mean(BEPS$economic.cond.household),
                  Blair=mean(BEPS$Blair), Hague=mean(BEPS$Hague),
                  Kennedy=mean(BEPS$Kennedy), Europe=mean(BEPS$Europe),
                  political.knowledge=mean(BEPS$political.knowledge),
                  gendermale=mean(BEPS$gendermale)))
Average marginal effects at specified values
--중략--
```

```
  at(age)  at(economic.cond.national)  at(economic.cond.household)  at(Blair)
    54.18                       3.246                         3.14      3.334
at(Hague)  at(Kennedy)  at(Europe)  at(political.knowledge)  at(gendermale)
    2.747        3.135       6.729                    1.542          0.4675

    age  gendermale  economic.cond.national  economic.cond.household   Blair
0.00309     -0.01804                -0.06694                 -0.02037  -0.1086
  Hague   Kennedy   Europe  political.knowledge
  0.144  -0.06637  0.04043              0.05004
```

[실습 4-17]에서 계산한 한계평균효과가 가지는 의미를 해석해보자. 먼저, 설명변수가 연속형 변수일 경우는 해당 변수의 값이 한 단위 증가할 때 선택확률이 이전에 비해 몇 % 정도 증가 또는 감소한다고 해석하면 된다. 예를 들어, 보수당의 경우 연령의 한계평균효과는 0.001926이다. 이 수치의 의미는 응답자의 평균연령이 한 살 증가할 때 보수당을 선택할 확률은 0.193% 정도 증가한다는 것이다. 반면 설명변수가 더미변수일 경우에는 두 집단 간의 선택확률의 차이로 해석하면 된다. 예를 들어, 보수당의 경우 gendermale의 한계평균효과는 -0.01804이다. 이 수치는 남성이 보수당을 선택할 확률이 여성에 비해 1.8%포인트 더 낮음을 의미한다.

2) 설명변수 값의 변화에 따른 범주별 선택확률 구하기

함수 effect와 plot을 사용하면 어떤 설명변수 값이 변할 때 특정 범주를 선택할 확률이 어떻게 변하는가를 시각적으로 알 수 있다. [실습 4-18]에서는 gendermale의 값이 0.5일 때(즉, 성비가 동일할 때), 변수 Europe의 측정값(유럽통합에 대한 거부감)이 증가함에 따라 각 정당의 선택확률이 어떻게 달라지는지를 정당에 대한 응답자의 지식수준(political.knowledge)에 따라 구분하여 계산하였다. 이때 선택확률의 변화가 부드러운 곡선 형태로 나타나도록 11점 리커드 척도를 가지는 Europe의 측정값을 50등분하여 적용하였다.

실습 4-18 **변수 Europe과 political.knowledge의 변화에 따른 정당별 선택확률**

```
> euro_know_effect<-effect("Europe*political.knowledge", beps_1,
                  xlevels=list(Europe=seq(1,11,length=50),
                  political.knowledge=0:3),
                  given.values=c(gendermale=0.5))
> plot(euro_know_effect, rug=FALSE)
> plot(euro_know_effect, style="stacked", colors=c("blue", "red", "orange"),
    rug=FALSE)
```

[실습 4-18]의 실행 결과는 [그림 4-8]과 [그림 4-9]이다. 두 그림은 두 변수 Europe과 political.knowledge의 변화에 따라 각 정당의 선택확률이 어떻게 달라지는지를 보여준다. [그림 4-8]은 각 정당에 대한 응답자의 지식수준이 높을수록, 달리 말하면 유럽통합에 대한 각 정당의 입장을 잘 아는 응답자일수록(특히 political. knowledge의 값이 3일 때), 유럽통합에 대한 거부감이 증가할 때 보수당을 선택할 확률은 증가하는 반면 자유민주당이나 노동당을 선택할 확률은 감소함을 보여준다. 이에 반해 응답자의 정당 지식수준이 낮을 때(특히 political. knowledge의 값이 0일 때)에는 유럽통합에 대한 거부감이 증가하더라도 정당 선택확률은 거의 변화가 없다.

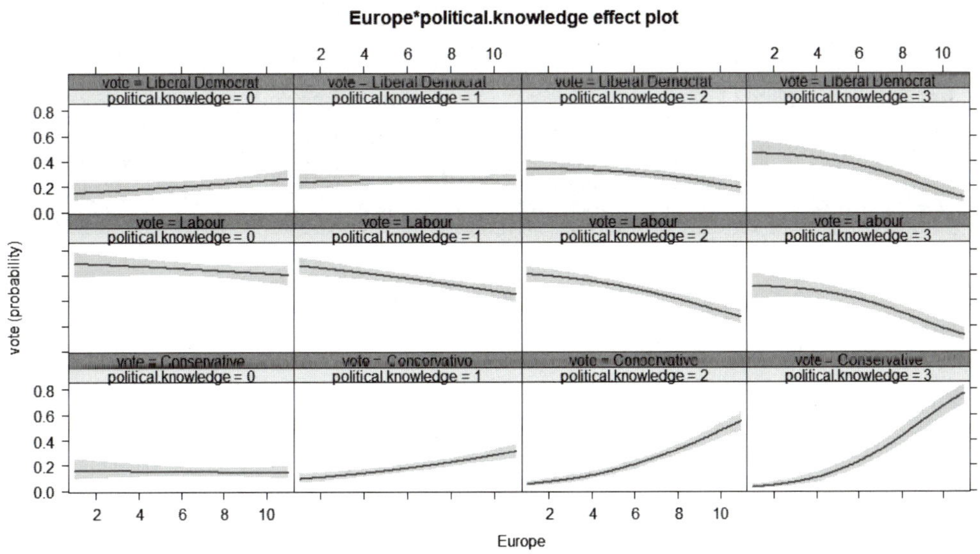

[그림 4-8] 변수 Europe과 political.knowledge의 변화에 따른 정당별 선택확률

[그림 4-9]는 동일한 그림을 범주별 분할 면적 형태로 나타낸 것이다. 오렌지색(맨 위) 면적은 자유민주당, 빨간색(중간) 면적은 노동당, 파란색(맨 아래) 면적은 보수당을 각각 나타낸다. 유럽통합에 대한 각 정당의 입장에 대해 전혀 알지 못하는 응답자의 경우(그림 4-9의 맨 왼쪽)는 노동당에 해당하는 면적이 가장 넓다. 또한 유럽통합에 대한 거부감이 높은 계층은 그렇지 않은 계층에 비해 보수당 대신에 유럽통합을 찬성하는 자유민주당을 선택할 비중이 오히려 더 높다. 반면, 유럽통합에 대한 각 정당의 입장을 매우 잘 아는 응답자(그림 4-9의 맨 오른쪽)는 유럽통합에 대한 거부감이 높을수록 보수당을 선택할 확률이 큰 폭으로 증가하며, 노동당과 자유민주당을 선택할 확률은 감소한다. 이러한 결과는 [그림 4-8]에서 확인한 것과 동일하다.

우리는 [그림 4-8]과 [그림 4-9]로부터 유권자의 정치적인 식견이 높을수록 자신의 정치적 견해를 투표 행위에 보다 정확하게 반영한다는 사실을 확인할 수 있다.

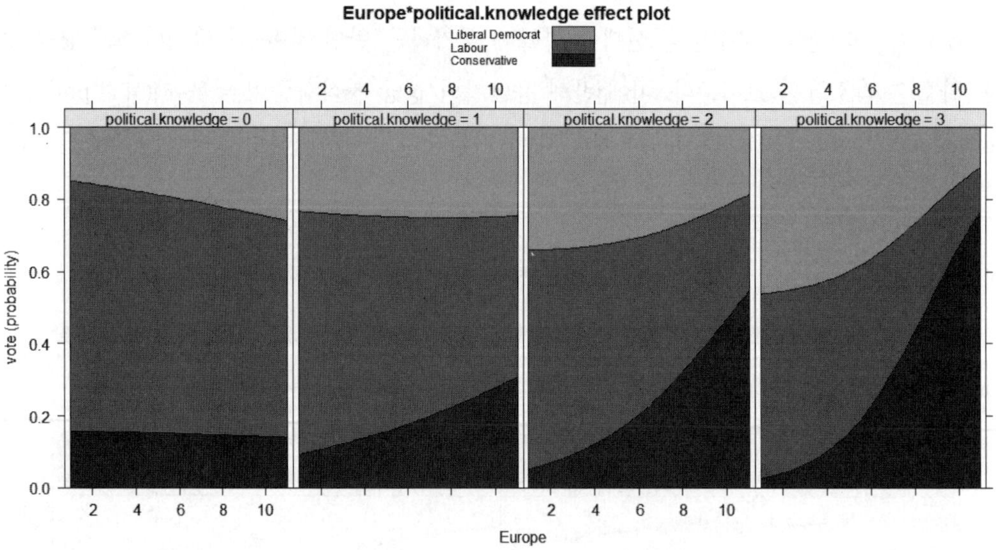

[그림 4-9] 변수 Europe과 political.knowledge 변화에 따른 정당별 선택확률의 비교

참고문헌

Anderson, R. Health, A. & Sinnott, R. (2002). "Political Knowledge and Electoral Choice." *British Elections and Parties Review*, 12, 11-27.

Carroll, N. (2020). ***oglmx:*** *A Package for Estimation of Ordered Generalized Linear Models*. R package version 3.0.0.0, URL https://CRAN.R-project. org/package=oglmx.

Fox, J. & Hong, J. (2009). "Effect displays in R for multinomial and proportional-odds logit models: Extensions to the effects Package." *Journal of Statistical Software,* 32(1), 1-24.

Ripley, B. (2020). ***MASS:*** *Modern Applied Statistics with S.* R package version 7.3-54, URL https://CRAN.R-project.org/package=MASS.

Sun, C. (2020). ***erer:*** *Empirical Research in Economics with R*. R package version 3.0, URL https://CRAN.R-project.org/package=erer.

Yee, T. (2021). ***VGAM:*** *Vector Generalized Linear and Additive Models.* R package version 1.1-5, URL https://CRAN.R-project.org/package=VGAM.

05장 다항로짓모형

학습목표

다항로짓모형은 다항선택이라는 의사결정 문제에서 선택 대안의 속성이 개체의 의사결정에 영향을 주는 경우에 적절한 모형이다. 조건부로짓, 내포로짓, 혼합로짓 등 다양한 형태의 다항로짓모형을 추정하는 방법과 모형의 적합성을 검정하는 방법, 그리고 추정 결과로부터 한계효과, 한계대체율, 지불의사금액 등과 같이 의사결정 문제에 유용하게 적용할 수 있는 정보를 도출하는 방법을 배운다.

[표 5-1] 5장에서 사용할 R 패키지와 함수

패키지	함수	기능
mlogit	mlogit	다항로짓, 다항프로빗, 이분산 다항로짓, 내포로짓, 조건부로짓, 혼합로짓 등 다양한 형태의 다항선택모형을 추정한다.
	mlogit.data	데이터를 다항로짓모형의 구조에 맞도록 변환한다.
	effects	다항로짓모형에서 설명변수의 한계효과를 추정한다.
	logsum	다항로짓모형의 추정 결과로부터 기대효용을 계산하거나 소비자 잉여를 추정할 때 사용한다.
	scoretest	다항로짓모형에 관한 다양한 형태의 검정을 실행한다.
	rpar	혼합로짓모형에서 분위수별 확률계수값을 추정하거나 설명변수의 계수값과 관련된 지불의사금액의 분포를 계산한다.
dfidx	dfidx	데이터를 다항로짓모형의 구조에 맞도록 변환한다.
lmtest	waldtest	다항로짓모형의 적합성에 관한 왈드 검정을 실행한다.
	lrtest	다항로짓모형의 적합성에 관한 로그우도비 검정을 실행한다.
car	linearHypothesis	다항로짓모형의 적합성에 관한 왈드 검정을 실행한다.

1 다항로짓모형의 구조

1) 선택상황과 구성요소

4장에서 설명한 다항선택모형에서 모든 설명변수는 개인의 인구사회적인 특성을 나타내는 변수이다. 하지만 많은 경우에 선택 대안의 속성이 개인의 의사결정에 영향을 준다. 이에 대한 예로 가장 빈번하게 제시되는 사례가 교통수단의 선택이다. 예를 들어, 응답자에게 [표 5-2]와 같은 3가지 교통편 시나리오를 제시한 후 '어느 교통편을 선택하겠는가'라는 질문이 주어졌다고 하자. 3가지 교통편은 가격, 소요시간, 이용편수라는 속성 측면에서 서로 다른 선택 대안이다. 가격을 중시하는 사람들이라면 가장 저렴한 대안인 고속버스를 선택하는 반면, 급한 출장업무를 수행해야 하는 사람이라면 비행기를 선택할 것이다. 또한 편리한 시간대에 여행을 하려는 사람은 하루 이용편수가 상대적으로 많은 기차를 선택할 수도 있다. 여행 목적이나 기간에 따라 3가지 속성을 모두 고려하여 자신에게 최선인 교통편을 선택하는 사람도 있을 것이다. 이처럼 개인의 교통편 선택에 영향을 주는 가격, 소요시간, 이용편수를 선택 특정적인 속성(choice-specific attributes)이라고 부른다.

[표 5-2] 선택상황의 구성요소: 교통편 선택

교통편	가격(원)	소요시간(시간)	이용편수(1일 기준)
기차	45,000	2.5	15
고속버스	25,000	5.0	10
비행기	65,000	1.0	5

다항로짓모형은 대안을 특징 짓는 속성들이 선택상황에 포함되는 다항선택모형을 통칭한다. 다항로짓모형은 현시선호조사나 진술선호조사로 얻은 데이터를 사용하여 다양한 의사결정 문제에 유용하게 적용할 수 있어 그 적용 빈도가 늘어나고 있다.[1] 위의 교통편 선택 문제에

1 현시선호조사는 실제로 관측된 개인의 선택에 관한 조사인 반면, 진술선호조사는 가상적인 선택 시나리오에 직면한 개인들의 선택에 관한 조사이다.

국한한다면 다항로짓모형은 다음과 같은 문제에 유용한 정보를 제공할 수 있다.

- 특정 집단의 교통수단별 이용 확률
- 특정 교통수단의 시장점유율
- 특정 교통수단의 속성 변화(예: 기차 소요시간 단축)에 따른 영향
- 새로운 대안 등장(예: 저가항공의 시장진입)의 영향

앞에서 언급한 교통편 선택 문제에서 몇 가지 용어를 정의해보자. '선택상황(choice situation)'은 응답자에게 제시된 하나의 시나리오를 의미한다. 위의 사례에서 3가지 속성에 대해 서로 다른 값을 가지는 교통편 시나리오는 하나의 선택상황을 나타낸다. '대안(alternatives)'은 응답자가 선택할 수 있는 교통편인 기차, 고속버스, 비행기이다. 그리고 '개체'는 응답자나 조사 대상을 의미한다..

2) 설명변수 유형

다항로짓모형에서 설명변수는 대개 다음 3가지 유형으로 구분된다.

- 대안에 특정적인 변수(alternatives specific variables)
- 선택상황에 특정적인 변수(choice situation specific variables)
- 개체에 특정적인 변수(individual specific variables)

예를 들어, 가족 여행지로 여러 목적지 가운데 어느 한 곳을 선택하는 상황을 생각해보자. 이때 여행 기간이나 시기는 선택상황에 특정적인 변수이며, 가구소득이나 동반가족 수는 개체에 특정적인 변수이다. 그리고 여행 거리나 비용 등은 대안에 특정적인 변수이다.

선택상황을 특정 짓는 속성 변수는 대안 특정적일 수도 아닐 수도 있다. 예를 들어, 교통편 선택상황에서 소요시간 10분이 효용에 미치는 영향은 대중교통을 이용할 때와 자동차를 이용할 때가 서로 다를 것이다. 이때 소요시간은 선택상황 특정적인 동시에 대안 특정적이다. 반면, 여행비용의 경우 1,000원을 대중교통에 지출하든 자동차 이용에 지출하든 1,000원이 주는 효용의 차이는 없을 것이다. 이때 여행비용은 선택상황 특정적이나 대안 특정적은 아니다.

응답자에게 하나의 선택상황만을 제시하여 선택 여부를 결정하게 한다면, 각 응답자가 하

나의 관측치를 구성한다. 이러한 경우에 선택상황에 특정적인 변수와 개체에 특정적인 변수를 구분하는 것은 그다지 큰 의미가 없다. 하지만 패널데이터처럼 동일한 개체에 대해 여러 개의 선택상황이 제시될 수도 있다. 이러한 경우에는 각 선택상황이 하나의 관측치를 구성하기 때문에 선택상황에 특정적인 변수와 개체에 특정적인 변수를 서로 구분할 필요가 있다.

다항로짓모형에서는 설명변수로 사용하는 변수를 구분하기 때문에 모형식을 표현하는 공식이 다소 다르다. 설명변수 유형을 구분하기 위해 2개의 하첨자를 사용하되 하첨자 i는 선택상황을, j는 대안을 나타낸다고 하자. 이때 다항로짓모형을 구성하는 3가지 유형의 설명변수는 다음과 같이 구분할 수 있다.

- **대안과 선택상황에 특정적인 변수** x_{ij}: 각 대안에 대해 동일한 계수값 β를 가지는 설명변수이다.
- **개체(또는 선택상황)에 특정적인 변수** z_i: 각 대안마다 서로 다른 계수값 γ_j을 가지는 설명변수이다.
- **대안과 선택상황에 특정적인 변수** w_{ij}: 각 대안마다 서로 다른 계수값 δ_j을 가지는 설명변수이다.

3) 확률효용모형

다항로짓모형은 이항선택모형과 마찬가지로 개인의 선택에 대한 잠재변수를 가정함으로써 함수 형대로 표현힐 수 있다. 특정 내안을 선택할 때 얻게 되는 간접효용을 잠재변수로 가정하자. 이때 대안 j의 효용을 나타내는 확률효용모형은 다음과 같이 3가지 유형의 설명변수를 포함한 함수 형태로 표현할 수 있다.

$$\begin{aligned} U_{ij} &= V_{ij} + \epsilon_{ij} \\ &= \alpha_j + \beta x_{ij} + \gamma_j z_i + \delta_j w_{ij} + \epsilon_{ij} \end{aligned} \tag{5-1}$$

식 (5-1)에서 V_{ij}는 관측할 수 있는 효용의 결정요인을 나타내는 함수인 반면, ϵ_{ij}는 관측할 수 없는 효용의 모든 결정요인을 포괄하는 확률변수이다. 효용은 개념상 서수적인 의미만 갖기 때문에 특정 대안의 선택 문제에 관한 모형을 효용값보다는 다른 대안과의 효용값 차이로 표현하는 것이 더 바람직할 것이다. 식 (5-1)은 두 대안 j와 k의 효용 차이라는 관점에서 다음과 같이 다시 쓸 수 있다.

$$U_{ij} - U_{ik} = (\alpha_j - \alpha_k) + \beta(x_{ij} - x_{ik}) + (\gamma_j - \gamma_k)z_i + (\delta_j w_{ij} - \delta_k w_{ik}) + (\epsilon_{ij} - \epsilon_{ik})$$

위의 식에서 개체 특정적인 변수와 상수항에 대해서는 계수값의 차이만 의미가 있다. 따라서 대안이 1, 2, 3으로 3가지라면 계수값 α_j, γ_j에서 식별 또는 다중공선성 문제 때문에 하나씩을 제거할 필요가 있다. 이러한 이유로 다항로짓모형을 추정할 때 대안 중 어느 하나를 기준 집단으로 정한다. 즉, $\gamma_1 = 0$으로 표준화한다.

U_{ij}에서 개체를 나타내는 하첨자 i는 임의의 값을 가지기 때문에 복잡함을 피하기 위해 이를 무시하자. 대안 l을 선택하는 경우는 $\epsilon_j < (V_l - V_j) + \epsilon_l,\ \forall j \neq l$이다. 따라서 대안 l을 선택할 확률은 다음과 같이 표현할 수 있다.

$$P(\epsilon_1 < (V_l - V_1) + \epsilon_l, \epsilon_2 < (V_l - V_2) + \epsilon_l, \cdots, \epsilon_J < (V_l - V_J) + \epsilon_l)$$

4) 오차항의 기본 가정

다항로짓모형은 식 (5-1)의 확률효용모형에서 오차가 다음과 같은 3가지 가정을 충족하는 경우에 해당한다. 첫째, 각 선택 대안의 오차는 서로 독립적이다. 이 가정이 의미하는 바는 대안 l을 선택할 확률이 나머지 J-1개 대안의 누적밀도함수를 곱한 값으로 표현된다는 것이다. 둘째, 각 선택 대안의 오차는 검벨분포(Gumbel distribution)를 따른다. 셋째, 오차들은 서로 동일한 분포를 가진다. 이 가정은 오차의 분산이 모든 대안에 대해 서로 동일하다는 등분산 가정을 의미한다. 달리 말하면, 검벨분포의 규모 파라미터가 모든 대안 j에 대해 동일하다는 의미다.

세 가정을 충족할 때 다항로짓모형에서 대안 l을 선택할 확률은 다음과 같다.

$$P_l = \frac{e^{V_l}}{\sum_{j=1}^{J} e^{V_j}} \tag{5-2}$$

식 (5-2)로부터 $P_m = e^{V_m} / \sum_{j=1}^{J} e^{V_j}$이기 때문에 서로 다른 두 대안 m과 l에 대한 선택확률의 비율은 두 대안을 규정하는 속성들에 의해서만 결정되며 m과 l 이외의 다른 대안들의 속성들과는 무관함을 알 수 있다. 이를 IIA(Independence of Irrelavant Alternatives Property) 가정이라 하며 다음과 같이 표현할 수 있다.

$$\frac{P_l}{P_m} = \frac{e^{V_l}}{e^{V_m}} = e^{V_l - V_m} \quad (5\text{-}3)$$

식 (5-3)으로 표현되는 IIA 가정은 다항로짓모형의 설정에 매우 유용하지만, 현실적으로 위배되는 경우가 종종 있다. 어떤 중요한 변수가 모형에서 누락되어 오차들이 서로 상관관계를 가지는 경우이다. IIA 가정의 충족 여부를 검정하는 방법은 다음 절에 설명할 것이다.

문헌에 따르면, 모든 설명변수가 개체 특정적이라면 다항로짓모형(multinomial logit model)이라 하고 모든 설명변수가 대안 특정적이라면 조건부로짓모형(conditional logit model), 설명변수가 개체 특정적인 변수와 대안 특정적인 변수를 모두 포함한다면 혼합로짓모형(mixed logit model)이라 부른다. 하지만 통계학 분야에서 조건부로짓모형은 패널데이터에 적용되는 로짓모형인 반면, 혼합로짓모형은 확률계수를 가지는 로짓모형으로 규정한다. 이러한 점을 고려하여 이 책에서는 설명변수의 본질에 따라 다항선택모형을 구분하겠지만, 다항로짓모형이 앞서 언급한 유형의 모형들을 모두 포괄한다는 의미로 사용한다.

2 데이터 형태와 변환

1) 데이터 형태

다항로짓모형이 적용되는 데이터는 위에 언급한 3가지 유형의 변수가 어떤 형태로 기록되는가에 따라 횡형태(wide form)와 종형태(long form)로 구분한다. 횡형태는 한 행에 하나의 선택상황을 기록하는 방식인 반면, 종형태는 한 행에 하나의 대안을 기록하는 방식이다. 따라서 종형태의 데이터에는 각 선택상황을 구성하는 대안의 수만큼 행이 추가된다. 몇 가지 예를 들어 해당 데이터가 횡형태인지 종형태인지, 그리고 데이터에 포함된 변수가 어떤 유형인지를 알아보자.

[실습 5-1]에서 데이터 `Fishing`은 사람들의 낚시방식에 관한 현시선호조사의 결과다. 이 데이터는 패키지 `mlogit`으로부터 불러올 수 있다. 데이터 `Fishing`에서 응답자가 선택할 수 있는 낚시방식은 해변가(beach), 피어(pier), 보트(boat), 낚시전용 배(charter)와 같이 4가지 대안으로 구분된다. 변수 mode는 이들 4가지 대안 가운데 선택된 대안을 나타내는 변수이다. 데이터에 포함된 변수 가운데 낚시방식의 속성을 나타내는 변수인 가격(price)과 낚시성공률

(catch)은 대안 특정적인 변수이다. 반면 응답자의 가구소득(income)은 선택상황 특정적인 변수인 동시에 개체 특정적인 변수이다. 데이터 Fishing은 행 하나에 선택상황을 구성하는 모든 정보, 즉 대안별 속성(가격, 성공률), 선택된 대안, 그리고 응답자의 인구사회적인 정보(가구소득)가 함께 기록되어 있기 때문에 횡형태이다.

실습 5-1 횡형태 자료의 예시

```
> data(Fishing, package="mlogit")
> head(Fishing, 3)
      mode  price.beach  price.pier  price.boat  price.charter  catch.beach
1  charter      157.930     157.930     157.930        182.930       0.0678
2  charter       15.114      15.114      10.534         34.534       0.1049
3     boat      161.874     161.874      24.334         59.334       0.5333
  catch.pier  catch.boat  catch.charter   income
1     0.0503      0.2601         0.5391 7083.332
2     0.0451      0.1574         0.4671 1250.000
3     0.4522      0.2413         1.0266 3750.000
```

[실습 5-2]의 데이터 TravelMode는 호주에서 도시 간 이동방식으로 제시된 가상 시나리오에 대한 진술선호조사의 결과이다. 이 데이터는 패키지 AER에서 불러올 수 있다. 각 시나리오마다 서로 다른 속성을 가진 교통수단인 비행기(air), 기차(train), 버스(bus), 승용차(car)가 선택할 수 있는 대안으로 제시된다. choice는 대안의 선택 여부를 나타내는 변수로서 yes, no를 측정값으로 갖는다. 4가지 교통수단의 속성을 나타내는 변수 중 wait(터미널에서 기다리는 시간), vcost(차량비용), gcost(일반비용)는 대안 특정적 변수이며, income(가구소득), size(동승자수)는 개체 특성적 변수이다. 이 데이터는 행 하나에 한 가지 대안과 그 속성값, 그리고 개체 특정적 변수값을 기록하고 있으므로 종형태이다.

실습 5-2 종형태 자료의 예시

```
> data(TravelMode, package="AER")
> head(TravelMode, 4)
  individual   mode  choice  wait  vcost  travel  gcost  income  size
1          1    air      no    69     59     100     70      35     1
2          1  train      no    34     31     372     71      35     1
3          1    bus      no    35     25     417     70      35     1
4          1    car     yes     0     10     180     30      35     1
```

[실습 5-3]의 데이터 `Train`은 네덜란드에 거주하는 235명에게 제시된 2,929개의 가상적 기차편 시나리오에 대한 진술선호조사의 결과다. 응답자에게 서로 다른 속성을 가진 두 기차편 A와 B로 구성된 시나리오를 제시하고, 이 중 하나를 선택하도록 하였다. 응답자에게 제시된 기차편 시나리오는 최대 16개이다.

실습 5-3 **횡형태를 가진 패널데이터의 예시**

```
> data(Train, package="mlogit")
> head(Train, 3)
  id  choiceid  choice  price_A  time_A  change_A  comfort_A  price_B  time_B
1  1        1       A     2400     150         0          1     4000     150
2  1        2       A     2400     150         0          1     3200     130
3  1        3       A     2400     115         0          1     4000     115
  change_B  comfort_B
1        0          1
2        0          1
3        0          0
```

데이터 `Train`은 7개의 변수를 포함한다. id(개인 식별번호), choiceid(선택상황 식별번호), choice(선택된 대안을 나타내며 A 또는 B의 값을 가짐), 그리고 기차편의 속성을 나타내는 변수인 가격(price_z), 소요시간(time_z), 승차감(comfort_z), 환승횟수(change_z)이다. 변수명에서 z는 A 또는 B의 값을 가진다. 승차감은 0, 1, 2의 값을 가지며 값이 클수록 승차감이 떨어짐을 의미한다.

데이터 `Train`은 한 행에 두 대안의 속성값과 선택된 대안을 기록하고 있으므로 횡형태이다. 하지만 전술한 데이터 `Fishing`과 달리, 데이터 `Train`은 한 개인이 여러 개의 선택상황에 대해 응답한 내용을 기록하고 있기 때문에 패널데이터이다.

2) 데이터 변환

다항로짓모형을 추정하려면 횡형태의 원데이터를 종형태로 변환해야 한다. 패키지 mlogit의 함수 mlogit.data나 패키지 dfidx의 함수 dfidx를 이용하면 원데이터를 다항로짓모형에 적합한 구조로 쉽게 변환할 수 있다. 앞서 언급한 3가지 유형의 데이터를 대상으로 데이터 변환 방법을 알아보자

먼저 횡형태인 경우부터 살펴보자. 데이터 Fishing을 다항로짓모형에 적합한 구조로 변환하는 다음의 2가지 R 코드는 모두 동일한 구조의 데이터를 생성한다.

```
> mlogit.data(Fishing, shape="wide", choice="mode", varying=2:9)
```

```
> dfidx(Fishing, shape="wide", choice="mode", varying=2:9,
        idnames=c("chid", "alt"))
```

원데이터가 횡형태라면 인자 shape="wide"가 반드시 필요하다. varying=2:9는 데이터 Fishing의 2열부터 9열까지가 대안 특정적인 변수임을 뜻한다. 이때 대안 특정적인 변수를 나타내는 변수명 다음에 대안을 구분하는 기호가 무엇인지를 지정할 필요가 있다. 데이터 Fishing에서 대안 특정적인 변수는 price.beach와 같이 "."로 변수명과 대안명이 구분되어 있다. 이러한 경우에는 sep="."라는 인자를 추가해야 한다(단, "."는 기본값이기 때문에 sep="."를 추가하지 않아도 무방하다). 만약 해당 변수가 price1이라면 인자 sep=""를, price_A라면 인자 sep="_"를 사용해야 한다. choice="mode"는 대안을 나타내는 변수가 mode라는 의미이다. 이때 choice로 지정된 변수에는 대안을 나타내는 값(charter, beach) 대신에 제시된 대안이 선택되었는지를 나타내는 값인 TRUE, FALSE가 저장된다.

[실습 5-4]에서 인자 idnames=c("chid", "alt")는 개체나 선택상황 또는 대안을 구분하는 index에 이름을 부여한다. 이를 적용하면 2개의 index 변수 chid, alt가 자동으로 생성되는데, 함수 head(idx(fishdata))로 이를 확인할 수 있다. 한편, 인자 idnames를 별도로 지정하지 않으면 id1, id2라는 이름의 index 변수가 자동으로 생성된다.

실습 5-4 **dfidx에 의해 변환한 데이터 Fishing의 구조**

```
> library(dfidx)
> fishdata<-dfidx(Fishing, shape="wide", choice="mode", varying=2:9,
                   idnames=c("chid", "alt"))
> head(fishdata,3)
~~~~~~~
 first 3 observations out of 4728
~~~~~~~
   mode    income   price   catch      idx
1 FALSE   7083.332  157.93  0.0678   1:each
2 FALSE   7083.332  157.93  0.2601   1:boat
3  TRUE   7083.332  182.93  0.5391   1:rter

~~~ indexes ~~~~
  chid      alt
1    1    beach
2    1     boat
3    1  charter
indexes: 1, 2
```

두 번째로 종횡태의 경우를 살펴보자. 데이터 TravelMode를 다항로짓모형을 적용하는 데 적합한 구조로 변환하기 위한 R 코드는 다음과 같다. 3개의 R 코드가 모두 동일한 결과를 제공한다.

```
> mlogit.data(TravelMode, choice="choice", shape="long",
              chid.var="individual", alt.var="mode")
```

```
> mlogit.data(TravelMode, choice="choice", shape="long",alt.var="mode")
```

```
> dfidx(TravelMode, choice="choice", shape="long", idx=c("individual", "mode"))
```

데이터 TravelMode는 종형태이므로 함수 mlogit.data를 사용할 경우에는 데이터의 각 행이 어떤 선택상황 시나리오(chid)와 어떤 대안(alt)에 대한 응답을 기록한 것인지를 구분하는 index 변수인 chid.var="individual"이나 alt.var="mode" 중 적어도 어느 하나를 추가해야 한다. 반면, 함수 dfidx를 사용할 경우에는 인자 idx를 사용하여 선택상황과 대안을

index 변수로 지정해주어야 한다. 그 대신에 종횡태의 경우는 대안 특정적인 변수를 별도로 지정할 필요가 없다.

[실습 5-5]에서 개인 1에게 4개의 교통편 시나리오가 제시되었는데, 첫 행은 비행기편, 두 번째 행은 기차편, 세 번째 행은 버스편, 네 번째 행은 자동차편에 관한 시나리오이다. 이 4가지 시나리오 중에 선택된 것은 자동차임을 알 수 있다.

실습 5-5 **dfidx에 의해 변환한 데이터 TravelMode의 구조**

```
> tmode<-dfidx(TravelMode, choice="choice", shape="long",
              idx=c("individual", "mode"))
> head(tmode,4)
~~~~~~~
 first 4 observations out of 840
~~~~~~~
  choice  wait  vcost  travel  gcost  income  size     idx
1  FALSE    69     59     100     70      35     1   1:air
2  FALSE    34     31     372     71      35     1  1:rain
3  FALSE    35     25     417     70      35     1   1:bus
4   TRUE     0     10     180     30      35     1   1:car

~~~ indexes ~~~~
  individual   mode
1          1    air
2          1  train
3          1    bus
4          1    car
indexes: 1, 2
```

세 번째로 횡형태이며 패널데이터인 경우를 살펴보자. 데이터 Train은 횡형태이나 패널데이터이기 때문에 개체를 구분하는 index 변수인 id를 별도로 추가해야 한다. 데이터 Train의 경우 choiceid는 각 사람에게 부여된 시나리오의 유형을 구분하는 index 변수이다. 각 사람에게 부여된 시나리오의 수는 table(freq_tr $count)에서 보듯이 5~19개로 다양하며, 서로 다른 두 사람에게 동일한 수의 시나리오가 제시되더라도 각 시나리오의 선택상황은 개인마다 서로 다르다. 당초 choiceid는 각 개인에게 주어지는 시나리오를 구분하기 위해 부여한 것이기 때문에 서로 다른 개인이 동일한 choiceid를 가질 수 있다. 따라서 함수 dfidx를 사용하여 데이터를 재구성할 때 choiceid를 새로 부여할 필요가 있다. 여기에서는 행 번호를 choiceid로 사용한다. 데이터 Train은 패널데이터로 각 개체(id)가 서로 다른 수의 선택상황

(choiceid)을 가지는 구조이기 때문에 이를 반영하는 index 변수로 idx=list(c("choiceid", "id"))를 적용해야 한다.

실습 5-6 dfidx로 변환한 데이터 Train의 구조

```
> library(mlogit)
> mlogit.data(Train, shape="wide", choice="choice", varying=4:11, sep="_", id="id")
> freq_tr<-Train %>%
          group_by(id) %>%
          summarize(count=n())
> table(freq_tr$count)

 5 6 7  8  9 10 11 12 13 14 15 16 17 18 19
 2 1 3 11 20 23 25 30 28 32 32 15  8  4  1
> Train$choiceid<-1:nrow(Train)
> tr<-dfidx(Train, shape="wide", choice="choice", varying=4:11, sep="_",
          idnames=c("chid", "alt"), idx=list(c("choiceid", "id")))
> head(tr, 4)
~~~~~~~
 first 4 observations out of 5858
~~~~~~~
  choice  price  time  change  comfort  idx
1   TRUE   2400   150       0        1  1:A
2  FALSE   4000   150       0        1  1:B
3   TRUE   2400   150       0        1  2:A
4  FALSE   3200   130       0        1  2:B

~~~ indexes ~~~~
  chid  id  alt
1    1   1    A
2    1   1    B
3    2   1    A
4    2   1    B
indexes: 1, 1, 2
```

3 다항로짓모형의 추정과 활용

3-1 mlogit에 의한 최우추정

다항로짓모형을 추정하기 위한 R 패키지는 다양하지만, 기존의 R 패키지를 종합한 패키지가 mlogit이다. 패키지 mlogit의 함수 mlogit을 사용하면 다양한 형태의 다항로짓모형을 추정할 수 있다. 이때 전술한 3가지 유형의 설명변수를 구분하여 모형의 방정식을 표현할 수 있는 함수 Formula를 함께 사용하면 편리하다.

예를 들어, 종속변수 choice와 3가지 유형의 설명변수를 가진 다항로짓모형이 있다고 하자. 설명변수 가운데 cost와 frequency는 동일한 계수값을 가진 대안 특정적 변수(x_{ij})이며, income은 개체 특정적 변수(z_i)이고, time은 대안별로 서로 다른 계수값을 가지는 대안 특정적 변수(w_{ij})이다. 이때 모형 추정식은 Formula를 사용하여 다음과 같이 표현할 수 있다.

```
f1<-Formula(choice ~ cost + freq | income | time)
```

기호 ~ 다음은 기호 |에 의해 세 부분으로 나뉜다. 첫 부분은 대안 특정적이며 각 대안에 대해 동일한 계수값을 가지는 변수(x_{ij})를 기입한다. 두 번째 부분은 개체(또는 선택상황)에 특정적인 변수(z_i)를 기입한다. 마지막 부분은 대안 특정적이며 대안별로 서로 다른 계수값을 가지는 변수(w_{ij})를 기입한다.

만약 설명변수 w_{ij}가 필요하지 않다면 다음의 둘 중 어느 하나를 사용하면 된다.

```
f2<-Formula(choice ~ cost + freq | income)
```

```
f2<-Formula(choice ~ cost + freq | income | 0)
```

다항로짓모형에서 상수항은 기본값으로 자동으로 추가된다. 만약 불필요하다면 다음과 같이 0 또는 -1을 기호 ~ 다음의 두 번째 부문에 추가하면 된다.

```
f3<-Formula(choice ~ cost + freq | income + 0 | time)
```

```
f3<-Formula(choice ~ cost + freq | income - 1 | time)
```

3-2 사례연습: 도시 간 이동 교통수단의 선택

실습을 위해 데이터 ModeCanada에 앞서 설명한 Formula를 적용하여 다항로짓모형의 구조를 표현해보자. 이 데이터는 패키지 mlogit에서 불러올 수 있다. ModeCanada는 캐나다 몬트리올과 토론토 구간을 여행하는 3,880명을 대상으로 실시한 4가지 이동수단(자동차, 비행기, 기차, 버스)에 대한 진술선호조사의 결과이다. 이 자료는 개인번호(case), 이동수단(alt), 이동수단 선택결과(choice, 0 또는 1의 값), 금전적인 이동비용(cost), 차량이용시간(ivt), 차량이용 외 이동시간(ovt), 이용편수(frequency), 소득(income), 도시거주 여부(urban), 이용 가능한 이동수단의 수(noalt)를 포함한다.

설명변수 가운데 cost와 frequency는 동일한 계수값을 가진 대안 특정적 변수(x_{ij})인 반면, income은 대안마다 서로 다른 계수값을 가지는 선택상황 또는 개체 특정적 변수(z_i)이다. ivt와 ovt를 합친 time은 이동에 소요되는 총시간으로, 대안별로 서로 다른 계수값을 가지는 대안 특정적 변수(w_{ij})이다.

데이터 ModeCanada를 다항로짓모형의 구조에 맞게 변환하기 위해서는 함수 dfidx를 다음과 같이 적용하면 된다. 단, 4개의 이동수단을 선택할 수 있는 사람만 분석하기 위해 subset을 추가하자.

```
> MC<- dfidx(ModeCanada, choice="choice", idx=c("case", "alt"),
          idnames=c("chid", "alt"), subset=noalt==4)
```

모형의 추정식을 나타내는 공식과 데이터 변환이 완성되면 다항로짓모형은 다음과 같이 추정할 수 있다. 다음의 두 방식은 모두 동일한 추정 결과를 제공한다.

```
ml.MC<-mlogit(f1, data=MC)
```

```
ml.MC<-mlogit(choice ~ cost + freq | income | time, data=MC)
```

다항로짓모형의 추정 결과는 [실습 5-7]에서 보듯이 크게 네 부문으로 구성된다. 첫째는 각 이동수단별 사용 빈도(즉, 점유율)이다. 이때 각 점유율은 모형으로부터 추정된 빈도가 아니라 표본의 평균 빈도이다. 두 번째는 최우추정법에 사용된 최적화 방법, 반복 계산횟수, 계산 소요시간 등이다. 예를 들면, nr method는 뉴턴-랩슨 방식(Newton-Raphson method)에 의한 최적화 방법을 의미한다. 세 번째는 각 계수 추정치와 유의확률이다. 네 번째는 로그우도값, 맥패든 R^2, 로그우도비 검정 결과이다. [실습 5-7]의 맨 아래쪽에 제시된 로그우도비 검정 결과는 실제 추정모형과 단지 상수항만을 포함한 모형의 로그우도비를 비교한 것으로 모형의 적합성 여부를 나타낸다.

[실습 5-7]에서 버스 이용률이 0.36%에 지나지 않는다. 따라서 향후 심층적인 추가 분석에서는 버스를 제외한 나머지 3가지 이동수단에 대해 추정한 결과를 이용한다. 분석하려는 선택 대안을 전체가 아닌 일부에 한정하려면 인자 alt.subset을 사용한다. 그리고 기준이 되는 대안은 별도로 지정하지 않는 한 alt.index 순서로 가장 먼저인 대안이 선택된다. 데이터 MC에서는 train이다. 기준 대안을 'car'로 변경하려면 인자 relevel="car"를 사용한다.

실습 5-7 이동수단 선택에 관한 다항로짓모형의 추정 결과: 4가지 교통편

```
> data(ModeCanada, package = "mlogit")
> MC<- dfidx(ModeCanada, choice="choice", idx= c("case", "alt"),
           idnames=c("chid", "alt"), subset=noalt==4)
> MC$time<-with(MC, ivt+ovt)
> ml.MC<-mlogit(choice ~ cost + freq | income | time, data=MC)
> summary(ml.MC)
--중략--
```

```
Frequencies of alternatives:choice
   train       air         bus        car
 0.1666067  0.3738755  0.0035984  0.4559194
nr method
9 iterations, 0h:0m:1s
g'(-H)^-1g = 0.000188
successive function values within tolerance limits

Coefficients :
                  Estimate   Std. Error  z-value    Pr(>|z|)
(Intercept):air  -0.96165682  0.61111405  -1.5736  0.1155770
(Intercept):bus  -1.91884673  1.40411188  -1.3666  0.1717535
(Intercept):car   0.96032451  0.26492640   3.6249  0.0002891 ***
cost             -0.02860811  0.00654337  -4.3721  1.231e-05 ***
freq              0.07395868  0.00470049  15.7342  < 2.2e-16 ***
income:air        0.03494984  0.00389471   8.9737  < 2.2e-16 ***
income:bus       -0.05154840  0.01836844  -2.8064  0.0050105 **
income:car        0.00661062  0.00310126   2.1316  0.0330407 *
time:train       -0.01092410  0.00081622 -13.3838  < 2.2e-16 ***
time:air         -0.01725328  0.00398241  -4.3324  1.475e-05 ***
time:bus         -0.01506552  0.00452992  -3.3258  0.0008817 ***
time:car         -0.01395565  0.00137732 -10.1325  < 2.2e-16 ***
---
Signif. codes: 0 '***' 0.001 '**' 0.01 '*' 0.05 '.' 0.1 ' ' 1

Log-Likelihood: -2007.8
McFadden R^2: 0.30847
Likelihood ratio test : chisq = 1791.2 (p.value = < 2.22e-16)
```

[실습 5-8]은 자동차, 기차, 항공편에 대한 다항로짓모형의 추정 결과다. [실습 5-7]과 달리 설명변수의 계수값들은 모두 유의미하며 적절한 부호를 가짐을 알 수 있다. 그러나 추정 결과에서 각 계수값이 그 자체로 한계효과라는 의미를 갖지 않기 때문에 계수값의 의미를 해석하려면 추가적인 분석을 할 필요가 있다.

다음 절에서 추정된 계수값을 이용하여 설명변수의 한계확률효과, 한계대체율, 소비자 잉여의 변화 등과 같은 유용한 값을 어떻게 얻을 수 있는지 설명할 것이다.

실습 5-8 이동수단 선택에 관한 다항로짓모형의 추정 결과: 3가지 교통편

```
> ml.MC2<-mlogit(choice ~ cost + freq | income | time, MC,
         alt.subset=c("car", "train", "air"), reflevel="car")
> summary(ml.MC2)
 -- 중략 --
Frequencies of alternatives:choice
    car     train      air
0.45757   0.16721   0.37523
--중략--
Coefficients :
                       Estimate  Std. Error   z-value     Pr(>|z|)
(Intercept):train   -0.97034440  0.26513065   -3.6599    0.0002523 ***
(Intercept):air     -1.89856552  0.68414300   -2.7751    0.0055185 **
cost                -0.02849715  0.00655909   -4.3447    1.395e-05 ***
freq                 0.07402902  0.00473270   15.6420    < 2.2e-16 ***
income:train        -0.00646892  0.00310366   -2.0843    0.0371342 *
income:air           0.02824632  0.00365435    7.7295    1.088e-14 ***
time:car            -0.01402405  0.00138047  -10.1589    < 2.2e-16 ***
time:train          -0.01096877  0.00081834  -13.4036    < 2.2e-16 ***
time:air            -0.01755120  0.00399181   -4.3968    1.099e-05 ***
---
Signif. codes:  0 '***' 0.001 '**' 0.01 '*' 0.05 '.' 0.1 ' ' 1

Log-Likelihood: -1951.3
McFadden R^2:  0.31221
Likelihood ratio test : chisq = 1771.6 (p.value = < 2.22e-16)
```

1) 대안별 선택확률의 계산

함수 fitted(ml.MC, type="probabilities")는 각 관측치에 대해 대안별 선택확률을 계산한다. apply(fitted(ml.MC,....), 2, mean)은 관측치별로 계산한 대안별 선택확률의 평균을 구한다. 이렇게 계산된 대안별 선택확률의 평균은 자동차 45.8%, 기차 16.7%, 항공기 37.5%이다. 다항로짓모형이 상수항을 포함하고 있기 때문에 대안별 선택확률의 평균은 표본의 대안별 시장점유율과 같다.

```
> apply(fitted(ml.MC2, type="probabilities"), 2, mean)
      car      train        air
0.4575659  0.1672084  0.3752257
```

2) 한계확률효과 추정

한계확률효과는 설명변수에 대한 대안별 선택확률의 도함수값으로 다음과 같이 추정한다. 여기서 i와 j는 각각 속성과 대안을 나타내는 하첨자이다.

$$\frac{\partial P_{ij}}{\partial z_i} = P_{ij}(\beta_j - \sum_l P_{ij}\beta_l) \tag{5-4}$$

$$\frac{\partial P_{ij}}{\partial x_{ij}} = \gamma P_{ij}(1 - P_{ij}) \tag{5-5}$$

$$\frac{\partial P_{ij}}{\partial x_{ik}} = -\gamma P_{ij} P_{ik} \tag{5-6}$$

개체 또는 선택상황에 특정적인 변수(z_i)의 한계효과는 해당 변수의 계수값과 반드시 동일한 부호를 가지지 않는다. 식 (5-4)에서 보듯이 대안 j의 계수값이 모든 대안들의 계수값에 대한 확률 가중평균값보다 크다면 양(+)의 부호를, 그렇지 않으면 음(-)의 부호를 가진다. 대안 특정적인 변수(x_{ij})의 한계확률효과는 식 (5-5)와 (5-6)에서 보듯이 해당 변수의 계수값과 동일한 부호를 가진다. 두 확률의 곱은 최대 0.25이기 때문에 한계확률효과의 최대값은 해당 계수값의 1/4 정도라고 가늠할 수 있다. 식 (5-6)은 $\frac{\partial P_{ij} / P_{ij}}{\partial x_{ik}} = -\gamma P_{ik}$로 다시 쓸 수 있는데, 이 식이 의미하는 바는 대안 k의 속성이 변할 때, 각 대안을 선택할 확률의 상대적인 변화는 대안 k를 제외한 나머지 모든 대안에 대해 동일하다는 것이다. 이러한 결과는 다름 아닌 IIA 가정에서 비롯된 것이다.

다항로짓모형에서 설명변수의 한계확률효과는 다음과 같이 패키지 `mlogit`의 함수 `effects`를 사용하면 손쉽게 계산할 수 있다.

```
> effects(ml.MC2, covariate="income", type="ar")
> effects(ml.MC2, covariate="cost", type="rr")
```

인자 `type`은 한계확률효과를 계산할 때 설명변수나 선택확률의 변화 정도를 절대적인 값과 상대적인 값 가운데 어느 것을 기준으로 측정할 것인가를 지정한다. 예를 들어, `type="ar"`은 한계확률효과를 계산할 때 설명변수의 상대적인 변화에 대한 선택확률의 절대적인 변화를 계산하라는 의미이다. 반면, `type="rr"`은 설명변수의 상대적인 변화에 대한 선택확률의 상대적인 변화를 계산하라는 의미로, 쉽게 말해 탄력성을 계산하라는 것이다.

[실습 5-9]는 선택상황에 특정적 변수인 소득과 대안 특정적 변수인 교통비(cost)의 한계확률효과를 구한 것이다. 먼저, 이동수단별 선택확률에 대한 소득의 한계확률효과는 승용차 -0.1822, 기차 -0.1509, 항공편 0.3331이다. 이 값들이 의미하는 바는 소득이 100% 증가할 때 승용차를 선택할 확률은 18.22%포인트, 기차 선택확률은 15%포인트 감소하는 반면, 항공편 선택확률은 33.31%포인트 증가한다는 것이다.

한계확률효과를 추정하는 두 번째 방법은 이동수단별 비용(cost)이 각각 1%씩 증가할 때 이동수단별 선택확률의 퍼센트 변화를 나타내는 탄성치를 계산하는 것이다. 각 탄성치의 계산 결과는 (3×3) 행렬 형태로 나타나는데, 행렬의 l행과 c열에 위치한 값이 의미하는 바는 이동수단 l의 비용이 1% 증가할 때 이동수단 c를 선택할 확률의 퍼센트 변화이다. [실습 5-9]의 7행에 있는 수치들만 해석해보면, 기차 요금이 10% 증가할 때 기차를 선택할 확률은 12.5% 감소하는 반면, 승용차와 항공편을 선택할 확률은 각각 3.4%씩 증가한다는 의미이다.

[실습 5-9]의 9행부터 19행까지는 식 (5-5)와 (5-6)의 공식을 적용하여 이동수단별 여행비용에 대한 이동수단 선택확률의 탄력성(즉, 이동수단의 수요탄력성)을 계산한 것이다. 탄성치는 이동수단별 선택확률과 비용의 평균치에서 계산된다. 9행에서 `predict(ml.MC)`는 이동수단별 선택확률을 예측하는 함수로서 별도의 데이터프레임이 주어지지 않는다면, 추정모형에 사용한 각 설명변수의 표본평균값에서 예측확률을 계산한다. 이동수단별 선택확률을 계산할 때는 버스 이용자가 자동으로 배제되기 때문에 이동수단별 비용의 평균치를 계산할 때에도 데이터프레임 MC에서 버스 이용자와 선택 가능한 이동수단이 4개가 아닌 사람은 제외해야 한다. 10행은 이동수단으로 버스를 선택한 사람(chid)을 지정하는 명령어이며, 11행은 데이터프레임 MC에서 버스 이용자와 선택 가능한 이동수단이 4개가 아닌 표본을 모두 제외한다는 R 코드이다. 18행에서 보듯이 공식에 의해 계산한 탄성치는 함수 `effects`로 계산한 결과인 6행과 동일함을 알 수 있다.

실습 5-9 다항로짓모형에서 한계확률효과 구하기

```
> effects(ml.MC2, covariate="income", type="ar")
           car      train       air
    -0.1822177 -0.1509079 0.3331256
> effects(ml.MC2, covariate="cost", type="rr")
           car      train       air
car   -0.9131273  0.9376923  0.9376923
train  0.3358005 -1.2505014  0.3358005
air    1.2316679  1.2316679 -3.1409703
> Oprob<-predict(ml.MC2)
> bususers<-with(MC, idx(MC)$chid[choice=="TRUE" & idx(MC)$alt =="bus"])
> MCM<-subset(MC, !idx(MC)$chid %in% bususers & idx(MC)$alt !="bus" & noalt==4)
> car<-Oprob[1]*(1-Oprob[1])*coef(ml.MC2)[3]*mean(MCM$cost[idx(MCM)$alt=="car"])/Oprob[1]
> train<-Oprob[2]*Oprob[1]*-coef(ml.MC2)[3]*mean(MCM$cost[idx(MCM)$alt=="car"])/Oprob[2]
> air<-Oprob[3]*Oprob[1]*-coef(ml.MC2)[3]*mean(MCM$cost[idx(MCM)$alt=="car"])/Oprob[3]
> cost_car<-cbind(car, train, air)
> cost_car
           car      train       air
car   -0.9131273  0.9376923  0.9376923
```

3) 한계대체율 구하기

다항로짓모형의 계수 추정치는 일종의 한계효용을 의미하지만, 효용은 서수적인 개념이기 때문에 계수값을 직접적으로 해석하기가 어렵다. 하지만 두 계수값의 비율은 한계대체율을 나타내므로 이로부터 경제학적으로 매우 유용한 의미를 도출할 수 있다. 예를 들면, 다항로짓모형이 효용함수 $V=\beta_0+\beta_1x_1+\beta_2x_2+\beta_3x_3$ 형태로 표현된다고 하자. 동일한 효용수준을 제공하는 x_1과 x_2의 변화량을 나타내는 식 $dV=\beta_1dx_1+\beta_2dx_2=0$으로부터 다음의 식을 얻을 수 있다.

$$-\frac{dx_2}{dx_1}\Big|_{dV=0}=\frac{\beta_1}{\beta_2} \tag{5-7}$$

만약 x_1과 x_2가 두 지점을 이동할 때의 소요시간과 소요비용을 의미하다면, 식 (5-7)은 화폐가치로 표현한 시간의 한계대체율을 나타낸다. 달리 말하면, 이 비율은 소비자가 이동에 소요되는 시간을 줄이는 데 지불하고자 하는 단위시간당 금액인 WTP(지불의향금액)로 해석할 수 있다.

[실습 5-10]은 이동수단별로 소요시간을 1시간 줄이는 데에 대한 소비자의 WTP를 계산

한 결과다. 2개의 R 코드는 동일한 결과를 제공한다. 소요시간의 측정 단위가 분(minutes)이기 때문에 식 (5-7)에 60을 곱하여 시간당으로 계산한 각 이동수단의 금전 가치는 승용차 30달러, 기차 23달러, 항공편 37달러이다. `grep("time", names(coef(ml.MC2)))`는 `names`에 의해 생성되는 벡터에서 'time'이란 텍스트가 들어간 열의 위치를 출력하라는 의미이다.

실습 5-10 한계대체율을 이용하여 이동 소요시간의 금전적 가치 구하기

```
> coef(ml.MC2)[c("time:car","time:train","time:air")]/coef(ml.MC2)["cost"]*60
  time:car  time:train   time:air
  29.52728    23.09447   36.95360
> coef(ml.MC2)[grep("time", names(coef(ml.MC2)))]/coef(ml.MC2)["cost"]*60
  time:car  time:train   time:air
  29.52728    23.09447   36.95360
```

4) 소비자 잉여의 변화 구하기

다항로짓모형이 제공하는 세 번째 유용한 정보는 효용의 화폐적 가치라고 할 수 있는 소비자 잉여다. 예를 들어, 고속열차 도입이나 노선 변경으로 인해 기차로 이동하는 데 소요되는 시간이 단축된다고 하자. 이때 소비자 잉여의 변화 정도를 계산해보자.

다항로짓모형에 대응하는 확률효용함수가 $U_j = V_j + \epsilon_j$일 때, 개인 i가 특정 대안 j를 선택함으로써 얻게 되는 소비자 잉여(CS)의 기대치는 다음과 같이 표현된다(Small & Rosen, 1981).

$$E(CS) = \frac{E(U)}{\alpha} = \left(\ln \sum_{j=1}^{J} e^{V_j} + C \right) / \alpha \qquad (5\text{-}8)$$

여기서 α는 소득의 한계효용이며 C는 효용의 절대적 수준을 측정할 수 없음을 나타내기 위한 미지의 상수이다. 식 (5-8)의 맨 우측에서 분자는 로그합(logsum) 또는 포괄값(inclusive value), 포괄효용(inclusive utility)이라 부르는데, 다항로짓모형의 추정 결과로부터 얻을 수 있다. R에서 로그합은 함수 `logsum`으로 구한다. 먼저, 기차 소요시간이 단축되기 전 로그합(기대효용)은 다음과 같이 계산할 수 있다.

```
> logsum(ml.MC2, data=MC)
```

이번에는 기차 소요시간만 이전에 비해 20% 감축되었다고 하자. 이러한 상황 변화를 데이터에 반영하려면 다음과 같이 대안을 나타내는 index 변수에서 train을 찾아서 소요시간에 0.8을 곱하면 된다.

```
> NwMC<-MC
> NwMC[idx(NwMC)$alt=="train","time"]<-0.8*NwMC[idx(NwMC)$alt=="train", "time"]
```

소요시간 단축 이후의 로그합은 데이터프레임 NwMC에 logsum을 적용하여 계산하면 된다. [실습 5-11]은 기차 소요시간 단축 전후의 소비자 잉여를 계산한 결과다. 소비자 잉여의 변화는 0.6달러에서 31.4달러에 달하며, 중앙값은 4.7달러이다.

실습 5-11 기차 소요시간 단축으로 인한 소비자 잉여의 변화 계산

```
> ivbefore<-logsum(ml.MC2, data=MC)
> ivafter<-logsum(ml.MC2, data=NwMC)
> c_surplus<-(ivafter-ivbefore)/abs(coef(ml.MC2)["cost"])
> summary(c_surplus)
   Min.  1st Qu.  Median    Mean  3rd Qu.    Max.
 0.5852   2.8439  3.8998  4.6971   5.8437 31.3912
```

다음 주제로 넘어가기 전에 기차 소요시간 단축 후에 대안별로 선택확률이 어떻게 달라졌는지를 살펴보자. [실습 5-12]에 따르면 기차의 점유율은 16.7%에서 26.4%로 증가하는 반면, 자동차는 45.8%에서 40.5%로, 항공기는 37.5%에서 33.2%로 감소한다. 그러나 자동차 대비 항공기 선택확률의 비율(상대적 시장점유율)은 0.82로 기차 소요시간 단축 전후로 동일하다는 것을 알 수 있다. 이러한 결과는 다항로짓모형의 IIA 가정에서 비롯된 것이다.

실습 5-12 **기차 소요시간 단축 후 이동수단별 선택확률의 변화**

```
# 이동수단별 선택확률의 변화 계산하기
> Oprob<-fitted(ml.MC2, type="probabilities")
> Nprob<-predict(ml.MC2, newdata = NwMC)
> round(rbind(old=apply(Oprob, 2,mean), new=apply(Nprob,2, mean)),4)
       car   train    air
old  0.4576  0.1672  0.3752
new  0.4045  0.2636  0.3319

# IIA 특성 확인하기
> head(Oprob[,"air"]/Oprob[,"car"])
      109        110        111        112        113        114
0.4539448  0.9197791  0.3422401  0.9197791  0.9197791  0.6021092
> head(Nprob[,"air"]/Nprob[,"car"])
      109        110        111        112        113        114
0.4539448  0.9197791  0.3422401  0.9197791  0.9197791  0.6021092
```

4 IIA 가정을 따르지 않는 다항로짓모형

다항로짓모형에서 IIA 가정으로 인한 문제를 해결하는 방법은 3가지다.

- **다항로짓모형**(multinomial logit model) **추정**: 각 대안의 오차는 서로 독립적이나 분산이 서로 다르다는 관점에서 오차의 이분산을 고려한 다항로짓모형을 추정한다.
- **내포로짓모형**(nested multinomial logit model) **추정**: 각 대안의 오차는 서로 동일한 분산을 가지지만 독립적이지 않다는 관점에서 내포로짓모형을 추정한다.
- **다항프로빗모형**(multinomial probit model) **추정**: 각 대안의 오차는 서로 독립적이지 않으며 동일한 분산도 가지지 않는다는 관점에서 다항프로빗모형을 추정한다.

덧붙이면, 다항프로빗모형은 함수 mlogit에서 인자 probit=TRUE를 추가하면 되는데, 다항프로빗모형의 추정과 활용 방법은 다항로짓모형과 유사하므로 이하 절에서는 이분산 다항로짓모형과 내포로짓모형에 국한해 살펴보겠다.

4-1 오차의 이분산을 고려한 다항로짓모형

1) 모형 구조와 추정 방법

다항로짓모형에서 오차의 이분산은 검벨분포의 규모 파라미터가 모든 대안에 대해 동일하지 않음을 의미한다. 이분산을 고려한 다항로짓모형의 추정은 함수 mlogit에 인자 heterosc=TRUE를 추가하면 된다. 이분산을 고려한 다항로짓모형을 추정하면 각 설명변수의 계수 추정치 외에 각 대안에 대한 오차의 규모 파라미터 θ_j의 추정치가 추가된다. 이때 기준이 되는 대안의 θ_j값은 1로 정규화된다. 각 대안에 대한 오차의 표준편차는 규모 파라미터의 추정치에 $\pi / \sqrt{6}$을 곱한 값이다.

[실습 5-13]은 데이터 ModeCanada에 이분산을 고려한 다항로짓모형을 적용한 결과다. 각 대안에 대한 오차의 규모 파라미터는 등분산 가정하의 다항로짓모형에서는 모두 1이라 가정한 반면, 이분산 다항로짓모형에서는 sp.air, sp.train의 계수값으로 추정한다(단, 기준이 되는 sp.car의 경우는 1이라 가정한다).

규모 파라미터의 추정 결과를 살펴보면, 기차에 대한 오차의 규모 파라미터 값은 1보다 큰 반면, 항공기의 경우는 1보다 작으며 모두 유의한 것으로 나타난다. 이러한 결과는 이분산을 고려한 다항로짓모형이 적절함을 의미한다. 다음 절에서 여러 검정 방법을 사용하여 이분산을 고려한 다항로짓모형이 그렇지 않은 모형에 비해 더 적절한지를 살펴볼 것이다.

실습 5-13 **오차의 이분산을 고려한 다항로짓모형**

```
> hetml.MC<-mlogit(choice~cost+freq|income|time, MC,
      alt.subset=c("car", "train", "air"), heterosc=TRUE, reflevel ="car")
> summary(hetml.MC)

Call:
mlogit(formula = choice ~ cost + freq | income | time, data = MC,
    alt.subset = c("car", "train", "air"),
    reflevel = "car", heterosc = TRUE)

Frequencies of alternatives:choice
   car  train    air
0.45757 0.16721 0.37523
```

```
bfgs method
19 iterations, 0h:0m:3s
g'(-H)^-1g = 7.29E-06
successive function values within tolerance limits

Coefficients :
                   Estimate  Std. Error  z-value   Pr(>|z|)
(Intercept):train -0.8488659  0.3143251  -2.7006   0.006921 **
(Intercept):air   -1.4234373  0.4940930  -2.8809   0.003965 **
cost              -0.0106654  0.0054252  -1.9659   0.049308 *
freq               0.0475814  0.0043389  10.9661   < 2.2e-16 ***
income:train      -0.0125249  0.0046102  -2.7168   0.006592 **
income:air         0.0176692  0.0028332   6.2364   4.478e-10 ***
time:car          -0.0124893  0.0012801  -9.7568   < 2.2e-16 ***
time:train        -0.0092670  0.0014562  -6.3637   1.969e-10 ***
time:air          -0.0165525  0.0033678  -4.9149   8.884e-07 ***
sp.train           1.1788962  0.1729436   6.8167   9.319e-12 ***
sp.air             0.2996732  0.1010249   2.9663   0.003014 **
---
Signif. codes: 0 '***' 0.001 '**' 0.01 '*' 0.05 '.' 0.1 ' ' 1

Log-Likelihood: -1935.7
McFadden R^2: 0.31773
Likelihood ratio test : chisq = 1802.9 (p.value = < 2.22e-16)
```

오차의 이분산을 고려한 다항로짓모형을 추정할 경우 IIA 문제가 해결되는지 확인해보자. 이를 위해 식 (5-2)로 이동수단별 선택확률을 구한 다음에, 상대적인 시장점유율을 오차의 이분산 여부를 고려하기 전과 후로 비교해보자.[2] 기차 소요시간이 20% 단축될 때 이동수단별 선택확률(시장점유율)의 변화를 다시 계산한 것이 [실습 5-14]이다. 이때 기차 소요시간이 20% 단축된 상황을 반영하기 위해 데이터프레임 NwMC를 사용한다. 기차 소요시간의 단축으로 인해 자동차 대비 항공기의 상대적인 시장점유율은 이전과 달리 0.823에서 0.809로 감소한다. 이러한 점은 항공기 선택과 관련된 오차의 분산이 자동차에 비해 상대적으로 적기 때문에 기차 소요시간의 단축이 자동차보다는 항공기 선택에 보다 큰 영향을 준 것에 기인한다. 달리 말하면, 항공기 수요의 경우 자동차에 비해 관측되지 않은 요인의 영향이 상대적으로 적어서 소

---

2 IIA 문제가 해결되는지는 이동수단별 비용의 증가에 따른 수요의 교차탄성치가 서로 동일한지를 확인해보면 된다. 하지만 이전과 달리 설명변수의 한계효과를 구하는 함수 effects가 차원(dimension)의 불일치 문제로 실행되지 않았다. 또한 predict가 실행되지 않아 식 (5-5)와 (5-6)을 계산할 수 없었다.

요시간의 단축으로 인해 늘어난 기차 수요가 자동차보다 항공기에 대한 수요를 상대적으로 더 많이 줄였다고 볼 수 있다.

실습 5-14 **이분산 다항로짓모형의 IIA 충족 여부 확인**

```
> rname<-row.names(Oprob)
> Oprob_het<-fitted(hetml.MC, type="probabilities")
> rownames(Oprob_het)<-rname
> Nprob_het<-predict(hetml.MC, newdata = NwMC)
> rownames(Nprob_het)<-rname
> round(rbind(old=apply(Oprob_het, 2,mean), new=apply(Nprob_het,2, mean)),4)
     car train    air
old 0.4588 0.1644 0.3777
new 0.4233 0.2330 0.3425
> head(Oprob_het[,"air"]/Oprob_het[,"car"])
      109       110       111       112       113       114
0.5496851 1.1324083 0.3916494 1.1324083 1.1324083 0.7472454
> head(Nprob_het[,"air"]/Nprob_het[,"car"])
      109       110       111       112       113       114
0.4699992 1.0441025 0.3196343 1.0441025 1.0441025 0.6626169
```

2) 이분산 다항로짓모형의 검정

다항로짓모형에서 오차의 이분산 여부를 검정하는 3가지 방법은 왈드 검정, 라그랑지 승수 검정(Lagrange multiplier test), 로그우도비 검정(log likelihood ratio test)이다. 왈드 검정은 귀무가설을 고려하지 않은 비제약 모형에 대해, 라그랑지 승수 검정은 귀무가설을 제약조건으로 부여한 제약 모형에 대해 각각 검정한다. 반면 로그우도비 검정은 두 모형을 비교한다.

왈드 검정과 로그우도비 검정은 패키지 `lmtest`에서 실행 가능하며, 이들 검정을 실행하기 위한 함수는 각각 `waldtest`와 `lrtest`이다. 이때 왈드 검정은 패키지 `car`의 함수 `linearHypothesis`를 이용하여 실행할 수도 있다. 라그랑지 승수 검정은 스코어 검정이라 불리며 패키지 `mlogit`의 `scoretest`를 이용한다.

[실습 5-14]에서 기차에 대한 오차의 분산은 1보다 큰 반면, 항공기에 대한 오차의 분산은 1보다 작게 추정되었다. 하지만 오차의 규모 파라미터를 나타내는 계수 추정치의 유의성 여부가 특별한 의미를 가지지 않기 때문에 이분산을 가정한 다항로짓모형이 적합한지를 별도로 검정할 필요가 있다. 다항로짓모형에서 오차의 이분산 여부를 검정할 때 귀무가설은 '오차는 등분산을 가진다'이다. 따라서 등분산 가정하에 추정한 다항로짓모형이 제약 모형이 된다.

앞서 설명한 바와 같이 왈드 검정의 경우 이분산 가정하의 다항로짓모형이 비제약 모형이 되며, 다음의 3가지 명령어가 동일한 검정결과를 제공한다.

```
> waldtest(hetml.MC)
> waldtest(hetml.MC, heterosc=FALSE)
> linearHypothesis(hetml.MC, c("sp.air=1", "sp.train=1"))
```

로그우도비 검정을 실행하기 위한 R 코드는 [실습 5-15]의 두 번째 행이다. 라그랑지 승수 검정에서는 '제약 모형(즉, 등분산 다항로짓모형)이 올바른 모형이다'가 귀무가설에 해당한다. 따라서 함수 scoretest에서는 제약 모형이 첫 번째 인자로 사용되며, 비제약 모형을 나타내는 인자 heterosc=TRUE가 추가된다.

[실습 5-15]는 3가지 검정 방법을 적용하여 이분산 다항로짓모형의 적합성 여부를 검정한 결과다. statpval은 각 검정 결과로부터 검정통계량 값과 p값을 추출하여 제공하는 함수이다. 등분산을 가정한 다항로짓모형은 어느 검정 방법을 적용하더라도 유의수준 1% 미만에서 모두 기각됨을 알 수 있다.

실습 5-15 이분산 다항로짓모형의 검정

```
> wd.heter<-waldtest(hetml.MC)
> lr.heter<-lrtest(hetml.MC, ml.MC2)
> library(car)
> lh.heter<-linearHypothesis(hetml.MC, c("sp.air=1", "sp.train=1"))
> sc.heter<-scoretest(ml.MC2, heterosc=TRUE)
> statpval<-function(x) {
    if(inherits(x,"anova"))
      result<-as.matrix(x)[2,c("Chisq", "Pr(>Chisq)")]
    if(inherits(x,"htest"))
      result<-c(x$statistic, x$p.value)
    names(result)<-c("stat", "p-value")
    round(result,3)
  }
> sapply(list(wald=wd.heter, lh=lh.heter, score=sc.heter, lr=lr.heter),
         statpval)
          wald     lh  score     lr
stat    70.625 70.625 44.845 31.309
p-value  0.000  0.000  0.000  0.000
```

4-2 내포로짓모형

1) 모형 구조와 추정 방법

내포로짓모형(nested logit model)은 전체 대안이 몇 개의 집단(nests)으로 구분되는 경우에 적용하는 다항로짓모형이다. 이 모형에서 동일한 집단에 속하는 대안들의 오차는 서로 상관관계를 가지는 반면, 서로 다른 집단에 속하는 대안들의 오차는 서로 독립적이다(달리 말하면, IIA 특성이 유지된다는 의미다).

J개의 대안들을 서로 다른 M개의 집단으로 구분할 수 있다고 하자. 집단 l에 속하는 대안 j를 선택할 확률은 다음과 같다.

$$P_j = \frac{e^{V_j/\lambda_l}\left(\sum_{k \in B_l} e^{V_k/\lambda_l}\right)^{\lambda_l - 1}}{\sum_{m=1}^{M}\left(\sum_{k \in B_m} e^{V_k/\lambda_m}\right)^{\lambda_m}} \tag{5-9}$$

식 (5-9)에서 B_m과 B_l은 각각 집단 m과 l에 속하는 대안들의 집합을 나타낸다. $1-\lambda_m$은 어느 한 집단에 속하는 대안들 간의 상관관계를 나타내는 측정값으로, $\lambda_m=1$이면 집단 m에 속한 대안들이 서로 상관되지 않음을 의미한다. 만약 모든 m에 대해 $\lambda_m=1$이면 오차들은 서로 독립적이며 동일한 검벨 오차를 가지게 되므로 내포로짓모형은 통상적인 다항로짓모형과 같게 된다.

내포로짓모형에서 대안 j로부터 얻는 효용을 나타내는 V_j는 대안 j에 특정적인 부분(Z_j)과 대안 j가 속하는 집단 l에 특정적인 부분(W_l)의 합으로 표현된다.

$$V_j = Z_j + W_l \tag{5-10}$$

식 (5-10)을 식 (5-9)에 대입해 정리하면, 집단 l에 속하는 대안 j를 선택할 확률은 다음과 같이 다시 쓸 수 있다.

$$P_j = \frac{e^{Z_k/\lambda_l}}{\sum_{k \in B_m} e^{Z_k/\lambda_l}} \times \frac{e^{W_l + \lambda_l I_l}}{\sum_{m=1}^{M} e^{W_m + \lambda_m I_m}} \tag{5-11}$$

여기서 $I_l = \ln \sum_{k \in B_l} e^{Z_k/\lambda_l}$는 식 (5-8)에서 언급한 로그합 또는 포괄값을 의미한다.

식 (5-11)의 우변에서 첫 번째 항은 $P_{j|l}$라고 표현할 수 있는데, 이는 집단 l이 선택될 때 대안 j를 선택할 조건부 확률을 의미하며 하위모형(lower model)이라 부른다. 두 번째 항은 P_l이라고 표현할 수 있는데, 이는 집단 l을 선택할 한계확률을 의미하며 상위모형(upper model)이라 부른다. 두 번째 항에서 $W_l+\lambda_l I_l$은 집단 l에서 최선의 대안을 선택할 때 얻게 되는 기대효용이라 해석할 수 있다. 이때 W_l은 집단 l에 속하는 대안 가운데 어느 하나를 선택할 때의 기대효용을 의미하며, $\lambda_l I_l$은 집단 l에서 최선의 대안을 선택할 수 있을 때 얻게 되는 여분의 기대효용을 뜻한다. 식 (5-11)에서 상위모형과 하위모형을 서로 연결하는 역할을 하는 것이 포괄값이다. 식 (5-11)에서 보듯이 IIA 가정은 동일 집단에 속하는 대안들 간에는 성립하지만, 서로 다른 집단에 속하는 대안들 간에는 성립하지 않는다.

내포로짓모형을 추정하는 방법은 2가지다. 첫 번째는 2단계 추정방식으로, 먼저 하위모형의 계수값을 추정하여 포괄값(I_m)을 계산한 다음, 추정된 포괄값(I_m)을 설명변수로 추가한 상위모형을 추정한다. 이러한 2단계 방식에 의한 추정치는 일치추정량이긴 하나 효율적이지 않다. 두 번째 방법은 내포로짓모형을 최우추정법으로 추정하는 것으로, 이 방법이 첫 번째보다 더 효율적인 추정치를 제공한다.

2) 사례연습: 기업의 해외직접투자 대상지역 선택

헤드와 마이어(Head & Mayer, 2004)는 452개의 일본 기업을 대상으로 각 기업이 해외직접투자의 일환으로 유럽 9개 국가에 있는 57개 지역 가운데 어느 곳을 생산시설의 신축부지로 선택할 것인지에 대한 문제를 분석한 바 있다. [실습 5-16]은 이들의 분석 결과를 복원한 것이다. 분석에는 패키지 `mlogit`의 데이터 `JapaneseFDI`가 사용된다. 함수 `head(JapaneseFDI)`의 실행 결과에서 알 수 있듯이, 데이터 `JapaneseFDI`는 생산시설의 신축부지로 제시된 57개 지역(region)이 7개 국가(country)로 구분되는 내포(위계적인) 구조를 가진다.

데이터 `JapaneseFDI`에서 choice는 각 기업이 해당 지역을 생산시설 부지로 선택했는지를 나타내는 더미변수이고, choice.c는 기업이 생산시설 부지로 선택한 지역이 속한 국가명이다. 그 외의 나머지 설명변수들은 지역 단위와 국가 단위로 구분된다. 지역 단위에 적용되는 하위모형의 설명변수는 wage(임금률), unemp(실업률), elig(해당 지역이 European Fund 대상 지역인지를 나타내는 더미변수), area(신축부지 면적)이다. 그리고 국가 단위에 적용되는 상위모형의 설명변수는 scrate(사회분담금비율, social charges rates), ctaxrate(법인세)이다.

모형을 추정할 때 지역과 국가 간의 내포 구조를 반영해야 한다. 이를 위해서는 idx의 두 번째 요소가 지역과 국가를 나타내는 변수명을 모두 포함하도록 c("region", "country")를 적용하여 데이터 JapaneseFDI를 변환해야 한다.

```
> data(JapaneseFDI, package="mlogit")
> head(JapaneseFDI,3)
  firm  country  region  choice  choice.c      wage  unemp  elig    area    scrate
1   3       BE     BE0       0        FR  14.17371  0.103     0   335.8  0.598296
2   3       BE     BE1       0        FR  16.57562  0.095     0  1351.2  0.598296
3   3       BE     BE2       0        FR  14.94713  0.136     0  1684.4  0.598296
  ctaxrate      gdp    harris   krugman  domind  japind  network
1     0.45  28592.7  750.3667 12135.004      50       0        0
2     0.45  66857.2  691.7373  8971.891      35       0        0
3     0.45  31036.9  645.6834  5500.205      32       0        0
> jfdi<-dfidx(JapaneseFDI, shape="long",
              idx=list("firm", c("region", "country")),
              idnames=c("chid", "alt"), drop.index=FALSE)
```

먼저, 지역과 국가 간의 위계 구조를 무시한 다항로짓모형을 추정해보자. 설명변수는 지역 단위와 국가 단위의 구분 없이 모두 포함되며, 모두 대안 특정적인 변수이다. 상수항은 식별되지 않기 때문에 추정 과정에서 제외된다. 통상적인 다항로짓모형(ml.fdi)의 추정 결과는 [실습 5-16]의 Mult.logit이다.

```
> ml.fdi<-mlogit(choice ~ log(wage) + unemp + elig + log(area) + scrate + ctaxrate |0, data=jfdi)
```

그다음으로, 내포로짓모형을 2단계 방식으로 추정해보자. 즉, 지역 단위의 하위모형을 먼저 추정한 다음에 국가 단위의 상위모형을 추정하는 것이다. 지역 단위의 하위모형은 주어진 국가에서 지역 하나를 선택하는 모형이라고 할 수 있다. 하위모형을 분석할 때 두 조건이 추가될 필요가 있다. 먼저, 포르투갈(PT)과 아일랜드(IE)는 지역이 하나밖에 없기 때문에 이들 두 국가는 분석에서 제외한다. 두 번째로, 하위모형은 표본에 있는 소속 국가를 무시한 채 지역 전체를 대상으로 하기보다는 국가별로 구분된 지역 집단에서 어느 한 지역을 선택하는 방식이다. 따라서 동일한 국가에 속한 지역들만을 대상으로 하여(country==choice.c) 지역 선택모형을 각각 추정해야 한다. 이러한 두 조건을 반영하기 위해 인자 subset을 추가한 하위 다항로짓모형을 추정하기 위한 R 코드는 다음과 같다. 하위모형(lm.fdi)의 추정 결과는 [실습 5-16]의 Lower Model이다.

```
> lm.fdi<-mlogit(choice ~ log(wage) + unemp + elig + log(area) |0,
        data=jfdi, subset=country==choice.c & !country %in% c("PT", "IE"))
```

하위모형의 추정 결과를 이용하여 기업 i가 국가 g에 속한 지역에 생산시설을 신축할 때 얻는 기대효용인 포괄값은 다음과 같이 계산할 수 있다.

$$iv_{ig} = \ln \sum_{j \in B_g} e^{\beta^T x_{ij}}$$

위의 식에서 B_g는 국가 g에 속한 지역(j)들의 집합을 의미한다. 상위모형을 추정하려면, 하위모형에서 계산한 국가별 포괄값을 설명변수로 추가해야 한다. R에서 함수 `logsum`을 사용하여 국가별 포괄값을 계산하는 방법은 다음과 같다.

```
> head(logsum(lm.fdi, data=jfdi, formula=formula(lm.fdi), type="group"), 4)
        BE        DE        ES        FR        IE        IT        NL
3 5.432674  7.436292  4.467832  6.998097  3.785503  6.684698  6.062774
4 6.089011  8.005881  6.226013  7.438574  3.360674  8.063559  6.692398
5 6.026257  8.000893  6.088953  7.336223  3.387762  7.992095  6.716529
7 6.152012  7.818986  5.634809  7.251482  3.394403  7.780320  6.369480
        PT        UK
3 3.244733  6.659110
4 3.951889  7.478532
5 4.068144  7.214295
7 3.390303  7.276522
```

함수 `logsum`의 첫 인자는 계수 추정치를 저장한 객체다. 하위모형은 국가별로 구분된 지역에 대한 계수값을 추정한다. 따라서 로그합을 계산할 때 적용하는 설명변수 값은 원래의 데이터프레임(jfdi)이 아니라 하위모형(lm.fdi)의 추정에 사용한 설명변수에서 가져와야 한다. 인자 `formula(lm.fdi)`는 이러한 기능을 한다. 인자 `type="group"`은 집단(국가)별로 포괄값을 계산하라는 의미이다.

국가별로 계산한 포괄값을 원래의 데이터프레임에 추가하려면 다음과 같은 방식으로 포괄값을 생성하면 된다. 인자 output="obs"는 포괄값을 종형태로, 즉 데이터에 있는 행의 수만큼 생성하라는 의미이다. 달리 말하면, 각 기업의 포괄값을 나타내는 변수 iv가 동일한 국가에 대해서는 동일한 포괄값을 갖도록 한다는 것이다.

```
> JapaneseFDI$iv<-logsum(lm.fdi, data=jfdi,
                    formula=formula(lm.fdi), type="group", output="obs")
```

이렇게 계산된 포괄값을 설명변수로 추가하여 상위모형을 추정해보자. 상위모형은 국가 선택에 관한 모형이기 때문에 이를 추정하려면 국가별로 하나의 지역만 대응하도록 데이터를 재구성해야 한다. 또한 종속변수 choice.c가 TRUE 또는 FALSE 형태의 논리형 변수가 되도록 변환해주어야 한다. 이러한 변환 과정을 위한 R 코드는 다음과 같다.

```
> JapaneseFDI.c<-subset(JapaneseFDI, select=c("firm", "country",
                   "choice.c", "scrate", "ctaxrate", "iv"))
> JapaneseFDI.c<-unique(JapaneseFDI.c)
> JapaneseFDI.c$choice.c<-with(JapaneseFDI.c, choice.c==country)
> jfdi.c<-dfidx(JapaneseFDI.c, choice="choice.c",
                   idnames=c("chid", "alt"))
```

포괄값을 설명변수로 추가한 상위모형을 추정할 때 포괄값의 계수값을 9개 국가에 대해 모두 동일하게(모형 um.fdi의 경우) 설정하거나, 또는 국가별로 서로 다르게(모형 um.fid2의 경우) 설정할 수도 있다. 2가지 형태의 상위모형을 추정하기 위한 R 코드는 각각 다음과 같다.

```
> um.fdi<-mlogit(choice.c~scrate+ctaxrate+iv |0, data = jfdi.c)
```

```
> um.fdi2<-mlogit(choice.c~scrate+ctaxrate |0 |iv, data = jfdi.c,
                        constPar=c("iv:PT"=1, "iv:IE"=1))
```

상위모형 um.fdi2와 같이 포괄값을 나타내는 변수의 계수가 국가별로 서로 다른 값을 가지도록 하려면 변수 iv를 다항로짓모형에서 공식의 세 번째 부문에 넣어야 한다. 또한 지역의 개수가 하나인 국가(포르투갈과 아일랜드)에서는 지역 간 상관관계가 존재하지 않기 때문에 변수 iv의 계수값을 1로 설정해야 한다. 이러한 조건은 인자 `constPar=c("iv:PT"=1, "iv:IE"=1)`에 의해 적용할 수 있다. 변수 iv의 계수 추정치는 집단탄력성(nest elasticity) λ_m을 의미하며, $1-\lambda_m$는 국가 m에 속하는 지역들의 상관관계를 나타낸다.

모형 um.fdi의 추정 결과는 [실습 5-16]의 Upper Model(1)이다. 이에 따르면 $\lambda=0.66$이고 유의미하다. 이는 지역들 간의 상관관계가 0.34임을 의미하는 것으로, 다항로짓모형의 IIA 특성이 더 이상 유효하지 않음을 뜻한다. 달리 말하면, 내포로짓모형이 더 적절함을 의미한다.

모형 um.fdi2의 추정 결과는 [실습 5-16]의 Upper Model(2)이다. 변수 iv의 계수값이 0.62(이탈리아)에서 0.87(영국)로, 집단탄력성이 국가별로 다름을 알 수 있다.

다음으로, 내포로짓모형을 FIML(full-information maximum likelihood) 방식으로 추정해 보자. FIML에 의해 내포로짓모형을 추정하려면 함수 `mlogit`에 인자 `nests`를 추가하면 된다. 이때 국가별로 서로 다른 집단탄력성(즉, 포괄값 변수의 계수값)을 적용하고자 한다면 인자 `un.nest.el=FALSE`를 추가한다. 모형 nl.fdi는 집단탄력성이 국가별로 동일한 내포로짓모형을, 모형 nl.fdi2는 집단탄력성이 국가별로 서로 다른 내포로짓모형을 각각 FIML로 추정한 결과이다.

```
> nl.fdi<-mlogit(choice~log(wage)+unemp+elig+log(area)+scrate+
                          ctaxrate |0, nests=TRUE, data=jfdi, un.nest.el=TRUE)
```

```
> nl.fdi2<-mlogit(choice~log(wage)+unemp+elig+log(area)+scrate+ctaxrate |0,
                          nests=TRUE, data=jfdi, un.nest.el=FALSE,
                          constPar=c("iv:PT"=1, "iv:IE"=1))
```

FIML에 의한 내포로짓모형의 추정 결과는 [실습 5-16]의 Nested logit Model(1)과 Nested logit Model(2)이다.

실습 5-16 내포로짓모형의 추정 결과 비교

```
> library(texreg)
> screenreg(list("Mult.logit"=ml.fdi, "LowerModel"=lm.fdi, "UpperModel(1)"=um.fdi, "UpperModel(2)"=um.fdi2,
             "Nested logit Model(1)"=nl.fdi, "Nested logit Model(2)"=nl.fdi2))
=================================================================================================================
            Mult.logit  LowerModel  UpperModel(1)  UpperModel(2)  Nested logit Model(1)  Nested logit Model(2)
-----------------------------------------------------------------------------------------------------------------
log(wage)     0.47        1.21 *                                       0.46                   0.77 **
             (0.25)      (0.48)                                       (0.25)                 (0.25)
unemp        -8.90 ***   -9.77 ***                                    -7.62 ***              -6.95 **
             (1.69)      (2.39)                                       (1.60)                 (2.28)
elig         -0.25       -0.89 **                                     -0.34                  -0.18
             (0.21)      (0.33)                                       (0.20)                 (0.18)
log(area)     0.31 ***    0.29 ***                                     0.29 ***               0.15 **
             (0.05)      (0.06)                                       (0.05)                 (0.05)
scrate       -2.26 ***               -2.49 ***       0.15             -2.44 ***              -0.88
             (0.38)                  (0.38)         (1.72)            (0.38)                 (0.86)
ctaxrate     -4.82 ***               -3.69 ***      -1.78             -4.13 ***              -2.35
             (0.59)                  (0.60)         (1.32)            (0.66)                 (1.25)
iv                                    0.66 ***                         0.85 ***
                                     (0.06)                           (0.08)
iv:BE                                                0.72 ***                                 0.48 *
                                                    (0.08)                                   (0.19)
iv:DE                                                0.72 ***                                 0.52 **
                                                    (0.08)                                   (0.17)
iv:ES                                                0.86 ***                                 0.77 ***
                                                    (0.05)                                   (0.20)
iv:FR                                                0.75 ***                                 0.67 ***
                                                    (0.04)                                   (0.09)
iv:IT                                                0.62 ***                                 0.25 **
                                                    (0.05)                                   (0.08)
iv:NL                                                0.69 ***                                 0.18
                                                    (0.06)                                   (0.10)
iv:UK                                                0.87 ***                                 0.86 ***
                                                    (0.06)                                   (0.10)
-----------------------------------------------------------------------------------------------------------------
AIC            3469.13     1738.04     1746.58        1713.86            3467.96                3437.01
Log Likelihood -1728.57    -865.02     -870.29        -845.93            -1720.90               -1703.50
Num. obs.       452         421         452            452                452                    452
K               57          55          9              9                  57                     57
=================================================================================================================
*** p < 0.001; ** p < 0.01; * p < 0.05
```

3) 내포로짓모형의 적합성 검정

앞에서 설명한 오차의 이분산 검정은 내포로짓모형의 적합성 검정에도 동일하게 적용할 수 있다. 내포로짓모형의 적합성 검정은 2가지 귀무가설로 표현할 수 있다. 첫 번째는 모든 집단탄력성이 1이라는 것이다. 이는 각 집단에 속한 대안들이 서로 상관관계를 가지지 않음을 의미하며, 내포로짓모형이 아닌 통상적인 다항로짓모형이 적절함을 뜻한다. 두 번째는 집단탄력성이 1은 아니지만 모두 동일하다는 것이다. 이 귀무가설은 내포로짓모형이 적합하지만, 집단탄력성이 모두 같은 값을 가짐을 의미한다.

먼저, 첫 번째 귀무가설의 검정 방법에 대해 알아보자. 왈드 검정(waldtest)과 로그우도비 검정(lrtest)에서는 내포로짓모형이 유일한 인자값으로 지정된다. 스코어 검정에서는 첫 번째 인자값은 제약 모형(통상적인 다항로짓모형)이, 두 번째 인자값은 검정하려는 내포 구조, 즉 내포로짓모형이지만 집단탄력성이 모두 동일하지 않은 모형(즉, nests=TRUE, un.nest.el=FALSE)이 지정된다. 왈드 검정은 이분산 검정의 경우와 마찬가지로 함수 linearHypothesis를 이용해 실행할 수도 있다.

[실습 5-16]의 내포로짓모형(nl.fdi2)을 사용하여 첫 번째 귀무가설에 대한 검정을 실시한 결과가 [실습 5-17]이다. 검정 결과에 따르면, 집단탄력성이 모두 1이라는 귀무가설, 달리 말하면 각 집단에 속하는 대안들의 상관관계가 모두 0이라는 귀무가설은 검정 방법에 관계없이 모두 1% 미만의 유의수준에서 기각된다.

실습 5-17 내포로짓모형에서 집단탄력성이 모두 1이라는 귀무가설의 검정

```
> wd.nest<-waldtest(nl.fdi2)
> lr.nest<-lrtest(nl.fdi2)
> sc.nest<-scoretest(ml.fdi, nests=TRUE, un.nest.el=FALSE,
                     constPar=c("iv:PT"=1, "iv:IE"=1))
> lh.nest<-linearHypothesis(nl.fdi2, c("iv:BE=1", "iv:DE=1", "iv:ES=1",
                            "iv:FR=1", "iv:IT=1", "iv:NL=1", "iv:UK=1"))
> sapply(list(wald=wd.nest, lh=lh.nest, score=sc.nest, lr=lr.nest),
                            statpval)
           wald       lh   score      lr
stat    208.407  208.407   60.28  50.122
p-value   0.000    0.000    0.00   0.000
```

두 번째 귀무가설을 검정해보자. 먼저, 왈드 검정에서는 첫 번째 인자값은 내포로짓모형으로 집단탄력성이 동일하지 않은 모형이지만, 두 번째 인자값으로 집단탄력성이 모두 동일하다는 조건 un.nest.el=TRUE를 추가해야 한다. 로그우도비 검정에서는 첫 번째 인자값은 비제약 모형으로 집단탄력성이 동일하지 않은 내포로짓모형(nl.fdi2)인 반면, 두 번째 인자값은 제약 모형으로 집단탄력성이 동일한 내포로짓모형(nl.fdi)이다. 스코어 검정에서는 로그우도비 검정과 달리 첫 번째 인자값으로 집단탄력성이 동일한 내포로짓모형(nl.fdi)을, 두 번째 인자값으로 집단탄력성이 동일하지 않은 내포로짓모형을 의미하는 인자 nests=TRUE, un.nest.el=FALSE를 constPar와 함께 적용해야 한다.

[실습 5-18]의 검정 결과에 따르면 집단탄력성이 1이 아닌 값으로 모두 동일하다는 귀무가설은 검정 방법에 관계없이 모두 1% 미만의 유의수준에서 기각된다.

실습 5-18 **집단탄력성이 1이 아닌 값으로 모두 동일하다는 귀무가설의 검정**

```
> wd.unest<-waldtest(nl.fdi2, un.nest.el=TRUE)
> lr.unest<-lrtest(nl.fdi2, nl.fdi)
> sc.unest<-scoretest(nl.fdi, nests=TRUE, un.nest.el=FALSE,
                      constPar=c("iv:PT"=1, "iv:IE"=1))
> lh.unest<-linearHypothesis(nl.fdi2, c("iv:BE=iv:DE", "iv:BE=iv:ES",
              "iv:BE=iv:FR", "iv:BE=iv:IT", "iv:BE=iv:NL", "iv:BE=iv:UK"))
> sapply(list(wald=wd.unest, lh=lh.unest, score=sc.unest, lr=lr.unest),
              statpval)
          wald      lh   score      lr
stat    73.535  73.535  58.271  46.954
p-value  0.000   0.000   0.000   0.000
```

5 혼합로짓모형

5-1 모형 구조와 추정 방법

혼합로짓모형(mixed logit model)은 설명변수의 계수값이 개체에 따라 서로 다른 값을 가지는 확률계수 로짓모형(random parameter logit model)이다. 달리 말하면, 모집단의 이질성을 고려한 모형이라 할 수 있다. 혼합로짓모형에서 개체 i가 대안 l을 선택할 확률은 다음과 같다.

$$P_{il} = \frac{e^{\beta_i x_{il}}}{\sum_j e^{\beta_i x_{ij}}}$$

혼합로짓모형에서는 통상적인 로짓모형과 달리 계수값 β_i가 개체마다 서로 다른 값을 가진다. 이때 계수값을 추정하는 방법은 2가지이다(Train, 2009).

- 첫째, 표본에 있는 개체별로 계수값을 추정하는 것이다. 이러한 방법을 적용하려면 개체별로 많은 수의 선택상황이 있어야만 계수들을 식별하여 일치추정량을 얻을 수 있다. 하지만 실제로 이런 상황은 찾아보기 어렵다.
- 둘째, 계수값을 확률변수로 간주하는 것이다. 즉, β_i를 파라미터 θ(예를 들면, 평균, 분산 등)를 가진 확률분포에서 생성된 확률변수로 간주하는 것이다. 이 절에서 추정하려는 혼합로짓모형은 바로 이 경우에 해당한다.

만약 혼합로짓모형을 적용하려는 데이터가 동일한 개체에 대해 관측치가 반복되는 패널데이터라면 이러한 데이터 구조를 혼합로짓모형에 반영할 필요가 있다. 이때 개체 i의 확률계수는 모든 선택상황에 대해 동일한 값을 가진다고 가정한다.

혼합로짓모형의 추정은 다소 복잡한 과정을 거친다. 먼저, 모형을 구성하는 파라미터들의 확률분포를 가정한 다음에 이로부터 추출한 파라미터를 사용하여 개체별로 특정 대안을 선택할 조건부 확률을 구하는 과정을 여러 차례(예를 들면, R회) 반복한다. 이후 시뮬레이션 과정을 통해 얻은 R개의 조건부 선택확률을 평균하여 비조건부 선택확률을 구한 후 로그우도함수(simulated log-likelihood, SSL)를 도출한다. 그런 다음 SSL을 극대화하는 파라미터를 추정한 후 그로부터 계수값을 반복적으로 추출하고, 추출된 계수값을 사용하여 대안별 선택확률을 개체별로 구한다. 계수값 β_i의 추정치는 다음과 같이 추출된 계수값(β_i^r)과 개체별로 추정한 선택확률(P_i^r)의 가중평균값으로 구해진다.

$$\hat{\beta}_i = \left(\sum_{r=1}^{R} P_i^r \beta_i^r\right) / \left(\sum_{r=1}^{R} P_i^r\right)$$

5-2 사례연습: 가정용 전력 공급업체의 선택

사례연습에 사용한 데이터 Electricity는 가정용 전력을 공급하는 업체의 선택에 대한 진술선호조사로부터 수집한 자료이다. 응답자 361명에게 여러 개의 시나리오를 제시하고 각 시나리오에 있는 가상의 4개 업체 가운데 어느 하나를 선택하도록 하였다. 응답자에게 제시한 총 시나리오 개수는 12개이지만 일부 시나리오에만 답한 응답자도 있다. 예를 들면, 시나리오 8개에 응답한 사람이 2명, 11개에 응답한 사람이 8명이다. 서로 다른 두 사람에게 동일한 수의 시나리오가 제시되더라도 각 시나리오의 선택상황은 개인마다 서로 다르다. 따라서 함수 dfidx를 사용하여 데이터를 변환할 때 choiceid로 행 번호를 적용하였다.

```
> data(Electricity, package="mlogit")
> head(Electricity, 3)
 choice  id  pf1  pf2  pf3  pf4  cl1  cl2  cl3  cl4  loc1  loc2  loc3  loc4  wk1
1     4   1    7    9    0    0    5    1    0    5     0     1     0     0    1
2     3   1    7    9    0    0    0    5    1    5     0     0     1     0    1
3     4   1    9    7    0    0    5    1    0    0     0     0     0     1    0
  wk2  wk3  wk4  tod1  tod2  tod3  tod4  seas1  seas2  seas3  seas4
1   0    0    1     0     0     0     1      0      0      1      0
2   1    0    0     0     0     1     0      0      0      0      1
3   1    1    0     0     0     1     0      0      0      0      1
> freq_elec<-Electricity %>% group_by(id) %>% summarize(count=n())
> table(freq_elec$count)

 8 9 10 11  12
 2 2  1  8 348
> Electricity$choiceid <- 1:nrow(Electricity)
> Electr <- dfidx(Electricity, idx=list(c("choiceid", "id")),
            choice="choice", idnames=c("chid", "alt"), varying=3:26, sep="")
```

각 시나리오에 제시된 대안(업체)들의 속성을 나타내는 변수는 다음과 같다.

- pf : kWh당 전력공급가격
- cl : 계약기간(업체와의 계약이 없다면 0, 있다면 1년, 5년 등의 계약기간)
- loc : 전력공급업체가 지역(local) 업체인지를 나타내는 더미변수
- wk : 전력공급업체가 잘 알려진(well-known) 업체인지를 나타내는 더미변수
- tod : 시간대별 차등 요율(TOD rate)의 제공 여부

• seas : 계절별 차등 요율(seasonal rate)의 제공 여부

데이터 Electricity에서 모든 변수는 대안 특정적인 변수이기 때문에 대안별로 상수항은 필요하지 않다.

혼합로짓모형의 추정은 함수 mlogit에 인자 rpar을 추가하면 된다. 인자 rpar에서 각 계수값의 확률분포함수를 지정하는 방법은 pf='n'과 같이 확률계수를 갖는 변수명 다음에 확률분포를 나타내는 값을 지정하면 된다. n은 정규분포, ln은 로그정규분포, cn은 0에서 중도절단된 정규분포, u는 일양분포, t는 삼각분포를 각각 의미한다.

[실습 5-19]의 혼합로짓모형 추정에서는 모든 확률계수가 정규분포를 따른다고 가정한다. 인자 R은 앞에서 설명한 시뮬레이션 기법에서 파라미터의 추출횟수를 의미한다. halton=NA는 파라미터 추출 시 홀튼 수열(Halton sequence) 방식을 적용함을 의미하고, halton=NULL은 파라미터 추출 시 유사난수(pseudo-random numbers)를 사용함을 의미한다. 두 방식 가운데 표본오차 측면에서 홀튼 방식이 더 낫다고 알려져 있다. panel=TRUE는 패널데이터에 적용되는 로그우도함수를 사용한다는 의미이다.

추정 결과를 보면 다항로짓모형과 달리 각 설명변수의 계수값(즉, 평균치) 외에도 sd.pf, sd.cl 등과 같이 계수값의 표준편차도 함께 나타난다. 분석 결과의 맨 아래쪽에는 확률계수(random coefficients)의 평균과 분위수가 제시된다. 이들 확률계수의 분위수는 함수 rpar에 의해서도 동일하게 구할 수 있다. 예를 들어, rpar(Elec.mxl, "cl")은 변수 cl에 대한 확률계수값의 분위수를 제공한다.

```
> summary(rpar(Elec.mxl, "cl"))
  Min.      1st Qu.      Median        Mean     3rd Qu.   Max.
  -Inf  -0.46071898  -0.20555654  -0.20555654  0.04960589   Inf
```

실습 5-19 혼합로짓모형의 추정 결과

```
> Elec.mxl <-mlogit(choice ~ pf + cl + loc + wk + tod + seas |0, Electr,
          rpar=c(pf='n', cl='n', loc='n', wk='n',tod='n', seas='n'),
          R=100, halton=NA, panel=TRUE)
> summary(Elec.mxl)
--중략--
Frequencies of alternatives: choice
      1       2       3       4
 0.22702  0.26393  0.23816  0.27089

--중략--
Coefficients :
         Estimate   Std. Error   z-value    Pr(>|z|)
pf       -0.973384    0.034324   -28.359   < 2.2e-16 ***
cl       -0.205557    0.013323   -15.428   < 2.2e-16 ***
loc       2.075733    0.080430    25.808   < 2.2e-16 ***
wk        1.475650    0.065168    22.644   < 2.2e-16 ***
tod      -9.052542    0.287219   -31.518   < 2.2e-16 ***
seas     -9.103772    0.289043   -31.496   < 2.2e-16 ***
sd.pf     0.219945    0.010840    20.291   < 2.2e-16 ***
sd.cl     0.378304    0.018489    20.461   < 2.2e-16 ***
sd.loc    1.482980    0.081305    18.240   < 2.2e-16 ***
sd.wk     1.000061    0.074182    13.481   < 2.2e-16 ***
sd.tod    2.289489    0.110731    20.676   < 2.2e-16 ***
sd.seas   1.180883    0.109007    10.833   < 2.2e-16 ***
---
Signif. codes: 0 '***' 0.001 '**' 0.01 '*' 0.05 '.' 0.1 ' ' 1
Log-Likelihood: -3952.5

random coefficients
      Min.     1st Qu.      Median        Mean      3rd Qu.   Max.
pf    -Inf  -1.1217350  -0.9733844  -0.9733844  -0.82503376   Inf
cl    -Inf  -0.4607190  -0.2055565  -0.2055565   0.04960589   Inf
loc   -Inf   1.0754783   2.0757333   2.0757333   3.07598832   Inf
wk    -Inf   0.8011189   1.4756497   1.4756497   2.15018054   Inf
tod   -Inf -10.5967791  -9.0525423  -9.0525423  -7.50830550   Inf
seas  -Inf  -9.9002649  -9.1037717  -9.1037717  -8.30727842   Inf
```

1) 지불의향금액 구하기

혼합로짓모형에서도 계수값 자체의 의미를 해석하는 것은 쉽지 않다. 다항로짓모형과 마찬가지로 설명변수와 관련된 화폐 가치나 지불의향금액(WTP)을 계산하는 것이 낫다. 예를 들어, 계약기간(cl)과 관련된 지불의향금액을 계산해보자. 계약기간의 계수값이 음(-)의 부호를 가지며 유의하기 때문에 계약기간이 길어질수록 소비자 효용이 감소한다고 해석할 수 있다. 계약기간이 1년 줄어드는 것에 대한 소비자 지불의향금액은 계약기간(cl)의 계수 추정치 평균값을 전력공급가격(pf)의 계수 추정치 평균값으로 나누어 계산할 수 있다. 이렇게 계산된 0.21은 두 계수값에 대해 평균치를 가진 소비자가 전력회사와의 계약기간이 1년 줄어들 때 0.21센트를 추가로 지불할 의향이 있음을 뜻한다.

```
> coef(Elec.mxl)['cl'] / coef(Elec.mxl)['pf']
    cl
0.2111772
```

2) 지불의향금액의 확률분포

설명변수의 계수값이 확률분포를 가지기 때문에 지불의향금액도 평균값보다 확률분포를 살펴보는 것이 더 나을 수 있다. 계약기간(cl)이 1년 줄어들 때 소비자가 추가로 지불하려는 금액의 확률분포는 함수 rpar에서 인자 norm="pf"를 추가함으로써 구할 수 있다. plot(wtp_contract)에 의해 생성된 [그림 5-1]에서 보듯이 계약기간이 1년 줄어들 경우, 소비자의 71%가 0보다 큰 금액을 추가로 지불하고자 함을 알 수 있다.

```
> wtp_contract<-rpar(Elec.mxl, "cl", norm="pf")
> summary(wtp_contract)
     Min.     1st Qu.      Median        Mean     3rd Qu.  Max.
     -Inf -0.47331658 -0.21117715 -0.21117715 0.05096228   Inf
> plot(wtp_contract)
```

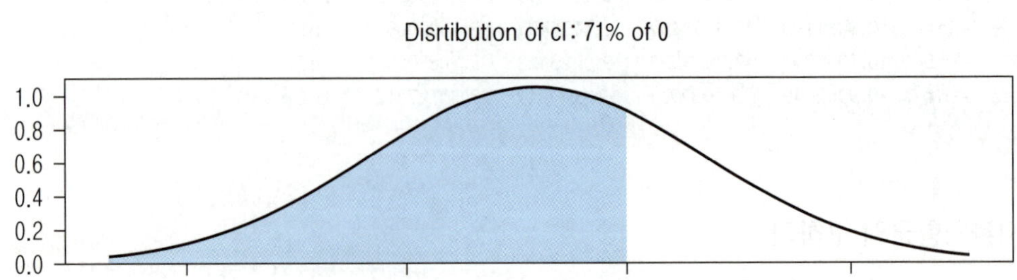

[그림 5-1] 계약기간 1년 단축 시 소비자의 kWh당 지불의향금액 분포

3) 확률계수의 분포 정하기

앞에서 업체의 인지도를 나타내는 wk의 확률계수가 정규분포를 따른다고 가정하였다. 정규분포가 좌우대칭이라는 특성을 감안한다면, 정규분포를 가정할 때 일부 소비자는 잘 알려진 업체임에도 불구하고 해당 업체를 싫어하는 잘못된 상황이 나타날 수 있다. 상식적으로 생각해 보면 소비자들은 인지도가 높은 업체를 그렇지 못한 업체보다 더 좋아할 것이다. 이러한 사실은 wk의 확률계수가 항상 양(+)의 값을 가짐을 뜻한다.

이러한 문제점을 해결하기 위해 계수들 가운데 wk만 정규분포가 아닌 구간 [0, b]의 값을 가지는 일양분포를 따른다고 가정해보자. 이때 b의 값은 추정된다. 이러한 형태의 일양분포는 rpar에서 wk='zbu'라는 인자값을 적용하여 지정할 수 있다. 또는 삼각분포를 의미하는 'zbt'도 가능하다. [실습 5-20]에 따르면 wk가 정규분포가 아니라 일양분포를 따른다고 할 경우, 인지도가 있는 업체에 대한 kWh당 지불의향 금액은 0~3.5센트에 달하는 것으로 나타난다.

실습 5-20 **일양분포를 따르는 확률계수를 가진 혼합로짓모형의 추정**

```
> Elec.mxl2 <- update(Elec.mxl, rpar = c(cl = 'n', loc = 'n', wk = 'zbu',
                                          tod = 'n', seas = 'n'))
> summary(rpar(Elec.mxl2, 'wk'))
    Min.   1st Qu.   Median     Mean   3rd Qu.     Max.
0.000000  0.785305  1.570610  1.570610  2.355915  3.141221
> wtp_wellknown<-rpar(Elec.mxl2, "wk", norm="pf")
> summary(wtp_wellknown)
    Min.   1st Qu.   Median     Mean   3rd Qu.     Max.
0.000000  0.886912  1.773824  1.773824  2.660736  3.547648
```

[실습 5-19]에서 tod와 seas의 확률계수는 모든 개인에게 음의 값을 가진다. 이러한 점은 이들 확률계수의 분포가 정규분포가 아닌 로그정규분포일 수 있음을 의미한다. 로그정규분포를 따르는 확률계수는 항상 양의 값을 가지기 때문에 확률계수의 분포를 로그정규분포로 지정하려면 tod와 seas의 계수값 부호를 바꿔줘야 한다. 그러지 않으면 혼합로짓모형을 추정할 때 오류 메시지가 나타난다. 이를 해결하려면 함수 dfidx에서 두 확률계수에 대해 인자 opposite를 적용하면 된다.

[실습 5-21]은 tot와 seas의 확률계수가 로그정규분포를 따른다고 가정하고 혼합로

짓모형을 추정한 결과다. tod의 계수 추정치 2.112917과 sd.tod 추정치 0.366641은 로그정규분포의 파라미터 추정치 ($\hat{\mu}$, $\hat{\sigma}$)을 각각 나타낸다. 따라서 로그정규분포로부터 tod의 확률계수에 대한 실제 평균과 표준편차를 계산하려면, 공식 $\exp(\hat{\mu}+0.5\times\hat{\sigma}^2)$과 $\exp(\hat{\mu}+0.5\times\hat{\sigma}^2)\times\sqrt{\exp(\hat{\sigma}^2)-1}$에 추정치 ($\hat{\mu}$, $\hat{\sigma}$)을 적용하여 각각 구해야 한다. [실습 5-21]의 하단에 나타난 확률계수의 분포(random coefficients)에서 tod의 확률계수 평균값 8.847이 실제 평균값에 해당한다.

실습 5-21 로그정규분포를 따르는 확률계수를 가진 혼합로짓모형의 추정

```
> Electr2 <- dfidx(Electricity, idx = list(c("choiceid", "id")),
          choice = "choice", idnames=c("chid", "alt"), varying = 3:26,
          sep = "", opposite = c("tod", "seas"))
> Elec.mxl3 <- mlogit(choice ~ pf + cl + loc + wk + tod + seas | 0, Electr2,
            rpar=c(cl = 'n', loc = 'n', wk = 'zbu', tod = 'ln', seas = 'ln'),
            R = 100, halton = NA, panel = TRUE)
> summary(Elec.mxl3)
 -- 중략 --
Coefficients :
         Estimate  Std. Error  z-value  Pr(>|z|)
pf       -0.869279   0.032214  -26.985  < 2.2e-16 ***
cl       -0.211385   0.013563  -15.585  < 2.2e-16 ***
loc       2.025761   0.079604   25.448  < 2.2e-16 ***
wk        1.487812   0.059721   24.913  < 2.2e-16 ***
tod       2.112917   0.033681   62.733  < 2.2e-16 ***
seas      2.124955   0.033199   64.006  < 2.2e-16 ***
sd.cl     0.373225   0.017705   21.080  < 2.2e-16 ***
sd.loc    1.542407   0.086077   17.919  < 2.2e-16 ***
sd.tod    0.366641   0.019822   18.497  < 2.2e-16 ***
sd.seas   0.275187   0.016818   16.363  < 2.2e-16 ***
---
Signif. codes: 0 '***' 0.001 '**' 0.01 '*' 0.05 '.' 0.1 ' ' 1

Log-Likelihood: -3976.6

random coefficients
     Min.    1st Qu.     Median       Mean     3rd Qu.      Max.
cl   -Inf  -0.4631211 -0.2113849 -0.2113849  0.04035126      Inf
loc  -Inf   0.9854230  2.0257607  2.0257607  3.06609839      Inf
wk      0   0.7439060  1.4878119  1.4878119  2.23171792 2.975624
tod     0   6.4599482  8.2723354  8.8474533 10.59320152      Inf
seas    0   6.9541913  8.3725212  8.6956151 10.08012422      Inf
```

tod의 확률계수값을 가격의 계수값으로 나누면, 시간대별 차등 요율(TOD rate)을 제공하지 않는 업체에 대한 kWh당 지불의향금액을 추정할 수 있다. 이러한 방식으로 추정한 지불의향금액은 평균 10센트이다. kWh당 지불의향금액의 분포를 나타낸 것이 [그림 5-2]이다.

```
> wtp_tod<-rpar(Elec.mxl3, "tod", norm="pf")
> summary(wtp_tod)
    Min.   1st Qu.   Median      Mean   3rd Qu.  Max.
 0.000000 7.431387 9.516319 10.177922 12.186194   Inf
> plot(wtp_tod)
```

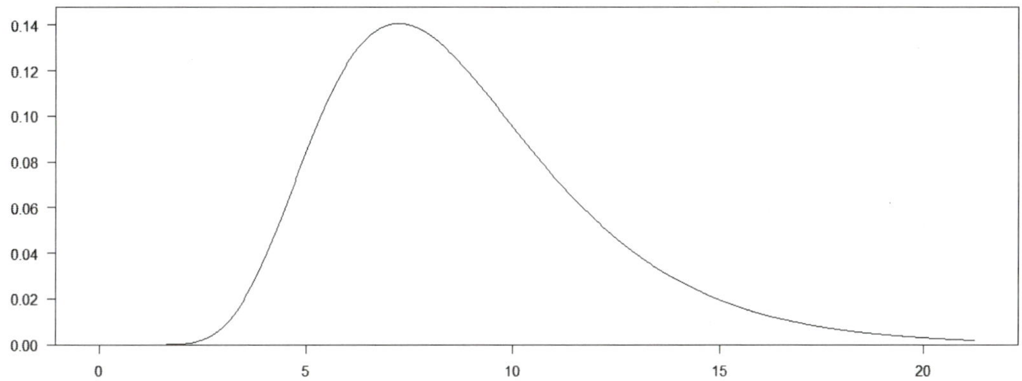

[그림 5-2] 시간대별 차등 요율 제공에 대한 소비자 지불의향금액의 분포

5-3 확률계수들이 서로 상관된 경우

혼합로짓모형에서 확률계수들이 정규분포와 관련된 분포를 따른다면, 이 계수들이 가진 상관관계를 고려함으로써 보다 효율적인 추정치를 얻을 수 있다. 계수들의 상관관계는 인자 correlation=TRUE를 사용하여 모형 추정에 반영할 수 있다. 이때 중요한 점은 계수들이 정규분포를 따르거나 정규분포와 관련된 분포를 따르는 경우에만 인자 correlation을 적용할 수 있다는 점이다.

[실습 5-22]는 계수들이 서로 상관된 혼합로짓모형을 추정한 결과다. 추정 결과를 보면 계수들의 추정값 이외에 chol.cl:cl, chol.cl:loc와 같은 이름을 가진 새로운 계수값이 15개나 추가된 것을 알 수 있다. 이 추가된 계수값들은 다음과 같이 계수 공분산 행렬(CC^T)의 촐레스키 분해식(Choleski decomposition)을 구성하는 성분값들(c_{ij})이다.

$$C = \begin{pmatrix} c_{11} & 0 & 0 & 0 & 0 \\ c_{12} & c_{22} & 0 & 0 & 0 \\ c_{13} & c_{23} & c_{33} & 0 & 0 \\ c_{14} & c_{24} & c_{34} & c_{44} & 0 \\ c_{15} & c_{25} & c_{35} & c_{45} & c_{55} \end{pmatrix}$$

$$CC^T = \begin{pmatrix} c_{11}^2 & c_{11}c_{12} & \cdot & \cdot & c_{11}c_{15} \\ c_{11}c_{12} & c_{12}^2+c_{22}^2 & \cdot & \cdot & c_{12}c_{25}+c_{22}c_{25} \\ \cdot & \cdot & c_{13}^2+c_{23}^2+c_{33}^2 & \cdot & \cdot \\ \cdot & \cdot & \cdot & c_{14}^2+c_{24}^2+c_{34}^2+c_{44}^2 & \cdot \\ c_{11}c_{15} & c_{12}c_{25}+c_{22}c_{25} & \cdot & \cdot & c_{14}^2+c_{24}^2+c_{34}^2+c_{44}^2+c_{55}^2 \end{pmatrix} = \begin{pmatrix} \sigma_1^2 & \sigma_{12} & \sigma_{13} & \sigma_{14} & \sigma_{15} \\ \sigma_{12} & \sigma_2^2 & \sigma_{23} & \sigma_{24} & \sigma_{25} \\ \sigma_{13} & \sigma_{23} & \sigma_3^2 & \sigma_{34} & \sigma_{35} \\ \sigma_{14} & \sigma_{24} & \sigma_{34} & \sigma_4^2 & \sigma_{45} \\ \sigma_{15} & \sigma_{25} & \sigma_{35} & \sigma_{45} & \sigma_5^2 \end{pmatrix}$$

위의 분해식에서 chol.cl:cl의 계수값은 변수 cl의 확률계수값에 대한 표준편차라고 해석할 수 있으나 chol.cl:loc와 같은 계수값을 해석하기란 쉽지 않다.

실습 5-22 계수들이 서로 상관된 혼합로짓모형의 추정

```
> Elec.mxlc <- mlogit(choice ~ pf + cl + loc + wk + tod + seas | 0, Electr,
                      rpar=c(cl='n', loc='n', wk='n', tod='n', seas='n'),
                      correlation=TRUE, R=100, halton=NA, panel=TRUE)
> summary(Elec.mxlc)
 --중략--
Coefficients :
                Estimate  Std. Error  z-value    Pr(>|z|)
pf             -0.919644    0.034385  -26.7455  < 2.2e-16 ***
cl             -0.260968    0.015123  -17.2561  < 2.2e-16 ***
loc             2.464623    0.089400   27.5684  < 2.2e-16 ***
wk              1.760515    0.073707   23.8854  < 2.2e-16 ***
tod            -8.819097    0.295341  -29.8607  < 2.2e-16 ***
seas           -8.887713    0.294837  -30.1445  < 2.2e-16 ***
chol.cl:cl      0.380531    0.019021   20.0060  < 2.2e-16 ***
chol.cl:loc     0.037163    0.086551    0.4294     0.6677
chol.loc:loc    2.355598    0.116728   20.1802  < 2.2e-16 ***
chol.cl:wk      0.036642    0.073157    0.5009     0.6165
chol.loc:wk     1.262387    0.094013   13.4278  < 2.2e-16 ***
chol.wk:wk      0.791138    0.073175   10.8116  < 2.2e-16 ***
chol.cl:tod    -0.077340    0.076314   -1.0134     0.3109
chol.loc:tod   -0.118483    0.087383   -1.3559     0.1751
chol.wk:tod     0.734873    0.085091    8.6363  < 2.2e-16 ***
chol.tod:tod    2.838111    0.128351   22.1121  < 2.2e-16 ***
chol.cl:seas   -0.425966    0.077870   -5.4702  4.495e-08 ***
chol.loc:seas   0.037115    0.081883    0.4533     0.6504
```

```
chol.wk:seas     -0.062274     0.086669    -0.7185      0.4724
chol.tod:seas     1.373523     0.093256    14.7285    < 2.2e-16 ***
chol.seas:seas    1.894223     0.109658    17.2739    < 2.2e-16 ***
---
Signif. codes: 0 '***' 0.001 '**' 0.01 '*' 0.05 '.' 0.1 ' ' 1
 -- 이하 생략--
```

추가된 계수값의 의미를 해석하려면 [실습 5-23]에서 보듯이 촐레스키 분해의 성분값으로부터 확률계수들의 분산이나 공분산, 또는 상관계수를 구해야 한다. 이러한 값들은 함수 vcov(Elec.mlxc, what="rpar", type=c("cor", "cov"))로 구할 수 있다. 인자 what="rpar"을 사용할 때 type="cor"은 확률계수의 상관계수 행렬을, type="cov"는 확률계수의 공분산 행렬을 각각 구하라는 의미이다. type="cor"로 구한 상관계수 행렬에서 주대각 원소값은 각 확률계수의 표준편차다. 확률계수의 상관계수 행렬은 함수 cor.mlogit(Elec.mxlc)로도 구할 수 있다.

[실습 5-23]의 결과를 보면 모든 확률계수가 서로 상관관계를 가진다고 보기 어렵다. 따라서 상관관계를 일부 계수, 예를 들면 loc와 wk에만 한정하려면, correlation=c("loc", "wk")를 추가하면 된다. 함수 vcov와 summary를 함께 사용하면 각 값의 유의확률을 계산할 수 있다.

실습 5-23 **혼합로짓모형의 추정 결과로부터 확률계수의 공분산 행렬 구하기**

```
> summary(vcov(Elec.mxlc, what="rpar", type="cor"))
              Estimate    Std. Error   z-value    Pr(>|z|)
sd.cl          0.3805305   0.0190209   20.0060    <2e-16 ***
sd.loc         2.3558908   0.1165863   20.2073    <2e-16 ***
sd.wk          1.4902563   0.0897382   16.6067    <2e-16 ***
sd.tod         2.9351203   0.1300392   22.5710    <2e-16 ***
sd.seas        2.3793592   0.1175974   20.2331    <2e-16 ***
cor.cl:loc     0.0157744   0.3138009    0.0503    0.9599
cor.cl:wk      0.0245878   0.2450988    0.1003    0.9201
cor.loc:wk     0.8473767   0.0339958   24.9259    <2e-16 ***
cor.cl:tod    -0.0263497   0.3481035   -0.0757    0.9397
cor.loc:tod   -0.0407781   0.0829160   -0.4918    0.6229
cor.wk:tod     0.0980732   0.0947315    1.0353    0.3005
cor.cl:seas   -0.1790257   0.3195479   -0.5602    0.5753
cor.loc:seas   0.0127729   0.0840375    0.1520    0.8792
cor.wk:seas   -0.0050825   0.0955259   -0.0532    0.9576
cor.tod:seas   0.5557212   0.0419832   13.2367    <2e-16 ***
```

```
---
Signif. codes: 0 '***' 0.001 '**' 0.01 '*' 0.05 '.' 0.1 ' ' 1
> Elec.mxlc2<-update(Elec.mxlc, correlation=c("loc", "wk"))
> summary(vcov(Elec.mxlc2, what="rpar", type="cor"))
             Estimate  Std. Error  z-value   Pr(>|z|)
sd.loc       2.335030   0.117201   19.923  < 2.2e-16 ***
sd.wk        1.569618   0.091551   17.145  < 2.2e-16 ***
cor.loc:wk   0.847887   0.030207   28.069  < 2.2e-16 ***
---
Signif. codes: 0 '***' 0.001 '**' 0.01 '*' 0.05 '.' 0.1 ' ' 1
```

5-4 모형의 적합성 검정

혼합로짓모형에서는 다음과 같이 3가지 형태의 귀무가설에 대한 검정을 실시할 수 있다.

- 확률효과가 없는 모형에 대한 검정
- 확률효과를 가지나 계수들이 상관관계를 가지지 않는 모형에 대한 검정
- 계수들이 서로 상관관계를 가진 확률효과모형에 대한 검정

먼저, 혼합로짓모형의 추정 결과를 사용하여 확률효과가 없는 모형에 대한 검정부터 실행해보자. 이때 '확률효과가 없는 다항로짓모형이 올바른 모형이다'가 귀무가설에 해당하며, 통상적인 다항로짓모형 Elec.mxl이 제약 모형이다. 반면, 비제약 모형은 계수들이 상관관계를 가지는 혼합로짓모형인 Elec.mxlc이다.

함수 `linearHypothesis`를 이용한 확률효과 여부의 검정은 확률계수 공분산 행렬의 촐레스키 분해식을 구성하는 성분들이 모두 0이라는 가설을 검정하는 것과 같다. 각 검정 방법에서 제약 모형과 비제약 모형을 인자값으로 적용하는 방식은 앞에서 설명한 바와 같다. [실습 5-24]의 검정 결과에 따르면, 확률효과가 없다는 귀무가설은 검정 방법에 관계없이 모두 1% 미만의 유의수준에서 기각된다.

실습 5-24 확률효과가 없다는 귀무가설의 검정

```
> Elec.mxl <-mlogit(choice ~pf +cl +loc +wk +tod +seas |0, Electr,
             rpar=c(cl='n', loc='n', wk='n', tod='n', seas='n'),
             R=100, halton=NA, panel=TRUE)
> wd.mxc<-waldtest(Elec.mxlc)
```

```
> lh.mxc<-linearHypothesis(Elec.mxlc, c("chol.cl:cl=0", " chol.cl:loc=0",
  "chol.loc:loc=0", "chol.cl:wk=0","chol.loc:wk=0","chol.wk:wk=0",
  "chol.cl:tod=0", "chol.loc:tod=0", "chol.wk:tod=0", "chol.tod:tod=0",
  "chol.cl:seas=0","chol.loc:seas=0", "chol.wk:seas=0", "chol.tod:seas=0",
  "chol.seas:seas=0"))
> lr.mxc<-lrtest(Elec.mxlc, Elec.mxl)
> sc.mxc<-scoretest(Elec.mxl, rpar=c(cl='n', loc='n', wk='n', tod='n',
          seas='n'), R = 100, correlation=TRUE, halton = NA, panel = TRUE)
> sapply(list(wald=wd.mxc, lh=lh.mxc, score=sc.mxc, lr=lr.mxc), statpval)
            wald       lh    score       lr
stat    1037.105 1037.105  118.185  257.115
p-value    0.000    0.000    0.000    0.000
```

두 번째로 '확률효과는 존재하지만 계수들이 서로 상관관계를 가지지 않는다'는 귀무가설을 검정해보자. 이때 제약 모형은 계수들이 상관관계를 가진다는 혼합로짓모형 Elec.mxlc인 반면, 비제약 모형은 그러한 상관관계를 고려하지 않은 혼합로짓모형 Elec.mxl이다. 앞서 설명한 바와 같이, 제약 모형이나 비제약 모형을 나타내기 위해 인자 correlation=TRUE나 correlation=FALSE를 적용할 수 있다. 함수 linearHypothesis를 적용할 경우, 비제약 모형을 인자값으로 적용하는 방법은 계수 공분산 행렬의 촐레스키 분해식을 구성하는 성분들 가운데 상관관계를 가지는 성분만을 선택하여 이들 계수값이 모두 0이라고 하는 것이다. [실습 5-25]의 검정 결과에 따르면, 계수들이 서로 상관관계를 가지지 않는다는 혼합로짓모형은 검정 방법에 관계없이 모두 1% 미만의 유의수준에서 기각된다.

실습 5-25 **확률효과는 가지나 계수들이 서로 상관되지 않는다는 귀무가설의 검정**

```
> wd.corr<-waldtest(Elec.mxlc, correlation=FALSE)
> lh.corr<-linearHypothesis(Elec.mxlc, c("chol.cl:loc=0", "chol.cl:wk=0",
          "chol.loc:wk=0","chol.cl:tod=0","chol.loc:tod=0", "chol.wk:tod=0",
          "chol.cl:seas=0","chol.loc:seas=0","chol.wk:seas=0","chol.tod:seas=0"))
> lr.corr<-lrtest(Elec.mxlc, Elec.mxl)
> sc.corr<-scoretest(Elec.mxl, correlation=TRUE)
> sapply(list(wald=wd.corr, lh=lh.corr, score=sc.corr, lr=lr.corr), statpval)
           wald      lh   score      lr
stat    490.533 490.533 118.185 257.115
p-value   0.000   0.000   0.000   0.000
```

참고문헌

Croissant, Y. (2020a). ***mlogit:*** *Multinomial Logit Models*. R package version 1.1-1, URL https://CRAN.R-project.org/package=mlogit.

Croissant, Y. (2020b). ***dfidx:*** *Indexed Data Frames*. R package version 0.0-3, URL https://CRAN.R-project.org/package=dfidx.

Croissant, Y. (2020c). "mlogit: Random Utility Model in R." *Journal of Statistical Software*, 95(11), 1-41.

Head, K., and Mayer, T. (2004). "Market Potential and the Location of Japanese Investment in the European Union." *The Review of Economics and Statistics*, 86(4), 959-972.

Small, K. A. and Rosen, H. S. (1981). "Applied Welfare Economics with Discrete Choice Models." *Econometrica*, 49(1), 105-130.

Train, K. E. (2009). *Discrete Choice Methods with Simulation. 2nd edition*. Cambridge University Press, Cambridge.

06장 가산자료모형

학습목표

종속변수가 최근 한 달 동안의 온라인 제품구매횟수와 같이 음이 아닌 정수값으로 측정되는 가산형 변수일 때 적용할 수 있는 모형을 배운다. 가산자료모형의 사례로 포아송 회귀모형, 음이항 회귀모형, 영-과잉(zero-inflated) 모형, 허들 가산모형의 추정 방법을 알아보고 그 결과를 서로 비교해본다. 모형의 추정 결과를 활용하여 한계효과를 구하거나 사건 발생횟수별로 빈도를 예측하는 방법을 배운다.

[표 6-1] 6장에서 사용할 R 패키지와 함수

패키지	함수	기능
stats	glm	일반선형모형의 하나인 포아송 회귀모형을 추정한다. 준포아송 회귀모형을 추정하려면 인자 family=quasipoisson을 사용한다.
MASS	glm.nb	음이항 회귀모형을 추정한다.
pscl	zeroinfl	영-과잉 모형을 추정한다.
	hurdle	다양한 형태의 허들 가산모형을 추정한다.
mfx	poissonmfx	포아송 회귀모형에서 설명변수의 한계효과를 계산한다.
	poissonirr	포아송 회귀모형에서 설명변수에 대한 사건 발생률의 배율(irr)을 구한다.
	negbinmfx	음이항 회귀모형에서 설명변수의 한계효과를 계산한다.
	negbinirr	음이항 회귀모형에서 설명변수에 대한 사건 발생률의 배율(irr)을 구한다.
margins	margins	영-과잉 모형이나 허들 가산모형에서 설명변수의 한계효과를 구한다.
AER	dispersiontest	포아송 회귀모형의 기본 가정인 균등산포 여부를 검정한다.
countreg	rootogram	가산자료모형의 추정 결과에서 각 발생횟수의 실제 빈도와 예측 빈도를 산출한다.
ggplot2	autoplot	함수 rootogram에서 생성한 데이터를 사용하여 플롯을 산출한다.

1 가산 종속변수와 최소자승추정

마이크로데이터의 경우에 0 또는 1의 값만을 가지는 이진수 자료와 달리 0, 1, 2, 3, 6 등과 같이 음이 아닌 정수값을 가지는 자료가 있다. 예를 들면, 연간 놀이공원 방문횟수, 최근 6개월 이내 병원 방문횟수, 기업의 연간 특허출원 건수 등이다. 이러한 특성을 갖는 자료를 가산자료(count data)라고 한다.

종속변수가 음이 아닌 매우 큰 정수값(예: 대학교 재학생 수)을 가진다면 연속형 변수로 간주하여 최소자승법으로 추정해도 무방하다. 하지만 종속변수가 음이 아닌 비교적 작은 정수값을 가질 때 최소자승법으로 예측한 종속변수는 음(-)의 값을 가질 수 있다.

2 포아송 회귀모형

종속변수가 가산형 변수일 때 적용할 수 있는 모형 중에 가장 기초적이며 편리한 모형이 포아송 회귀모형(Poisson regression model)이다. 특히, 포아송 회귀모형은 주어진 시간 내에 특정 사건이 발생할 횟수를 설명하는 데 유용하다. 포아송 회귀모형에서 종속변수 y가 특정 값(j)을 가질 확률은 다음과 같은 포아송 분포함수로 표현된다.

$$P(y=j)=\frac{e^{-\lambda}\lambda^{j}}{j!},\ \lambda>0,\ j=0,1,2,\cdots \tag{6-1}$$

여기서 $j!$는 j 계승(factorial)을 뜻한다. 식 (6-1)은 줄여서 $y \sim Poisson(\lambda)$로 표현한다.

포아송 회귀모형은 다른 모형과 구별되는 몇 가지 특징을 가진다. 첫째, $E(y)=Var(y)=\lambda$가 성립하기 때문에 종속변수 y의 분포가 균등산포(equidispersion)라는 특징을 갖는다. 하지만 실제 데이터 분석에서는 분산이 기대값보다 커지는 과대산포 $Var(y)>E(y)$이거나 또는 그 반대인 과소산포 $Var(y)<E(y)$를 보이기 때문에 균등산포 가정이 현실적으로 충족되지 않는 경우가 많다. 둘째, 포아송 회귀모형에서 y의 조건부 기대값은 $\lambda=E(y|X)=\exp(X\beta)$이다. 따라서 $X\beta$가 증가할 때 기대값과 분산이 덩달아 같이 커지게 된다. 이러한 측면에서 포아송 회귀모형의 오차는 이분산을 가진다.

2-1 추정과 해석

포아송 회귀모형은 최우추정법으로 추정한다. 포아송 회귀모형의 로그우도함수는 $\log L = \sum_{i=1}^{n} y_i X_i \beta - \exp(X_i \beta) - \ln(y_i !)$이다. 모형의 추정 과정에서 뉴톤-라프슨(Newton-Raphson) 방법과 같은 비선형함수의 최적화 알고리즘을 사용하여 로그우도함수 극대화의 1계조건 $\sum_{i=1}^{n}[y_i - \exp(X_i \beta)]X_i = 0$를 만족시키는 β값을 구한다.

포아송 회귀모형은 일반선형모형(GLM)에 속하기 때문에 이항선택모형의 추정과 마찬가지로 함수 glm을 사용하여 추정한다. 이항선택모형과 다른 점이 있다면 모형 추정식이 포아송 회귀모형임을 나타내기 위해 인자 family=poisson을 사용하는 것이다.

1) 사례연습: 20대 연령층 남자의 연간 체포횟수

포아송 회귀모형의 실습에 사용한 데이터 crime1은 1986년 한 해 동안 20대 연령층 남자의 체포 기록에 관한 자료로 패키지 wooldridge로부터 불러올 수 있다. 종속변수 narr86는 개인의 체포횟수이다. 체포횟수별 빈도수를 구해보면, 0인 경우가 전체 표본의 72.3% (=1970/2725)인 반면, 6회 이상인 경우는 8명으로 0.3%에 지나지 않는다. 이러한 종속변수의 분포 특성은 포아송 회귀모형이 적절함을 의미한다.

```
> data(crime1, package="wooldridge")
> cbind(Freq=table(crime1$narr86),
        percent=round(100*prop.table(table(crime1$narr86)),2),
        cumpercent=round(cumsum(100*prop.table(table(crime1$narr86))),2))

   Freq  percent  cumpercent
0  1970    72.29       72.29
1   559    20.51       92.81
2   121     4.44       97.25
3    42     1.54       98.79
4    12     0.44       99.23
5    13     0.48       99.71
6     4     0.15       99.85
7     1     0.04       99.89
9     1     0.04       99.93
10    1     0.04       99.96
12    1     0.04      100.00
```

설명변수는 과거에 유죄판결을 받은 체포 비율(pcnv), 평균 형량 개월 수(avgsen), 18세 이후 수감된 총 개월 수(tottime), 1986년 기간 동안 수감된 개월 수(ptime86), 1986년 취업한 분기 수(qemp86), 1986년 합법적인 소득액(inc86, 백 달러), 흑인 여부(black), 히스패닉 여부(hispan), 1960년 출생 여부(born60)이다.

포아송 회귀모형의 추정 결과인 [실습 6-1]을 보면, 계수 추정치 바로 아래에 "Dispersion parameter for poisson family taken to be 1"이라는 메시지가 등장한다. 이는 포아송 회귀모형의 계수값이 균등산포라는 가정하에서 추정되었음을 의미한다. 추정 결과에 따르면 대부분의 설명변수가 유의미한 것으로 나타난다.

실습 6-1 **포아송 회귀모형의 추정**

```
> reg_pois<-glm(narr86~pcnv+avgsen+tottime+ptime86+qemp86+inc86+
            black+hispan+born60, data=crime1, family=poisson)
> summary(reg_pois)
-- 중략 --
Coefficients:
             Estimate  Std. Error  z value  Pr(>|z|)
(Intercept) -0.599589    0.067250   -8.916   < 2e-16 ***
pcnv        -0.401571    0.084971   -4.726  2.29e-06 ***
avgsen      -0.023772    0.019946   -1.192    0.2333
tottime      0.024490    0.014750    1.660    0.0969 .
ptime86     -0.098558    0.020695   -4.763  1.91e-06 ***
qemp86      -0.038019    0.029024   -1.310    0.1902
inc86       -0.008081    0.001041   -7.762  8.34e-15 ***
black        0.660838    0.073834    8.950   < 2e-16 ***
hispan       0.499813    0.073927    6.761  1.37e-11 ***
born60      -0.051029    0.064052   -0.797    0.4256
---
Signif. codes: 0 '***' 0.001 '**' 0.01 '*' 0.05 '.' 0.1 ' ' 1

(Dispersion parameter for poisson family taken to be 1)

    Null deviance: 3208.5 on 2724 degrees of freedom
Residual deviance: 2822.2 on 2715 degrees of freedom
AIC: 4517.5

Number of Fisher Scoring iterations: 6
```

2) 계수 추정치의 해석

포아송 회귀모형에서 설명변수의 계수 추정치는 2가지로 해석할 수 있다. 첫 번째는 선형회귀모형에서처럼 한계효과의 의미로 해석하는 것이며, 두 번째는 로짓모형에서처럼 한계확률효과의 의미로 해석하는 것이다.

첫 번째, 한계효과부터 설명해보자. 연속형 설명변수 값이 한 단위 증가할 때 종속변수 y의 기대값 $E(y|X)$의 변화 정도를 나타내는 한계효과는 식 (6-2)로 표현할 수 있다.

$$\frac{\partial E(y \mid X)}{\partial x_j} = \exp(X\beta)\beta_j = E(y \mid X)\beta_j \tag{6-2}$$

한계효과는 설명변수의 특정 값(예: X의 평균값)에 대해 계산(이는 한계평균효과에 해당한다)하거나, 또는 각 관측치에 대해 구한 한계효과의 평균값으로 계산(이는 평균한계효과에 해당한다)할 수 있다.

식 (6-2)를 식 (6-3)과 같이 변형하면, 계수 추정치는 설명변수 x_j가 한 단위 증가할 때 $E(y|X)$의 변화율로 해석할 수 있다.

$$\frac{\partial E(y \mid X) / E(y \mid X)}{\partial x_j} = \beta_j \tag{6-3}$$

식 (6-3)은 준탄력성(semi-elasticity)으로, 여기에 100을 곱한 $100\times\beta_j$는 설명변수 x_j의 값이 한 단위 증가할 때 $E(y_i|X)$의 퍼센트 변화율을 나타낸다. $E(y_i|X)$의 퍼센트 변화율을 엄밀하게 계산하면 $100\times[\exp(\beta_j)-1]$이다. 왜냐하면 설명변수 x_j가 이산적인 변화를 가질 때 한계효과는 다음과 같이 계산하기 때문이다.

$$\begin{aligned}\frac{E(y \mid X+\Delta x_j)-E(y \mid X)}{E(y \mid X)} &= \frac{\exp(X\beta+\Delta x_j\beta_j)-\exp(X\beta)}{\exp(X\beta)} \\ &= \exp(\Delta x_j\beta_j)-1\end{aligned} \tag{6-4}$$

포아송 회귀모형에서 한계효과가 최소자승모형과 다른 점은 모형 추정식에 두 변수의 조합이 설명변수로 사용되지 않더라도 다음과 같이 결합효과를 구할 수 있다는 것이다.

$$\frac{\partial^2 E(y|X)}{\partial x_j \partial x_k} = \exp(X\beta)\beta_j\beta_k = E(y|X)\beta_j\beta_k$$

두 번째, 포아송 회귀모형에서 설명변수 x_k의 한계확률효과는 다음과 같이 계산한다.

$$\frac{\partial P(y=j|X)}{\partial x_k} = P(y=j|X)[j-\exp(X\beta)]\beta_k \tag{6-5}$$

설명변수 x_k의 한계확률효과는 j와 $\exp(X\beta)$의 상대적인 크기에 따라 달라지기 때문에 그 부호가 일률적이지 않다.

[실습 6-1]에서 유의미한 설명변수 가운데 연속형 변수인 pcnv와 더미변수인 black의 계수 추정치를 예로 들어 그 의미를 해석해보자. 먼저, 과거에 유죄판결을 받은 체포 비율을 나타내는 pcnv의 계수 추정치 -0.4015가 의미하는 바는 다음과 같다. pcnv가 10% 증가할 때 연간 체포횟수는 $0.1\times(\hat{\beta}_{pcnv}=-0.4015)=-0.0402$, 즉 4.02% 감소한다고 해석할 수 있다. 보다 엄밀하게 계산하면 연간 체포횟수는 $\exp(0.1\times-0.4015)-1=-0.0394$, 즉 3.94% 감소한다.

이번에는 계수값의 의미를 한계평균효과 관점에서 설명해보자. 식 (6-2)로 표현되는 한계효과를 구하려면, 먼저 y의 조건부 기대값을 구해야 한다. 포아송 회귀모형에서 y의 조건부 기대값 $\hat{\lambda}=E(y_j|\bar{X}\hat{\beta})=\exp(\bar{X}\hat{\beta})$은 다음과 같이 구할 수 있다.

```
> lamda<-predict(reg_pois, xm, type="response")
```

여기서 xm은 설명변수들의 평균값을 의미한다. [실습 6-2]의 첫째 줄에서 보듯이 각 설명변수의 평균값은 함수 colMeans로 쉽게 계산할 수 있다. 따라서 각 설명변수의 평균값에서 계산된 한계평균효과는 lamda*coef(reg_pois)["pcnv"]와 같이 계산한다. 이렇게 구한 한계평균효과는 -0.13219이다. 즉 pcnv가 10% 증가할 때 연간 체포횟수는 0.013회만큼 감소한다는 의미로 해석할 수 있다.

포아송 회귀모형에서 한계효과는 패키지 mfx의 함수 poissonmfx를 사용하면 보다 손쉽게 구할 수 있다. 설명변수들의 평균값에서 계산한 한계평균효과를 구하려면 기본값인 인자 atmean=TRUE를 적용한다. 반면, 각 관측치에 대해 구한 한계효과를 평균하여 계산한 평균한계효과를 구할 때에는 인자 atmean=FALSE를 적용한다. 이때 각 설명변수의 한계효과는 mfxest라는 이름의 벡터 형태로 저장된다.

다음으로, 더미변수 black의 계수 추정치(0.66084)가 가진 의미를 살펴보자. 함수 poissonmfx를 사용하여 더미변수의 한계효과를 계산할 때에는 주의해야 한다. 함수 poissonmfx는 born60처럼 하나의 더미변수가 1960년 출생 여부라는 범주를 나타낼 때에는 문제가 없으나, black, hispan처럼 둘 이상의 더미변수로 인종을 나타낼 때에는 정확한 한계효과 값을 계산하지 못한다. 3장에서 살펴본 바와 같이, 이러한 경우에는 함수 poissonmfx 대신에 공식 (6-6)을 적용하여 계산해야 한다.

$$\exp(\bar{X}_r\hat{\beta}_r | black=1, hispan=0) - \exp(\bar{X}_r\hat{\beta}_r | black=0, hispan=0) \qquad (6\text{-}6)$$

여기서 $\bar{X}_r\hat{\beta}_r$는 설명변수 black과 hispan이 특정 값을 가질 때의 $\bar{X}\hat{\beta}$값이다.

식 (6-6)의 값을 계산하기 위한 R 코드는 다음과 같다.

```
> predict(reg_pois, xmb, type="response") - predict(reg_pois, xmw, type="response")
```

여기서 xmb는 black = 1, hispan = 0이고 그 외의 다른 모든 변수들이 평균값을 가질 때의 $\bar{X}$값이다. 반면 xmw는 black = 0, hispan = 0이고 그 외의 다른 모든 변수들이 평균값을 가질 때의 $\bar{X}$값이다. 따라서 더미변수 black의 한계효과는 0.27712가 아니라 0.24856이 맞다. 한계효과 0.24856이 의미하는 바는 흑인이 백인이나 히스패닉에 비해 연간 체포횟수가 0.25회 정도 더 많다는 것이다. [실습 6-2]는 포아송 회귀모형에서 연속형 설명변수와 더미 설명변수의 한계효과를 구하는 방법을 정리한 것이다.

실습 6-2 포아송 회귀모형에서 종속변수의 기대값과 설명변수의 한계효과 계산하기

```
> xm<-colMeans(crime1[, c("pcnv", "avgsen", "tottime", "ptime86",
        "qemp86", "inc86", "black", "hispan", "born60")])
> xm<-as.data.frame(t(xm))
# 각 설명변수 평균값 xm에 대해 계산된 y의 기대값 구하기
> lamda<-predict(reg_pois, xm, type="response")
> lamda*coef(reg_pois)["pcnv"] # 각 설명변수 평균값에 계산된 한계평균효과
       1
-0.13219

# 함수 poissonmfx를 이용하여 한계평균효과 계산하기
> library(mfx)
> mfx_pois1<-poissonmfx(narr86~pcnv+avgsen+tottime+ptime86+qemp86+
        inc86+black+hispan+born60, data=crime1, atmean=TRUE)
> mfx_pois1$mfxest["pcnv",1]
[1] -0.13219

# 함수 poissonmfx를 이용하여 평균한계효과 계산하기
> mfx_pois2<-poissonmfx(narr86~pcnv+avgsen+tottime+ptime86+qemp86+
        inc86+black+hispan+born60, data=crime1, atmean=FALSE)
> mfx_pois2$mfxest["pcnv",1]
[1] -0.1623969
> avrg_lamda<-mean(predict(reg_pois, type="response"))
> avrg_lamda*coef(reg_pois)["pcnv"] # 공식을 이용하여 평균한계효과 계산하기
     pcnv
-0.1623969

# 더미 설명변수의 한계효과 계산하기
> xmr<-colMeans(crime1[, c("pcnv", "avgsen", "tottime", "ptime86",
        "qemp86", "inc86", "born60")])
> xmr<-as.data.frame(t(xmr))
> xmb<-mutate(xmr, black=1, hispan=0)
> xmw<-mutate(xmr, black=0, hispan=0)
> expb<-predict(reg_pois, xmb, type="response")
> expw<-predict(reg_pois, xmw, type="response")
> (mfx_black<- expb-expw)
      1
0.24856
> cbind(mfx_pois1$mfxest["black", 1], mfx_black)
    mfx_black
1 0.27712 0.24856
```

계수값을 해석하는 또 다른 방법은 각 설명변수에 대한 사건 발생률의 배율(incidence rate ratio, *IRR*)을 구하는 것이다. 연속형 설명변수의 경우 *IRR*은 설명변수가 한 단위 증가할 때 사

건 발생 평균 건수가 몇 배나 변하는가를 나타낸다. 연속형 설명변수 x_k의 *IRR*은 다음과 같이 계수 추정치의 지수값과 같다.

$$IRR_k = \frac{\exp(\bar{X}\hat{\beta} + (1)\hat{\beta}_k)}{\exp(\bar{X}\hat{\beta})} = \frac{\exp(\bar{X}\hat{\beta}) \times \exp(\hat{\beta}_k)}{\exp(\bar{X}\hat{\beta})} = \exp(\hat{\beta}_k) \tag{6-7}$$

반면, 더미 설명변수의 *IRR*은 두 집단의 사건 발생 평균 건수 비율을 의미하며 식 (6-7)과 다른 방식으로 계산한다. 예를 들어, 변수 black에 대한 *IRR*은 다음과 같다.

$$IRR_{black} = \frac{\exp(\bar{X}_r\hat{\beta}_r \mid black = 1, hispan = 0)}{\exp(\bar{X}_r\hat{\beta}_r \mid black = 0, hispan = 0)}$$

각 설명변수의 *IRR*은 패키지 `mfx`의 함수 `poissonirr`을 사용하면 쉽게 구할 수 있다.

```
> irr_coef<-poissonirr(narr86~pcnv+avgsen+tottime+ptime86+qemp86+
                       inc86+black+hispan+born60, data=crime1)
> cbind(irr_coef$irr["pcnv",1], exp(coef(reg_pois)["pcnv"]))
          [,1]       [,2]
pcnv  0.6692676  0.6692676
> cbind(irr_coef$irr["black",1], expb/expw)
          [,1]       [,2]
1       1.936414   1.936414
```

한계효과의 경우와 달리, 함수 `poissonirr`은 설명변수가 연속형인지 아니면 범주형인지에 관계없이 각 설명변수에 대해 정확한 *IRR*값을 제시해준다. 각 설명변수의 *IRR*값은 `irr`이라는 이름의 벡터 형태로 저장되어 있어 이를 다시 불러올 수 있다.

마지막으로, 설명변수의 계수 추정치를 토대로 설명변수가 한 단위 변할 때 체포횟수가 0일 확률에 미치는 한계효과를 구해보자. 예를 들어, pcnv가 한 단위 증가할 때 체포횟수가 0일 확률의 변화는 식 (6-5)로부터 다음과 같이 계산할 수 있다.

$$\frac{\partial P(y=0 \mid X)}{\partial x_{pcnv}} = P(y=0 \mid X) \times [0 - \overline{\exp(X\hat{\beta})}] \times \beta_{pcnv} = (-\overline{\exp(X\hat{\beta})}) \times (-\overline{\exp(X\hat{\beta})}) \times \beta_{pcnv}$$

$$= \exp(-0.4044) \times (-0.4044) \times (-0.4015) = 0.1084$$

여기서 $\overline{\exp(X\hat{\beta})}$는 조건부 기대값(평균 체포횟수)을 의미하며 $\sum_{i=1}^{N}\exp(X_i\hat{\beta})/N = 0.4044$이다. 따라서 pcnv가 10% 증가할 때 체포횟수가 0일 확률은 1.08%포인트 증가한다.

```
> exp(-avrg_lamda)*-avrg_lamda*coef(reg_pois)["pcnv"]
     pcnv
0.1083796
```

2-2 균등산포가 아닌 포아송 회귀모형의 교정

포아송 회귀모형의 기본 가정인 균등산포가 실제로 충족되지 않는 경우가 많다. 이러한 경우에 이를 교정하는 방법으로 다음 3가지가 있다.

첫 번째, 균등산포 가정이 의심스러운 경우에도 y의 조건부 기대값을 나타내는 방정식이 올바르다면 포아송 회귀모형의 추정량은 일치추정량이다. 하지만 계수 추정치의 표준오차와 그에 기초한 통계적 추론은 더 이상 유효하지 않다. 이러한 경우에는 패키지 sandwich에서 제공하는 이분산에 견고한 표준오차 추정치(vcovHC)를 적용하여 계수 추정치의 표준오차를 교정할 필요가 있는데 그 결과가 [실습 6-3]이다.

실습 6-3 포아송 회귀모형에서 계수값의 표준오차 교정하기

```
> library(sandwich)
> library(lmtest)
> coeftest(reg_pois, vcov=vcovHC)

z test of coefficients:

              Estimate  Std. Error  z value   Pr(>|z|)
(Intercept) -0.5995888   0.0896388  -6.6889  2.248e-11 ***
pcnv        -0.4015713   0.1017237  -3.9477  7.892e-05 ***
avgsen      -0.0237723   0.0250408  -0.9493     0.3424
tottime      0.0244904   0.0219130   1.1176     0.2637
ptime86     -0.0985584   0.0226814  -4.3453  1.391e-05 ***
qemp86      -0.0380187   0.0343085  -1.1081     0.2678
inc86       -0.0080807   0.0012315  -6.5619  5.312e-11 ***
black        0.6608376   0.0999166   6.6139  3.743e-11 ***
hispan       0.4998133   0.0928685   5.3819  7.368e-08 ***
born60      -0.0510286   0.0815749  -0.6255     0.5316
---
Signif. codes: 0 '***' 0.001 '**' 0.01 '*' 0.05 '.' 0.1 ' ' 1
```

두 번째 방법은 포아송 회귀모형을 추정하되 산포도를 나타내는 파라미터(dispersion parameter) 값을 포아송 회귀모형의 경우와 같이 1의 값으로 고정하는 대신에 자료로부터 직접 추정하는 것이다. 이때 계수 추정치의 표준오차는 추정된 산포도 파라미터 값에 의해 교정된다. 이러한 방식으로 교정한 포아송 회귀모형을 준포아송(quasi-Poisson) 회귀모형이라 부른다.

준포아송 회귀모형을 추정하려면 인자 `family=quasipoisson`을 사용하면 된다. [실습 6-4]에서 계수 추정치 아래쪽에 'Dispersion parameter for quasipoisson family taken to be 1.516789'라는 메시지를 확인할 수 있다. 이는 산포도 파라미터 추정값이 1.517임을 의미한다. 또한 [실습 6-1]과 비교할 때 계수값의 표준오차가 다름을 알 수 있다.

실습 6-4 준포아송 회귀모형의 추정

```
> reg_qpois<-glm(narr86~pcnv+avgsen+tottime+ptime86+qemp86+inc86+
                 black+hispan+born60, data=crime1, family=quasipoisson)
> summary(reg_qpois)
--중략--
Coefficients:
              Estimate  Std. Error  t value   Pr(>|t|)
(Intercept)  -0.599589   0.082824   -7.239   5.84e-13 ***
pcnv         -0.401571   0.104649   -3.837   0.000127 ***
avgsen       -0.023772   0.024565   -0.968   0.333268
tottime       0.024490   0.018166    1.348   0.177732
ptime86      -0.098558   0.025487   -3.867   0.000113 ***
qemp86       -0.038019   0.035746   -1.064   0.287609
inc86        -0.008081   0.001282   -6.303   3.40e-10 ***
black         0.660838   0.090933    7.267   4.77e-13 ***
hispan        0.499813   0.091047    5.490   4.40e-08 ***
born60       -0.051029   0.078885   -0.647   0.517768
---
Signif. codes: 0 '***' 0.001 '**' 0.01 '*' 0.05 '.' 0.1 ' ' 1

(Dispersion parameter for quasipoisson family taken to be 1.516789)
--이하 생략--
```

세 번째 방법은 분산이 평균을 초과하는 과대산포 정도를 고려한 회귀모형을 사용하여 계수값을 추정하는 것이다. 이러한 회귀모형의 하나가 음이항 회귀모형(negative binomial regression model, NB)이다. 음이항 회귀모형을 설명하기에 앞서 포아송 회귀모형의 과대산포 여부를 검정하는 방법에 대해 알아보자.

2-3 균등산포 검정

포아송 회귀모형이 균등산포를 가진다는 귀무가설에 대응하는 대립가설로 다음 2가지를 고려할 수 있다.

$$Var(y|X) = \lambda + \alpha\lambda^2 \tag{6-8}$$

$$Var(y|X) = \lambda + \alpha\lambda = (1+\alpha)\lambda \tag{6-9}$$

식 (6-8)의 첫 번째 대립가설은 이차함수 형태의 분산을 가지는 NB2 모형에 해당한다. 반면 식 (6-9)의 두 번째 대립가설은 선형함수 형태의 분산을 가지는 NB1(또는 준포아송) 모형에 해당한다. 이때 $(1+\alpha)$는 준포아송 모형의 산포도를 나타내는 파라미터 값이다. α는 $[(y-\hat{\lambda})^2 - y]/\hat{\lambda}$를 $\hat{\lambda}$에 대해 보조최소자승(auxiliary OLS) 회귀분석을 하여 추정할 수 있다. 추정된 α값의 유의성 여부는 t 검정으로 판정할 수 있는데, α값이 0보다 크다면 과대산포를, 0보다 작다면 과소산포를 의미한다.

포아송 회귀모형의 균등산포 여부는 [실습 6-5]에서와 동일하게 패키지 `AER`의 함수 `dispersiontest`에 의해 검정할 수 있다. 예를 들어, 귀무가설 (6-9)에 대응하는 균등산포의 검정은 `dispersiontest(reg_pois)` 또는 `dispersiontest(reg_pois, alternative=c("greater"))`를 이용해 실행할 수 있다. 균등산포의 검정 결과와 함께 dispersion 값이 생성되는데, 이는 산포도 파라미터 $(1+\alpha)$의 추정치를 의미한다. 귀무가설 (6-8)에 대응하는 균등산포의 검정은 `dispersiontest(reg_pois, trafo=2)`로 실행할 수 있는데, 포아송 분포의 분산을 나타내는 함수의 차수를 의미하는 인자 `trafo`를 사용하여 검정하려는 α값을 직접 지정할 수도 있다. 이 검정 방법은 검정 결과와 함께 α의 추정치를 제시해준다.

실습 6-5 **포아송 회귀모형의 균등산포 검정**

```
> library(AER)
> dispersiontest(reg_pois)

        Overdispersion test

data: reg_pois
z = 4.1003, p-value = 2.063e-05
alternative hypothesis: true dispersion is greater than 1
sample estimates:
dispersion
  1.500054

> dispersiontest(reg_pois, trafo=2)

        Overdispersion test

data: reg_pois
z = 4.8183, p-value = 7.239e-07
alternative hypothesis: true alpha is greater than 0
sample estimates:
   alpha
1.245731
```

[실습 6-1]에서 추정한 연간 체포횟수에 대한 포아송 회귀모형의 균등산포 여부를 검정한 결과, 귀무가설은 선형함수나 이차함수 형태의 분산에 대해 모두 기각되었다. 이러한 점은 체포횟수 자료에 상당 정도의 과대산포가 있음을 의미한다. 과대산포의 문제는 연구자가 관측할 수 없는 이질적인 특성(unobserved heterogeneity)으로 인해 발생할 수 있다. 예를 들어, 이질성을 나타내는 확률변수 υ가 종속변수 y의 변동성을 증가시킨다면 $y \sim Poisson(\lambda\upsilon)$가 된다. $E(\upsilon)=1$, $Var(\upsilon)=\sigma^2$이라고 가정할 때 y의 기대값과 분산을 구해보면 여전히 $E(y)=\lambda$이지만 $Var(y)=\lambda(1+\lambda\sigma^2) > E(y)=\lambda$로 과대산포 문제가 발생하게 된다. 이러한 경우 포아송 회귀모형은 더 이상 적합하지 않기 때문에 과대산포를 명시적으로 고려한 모형을 추정할 필요가 있다.

3 음이항 회귀모형

포아송 회귀모형의 과대산포 문제를 해결하는 방법은 평균과 분산이 동일하지 않은 좀 더 유연한 분포를 고려하는 것이다. 이러한 분포함수 가운데 가장 널리 사용하는 것이 다음과 같은 음이항 분포(negative binomial distribution) 함수이다.

$$\Pr(Y=y\,|\,\lambda,\alpha)=\frac{\Gamma(\alpha^{-1}+y)}{\Gamma(\alpha^{-1})\Gamma(y+1)}\left(\frac{\alpha^{-1}}{\alpha^{-1}+\lambda}\right)^{\alpha^{-1}}\left(\frac{\lambda}{\lambda+\alpha^{-1}}\right)^{y} \tag{6-10}$$

식 (6-10)에서 α는 산포도를 나타내는 파라미터와 관련되며 $\Gamma(\,)$는 감마함수를 나타낸다. 따라서 식 (6-10)은 포아송 분포와 감마 분포를 혼합한 형태라고 할 수 있다. 음이항 분포는 y의 변동성을 증폭시키는 이질성을 나타내는 확률변수 υ가 감마분포 $\upsilon\sim\Gamma(1,\alpha)$를 따른다는 가정하에 유도된 함수이다. 음이항 분포는 포아송 분포와 동일한 기대값 $E(y\,|\,\lambda,\alpha)=\lambda$을 가지나, 분산은 $Var(y\,|\,\lambda,\alpha)=\lambda(1+\alpha\lambda)$로 다소 다르다.

음이항 회귀모형은 포아송 회귀모형처럼 $\lambda=\exp(X\beta)$를 가정하지만, 이차함수 형태의 분산을 가정하여 α를 추정한다. 음이항 회귀모형은 패키지 MASS의 함수 `glm.nb`를 사용해 추정하며 α가 아닌 $\theta=1/\alpha$의 추정치를 제공한다. 만약, 사전에 θ값을 안다면 함수 `glm`을 이용하되 인자 `family=negative.binomial(theta= )`를 추가하여 음이항 회귀모형을 추정할 수 있다. 사전에 θ값을 알지 못한다면 `glm.nb`를 이용한다.

```
> glm.nb(narr86~pcnv+avgsen+tottime+ptime86+qemp86+inc86+black+hispan+born60, data=crime1)
```

```
> glm(narr86~pcnv+avgsen+tottime+ptime86+qemp86+inc86+black+hispan+born60,
        family=negative.binomial(theta=2), data=crime1)
```

[실습 6-6]은 음이항 회귀모형의 추정 결과를 포아송 회귀모형 준포아송 회귀모형의 추정 결과와 비교한 것이다. 음이항 회귀모형의 산포도를 나타내는 파라미터 값은 $\hat{\theta}=1.077(\hat{\alpha}=0.9285)$로 나타나 앞에서 실행한 과대산포 검정 결과와 동일하게 체포횟수 자료에 상당 수준의 과대산포가 있음을 보여준다. 로그우도값 측면에서 음이항 회귀모형이 포아송

회귀모형보다 더 낫다는 사실을 확인할 수 있다. 하지만 세 모형의 계수 추정치는 모두 동일한 부호를 가지며 크기 측면에서 큰 차이가 없다.

실습 6-6 **음이항 회귀모형의 추정과 비교**

```
> library(MASS)
> reg_nb<-glm.nb(narr86~pcnv+avgsen+tottime+ptime86+qemp86+inc86+
             black+hispan+born60, data=crime1)
> stargazer(list(reg_pois, reg_qpois, reg_nb), type="text", digit=5)
=============================================================
                        Dependent variable:
            -------------------------------------------------
                              narr86
            Poisson  glm: quasipoisson  negative
                         link = log     binomial
              (1)           (2)            (3)
-------------------------------------------------------------
pcnv        -0.402***     -0.402***     -0.477***
            (0.085)       (0.105)       (0.101)

avgsen      -0.024        -0.024        -0.017
            (0.020)       (0.025)       (0.026)

tottime      0.024*        0.024         0.020
            (0.015)       (0.018)       (0.019)

ptime86     -0.099***     -0.099***     -0.107***
            (0.021)       (0.025)       (0.024)

qemp86      -0.038        -0.038        -0.050
            (0.029)       (0.036)       (0.035)

inc86       -0.008***     -0.008***     -0.008***
            (0.001)       (0.001)       (0.001)

black        0.661***      0.661***      0.656***
            (0.074)       (0.091)       (0.092)

hispan       0.500***      0.500***      0.505***
            (0.074)       (0.091)       (0.089)

born60      -0.051        -0.051        -0.046
            (0.064)       (0.079)       (0.077)
```

```
Constant         -0.600***         -0.600***          -0.564***
                 (0.067)           (0.083)            (0.081)

-------------------------------------------------------------------
Observations      2,725             2,725              2,725
Log Likelihood  -2,248.761                           -2,158.628
theta                                              1.077*** (0.126)
Akaike Inf. Crit. 4,517.522                           4,337.256
========================================================================
Note:                  *p<0.1; **p<0.05; ***p<0.01
```

1) 0의 발생 건수에 대한 모형별 예측력

포아송 회귀모형과 음이항 회귀모형으로 체포횟수별 예측치를 추정한 결과가 [실습 6-7]이다. obs는 체포횟수별로 관측된 발생 건수이며, est_pois와 est_nb는 각각 포아송 회귀모형과 음이항 회귀모형에 의해 예측한 체포횟수별 발생 건수이다.

함수 dpois(x, predict(reg_pois, type="response"))는 포아송 회귀모형의 추정 결과를 토대로 관측치별로 체포횟수가 x일 확률을 계산한다. 이때 dpois는 포아송 분포의 확률밀도함수값을 계산하는 함수이며, 포아송 분포의 평균값으로 predict(reg_pois, type="response")가 지정된다.

함수 dnbinom(x,mu=predict(reg_nb,type="response"),size=reg_nb$theta)는 음이항 회귀모형의 추정 결과로부터 관측치별로 체포횟수가 x일 확률을 계산한다. 이때 dnbinom은 음이항 분포의 확률밀도함수값을 계산하는데 mu는 음이항 분포의 평균값을 의미하며 size는 산포 정도를 나타낸다.

함수 sum()은 관측치별로 계산된 확률의 합계를 구하는 함수이기 때문에 체포횟수 x의 각 값에 대해 발생 건수의 예측치를 계산해준다.

체포횟수가 0일 때 예측 결과를 보면 포아송 회귀모형의 경우는 실제 관측치보다 5% 적은 반면, 음이항 회귀모형의 경우 0.8% 더 많게 예측하고 있다. 이러한 결과는 체포횟수 자료의 경우에 포아송 회귀모형이나 음이항 회귀모형에 의한 예측이 그리 문제되지 않음을 의미한다.

실습 6-7 **포아송 회귀모형과 음이항 회귀모형에서 체포횟수별 예측치 구하기**

```
> rbind(obs=table(crime1$narr86) [1:11],
      est_pois=round(sapply(c(0:7,9,10,12), function(x)
         sum(dpois(x, predict(reg_pois, type="response"))))),
      est_nb=round(sapply(c(0:7,9,10,12), function(x)
         sum(dnbinom(x,mu=predict(reg_nb, type="response"),size=reg_nb$theta))))
      )
            0    1    2   3   4   5  6  7  9  10  12
obs      1970  559  121  42  12  13  4  1  1   1   1
est_pois 1869  657  160  32   6   1  0  0  0   0   0
est_nb   1987  505  151  51  19   7  3  1  0   0   0
```

2) 사례연습: 연간 레저용 보트여행횟수

하지만 0의 발생 건수에 대한 두 모형의 예측 결과가 크게 달라지는 경우도 있다. 이에 관한 사례를 살펴보자. [실습 6-8]에서 사용할 가산자료는 데이터 RecreationDemand이다. 이 데이터는 미국 텍사스 동부에 거주하며 등록된 레저용 보트를 소유한 2,000명을 대상으로 썸머빌 호수(Lake Somerville)로의 보트여행횟수를 설문조사한 횡단면 자료이다. 이 데이터는 659명에 대한 보트여행횟수(trips), 시설 만족도(quality, 5점 리커드 척도), 수상스키 이용 여부(ski), 연간소득(income, 천 달러), 연간 호수이용료 납부 여부(userfee), 콘로우 호수(Lake Conroe) 여행 시 지출비용(costC), 썸머빌 호수 여행 시 지출비용(costS), 휴스턴 호수(Lake Houston) 여행 시 지출비용(costH)에 대한 측정값을 포함한다. 데이터 RecreationDemand는 패키지 AER에서 불러올 수 있다

이 데이터에서 여행횟수는 0~12, 15, 16, ⋯, 50, 88회로 나타나는데 여행횟수가 0인 빈도, 즉 썸머빌 호수에 보트여행을 간 적이 없다고 응답한 비율이 63.28%로 매우 높다. 여행횟수 0~9회에 대해 실제 관측된 발생 건수와 두 모형으로부터 예측한 발생 건수를 비교해보자. 여행횟수 0회에 대한 예측 결과를 보면 음이항 회귀모형의 경우는 423개로 실제 횟수 417개와 큰 차이를 보이지 않는다. 반면, 포아송 회귀모형의 예측 결과는 상당히 문제가 있다. 왜냐하면 여행횟수 0의 예측 비율이 42%(=277/659)로 나타나 실제 비율 63.28%(=417/659)와 크게 다르기 때문이다. 이러한 결과는 포아송 회귀모형은 설명변수만을 사용하여 예측하기 때문에, 0의 여행횟수 빈도가 상대적으로 높을 때 이를 예측하는 것이 쉽지 않음을 보여준다.

실습 6-8 **포아송 회귀모형과 음이항 회귀모형의 여행횟수별 예측빈도 구하기**

```
> data(RecreationDemand, package="AER")
> rd_pois<-glm(trips~quality+ski+income+userfee+costC+costS+costH,
                    family=poisson, data=RecreationDemand)
> rd_nb<-glm.nb(trips~quality+ski+income+userfee+costC+costS+costH,
                    data=RecreationDemand)
> rbind(obs=table(RecreationDemand$trips) [1:10],
        est_pois=round(sapply(0:9, function(x)
        sum(dpois(x, predict(rd_pois, type="response"))))),
        est_nb=round(sapply(0:9, function(x)
        sum(dnbinom(x,mu=predict(rd_nb, type="response"),size=rd_nb$theta)))))
             0   1   2   3   4   5   6   7   8  9
obs        417  68  38  34  17  13  11   2   8  1
est_pois   277 146  68  41  30  23  17  13  10  7
est_nb     423  81  33  20  14  11   9   7   6  5
```

4 영-과잉 모형

앞에서 살펴본 바와 같이 0의 값이 포아송 회귀모형에 비해 과도하게 많은 가산자료를 분석하기 위한 용도로 고안된 모형이 영-과잉(zero-inflated) 모형이다. 이 모형은 가산자료모형을 확률밀도함수 $f_1(\bullet)$을 가진 이항선택모형의 형태로 보완한 것으로, 다음과 같은 확률밀도함수를 가진다.

$$f(y)=\begin{cases} f_1(0)+[1-f_1(0)]f_2(0) & \text{if } y=0 \\ [1-f_1(0)]f_2(y) & \text{if } y\geq 1 \end{cases} \tag{6-11}$$

식 (6-11)에서 $f_1(0)$은 이항선택 과정에서 가산 종속변수 y의 값이 0일 확률을 나타내며 $f_2(y)$는 y의 가산 확률밀도함수(예: 포아송 분포함수)를 나타낸다. 이를 좀 더 자세히 알아보자.

식 (6-11)의 첫 번째 식은 y가 0의 값을 가지는 경우가 서로 다른 두 과정으로부터 발생함을 의미한다. 첫째는 이항선택 과정 $f_1(0)$에서 발생한다. 둘째는 이항 확률변수가 1의 값을 가질 때(즉 $f_1(1)=1-f_1(0)$일 때) 가산 과정 $f_2(0)$로부터 발생한다. 종속변수 trips를 예로 들면, 썸머빌 호수로의 보트여행횟수가 0인 경우는 2가지로 설명할 수 있다. 첫째는 이항선택 과정으로 썸머빌 호수로 보트여행을 전혀 가지 않는 경우이다(즉, 이 사람은 항상 다른 호수, 예를 들면 콘로우나 휴스턴 호수로 보트여행을 간다). 둘째는 썸머빌 호수로 보트여행을 가지만(즉, 이항선택 과정에서 1의 값을 가지지만) 설문조사 기간 중에는 보트여행을 하지 않았거나 다른 호수로 보트 여행을 가서 0으로 기록된 경우이다.

식 (6-11)의 두 번째 식은 이항선택 과정에서 $f_1(1)$이 1의 값을 가진다면(즉, 썸머빌 호수로 보트여행을 간다면), y는 가산 확률밀도함수 $f_2(y)$로부터 1, 2, 3, 4와 같은 가산값을 갖게 됨을 의미한다.

식 (6-11)로부터 $f_2(y) = \exp(X\beta)$일 때 영-과잉 모형에서 y의 조건부 기대값은 $E(y|X)$ $[1 - f_1(0|X)] \times \exp(X\beta)$이다.

4-1 추정 방법

영-과잉 모형의 추정은 [실습 6-9]에서 보듯이 패키지 pscl의 함수 zeroinfl을 사용한다. 이항선택모형의 설정은 인자 link를, 가산선택모형의 설정은 인자 dist를 사용한다. 모형의 공식에서 기호 ~ 다음에 가산선택모형의 설명변수를 먼저 쓰고, 그다음에 이항선택모형의 설명변수를 쓴다. 두 모형의 설명변수는 기호 |로 서로 구분한다. 이때 가산선택 과정과 이항선택 과정을 설명하는 변수가 서로 동일할 필요는 없다. 이항선택 과정의 설명변수로 상수항만을 사용하고자 할 경우, 달리 말해 이항선택확률을 모는 관측치에 대해 동일하게 설정하려면, 기호 | 다음에 숫자 1을 추가하면 된다. 영-과잉 포아송 모형과 영-과잉 음이항 모형을 추정하기 위한 함수 zeroinfl은 인자 dist의 값만 다르게 지정할 뿐, 그 외 나머지 부문은 모두 동일하다.

영-과잉 모형에서 이항선택모형은 로짓모형 또는 프로빗모형과 달리 종속변수가 0의 값을 가질 확률을 추정한다. 따라서 가산선택모형과 이항선택모형에 동일한 설명변수를 사용하면 계수값 부호가 서로 바뀌는 점을 주의해야 한다.

[실습 6-9]는 데이터 RecreationDemand에 영-과잉 포아송(이를 줄여서 ZIP라고 한다) 모형을 추정한 결과다. 이항선택모형으로 로짓모형(link="logit")을 택하고, 가산선택모형으로 포아송 회귀모형(dist="poisson")을 선택하였다. 보트여행 여부를 결정하는 이항선택모형의 설명변수로 income, quality만을 사용하였다. 추정 결과는 크게 두 부분으로 나뉜다. 첫 번째 부분은 가산선택모형의 추정 결과이며, 두 번째 부분은 이항선택모형의 추정 결과다.

실습 6-9 **영-과잉 포아송 모형의 추정**

```
> library(pscl)
> rd_zipo<-zeroinfl(trips~quality+ski+income+userfee+costC+costS+costH |
                        quality+income, link="logit", dist="poisson",
                    data=RecreationDemand)
> summary(rd_zipo)
-- 중략 --
Count model coefficients (poisson with log link):
             Estimate  Std. Error  z value   Pr(>|z|)
(Intercept)  2.099162    0.111397   18.844    < 2e-16 ***
quality      0.033833    0.023914    1.415      0.157
skiyes       0.471691    0.058187    8.106   5.21e-16 ***
income      -0.099780    0.020779   -4.802   1.57e-06 ***
userfeeyes   0.610488    0.079435    7.685   1.53e-14 ***
costC        0.002369    0.003818    0.620      0.535
costS       -0.037600    0.002038  -18.454    < 2e-16 ***
costH        0.025234    0.003355    7.522   5.40e-14 ***

Zero-inflation model coefficients (binomial with logit link):
             Estimate  Std. Error  z value   Pr(>|z|)
(Intercept)   3.29191     0.51608    6.379   1.79e-10 ***
quality      -1.91407     0.20619   -9.283    < 2e-16 ***
income       -0.04502     0.10797   -0.417      0.677
---
Signif. codes: 0 '***' 0.001 '**' 0.01 '*' 0.05 '.' 0.1 ' ' 1
--이하 생략--
> rd_zinb<-zeroinfl(trips~quality+ski+income+userfee+costC+costS+costH |
                        quality+income, link="logit", dist="negbin",
                    data=RecreationDemand)
```

4-2 다른 가산자료모형과의 설명력 비교

지금까지 배운 가산자료모형의 설명력을 서로 비교해보자. 가산자료모형을 추정하면 로그우도 값과 함께 제공되는 통계량인 AIC, BIC 값을 가지고 모형 비교를 어느 정도 할 수 있다. 이들 통계량은 패키지 vcdExtra의 함수 LRstats를 이용하면 쉽게 구할 수 있다. AIC 값을 기준으로 할 때 모형의 적합도는 포아송 회귀모형이 가장 낮은 반면, 영-과잉 음이항 모형이 가장 높다고 할 수 있다.

```
> library(vcdExtra)
> LRstats(rd_pois, rd_nb, rd_zipo, rd_zinb, sortby = "AIC")
Likelihood summary table:
             AIC      BIC   LR Chisq   Df   Pr(>Chisq)
rd_pois   3074.9   3110.8     3058.9  651    < 2.2e-16 ***
rd_zipo   2383.6   2433.0     2361.6  648    < 2.2e-16 ***
rd_nb     1669.1   1709.5     1651.1  651    < 2.2e-16 ***
rd_zinb   1467.9   1521.8     1443.9  647    < 2.2e-16 ***
---
Signif. codes: 0 '***' 0.001 '**' 0.01 '*' 0.05 '.' 0.1 ' ' 1
```

가산자료모형이 서로 내포 관계에 있다면, *LR* 검정을 실행함으로써 어느 모형이 참 모형에 더 가까운지를 판정할 수 있다. 예를 들면, 포아송 회귀모형은 음이항 모형의 특수한 경우(즉 $\theta \to \infty$)이기 때문에 두 모형은 서로 내포(nested) 관계에 있다. 또한 영-과잉 포아송 모형과 영-과잉 음이항 모형도 서로 내포 관계에 있다. 하지만 포아송 모형, 영-과잉 모형, (나중에 설명할) 허들 가산모형은 서로 내포 관계를 갖지 않는다. 이러한 경우에는 통상적인 *LR* 검정이나 *F* 검정을 사용하여 모형 간 비교 검정을 할 수 없다. 아래의 두 검정 결과에 따르면, 포아송 모형보다는 음이항 모형이 더 적합하다.

```
> library(lmtest)
> lrtest(rd_pois, rd_nb)
--중략--
  #Df    LogLik  Df   Chisq   Pr(>Chisq)
1   8  -1529.43
2   9   -825.56   1  1407.7    < 2.2e-16 ***
---
Signif. codes: 0 '***' 0.001 '**' 0.01 '*' 0.05 '.' 0.1 ' ' 1
> lrtest(rd_zipo, rd_zinb)
--중략--
  #Df    LogLik  Df   Chisq   Pr(>Chisq)
1  11  -1180.80
2  12   -721.95   1  917.69    < 2.2e-16 ***
---
Signif. codes: 0 '***' 0.001 '**' 0.01 '*' 0.05 '.' 0.1 ' ' 1
```

부웅 검정(Vuong test)은 두 모형이 서로 내포 관계를 가지지 않을 때 비교 검정에 사용하는 방법이다. 부웅 검정으로 통상적인 포아송 회귀모형과 영-과잉 포아송 모형을 비교해보자. R에서 부웅 검정은 패키지 pscl의 함수 vuong(모형 1, 모형 2)으로 실행한다. 검정통계량 값이 음(-)의 값으로 유의미하다면 모형 2가 더 낫다고 판정한다. 검정 결과에 따르면 귀무가설이 모두 기각되어 영-과잉 포아송 모형이 통상적인 포아송 회귀모형보다 나음을 보여준다.[1]

```
> vuong(rd_pois, rd_zipo)
Vuong Non-Nested Hypothesis Test-Statistic:
(test-statistic is asymptotically distributed N(0,1) under the
 null that the models are indistinguishible)
------------------------------------------------------------
              Vuong z-statistic             H_A    p-value
Raw                   -3.711227  model2 > model1 0.00010313
AIC-corrected         -3.679292  model2 > model1 0.00011694
BIC-corrected         -3.607587  model2 > model1 0.00015453
```

그다음으로 0의 발생건수를 예측하는 성능을 모형별로 비교해보자. 함수 predict를 사용하면 다음과 같이 영-과잉 모형의 추정 결과(rd_zipo)로부터 다양한 값을 계산할 수 있다.

- predict(rd_zipo, type="response"): 각 관측치에 대해 y의 기대값(평균 여행횟수)을 계산해준다.
- predict(rd_zipo, newdata, type="response"): newdata의 각 값에 대해 평균 여행횟수를 계산해준다.
- predict(rd_zipo, type="prob"): 각 관측치에 대해 여행횟수별 예측확률을 계산해준다.
- predict(rd_zipo, type="count"): 각 관측치에 대해 예측된 평균 여행횟수를 계산해준다.

영-과잉 모형에서 함수 predict(rd_zipo, type="prob")를 이용하여 각 관측치에 대해 여행횟수별로 예측확률을 계산한 다음, 이를 각 관측치에 대해 합하면 여행횟수별 빈도를 구할 수 있다. 이때 첫 열은 여행횟수 0에 대한 빈도가 된다. 이러한 방식으로 영-과잉 모형에서 예측한 0의 발생빈도를 다른 가산자료모형의 결과와 비교한 것이 [실습 6-10]이다. 통상적인 포아송 회귀모형을 제외한 나머지 모형들은 0의 빈도를 비교적 실제 빈도에 가깝게 추정하고 있는데, 영-과잉 포아송 모형의 예측 결과가 좀 더 양호하다.

---

1 영-과잉 포아송 모형을 대상으로 부웅 검정을 하는 것이 잘못된 추론 결과를 초래할 수 있다는 연구 결과가 있다. 다음의 논문을 참조하라. Wilson, P. (2015). "The misuse of Vuong test for non-nested models to test for zero-inflation." *Economic Letters*, 127, 51-53.

실습 6-10 0의 발생빈도에 대한 가산자료모형의 예측력 비교

```
> round(c("Obs" = sum(RecreationDemand$trips == 0),
        "Poisson" = sum(dpois(0, fitted(rd_pois))),
        "NB" = sum(dnbinom(0, mu = fitted(rd_nb), size = rd_nb$theta)),
        "ZIP" = sum(predict(rd_zipo, type = "prob")[,1]),
        "ZINB" = sum(predict(rd_zinb, type = "prob")[,1])))
 Obs  Poisson  NB  ZIP  ZINB
 417      277 423  414   433
```

4-3 모형의 활용

1) 여행횟수 예측

영-과잉 포아송 모형에서 평균 여행횟수는 predict(rd_zipo, type="response")를 사용하거나, y의 조건부 기대값을 나타내는 공식 $E(y|X)[1-f_1(0|X)]\times\exp(X\beta)$를 이용하여 구할 수 있다. 또한 설명변수들의 특정 값이 변할 때 그에 따른 여행횟수의 변화를 추정할 수 있다.

[실습 6-11]은 연회비를 내는 여행객과 그러지 않는 여행객의 여행횟수가 시설 만족도가 증가할 때 어떻게 달라지는지를 분석한 것이다. 먼저, 범주형 변수 userfee와 ski를 수치형 변수로 전환한 후에 영-과잉 포아송 모형을 다시 추정하였다. 함수 expand.grid는 userfee값 (0, 1)과 quality값 (0, 1, 2, 3, 4, 5)의 각 조합에 대해 나머지 설명변수들은 모두 평균값을 가지는 데이터프레임 ndata를 생성한다. 함수 predict를 ndata에 적용하면, 변수 userfee와 quality 값의 변화에 따른 여행횟수를 예측할 수 있다.

[그림 6-1]은 함수 ggplot(ndata, ...)의 실행 결과다. 다른 모든 변수의 값이 평균값을 가질 때, 시설 만족도가 증가함에 따라 연회비를 내는 여행객(userfee = 1)이 그러지 않는 여행객(userfee = 0)에 비해 여행횟수가 큰 폭으로 늘어나는 것을 알 수 있다.

실습 6-11 영-과잉 모형에서 여행횟수 예측하기

```
> RecreationDemand$ski<-ifelse(RecreationDemand$ski=="yes",1,0)
> RecreationDemand$userfee<-ifelse(RecreationDemand$userfee=="yes",1,0)
> rd_zipo<-zeroinfl(trips~quality+ski+income+userfee+costC+costS+costH |
        quality+income, link="logit", data=RecreationDemand, dist="poisson")
> mean(predict(rd_zipo, type="response")) #평균 여행횟수 구하기
[1] 2.169085
```

```
# y의 조건부 기대값을 구하는 공식을 사용하여 평균 여행횟수 구하기
> xm2_1<-RecreationDemand[, c("quality")]
> xm2_2<-RecreationDemand[, c("income")]
> zr<-coef(rd_zipo)[9]+coef(rd_zipo)[10]*xm2_1+coef(rd_zipo)[11]*xm2_2
> mean((1-plogis(zr))*predict(rd_zipo, type="count"))
[1] 2.169085

# 특정 계층에 대한 평균 여행횟수 구하기
> ndata<-expand.grid(list(quality=0:5, ski=mean(RecreationDemand$ski),
                   income=mean(RecreationDemand$income), userfee=0:1,
                   costC=mean(RecreationDemand$costC),
                   costS=mean(RecreationDemand$costS),
                   costH=mean(RecreationDemand$costH)))
> yhat<-predict(rd_zipo, ndata, type="response")
> ggplot(ndata, aes(x=quality, y=yhat, color=factor(userfee))) +
        geom_point()+
        geom_line() +
        labs(x="Quality Ranking of Facilities", y="Predicted Trips") +
        theme_classic()
```

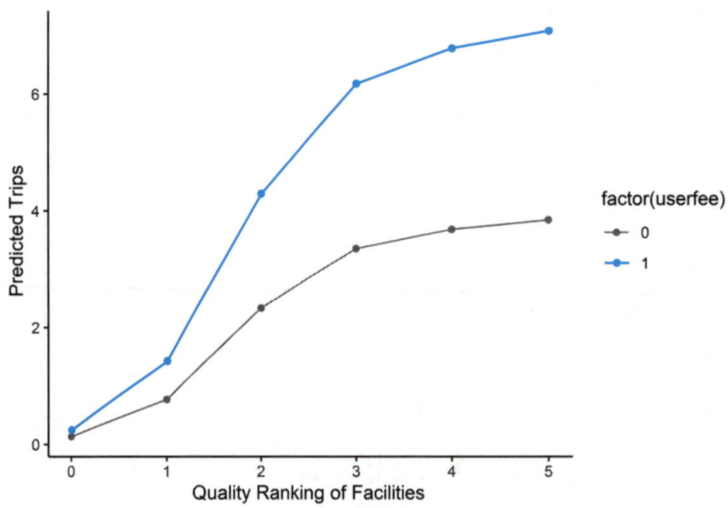

[그림 6-1] 연회비 납부 여부에 따른 시설 만족도 증가 시 여행횟수의 변화

2) 설명변수의 한계효과 구하기

설명변수의 평균한계효과는 패키지 margins의 함수 margins를 이용하면 쉽게 추정할 수 있다. 모형 추정식에서 더미변수를 factor(ski)와 같은 형태로 사용하면 더미변수의 평균한계

효과도 오류 없이 계산할 수 있다. [실습 6-12]의 아랫부분은 평균한계효과를 구할 때 패키지를 이용하는 경우와 공식을 적용하는 경우를 서로 비교한 것이다.

실습 6-12 영-과잉 모형에서 설명변수의 평균한계효과 구하기

```
# 패키지 margins를 이용하여 평균한계효과 계산하기
> library(margins)
> rd_zipo1<-zeroinfl(trips~quality+factor(ski)+income+factor(userfee)+
                costC+costS+costH | quality+income, link="logit",
                data=RecreationDemand, dist="poisson")
> margins(rd_zipo1)
Average marginal effects
zeroinfl(formula = trips ~ quality + factor(ski) + income +
        factor(userfee) + costC + costS + costH | quality + income,
        data = RecreationDemand, dist = "poisson", link = "logit")

 quality  income    costC     costS    costH  ski1  userfee1
  0.5317 -0.2057 0.005138 -0.08156 0.05473 1.066     1.729

# 공식을 사용하여 연속형 설명변수(income)의 평균한계효과 구하기
> rd_zipo<-zeroinfl(trips~quality+income+costC+costS+costH+ski+
                userfee | quality+income, link="logit",
                data=RecreationDemand, dist="poisson")
> Z <- model.matrix(rd_zipo$terms$zero, rd_zipo$model,
                contrasts = rd_zipo$contrasts$zero)
> Zr <- Z %*% rd_zipo$coefficients$zero
> mfx_income<-mean((1-plogis(Zr))* predict(rd_zipo, type="count")*
        coef(rd_zipo)["count_income"]+predict(rd_zipo, type="count")*
        (-dlogis(Zr))*coef(rd_zipo)["zero_income"])
> mfx_income
[1] -0.2056525

# 공식을 사용하여 더미 설명변수(userfee)의 평균한계효과 구하기
> X <- model.matrix(rd_zipo$terms$count, rd_zipo$model,
                contrasts = rd_zipo$contrasts$count)
> SX<-X[,1:7]
> X1<-cbind(SX,"userfeeyes"=c(1))
> X0<-cbind(SX,"userfeeyes"=c(0))
> XB1<-X1 %*% rd_zipo$coefficients$count
> XB0<-X0 %*% rd_zipo$coefficients$count
> mfx_userfee<-mean((1-plogis(Zr))*exp(XB1)-(1-plogis(Zr))*exp(XB0))
> mfx_userfee
[1] 1.728573
```

5 허들 가산모형

과도하게 많은(또는 과소하게 적은) 0의 값을 가지는 가산자료를 분석하기 위한 또 다른 모형이 허들 가산모형(hurdle count model)이다. 허들 가산모형은 특히 경제학 분야에서 영-과잉 모형보다 광범위하게 사용되고 있다. 허들 가산모형은 0과 양의 값을 가지는 횟수가 모두 동일한 데이터 생성 과정으로부터 발생한다는 가정을 완화하여, 각각 서로 다른 확률 과정을 통해 발생하다고 간주한다. 이러한 의미에서 허들 가산모형을 2부문(two-part) 모형이라고도 한다.

허들 가산모형에서 0의 값을 가지는 횟수는 확률밀도함수 $f_1(\bullet)$에 의해 결정된다. 그리하여 $\Pr(y=0)=f_1(0)$, $\Pr(y>0)=1-f_1(0)$이다. 반면 양의 값을 가지는 횟수는 1의 값에서 단절된 가산 확률밀도함수 $f_2(y \mid y>0)=\dfrac{f_2(y)}{1-f_2(0)}$로부터 생성된다. 확률의 합은 1이 되어야 하므로 여기에 $\Pr(y>0)$을 곱한다. 따라서 허들 가산모형에서 종속변수의 y 확률밀도함수는 다음과 같이 표현할 수 있다.

$$f(y)=\begin{cases} f_1(0) & \text{if } y=0 \\ \dfrac{1-f_1(0)}{1-f_2(0)} f_2(y) & \text{if } y \geq 1 \end{cases}$$

허들 가산모형에서 각 단계는 하나의 의사결정을 의미한다. 첫 단계의 의사결정은 횟수가 0의 허들(zero hurdle)을 넘느냐 그러지 못하느냐에 관한 것이다. 즉, 0의 허들모형이라 할 수 있다. 두 번째 단계의 의사결정은 0의 허들을 넘는 경우에 그 발생횟수가 얼마인가에 관한 것이다. 즉, 단절 가산모형이라 할 수 있다.

허들 가산모형을 적용하기에 적합한 현실 사례는 대단히 많다. 일례로 한국인의 흡연 실태를 분석한다고 하자. 이때 흡연자와 비흡연자 모두에 대해 하루 흡연량에 관한 설문조사를 할 것이다. 설문조사 결과에 허들 가산모형을 적용한다면, 모형 분석의 첫 단계에서는 흡연 여부를 분석하고 두 번째 단계에서는 흡연하는 사람만을 대상으로 하여 흡연의 양을 분석한다.

허들 가산모형은 의사결정 과정의 첫 단계와 두 번째 단계가 서로 무관하다고 가정한다. 이러한 가정으로 인해 허들 가산모형의 추정에 필요한 로그우도함수를 비교적 쉽게 도출할 수 있다. 추정 과정의 첫 단계에서는 표본의 모든 관측치를 사용하는 반면, 두 번째 단계에서는 y가 양의 값을 가지는 관측치만을 사용한다. 모형의 각 단계에 사용하는 설명변수들은 서로 동일하든 다르든 상관없다.

5-1 추정 방법

허들 가산모형의 추정은 패키지 pscl의 함수 hurdle을 사용한다.

```
hurdle( ~ | , data=NMES1988, dist="poisson", zero.dist="binomial " )
```

기호 ~ 다음에 단절 가산모형에 대한 설명변수들(X_2)을 먼저 설정하고 그다음에 0의 허들모형에 대한 설명변수들(X_1)을 설정하는데, 두 모형의 설명변수들은 기호 |로 구분한다. 0의 허들모형은 인자 zero.dist를 사용하여 "binomial", "poisson", "negbn", "geometric" 가운데 하나를 지정할 수 있다. 단절 가산모형은 인자 dist를 사용하여 "poisson", "negbn", "geometric" 가운데 하나를 지정할 수 있다. zero.dist에서는 binomial, dist에서는 poisson이 기본값이다. 0의 허들모형으로 binomial을 선택할 경우에는 인자 link를 추가하여 로짓모형이나 프로빗모형을 지정할 수 있다.

5-2 사례연습: 고령층의 연간 병원방문횟수

허들 가산모형의 실습에 사용할 데이터는 패키지 AER의 데이터 NMES1988이다. 이 자료는 미국에서 1987년과 1988년에 실시한 의료비 지출에 관한 횡단면 조사 자료의 일부이다. 이 자료에는 Medicare(미국의 공공의료보험제도)에 의해 의료비용을 지원받는 66세 이상 고령층 4,406명에 대해 측정한 19개의 변수가 있다.

[실습 6-13]은 데이터 NMES1988에 포아송 회귀모형을 적용하여 고령층의 연간 병원방문횟수를 분석한 것이다. 모형에 사용된 종속변수는 visits(연간 병원방문횟수)이며, 설명변수는 hospital(연간 입원일수), health(주관적인 건강상태, 3점 척도: poor, average, excellant), chronic(만성질환의 개수), gender(성별을 나타내는 요인변수), school(학력, 교육연수로 측정), insurance(개인의료보험 가입 여부)이다.

실습 6-13 **포아송 회귀모형에 의한 병원방문횟수의 추정**

```
> data(NMES1988, package="AER")
> # str(NMES1988)
> nmes <- NMES1988[, c(1, 6:8, 13, 15, 18)]
> # table(nmes$visits)
> mod.pois <- glm(visits ~ ., data = nmes, family = "poisson")
> rbind(obs=table(nmes$visits) [1:10],
        est_pois=round(sapply(0:9, function(x)
        sum(dpois(x, predict(mod.pois, type="response"))))))
            0    1    2    3    4    5    6    7    8    9
obs       683  481  428  420  383  338  268  217  188  171
est_pois   47  179  366  535  623  618  542  434  324  230
```

종속변수 visits는 0부터 89까지의 값을 가지는 가산형 변수이다. visit가 0인 비율은 15.5%(=683/4406)이다. 그러나 포아송 회귀모형의 추정 결과에 따르면 0의 방문횟수는 1.06%(=47/4406)로 예측되어, 앞서 살펴본 바와 같이 0의 빈도가 높은 가산자료의 경우에는 포아송 회귀모형이 적절하지 못함을 알 수 있다.

이번에는 허들 가산모형을 추정해보자. 허들 가산모형에서 0의 허들모형과 단절 가산모형의 조합을 서로 달리함으로써 다양한 형태의 모형을 구축할 수 있다. [실습 6-14]에서는 3가지 조합인 (zero="binomial", dist="poisson"), (zero="binomial", dist="negbin"), (zero="geometric", dist="poisson")에 대응하는 모형을 추정하였다. 기호 ~ 다음에 . | .이라고 표현하거나 .이라고 할 경우, 자료에 있는 변수 중 종속변수를 제외한 나머지 모든 변수가 설명변수로 사용된다. 0의 허들모형은 방문횟수가 0이 아닐 확률을 추정하므로 추정 계수값이 양(+)의 부호를 가진다면 '해당 변수의 값이 증가할 때 방문횟수가 0이 아닐 확률이 증가한다'는 의미로 해석해야 한다.

[실습 6-14]에서 단절 가산모형이 포아송 모형일 때와 음이항 모형일 때를 서로 비교해보면, 두 모형 모두가 0의 발생빈도를 정확하게 예측한다. 사실 모든 허들 가산모형은 방문횟수 0의 예측 빈도가 실제 빈도와 같도록 고안되었다. 따라서 0이라는 특정 방문횟수보다는 방문횟수별 빈도를 나타내는 분포를 얼마나 잘 예측하는가가 모형의 평가기준으로 보다 적절하다.

실습 6-14 **허들 가산모형에 의한 방문횟수 0의 빈도수 예측 결과 비교**

```
> library(pscl)
> mod.hurdle_po<-hurdle(visits~ .| ., data=nmes, dist="poisson",
      zero.dist="binomial")
> mod.hurdle_po2<-hurdle(visits ~ . | gender+insurance, data=nmes,
      dist="poisson", zero.dist="binomial")
> mod.hurdle_nb <- hurdle(visits ~ ., data=nmes, dist="negbin")
> mod.hurdle_geo <- hurdle(visits ~ ., data=nmes, zero="geometric")
> rbind(obs=table(nmes$visits)[1],
      est_po=sum(predict(mod.hurdle_po, type="prob")[,1]),
      est_nb=sum(predict(mod.hurdle_nb, type="prob")[,1]))
          0
obs     683
est_po 683
est_nb 683
```

1) 방문횟수별 빈도의 예측치와 실제치 비교하기

패키지 countreg의 함수 rootogram을 이용하면 방문횟수별로 실제 빈도와 예측 빈도를 편리하게 비교할 수 있다.[2] [실습 6-15]에서 함수 rootogram은 가산자료모형의 추정 결과를 사용하여 각 방문횟수(0~80회)의 실제 빈도와 예측 빈도에 관한 데이터를 산출한다. autoplot은 패키지 ggplot2의 함수로서 rootogram에서 생성되는 데이터를 사용하여 플롯을 그리는 데 효과적이다. plot_grid는 패키지 cowplot의 함수로서 autoplot에서 생성되는 여러 개의 그림을 하나로 묶어 보여준다.

실습 6-15 **허들 가산모형에 의한 방문횟수별 분포 예측**

```
> library(countreg)
> library(ggplot2)
> library(cowplot)
> root_po<-rootogram(mod.hurdle_po, max=80, plot=FALSE)
> root_nb<-rootogram(mod.hurdle_nb, max=80, plot=FALSE)
> plot_grid(autoplot(root_po, title='poisson'),
        autoplot(root_nb, title='nebgn'), ncol=2, labels="auto")
```

---

2 패키지 countreg를 설치하려면 다음과 같이 한다. install.packages("countreg", repos="http://R-Forge.R-project.org")

```
> lrtest(mod.hurdle_po, mod.hurdle_nb)
Likelihood ratio test

Model 1: visits ~ . | .
Model 2: visits ~ .
  #Df  LogLik  Df   Chisq   Pr(>Chisq)
1  16   -16134
2  17   -12088   1   8092.7      < 2.2e-16 ***
---
Signif. codes: 0 '***' 0.001 '**' 0.01 '*' 0.05 '.' 0.1 ' ' 1
> rbind(AIC_po=AIC(mod.hurdle_po), AIC_nb=AIC(mod.hurdle_nb))
           [,1]
AIC_po 32300.90
AIC_nb 24210.16
```

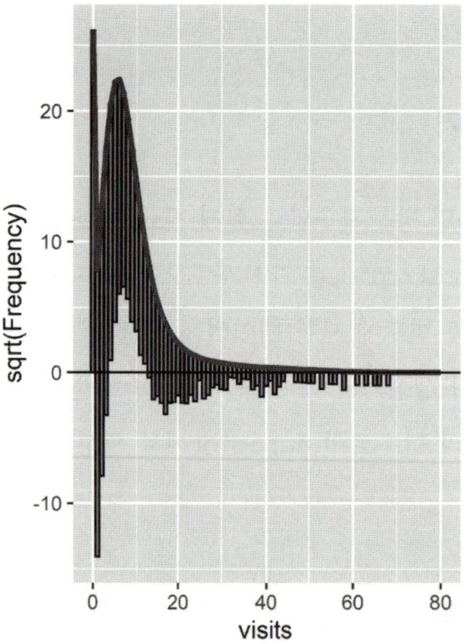

(a) 허들 포아송 모형

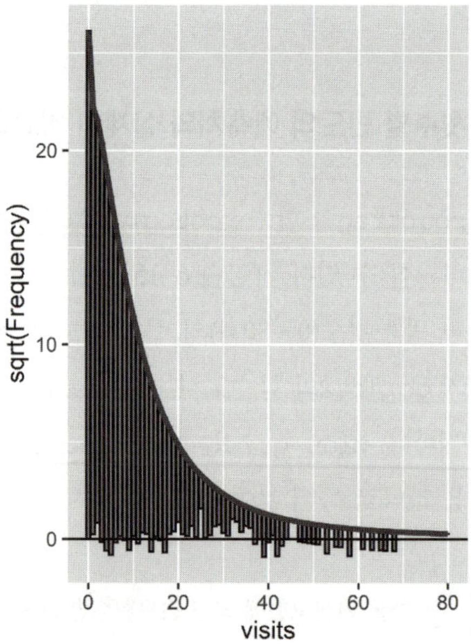

(b) 허들 음이항 모형

[그림 6-2] rootogram에 의한 방문횟수별 분포의 예측 결과 비교

[그림 6-2]는 허들 포아송 모형(a)과 허들 음이항 모형(b)으로 예측한 각 방문횟수의 분포를 함수 autoplot을 이용하여 나타낸 것이다. rootogram과 autoplot으로 생성한 그래프를 해석하는 방법은 다음과 같다. x축은 방문횟수, y축은 각 방문횟수의 빈도를 나타내며 y축은 빈도의 제곱근 sqrt(Frequency)로 측정한다. 막대그래프는 각 방문횟수의 실제 빈도를

나타내며, 굵은 실선은 각 방문횟수의 예측 빈도를 나타낸다. 0의 값을 가로지르는 수평선은 예측치와 실제치를 비교하는 일종의 기준선이다. 막대그래프가 0의 수평선에 도달하지 않으면 모형이 실제 빈도를 과대하게 예측한 것을 의미하고, 반대로 0의 수평선을 넘어서면 모형이 실제 빈도를 과소하게 예측한 것을 의미한다.

[그림 6-2]를 보면 허들 포아송 모형은 0의 방문횟수를 지나치게 과소하게 예측할 뿐만 아니라, 방문횟수가 4~12회인 경우에는 지나치게 과대하게 예측하는 결과를 보여준다. 이러한 예측 결과에 따르면 단절 가산모형으로 포아송 모형보다는 음이항 모형이 더 낫다고 할 수 있다. 이러한 점은 [실습 6-15]의 아래쪽에 제시된 로그우도비 검정 결과나 AIC 값을 비교한 결과와도 합치한다.

2) 종속변수의 기대값 구하기

이번에는 허들 가산모형의 추정 결과로부터 종속변수 y의 기대값을 구해보자. 허들 가산모형에서 첫 단계의 의사결정(y_1)과 두 번째 단계의 의사결정(y_2)에 영향을 주는 설명변수가 각각 X_1, X_2라고 할 때 y의 조건부 기대값은 다음과 같다.

$$\begin{aligned} E(y \mid X) &= \frac{1-f_1(0)}{1-f_2(0)} \times E(y_2 \mid y_2 > 0, X_2) \\ &= \Pr(y_1 > 0 \mid X_1) \times E(y_2 \mid y_2 > 0, X_2) \end{aligned} \quad (6\text{-}12)$$

0의 허들모형으로 로짓모형을 사용하고 단절 가산모형으로 포아송 모형을 사용한 허들 가산모형을 추정할 때, 식 (6-12)의 좌변과 우변을 구성하는 항들을 계산해보자.

먼저, 허들 가산모형 mod.hurdle_po의 추정 결과로부터 각 관측치에 대한 평균 방문횟수 $E(y \mid X)$를 추정하는 R 코드는 다음과 같다.

```
> predict(mod.hurdle_po, type="response")
```

두 번째, 허들모형 mod.hurdle_po의 추정 결과로부터 각 관측치에 대해 0이 아닌 방문횟수가 나타날 확률 $\Pr(y_1 > 0 \mid X_1)$을 계산하는 R 코드는 다음과 같다.

```
> predict(mod.hurdle_po, type="zero")
```

세 번째로, 0의 허들이라는 제약조건이 없는 가산자료모형으로부터 각 관측치에 대한 평균 방문횟수 $E(y_2 \mid y_2 > 0, X_2)$을 계산하는 R 코드는 다음과 같다.

```
> predict(mod.hurdle_po, type="count")
```

[실습 6-16]은 허들 가산모형에 의해 각 관측치에 대한 평균 방문횟수를 추정한 것이다. 종속변수 y의 기대값은 predict(mod.hurdle_po, type="response")로 계산하거나, predict(mod.hurdle_po, type="zero")와 predict(mod.hurdle_po, type="count")를 서로 곱하여 구할 수도 있다.

[실습 6-16]의 7번째 줄부터 22번째 줄까지는 $\Pr(y_1 > 0 \mid X_1) = \dfrac{1 - f_1(0)}{1 - f_2(0)}$라는 공식을 사용하여 각 관측치에 대해 0이 아닌 방문횟수가 나타날 확률을 구하는 R 코드이다. 이때 분자는 0의 허들모형으로부터 추정한 방문횟수가 0이 아닌 확률을 나타내며, 로지스틱 분포의 누적밀도함수 $\Lambda(X_1\hat{\beta}_1)$으로 계산한다. 분모는 가산모형으로부터 추정한 방문횟수가 0이 아닌 확률을 나타내는데, 평균이 $\exp(X_2\hat{\beta}_2)$인 포아송 분포에서 0이 아닌 값을 가질 확률로 계산한다.

[실습 6-16]에서 8~9번째 줄은 0의 허들모형의 설명변수 X_1으로 구성된 행렬을 생성하기 위한 코드이며, 11번째 줄의 X1 %*% mod.hurdle_po$coefficients$zero는 $X_1\hat{\beta}_1$을 계산하기 위한 코드이다. plogis(　)[,1]은 $X_1\hat{\beta}_1$에 대한 로지스틱 분포의 누적밀도함수값을 계산한다. 이때 [,1]은 누적확률밀도함수값만을 추출하라는 의미이다. 12~13번째 줄은 단절 가산모형의 설명변수 X_2로 구성된 행렬을 생성하며, 14번째 줄은 $X_2\hat{\beta}_2$에 대한 포아송 분포의 기대값(mu)을 구한다. 16번째 줄의 ppois(0, lambda=mu, lower.tail=FALSE)는 인자 lower.tail=FALSE가 적용되기 때문에 평균이 mu인 포아송 분포에서 0이 아닌 값을 가질 확률을 계산한다. 좀 번거로운 계산 과정을 거쳤지만, 각 관측치에 대해 이러한 방식으로 계산한 0이 아

닌 방문횟수가 나타날 확률은 predict(mod.hurdle_po, type="zero")로 구한 값과 정확하게 일치한다.

실습 6-16 **허들 가산모형에서 평균 방문횟수 추정하기**

```
# y의 조건부 기대값(평균 방문횟수 구하기)
> ey_1<-predict(mod.hurdle_po, type="response")
> ey_2<-predict(mod.hurdle_po, type="zero")*predict(mod.hurdle_po,
              type="count")
> c(mean(ey_1), mean(ey_2))
[1] 5.7861 5.7861
# 방문횟수가 0이 아닐 확률을 구하기
> X1 <- model.matrix(mod.hurdle_po$terms$zero, mod.hurdle_po$model,
                     contrasts = mod.hurdle_po$contrasts$zero)
# 영의 허들모형(로짓모형) 추정 결과로부터 방문횟수가 0이 아닐 확률을 계산하기
> p0_zero <-plogis(X1 %*% mod.hurdle_po$coefficients$zero)[,1]
> X2 <- model.matrix(mod.hurdle_po$terms$count, mod.hurdle_po$model,
                     contrasts= mod.hurdle_po$contrasts$count)
> mu <- exp(X2 %*% mod.hurdle_po$coefficients$count)[,1]
#가산모형(포아송 모형)의 추정 결과로부터 방문횟수가 0이 아닐 확률을 계산하기
> p0_count <- ppois(0,lambda = mu, lower.tail = FALSE)
> (p0_zero/p0_count)[1:5]
        1         2         3         4         5
0.8928488 0.9215760 0.9758270 0.8728787 0.9033806
> predict(mod.hurdle_po, type = "zero")[1:5]
        1         2         3         4         5
0.8928488 0.9215760 0.9758270 0.8728787 0.9033806
```

각 방문횟수별 예측치는 앞서 설명한 바와 같이 sum(predict(mod.hurdle_po, type="prob")으로 구한다.

3) 설명변수의 한계효과 구하기

설명변수의 한계효과는 패키지 margins의 함수 margins를 이용해 구할 수 있다. 요인변수의 경우에는 factor(health), factor(gender) 등의 형태로 사용해야 오류가 없다.

실습 6-17 허들 가산모형에서 설명변수의 한계효과 구하기

```
> mod.hurdle_pois<-hurdle(visits~ hospital+factor(health)+chronic+
      factor(gender)+school+factor(insurance) |
      hospital+factor(health)+chronic+factor(gender)+school+
      factor(insurance), data = nmes, dist = "poisson",
      zero.dist = "binomial")
> margins(mod.hurdle_pois)
Average marginal effects
--중략--
    hospital   chronic   school   healthaverage   healthexcellent   gendermale
       1.127    0.9561     0.15          -1.608            -3.216      -0.6489
insuranceyes
       1.023
```

[실습 6-16]과 [실습 6-17]에서는 허들 포아송 모형의 추정 결과를 토대로 평균 방문횟수와 설명변수의 한계효과를 구하였지만, 다른 조합의 허들 가산모형을 추정하더라도 기대값과 한계효과를 구하는 방법은 동일하다.

참고문헌

Jackman, S. (2020). ***pscl:** Political Science Computational Laboratory*. R package version 1.1.5, URL https://CRAN.R-project.org/package=pscl.

Leeper, T. J. (2021). ***margins:** Marginal Effects for Model Objects*. R package version 0.3.26, URL https://CRAN.R-project.org/package=margins.

Kleiber, C. (2020). ***AER:** Applied Econometrics with R*. R package version 1.2-9, URL https://CRAN.R-project.org/package=AER

Kleiber, C. & Zeileis, A. (2016). "Visualizing Count Data Regressions Using Rootograms." *The American Statistician*, 70(3), 296-303.

Zeileis, A. (2020). ***countreg:** Count Data Regression*. R package version 0.2-1, URL http://R-Forge.R-project.org/projects/countreg/.

Zeileis, A. Kleiber, C. & Jackman, S. (2008). "Regression Models for Count Data in R." *Journal of Statistical Software*, 27(8), 1-25.

07장 종속변수가 제한된 값을 가진 모형

학습목표

제한된 값을 가진 종속변수의 사례로 자료가 특정 값에서 절단되어 그 값을 벗어난 범위에서 관측되지 않는 경우를 다룬다. 지출액의 다수가 0인 경우, 중도절단된 자료, 단절된 자료, 부수적 단절에 의해 비확률적으로 선택된 표본 등이 여기에 해당한다. 이러한 유형의 종속변수를 가진 모형을 추정하기 위한 방법으로 토빗모형, 중도절단 회귀모형, 단절 회귀모형, 표본선택모형, 그리고 다중 허들모형 등을 배운다.

[표 7-1] 7장에서 사용할 R 패키지와 함수

패키지	함수	기능
censReg	censReg	토빗모형 등 중도절단 회귀모형을 추정한다.
	margEff	중도절단 회귀모형에서 설명변수의 한계효과를 계산한다.
survival	survreg	토빗모형 등 중도절단 회귀모형을 추정한다.
truncreg	truncreg	단절 회귀모형을 추정한다.
sampleSelection	selection	표본선택모형을 추정한다.
truncSP	stls	대칭절삭 최소자승법으로 단절 회귀모형을 추정한다.
	qme	이차최빈값 추정법으로 단절 회귀모형을 추정한다.
	lt	좌측단절 추정법으로 단절 회귀모형을 추정한다.
mhurdle	mhurdle	영의 지출액을 가진 종속변수와 관련된 다양한 형태의 다중 허들모형을 추정한다.
	vuongtest	다중 허들모형의 선택에 관한 검정을 한다.

1 제한된 값을 가진 종속변수의 의미와 유형

2장의 최소자승모형에서는 종속변수가 가지는 값에 제한이 없다. 제한이 없다는 의미는 $-\infty$부터 $+\infty$까지 연속적인 값을 가진다는 얘기다. 하지만 마이크로데이터를 이용할 때 종속변수가 제한된 값을 가지는 경우는 흔하게 나타난다. 예를 들면, 종속변수가 이산형 값을 가지는 경우이다. 즉 종속변수가 0 또는 1의 값을 가지거나, 3점 또는 5점 척도 형태로 측정되거나, 아니면 음이 아닌 정수값을 가지는 경우이다. 종속변수가 이러한 특성을 가질 때 적용할 수 있는 모형에 대해서는 3~6장에서 다룬다.

제한적 종속변수의 또 다른 예는 종속변수가 연속적 특성과 이산적 특성을 둘 다 지닌 경우이다. 자료가 특정 값에서 절단되어 그 값을 벗어난 범위에서는 관측되지 않는 경우가 대표적이다. 이를 다음과 같이 4가지 유형으로 구분할 수 있다.

(1) 0의 지출액 자료

소비자가 구입하는 식품의 종류와 금액을 조사한다고 하자. 식품 중에 저장 가능한 품목(예: 육류, 쌀, 고추장 등 장류식품)의 경우, 소비자가 과거 어느 시점에 구입한 후 조사기간에는 그 품목을 새로이 구입하지 않았다면 구입액이 0으로 기록된다. 또는 비건(vegan)이나 종교적인 이유로 육류를 구입하지 않아도 구입액이 0으로 기록될 수 있다. 이러한 품목은 식품에 국한되지 않고 주류, 담배, 기저귀 등 매우 다양하다.

경제학 이론을 빌리자면 이러한 경우는 효용극대화에서 비롯된 구석해(corner solution)에 해당한다. 통계청의 가계동향조사 자료를 살펴보면, 특정 제품의 월구입액이 0인 가구의 비율이 낮은 편은 아니다.

(2) 중도절단된 자료

개체(가계, 기업 등)의 인구사회적인 정보나 특성(즉, 설명변수 X_i)은 관측되지만 결과값(y_i)은 관측되지 않는 경우가 있다. 이러한 경우를 자료의 중도절단 문제(censored data problem)라고 한다. 중도절단이 발생하는 경우는 자료의 코딩과 관련이 깊다. 예를 들어, 특정 품목의 연간 구입액을 조사하면서 구입액이 일정 금액(예를 들면 10,000원)을 초과하면 실제 구입액을 기록하지만 그렇지 않으면 모두 '10,000원'으로 기록했다고 하자. 이러한 경우를 좌측 절단이라 하며 10,000이 좌측 절단의 하한값이다.

우측 절단의 경우도 있다. 어떤 품목에 대한 소비자의 연간 구입액이 일정 금액(가령, 500만 원)을 초과하는 경우, 그 정확한 수치를 알기 어려워 구입액을 최고액 500만 원으로 기록했다고 하자. 이러한 경우를 우측 절단이라 하며 500만이 우측 절단의 상한값이 된다. 위의 두 경우를 확대하면 양측에서 모두 절단된 경우도 생각할 수 있다.

중도절단 문제가 발생하는 또 다른 사례는 생존분석(survival analysis)과 관련된다. 경과기간처럼 어떤 사건이 일어나기 전까지 경과한 기간을 측정하는 변수에서 흔히 나타날 수 있다. 일례로 흉악범이 구치소에서 풀려난 후에 다시 체포되기까지 경과한 기간을 분석한다고 하자. 수일 내로 다시 체포되는 흉악범이 있을 수도 있으나, 어떤 흉악범은 상당히 오랜 기간 체포되지 않아 자료 분석을 위해서 부득이하게 상한값(즉, 출소 후 조사시점까지 경과한 시간)을 부여해야 하는 경우도 있을 수 있다.

(3) 단절 자료

중도절단된 자료와 유사한 면은 있지만 성격이 다른 경우로 단절(truncated)된 자료가 있다. 두 자료의 가장 큰 차이점은 단절 자료의 경우 연구자가 관심을 두고 있는 종속변수뿐만 아니라 설명변수도 관측되지 않는다는 점이다.

대표적으로 표본을 전체 모집단이 아니라 모집단의 일부에서 추출할 때 이러한 문제가 발생한다. 예를 들면, 빈곤 문제를 연구하기 위해 모집단의 일부를 표본으로 추출할 때 소득이 일정 수준 이하인 가구만을 추출했다면, 소득수준이 높은 가구에 대해서는 소득수준뿐만 아니라 그 외의 가구특성에 관한 정보도 알 수 없게 된다. 또 다른 예로, 미세먼지 농도나 온도, 습도 등이 일정 기준보다 낮게 측정되면 기술적으로 신뢰할 만한 수치를 얻기 어려워 이를 잘라내버리는 경우가 흔한데, 이러한 이유로 환경 데이터에서 단절된 경우가 종종 나타난다.

(4) 자료의 부수적 단절과 표본선택의 문제

특정 집단이 조사과정에 참여하지 않아서 종속변수가 제한된 값을 가지는 경우가 있다. 예를 들어, 결혼한 여성에 대한 제시임금(wage offer, 기업이 노동자를 고용할 때 최대한으로 주려는 임금수준)에 영향을 주는 요인을 규명하는 연구문제를 생각해보자. 어떤 기혼여성이 현재 취업 상태라면 제시임금은 현행 임금으로 기록될 것이다. 하지만 가사나 양육으로 인해 현재 노동시장에 참여하고 있지 않은 기혼여성의 제시임금은 알 수가 없다. 기혼여성이 현재 노동시장에 참여하지 않는 이유는 다양하겠지만 임금수준과 무관하지는 않을 것이다. 이러한 측면에서 제시임금을 조사하기 위해 구축한 표본은 비확률적인 표본으로, 이는 표본 설계나 무응답과는 무관하게 조사 대상자의 의사결정에서 비롯된 것이라고 할 수 있다. 이러한 경우를 자료의 부수적 단절 문제(incidental truncation)라고 부른다.

자료의 부수적 단절로 인한 비확률 표본은 모집단에서 임의추출되었다고 할 수 없다. 따라서 이들 관측치만을 대상으로 모형을 추정할 경우 편향된 추정치를 얻게 되는데, 이러한 문제를 표본선택의 편향(sample selection bias)이라고 부른다.

2 제한적 종속변수 모형의 형태와 추정 방법

앞서 언급한 4가지 유형의 의사결정 문제에 적용할 수 있는 모형은 다음과 같다.

첫 번째, 종속변수가 지출액이며 다수의 관측치가 0의 값을 가지는 경우에 적합한 모형이 토빗모형(tobit model)과 다중 허들모형(multiple hurdle model)이다. 지출액이 0인 이유는 경제적 요인 외에도 종교, 문화 등 비경제적 요인이나 소비수준의 적정성, 간헐적 구매 등으로 다양하게 나타날 수 있다. 토빗모형은 0의 지출액이 나타나는 이유를 구분하지 않는다. 반면, 다중 허들모형은 0의 지출을 초래하는 의사결정 원리를 구분함으로써 다양한 형태의 의사결정 문제에 적용할 수 있다.

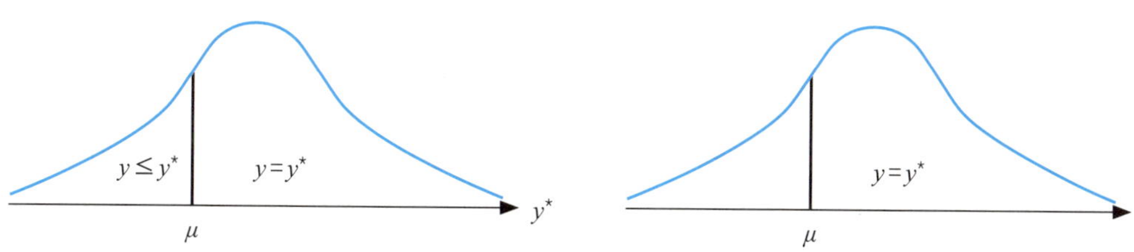

(a) 0의 지출액 또는 중도절단 종속변수

- 토빗모형/다중 허들모형
- 중도절단 회귀모형
- 헤크만 2단계 추정

(b) 단절 종속변수

- 단절 회귀모형
- 준모수적 단절 회귀모형

[그림 7-1] 제한적 종속변수의 유형과 추정모형

두 번째, 중도절단되거나 단절된 자료는 전체 모집단을 대표하지 못하기 때문에 최소자승법으로는 일치추정량을 얻을 수 없다. 중도절단된 자료에 적합한 모형은 중도절단 회귀모형이다. 이러한 측면에서 토빗모형은 우측 하한값은 없고 좌측 하한값이 0인 경우에 해당하는 중도절단 회귀모형이라 할 수 있다. 단절된 자료의 경우에는 단절 회귀모형을 추정한다. 단절 회귀모형의 오차가 정규분포를 따르지 않는다면, 그 대안으로 준모수적인 추정 방법이 있다.

세 번째, 부수적 단절로 인해 표본선택의 문제가 나타나는 경우에는 헤크만의 2단계 추정법(Heckman's two step estimation)을 사용한다.

3 토빗모형

3-1 모형 구조

토빗모형을 설명할 때 실제로 관측되는 종속변수 y_i를 대변하는 잠재변수 y_i^*를 정의하면 편리하다. 잠재변수 y_i^*는 관측 가능한 설명변수 X_i와 오차항 ε_i의 함수 형태인 식 (7-1)과 같이 표현할 수 있다고 가정하자.

$$y_i^* = X_i\beta + \varepsilon_i, \varepsilon_i \sim N(0, \sigma^2) \tag{7-1}$$

이때 오차항 ε_i는 평균이 0이고 분산이 σ^2인 정규분포를 따른다. 만약 y_i^*가 관측 가능하다면 식 (7-1)은 최소자승법으로 추정할 수 있다. 하지만 실제로 관측할 수 있는 y_i의 값이 L에서 좌측 절단되었다면 최소자승법으로 추정할 수 없다. 왜냐하면 잠재변수 y_i^*와 관측값 y_i의 관계가 다음과 같이 표현되기 때문이다.

$$y = \begin{cases} y^* & \text{if } y^* > L \\ L & \text{if } y^* \le L \end{cases}$$

반면, y_i의 값이 U에서 우측 절단된 경우라면 잠재변수 y_i^*와 관측값 y_i의 관계는 다음과 같다.

$$y = \begin{cases} y^* & \text{if } y^* < U \\ U & \text{if } y^* \geq U \end{cases}$$

중도절단된 자료 중에 가장 흔히 볼 수 있는 사례는 하한값이 0인 좌측 절단된 경우이다. 하지만 좌측과 우측이 모두 절단되어 상한값과 하한값을 동시에 가지는 경우도 있다. 또한 좌측 절단되었지만 하한값이 알려지지 않은 경우도 있다. 이러한 경우는 종속변수의 최소값을 하한값으로 간주하여 토빗모형을 추정할 수도 있다.

$L=0$인 경우에 국한하여 토빗모형을 어떻게 추정하는지 알아보자. 먼저, 어떤 관측치가 0에서 중도절단될 확률을 계산해보면 다음과 같다.

$$\begin{aligned} \Pr(y_i^* \leq 0) &= \Pr(X_i\beta + \varepsilon_i \leq 0) = \Pr(\varepsilon_i \leq -X_i\beta) \\ &= \Phi\left(-\frac{X_i\beta}{\sigma}\right) = 1 - \Phi\left(\frac{X_i\beta}{\sigma}\right) \end{aligned}$$

0의 값에서 좌측 절단된 자료에서 y의 기대값 $E(y|X)$는 식 (7-2)와 같다. 식 (7-2)의 첫 행은 좌측 절단되어 0의 값을 가지는 y의 영역과 절단되지 않아 연속적인 값을 가지는 y의 영역을 각각의 발생확률을 가중치로 하여 평균한 것이라 할 수 있다. 식 (7-2)의 두 번째 행에서 보듯이, y의 비조건부 평균값은 절단되지 않은 y의 평균값에 y가 절단되지 않을 확률을 곱한 것이라고 할 수 있다.

$$\begin{aligned} E[y \mid X] &= \Pr(y > 0 \mid X) \times E[y \mid y > 0, X] + \Pr(y = 0) \times 0 \\ &= \Phi\left(\frac{X_i\beta}{\sigma}\right) \times E[y \mid y > 0, X] \end{aligned} \tag{7-2}$$

식 (7-2)에서 중도절단되지 않는 관측치, 즉 $y^* > 0$인 관측치의 평균값 $E[y \mid y > 0, X]$는 다음과 같이 계산한다.[1]

$$E(y \mid X, y > 0) = X\beta + \sigma \frac{\phi[(X\beta)/\sigma]}{\Phi[(X\beta)/\sigma]} = X\beta + \sigma\lambda(\alpha), \;\; \lambda(\alpha) = \frac{\phi[(X_i\beta)/\sigma]}{\Phi[(X_i\beta)/\sigma]} \tag{7-3}$$

위의 두 식이 주는 의미가 무엇인지 생각해보자. 먼저, 중도절단된 자료의 경우 종속변수의 평균값은 그렇지 않은 경우의 평균값 $X_i\beta$과 다르다. 식 (7-3)에서 보듯이 $y_i^* > 0$인 관측치만을 가지고 최소자승추정을 한다면 추정치 β는 일치추정량이 되지 않는다. 쉽게 말해, 특정 제품의 소비자 수요를 분석할 때 구입액이 0이 아닌 관측치만을 대상으로 최소자승추정을 하면 안 된다는 얘기이다. 그러나 전체 표본에 대해 최소자승추정을 하더라도 일치추정량을 얻지 못한다. 왜냐하면 y의 기대값이 다음과 같기 때문이다.

$$E(y \mid X) = \Phi\left(\frac{X\beta}{\sigma}\right)[X\beta + \sigma\lambda(\alpha)] = \Phi\left(\frac{X\beta}{\sigma}\right)X\beta + \sigma\phi\left(\frac{X\beta}{\sigma}\right) \tag{7-4}$$

식 (7-4)에서 상수항이 아닌 설명변수 계수값의 최소자승추정치는 토빗모형의 추정치 β에 절단되지 않는 관측치의 비율 $\Phi\left(\frac{X\beta}{\sigma}\right)$만큼을 곱한 것이라 할 수 있다. 즉, y의 기대값이 X, β, σ에 대해 비선형 관계를 가진다.

[그림 7-2]는 시뮬레이션을 통해 얻은 가상의 데이터를 사용하여 종속변수 값이 중도절단된 경우에 관측치 y_i와 그에 대응하는 잠재치 y_i^*, 그리고 기대값 $E(y_i^*|X)$와 $E(y_i|X)$를 나타낸 것이다. 각 X_i에 대응하는 y_i값은 ○로, y_i^*값은 +로 표현하였다. $y_i^* > 0$인 영역에서는 $y_i = y_i^*$이기 때문에 ○와 +가 겹치지만, $y_i^* \le 0$인 영역에서는 +의 값에 대응하는 ○가 모두 $y_i = 0$인 선상에 나타난다. [그림 7-2]에서 $E(y_i^*|X)$는 점선으로, $E(y_i|X)$는 실선으로 나타냈다. $E(y_i^*|X)$는 기울기가 일정한 직선 형태인 반면, $E(y_i|X)$는 기울기가 X_i의 값이 작아질 때 0에 가까워지는 곡선 형태임을 알 수 있다. 식 (7-4)에서 보듯이 $E(y_i|X)$의 기울기는 $\beta\Phi(X_i\beta/\sigma)$이며, 이때 $\Phi(X_i\beta/\sigma)$는 절단되지 않은 y_i의 비율을 의미한다. X_i의 값이 작아짐에 따라 $\Phi(X_i\beta/\sigma)$의 값이 점점 작

1 식 (7-3)은 $z \sim N(0, 1)$일 때 $E(z \mid z > c) = \frac{\phi(c)}{1 - \Phi(c)}$라는 사실을 이용하면 도출할 수 있다.

아지기 때문에 $E(y_i|X)$의 기울기는 0에 근접하게 된다.

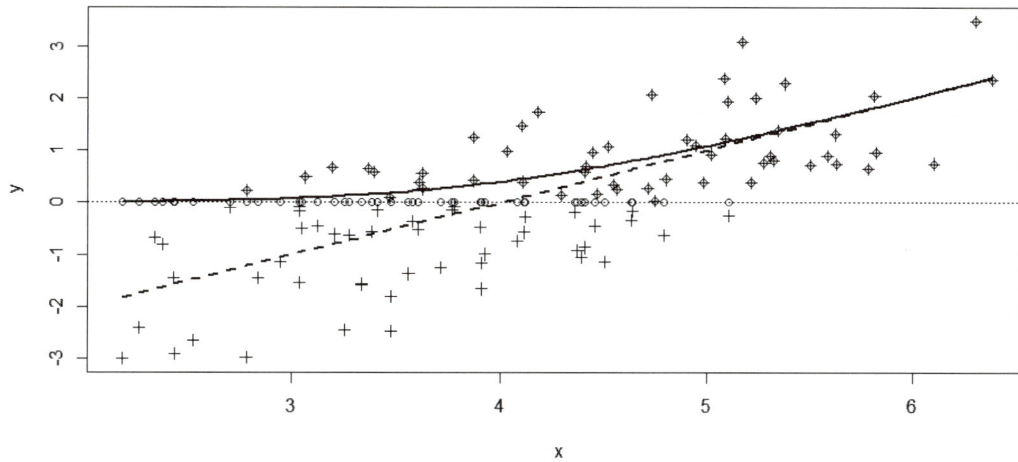

[그림 7-2] 중도절단 자료와 $E(y_i|X)$

3-2 추정 방법

토빗모형은 최우추정법으로 추정하며, 파라미터 추정치 (β, σ^2)는 식 (7-5)의 로그우도함수가 최대값을 가지도록 하는 값이다.

$$L = \sum_{y_i=0} I(y_i = 0)\log\left\{1 - \Phi\left(\frac{X_i\beta}{\sigma}\right)\right\} + \sum_{y_i>0} I(y_i > 0)\log\left\{\frac{1}{\sigma}\phi\left(\frac{y_i - X_i\beta}{\sigma}\right)\right\} \tag{7-5}$$

식 (7-5)에서 $I(\,)$는 괄호 안의 조건이 참이면 1의 값을, 그렇지 않으면 0의 값을 가진다. 토빗모형의 로그우도함수는 $y_i = 0$인 관측치에 대해 적용되는 프로빗모형의 로그우도함수와 $y_i >$ 0인 관측치에 대해 적용되는 최소자승모형의 로그우도함수를 합한 것과 같다.

토빗모형의 파라미터 추정치는 오차항이 정규분포를 따를 때만 일치추정량을 가진다. 달리 말하면 오차항이 정규분포를 따르지 않거나 이분산을 가진다면 이들 추정량은 일치추정량이 아니다. 실제로 토빗모형의 기본 가정이 위배되는 경우가 많다. 이러한 문제를 해결하는 추정법에 대해서는 이 장의 4-3절과 6절에서 설명한다.

토빗모형은 강한 가정에 기초한 최우추정법이 아닌 2단계 추정법으로도 추정할 수 있다. 식 (7-3)을 살펴보면, 최소자승법에 의한 토빗모형의 추정이 왜 일치추정량을 제공하지 않는지를 알 수 있다. 그것은 최소자승모형에서는 (ϕ / Φ)로 인해 변수 누락으로 인한 편향 문제가 발생하기 때문이다. 이 누락된 설명변수는 $y^* > 0$일 확률을 추정하는 프로빗모형으로부터 생성된다. 즉 $d=1$은 $y^* > 0$의 경우를 의미하며 $d=0$은 그 외의 경우를 의미한다고 할 때, 프로빗모형은 $\hat{\lambda} = (\phi / \Phi)$의 일치추정량을 제공한다. 따라서 y를 X와 $\hat{\lambda}$에 선형회귀하면 β의 추정치를 얻을 수 있다. 이에 대해서는 5절에서 자세하게 설명한다.

3-3 사례연습: 기혼여성의 연간 노동시간

사례연습에서 데이터 mroz는 미국의 기혼여성 753명에 관한 자료이다. 이 자료는 패키지 wooldridge에서 불러올 수 있으며 연간 노동시간(hours), 시간당 임금률(wage), 기타 인구사회적 특성 등에 관한 정보를 포함한다. 기혼여성이 가사노동 이외의 노동시장에 참여하지 않고 있다면 노동시간은 0의 값을 가진다. 표본의 56.8%에서 노동시간이 0으로 나타난 것이 토빗모형을 추정해야 하는 이유이다.

실습 7-1 다수의 관측치가 0의 값을 가진 데이터

```
> data(mroz, package="wooldridge")
> summary(mroz$hours)
  Min.   1st Qu.   Median    Mean   3rd Qu.    Max.
   0.0     0.0     288.0    740.6   1516.0   4950.0
> zero_hours<-ifelse(mroz$hours==0,1,0)
> table(zero_hours)
zero_hours
   0     1
 428   325
```

1) 함수 censReg로 추정

토빗모형은 패키지 censReg의 함수 censReg로 추정한다. 인자 `left=0`은 종속변수인 hours의 좌측 절단값이다. 다른 형태의 절단값은 인자 `left=a, right=b`로 지정한다.

기혼여성의 노동시간 차이를 설명하는 변수는 기혼여성의 근로소득을 제외한 가구소득(nwifeinc), 학력(educ), 잠재경력기간(exper), 경력기간의 제곱(exper^2), 아동자녀 수(kidslt6 + kidsge6), 연령(age)이다.

2) 함수 survreg로 추정

토빗모형은 패키지 survival의 함수 survreg로 추정할 수도 있다. 함수 survreg가 censReg와 다른 점은 종속변수 다음에 중도절단되지 않은 관측치를 지정하는 공식인 hours > 0이 추가된다는 것이다. 함수 survreg는 토빗모형과 같은 중도절단 회귀모형을 추정하는 데 censReg보다 좀 더 유연하다는 장점이 있다.

[실습 7-2]는 함수 censReg와 함수 surveg로 토빗모형을 추정한 결과다. 함수 censReg에 의한 추정 결과를 보면, 먼저 중도절단된 관측치의 수와 중도절단의 유형에 대한 정보를 보여준다. 데이터 mroz의 경우 총 관측치 753개에서 325개가 좌측 절단되었음을 알 수 있다. 계수 추정치들은 10% 수준에서 모두 통계적으로 유의미하다. 기혼여성의 노동시간은 여성의 근로소득을 제외한 가구소득, 아동자녀 수, 연령이 늘어날수록 줄어드는 반면, 경력기간이 길거나 학력이 높을수록 늘어난다. 하지만 토빗모형의 계수 추정치 자체가 한계효과를 의미하지 않기 때문에 이를 구하는 별도의 작업이 필요하다. 이에 대해서는 다음 절에 설명한다. logSigma는 오차항의 표준편차 추정치($\hat{\sigma}$)의 로그값이다. 추정 결과의 맨 하단에는 최우추정법을 적용할 때 뉴톤-라프슨(Newton- Raphson) 방법으로 로그우도함수의 근사함수를 구했음을 보여준다.

함수 survreg로 추정한 토빗모형의 결과는 함수 censReg의 경우와 동일하다. 추정 결과에서 Log(scale)은 오차항의 표준편차 추정치($\hat{\sigma}$)의 로그값이다.

실습 7-2 토빗모형의 추정 결과

```
> library(censReg)
> mroz$expersq<-mroz$exper^2
> mroz$kids<-mroz$kidslt6+mroz$kidsge6
> tobit<-censReg(hours~nwifeinc+educ+exper+expersq+age+kids, left=0, data=mroz)
> summary(tobit)
-- 중략 --
Observations:
        Total  Left-censored  Uncensored  Right-censored
          753            325         428               0

Coefficients:
             Estimate   Std. error  t value   Pr(> t)
(Intercept)  436.12582  458.73916    0.951    0.3418
nwifeinc      -8.64071    4.56681   -1.892    0.0585 .
educ          63.15093   22.17266    2.848    0.0044 **
```

```
exper        142.88407    17.98106    7.946  1.92e-15 ***
expersq       -2.22462     0.55948   -3.976  7.00e-05 ***
age          -40.01929     7.38520   -5.419  6.00e-08 ***
kids         -95.52949    38.71723   -2.467  0.0136 *
logSigma       7.06734     0.03728  189.582  < 2e-16 ***
---
Signif. codes: 0 '***' 0.001 '**' 0.01 '*' 0.05 '.' 0.1 ' ' 1

Newton-Raphson maximisation, 8 iterations
Return code 1: gradient close to zero
Log-likelihood: -3850.71 on 8 Df
> library(survival)
> reg_tobit<-survreg(Surv(hours, hours>0, type="left") ~ nwifeinc+educ+
     exper+I(exper^2)+age+I(kidslt6+kidsge6), data=mroz, dist="gaussian")
> summary(reg_tobit)
--중략--
                        Value Std. Error     z        p
(Intercept)          436.1258   458.7393   0.95  0.3418
nwifeinc              -8.6407     4.5668  -1.89  0.0585
educ                  63.1509    22.1727   2.85  0.0044
exper                142.8841    17.9811   7.95  1.9e-15
I(exper^2)            -2.2246     0.5595  -3.98  7.0e-05
age                  -40.0193     7.3852  -5.42  6.0e-08
I(kidslt6 + kidsge6) -95.5295    38.7172  -2.47  0.0136
Log(scale)             7.0673     0.0373 189.58  < 2e-16

Scale= 1173

Gaussian distribution
Loglik(model)= -3850.7  Loglik(intercept only)= -3954.9
        Chisq= 208.36 on 6 degrees of freedom, p= 3.1e-42
Number of Newton-Raphson Iterations: 4
n= 753
```

3) 토빗모형과 최소자승모형의 비교

다음으로 토빗모형과 최소자승모형의 추정 결과가 어떻게 다른지 비교해보자. 그 결과는 다음과 같다.

첫째, 두 모형에서 모두 계수값의 부호가 서로 동일하다. 그러나 계수값은 절대값 기준으로 토빗모형의 경우가 더 크다. 최소자승모형의 계수 추정치는 토빗모형의 32~79%인데, 이는 절단되지 않은 관측치의 비율 $\Phi(X_i\beta/\sigma)$와 관련된다.

둘째, 설명변수의 유의성 여부는 다소 차이가 있다. 토빗모형과 달리 최소자승모형에서는 두 변수 nwifeinc, educ가 모두 유의하지 않다.

셋째, 토빗모형은 로그우도함수를 극대화하는 방식으로 계수값을 추정하기 때문에 결정계수를 제공하지 않는다. 하지만 예측치(yhat_tobit)와 실제값(mroz$hour)의 상관계수를 제곱함으로써 유사결정계수를 구할 수 있다. 이렇게 구한 토빗모형의 결정계수는 0.224로 최소자승모형의 결정계수값 0.221에 비해 약간 크다. `x%*%beta`는 두 행렬의 곱을 의미하며, `apply(xbeta,1,as.numeric)`은 행렬 xbeta를 수치형 값으로 전환함을 의미한다.

넷째, 두 모형의 추정 결과를 사용하여 기혼여성의 연간 노동시간을 예측해보자. 최소자승모형에서는 24개의 예측치가 음(-)의 값을 가지는 반면, 토빗모형에서는 모두 양(+)의 값을 가지는 예측치가 나타난다. 이러한 점은 전술한 바와 같이 종속변수의 다수가 0의 값을 가질 때 최소자승모형이 적합하지 않음을 보여준다.

```
> ols<-lm(hours~nwifeinc+educ+exper+expersq+age+kids, data=mroz)
> stargazer(list(ols, tobit), type="text", keep.stat=c("n", "rsq", "ll"),
            digits=3)

==================================================
                        Dependent variable:
                    ------------------------------
                               hours
                        OLS          censored
                                    regression
                        (1)            (2)
--------------------------------------------------
nwifeinc              -3.895         -8.641*
                      (2.618)        (4.567)
educ                  21.353         63.151***
                     (13.285)       (22.173)
exper                 71.015***     142.884***
                     (10.222)       (17.981)
I(exper2)             -0.887***      -2.225***
                      (0.333)        (0.559)
age                  -22.689***     -40.019***
                      (4.329)        (7.385)
I(kidslt6 + kidsge6) -75.564***     -95.529**
                     (22.939)       (38.717)
logSigma                              7.067***
                                     (0.037)
Constant           1,044.954***     436.126
                    (275.265)      (458.739)
```

```
-------------------------------------------------
Observations           753              753
R2                       0.221
Log Likelihood                      -3,850.710
=================================================
Note:           *p<0.1; **p<0.05; ***p<0.01

> beta<-coef(tobit)[1:7]
> x<-cbind(1, mroz$nwifeinc, mroz$educ, mroz$exper, mroz$expersq,
           mroz$age, mroz$kids)
> xbeta<-x%*%beta
> xbeta<-apply(xbeta,1,as.numeric)
> sigma<-exp(coef(tobit)[8])
> yhat_tobit<-pnorm(xbeta/sigma)*xbeta+sigma*dnorm(xbeta/sigma)
> rsq_tobit<-(cor(mroz$hour, yhat_tobit))^2
> rsq_tobit
[1] 0.2241944
> yhat_ols<-fitted(ols)
> summary(yhat_ols)
   Min.   1st Qu.   Median    Mean   3rd Qu.     Max.
 -440.2    438.6     714.3   740.6    1087.3   1555.2
> pv_ols<-ifelse(yhat_ols>0,1,0)
> table(pv_ols)
pv_ols
  0    1
 24  729
> summary(yhat_tobit)
   Min.   1st Qu.   Median    Mean   3rd Qu.     Max.
   24.3    365.6     640.6   721.0    1091.4   1772.9
```

다섯째, 교육연수(년)로 측정한 학력을 제외한 다른 모든 변수의 값을 평균값으로 고정한 후에 교육연수의 값이 범위 [0, 20]에 있을 때 기혼여성의 연간 노동시간을 두 모형을 가지고 예측해보았다. 그 결과가 [실습 7-3]과 [그림 7-3]이다.

교육연수가 0~17년 범위일 때 최소자승모형으로 예측한 기혼여성의 연간 노동시간은 토빗모형에 비해 높았다. 두 모형에 의한 연간 노동시간의 예측치 격차는 교육연수가 늘어날수록 점점 줄어들어 17년을 넘어설 때 토빗모형의 예측치가 최소자승모형의 예측치를 능가하는 것으로 나타난다. 그러나 표본에서 교육연수가 17년을 초과하는 기혼여성은 없다.

실습 7-3 **교육연수별 연간 노동시간 예측치: 최소자승모형과 토빗모형**

```
# ols 모형으로 연간 노동시간의 예측치 구하기
> ols<-lm(hours~nwifeinc+exper+expersq+age+kids+educ, data=mroz)
> educ<-seq(0,20,1)
> beta_o<-coef(ols)[1:6]
> xm<-c(1, mean(mroz$nwifeinc), mean(mroz$exper),
      mean(mroz$expersq), mean(mroz$age), mean(mroz$kids))
> xbeta_o<-t(beta_o)%*%xm
> xbeta_o<-apply(xbeta_o,1,as.numeric)
> yhat_o<-xbeta_o+coef(ols)[7]*educ

# 토빗모형으로 연간 노동시간의 예측치 구하기
> tobit<-censReg(hours~nwifeinc+exper+expersq+age+kids+educ,
                     left=0, data=mroz)
> beta_t<-coef(tobit)[1:6]
> xbeta_t<-t(beta_t)%*%xm
> xbeta_t<-apply(xbeta_t,1,as.numeric)
> xbeta_t<-xbeta_t+coef(tobit)[7]*educ
> sigma<-exp(coef(tobit)[8])
> yhat_t<-pnorm(xbeta_t/sigma)*xbeta_t+sigma*dnorm(xbeta_t/sigma)
> mydf<-data.frame(educ)
> myplot<-ggplot(mydf, aes(x=educ))+
    geom_line(aes(y=yhat_o, lty="OLS"), lwd=0.8)+
    geom_line(aes(y=yhat_t, lty="TOBIT"), lwd=0.8)+
    labs(x="교육연수(년)", y="연간 노동시간(예측치)")+
    scale_linetype_manual(name="추정모형",
          values=c("OLS"="solid", "TOBIT"="dotted")) +
    theme_classic()
> myplot
```

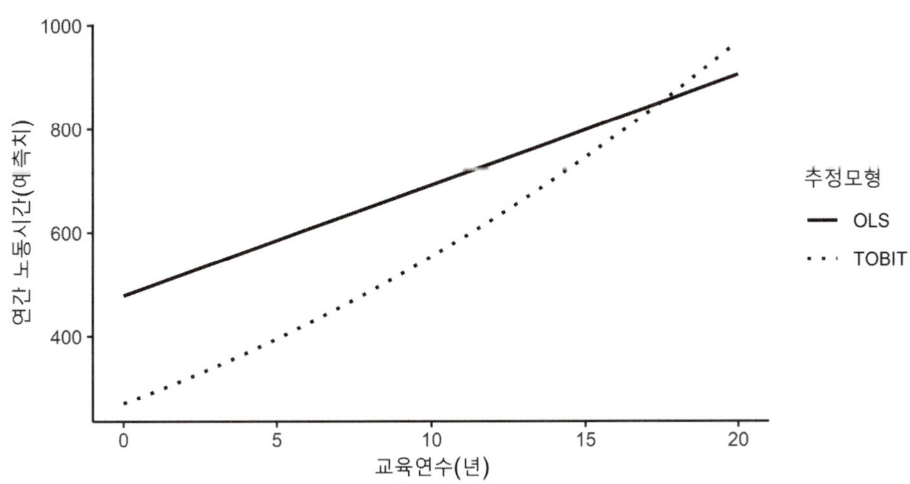

[그림 7-3] 최소자승모형과 토빗모형으로 구한 교육연수별 연간 노동시간 예측치

한편, 최소자승모형과 달리 토빗모형으로 구한 예측치의 기울기는 이차함수 형태를 보여 교육연수가 늘어날 때 연간 노동시간이 체증함을 나타낸다. 이는 토빗모형에서 연간 근로시간에 대한 교육연수의 한계효과는 일정하지 않고 증가하는 구조를 반영한다.

3-4 한계효과 추정과 해석

토빗모형에서도 계수 추정치는 그 자체로는 해석하기가 쉽지 않기 때문에 한계효과를 계산한다. 설명변수 X_j가 연속형 변수일 때 한계효과는 다음과 같다.

$$\frac{\partial E(y \mid X)}{\partial X_j} = \Phi\left(\frac{X\beta}{\sigma}\right)\beta_j \tag{7-6}$$

설명변수의 한계효과는 X값에 따라 달라지므로 X의 평균값에 대해 구하거나, 아니면 각 관측치에 대해 식 (7-6)의 값을 구한 다음 이를 평균하여 구할 수 있다. 전자를 한계평균효과, 후자를 평균한계효과라라고 부른다. 연속형 설명변수의 한계평균효과는 margEff(tobit)을 이용해 구한다. 여기서 주의할 점은 함수 margEff를 사용하려면 censReg로 토빗모형을 추정해야 한다는 것이다.

```
> margEff(tobit)[c(1,4,5,6)]
 nwifeinc        age       kids       educ
 -5.21152  -24.13705  -57.61722   38.08856
```

함수 margEff를 이용해 구한 한계효과가 식 (7-6)을 적용하여 구한 값과 같은지 독자 스스로 확인해보기 바란다.

회귀모형에서 설명변수 exper은 이차함수 형태로 사용되었기 때문에 함수 margEff를 사용하여 구할 수 없다. 함수 margins를 사용하면 이차함수 형태를 가진 설명변수의 한계효과를 구할 수 있으나 토빗모형에서는 작동되지 않는다. 다소 번거로우나 공식 (7-6)을 사용하여 한계효과를 계산할 수밖에 없다(저자가 아는 한 그렇다는 얘기다). 변수 exper의 계수값을 β_3, 변수 exper2의 계수값을 β_4라고 할 때, 한계효과를 구하는 공식에서 달라지는 점은 공식 (7-6)에서 β_3 대신에 $(\hat{\beta}_3 + 2\overline{\beta}_4 \times \overline{exper})$를 대입하여 계산하는 것이다. [실습 7-4]는 설명변수 exper의 한계효과를 구하기 위한 R 코드를 나타낸 것이다.

실습 7-4 토빗모형에서 제곱항을 갖는 설명변수의 한계효과 구하기

```
> beta_m<-coef(tobit)[1:7]
> xmm<-c(1, mean(mroz$nwifeinc), mean(mroz$exper),
         mean(mroz$expersq), mean(mroz$age), mean(mroz$kids), mean(mroz$educ))
> xbeta_m<-t(beta_m)%*%xmm
> xbeta_m<-apply(xbeta_m,1,as.numeric)
> sigma_m<-exp(coef(tobit)[8])
> py<-pnorm(xbeta_m/sigma_m)
> b_exper<-beta_m[3]+2*beta_m[4]*mean(mroz$exper)
> dEydx_exper<-py*b_exper # 공식 (7-6)
> dEydx_exper
(Intercept)
   57.65078
```

지금까지 설명한 한계효과의 추정 방법은 연속형 설명변수인 경우에 해당한다. 설명변수가 범주형 변수라면 식 (7-6)을 이용해 한계효과를 구할 수 없다. 더미 설명변수의 한계효과는 로짓모형이나 프로빗모형에서 설명한 것과 동일하게 식 (7-4)로 표현되는 $E(y|X)$값의 차이로 계산해야 한다. 이에 대해서는 [실습 7-6]에서 설명한다.

3-5 종속변수가 로그변환된 토빗모형

통계청의 가계동향조사 자료를 사용하여 가구별 곡물 구입액의 차이를 초래하는 요인을 분석해보자. 분석에 사용된 데이터프레임 Fdx는 가계동향조사 2018년 마이크로데이터이다. Fdx에서 한 달 동안 곡물을 전혀 구입하지 않은 가구의 비율은 53%에 달한다. 따라서 가구별 곡물 구입액(grain)에 영향을 주는 요인을 분석하기 위해서는 토빗모형을 추정할 필요성이 제기된다.

하지만 앞에서 설명한 바와 같이 토빗모형은 오차항이 정규분포를 따른다는 강한 가정에 기초하고 있다. 그런데 2장에서 논의한 바에 따르면 지출액의 경우 정규분포를 따르지 않는 경우가 일반적이다. 함수 basicStats나 skewness, kurtosis를 사용하여 곡물 구입액의 분포를 살펴보면 상당히 높은 첨도(156.504)와 양의 왜도(9.135)를 가져 정규분포를 따르기보다는 매우 뾰족하고 오른쪽으로 꼬리가 긴 분포를 보인다.

```
> Fdx<-read.dta13(file="D:/MDAR/fdexpen_2018.dta")
> Fdx$dgrain<-ifelse(Fdx$grain>0,1,0)
> prop.table(table(Fdx$dgrain))

       0        1
0.529625  0.470375
> library(fBasics)
> basicStats(Fdx$grain)
--생략--
> skewness(Fdx$grain)
[1] 9.1352513
> kurtosis(Fdx$grain)
[1] 153.50365
```

따라서 토빗모형을 적용하려면 곡물 구입액을 종속변수로 사용하기보다는 로그변환하여 사용하는 것이 바람직하다. 로그변환한 곡물 구입액의 분포는 거의 대칭을 이루며 첨도도 그리 높지 않아 정규분포에 근사한다고 할 수 있다.

실습 7-5 로그변환한 종속변수를 가진 토빗모형의 추정

```
> Fdx$lgrain<-ifelse(Fdx$grain==0, -0.00001, log(Fdx$grain))
> tobitreg<-censReg(lgrain~hincm+hsize+dbincm+hmale+hage,
          left = -0.00001, data=Fdx)
> summary(tobitreg)
--중략--
Observations:
Total   Left-censored   Uncensored   Right-censored
 11308           5989         5319                0

Coefficients:
             Estimate  Std. error  t value  Pr(> t)
(Intercept) -14.245611   0.575766  -24.742  <2e-16 ***
hincm         0.106459   0.055596    1.915  0.0555 .
hsize         1.694175   0.106907   15.847  <2e-16 ***
dbincm       -0.560748   0.246561   -2.274  0.0229 *
hmale        -0.266323   0.252698   -1.054  0.2919
hage          0.199465   0.007314   27.271  <2e-16 ***
logSigma      2.244827   0.011277  199.065  <2e-16 ***
---
Signif. codes: 0 '***' 0.001 '**' 0.01 '*' 0.05 '.' 0.1 ' ' 1
--이하 생략--
```

곡물 구입액을 로그변환할 경우 당초 0의 값을 가지는 관측치는 그 로그값이 -∞값이 되어 자동으로 결측치로 처리된다. 이를 교정해주지 않으면 $E(y|X)$가 아니라 $E(y|y > 0, X)$를 추정하는 셈이 되어버린다. 종속변수 값이 0일 때 이를 교정하는 방법은 임의의 음수값(예를 들면, -0.00001)을 적용하여 결측치를 대체하는 것이다. 하지만 결측치를 어떤 값으로 대체하느냐에 따라 추정 결과(그리고 설명변수의 한계효과)가 다소 달라지는 점에 주의해야 한다.

가구주 성별을 나타내는 hmale의 한계효과를 구해보자. 이 경우는 설명변수가 더미변수이기 때문에 식 (7-6) 대신에 $E(y|\overline{X}_{-k}, x_k = 1) - E(y|\overline{X}_{-k}, x_k = 0)$로 계산해야 한다. 여기서 $\overline{X}_{-k}$는 더미 설명변수 x_k를 제외한 나머지 설명변수에 해당 평균값을 대입한다는 의미이다. 더미 설명변수의 한계효과를 구하는 과정을 자세히 설명해보자. 먼저 토빗모형을 추정한 후에 계수 추정치와 설명변수의 평균값을 이용하여 종속변수의 기대값을 구한다. 이때 더미변수에는 평균값 대신 1의 값을 대입한 후에 종속변수의 기대값 $E(y|\overline{X}_{-k}, x_k = 1)$을 구한다. 그런 다음 다른 변수들은 그대로 둔 채 더미변수에 0을 대입한 후 종속변수의 기대값 $E(y|\overline{X}_{-k}, x_k = 0)$를 구한다. 마지막으로 더미변수가 1일 때 구한 기대값에서 더미변수가 0일 때 구한 기대값을 빼준다. [실습 7-6]이 그 실행 결과다.

먼저, 함수 `margEff`로 계산한 hmale의 한계효과는 -0.141684이다. 이는 hmale의 평균값에서 계산된 한계효과이기 때문에 더미변수 속성을 고려할 때 그 의미가 적절하지 않다. 반면, 위의 절차대로 공식을 적용하여 구한 한계효과의 값은 -0.142366으로 다소 차이가 난다. 프로빗모형 또는 로짓모형과 달리 토빗모형에서 더미변수의 한계효과를 구할 때는 패키지가 아닌 공식을 적용할 것을 권장한다.

실습 7-6 **토빗모형에서 더미 설명변수의 한계효과 구하기**

```
> margEff(tobitreg)[4]
    hmale
 -0.141684
> beta<-coef(tobitreg)[1:6]
> sigma<-exp(unname(coef(tobitreg)[7])) # logSigma라는 이름을 제거
# hmale의 평균값 대신에 1을 대입
> xm1<-c(1, mean(Fdx$hincm), mean(Fdx$hsize), mean(Fdx$dbincm), 1, mean(Fdx$hage))
> xbeta1<-t(beta)%*%xm1
> xbeta1<-apply(xbeta1,1,as.numeric) # xbeta값을 수치형으로 전환
> py1<-pnorm(xbeta1/sigma)
> lamda1<-dnorm(xbeta1/sigma)/pnorm(xbeta1/sigma)
> Eyc1<-xbeta1+sigma*lamda1
> Ey1<-py1*Eyc1
```

```
# hmale의 평균값 대신에 0을 대입
> xm0<-c(1, mean(Fdx$hincm), mean(Fdx$hsize), mean(Fdx$dbincm), 0, mean(Fdx$hage))
> xbeta0<-t(beta)%*%xm0
> xbeta0<-apply(xbeta0,1,as.numeric)
> py0<-pnorm(xbeta0/sigma)
> lamda0<-dnorm(xbeta0/sigma)/pnorm(xbeta0/sigma)
> Eyc0<-xbeta0+sigma*lamda0
> Ey0<-py0*Eyc0
> mfx_hmale<-Ey1-Ey0 # 두 조건부 기대값의 차이
> mfx_hmale
[1] -0.142366
```

4 중도절단 회귀모형과 단절 회귀모형

4-1 중도절단 회귀모형

토빗모형은 좌측 절단된 모형으로 하한값이 0인 중도절단 회귀모형에 해당한다고 설명하였다. 보다 일반화된 중도절단 회귀모형(censored regression model)으로 좌우측이 모두 절단된 자료이거나 또는 우측 절단된 자료인데, 상한값이 관측치마다 서로 다른 경우가 있다. 토빗모형과 중도절단 회귀모형은 관심을 두고 해석하고자 하는 종속변수가 무엇이냐에 따라 다소 차이가 있다. 토빗모형에서 관심을 두는 것은 관측치 y_i인 반면, 중도절단 회귀모형의 경우는 잠재변수 y_i^*이다. 따라서 중도절단 회귀모형의 계수 추정치는 설명변수의 한계효과로 해석할 수 있다.

함수 survreg를 사용하여 좀 더 일반적인 형태의 중도절단 회귀모형을 추정하는 법에 대해 알아보자. [실습 7-7]에서 사용한 데이터는 recid로 패키지 wooldridge로부터 불러올 수 있다. 연구자의 관심이 출소자의 재범을 줄이는 것이라고 하자. 그리하여 재소자가 출소 후에 다시 체포되기까지 지속된 개월 수(종속변수 durat)에 영향을 주는 요인을 분석하려고 한다. 데이터에 포함된 설명변수는 출소자의 인구사회적인 정보(age, educ, black, married), 음주로 인한 문제 여부(alcohol), 마약 경험 여부(drugs), 흉악범 여부(felony), 전과횟수(priors), 구금기간(tserved, 월 단위), 재소자로 있는 동안 직업훈련교육의 참여 여부(workprg)이다.

출소자 1,445명에 대해 추적조사를 실시한 결과, 조사기간 동안 893명은 다시 체포되지 않았다. 출소자가 다시 체포되지 않는 한 실제로 지속된 시간은 관측할 수 없기 때문에 실제 지속

시간은 잠재변수 y_i^*에 해당한다. 따라서 893명의 출소자에 대한 실제 지속기간은 관측할 수 없지만, 이를 출소한 시점부터 추적조사 시점까지 경과한 기간(개월 수, durat)이라 할 수 있으므로 durat $\leq y_i^*$인 관계가 성립한다. 이는 조사 시점이 훨씬 더 나중이었다면 실제 지속기간은 더 늘어날 수 있다는 의미에서 종속변수인 durat는 우측 절단된 경우에 해당한다. 덧붙여, 출소자마다 출소시점이 다를 수 있기 때문에 durat의 우측 상한값은 각각 다르다고 할 수 있다.

위의 사례와 같이 절단 규칙이 다소 복잡할 때 중도절단 회귀모형으로 survreg를 사용하면 편리하다. 함수 survreg를 사용하려면 중도절단이 되지 않은 관측치를 나타내는 변수나 공식이 추가로 필요하다. 데이터 recid에는 우측 절단 여부를 나타내는 변수 cens가 있어 이를 사용하여 중도절단이 되지 않은 관측치를 나타내기 위한 더미변수 uncensored를 생성하였다.

[실습 7-7]의 추정 결과에서 재소자의 직업훈련교육 참여에 대한 계수 추정치가 음(-)이며 10% 수준에서 유의하다. 하지만 그 교육의 효과를 계산해보면 $100\times(e^{\hat{\beta}}-1)=100\times(e^{-0.06257}-1)=-6.07\%$이다. 즉, 구금기간 동안 직업훈련교육에 참여한 재소자가 그러지 않은 재소자에 비해 출소 후 다시 체포되는 시간이 6% 정도 줄어드는 것으로 나타나 직업훈련교육의 효과는 존재하지만 그리 높아 보이지는 않는다. Log(scale)의 계수값은 오차항의 표준편차 추정치에 대한 로그값이다.

실습 7-7 함수 survreg를 이용한 중도절단 회귀모형 추정

```
> data(recid, package="wooldridge")
> recid$uncensored<-recid$cens==0
> censored_reg<-survreg(Surv(log(durat), uncensored,type="right")
        ~workprg+priors+tserved+felon+alcohol+drugs+black+married+
         educ+age, data=recid, dist="gaussian")
> summary(censored_reg)
--중략--
                Value  Std. Error      z        p
(Intercept)  4.099386    0.347535  11.80  < 2e-16
workprg     -0.062572    0.120037  -0.52   0.6022
priors      -0.137253    0.021459  -6.40  1.6e-10
tserved     -0.019331    0.002978  -6.49  8.5e-11
felon        0.443995    0.145087   3.06   0.0022
alcohol     -0.634909    0.144217  -4.40  1.1e-05
drugs       -0.298160    0.132736  -2.25   0.0247
```

```
black        -0.542718     0.117443  -4.62   3.8e-06
married       0.340684     0.139843   2.44    0.0148
educ          0.022920     0.025397   0.90    0.3668
age           0.003910     0.000606   6.45   1.1e-10
Log(scale)    0.593586     0.034412  17.25   < 2e-16
--이하 생략--
```

4-2 단절 회귀모형

단절된 자료의 경우 표본 자체가 없기 때문에 종속변수뿐만 아니라 설명변수 값도 알 수가 없다. 이로 인해 단절된 자료는 중도절단된 자료에 비해 문제가 더 심각해진다. [그림 7-4]는 시뮬레이션 기법으로 아래로부터 단절된 자료를 생성한 다음에 단절 회귀모형에 의한 회귀선과 최소자승모형에 의한 회귀선을 서로 비교한 것이다. ○는 실제 관측치와 단절된 관측치를 포함한 모든 값을 의미하며 ●는 실제 관측된 값만을 의미한다. $y_i > 0$인 영역에서는 ○와 ●가 서로 겹치는 반면, $y_i \le 0$인 영역에서는 x_i, y_i가 표본에 없기 때문에 ○만 나타난다.

점선은 최소자승추정에 의한 회귀선을, 실선은 단절 회귀모형에 의한 회귀선을 나타낸다. 최소자승추정에 의한 회귀선의 기울기가 단절 회귀모형에 비해 작음을 확인할 수 있다. [그림 7-4]를 통해 단절 회귀모형이 최소자승추정으로 인한 기울기의 편향 문제를 어떻게 해결하는지 알 수 있다.

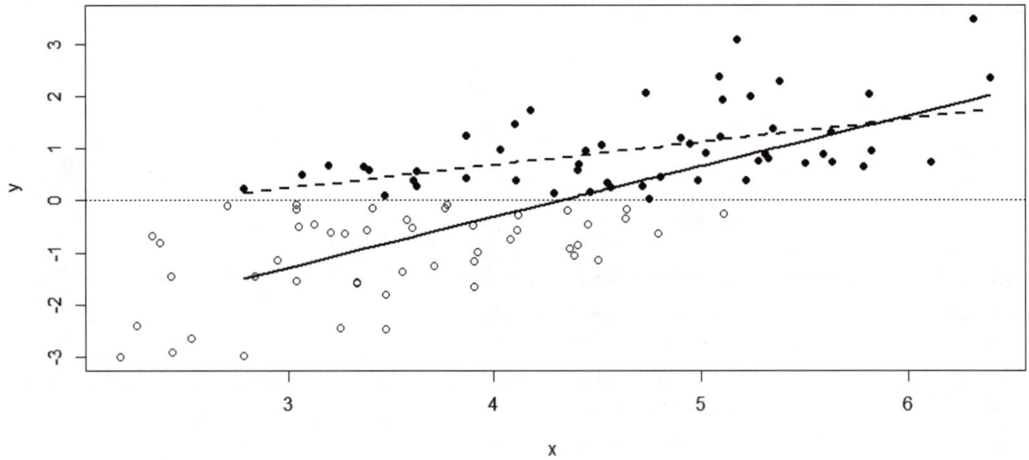

[그림 7-4] 단절 회귀모형과 최소자승모형의 회귀선 비교

종속변수 y_i값이 c에서 아래로부터 단절된 회귀모형 사례를 살펴보자. y_i의 조건부 기대값은 $E[y_i \mid x_i, y_i > c] = x_i\beta + \sigma\lambda\left(\frac{c - x_i\beta}{\sigma}\right)$이다. 여기서 λ는 inverse Mills ratio로서 $\lambda(x) = \frac{\phi(x)}{1 - \Phi(x)}$이다. 따라서 단절된 관측치에 적용되는 회귀모형은 다음과 같다.

$$y_i = E[y_i \mid x_i, y_i > c] + \varepsilon_i = x_i\beta + \sigma\lambda\left(\frac{c - x_i\beta}{\sigma}\right) + \varepsilon_i \tag{7-7}$$

식 (7-7)에서 보듯이 최소자승모형에서는 단절된 관측치를 교정하는 변수 $\lambda\left(\frac{c - x_i\beta}{\sigma}\right)$가 없기 때문에 함수 설정의 오류로 인해 추정치가 편향되고 일치적이지 않다.

단절 회귀모형은 회귀식 (7-7)의 오차항이 정규분포 $N(0, \sigma^2)$를 따른다는 가정하에 최우추정법으로 추정한다. 단절 회귀모형의 로그우도함수는 다음과 같다.

$$\ln L(\beta, \sigma^2 \mid y, x) = -\frac{n}{2} ln(2\pi) - \frac{n}{2} ln(\sigma^2) - \frac{1}{2\sigma^2}\sum_{i=1}^{n}(y_i - x_i\beta)^2 - \sum_{i=1}^{n}\ln\left(1 - \Phi\left(\frac{c - x_i\beta}{\sigma}\right)\right)$$

단절 회귀모형을 사용하여 대기오염 함수를 추정해보자. [실습 7-8]에서 사용한 데이터 PM10trunc는 노르웨이 오슬로에 있는 도로에서 측정한 대기오염과 교통량, 그리고 기상 관련 변수에 관한 자료이다. 이 데이터는 패키지 truncSP에서 불러올 수 있다. 종속변수인 PM10은 시간당 PM10(미세먼지) 농도의 로그값이며, 설명변수로 cars(시간당 차량 수의 로그값), temp(지상 2미터에서의 기온, 섭씨 기준), wind.speed(풍속, 시간당 미터), tem.diff(지상 2미터와 25미터의 기온차, 섭씨 기준), wind.dir(풍향, 0~360도), hour(측정 시각), day(측정 일수, 2001년 10월 1일로부터 경과한 일수)를 포함한다.

실습 7-8 함수 truncreg를 이용한 단절 회귀모형 추정

```
> library(truncreg)
> data(PM10trunc, package="truncSP")
> trpm10<-truncreg(PM10~cars+temp+wind.speed+temp.diff+wind.dir+hour+day,
        data=PM10trunc, point=2, direction="left")
> summary(trpm10)
--중략--
```

```
Coefficients :
              Estimate    Std. Error  t-value    Pr(>|t|)
(Intercept)  1.6249e+00  3.5257e-01   4.6087   4.052e-06 ***
cars         2.5613e-01  5.0104e-02   5.1119   3.190e-07 ***
temp         6.0891e-04  7.0085e-03   0.0869   0.930766
wind.speed  -7.4739e-02  2.2911e-02  -3.2622   0.001106 **
temp.diff   -3.7200e-03  4.4013e-02  -0.0845   0.932642
wind.dir     1.1381e-04  4.9783e-04   0.2286   0.819163
hour         9.6761e-03  6.9398e-03   1.3943   0.163228
day          3.3303e-06  1.9979e-04   0.0167   0.986701
sigma        7.5821e-01  3.2479e-02  23.3448   < 2.2e-16 ***
---
Signif. codes: 0 '***' 0.001 '**' 0.01 '*' 0.05 '.' 0.1 ' ' 1

Log-Likelihood: -464.679 on 9 Df
> PM10trunc$yhat<-fitted(trpm10)
> r<-with(PM10trunc, cor(PM10, yhat))
> (r^2)
[1] 0.1154086
```

환경 데이터에서 측정값이 너무 낮을 때 신뢰할 만한 수치를 얻기가 어렵기 때문에 이를 잘라내버리는 경우가 흔하다. 이러한 상황을 반영하기 위해 데이터 PM10trunc에서는 측정된 PM10의 값이 2 이하인 관측치는 모두 제거하였다. 그 결과 총 관측치 수는 원데이터(데이터 PM10)의 8%가량이 없어진 460개가 되었다.

단절 회귀모형은 패키지 truncreg의 함수 truncreg로 추정한다. 함수 truncreg의 구조는 함수 lm과 유사하나, 단절된 값을 지정하는 인자 point와 단절된 방향이 좌측(아래로부터)인지 아니면 우측(위로부터)인지를 지정하는 인자 direction이 추가된 점이 다르다. 계수 추정치는 그 자체로서 설명변수 값이 한 단위 증가할 때 종속변수 값이 변화하는 정도를 나타내는 한계효과의 의미를 가진다. sigma의 계수 추정치 0.75821은 오차항의 표준편차 추정치 $\hat{\sigma}$를 의미한다.

함수 truncreg를 실행하면, 최소자승모형과 달리 결정계수가 출력되지 않는다. 하지만 앞에서 설명한 대로 종속변수 관측치와 예측치의 상관계수를 제곱하여 최소자승모형의 결정계수와 유사한 값을 구할 수 있다. 이렇게 계산한 유사결정계수가 0.115이다.

4-3 단절 회귀모형의 준모수적 추정

앞에서 오차항이 정규분포를 따를 때 단절 회귀모형의 추정 방법으로 `truncreg`에 대해 설명하였다. 하지만 오차항이 정규분포를 따르지 않는다면 `truncreg`에 의한 계수 추정치는 편향되며, 추정치의 편향 정도는 단절 정도에 따라 증가한다. 이 절에서는 오차항이 정규분포를 따르지 않을 때 단절 회귀모형의 대안이라 할 수 있는 준모수적 추정 방법을 설명한다.

준모수적 추정 방법의 기본 개념은 관측치를 위로부터 잘라내 대칭적인 확률밀도함수를 생성한 다음에 남아 있는 관측치에 대해 최소자승추정을 적용하는 것이다. 단절 회귀모형의 준모수적 추정 방법으로 대칭절삭 최소자승법(symmetrically trimmed least squares, STLS), 이차최빈값 추정법(quadratic mode estimation, QME), 좌측단절 추정법(left truncation estimation, LT)이 있다.

1) 대칭절삭 최소자승법

대칭절삭 최소자승법은 대칭적 분포를 가진 오차항을 가정하는 것으로 파워(Power, 1986)에 의해 개발되었다. 단절 회귀모형의 추정식이 $Y_i = X_i^T\beta + \varepsilon_i$일 때 대칭절삭 최소자승추정치는 다음 식으로 구한다.

$$\hat{\beta}_{STLS} = \arg\min_{\beta\in B} \frac{1}{n}\sum_{i=1}^{n} q_{STLS}(\varepsilon_i) = \arg\min_{\beta\in B} \frac{1}{n}\sum_{i=1}^{n} q_{STLS}\left(Y_i - \max\left(\frac{1}{2}Y_i, X_i^T\beta\right)\right)^2 \tag{7-8}$$

식 (7-8)에서 $\arg\min_{\beta\in B}$는 목적함수의 값을 최소로 하는 계수값 β를 파라미터 공간 B에서 찾아내라는 의미이다. 대칭절삭 최소자승법은 [그림 7-5]에서 짙은 색깔로 음영 처리된 영역에 있는 관측치만을 사용하여 최소자승법으로 추정한다고 볼 수 있다. 즉, 전체 표본에서 $Y_i > 2X_i^T\beta$인 관측치는 모두 잘라낸다. 하지만 식 (7-8)에서 보듯이 영역 밖에 있는 음영 처리된 관측치는 항목 $(Y_i/2)^2$을 통해 목적함수에 기여한다.

관측치 가운에 얼마를 잘라낼 것인가는 초기 β값에 따라 결정한다. 그다음에 남은 관측치 영역을 가지고 β값을 추정한 후, 그 β값을 토대로 다시 관측치를 잘라내는 과정을 반복한다. 이러한 과정은 식 (7-8)의 계수 추정치가 수렴할 때까지 계속한다. 초기 β값은 함수 `truncreg`에 의한 최우추정법으로 추정할 수 있고, 최소자승법으로 추정할 수도 있다. 계수 추정치의 표준오차는 그 값을 구하는 산식이 매우 복잡하기 때문에 대개 부트스트랩(bootstrap) 방식으로 계산한다.

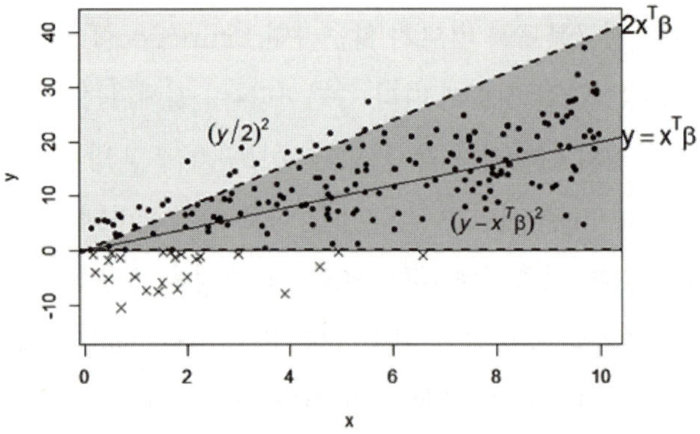

[그림 7-5] 대칭절삭 최소자승법(STLS)의 원리

대칭절삭 최소자승법은 패키지 truncSP의 함수 stls를 이용한다. 함수 stls의 구조는 truncreg와 유사하다. point는 단절값을 지정하는 인자다. direction은 단절방향을 지정하는 인자로 좌측단절인 경우는 "left", 우측단절인 경우는 "right"라고 지정하는데, 기본값은 "left"이다. beta는 초기 β값을 추정하는 방법을 지정하는 인자이다. "ml"은 함수 truncreg로, "ols"는 함수 lm으로 추정함을 각각 의미하며, 기본값은 "ml"이다. covar=TRUE는 부트스트랩을 이용하여 계수 추정치의 공분산 행렬을 구하라는 의미이다. 이 인자를 적용하지 않으면 계수 추정치는 나타나지만 표준오차와 유의확률이 나타나지 않는다. 부트스트랩에서 반복횟수의 기본값은 2,000회이지만, control=list(maxit=)로 최대 반복횟수를 지정할 수 있다. covar=TRUE를 적용하면 실행하는 데 많은 시간이 소요되니 놀라지 마시라![2]

[실습 7-9]는 단절 데이터인 PM10trunc를 사용하여 대기오염 함수를 대칭절삭 최소자승법으로 추정한 결과다. 추정 결과에서 $counts는 최우추정 과정에서 최적값에 이를 때까지 반복된 횟수를, level은 신뢰구간의 유의수준을 각각 나타낸다. 추정의 결과물로 계수 추정치

2 사전에 시드값(seed number)을 지정하지 않았기 때문에 부트스트랩 방식으로 추정한 계수 추정치의 공분산 행렬이 다르게 나타날 수 있다. 매번 동일한 공분산 행렬값을 얻으려면 set.seed(1234)와 같이 시드값을 지정해주는 것이 좋다.

($coefficients) 외에도 계수값의 공분산 행렬($covariance)과 신뢰구간($confint), 부트스트랩에 의한 신뢰구간($bootconfit)을 함께 보여준다.

실습 7-9 대칭절삭 최소자승법(STLS)을 이용한 단절 회귀모형 추정

```
> library(truncSP)
> stlspm10<-stls(PM10~cars+temp+wind.speed+temp.diff+wind.dir+hour+day,
           data=PM10trunc, point=2, direction="left", beta="ml", covar=TRUE)
> summary(stlspm10)
$call
stls(formula = PM10 ~ cars + temp + wind.speed + temp.diff +wind.dir +
     hour + day, data = PM10trunc, point = 2, direction="left",
     beta="ml", covar = TRUE)
$counts
function
    1953
$level
[1] 0.95

$coefficients
                Estimate   Std. Error      t value     Pr(>|t|)
(Intercept)  1.6733957179 0.5168895923  3.23743357 0.0012948361
cars         0.2621771182 0.0671258490  3.90575497 0.0001082771
temp         0.0010436433 0.0091110887  0.11454650 0.9088554521
wind.speed  -0.1034349440 0.0460612642 -2.24559499 0.0252124314
temp.diff   -0.0022108026 0.1084611542 -0.02038336 0.9837465534
wind.dir    -0.0001707639 0.0007282917 -0.23447188 0.8147248335
hour         0.0100797043 0.0089361545  1.12796890 0.2599314248
day          0.0001037750 0.0002742276  0.37842637 0.7052915533

$covariance
             (Intercept)          cars          temp    wind.speed
(Intercept)  2.671749e-01 -3.119258e-02  4.504290e-04 -9.770117e-03
cars        -3.119258e-02  4.505880e-03 -6.130076e-06  5.687418e-04
temp         4.504290e-04 -6.130076e-06  8.301194e-05  9.376892e-05
wind.speed  -9.770117e-03  5.687418e-04  9.376892e-05  2.121640e-03
temp.diff    7.270421e-03 -5.700007e-04 -1.122804e-04 -1.695775e-03
wind.dir    -1.678659e-05 -9.373804e-06 -1.679592e-06  5.528658e-06
hour         1.269768e-04 -1.438191e-04 -5.218270e-06 -2.575921e-05
day         -9.532802e-06 -1.161295e-06 -7.178647e-07 -2.542605e-06

               temp.diff      wind.dir          hour           day
(Intercept)  7.270421e-03 -1.678659e-05  1.269768e-04 -9.532802e-06
cars        -5.700007e-04 -9.373804e-06 -1.438191e-04 -1.161295e-06
temp        -1.122804e-04 -1.679592e-06 -5.218270e-06 -7.178647e-07
wind.speed  -1.695775e-03  5.528658e-06 -2.575921e-05 -2.542605e-06
```

```
temp.diff     1.176382e-02   8.185607e-06 -1.409200e-04  1.011135e-05
wind.dir      8.185607e-06   5.304088e-07 -8.977648e-07  3.078094e-08
hour         -1.409200e-04  -8.977648e-07  7.985486e-05 -2.069795e-07
day           1.011135e-05   3.078094e-08 -2.069795e-07  7.520078e-08

$confint
                    Lower         Upper
(Intercept)  0.6575907408  2.6892006950
cars         0.1302596401  0.3940945962
temp        -0.0168617071  0.0189489938
wind.speed  -0.1939557480 -0.0129141401
temp.diff   -0.2153615062  0.2109399010
wind.dir    -0.0016020219  0.0012604941
hour        -0.0074818607  0.0276412693
day         -0.0004351443  0.0006426942

$bootconfint
                    Lower         Upper
(Intercept)  0.5437636398  2.5249735255
cars         0.1485398766  0.4033298302
temp        -0.0183697430  0.0172098537
wind.speed  -0.2021072836 -0.0156549892
temp.diff   -0.2739765330  0.1707799600
wind.dir    -0.0016415318  0.0011978031
hour        -0.0083985738  0.0273177564
day         -0.0004873465  0.0006032335

attr(,"class")
[1] "summary.stls" "stls"
```

2) 이차최빈값 추정법

이차최빈값 추정법과 좌측단절 추정법은 대칭절삭 최소자승법과 달리 오차항이 비대칭적인 분포를 가지더라도 기울기를 나타내는 계수값은 일치적이며 점근적인 정규분포를 따르는 추정량을 얻을 수 있다는 장점이 있다. 이차최빈값 추정법에 의한 계수 추정치는 다음과 같이 구한다.

$$\begin{aligned}\hat{\beta}_{QME} &= \arg\min_{\beta \in B} \frac{1}{n}\sum_{i=1}^{n} q_{QME}(\varepsilon_i) \\ &= \arg\min_{\beta \in B} \frac{1}{n}\sum_{i=1}^{n} 1[-c < Y_i - \max(X_i^T\beta, c) < c](\{Y_i - \max(X_i^T\beta, c)\}^2 - c^2)\end{aligned} \quad (7\text{-}9)$$

식 (7-9)에서 c는 연구자가 선택하는 임계치 파라미터이며, $1[A]$는 지시함수로서 조건 A를 충족하면 1의 값을 가지고 그렇지 않으면 0의 값을 가진다. 이차최빈값 추정법은 대칭절삭 최소자승법과 달리 절삭할 관측치의 양을 임의로 선택할 수 있다. 이때 임계치 c가 절삭할 양을 결정한다. c값이 상대적으로 작으면 [그림 7-6]에서 $(Y_i - X_i^T\beta)^2 - c^2$으로 표현되는 가장 어두운 부분이 좁은 벨트 모양으로 나타나며 적은 수의 관측치를 포함하게 된다. 반면, c값이 큰 경우에는 가장 어두운 부분의 면적이 넓어지는 대신에 $(y_i - c)^2 - c^2$으로 표현되는 덜 어두운 부분이 길어지고, 그에 따라 가장 어두운 부분의 길이가 점점 짧아지게 된다. 따라서 c값을 중간 정도에서 정하는 것이 좋지만 이에 대한 명확한 기준은 없다. 일부 문헌에서는 단절된 종속변수의 표준편차 추정치나 최소자승법으로 추정한 잔차의 표준편차 추정치를 임계치로 추천한다 (Lee & Kim, 1998; Karlsson, 2004).

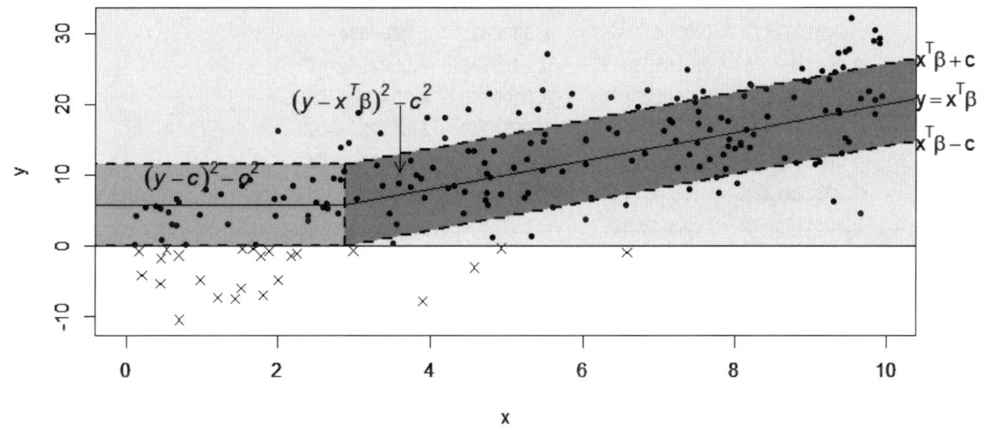

[그림 7-6] 이차최빈값 추정법(QME)의 원리

[실습 7-10]은 단절 데이터인 `PM10trunc`를 사용하여 대기오염 함수를 이차최빈값 추정법으로 추정한 결과다. 이차최빈값 추정법은 패키지 `truncSP`의 함수 `qme`를 이용한다. 함수 `qme`의 기본 구조는 `stls`와 유사하다. 인자 `cval`은 임계치로 사용할 값을 지정한다. 예를 들어, `cval="ml"`은 `truncreg`로 추정한 단절 회귀모형으로부터 구한 잔차의 표준편차 추정치를 사용함을 의미하며, `"ols"`는 `lm`으로 추정한 선형회귀모형으로부터 구한 잔차의 표준편차 추정치를 사용함을 의미한다.

인자 `const`는 `cval`로 지정한 임계치의 크기를 조정하는 데 사용하며 기본값은 1이다. 예를 들어 `cvar="ols"`, `const=0.5`는 최소자승추정으로 구한 잔차의 표준편차 추정치의 절반을 임계치로 사용한다는 의미이다. const에 지정한 임계치는 추정치를 식별하는 데 사용하는 관측치 수를 정하는 역할을 한다. 임계치가 크면 클수록 더 많은 관측치를 사용하여 추정치를 구하기 때문에 단절되지 않은 원자료 모형의 계수 추정치에 더 근접할 수 있다. 하지만 그에 따라 표준오차가 증가하므로 계수 추정치가 유의하지 않을 가능성이 높아진다.

실습 7-10 이차최빈값 추정법(QME)을 이용한 단절 회귀모형 추정

```
> qmepm10<-qme(PM10~cars+temp+wind.speed+temp.diff+wind.dir+hour+day,
        data=PM10trunc, point=2, direction="left", cval="ml", const=1,
        covar=TRUE, control=list(maxit=4000))
> summary(qmepm10)
--중략--
$coefficients
                 Estimate   Std. Error    t value     Pr(>|t|)
(Intercept)  1.9328356523 0.4120421730  4.6908685 3.609565e-06
cars         0.2441972477 0.0564110657  4.3288891 1.846883e-05
temp         0.0040787578 0.0165830495  0.2459595 8.058253e-01
wind.speed  -0.0887122406 0.0401251940 -2.2108863 2.754364e-02
temp.diff    0.1249341993 0.1286401067  0.9711917 3.319723e-01
wind.dir    -0.0001312081 0.0009393902 -0.1396737 8.889800e-01
hour        -0.0021291221 0.0104668175 -0.2034164 8.389011e-01
day         -0.0001464651 0.0003203277 -0.4572354 6.477215e-01

$covariance
--중략--

$confint
--중략--

$bootconfint
--이하 생략--
```

3) 좌측단절 추정법

좌측단절 추정법은 이차최빈값 추정법의 변형된 형태로 관측치를 잘라내는 방법이 이차최빈값 추정법과 다소 다르다. [그림 7-7]에서 보듯이 좌측단절 추정법은 대칭적인 절삭방법을 사용하는 이차최빈값 추정법과 달리 비대칭적인 절삭법을 사용하여 추정 과정에서 관측치를 보다 효율적으로 이용한다. 좌측단절 추정법에 의한 계수 추정치는 다음의 방식으로 구한다.

$$\hat{\beta}_{LT} = \arg\min_{\beta \in B} \sum_{i=1}^{n} q_{LT}(\varepsilon_i) \tag{7-10}$$

$$= \arg\min_{\beta \in B} \sum_{i=1}^{n} 1[X_i^T \beta > c_L] \cdot \left\{ 1[-c_L \le \varepsilon_i \le c_U] \cdot \frac{1}{2}\varepsilon_i^2 + 1[\varepsilon_i < -c_L] \cdot \frac{1}{2}c_L^2 + 1[\varepsilon_i > c_U] \cdot \frac{1}{2}c_U^2 \right\} + 1[X_i^T \beta \le c_L] \cdot \left\{ 1[-c_L \le Y_i - c_L \le c_U] \cdot \frac{1}{2}(Y_i - c_L)^2 + 1[Y_i - c_L < -c_L] \cdot \frac{1}{2}c_L^2 + 1[Y_i - c_L > c_U] \cdot \frac{1}{2}c_U^2 \right\}$$

식 (7-10)에서 c_L과 c_U는 각각 관측치를 절삭할 때 기준이 되는 아래쪽 임계치와 위쪽 임계치다. 좌측단절 추정법은 $c_L = c_U = c$라는 의미에서 이차최빈값 추정법의 한 형태라고 볼 수 있다. c_L과 c_U를 달리 지정하여 아래쪽 임계치와 위쪽 임계치가 서로 같지 않게 할 수 있다. 예를 들어 [그림 7-7]에서 보듯이 위쪽 임계치를 아래쪽보다 더 크게 함으로써 더 많은 관측치가 잘려나가기보다는 추정 과정에 자신의 정보를 제공하도록 하여 추정치의 효율성을 높일 수 있다. 임계치를 지정하는 방법에 대해서는 [실습 7-11]에서 다시 설명한다.

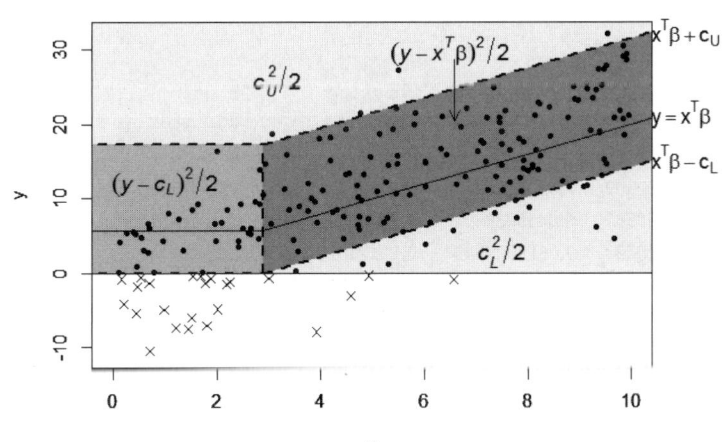

[그림 7-7] 좌측단절 추정법(LT)의 원리

좌측단절 추정법은 이차최빈값 추정법에 비해 편향(bias)과 평균자승오차(MSE) 측면에서 더 낫다고 보고되고 있다. 하지만 앞서 설명한 바와 같이 좌측단절 추정법이나 이차최빈값 추정법은 오차항의 분포가 비대칭적일 때 기울기 계수값에 대해서 일치추정량을 제공하지만, 절편 계수값에 대해서는 그러지 않는다. 따라서 오차항이 정규분포를 따른다면 최우추정법이 준모수적인 추정법에 비해 더 효율적이다.

[실습 7-11]은 좌측단절 추정법으로 대기오염 함수를 추정한 결과다. 좌측단절 추정은 함수 lt로 실행한다. 함수 lt의 구조는 qme와 유사하다. 인자 cupper=2는 기본값인 truncreg로 구한 잔차의 표준편차를 아래쪽 임계치로 하고, 위쪽 임계치는 그보다 2배 더 크게 설정한다는 의미이다. cupper=1일 때 lt의 실행 결과는 qme와 동일하다. clower="ml", const=2, cupper=2라고 지정할 경우, 이는 truncreg로 구한 잔차의 표준편차를 2배 한 것을 아래쪽 임계치로 하고 위쪽 임계치는 그보다 2배 더 크게 설정한다는 의미이다. 즉, 위쪽 임계치는 잔차의 표준편차의 4배가 되는 셈이다. [실습 7-11]의 $cvalues에서 Lower와 Upper는 앞서 언급한 대로 아래쪽 임계치와 위쪽 임계치를 의미하는데 각각 0.758과 1.516이다. constant 값을 1로 지정하였기 때문에 0.758은 truncreg로 추정한 잔차의 표준편차이다.

실습 7-11 **좌측단절 추정법(LT)을 이용한 단절 회귀모형 추정**

```
> ltpm10<-lt(PM10~cars+temp+wind.speed+temp.diff+wind.dir+hour+day,
        data=PM10trunc, point=2, direction="left", cval="ml",
        cupper=2, covar=TRUE, control=list(maxit=2500))
> summary(ltpm10)
--중략--
$coefficients
                Estimate    Std. Error     t value     Pr(>|t|)
(Intercept)  1.6239524886  0.3647501948   4.4522320  1.071989e-05
cars         0.3298709368  0.0661375614   4.9876489  8.730484e-07
temp         0.0159092909  0.0124686950   1.2759387  2.026325e-01
wind.speed  -0.1291550582  0.0499033354  -2.5881047  9.961340e-03
temp.diff    0.0601188323  0.0619009549   0.9712101  3.319631e-01
wind.dir    -0.0002994154  0.0010844255  -0.2761051  7.825935e-01
hour         0.0048251146  0.0152715134   0.3159552  7.521823e-01
day          0.0001812312  0.0004214753   0.4299925  6.674060e-01

$covariance
--중략--

$confint
--중략--

$bootconfint
--이하 생략--
```

[실습 7-12]는 단절되지 않은 원자료인 PM10을 사용한 최소자승모형(ols_full), 단절 데이터인 PM10trunc를 사용한 최소자승모형(ols_trunc), 최우추정법을 사용한 단절 회귀모형, 그리고 준모수적인 단절 회귀모형(대칭절삭 최소자승법, 이차최빈값 추정법, 좌측단절 추정법)으로 대기오염 함수를 추정한 결과를 서로 비교한 것이다.

[실습 7-12]의 상단은 추정 방법에 따른 계수 추정치를 비교한 것이며, 하단은 추정 방법에 따른 유의확률을 각각 비교한 것이다. 기울기를 나타내는 설명변수 가운데 유의미한 변수 car와 wind.speed에 국한하여 비교할 경우, 단절 회귀모형의 어느 것도 원자료를 사용한 최소자승모형(ols_full)의 계수 추정치에 근접하지 않는다. 하지만 준모수적인 추정법이 truncreg나 ols_trunc에 비해 단절되지 않은 원자료를 사용한 최소자승모형의 추정 결과에 더 근접함을 알 수 있다. 준모수적인 추정법에서는 lt가 stls나 qme에 비해 상대적으로 원자료를 사용한 모형의 추정 결과에 더 근접하는 것으로 나타난다.

실습 7-12 단절 회귀모형의 추정 방법에 따른 계수 추정치 비교

```
> data(PM10, package="truncSP")
> ols_pm10_full <- lm(PM10 ~ cars + temp + wind.speed + temp.diff + wind.dir + hour +
                      day, data = PM10)
> ols_pm10 <- lm(PM10 ~ cars + temp + wind.speed + temp.diff + wind.dir + hour +
                      day, data=PM10trunc)
> round(rbind(ols_full=summary(ols_pm10_full)$coef[,1],
        ols_trunc=summary(ols_pm10)$coef[,1],
        truncreg=summary(trpm10)$coef[1:8,1], stls=summary(stlspm10)$coef[,1],
        qme=summary(qmepm10)$coef[,1], lt=summary(ltpm10)$coef[,1]), 5)
          (Intercept)    cars     temp wind.speed temp.diff wind.dir    hour     day
ols_full      1.23055 0.32678 -0.00212   -0.10334   0.01107 -0.00005 0.00032 0.00027
ols_trunc     2.08514 0.20144  0.00056   -0.06238  -0.00369  0.00010 0.00752 0.00000
truncreg      1.62490 0.25613  0.00061   -0.07474  -0.00372  0.00011 0.00968 0.00000
stls          1.67340 0.26218  0.00104   -0.10343  -0.00221 -0.00017 0.01008 0.00010
qme           1.93284 0.24420  0.00408   -0.08871   0.12493 -0.00013 -0.00213 -0.00015
lt            1.62395 0.32987  0.01591   -0.12916   0.06012 -0.00030 0.00483 0.00018

> round(rbind(ols_full=summary(ols_pm10_full)$coef[,4],
        ols_trunc=summary(ols_pm10)$coef[,4],
        truncreg=summary(trpm10)$coef[1:8,4], stls=summary(stlspm10)$coef[,4],
        qme=summary(qmepm10)$coef[,4], lt=summary(ltpm10)$coef[,4]), 5)
          (Intercept)    cars     temp wind.speed temp.diff wind.dir    hour     day
ols_full      0.00004 0.00000  0.75034    0.00000   0.79393  0.92034 0.96077 0.15023
ols_trunc     0.00000 0.00000  0.92381    0.00108   0.92041  0.81128 0.19719 0.99229
truncreg      0.00000 0.00000  0.93077    0.00111   0.93264  0.81916 0.16323 0.98670
stls          0.00139 0.00016  0.90188    0.01880   0.98238  0.81341 0.21815 0.70323
qme           0.00001 0.00002  0.80425    0.03152   0.31568  0.88635 0.84173 0.65053
lt            0.00001 0.00000  0.20263    0.00996   0.33196  0.78259 0.75218 0.66741
```

5 표본선택모형

표본추출 과정에서 부수적인 단절이 나타나는 표본은 모집단으로부터 임의추출되었다고 할 수 없다. 따라서 이 표본을 대상으로 모형을 추정할 경우 편향된 추정치를 얻게 된다. 이러한 문제를 표본선택의 편향(sample selection bias) 또는 자기선택의 편향(self-selectivity bias)이라고 부른다.

표본선택의 편향 문제를 다루는 모형으로 헤크만 선택모형(Heckman's selection model)이 있다. 이를 줄여서 Heckit 또는 아메미야(Amemiya)의 Type II 토빗모형, 울드리지(Wooldridge)의 프로빗 선택(probit selection) 모형 등으로 부른다.

5-1 모형 구조와 추정 방법

표본선택모형은 토빗모형과 달리 2단계의 의사결정 과정으로 구성되며, 각 의사결정 과정은 그와 관련된 잠재변수의 함수 형태로 표현된다. 예를 들어, 특정 제품의 구매와 관련된 의사결정 문제를 생각해보자. 이때 첫 번째 잠재변수는 로짓모형이나 프로빗모형처럼 구매 여부와 관련되며, 두 번째 잠재변수는 구매 수준과 관련된다.

먼저, 구매 여부라는 선택을 나타내는 방정식은 다음과 같다.

$$y_1 = \begin{cases} 1 \text{ if } y_1^* > 0 \\ 0 \text{ if } y_1^* \le 0 \end{cases}, \qquad y_1^* = X\beta + \varepsilon_1 \tag{7-11}$$

두 번째로 선택의 결과를 나타내는 구매 수준에 관한 방정식은 다음과 같다.

$$y_2 = \begin{cases} y_2^* \text{ if } y_1^* > 0 \\ - \text{ if } y_1^* \le 0 \end{cases}, \qquad y_2^* = Z\gamma + \varepsilon_2 \tag{7-12}$$

따라서 앞에서 언급한 토빗모형은 $y_1^* = y_2^*$인 경우에 해당한다.

표본선택모형은 모형 구조에서도 알 수 있듯이 토빗모형의 단점을 보완한다. 예를 들어, 근로자의 노동시간에 대한 토빗모형은 식 (7-2)가 보여주듯이 기존 근로자의 노동시간 증가 효과와 신규 근로자의 노동시장 참여로 인한 총 노동시간 증가 효과를 동시에 반영한다. 이때 기존 근로자의 노동시간 결정에 영향을 주는 요인과 신규 근로자의 노동시장 참여에 영향을 주는 요인은 서로 다를 수 있다. 또 다른 예로 기부에 관한 의사결정 문제를 생각해보자. 연령이 낮을수록 기부를 할 확률은 줄어들 것이다. 그러나 일단 기부를 한다면(즉, 기부액이 0보다 크다면), 연령이 낮은 사람일수록 기부를 더 많이 할 수 있다. 따라서 동일한 변수라 할지라도 기부 여부에 미치는 영향과 기부금액에 미치는 영향은 서로 다를 수 있다.

하지만 토빗모형에서는 2가지 의사결정 문제(구매 여부와 구매 수준)에 대한 영향 요인을 구분하지 않고 동일하다고 간주한다. 반면, 표본선택모형은 이 둘에 대한 영향 요인을 서로 다르게 책정할 수 있다는 측면에서 토빗모형보다 바람직하다고 할 수 있다.

표본선택모형은 첫 번째 단계의 의사결정 문제와 두 번째 단계의 의사결정 문제가 서로 연관되어 있다는 가정, 즉 두 식의 오차항이 식 (7-13)과 같은 결합 정규분포를 따르며 등분산을 가진다는 가정하에 모형을 추정한다.

$$\begin{bmatrix} \varepsilon_1 \\ \varepsilon_2 \end{bmatrix} \sim N\left[\begin{bmatrix} 0 \\ 0 \end{bmatrix}, \begin{bmatrix} 1 & \rho\sigma_2 \\ \rho\sigma_2 & \sigma_2^2 \end{bmatrix}\right] \tag{7-13}$$

이때 첫 단계인 선택을 나타내는 식에서 오차항의 분산은 1(즉, $\sigma_1^2 = 1$)이라고 가정한다.

표본선택모형을 최우추정법으로 추정하기 위한 우도함수와 그에 대응하는 로그우도함수는 각각 다음과 같다.

$$L = \prod_{i=1}^{n} \{\Pr(y_{1i}^* \le 0)\}^{1-y_{1i}} \{f(y_{2i} \mid y_{1i}^* > 0) \times \Pr(y_{1i}^* > 0)\}^{y_{1i}}$$

$$\log L = \sum_{y_{1i}^* \le 0} \log L_{ci} + \sum_{y_{1i}^* > 0} \log L_{nci}$$

$$= \sum_{y_{1i}^* \le 0} \log[1 - \Phi(X\beta)] + \sum_{y_{1i}^* > 0} \left[\log \Phi\left(\frac{X\beta + (y_{2i} - Z\gamma)\rho / \sigma_2}{\sqrt{1-\rho^2}} \right) - \log(\sqrt{2\pi} + \sigma_2) - \frac{1}{2}\left(\frac{y_{2i} - Z\gamma}{\sigma_2} \right)^2 \right]$$

여기서 $\log L_{ci}$는 관측되지 않은($y_{1i}^* \le 0$) 부분에 대한 로그우도함수를, $\log L_{nci}$는 선택된 표본($y_{1i}^* > 0$)에 대한 로그우도함수를 각각 나타낸다.

표본선택모형은 2단계 추정법으로 추정할 수도 있다. 이를 위해 y_2에 관한 조건부 기대값을 구하면 다음과 같다.[3]

$$E(y_2 \mid y_1 > 0, Z) = Z\gamma + \sigma_2 \rho \lambda(X\beta) \tag{7-14}$$

조건부 기대값을 추정하기 위해 첫 단계에서는 식 (7-11)을 프로빗모형으로 추정한다. 추정 결과로부터 $\lambda(X\hat{\beta}) = \phi(X\hat{\beta}) / \Phi(X\hat{\beta})$를 계산한다. 이때 $\lambda(\cdot)$를 inverse Mills ratio 또는 비선택 위험(nonselection hazard)이라고 부른다. 두 번째 단계에서는 식 (7-12)에 첫 번째 단계에서 구한 $\lambda(X\hat{\beta})$를 설명변수로 추가하여 최소자승법으로 $E(y_2|y_1 > 0, Z)$를 추정한다. 이때 $\lambda(X\hat{\beta})$의 계수 추정치가 $\hat{\sigma}_2\hat{\rho}$ 이다.

식 (7-14)에서 보듯이 선택방정식의 설명변수 X가 inverse Mills ratio에 나타나는 것을 주목할 필요가 있다. 이는 선택방정식에 포함된 설명변수 X가 결과방정식의 설명변수로 반드시 포함되어야 함을 의미한다. 설명변수 inverse Mills ratio의 계수 추정치가 양(음)의 부호를 갖는다면, 표본의 평균 결과값(예를 들면 평균 구매액, 평균 임금률 등)이 모집단 전체의 평균 결과값에 비해 더 높음(낮음)을 의미한다.

모형 추정 결과, 최우추정법에서 $\hat{\rho}$가 유의하지 않거나 또는 2단계 추정법에서 inverse Mills ratio의 계수 추정치가 유의하지 않다면 표본선택 또는 자기선택의 문제가 없다고 할 수 있다. 이러한 경우에는 결과방정식 (7-12)만을 최소자승법으로 추정하면 된다.

5-2 사례연습 1: 가구의 곡물구매액

표본선택모형의 사례로 2가지 경우를 살펴보자. 먼저, [사례연습 1]에서는 가구의 곡물구매에 관한 의사결정 문제를 다루며, [실습 7-5]의 데이터프레임 `Fdx`를 사용한다. 데이터에서 dgrain(곡물구매 여부를 나타내는 더미변수)을 y_{1i}에 해당하는 변수라 하고, lngrain(곡물구매액의 로그값)을 y_{2i}에 해당하는 변수라고 하자.

표본선택모형을 추정하려면 패키지 `sampleSelection`의 함수 `selection`을 이용한다.

---

3 오차항 ε_1과 ε_2가 식 (7-13)과 같은 결합 정규분포를 따른다고 할 때 $E(\varepsilon_2 \mid \varepsilon_1 > c) = E(\rho\varepsilon_1 \mid \varepsilon_1 > c) = \rho E(\varepsilon_1 \mid \varepsilon_1 > c) = \rho \dfrac{\phi(c)}{1-\Phi(c)}$임을 이용하여 도출할 수 있다.

```
selection(y1~x1+x2+...+xk, y2~z1+z2+...+zl, data=df, method="ml")
```

함수 selection을 실행하려면 선택방정식과 결과방정식을 나타내는 공식을 별도로 지정해야 한다. 먼저 선택방정식(즉, 프로빗모형)을 나타내는 공식을 쓴 후 결과방정식을 나타내는 공식을 쓴다. 두 모형의 공식은 콤마(,)로 구분한다. 추정 방법으로 최우추정법을 적용하려면 인자 method="ml"을, 2단계 추정법을 적용하려면 method="2step"을 사용한다. 인자 method를 지정하지 않으면 기본값인 최우추정법으로 추정된다. 로그우도함수의 근사적인 극대화 방법으로 기본값인 뉴톤-라프슨 방식 대신에 베른트-홀-홀-하우스만(Berndt-Hall-Hall-Hausman) 방식을 적용하려면 인자 maxi.method=BHHH를 사용한다.

1) 표본선택모형의 최우추정

[실습 7-13]에서 보듯이 표본선택모형의 최우추정 결과는 크게 세 부분으로 구성된다. 첫 번째 부분은 구매 여부에 관한 식(즉, 선택방정식)을 추정한 결과이며, 두 번째 부분은 구매액 수준(즉, 결과방정식)을 추정한 결과이다. 세 번째 부문은 오차항의 표준편차 추정치 sigma$=\hat{\sigma}_2=$ 1.387과 상관계수 추정치 rho$=\hat{\rho}=(\hat{\sigma}_{12}/\hat{\sigma}_2)=-0.915$이다. 상관계수의 값이 음(-)의 부호를 가지는데 이는 표본의 곡물구매액 평균값이 모집단의 곡물구매액 평균값보다 적음을 의미한다. 따라서 곡물구매의 경우 구매액이 0인 관측치를 제외하고 구매액 수준 방정식만을 추정한다면, 자료의 부수적 단절로 인한 표본선택의 문제가 발생한다고 말할 수 있다.

실습 7-13 최우추정법을 이용한 표본선택모형의 추정

```
> Fdx$dgrain<-ifelse(Fdx$grain>0,1,0)
> Fdx$lgrain<-ifelse(Fdx$grain==0, -0.00001, log(Fdx$grain))
> hckm_ml<-selection(dgrain~hincm+hsize+dbincm+hmale+hage,
        lgrain~hincm+hsize+dbincm+hmale+hage, data=Fdx, method="ml")
> summary(hckm_ml)
--------------------------------------------
Tobit 2 model (sample selection model)
Maximum Likelihood estimation
Newton-Raphson maximisation, 5 iterations
Return code 2: successive function values within tolerance limit
Log-Likelihood: -14553.45
```

```
11308 observations (5989 censored and 5319 observed)
14 free parameters (df = 11294)
Probit selection equation:
              Estimate   Std. Error   t value    Pr(>|t|)
(Intercept) -1.7571192   0.0644098    -27.280    <2e-16 ***
hincm        0.0123997   0.0065672      1.888    0.0590 .
hsize        0.1799493   0.0125900     14.293    <2e-16 ***
dbincm      -0.0554589   0.0290853     -1.907    0.0566 .
hmale       -0.0548336   0.0297291     -1.844    0.0651 .
hage         0.0227399   0.0008458     26.887    <2e-16 ***
Outcome equation:
              Estimate   Std. Error   t value    Pr(>|t|)
(Intercept)  11.747725    0.107398    109.385   < 2e-16 ***
hincm        -0.009114    0.009007     -1.012   0.311601
hsize        -0.057352    0.017909     -3.202   0.001366 **
dbincm        0.046858    0.039703      1.180   0.237949
hmale         0.155296    0.041111      3.777   0.000159 ***
hage         -0.006966    0.001287     -5.412   6.35e-08 ***
Error terms:
              Estimate   Std. Error   t value    Pr(>|t|)
sigma         1.386736    0.020046      69.18    <2e-16 ***
rho          -0.915072    0.005811    -157.46    <2e-16 ***
---
Signif. codes: 0 '***' 0.001 '**' 0.01 '*' 0.05 '.' 0.1 ' ' 1
--------------------------------------------
```

2) 표본선택모형의 2단계 추정

2단계 추정법에 따라 표본선택모형을 추정한 결과가 [실습 7-14]이다. 최우추정법과 동일하게 함수 selection을 사용하는데, 다른 점은 인자 method="2step"이 추가된다는 점이다.

추정 결과를 살펴보면 구매 여부 방정식의 추정 결과, 구매액 방정식의 추정 결과, 그리고 오차의 표준편차와 상관계수 추정치들이 나타난다. 앞서 설명한 바와 같이 invMillsRatio의 계수 추정치는 두 오차의 공분산 추정치 $\hat{\sigma}_{12}$이다. 이 계수값의 유의성 여부가 2단계에 따른 표본선택모형이 적절한지를 말해준다. 추정 결과를 보면 invMillsRatio의 계수값이 10% 수준에서 유의미하지 않은데, 이는 최우추정법으로 추정한 결과와 상반된다. 하지만 이러한 결과가 곡물구매에 있어서 표본선택의 편향 문제가 없음을 의미하지는 않는다. 왜냐하면 이러한 점은 (뒤에서 설명할) 식별 문제 또는 배제 제약(exclusive restriction)과 관련되기 때문이다.

실습 7-14 **2단계 추정법을 이용한 표본선택모형의 추정 결과**

```
> hckm_reg<-selection(dgrain~hincm+hsize+dbincm+hmale+hage,
  lgrain~hincm+hsize+dbincm+hmale+hage, data=Fdx, method="2step")
> summary(hckm_reg)
--------------------------------------------
Tobit 2 model (sample selection model)
2-step Heckman / heckit estimation
11308 observations (5989 censored and 5319 observed)
15 free parameters (df = 11294)
Probit selection equation:
              Estimate  Std. Error  t value   Pr(>|t|)
(Intercept)  -1.7626585  0.0659469  -26.728    <2e-16 ***
hincm         0.0118041  0.0067802    1.741    0.0817 .
hsize         0.1911250  0.0129965   14.706    <2e-16 ***
dbincm       -0.0746411  0.0301424   -2.476    0.0133 *
hmale        -0.0364514  0.0307144   -1.187    0.2353
hage          0.0223587  0.0008644   25.865    <2e-16 ***
Outcome equation:
              Estimate  Std. Error  t value   Pr(>|t|)
(Intercept)  11.981299   1.754025    6.831  8.88e-12 ***
hincm        -0.010905   0.012152   -0.897  0.369545
hsize        -0.064293   0.111576   -0.576  0.564477
dbincm        0.038184   0.057138    0.668  0.503964
hmale         0.174965   0.048675    3.595  0.000326 ***
hage         -0.009134   0.013138   -0.695  0.486916
Multiple R-Squared:0.0301,  Adjusted R-Squared:0.029
Error terms:
              Estimate  Std. Error  t value   Pr(>|t|)
invMillsRatio  -1.3820     0.8935   -1.547     0.122
sigma           1.4589         NA       NA        NA
rho            -0.9473         NA       NA        NA
--------------------------------------------
```

2단계 추정법의 추정 결과를 최우추정법의 결과와 비교해보면, 2단계 추정법에 따른 계수 추정치의 표준오차가 더 큼을 알 수 있다. 즉, 최우추정법이 2단계 추정법보다 더 효율적인 추정치를 제공한다. 이러한 결과는 $\lambda(X\hat{\beta})$이 결과방정식의 설명변수 Z와 다중공선 관계를 가지기 때문에 나타난 것이라 할 수 있다.

3) 식별 문제와 배제 제약

우리는 곡물구매에 관한 표본선택모형을 2단계 추정법으로 추정할 때 구매 여부를 나타내는 식과 구매액 수준을 나타내는 식에서 모두 동일한 설명변수를 사용하였다. 이러한 경우에 식 (7-11)과 식 (7-12)가 서로 구분되지 않는 식별 문제(identification problem)가 발생한다.

식별 문제를 해소하려면 X에는 Z에서 배제된 변수가 적어도 하나는 포함되어야 한다. 또한 배제된 변수는 선택확률에 상당 정도 영향을 주지만 선택결과에는 영향을 주지 않는 변수이어야 한다(이러한 측면에서 배제변수는 도구변수와 유사하다). 하지만 마이크로데이터를 분석할 때 선택결과에는 영향을 주지 않고, 선택확률에만 영향을 주는 변수를 찾기가 쉽지 않다.

반면, 표본선택모형을 최우추정법으로 추정할 경우 배제 제약의 문제는 발생하지 않는다. 왜냐하면 선택확률을 나타내는 식은 비선형함수 형태인 반면, 선택결과를 나타내는 식은 선형함수 형태이기 때문이다. 따라서 이 경우에는 선택확률에 관한 비선형함수가 배제 제약을 자동적으로 충족시킨다. 하지만 프로빗모형에 의한 비선형 정도가 미약하다면 최우추정법에서도 식별 문제가 나타날 수 있다.

배제 제약조건을 충족시키기 위해 선택확률을 나타내는 식에 설명변수를 하나 더 추가해 보자. 추가하려는 변수는 fafh(외식지출액)이다. 즉 외식지출액이 높다면 가정 내에서 식사하는 빈도가 줄어들어 곡물의 구매확률은 감소하지만, 일단 곡물을 구매한다면 구매액 수준은 외식지출액과 무관할 것이라고 가정해보자. [실습 7-15]의 추정 결과를 보면, 배제 제약조건을 충족시켰을 때 `invMillsRatio`의 계수 추정치가 이전과는 달리 10% 수준에서 유의미(p값: 0.098)하게 바뀜을 알 수 있다. 그 외의 추정 결과에 대한 세부적인 내용은 지면 관계상 생략한다.

이상의 결과를 요약하면, 표본선택모형을 추정할 때는 배제 제약을 고려한 선택모형을 먼저 2단계 추정법으로 추정한 다음에 `invMillsRatio`의 계수값이 유의하다면 최우추정법을 사용하여 보다 효율적인 추정량을 얻는 것이 바람직하다.

실습 7-15 배제 제약을 고려한 표본선택모형의 추정 결과

```
> heck1<-selection(dgrain~hincm+hsize+dbincm+hmale+hage+I(fafh/10000),
        log(grain)~hincm+hsize+dbincm+hmale+hage, Fdx, method="2step")
> coef(summary(heck1))["invMillsRatio",]
 Estimate    Std. Error    t value    Pr(>|t|)
 -0.939024     0.567674   -1.654160   0.098123
> heck1_ml<-selection(dgrain~hincm+hsize+dbincm+hmale+hage+I(fafh/10000),
        log(grain)~hincm+hsize+dbincm+hmale+hage, Fdx, method="ml")
```

5-3 사례연습 2: 기혼여성의 임금률

표본선택모형을 적용할 수 있는 또 다른 예로 중도절단된 값(censoring threshold)이 일정하지 않고 확률변수인 경우를 살펴보자. [실습 7-1]의 데이터프레임 `mroz`를 사용하여 기혼여성에 대한 제시임금 모형을 추정해보자. 기혼여성의 노동시장 참여 여부는 유보임금 w_r(즉, 기혼여성이 노동시장에 참여할 때 받기를 원하는 최대임금액)으로 설명할 수 있다. 제시임금 w_0가 유보임금 w_r보다 크다면 기혼여성은 노동시장에 참여할 것이다. 따라서 우리가 실제로 관측할 수 있는 기혼여성의 임금률은 제시임금 w_0가 유보임금 w_r보다 큰 경우일 때이며, 그 결과 기혼여성의 임금률에 대한 분포는 $f(w_0 | w_0 > w_r)$와 같은 조건부 분포함수가 될 것이다. 곡물구매액에 관한 모형과 달리 중도절단 여부를 결정하는 기혼여성 개인의 유보임금 w_r을 알 수 없기 때문에 중도절단 값은 개인마다 서로 다른 값을 가지는 확률변수가 된다.

위 사례는 기혼여성이 노동시장 참여 여부를 결정할 때 그 결과를 고려하여 참여 여부를 결정한다는 의미에서 자기선택(self-selection)의 문제라고 할 수 있다. 기혼여성의 임금률 모형을 추정하기 위해 표본선택모형을 적용한다면 노동시장 참여 여부 방정식(infl)과 임금률 방정식(wage)으로 구성할 수 있다. 이때 임금률은 로그변환을 하여 표본선택모형의 정규성 가정이 충족되도록 한다.

배제 제약을 충족하기 위해 기혼여성의 노동시장 참여 여부에는 영향을 주지만 임금률에는 영향을 주지 않는 변수를 생각해보자. 예를 들면, 자녀 유무를 나타내는 변수 I(kidslt6 + kidsge6 > 0), 배우자인 남편의 소득 huswage 등이 적절한 변수가 될 것이다. 자녀 유무나 남편의 소득은 기혼여성의 유보임금에 영향을 주지만, 실제로 노동시장에 참여하게 되면 임금률에는 영향을 주지 않을 것이기 때문이다. 앞서 언급한 바와 같이 임금률 방정식은 유보임금을 매개로 하여 노동시장 참여 여부를 결정하는 데 영향을 준다. 따라서 임금률 방정식을 구성하는 모든 설명변수는 당연히 노동시장 참여 여부를 결정하는 선택방정식의 설명변수가 되어야 한다.

[실습 7-16]의 추정 결과에서 보듯이 `invMillsRatio`의 계수 추정치는 유의미하지 않다. 이러한 결과는 기혼여성의 제시임금 추정에 있어서 자기선택의 문제가 발생하지 않음을 의미한다. 최우추정법으로 표본선택모형을 추정하더라도 결과는 동일하다. 상관계수 추정치 $\hat{\rho}$은 0.049로 매우 작을 뿐만 아니라 유의하지 않다. 물론 설명변수들의 새로운 조합을 사용하더라도 결과는 크게 달라지지 않는다(독자들이 스스로 실행해보길 바란다). 선택된 표본만을 대상으로 임금률 방정식을 최소자승으로 추정한 결과와 표본선택모형의 최우추정 결과를 서로 비

교해보라. 두 모형에서 계수 추정치가 크게 다르지 않음을 확인할 수 있다. 이러한 결과로부터 $\hat{\rho}$의 값이 유의하지 않은 이유를 유추할 수 있다.

실습 7-16 표본선택모형을 이용한 기혼여성의 임금률 추정

```
> heck2<-selection(inlf~age+I(age^2)+I(kidslt6+kidsge6>0)+huswage+educ+city,
         log(wage) ~ educ + exper + I(exper^2) + city,
         data=mroz, method="2step")
> summary(heck2)
--------------------------------------------
Tobit 2 model (sample selection model)
2-step Heckman / heckit estimation
753 observations (325 censored and 428 observed)
14 free parameters (df = 740)
Probit selection equation:
                           Estimate  Std. Error  t value  Pr(>|t|)
(Intercept)               -4.606798   1.407253    -3.27   0.00111 **
age                        0.204383   0.066382     3.08   0.00215 **
I(age^2)                  -0.002617   0.000779    -3.36   0.00082 ***
I(kidslt6 + kidsge6 > 0)TRUE -0.427034 0.130997   -3.26   0.00117 **
huswage                   -0.041975   0.012139    -3.46   0.00058 ***
educ                       0.131313   0.022769     5.77   1.2e-08 ***
Outcome equation:
              Estimate  Std. Error  t value  Pr(>|t|)
(Intercept)  -0.752401   0.392642    -1.92    0.0557 .
educ          0.115205   0.020406     5.65   2.3e-08 ***
exper         0.042727   0.013350     3.20    0.0014 **
I(exper^2)   -0.000847   0.000398    -2.13    0.0338 *
city          0.044655   0.069240     0.64    0.5192
Multiple R-Squared:0.159, Adjusted R-Squared:0.149
Error terms:
              Estimate  Std. Error  t value  Pr(>|t|)
invMillsRatio   0.1503     0.2288    0.657     0.512
sigma           0.6721         NA       NA        NA
rho             0.2236         NA       NA        NA
--------------------------------------------

> heck2_ml<- selection(inlf~ age + I(age^2 ) + I(kidslt6+kidsge6>0) +
         huswage + educ+ exper+I( exper^2 ) + city,
         log(wage) ~ educ + exper + I( exper^2 ) + city,
         data=mroz, method="ml")
> ols_wage<- lm(log(wage) ~ educ + exper + I( exper^2 ) + city, data=mroz)
> coef(summary(heck2_ml))["rho",]
 Estimate  Std. Error   t value  Pr(>|t|)
 0.049095    0.175173  0.280266  0.779352
```

```
> coef_ols<-coef(ols_wage)[c(2,3,4,5)]
> coef_heck<-coef(summary(heck2_ml))[c(11,12,13,14)]
> print(coef<-cbind(coef_ols, coef_heck))
              coef_ols    coef_heck
educ          0.105710     0.107362
exper         0.041058     0.043572
I(exper^2)   -0.000797    -0.000848
city          0.054222     0.052338
```

6 다중 허들모형

6-1 영의 지출액이 발생하는 이유

우리나라 통계청에서 제공하는 가계동향조사 자료처럼 가구에 대한 횡단면 조사를 통해 수집된 마이크로데이터를 살펴보면, 다수의 표본가구에서 비내구재의 지출액이 0인 경우가 빈번하게 나타난다. 이는 많은 가구들이 하나 또는 둘 이상의 이유로 인해 비내구재임에도 불구하고 해당 품목의 지출이 없다고 기록하기 때문이다. 가계비 지출에서 0의 지출이 발생하는 이유는 다음과 같은 3가지 의사결정 원리에 의해 설명할 수 있다.

첫째는 제품선택(good selection)에 관한 의사결정 원리다. 이 원리에 따르면 소비자들은 제품을 구매하기에 앞서 어떤 제품을 자신의 선택집합(choice set)에 포함할지를 결정한다. 이때 소비자들은 자신이 싫어하는 제품이나 유해하다고 생각하는 제품들을 자신의 선택집합에서 배제한다. 예를 들면, 비건은 육류를 원하지 않고 술을 마시지 않는 소비자는 와인을 원하지 않기 때문에 이 제품들을 소비하지 않는다. 또 다른 소비자들은 주류, 담배, 유기농이 아닌 식품, 위험국가로의 여행 등은 유해하다고 판단하여 자신의 선택집합에서 배제한다. 이처럼 제품선택의 의사결정 원리에 의하면, 특정 제품이 소비되지 않는 것은 소비자의 선호에 변화를 야기할 수 있는 윤리적, 심리적 또는 사회적 이유 등으로 인해 동기화된 비경제적인 의사결정에서 비롯된 결과라고 설명할 수 있다. 이러한 의사결정 원리를 수요 모형에 반영하여 실증 분석을 시도한 사람이 크랙(Cragg, 1971)이다.

두 번째는 적정 소비수준(desired consumption)에 관한 의사결정 원리다. 이 원리에 따르면 일단 제품이 선택되면 소비자들은 소비할 양을 결정하는데, 이러한 과정에서 0의 지출액이 나타날 수 있다는 것이다. 즉 소비자들은 자신의 선호, 보유 자원, 제품 가격 등을 종합하여 선택한 제품의 소비량을 합리적으로 결정하는데, 이때 적정 소비수준이 음(-)으로 판명되면 해당 제품에 대해 지출을 하지 않는다. 이러한 의사결정 원리를 적용하여 가계비 지출 조사에서 0의 관측치가 발생하는 현상을 설명한 사람이 토빈(Tobin, 1958)이다. 훗날 미시경제학에서 소비자의 합리적인 선택으로 인한 구석해(corner soluation)의 존재 가능성이 이러한 의사결정 원리를 이론적으로 뒷받침하였다. 크랙(Cragg, 1971), 블런델과 메길(Blundell & Meghir, 1987)은 두 번째 의사결정 원리를 실증 연구에 반영하여 제품선택과 소비수준을 각각 나타내는 2개의 방정식으로 구성된 2부문 모형(two-part model)인 이중 허들모형(double hurdle model)을 개발하였다.

세 번째는 구매일정에 관한 의사결정 원리다. 이 원리에 따르면, 일단 특정 제품을 소비하기로 결정한다면 소비자들은 해당 제품의 구매일정(schedule)을 정하게 된다. 예를 들면, 구매한 날로부터 일주일 후에 다시 구매하는 식이다. 따라서 만약 어떤 소비자가 해당 제품을 주기적으로 구매하는 시간 간격에 비해 가계지출 조사가 지나치게 이른 시점에 시행된다면, 0의 지출액이 관측될 수 있다. 디튼과 아이리쉬(Deaton & Irish, 1984)가 이러한 의사결정 원리를 수요분석에 적용한 바가 있다. 이 의사결정 원리에 따르면, 어떤 제품의 지출액이 0인 이유는 해당 제품을 아예 구매하지 않기 때문이 아니라 간헐적(infrequently)으로 구매하기 때문이다. 이러한 의사결정 원리가 적용될 수 있는 제품으로는 내구재나 저장할 수 있는 비내구재 제품뿐만 아니라 의료비, 레저활동비, 교육 및 훈련비와 같이 비정기적으로 구매하는 서비스제품이 해당된다. 이 의사결정 원리를 적용하면 관측된 지출액으로부터의 내구재 사용률, 저장 가능한 비내구재의 소비율, 비정기적으로 소비되며 저장할 수 있는 비내구재의 구매율 등을 도출할 수 있다.

6-2 모형 구조와 추정 방법

0의 지출액을 초래하는 3가지 의사결정 원리를 고려하여 좌측 절단된 종속변수 모형을 추정하는 패키지가 `mhurdle`(multiple hurdles models)이다. `mhurdle`을 이용해 추정한 다중 허들모형은 위에서 언급한 여러 학자들이 그동안 0의 지출액 문제를 다루기 위해 제안한 다수의 모형을 종합화한 것으로 다음과 같은 특성을 지닌다.

첫째, 3가지 의사결정 원리를 조합하여 다양한 허들로 구성된 모형을 구축하고 추정할 수 있다. 예를 들면, 제품선택과 소비수준 결정 원리를 조합한 모형, 소비수준과 구매일정 결정 원리를 조합한 모형, 또는 3가지 의사결정 원리를 모두 조합한 모형 등을 구축·추정할 수 있다. 따라서 mhurdle은 앞에서 다룬 토빗모형뿐만 아니라 크랙의 2부문 모형, 블런델과 메길의 이중 허들모형 등을 포괄한다.

둘째, 0에서 중도절단이 된 종속변수는 이분산을 가지거나 정규분포를 따르지 않을 수 있다. 따라서 토빗모형으로 추정한 계수값은 일치추정량이 아니거나 효율적이지 않을 수 있다. 이러한 문제를 해결하기 위해 종속변수의 분포를 정규분포로 근사한 변환[예를 들면, 박스-콕스(Box-Cox)나 로그 정규분포]들이 사용되어왔다. mhurdle은 종속변수의 분포를 정규분포로 전환하기 위한 방법으로 좀 더 유연한 형태의 박스-콕스 변환을 모형 설정에 적용한다.

셋째, 모형 설정과 관련하여 서로 경합하는 모형을 판별하기 위한 부옹 검정(Vuong test)을 적용할 수 있으며, 추정 결과의 적합도 정도를 평가하는 척도로 두 종류의 유사결정계수를 제공한다.

1) 3개의 허들에 관한 이항선택모형

함수 mhurdle은 앞서 설명한 바와 같이 일정 기간 관측된 가구들의 특정 제품에 대한 지출수준을 나타내는 y를 모형화하기 위한 것이다. 앞서 0의 지출액을 발생시키는 메커니즘으로 언급한 각각의 의사결정 원리를 허들(hurdle)이라 부른다면, 각 허들은 다음과 같이 3개의 잠재적인 종속변수에 대응하는 이항선택모형의 하나로 표현된다.

$$\begin{cases} y_1^* = \beta_1 x_1 + z_1 \\ T(y_2^*) = \beta_2 x_2 + \sigma z_2 \\ y_3^* = \beta_3 x_3 + z_3 \end{cases} \tag{7-15}$$

식 (7-15)에서 y_1^*, y_2^*, y_3^*은 각 의사결정 원리와 관련된 연속형 잠재변수이다. x_1^*, x_2^*, x_3^*는 설명변수 벡터이며, $\beta_1, \beta_2, \beta_3$는 그에 대응하는 계수값 벡터이다. z_1, z_2, z_3는 표준정규분포를 따르는 오차항이다. 소비수준에 관한 잠재변수 y_2^*와 달리 y_1^*, y_3^*는 관측되지 않기 때문에 이 변수들의 측정 단위를 식별할 수 없다. 따라서 이 두 변수에 대응하는 오차는 분산이 1의 값을 가지도록 정규화한다. 식 (7-15)에서 $T(\bullet)$는 정규분포를 따르지 않는 y_2^*의 분포가 표준편차가 σ인 정규분포가 되도록 변환하는 함수이다.

앞서 언급한 대로 식 (7-15)에서 각 방정식은 3가지 허들에 관한 의사결정, 즉 특정 제품을 구매하는 소비자가 직면하는 일련의 이항 형태의 의사결정 과정들을 각각 모형으로 표현한 것이다. 각 허들에 관한 의사결정은 이항변수 I_j로 측정할 수 있는데 I_j가 $y_j^* > 0$이면 1의 값을, 그렇지 않으면 0의 값을 가진다. 따라서 각 허들과 관련된 의사결정은 다음과 같은 프로빗모형으로 표현할 수 있다.

$$P(I_j = 1) = P(y_j^* > 0), \qquad P(I_j = 0) = 1 - P(y_j^* > 0)$$

소비와 구매가 시간에 따라 일양분포를 따르는 확률변수라면, 확률 $P(I_3 = 1) = P(y_3^* > 0)$은 관측기간 동안 소비빈도에 대한 구매빈도의 비율을 나타낸다. 이때 관측기간 중에 발생한 지출수준 y와 관측되지 않는 소비수준 y_2^*의 관계는 다음과 같은 항등식으로 표현할 수 있다.

$$y = \frac{T^{-1}(\beta_2 x_2 + \sigma z_2)}{P(I_3 = 1)} I_1 I_2 I_3 \tag{7-16}$$

식 (7-16)에서 $I_1 I_2 I_3$는 0에서 중도절단이 되어 관측되는 종속변수 y가 어떠한 중도절단 메커니즘(censoring mechanism)의 조합으로부터 발생하는지를 보여준다. 즉, 중도절단이 어떤 원리에 의해 발생하는지를 이항선택 변수 I_1, I_2, I_3가 취할 수 있는 값들의 조합($I_1 = 0$ 그리고/또는 $I_2 = 0$ 그리고/또는 $I_3 = 0$)을 통해 설명한다.

2) 소비수준의 다양한 함수 형태

다중 허들모형에서 변환함수 $T(y_2^*)$는 다양한 함수 형태를 가질 수 있다. 첫째는 로그 정규분포 함수이다.

$$T(y_2^*) = \ln(y_2^* + \alpha) \Rightarrow y_2^* = \exp(\beta_2^T x_2 + \sigma z_2) - \alpha$$

로그 정규분포는 소비수준을 나타내는 방정식의 오차가 한쪽으로 치우진(skewed) 분포일 때 적용된다. α는 위치 파라미터(location parameter)로서 y_2^*의 좌측 절단값을 결정한다. 두 번째 허들이 적용되지 않는다면 α는 추정되지 않는다. 따라서 α가 유의미한 값을 가진다면 두 번째 허들이 유효하다는 의미로 해석할 수 있다. $\alpha < 0$이라면 $y_2^* > -\alpha$일 때 로그 정규 변환이 가능하기 때문에 $-\alpha$는 기초 필수재의 불가피한 소비수준(committed consumption)을 의미한다. 반면 $\alpha > 0$이라면, 소득이 일정 수준 이상일 때에만 소비가 발생하는 사치재를 의미한다.

두 번째는 항등 변환(identity transformation)이다. 항등 변환은 두 번째 허들이 유효하다면 정규분포함수를 의미하나, 유효하지 않다면 다음과 같이 0에서 좌측 절단된 정규분포가 된다.

$$y_2^* = \max\{0; \beta_2^T x_2 + \sigma z_2\} = \beta_2^T x_2 + \sigma \max\{B_1; z_2\}$$

여기서 $\max\{B_1; z_2\}$는 $B_1 = -\beta_2^T x_2 / \sigma$에서 좌측 절단된 표준정규분포를 따르는 확률변수를 의미한다.

세 번째는 어느 한쪽으로 치우친 분포에 적합하며 유연한 함수 형태를 가진 변환으로 다음과 같이 2개의 파라미터를 가진 박스-콕스(Box-Cox) 함수이다.

$$T(y_2^*) = \begin{cases} \dfrac{(y_2^* + \gamma)^\lambda - 1}{\lambda} & \text{if } \lambda \neq 0 \\ \ln(y_2^* + \gamma) & \text{if } \lambda = 0 \end{cases} \tag{7-17}$$

식 (7-17)에서 λ는 비선형관계를 나타내는 파라미터로 $\lambda = 1$이면 선형 변환을 나타낸다. 그리고 $\lambda > 1$이면 볼록 변환, $\lambda < 1$이면 오목 변환을 의미한다. λ는 $\lambda < 0$일 때 $-1/\lambda$에서 상한값을 가진다. γ는 위치 파라미터로 변환함수의 정의역을 $[-\gamma, +\infty]$으로 제한하는 역할을 한다. 로그정규분포의 경우와 마찬가지로 γ의 유의성 여부는 두 번째 허들이 유효한지를 나타낸다. $\gamma < 0$일 때 박스-콕스 변환은 $y_2^* > -\gamma$인 경우에만 가능하기 때문에 $-\gamma$는 필수재에 대한 약정된 또는 불가피한 소비수준을 의미한다. 반면, $\gamma > 0$인 경우에는 해당 제품이 사치재임을 나타낸다.

박스-콕스 변환을 적용한다면 y_2^*는 다음과 같이 표현할 수 있다.

$$y_2^* = \begin{cases} \lambda(\beta_2^T x_2 + \sigma z_2 + 1)^{1/\lambda} - \gamma & \text{if } \lambda \neq 0 \\ \exp(\beta_2^T x_2 + \sigma z_2) - \gamma & \text{if } \lambda = 0 \end{cases} \tag{7-18}$$

이때 오차 z_2는 구간 $[B_1, B_2]$에서 절단된다.

$$B_1 = \begin{cases} -\dfrac{\beta_1^T x_1 + (1/\lambda)}{\sigma} & \text{if } \lambda > 0 \\ -\infty & \text{if } \lambda \le 0 \end{cases}, \quad B_2 = \begin{cases} +\infty & \text{if } \lambda \ge 0 \\ -\dfrac{\beta_1^T x_1 + (1/\lambda)}{\sigma} & \text{if } \lambda < 0 \end{cases}$$

사전 정보나 현실적인 지식, 경제이론을 통해 우리는 이들 3가지 절단 메커니즘(즉, 허들) 가운데 어느 것이 작동하고, 어느 것이 작동하지 않는지를 파악할 수 있다. 예를 들어, 우리는 사전에 모든 가구들이 식료품을 정기적으로 구입하다는 사실을 안다. 이러한 사전 지식은 식료품의 경우에 3가지 허들 가운데 첫 번째와 두 번째 허들은 작동하지 않는다는 점을 의미한다. 따라서 식료품 소비에 적절한 모형은 단지 2가지 방정식(허들), 즉 원하는 소비수준의 결정에 관한 방정식과 관측기간 동안의 식료품 구매 결정에 관한 방정식으로 표현된다.

3) 함수 mhurdle 사용 방법

다중 허들모형을 추정하기 위한 함수 mhurdle의 구조는 다음과 같다.

```
mhurdle(y~ w1+w2| x1+x2| z1+z2 | x0, dist=c("n", "ln", "bc", "ihs"),
        h2=(TRUE, FALSE), corr=(TRUE, FALSE), data=df, method="bhhh")
```

각 허들에 적용되는 설명변수들은 기호 |로 구분한다. w1, w2는 제품선택에 관한 첫 번째 허들 방정식을 설명하기 위한 변수이고, x1, x2는 소비수준에 관한 두 번째 허들 방정식을 설명하는 변수이다. 또 z1, z2는 구매빈도에 관한 세 번째 허들 방정식을 설명하는 변수이며, x0는 소비수준 방정식에서 오차의 이분산을 설명하는 변수이다. dist, h2, corr 등은 다양한 형태의 허들모형을 반영하기 위해 사용하는 인자이다. dist는 적정 소비수준을 나타내는 방정식의 오차에 대한 함수 형태를 나타낸다. "n"은 정규분포, "ln"은 로그정규분포, "bc"는 박스-콕스 함수 변환을 의미한다.

모형은 최우추정법으로 추정하며, 우도함수의 근사적인 최적화 방법으로 뉴톤-라프슨 또는 베른트-홀-홀-하우스만 기법을 사용한다. 전자의 경우 인자 method="nr"을 적용하고, 후자는 method="bhhh"를 적용한다.

함수 mhurdle에서 모형의 적합도를 나타내는 값으로 2가지를 얻을 수 있다. 첫 번째는 선형회귀모형의 결정계수값과 같은 유사결정계수인 $R^2 = 1 - (RSS/TSS)$를 통해 구한다.

$RSS=\sum(y_i-\hat{y}_i)^2$은 잔차제곱합을 의미하고 $TSS=\sum(y_i-\hat{y}_0)^2$은 총제곱합을 의미하는데, $\hat{y}_0$은 상수항만을 설명변수로 가진 다중 허들모형으로부터 구한 $E(y_i)$의 추정값이다. 실제로 상수항만을 가진 다중 허들모형은 $E(y_i)$의 추정값을 제공하지 못하는 경우가 있다. 이때에는 $\hat{y}_0$ 대신에 y의 표본평균값을 적용하여 값을 계산할 수 있다. 유사결정계수가 선형회귀모형의 R^2와 다른 점은 1보다 작으나 음(-)의 값을 가질 수 있다는 점이다. 음의 값이 나타나는 이유는 $E(y_i)$가 파라미터들에 대해 비선형 형태이기 때문이다.

두 번째는 프로빗(로짓)모형과 같은 이항선택모형에서 모형 적합도를 검정하는 데 사용하는 맥패든의 우도비 지수(McFadden likelihood ratio index)를 다중 허들모형으로 확장한 값이다.

$$\rho^2=1-\frac{\ln L(\hat{\theta})}{\ln L(\hat{\alpha})}=\frac{\ln L(\hat{\alpha})-\ln L(\hat{\theta})}{\ln L(\hat{\alpha})}$$

$\ln L(\hat{\theta})$은 상수항을 포함하여 둘 이상의 설명변수를 가진 다중 허들모형의 로그우도값을 의미하고, $\ln L(\hat{\alpha})$은 상수항만을 포함하는 다중 허들모형의 로그우도값을 의미한다. 따라서 우도비 지수는 상수항만을 포함하는 다중 허들모형에 비해 설명변수를 추가할 경우 늘어나는 로그우도값의 상대적인 크기를 나타낸다.

다중 허들모형의 적합도를 나타내는 위의 2가지 값은 모두 모형 내 설명변수 수가 증가할수록 커진다. 설명변수 수를 고려하여 조정한 유사결정계수는 다음과 같다.

$$\bar{R}^2=1-\frac{n-K}{n-K_0}\frac{RSS}{TSS}$$

여기서 K는 상수항이 아닌 설명변수가 포함된 다중허들 모형의 파라미터 수를, K_0는 상수항만을 포함한 다중허들 모형의 파라미터 수를 각각 의미한다. 마찬가지로 설명변수 수를 고려하여 조정한 로그우도비 지수는 다음과 같다.

$$\bar{\rho}^2=1-\frac{\ln L(\hat{\theta})-K}{\ln L(\hat{\alpha})-K_0}$$

유사결정계수를 구하는 명령어는 rsq(object, type="coefdet")이며, 로그우도비를 구하는 명령어는 rsq(object, type="lratio")이다. 여기서 object는 다중 허들모형의 추정 결과를 저장한 객체 이름이다. 설명변수 수를 고려한 적합도 값을 구하려면 인자 adj=TRUE를 추가하면 된다.

6-3 사례연습: 비목별 가계지출함수 추정

사례연습에서 사용할 데이터 Interview는 미국 노동통계청(US Bureau of Labor Statistics)의 2014년 소비자지출조사(Consumer Expenditure Survey) 원자료에서 임의추출한 1,000호 가구의 14개 품목에 대한 지출액과 가구 특성 정보를 포함한다. 이 데이터는 패키지 mhurdle에서 불러올 수 있다. 품목별 지출액은 1,000달러로 측정한 연간 지출액이며, 성인등가척도를 적용하여 가구원 1인당 기준으로 환산되었다. 설명변수는 age(가구주 연령), age2(age 제곱), linc(가구소득 로그값), linc2(linc 제곱), educ(가구주 학력), smsa(가구 소재지의 광역시 여부), size(가구원 수), sex(가구주 성별), month(조사 월)이다.

품목별로 0의 지출액을 보이는 가구 비중을 살펴보면 외식비(foodaway) 17.7%, 의류(apparel) 41.1%, 영화·연극 등 공연관람료(shows) 69.4%, 여행비용(vacations) 84.8%이다. 이러한 결과는 mhurdle을 이용해 지출함수를 추정해야 하는 이유이다.

```
> data(Interview, package="mhurdle")
> sapply(Interview[, c("foodaway","apparel","shows","vacations")], function(x)
        mean(x==0))
 foodaway   apparel   shows   vacations
    0.177     0.411   0.694       0.848
```

1) 토빗모형

토빗모형은 3가지 허들 가운데 두 번째 허들인 소비수준에 관한 방정식만을 포함하는 다중허들 모형에 해당한다. 토빗모형을 추정하기 위한 함수 mhurdle의 사용 방법은 다음과 같다. dist="n" 대신에 dist="ln" 또는 dist="bc"를 적용할 수 있다.

```
mhurdle(y~0 | x1+x2, dist="n", h2=TRUE, corr=FALSE)
```

[실습 7-17]은 외식비 지출에 관한 토빗모형을 mhurdle을 이용해 추정한 결과다. mhurdle을 이용해 토빗모형을 추정한 결과는 함수 censReg를 이용해 토빗모형을 추정한 결과와 다르다. 그 이유는 mhurdle에서는 원 종속변수 값을 기하평균으로 나눈 값을 종속변수로 사용하기 때문이다. 동일한 결과를 얻으려면 scaled=FALSE라는 인자를 추가하면 된다. 추정 결과에서 sd.sd는 오차항의 표준편차 추정치를 의미한다.

실습 7-17 mhurdle을 이용한 토빗모형 추정

```
> library(mhurdle)
> tobit<-mhurdle(foodaway~0|linc+linc2+smsa+age+age2+size,
        data=Interview, h2=TRUE, dist="n", scaled=FALSE, method="bhhh")
> summary(tobit)
--중략--
Frequency of 0: 0.177

Coefficients :
                  Estimate  Std. Error   t-value     Pr(>|t|)
h2.(Intercept)  6.8473e-01  1.3758e-01    4.9768   6.466e-07 ***
h2.linc         7.9233e-01  4.5348e-02   17.4724   < 2.2e-16 ***
h2.linc2        1.4382e-01  3.5864e-02    4.0101   6.070e-05 ***
h2.smsayes      2.1279e-01  1.2219e-01    1.7415     0.08160 .
h2.age         -4.9894e-03  2.1650e-03   -2.3046     0.02119 *
h2.age2        -1.7459e-05  1.1584e-04   -0.1507     0.88020
h2.size        -6.4030e-02  2.7011e-02   -2.3705     0.01776 *
sd.sd           9.2459e-01  1.4154e-02   65.3242   < 2.2e-16 ***
---
Signif. codes: 0 '***' 0.001 '**' 0.01 '*' 0.05 '.' 0.1 ' ' 1

Log-Likelihood: -1244.6 on 8 Df

R^2 :
 Coefficient of determination : 0.26509
 Likelihood ratio index      : NA
```

2) 단일 허들 또는 2부문 모형

크랙(1971)의 단일 허들모형은 0의 지출이 첫 번째 허들인 제품선택에서만 발생하는 경우에 해당한다. 첫 번째 허들에서 제품이 선택되면, 적정 소비수준은 항상 0보다 크다. 따라서 구석해가 발생하지 않는다. 이 모형은 첫 허들에서는 프로빗모형을 추정하고, 두 번째 허들에서는 0에서 단절된 truncreg 모형을 추정하는 것과 같다. 단일 허들모형을 추정하기 위한 함수 mhurdle의 사용법은 다음과 같다.

```
mhurdle(y~w1+w2 | x1+x2, dist="n", h2=FALSE, corr=FALSE)
```

[실습 7-18]은 소비수준 방정식의 오차항이 단절된 정규분포(n), 로그정규분포(ln), 박스-콕스 정규분포(bc)를 가질 때 각각 단일허들 모형을 추정한 결과다. 세 모형에서 계수값의 부호나 유의성 여부는 서로 차이가 없다. 박스-콕스 정규분포를 가정한 모형에서 tr의 계수 추정치 0.0802는 식 (7-17)의 박스-콕스 변환에서 비선형 정도를 나타내는 파라미터 λ의 추정치를 의미한다.

3) 이중 허들모형

크랙(1971)의 이중 허들모형은 첫 허들과 두 번째 허들이 모두 유효한 모형이다. 첫 번째 허들은 이항선택모형(즉 프로빗모형), 두 번째 허들은 토빗모형이다. 이때 첫 번째 허들과 두 번째 허들은 서로 무관하다고 가정한다. 크랙의 이중 허들모형은 다음과 같이 추정할 수 있다.

```
mhurdle(y ~ w1+w2 | x1+x2, dist="ln", h2=TRUE, corr=FALSE)
```

블런델과 메길(1987)의 이중 허들모형은 첫 번째 허들과 두 번째 허들이 서로 상관관계가 있다고 가정한다. 블런델과 메길의 이중 허들모형을 추정하려면 크랙의 이중 허들모형에 인자 corr=TRUE를 적용한다.

```
mhurdle(y ~ w1+w2 | x1+x2, dist="ln", h2=TRUE, corr=TRUE)
```

실습 7-18 **mhurdle을 이용한 단일 허들모형의 추정**

```
> sh_n<-mhurdle(foodaway ~ smsa + age + age2+ size+educ | linc+linc2,
        data = Interview, h2 = FALSE, dist = "n", corr = FALSE, method = "bhhh")
> sh_ln<-update(sh_n, dist="ln")
> sh_bc<-update(sh_n, dist="bc")
> library(texreg)
> screenreg(list(truncated_normal=sh_n, log_normal=sh_ln, Box_Cox=sh_bc), digits=4)
=============================================================
                  truncated_normal   log_normal    Box_Cox
-------------------------------------------------------------
h1.(Intercept)        -0.7955 *        -0.7955 *     -0.7955 *
                      (0.3279)         (0.3279)      (0.3279)
h1.smsayes             0.3155 *         0.3155 *      0.3155 *
                      (0.1351)         (0.1351)      (0.1351)
h1.age                -0.0044          -0.0044       -0.0044
                      (0.0030)         (0.0030)      (0.0030)
h1.age2               -0.0002          -0.0002       -0.0002
                      (0.0001)         (0.0001)      (0.0001)
h1.size                0.0520           0.0520        0.0520
                      (0.0369)         (0.0369)      (0.0369)
h1.educ                0.1041 ***       0.1041 ***    0.1041 ***
                      (0.0207)         (0.0207)      (0.0207)
h2.(Intercept)       -19.1213 *         0.1246 ***    0.1562 ***
                      (9.3280)         (0.0377)      (0.0402)
h2.linc               20.3042 **        0.7043 ***    0.7197 ***
                      (7.8770)         (0.0451)      (0.0432)
h2.linc2              -4.9919          -0.0115        0.0093
                      (2.5853)         (0.0458)      (0.0464)
sd.sd                  5.8615 ***       0.8646 ***    0.8599 ***
                      (1.2342)         (0.0213)      (0.0201)
tr                                                    0.0802 **
                                                     (0.0269)
-------------------------------------------------------------
Num. obs.           1000             1000          1000
Log Likelihood     -1538.0639       -1492.5937    -1488.2096
$R^2$                  0.3358          -0.6072        1.0000
=============================================================
*** p < 0.001; ** p < 0.01; * p < 0.05
```

[실습 7-19]는 3가지 유형의 이중 허들모형을 추정한 결과다. 먼저, 블런델과 메길의 이중 허들모형을 추정한 결과(BM)에서 corr12는 제품선택과 소비수준 간의 상관관계를 나타내는 계수값이다. 이 계수값이 유의미하기 때문에 외식비 지출에서 제품선택과 소비수준을 나타내는 두 식이 서로 독립적이지 않음을 알 수 있다. pos는 로그정규분포의 위치 파라미터인 α값을

뜻한다. α의 추정값이 유의하며 0보다 크게 추정된 점은 이중 허들모형이 적절하다는 것을 의미하며, 외식은 가구소득이 일정 수준 이상일 때에만 소비가 발생한다는 취지에서 사치재임을 의미한다.

이분산 이중 허들모형(Hetero_Double)은 이중 허들모형에서 소비수준을 나타내는 토빗모형의 오차가 이분산을 따른다는 가정하에 추정한 결과다. 오차의 이분산을 설명하는 변수로 가구 규모 size를 사용하였다. 변수 size의 계수값이 5% 미만에서 유의미하고 로그우도값, 유사결정계수, 우도비 지수값 모두 다른 두 모형에 비해 더 큰 것으로 나타났다. $R^2(y=0)$는 제품 구매 여부에 대한 이항선택모형의 유사결정계수값이다.

실습 7-19 **mhurdle에 의한 이중 허들모형의 추정**

```
> dh_cragg<-mhurdle(foodaway ~ smsa + age + age2+ educ | linc+linc2,
    data=Interview, h2 = TRUE, dist = "ln", corr = FALSE, method = "bhhh")
> dh_bm<-update(dh_cragg, corr = TRUE)
> dh_het<-mhurdle(foodaway ~ smsa + age + age2+ educ | linc+linc2 | 0 | size,
    data = Interview, h2 = TRUE, dist = "ln", corr = TRUE, method = "bhhh")
> screenreg(list(Cragg=dh_cragg, BM=dh_bm, Hetero_Double=dh_het), digits=4)
===========================================================
                 Cragg         BM          Hetero_Double
-----------------------------------------------------------
h1.(Intercept)  -0.0929       0.0446       0.1268
                (0.4123)     (0.4024)     (0.4192)
h1.smsayes       0.3411 *     0.3722 *     0.3832 *
                (0.1726)     (0.1613)     (0.1660)
h1.age          -0.0105 *    -0.0097 *    -0.0093 *
                (0.0043)     (0.0041)     (0.0043)
h1.age2         -0.0000      -0.0000       0.0000
                (0.0002)     (0.0002)     (0.0002)
h1.educ          0.0770 **    0.0651 *     0.0629 *
                (0.0284)     (0.0275)     (0.0290)
h2.(Intercept)   0.4731 ***   0.5425 ***   0.5631 ***
                (0.0536)     (0.0561)     (0.0540)
h2.linc          0.6127 ***   0.6044 ***   0.5800 ***
                (0.0405)     (0.0405)     (0.0423)
h2.linc2        -0.0651      -0.0619      -0.0479
                (0.0340)     (0.0339)     (0.0334)
sd.sd            0.6519 ***   0.6802 ***
                (0.0348)     (0.0489)
pos              0.3648 ***   0.3698 ***   0.4329 ***
                (0.0727)     (0.0735)     (0.0867)
corr12                       -0.5138 *    -0.5868 **
                             (0.2385)     (0.1973)
```

```
sd                                                      1.4978 ***
                                                        (0.1267)
h4.size                                                 -0.0519 *
                                                        (0.0203)
-------------------------------------------------------------------
Num. obs.            1000           1000           1000
Log Likelihood       -1469.3892     -1468.8021     -1466.2094
$R^2$                    0.2475         0.2498         0.2555
McFadden $R^2$           0.0994         0.0998         0.1013
$R^2 (y = 0)$            0.1076         0.1074         0.1114
$R^2 (y > 0)$
===================================================================
*** p < 0.001; ** p < 0.01; * p < 0.05
```

4) p-토빗모형

p-토빗(p-tobit)모형 또는 간헐적 구매(infrequency of purchase) 모형은 비정기적인 구매로 0의 지출액이 나타나는 경우에 적용하는 모형이다(Deaton & Irish, 1984). 이러한 경우에는 구매확률을 설명하기 위한 변수로 조사기간을 나타내는 변수(예: 월 더미 또는 분기 더미)를 모형의 설명변수로 추가하는 것이 좋다. 왜냐하면 의류와 같은 상품에 대한 지출은 할인판매가 시행되는 기간에 집중될 수 있기 때문이다.

간헐적인 구매로 나타나는 구석해, 즉 0의 지출은 가구소득이나 제품가격으로 인한 것이 아니기 때문에 소비수준을 나타내는 방정식의 오차가 로그정규분포를 따른다고 가정해야 한다. 이러한 모형을 추정하기 위한 함수 mhurdle의 사용 방법은 다음과 같다.

```
mhurdle(y ~ 0| x1+x2| z1+z2, data = Interview, h2 = FALSE,
          dist = "ln", corr = TRUE)
```

[실습 7-20]은 의류 지출에 대한 p-토빗모형을 추정한 결과다. 첫 허들은 의미가 없으므로 첫 허들의 설명변수로 사용했던 가구의 특성 변수들은 세 번째 허들로 옮겼다. 그리고 의류구매는 할인행사가 있는 특정 월에 집중될 수 있으므로 구매빈도 방정식에 월별 더미변수 factor(month)를 추가하였다.

실습 7-20 mhurdle을 이용한 p-tobit 모형의 추정

```
> ptobit<-mhurdle(apparel~ 0| linc+linc2 | age+smsa+educ+size+factor(month),
         data=Interview, h2=FALSE, dist="ln",corr=TRUE, method="bhhh")
> summary(ptobit)
 -- 중략 --
Coefficients :
                     Estimate   Std. Error   t-value      Pr(>|t|)
h2.(Intercept)      0.4357543    0.0889609    4.8983    9.668e-07 ***
h2.linc             0.4895448    0.0693631    7.0577    1.693e-12 ***
h2.linc2           -0.0267947    0.0639642   -0.4189    0.6752886
h3.(Intercept)     -0.3931843    0.3702487   -1.0619    0.2882600
h3.age             -0.0095277    0.0026118   -3.6479    0.0002644 ***
h3.smsayes          0.3300639    0.1216858    2.7124    0.0066792 **
h3.educ             0.0459815    0.0174485    2.6353    0.0084070 **
h3.size             0.0113753    0.0298927    0.3805    0.7035457
h3.factor(month)2  -0.1206657    0.2784038   -0.4334    0.6647097
h3.factor(month)3  -0.0485183    0.2653465   -0.1828    0.8549167
h3.factor(month)4  -0.0618924    0.3301562   -0.1875    0.8512968
h3.factor(month)5  -0.2872381    0.2743544   -1.0470    0.2951180
h3.factor(month)6  -0.6627375    0.2681053   -2.4719    0.0134386 *
h3.factor(month)7  -0.1421444    0.2947451   -0.4823    0.6296197
h3.factor(month)8  -0.3209233    0.2626946   -1.2217    0.2218365
h3.factor(month)9  -0.4128681    0.2570447   -1.6062    0.1082274
sd.sd               1.5691870    0.0752358   20.8569     <2.2e-16 ***
corr23             -0.8852566    0.0280293  -31.5833     <2.2e-16 ***
---
Signif. codes: 0 '***' 0.001 '**' 0.01 '*' 0.05 '.' 0.1 ' ' 1

Log-Likelihood: -1561.8 on 18 Df

R^2 :
 Coefficient of determination : 0.089231
 Likelihood ratio index       : 0.042841
```

5) 삼중 허들모형

삼중 허들모형(trivariate hurdle model)의 구조는 mhurdle(y~ w1+w2 | x1+x2 | z1+z2, dist="ln", h2=TRUE, corr=TRUE)와 같다. 삼중 허들모형에서 0의 지출액은 해당 제품을 선택하지 않거나(첫 번째 허들), 적정 소비수준이 음(-)이거나(두 번째 허들), 간헐적인 구매(세 번째 허들) 때문에 발생할 수 있다.

[실습 7-21]에서 th_d는 3가지 허들 간에 상관관계가 있다는 가정하에 추정한 삼중 허들모

형이며, th_i는 3가지 허들 간에 상관관계가 없다는 가정하에 추정한 삼중 허들모형이다. 추정 결과에서 $R^2(y=0)$은 제품구매 여부에 대한 이항선택모형의 유사결정계수이며, $R^2(y>0)$은 토빗모형의 유사결정계수이다.

6-4 예측과 모형 선택

1) 종속변수의 예측치 구하기

종속변수의 예측치는 함수 fitted를 이용해 추정 결과로부터 얻을 수 있다. 함수 fitted는 2개의 열을 가진 행렬을 제공한다. 첫 번째 열(zero)은 관측치별 $P(y=0)$의 추정값이며, 두 번째 열(pos)은 관측치별 $E[y|y>0]$의 추정값이다. 따라서 종속변수 기대값은 $E[y]=[1-P(y=0)]\times E[y|y>0]$로 계산할 수 있다.

```
> head(fitted(th_d),3)
          zero        pos
[1,] 0.9881923  0.1016227
[2,] 0.4261541  0.3490491
[3,] 0.7829992  0.3161674
> mean((1-fitted(th_d)[,1])*fitted(th_d)[,2])
[1] 0.1084139
> mean(Interview$shows)
[1] 0.1167249
```

실습 7-21 mhurdle을 이용한 삼중 허들모형의 추정

```
> th_d<-mhurdle(shows~ educ + size | linc + linc2| age + age2 + smsa,
    data = Interview, h2 = TRUE, dist = "ln", corr = TRUE, method = "bhhh")
> th_i<-update(th_d, corr=FALSE)
> screenreg(list(Correlated=th_d, Uncorrelated=th_i), digits=4)

=============================================
                  Correlated     Uncorrelated
---------------------------------------------
h1.(Intercept)     -1.5171 *      -2.8442 ***
                   (0.6179)       (0.8472)
h1.educ             0.1227 **      0.1804 **
                   (0.0410)       (0.0576)
```

```
h1.size             0.2183 *        0.3735 *
                   (0.0924)        (0.1476)
h2.(Intercept)      0.1893          0.0231
                   (0.2370)        (0.1782)
h2.linc             0.7095 ***      0.7167 ***
                   (0.0817)        (0.0836)
h2.linc2            0.0963          0.0860
                   (0.0530)        (0.0511)
h3.(Intercept)      0.1621         -0.0059
                   (0.2915)        (0.2528)
h3.age             -0.0403 *       -0.0372 *
                   (0.0191)        (0.0154)
h3.age2             0.0009          0.0007
                   (0.0006)        (0.0005)
h3.smsayes          0.6686 *        0.6982 **
                   (0.2761)        (0.2534)
sd.sd               0.9114 ***      0.8028 ***
                   (0.1530)        (0.0776)
corr12             -0.5993 **
                   (0.2221)
corr13             -0.7583
                   (0.3935)
corr23              0.3079
                   (0.3267)
pos                 0.7868 ***      0.7283 ***
                   (0.1878)        (0.1882)
-----------------------------------------------
Num. obs.          1000            1000
Log Likelihood     -993.0319       -997.4227
$R^2$               0.1231          0.1237
McFadden $R^2$      0.1014          0.0974
$R^2 (y = 0)$       0.1662          0.1592
$R^2 (y > 0)$       0.1646          0.1603
===============================================
*** p < 0.001; ** p < 0.01; * p < 0.05
```

2) 모형 선택의 검정

우리는 앞서 mhurdle 모형을 이용한 여러 형태의 중도절단 모형을 추정하는 방법에 대해 살펴보았다. 크랙 모형과 블런델과 메길 모형은 서로 내포된 모형이지만, p-토빗과 이중 허들모형은 서로 내포되지 않는다. 이처럼 경합하는 두 모형 가운데 각각 어떤 모형을 선택할 것인가와 관련하여 부옹 검정을 실시할 수 있다.

부옹 검정은 [실습 7-22]에서 보듯이 패키지 mhurdle의 함수 vuongtest(모형 1, 모형 2)를 사용한다. 귀무가설은 '모형 1과 모형 2가 동일하다'이며, 대립가설은 '모형 2가 모형 1보다 더 낫다'이다. 가설 형태와 모형 유형에 따라 인자 type=c("nested", "non-nested"), hyp=c(TRUE, FALSE)를 추가한다.

먼저, 서로 내포된 두 모형 간의 선택 문제로 '첫 번째 허들과 두 번째 허들 간의 상관관계를 나타내는 계수가 0이다'라는 귀무가설과 '세 허들 간의 상관관계를 나타내는 계수들이 모두 0이다'라는 귀무가설에 대한 검정을 살펴보자. 이때 주의할 점은 진짜로 맞는(true) 모형이 무엇인지를 모른다는 점이다. 따라서 우선 비제약(즉, 대립가설)하의 모형을 맞다(hyp=TRUE)고 가정하여 부옹 검정을 실행한 다음에, 해당 모형이 틀리다는 가정(hyp=FALSE)하에 부옹 검정을 또다시 실행해야 한다. 인자 hyp=TRUE라는 가정하의 검정통계량은 카이제곱분포를 따르는 반면, hyp=FALSE이라는 가정하의 검정통계량은 가중 카이제곱분포(weighted chi square distribution, wchisq)를 따른다. 이때 검정통계량의 자유도는 허들 간 상관계수의 수와 동일하다. 예를 들어 첫 번째와 두 번째 허들의 상관 여부를 검정할 때는 자유도가 1이며, 세 허들 간의 상관 여부를 검정할 때는 자유도가 3이다.

실습 7-22 부옹 검정을 이용한 허들 간 상관 여부 검정

```
> vuongtest(dh_bm, dh_cragg, type="nested", hyp=TRUE)

        Vuong Test (nested)

data: dh_bm-dh_cragg
chisq = 1.1742, df = 1, p-value = 0.2785
> vuongtest(dh_bm, dh_cragg, type="nested", hyp=FALSE)

        Vuong Test (nested)

data: dh_bm-dh_cragg
wchisq = 1.1742, sev = 1.4724, p-value = 0.469
```

[실습 7-22]에 따르면, 이중 허들모형의 경우 두 검정에서 모두 '첫 번째 허들과 두 번째 허들 간의 상관계수가 0이다'라는 귀무가설이 기각되지 않는다. 반면, 삼중 허들모형에서는 허들 간의 상관계수가 모두 0이라는 귀무가설이 비제약하의 모형이 참이라는 가정하에서는 기각되지만, 그렇지 않은 경우에는 기각되지 않는다.

두 번째, 서로 내포되지 않는 모형의 선택에 관한 검정으로 이중 허들모형과 이중 허들 p-토빗모형의 예를 살펴보자. p-토빗모형에서는 이중 허들모형의 첫 번째 부문에 있는 설명변수들이 모두 세 번째 부문으로 옮겨졌다. 이때 귀무가설은 '두 모형은 동일하다'이고, 대립가설은 'p-토빗모형이 이중 허들모형(dh_d)보다 더 낫다'이다. 이러한 검정을 하기 위해서는 인자 type="non-nested"를 적용해야 한다. 이때 검정통계량은 표준정규분포를 따른다. 검정 결과에 따르면 귀무가설이 기각된다. 이는 두 모형 중에 p-토빗모형이 더 낫다는 의미이다.[4]

```
# 3개의 허들 간 상관계수가 모두 0이라는 귀무가설의 검정
> vuongtest(th_d, th_i, type="nested", hyp=TRUE)

        Vuong Test (nested)

data: th_d-th_i
chisq = 8.7817, df = 3, p-value = 0.03234
> vuongtest(th_d, th_i, type="nested", hyp=FALSE)

        Vuong Test (nested)

data: th_d-th_i
wchisq = 8.7817, sev = 11.798, p-value = 0.453

# 이중 허들모형과 p-토빗모형의 선택에 관한 검정
> dh_d<-mhurdle(shows ~ age+smsa+educ+size| linc+linc2 , data = Interview,
      h2 = TRUE, dist = "ln", corr = TRUE, method = "bhhh")
> ptobit<-mhurdle(shows ~ 0| linc+linc2 | age+smsa+educ+size,
      data = Interview, h2 = TRUE, dist = "ln", corr = TRUE, method = "bhhh")
> vuongtest(dh_d, ptobit)

        Vuong Test (non-nested)

data: dh_d-ptobit
z = -2.2838 p-value = 0.01119
```

4 서로 내포되지 않는 모형에 대한 부응 검정으로 쉬(Shi, 2015)의 검정법을 적용하려면 ndvuongtest(dh_d, ptobit)을 사용하면 된다.

참고문헌

Blundell, R. & Meghir, C. (1987). "Bivariate Alternatives to the Tobit Model." *Journal of Econometrics*, 34, 179-200.

Carlevaro, F., Croissant, Y. & Hoareau, S. (2017). Multiple Hurdle Tobit Models in R: The mhurdle Package. Retrieved from https://cran.r-project.org/web /packages/mhurdle/vignettes/mhurdle.pdf.

Cragg, J. G. (1971). "Some Statistical Models for Limited Dependent Variables with Applications for the Demand for Durable Goods." *Econometrica*, 39(5), 829-844.

Croissant, Y. (2020). ***truncreg:*** *Truncated Regression Models*. R package version 0.2-5, URL http://R-Forge.R-project.org/projects/truncreg/.

Croissant, Y. (2018). ***mhurdle:*** *Multiple Hurdle Tobit Models*. R package version 1.1-8, URL https://CRAN.R-project.org/package=mhurdle.

Deaton, A. & Irish, M. (1984). "A Statistical Models for Zero Expenditures in Household Budgets." *Journal of Public Economics*, 23, 58-80.

Henningsen, A. (2020). ***sampleSelection:*** *Sample Selection Models.* R package version 1.2-12, URL https://CRAN.R-project.org/package=sampleSelection.

Henningsen, A. (2020). ***censReg:*** *Censored Regression (Tobit) Models.* R package version 0.5-12, URL https://CRAN.R-project.org/package=censReg.

Karlsson, M. and Lindmark, A. (2014). "truncSP: An R Package for Estimation of Semi-Parametric Truncated Linear Regression Models." *Journal of Statistical Software*, 57(14), 1-19.

Lee, M. J. & Kim, H. (1998). "Semiparametric Econometric Estimators for a Truncated Regression Model: A Review with a Extension." *Statistica Neerlandica*, 52(2), 200-225.

Lindmark, A. (2014). ***truncSP:*** *Semi-parametric estimators of truncated regression models*. R package version 1.2.2, URL https://CRAN.R-project.org/package=truncSP.

Shi, X. (2015). "A Nondegenerate Vuong Test." *Quantitative Economics*, 6(1), 85-121.

Therneau, H. (2013). ***survival:*** *Survival Analysis*. R package version 3.2-11, URL https://CRAN.R-project.org/package=survival.

Tobin, J. (1958). "Estimation of Relationships for Limited Dependent Variables." *Econometrica*, 26(1), 24-36.

Vuong Q. H. (1989). "Likelihood Ratio Test for Selection and Non-Nested Hypotheses." *Econometrica,* 57(2), 307-333.

2부

패널데이터 분석

08장 패널데이터 분석 기초

학습목표

횡단면데이터와 시계열데이터의 특성을 동시에 가지고 있는 패널데이터의 분석 방법을 알아본다. 패널데이터 분석 모형 중에서 가장 기초적이며 널리 사용되는 고정효과모형과 임의효과모형, 그리고 이원 오차성분모형의 특성과 추정 방법을 배운다. 패널데이터 모형에서 개체효과와 시간효과의 존재 여부, 개체효과와 설명변수의 상관관계 여부, 오차의 시계열 상관 여부 등을 검정하는 방법들에 대해 알아본다.

[표 8-1] 8장에서 사용할 R 패키지와 함수

패키지	함수	기능
plm	pdata.frame	패널데이터의 차원을 지정하여 원자료를 패널데이터로 변환한다.
	pvar	패널데이터에서 시간불변인 변수와 개체불변인 변수를 구분해준다.
	plm	다양한 형태의 패널데이터 모형을 추정한다.
	fixef	고정효과모형에서 개체효과를 추정한다.
	pFtest	개체효과나 시간효과의 존재 여부에 대한 F 검정을 실행한다.
	phtest	고정효과모형과 임의효과모형에 대한 하우스만 검정을 실행한다.
	pwtest	개체효과의 존재 여부와 오차의 시계열 상관 여부를 동시에 검정한다.
	pbsytest	개체효과의 존재 여부나 오차의 시계열 상관 여부에 대한 LM 검정을 실행한다.
	pbgtest	임의효과모형에서 오차의 시계열 상관 여부를 검정한다.
	pdwtest	
	pwartest	고정효과모형에서 오차의 시계열 상관 여부를 검정한다.
	pwfdtest	

1 패널데이터의 구조와 특성

패널데이터(panel data)는 개체(개인, 가계, 기업, 국가 등)의 행동이 여러 시간에 걸쳐 관찰되는 자료이다. 종단자료(longitudinal data) 또는 횡단면시계열자료(cross-sectional time series data)로 불리는 패널데이터는 대개 [그림 8-1]과 같은 형태를 가진다.

H12

	A	B	C	D	E	F
1	country	year	Y	X1	X2	X3
2	A	2010	6.2	7.8	8.5	1.3
3	A	2011	4.6	1.3	7.9	1.1
4	A	2012	8.4	0.9	5.4	7.8
5	C	2010	9.1	9.8	6.4	4.1
6	C	2011	8.3	0.6	6.7	5
7	C	2012	0.6	2.1	0.4	7.2
8	K	2010	5.5	3.5	6.5	4.5
9	K	2011	2.7	2.5	2.3	5.9
10	K	2012	3.4	7.8	4.8	7.8

[그림 8-1] 패널데이터의 예

패널데이터에서 개체 i의 수는 n이고, 변수값이 각 개체마다 여러 시간($t=1, 2, 3, \cdots, T_i$)에 걸쳐 관측된다고 하자. 모든 i에 대해 T_i가 동일하고 관측시점도 동일한 패널데이터를 균형(balanced) 패널이라 한다. 반면, i에 따라 T_i가 다르거나 관측시점이 서로 다른 패널데이터를 불균형(unbalanced) 패널이라 한다.

패널데이터에서 개체(i)와 시간(t)이라는 두 차원이 있다는 점은 연구자에게 문제를 복잡하게 만드는 요소지만 동시에 흥미롭게 하기도 한다. 독립변수의 변화가 종속변수를 변화시키는 정도를 측정할 때 패널데이터를 사용한다면, 독립변수의 값이 서로 다른 여러 개체들을 비교할 수도 있지만, 동일한 개체 내에서 다양한 시점 간의 차이에 주목할 수도 있다. 예를 들어, 기업의 R&D 투자 여부가 수익성에 미치는 영향을 알아본다고 하자. 패널데이터를 사용할 수 있다면 특정 시점에서 R&D 투자를 한 기업과 그렇지 않은 기업의 수익성을 비교할 수도 있고, 특정 기업을 대상으로 R&D 투자 이전과 이후의 수익성을 비교할 수도 있다. 이처럼 '개체 간 비교'와 '동일 개체 내 비교'를 구분하여 분석할 수 있는 것이 패널데이터의 장점이다.

1) 패널데이터 분석에 사용되는 변수 유형

패널데이터를 분석하는 데 사용하는 변수는 대개 3가지 유형으로 구분한다. 첫째, 측정값이 개체와 시간에 따라 달라지는 변수이다. 예를 들면, 가계소득이나 소비지출액 등이다. 둘째, 측정값이 시간에 따라 변하지 않고 동일하지만 개체별로 서로 다른 변수이다. 모든 t에 대해 $X_{it}=X_i$인 변수로서 성별, 최종학력, 인종 등이 이러한 유형에 속한다. 셋째, 측정값이 개체별로 동일하나, 시간에 따라 달라지는 변수이다. 모든 개체 i에 대해 $X_{it}=X_t$인 변수로 실업률, 국민소득, 소비자물가 등이 이러한 유형에 속한다. 패널데이터의 각 변수가 어느 유형에 속하는지는 [실습 8-1]과 같이 패키지 plm의 함수 pvar를 통해 확인할 수 있다.

2) 패널데이터의 차원 지정하기

패널데이터를 분석하려면 해당 자료를 패널데이터로 지정해야 한다. 패널데이터는 함수 pdata.frame으로 지정할 수 있다. 함수 pdata.frame은 패널데이터의 두 차원인 개체와 시간을 지정한다. 예를 들어, 분석하고자 하는 데이터프레임이 mydata라면 다음과 같이 패널데이터 형태로 전환할 수 있다. 이때 *ivar*는 개체를 나타내는 변수명이고, *tvar*는 시간을 나타내는 변수명이다.

```
mydata.p<-pdata.frame(mydata, index=c("ivar", "tvar"))
```

만약 데이터프레임 mydata가 균형 패널로서 각 개체 i에 대한 시간의 크기가 모두 T로 동일하고, 먼저는 개체 순서로 그다음은 시간 순서로 정렬되어 있다고 하자. 데이터프레임 mydata에서 총 개체의 수가 n개라면 다음 방법으로 패널데이터의 차원을 지정할 수 있다.

```
mydata.p<-pdata.frame(mydata, index=n)
```

[실습 8-1]에서 데이터 InterTrade는 패키지 pder에 있는 데이터 ForeignTrade의 일부를 추출한 것으로 아시아 6개국의 24년간(1963~1986) 수출입 실적과 국민총생산액에 관한 자료이다. ForeignTrade에서 범주형 변수 country의 levels는 31개(즉, 31개 국가)인 반면, InterTrade에서는 country의 levels가 6개로 줄어든다. 따라서 함수 droplevels는

InterTrade에 없는 levels를 제거하라는 의미이다.

데이터 InterTrade를 패널데이터로 전환할 때 차원을 지정하기 위해 index로 사용하는 변수는 country와 year다. 패널데이터의 차원을 지정하면 개체 수와 시간 단위 수를 확인할 수 있다. 함수 pdim를 사용하면 해당 패널데이터가 균형 패널인지 불균형 패널인지 알 수 있고, 횡단면 개체 수(n), 시간 단위 수(T), 총관측치 수 N(균형 패널이라면 $N=n \cdot T$) 등을 알 수 있다. 데이터 InterTrade로부터 생성된 패널데이터 trade.p는 $n=6$, $T=24$, $N=144$인 균형 패널이다. 함수 pvar(trade.p)의 실행 결과에 따르면, 측정값이 개체별로 다르나 시간불변인 변수는 country이고, 개체별로 동일하나 시간에 따라 달라지는 변수는 year다. 그 외 나머지 변수 exports, imports, gnp는 측정값이 개체와 시간에 따라 달라진다.

실습 8-1 패널데이터의 차원을 지정하는 방법

```
> library(plm)
> library(dplyr)
> data(ForeignTrade, package="pder")
> InterTrade<-filter(ForeignTrade, country %in% c("Indonesia", "Korea",
                     "Malasia", "Philippines", "Sri Lanka", "Thailand" ))%>%
                     droplevels %>%
                     select(country, year, exports, imports, gnp)
> str(InterTrade)
'data.frame':    144 obs. of 5 variables:
 $ country: Factor w/ 6 levels "Indonesia","Korea",..: 1 1 1 1 1 1 1 1 ...
 $ year    : num 1963 1964 1965 1966 1967 ...
 $ exports: num -7.63 -7.61 -7.65 -7.67 -7.67 ...
 $ imports: num -9.19 -8.96 -8.97 -9.31 -9.12 ...
 $ gnp     : num -0.2224 0.1296 0.0165 0.1591 0.1306 ...
> trade.p<-pdata.frame(InterTrade, index=c("country", "year"))
> pdim(trade.p)
Balanced Panel: n = 6, T = 24, N = 144
> pvar(trade.p)
no time variation:    country
no individual variation: year
```

[표 8-2]는 패널데이터에만 있는 특별한 함수식을 나타낸 것이다. 이 함수들은 패널데이터 모형을 이해하는 데 중요하다. 이 함수들 가운데 Between(x)과 between(x)는 모두 T 기간에 걸친 개체 i의 평균을 계산해주지만, 전자는 개체 i의 평균값을 T번씩 반복하여 총 $n \times T$개의 값을, 후자는 n개의 값을 산출한다.

[표 8-2] 패널데이터 분석에 사용하는 함수식

함수	의미	산식
lag(x)	1계 시차	$L_{it}=X_{it-1}$
diff(x)	1계 차분	$D_{it}=X_{it}-X_{it-1}$
between(x)	개체 i의 평균(n)	$B_i=\frac{1}{T_i}\sum_{t=1}^{T_i}X_{it}=\bar{X}_{i.}$
Between(x)	개체 i의 평균($n\times T$)	$B_{it}=B_i$
Within(x)	개체 내 편차	$W_{it}=X_{it}-B_{it}=X_{it}-\bar{X}_{i.}$

다음은 [실습 8-1]의 패널데이터 trade.p를 사용하여 [표 8-2]의 함수값들을 구한 결과이다. imports.l은 한 행 아래에 있는 imports 값과 동일하다. imports.d 값은 인접한 1계 시차값들의 차이이다. 예를 들어, Indonesia-1964에 대한 imports.d는 Indonesia-1965에 대한 imports.l의 값에서 Indonesia-1964에 대한 imports.l의 값을 뺀 것과 같다. imports.B는 첫 행부터 24번째 행까지의 imports 값을 평균한 것으로 첫 행부터 24행까지 동일한 값을 가진다. imports.W는 평균으로부터의 연도별 편차를 나타내며 imports와 imports.B의 차이와 같다.

```
> trade.p$imports.l<-lag(trade.p$imports)
> trade.p$imports.d<-diff(trade.p$imports)
> trade.p$imports.B<-Between(trade.p$imports)
> trade.p$imports.W<-Within(trade.p$imports)
> trade.p[1:8, c("imports", "imports.l", "imports.d", "imports.B",
"imports.W")]
                imports  imports.l  imports.d  imports.B  imports.W
Indonesia-1963    -9.19         NA         NA      -8.12    -1.0767
Indonesia-1964    -8.96      -9.19     0.2327      -8.12    -0.8440
Indonesia-1965    -8.97      -8.96    -0.0058      -8.12    -0.8498
Indonesia-1966    -9.31      -8.97    -0.3420      -8.12    -1.1918
Indonesia-1967    -9.12      -9.31     0.1882      -8.12    -1.0036
Indonesia-1968    -8.80      -9.12     0.3239      -8.12    -0.6797
Indonesia-1969    -8.67      -8.80     0.1252      -8.12    -0.5545
Indonesia-1970    -8.63      -8.67     0.0424      -8.12    -0.5121
```

다른 패널데이터를 살펴보자. 데이터 EmplUK는 영국의 각 산업에 속한 기업의 고용수준, 임금률, 자본액, 산출액에 관한 데이터로 패키지 plm으로부터 불러올 수 있다. 함수 pdim을 실행해보면 기업 수가 140개, 시간의 차원은 7~9년으로 기업마다 서로 다른 불균형 패널임을 알 수 있다. 변수 emp에 대해 함수 between을 실행하면 기업 1부터 기업 5까지의 연평균 고용수준을 각각 산출하고, 함수 Between을 실행하면 기업 1의 연평균 고용수준을 7개년에 걸쳐 동일한 값으로 산출한다.

```
> data(EmplUK, package="plm")
> str(EmplUK)
'data.frame':      1031 obs. of 7 variables:
 $firm    : num 1 1 1 1 1 1 1 2 2 2 ...
 $year    : num 1977 1978 1979 1980 1981 ...
 $sector  : num 7 7 7 7 7 7 7 7 7 7 ...
 $emp     : num 5.04 5.6 5.01 4.72 4.09 ...
 $wage    : num 13.2 12.3 12.8 13.8 14.3 ...
 $capital: num 0.589 0.632 0.677 0.617 0.508 ...
 $output  : num 95.7 97.4 99.6 100.6 99.6 ...
> E<-pdata.frame(EmplUK, index=c("firm", "year"))
> pdim(E)
Unbalanced Panel: n = 140, T = 7-9, N = 1031
> head(plm::between(E$emp),5)
        1         2         3         4         5
 4.366571 71.362428 19.040143 26.035000 85.253856
> head(Between(E$emp), 10)
        1         1         1         1         1         1         1
 4.366571  4.366571  4.366571  4.366571  4.366571  4.366571  4.366571
        2         2         2
71.362428 71.362428 71.362428
```

2 최소자승추정의 문제점

패널데이터에 대한 선형회귀모형은 다음과 같다고 하자.

$$y_{it}=\beta_0+\beta_1 x_{it1}+\beta_2 x_{it2}+\beta_3 x_{it3}+\cdots+\beta_k x_{itk}+\epsilon_{it} \tag{8-1}$$

여기서 각 변수는 시간 t에서 개체 i의 속성에 대한 측정값을 나타낸다. 패널데이터의 특성을 무시하고 식 (8-1)을 3장에서 다룬 최소자승법으로 추정하면 어떻게 될까? 식 (8-1)의 오차항은 연구자가 관측할 수 없는 개체 고유의 특성을 가질 수 있다. 따라서 오차항과 설명변수들이 서로 상관관계를 가지지 않는다는 최소자승추정법의 가정은 정당화하기 어렵다. 패널데이터 분석에서 최소자승추정법의 문제점을 먼저 간단한 수식을 통해 설명해보자. 이를 위해 식 (8-2)와 같은 선형회귀모형을 가정해보자.

$$y = \alpha_0 + \beta_0 x + \gamma_0 z + \epsilon_0 \tag{8-2}$$

식 (8-2)에서 연구자가 x는 관측할 수 있으나 z는 그렇지 않다면 실제 추정하는 회귀모형은 식 (8-3)과 같게 되어 배제 변수의 문제가 발생한다.

$$y = \alpha_1 + \beta_1 x + \epsilon_1 \tag{8-3}$$

그리하여 β_1의 최소자승추정량은 z가 y 또는 x와 상관관계를 가지지 않는다면 일치추정량이지만, 그렇지 않을 경우 편향될 뿐만 아니라 일치추정량이 되지 않는다.

이번에는 실제 데이터를 가지고 최소자승법의 문제점과 그 해결책을 살펴보자. [실습 8-2]에서 사용한 패키지 wooldridge의 데이터 crime2는 미국의 46개 도시에서 1982년과 1987년에 수집한 범죄율, 실업률, 경찰관 수, 그리고 1인당 소득 등에 관한 자료이다. View(crime2)를 사용해 데이터를 확인해보면, 각 도시의 명칭은 없지만 year 값이 1982, 1987이며 각 변수의 측정값이 개체(도시) 수(n=46)만큼 반복됨을 확인할 수 있다. 함수 pdata.frame에 인자 index=46을 적용하여 변환한 패널데이터 crime.p에는 패널데이터의 차원을 나타내는 2개의 지시변수 id와 time이 자동으로 생성된다.

실습 8-2 **패널데이터 모형의 최소자승추정**

```
> data(crime2, package="wooldridge")
> str(crime2)
'data.frame':    92 obs. of 34 variables:
 $pop      : num 229528 246815 814054 933177 374974 ...
 $crimes   : num 17136 17306 75654 83960 31352 ...
 $unem     : num 8.2 3.7 8.1 5.4 9 ...
 $officers : int 326 321 1621 1803 633 685 245 259 504 563 ...
 $pcinc    : int 8532 12155 7551 11363 8343 11729 7592 10802 7558 10627 ...
 $west     : int 1 1 1 1 1 1 1 1 1 1 ...
 $nrtheast : int 0 0 0 0 0 0 0 0 0 0 ...
 $south    : int 0 0 0 0 0 0 0 0 0 0 ...
 $year     : int 82 87 82 87 82 87 82 87 82 87 ...
 -- 중략 --
```

```
> library(lmtest)
> crime.p<-pdata.frame(crime2, index=46)
> coeftest(lm(crmrte~unem, crime.p))

t test of coefficients:

             Estimate   Std. Error   t value    Pr(>|t|)
(Intercept)  103.24340     8.05874   12.8114    <2e-16 ***
unem          -0.30766     0.93172   -0.3302     0.742
---
Signif. codes: 0 '***' 0.001 '**' 0.01 '*' 0.05 '.' 0.1 ' ' 1
```

최소자승추정 결과에 summary 대신에 패키지 lmtest의 함수 coeftest를 적용해보자. 함수 coeftest는 계수의 추정값과 표준오차, t값, p값만을 보여주기 때문에 summary보다 추정 결과를 간결한 형태로 출력해준다. 추정 결과에 따르면 실업률의 계수 추정치는 음(-)의 부호를 가진다. 다행히 실업률의 계수 추정치가 유의미하지는 않지만, 이러한 결과는 실업률이 높은 도시일수록 범죄율이 높을 것이라는 당초의 기대와는 다르다. 왜 이러한 결과가 나타났을까? 그 이유는 범죄율에 영향을 주지만 도시마다 서로 다를 수 있는 이질적인 요인(예를 들면, 연령분포, 남녀 성비, 학력 수준, 치안 상태 등)을 최소자승추정 과정에서 고려하지 못했기 때문이다.

3 개체의 이질성을 제거하기

패널데이터 분석의 기본 목적은 연구자가 관측할 수 없는 개체의 이질적인 특성(heterogeneity)으로 인해 편향된 추정치가 나타나지 않도록 이를 적절하게 통제하는 것이다. 패널데이터 모형에서 관측되지 않는 요인을 제거하는 방법은 다양하다.

1) 종속변수와 설명변수의 1계 차분 변환

먼저, 연구자가 관측할 수 없는 요인들이 시간에 따라 그 값이 변하지 않는 일정한 변수들이라 하자. 개체별로 이질적인 요인들이 시간불변인(time-invariant) 특성을 가질 경우에 이러한 요인들을 제거하는 방법 중 하나는 모든 변수를 1계 차분(first difference) 형태로 변환하는 것이다.

식 (8-1)을 1계 차분하면 다음과 같다.

$$\Delta y_{it} \equiv y_{it} - y_{it-1} = \beta_1 \Delta x_{it1} + \beta_2 \Delta x_{it2} + \cdots + \beta_k \Delta x_{itk} + \Delta v_{it} \quad (8\text{-}4)$$

R에서 $y_{it} - y_{it-s}$ 형태의 차분은 함수 diff(y,s)에 의해 구할 수 있다. 1계 차분을 적용하려면 자료 형태가 종형(long form: 한 개체에 대한 여러 기간의 자료가 한 열에 있는 형태)이어야 하기 때문에 먼저 함수 pdata.frame을 사용하여 패널데이터로 전환해야 한다.

종속변수와 설명변수를 모두 1계 차분한 후에 적용할 추정 방법은 최소자승법이다. 1계 차분한 종속변수 Δy를 1계 차분한 설명변수 $\Delta x_{it1}, \Delta x_{it2}, \cdots, \Delta x_{itk}$에 대해 회귀분석을 한 결과가 [실습 8-3]이다. 추정 결과를 살펴보면 실업률의 계수 추정치가 양(+)의 부호를 가지며 또한 유의함을 알 수 있다. 1계 차분 변환을 통해 연구자가 관측하지 못한 요인들을 통제(제거)한 결과, 범죄율과 실업률의 관계가 올바르게 나타난 것이다.

실습 8-3 범죄율과 실업률에 관한 1계 차분모형의 최소자승추정

```
> dcrmrte<-diff(crime.p$crmrte,1)
> dunem<-diff(crime.p$unem,1)
> coeftest(lm(dcrmrte~dunem, crime.p))

t test of coefficients:

            Estimate  Std. Error  t value   Pr(>|t|)
(Intercept) 15.40220     4.70212   3.2756    0.00206 **
dunem        2.21800     0.87787   2.5266    0.01519 *
---
Signif. codes: 0 '***' 0.001 '**' 0.01 '*' 0.05 '.' 0.1 ' ' 1
```

2) 함수 plm에 의한 1계 차분모형의 추정

패널데이터 모형을 이용하면 1계 차분 변환에 의해 관측 불가능한 요인을 통제하는 것을 보다 손쉽게 할 수 있다. R에서 패널데이터 분석은 패키지 plm(panel linear model)의 함수 plm을 이용한다. 함수 plm의 사용 방식은 3장에서 설명한 최소자승모형을 추정하는 함수 lm과 유사하다. 차이점은 패널데이터 모형의 다양한 형태를 지정하기 위해 여러 인자들을 추가한다는 점이다.

함수 plm을 이용하여 1계 차분모형을 추정하려면 [실습 8-4]의 첫 줄에서 보듯이 인자 model의 값을 1계 차분을 의미하는 fd로 지정하면 된다. [실습 8-4]의 plm에 의한 1계 차분모형의 추정 결과를 보면 종속변수와 설명변수들을 일일이 1계 차분하지 않아도 [실습 8-3]과 동일한 결과를 얻을 수 있는 것을 확인할 수 있다.

실습 8-4 plm을 이용한 1계 차분모형의 추정

```
> fd_panel<-plm(crmrte~unem, crime.p, model="fd")
> summary(fd_panel)
Oneway (individual) effect First-Difference Model

Call:
plm(formula = crmrte ~ unem, data = crime2.p, model = "fd")

Balanced Panel: n = 46, T = 2, N = 92
Observations used in estimation: 46

Residuals:
    Min.    1st Qu.    Median    3rd Qu.      Max.
-36.9124   -13.3693   -5.5072    12.4463   52.9152

Coefficients:
             Estimate   Std. Error   t-value    Pr(>|t|)
(Intercept)  15.40220      4.70212    3.2756    0.00206 **
unem          2.21800      0.87787    2.5266    0.01519 *
---
Signif. codes: 0 '***' 0.001 '**' 0.01 '*' 0.05 '.' 0.1 ' ' 1

Total Sum of Squares:  20256
Residual Sum of Squares: 17690
R-Squared:     0.1267
Adj. R-Squared: 0.10685
F-statistic: 6.38361 on 1 and 44 DF, p-value: 0.015189
```

3) 더미변수 최소자승법

[실습 8-1]의 데이터 InterTrade를 사용하여 수입액과 GNP의 관계를 분석해보자. 모든 변수는 국가별 경제규모의 차이를 고려하여 1인당 금액으로 환산한 다음에 로그변환한 값을 가진다. [실습 8-5]는 수입액을 GNP에 대해 최소자승추정한 결과이다. GNP의 계수 추정치인 수입액의 소득 탄성치는 기대와는 달리 음(-)의 부호를 가지며 유의미하기까지 하다. 왜 이러한

결과가 나타났을까? 그 이유는 추정모형에 반영하지 못한 국가마다 서로 다른 이질적인 요인들의 효과 때문이다. 각국의 수입액은 GNP에 의해서도 영향을 받지만 연구자가 관측하지 못하는 다른 요인들에 의해서도 영향을 받을 수 있다. 예를 들면, 국가별로 서로 다른 통상 정책이나 환율, 수입품목의 구성(주요 수입품목이 소비재인지 아니면 자본재인지 여부) 등이 수입액의 차이를 초래할 수 있다.

실습 8-5 수입액과 GNP에 관한 패널데이터의 최소자승추정

```
> coeftest(lm(imports~gnp, trade.p))

t test of coefficients:

             Estimate   Std. Error   t value    Pr(>|t|)
(Intercept)  -6.708004    0.107576  -62.3562    < 2e-16 ***
gnp          -0.086241    0.039836   -2.1649    0.03207 *
---
Signif. codes: 0 '***' 0.001 '**' 0.01 '*' 0.05 '.' 0.1 ' ' 1
```

데이터 InterTrade를 사용하여 수입액이 국가별, 연도별로 어떻게 다른지를 나타낸 것이 [그림 8-2]이다. 왼쪽 그림(myplot_country)은 수입액의 분포를 국가별로 나타내는 박스플롯이며, 오른쪽 그림(myplot_year)은 수입액의 연도별 추이를 국가별로 나타낸 것이다. 아시아 6개국의 수입액은 규모뿐만 아니라 분포, 그리고 시간적인 변화 측면에서 상당히 이질적임을 알 수 있다. 최소자승법은 이러한 국가 간의 이질성, 달리 말하면 이질적인 개체효과(국가효과)를 고려하지 못함으로써 수입액의 소득 탄성치에 대해 편향된 추정치를 초래한 것으로 보인다.

실습 8-6 국가별·연도별 수입액에 관한 차트 그리기

```
> library(ggplot2)
> myplot_country<-ggplot(data=InterTrade, mapping=aes(x=country, y=imports)) +
  geom_boxplot() + labs(x="Country", y="Imports") +
  theme(axis.text.x = element_text(angle=45,hjust=1))
> myplot_country
> myplot_year<-ggplot(data=InterTrade, mapping=aes(x=year, y=imports,
  color=country)) + geom_line() + labs(x="Year", y="Imports")
> myplot_year
> library(gridExtra)
> grid.arrange(myplot_country, myplot_year, ncol=2, widths=c(4,6))
```

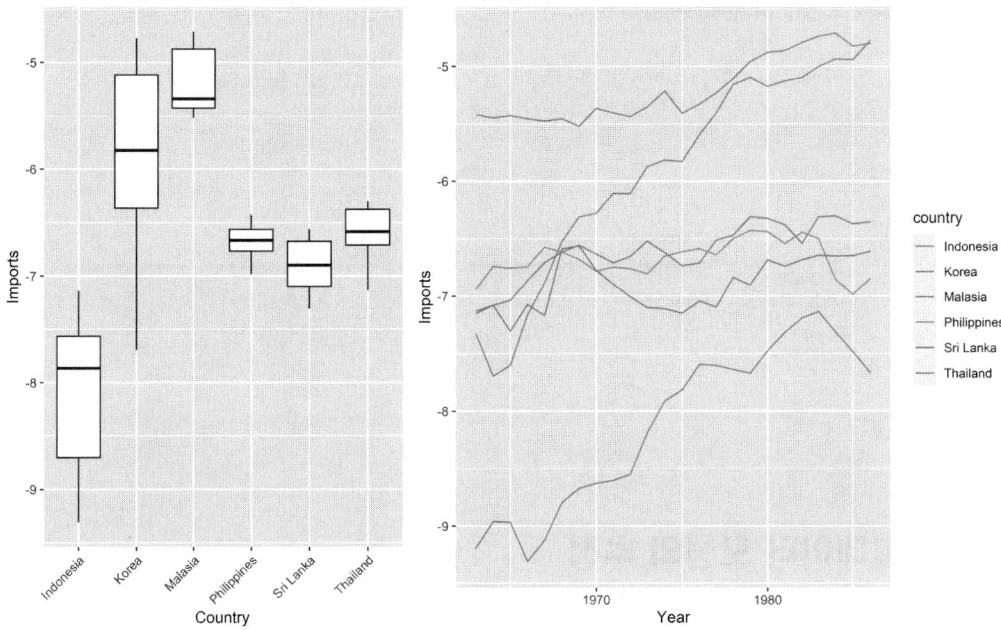

[그림 8-2] 국가별·연도별 수입액의 변화

수입액에 영향을 줄 수 있는 국가효과를 통제하기 위한 방법으로 국가별 더미변수를 설명변수로 추가하여 최소자승법으로 추정하는 방법이 있을 수 있다. 이를 더미변수 최소자승법(least squares dummy variables, 이하 LSDV 모형)이라고 한다. 그러나 이 방법은 횡단면 개체의 수만큼 자유도를 감소시키기 때문에 비효율적인 추정량을 초래할 수 있다. 게다가 β_i는 표본 전체의 변동성을 이용하여 추정하지만, 개체효과를 나타내는 파라미터 η_n의 추정은 시계열 단위 수에 의존하기 때문에 개체 수에 비해 시계열 길이가 충분히 길지 않으면 일치추정량을 얻지 못할 수 있다.

[실습 8-7]은 LSDV 모형으로 수입액 함수를 추정한 결과이다 [실습 8-7]의 첫째 줄에서 `factor(country)`는 6개의 국가명을 더미변수로 사용한다는 의미이고, −1은 상수항을 포함하지 않는 모형을 추정한다는 의미이다. 추정 결과에 따르면 수입액의 계수값은 양(+)의 부호로 유의미하며 최소자승모형에 비해 13.8배나 더 크다. 국가별 개체효과를 나타내는 더미변수들의 계수 추정치도 모두 유의미하다.

실습 8-7 LSDV 모형에 의한 패널데이터 분석

```
> lsdv<-lm(imports~gnp+factor(country)-1, trade.p)
> coeftest(lsdv)

t test of coefficients:

                          Estimate   Std. Error    t value    Pr(>|t|)
gnp                        1.188680    0.049456    24.0349   < 2.2e-16 ***
factor(country)Indonesia  -8.866567    0.055137  -160.8088   < 2.2e-16 ***
factor(country)Korea      -7.993724    0.097934   -81.6239   < 2.2e-16 ***
--이하 생략--
```

4 패널데이터 모형의 추정

4-1 기본 가정

패널데이터 분석에서 관측되지 않는 요인의 본질을 어떻게 규정하는가에 따라 매우 다양한 형태의 모형을 도출할 수 있다. 먼저, 관측할 수 없는 개체의 이질성이 시간에 따라 변하지 않는 경우부터 논의해보자. 이러한 경우 패널데이터 모형은 매우 유용하고 강력한 분석 수단으로 활용할 수 있다.

설명변수의 계수값이 모든 개체에 대해 동일하다고 가정하자. 이때 기간 t에서 개체 n의 관측치에 대한 패널데이터 모형은 다음과 같이 표현할 수 있다.

$$y_{nt}=\alpha+x_{nt}\beta+\epsilon_{nt} \tag{8-5}$$

y_{nt}는 종속변수, x_{nt}는 k개의 설명변수 벡터, ϵ_{nt}는 오차항이며, α, β는 각각 상수항과 설명변수 벡터에 대응하는 계수값 벡터이다. 오차항은 식 (8-6)과 같이 2가지 성분의 합으로 표현할 수 있다.

$$\epsilon_{nt}=\eta_n+v_{nt} \tag{8-6}$$

오차항의 첫 번째 항 η_n은 각 개체 n의 개체효과(individual effect)를 나타내는 성분인 반면, 두 번째 항 v_{nt}은 고유효과(idiosyncratic effect)라 불리는 성분이다(앞으로 이를 고유오차라 부르겠다). 이들 오차에 대한 가정은 다음과 같다.

- 오차를 구성하는 두 성분의 기대값은 모두 0이다.
- 개체효과는 등분산 σ_η^2을 가지며 서로 간에 상관관계가 없다.
- 고유오차는 등분산 σ_v^2을 가지며 서로 간에 상관관계가 없다.
- 오차를 구성하는 두 성분은 서로 상관관계가 없다.

위 가정들로부터 오차의 분산과 공분산을 구하면 각각 다음과 같다.

- 오차의 분산: $E(\epsilon_{nt}^2) = \sigma_\eta^2 + \sigma_v^2$
- 서로 다른 두 시점에서 측정한 동일한 개체에 대한 오차의 공분산: $E(\epsilon_{nt}\epsilon_{ns}) = \sigma_\eta^2$
- 서로 다른 두 개체에 대한 오차의 공분산: $E(\epsilon_{nt}\epsilon_{mt}) = E(\epsilon_{nt}\epsilon_{ms}) = 0$

어느 한 개체 n의 전체 기간 t에 대한 오차는 $\epsilon_n^T = (\epsilon_{n1}, \epsilon_{n2}, \cdots\cdots, \epsilon_{nt})$와 같은 벡터 형태를 가진다(여기서 T는 시간이 아니라 치환을 의미하는 기호이다). 따라서 전체 표본에 대한 오차는 $\epsilon^T = (\epsilon_1^T, \epsilon_2^T, \cdots, \epsilon_N^T)$와 같은 행렬 형태를 갖는다. Ω를 전체 표본 오차에 대한 공분산 행렬이라 할 때, Ω를 구성하는 각 요소는 두 개체가 서로 동일($n=m$)할 경우에는 $\sigma_\eta^2 + \sigma_v^2$($t=s$일 때) 또는 σ_η^2($t \neq s$일 때)의 값을 가진다. 반면, 두 개체가 서로 동일하지 않은 경우에는 모두 0의 값을 가진다.

오차의 공분산 행렬 Ω는 다소 복잡한 연산 과정을 거치면 다음과 같은 형태로 표현할 수 있다.

$$\Omega = \sigma_v^2 W + \sigma_l^2 B \text{ (단, } \sigma_l^2 = \sigma_v^2 + T\sigma_\eta^2) \tag{8-7}$$

식 (8-7)에서 B는 개체 간 변환 행렬(between transformation matrix)로 각 변수에 대해 개체별 평균값을 구해주고, W는 개체 내 변환 행렬(within transformation matrix)로 각 변수에 대해 개체 내 편차를 구해준다.

4-2 고정효과모형

패널데이터에 대한 LSDV 모형과 동일한 결과를 제공하는 모형이 고정효과모형(fixed effect model)이다. 고정효과모형은 관측할 수 없는 개체효과를 제거하기 위해 개체 내 변환 과정을 취한다. 개체 내 변환이란 식 (8-8)과 같이 각 변수의 값에서 개체별 평균을 빼주는 방식(이를 time-demeaning이라 한다)을 의미한다.

$$y_{nt} - \bar{y}_{n\bullet} = (x_{nt} - \bar{x}_{n\bullet})\beta + (v_{nt} - \bar{v}_{n\bullet}) \qquad (8\text{-}8)$$

여기서 $\bar{y}_{n\bullet}$와 $\bar{x}_{n\bullet}$는 각각 개체 n의 시간 T에 걸친 y와 x의 평균이다.

고정효과모형을 개체 내 변환을 나타내는 행렬 W를 이용하여 전체 표본에 대한 식으로 표현하면 다음과 같다.

$$Wy = W(\alpha + X\beta + \epsilon) = WX\beta + Wv$$

이러한 과정은 추정식에서 상수항, 개체효과, 그리고 개체 내 변화가 없는 시간불변인 설명변수를 제거하는 효과를 가진다. 따라서 고정효과모형은 개체 내 변환을 한 종속변수와 설명변수에 대해 함수 `lm`을 적용한 것과 같다. 이러한 의미에서 고정효과모형을 within 회귀모형(이하 within 모형)이라 부른다.

함수 `plm`을 이용하면 번거롭게 원자료를 변환하지 않고 손쉽게 고정효과모형을 추정할 수 있다. 그 방법은 `plm`에 고정효과모형을 의미하는 인자 `model="within"`을 적용하는 것이다. 함수 `plm`에 의해 고정효과모형을 추정하면 파라미터 추정치를 손쉽게 구할 수 있고, 오차가 이분산이나 시계열 상관을 가질 때 계수 추정치의 표준오차를 교정할 수 있는 장점이 있다(이에 대해서는 9장에서 자세히 설명한다).

[실습 8-8]은 데이터 InterTrade를 사용하여 고정효과모형을 추정한 결과이다. 고정효과모형의 추정 결과는 [실습 8-7]의 LSDV 모형의 추정 결과와 동일하다. 두 모형의 차이는 개체효과를 제거하는 방식에 있다. 고정효과모형에서는 적절한 변환 과정을 통해 개체효과가 제거된 변수에 대해 회귀분석을 하는 반면, LSDV 모형에서는 개체효과를 나타내는 파라미터를 직접 추정하여 그 효과를 제거한다.

실습 8-8 고정효과모형의 추정

```
> trade.p$imports.W<-Within(trade.p$imports)
> trade.p$gnp.W<-Within(trade.p$gnp)
> model.lm_1<-lm(imports.W~gnp.W-1, trade.p)
> coef(model.lm_1)["gnp.W"]
 gnp.W
1.18868
> model.fe<-plm(imports~gnp, trade.p, model="within")
> coef(model.fe)["gnp"]
   gnp
1.18868
```

고정효과모형에서 개체효과(국가효과)는 함수 fixef에 의해 구할 수 있다. 개체효과는 인자 type의 값에 따라 계산 방식이 다소 다르다. "level"(기본값)이면 각 개체의 절편인 $\hat{\alpha}+\hat{\eta}_n$, "dfirst"이면 첫 번째 개체(Indonesia)로부터의 편차, "dmean"이면 개체효과 평균으로부터의 편차를 각각 산출한다. 예를 들어, Indonesia의 개체효과($\hat{\alpha}+\hat{\eta}_1$에 해당하는 절편값)를 나타내는 -8.86657은 [실습 8-7]의 LSDV 모형에서 factor(country)Indonesia의 계수 추정치와 동일하다. 독자들은 type="dfirst"와 type="dmean"을 적용할 때 Korea의 개체효과가 각각 0.87284와 -3.40544가 되는지 위의 계산 방식을 적용하여 스스로 확인해보라.

```
> fixef(model.fe)
 Indonesia     Korea   Malasia   Philippines   Sri Lanka   Thailand
  -8.86657  -7.99372  -0.81587      -2.96781    -2.88667   -3.99907
> fixef(model.fe, type="dfirst")
   Korea   Malasia   Philippines   Sri Lanka   Thailand
 0.87284   8.05069       5.89875     5.97990    4.86750
> fixef(model.fe, type="dmean")
 Indonesia     Korea   Malasia   Philippines   Sri Lanka   Thailand
  -4.27828  -3.40544   3.77241       1.62047     1.70162    0.58922
```

각 모형 추정식에 plm을 적용하는 대신에 함수 update를 사용하되 인자 model의 값만 바꾸어주면 다양한 형태의 패널데이터 모형을 추정할 수 있다. 예를 들어, model="pooling"은 패널데이터 구조를 무시한 통합최소자승(pooled OLS) 모형을, model="fd"는 1계 차분모형을 각각 추정한다. model="between"은 종속변수와 설명변수에 대해 개체 간 변환을 적용한 후 이를 최소자승법으로 추정하는 집단 간(between effect) 회귀모형을 의미한다. 집단 간 회귀모형(이하 between 모형)은 패널데이터에서 시간에 걸친 변동에서 오는 정보를 무시하고 개체

간 차이에서 오는 정보만을 이용하는 추정법이라고 할 수 있다. 달리 말하면, 개체들 간의 횡단면 함수관계를 추정하기 위해 많이 사용하는 회귀분석 방법이다.

```
> model_ols<-plm(imports~gnp, trade.p, model="pooling")
> model_fd<-update(model_ols, model="fd")
> model_bw<-update(model_ols, model="between")
> model_wh<-update(model_ols, model="within")
```

4-3 임의효과모형

임의효과모형에서는 고정효과모형(또는 LSDV 모형)과 달리, 개체효과 η_n이 어떤 특정 분포로부터 임의추출한 변수이며 전체 기간 동안 설명변수와 상관관계를 가지지 않는다고 가정한다. 이러한 점은 고정효과모형에서 설명변수와 상관관계를 가질 것으로 생각되는 개체효과가 존재하고 이를 제거한다는 점과 확연하게 다르다. 만약 관측되지 않는 개체효과 η_n이 설명변수와 상관관계를 가진다면 고정효과모형을 추정해야 한다.

개체효과 η_n이 설명변수와 상관관계를 가지지 않는다면, 시기별 더미변수를 설명변수로 추가한 통합최소자승모형을 추정하여 파라미터 α, β의 일치추정량을 얻을 수 있다. 그러나 임의효과모형의 오차 구조를 고려할 때 최소자승보다 더 나은 추정 방법을 고려해볼 수 있다. 왜냐하면 패널데이터는 동일한 개체에 대한 시계열 자료임을 감안할 때, 개체가 가진 공통적인(시간불변적인) 요인들로 인해 서로 다른 시점의 오차들 간에 다음과 같은 시계열 상관이 존재할 수 있기 때문이다.

$$Corr(\epsilon_{nt}, \epsilon_{ns}) = \frac{\sigma_\eta^2}{\sigma_\eta^2 + \sigma_\nu^2}, \ t \neq s$$

상수항을 포함한 설명변수 행렬을 Z라고 할 때, 최소자승추정량 $\gamma_{ols} = (\alpha_{ols}, \beta_{ols})$은 $\sigma^2(Z^TZ)^{-1}$에 의해 구해진다. 최소자승추정 과정에서 오차들 간의 상관관계를 고려하지 않기 때문에 추정량의 표준오차가 정확하지 않은 문제점이 발생한다.

패널데이터 모형에서 오차들 간의 시계열 상관이 있을 때, GLS(generalized least squares)를 적용하여 오차항의 공분산 행렬 Ω를 파라미터 추정에 활용한다면 보다 효율적인 추정량을 얻을 수 있다. 이때 GLS 추정량은 다음과 같다.

$$\gamma_{gls} = (\alpha_{gls}, \beta_{gls}) = (Z^T \Omega^{-1} Z)^{-1} (Z^T \Omega^{-1} y)$$

1) 변수의 GLS 변환

고정효과모형에서 개체효과를 제거하기 위해 종속변수와 설명변수에 행렬 W를 곱하여 개체 내 편차 형태로 변환하는 방법을 설명하였다. 임의효과모형에서도 이와 유사하게 오차들의 시계열 상관을 제거하는 변환을 생각해볼 수 있다. 이를 GLS 변환이라고 부르며, 그 도출 과정은 다소 복잡하지만 다음의 형태를 가진다.

$$C = \sigma_v \Omega^{-0.5} = \frac{\sigma_v}{\sigma_l} B + W \tag{8-9}$$

식 (8–9)에서 보듯이, GLS 변환식 C는 개체 간 변환과 개체 내 변환을 선형결합한 형태이다. 이때 가중치는 오차항을 구성하는 두 효과의 분산과 관련된다. 설명변수 z_{nt}에 GLS 변환을 적용하면 다음과 같다.

$$\frac{\sigma_v}{\sigma_l} \overline{z}_{n\cdot} + (z_{nt} - \overline{z}_{n\cdot}) = z_{nt} - \left(1 - \frac{\sigma_v}{\sigma_l}\right) \overline{z}_{n\cdot} = z_{nt} - \theta \overline{z}_{n\cdot} \tag{8-10}$$

단, $\theta = 1 - \frac{\sigma_v}{\sigma_l} = 1 - \sqrt{\frac{\sigma_v^2}{T\sigma_\eta^2 + \sigma_v^2}}$

이러한 GLS 변환은 오차들 간의 시계열 상관을 제거한다. 식 (8–10)의 θ에 의해 변환한 오차($\epsilon_{nt} - \theta\overline{\epsilon}_{n\cdot}$)가 시계열 상관을 갖지 않음을 증명하는 것은 그리 어렵지 않다(이에 대한 증명은 Baltagi, 2013을 참조하라).

고정효과모형에서 적용하는 개체 내 변환은 각 변수에서 개체별 평균(시간에 대한 평균)을 빼주는 반면, 임의효과모형에서 적용하는 GLS 변환은 각 변수에서 개체별 평균의 일부(θ)만을 빼준다고 볼 수 있다. 이때, 평균의 얼마를 빼줄 것인가는 오차를 구성하는 두 성분의 분산 σ_η^2, σ_v^2와 시간 단위의 수 T에 따라 달라진다.

식 (8–10)은 개체효과 분산의 비중에 따라 GLS 추정치가 고정효과모형의 추정치나 또는 통합최소자승추정치에 가까울 수 있음을 말해준다. 개체효과 분산이 매우 커서 오차항 분산의 대부분을 설명한다면($\theta \to 1$일 때) GLS 추정치는 고정효과모형의 추정치와 가깝다. 반면, 개체효과 분산이 매우 작아 무시할 정도이면($\theta \to 0$일 때) GLS 추정치는 통합최소자승추정치와 가깝다. 또한 T가 커질수록 θ값은 1에 근접하기 때문에 고정효과모형과 임의효과모형의 추정 결과는 매우 유사하게 된다.

2) 임의효과모형의 FGLS 추정

패널데이터에 GLS 모형을 적용하여 파라미터들을 추정하려면 사전에 θ를 알아야 한다. θ값을 알 수 없다면 이를 추정해야 하는데 그러기 위해서는 σ_l^2, σ_v^2의 적절한 추정값이 있어야 한다. 따라서 데이터로부터 $\sigma_l^2, \sigma_\upsilon^2$의 일치추정량을 구한 다음에 추정한 $\hat{\theta}$를 θ 대신 사용하는 것이 일반적이다. 이러한 방식으로 구한 임의효과모형의 파라미터 추정량을 FGLS(feasible generalized least squares) 추정량이라 부른다.

임의효과모형의 추정에서 두 분산 σ_l^2, σ_v^2의 일치추정량으로 다음과 같은 5가지 형태를 사용한다.

- 월리스-후세인(Wallace & Hussain) 추정량으로, $\hat{\sigma}_l^2 = \frac{\hat{\epsilon}_{ols}^T B \hat{\epsilon}_{ols}}{N}$, $\hat{\sigma}_v^2 = \frac{\hat{\epsilon}_{ols}^T W \hat{\epsilon}_{ols}}{N(T-1)}$이다. 즉 통합최소자승추정으로부터 구한 잔차를 이용하여 각 분산의 추정치를 구한다. W는 개체 내 변환 행렬을, B는 개체 간 변환 행렬을 각각 의미하며, $\hat{\epsilon}_{ols}^T B \hat{\epsilon}_{ols}$, $\hat{\epsilon}_{ols}^T W \hat{\epsilon}_{ols}$는 통합최소자승추정으로부터 얻어진 잔차에 각각 개체 간 변환과 개체 내 변환 행렬을 적용하여 구한 이차형식(quadratic forms)이다.
- 아메미야(Amemiya) 추정량으로, $\hat{\sigma}_l^2 = \frac{\hat{\epsilon}_W^T B \hat{\epsilon}_W}{N}$, $\hat{\sigma}_v^2 = \frac{\hat{\epsilon}_W^T W \hat{\epsilon}_W}{N(T-1)}$이다. 잔차는 within 모형의 추정으로부터 구해진다. $\overline{\overline{y}}, \overline{\overline{X}}$를 전체 표본의 평균값이라고 할 때 $\hat{\alpha} = \overline{\overline{y}} - \hat{\beta}_W \overline{\overline{X}}$, $\hat{\epsilon}_W = y - \hat{\alpha} - \hat{\beta}_W X$와 같이 구해진다.
- 하우스만-테일러(Hausman & Taylor) 추정량은 아메미야 추정량과 동일하나 $\hat{\epsilon}_W$ 대신에 시간불변인 설명변수에 대해서만 회귀분석을 한 후에 얻어진 잔차 $\hat{\epsilon}_{HT}$를 사용한다는 차이가 있다. 아메미야 추정량은 모형 내에 시간불변인 설명변수가 있을 경우, 개체 내 변환 과정에서 이러한 변수들이 없어지기 때문에 σ_η^2이 과대하게 추정되는 문제점이 있다. 이러한 의미에서 하우스만과 테일러 추정 방법은 σ_v^2는 그대로 둔 채 σ_η^2의 크기만을 줄여준다.
- 스와미-아로라(Swamy & Arora) 추정량으로 $\sigma_l^2 = \frac{\hat{\epsilon}_B^T B \hat{\epsilon}_B}{N-K-1}$, $\sigma_v^2 = \frac{\hat{\epsilon}_W^T W \hat{\epsilon}_W}{N(T-1)-K}$이다. 즉 두 분산은 between 모형과 within 모형의 잔차로부터 각각 구해진다.

- 널러브(Nerlove) 추정량으로 $\sigma_\eta^2 = \sum_{n=1}^{N} \frac{(\hat{\eta}_n - \bar{\hat{\eta}})^2}{N-1}$, $\sigma_\nu^2 = \frac{\hat{\epsilon}_W^T W \hat{\epsilon}_W}{N \times T}$ 이다. 개체효과의 분산은 within 모형에서 추정한 개체효과들의 분산이고, 고유효과의 분산은 within 모형의 잔차로부터 구해진다.

임의효과모형을 추정하려면 함수 plm에서 인자 model="random"을 적용한다. [실습 8-9]에서 보듯이 임의효과모형을 추정하면 설명변수들의 계수 추정치 외에도 오차를 구성하는 두 오차성분의 분산, 표준편차, 구성비뿐만 아니라 theta(θ) 값도 알려준다.

[실습 8-9]에서는 오차를 구성하는 성분 가운데 개체효과를 나타내는 성분의 분산이 전체 분산의 95.7%를 차지하고 있음을 알 수 있다. 이로 인해 theta(θ)는 0.9568로 1에 매우 가까운 값을 가진다. 이러한 결과는 GLS 추정치가 OLS 추정치보다는 within 추정치에 가깝다는 사실을 의미한다.

실습 8-9 임의효과모형의 추정

```
> model.re<-plm(imports~gnp, trade.p, model="random")
> summary(model.re)
Oneway (individual) effect Random Effect Model
   (Swamy-Arora's transformation)
--중략--

Balanced Panel: n = 6, T = 24, N = 144

Effects:
                  var    std.dev   share
idiosyncratic  0.04961   0.22273   0.043
individual     1.10326   1.05036   0.957
theta: 0.9568
--중략--

Coefficients:
              Estimate   Std. Error   z-value    Pr(>|z|)
(Intercept)  -4.708711    0.491501    -9.5803   < 2.2e-16 ***
gnp           1.116249    0.054123    20.6245   < 2.2e-16 ***
---
Signif. codes: 0 '***' 0.001 '**' 0.01 '*' 0.05 '.' 0.1 ' ' 1

Total Sum of Squares:   35.673
Residual Sum of Squares: 8.9282
R-Squared:    0.74972
Adj. R-Squared: 0.74796
Chisq: 425.368 on 1 DF, p-value: < 2.22e-16
```

함수 plm에서 인자 random.method의 값을 달리 지정함으로써 오차항의 분산에 관한 5개 추정량 가운데 어느 하나를 선택할 수 있다. 예를 들어, 스와미-아로라 추정량의 경우에는 "swar", 월리스-후세인의 경우 "walhus", 아메미야의 경우 "amemiya", 하우스만-테일러의 경우에는 "ht", 널러브의 경우는 "nerlove"라고 지정하면 된다. 이 중 "swar"가 기본값이다.

[실습 8-10]에서 함수 ercomp는 패널데이터 모형에서 오차를 구성하는 두 성분의 분산, 표준편차, 구성비, 그리고 θ를 추정하는 함수이며, sapply는 각 모형에서 추정된 θ나 계수 추정치를 나열하라는 함수이다. "walhus"의 경우를 제외하면 θ의 추정치 theta는 오차성분의 분산을 추정하는 방법에 따라 차이가 없고 설명변수의 계수 추정치 또한 거의 동일함을 알 수 있다.

실습 8-10 오차성분의 분산 추정법에 따른 임의효과모형의 추정 결과

```
> re.swar<-plm(imports~gnp, trade.p, model="random", random.method="swar")
> re.walhus<-update(re.swar, random.method="walhus")
> re.amemiya<-update(re.swar, random.method="amemiya")
> re.ht<-update(re.swar, random.method="ht")
> re.nerlove<-update(re.swar, random.method="nerlove")
> re.models<-list(swar=re.swar, walhus=re.walhus, amemiya =re.amemiya,
                  nerlove=re.nerlove, ht=re.ht)
> sapply(re.models, function(x) ercomp(x)$theta)
   swar.id   walhus.id   amemiya.id   nerlove.id      ht.id
 0.9567550   0.8729864    0.9843075    0.9859778  0.9843075
> sapply(re.models, coef)
                 swar      walhus    amemiya    nerlove         ht
(Intercept) -4.708711  -5.3199649  -4.604939  -4.601603  -4.604939
gnp          1.116249   0.7486057   1.178664   1.180670   1.178664
```

4-4 고정효과모형이냐 임의효과모형이냐 그것이 문제로다

지금까지 패널데이터를 분석하기 위한 모형으로 5가지를 검토하였다. 통합최소자승(pooled OLS)모형, 1계 차분모형, between 모형, within 모형, GLS 모형이다. Between 모형과 within 모형은 변수의 변동 요인으로 개체 내 변동 또는 개체 간 변동 중 어느 하나만을 고려하고, 통합최소자승모형과 GLS 모형은 두 요인을 모두 고려한다는 점에서 차이가 있다. 하지만 오차항과 설명변수가 서로 상관관계를 가지지 않는다면 5가지 모형으로 구하는 추정량은 불편향이며 일치한다고 할 수 있다. 다만, 추정량의 분산 측면에서 GLS 모형이 다른 모형에 비해 더 효율적인 추정량을 제공한다는 점에서 우위에 있다.

패널데이터 모형으로 어느 것을 선택하느냐는 개체효과를 어떻게 보느냐에 달려있다. 개체효과는 본질적으로 고정된 값일 수도 있고 확률변수일 수도 있다. 즉, 모형의 설명변수가 개체효과와 서로 상관관계를 가지는지에 따라 개체효과를 상수 파라미터로 구성된 벡터로 보거나, 모집단으로부터 추출된 확률변수 값으로 처리할 수 있다. 이러한 점은 패널데이터가 미시적인지 거시적인지와 같은 자료의 특성과도 관련이 있다.

미시패널데이터(micro-panel data)의 경우에는 임의효과모형이 좀 더 적절할 수 있다. 예를 들어, 우리가 분석하고자 하는 대상이 매우 큰 모집단으로부터 임의추출한 수많은 개체들로 이루어진 표본이라고 한다면, 개체효과를 추정하는 것은 그리 흥미로운 일이 아니다. 이 경우에는 임의효과모형을 추정하는 것이 바람직하다.

반면, 거시패널데이터(macro-panel data)의 경우는 표본은 고정되어 있거나 준고정적이라 할 수 있다. 예를 들어, 패널이 전 세계에 있는 국가들이나 한 국가 내에 있는 대기업들로 구성되어 있다면 이러한 패널에 포함된 국가나 기업은 모집단으로부터 임의추출에 의해 선택된 것이라 보기 어려울 것이다. 이러한 경우에는 개체효과를 추정하는 것이 매우 중요하기 때문에 고정효과모형이 더 적절할 것이다.

두 모형 가운데 어느 하나를 선택하는 데 가장 중요한 점은 개체효과와 설명변수 간의 상관관계 여부이다. 고유오차가 설명변수와 상관관계가 없다고 가정할 때, 두 모형을 선택하는 기준은 다음과 같다.

- **개체효과와 설명변수 사이에 상관관계가 없을 때**: 두 모형은 모두 일치추정량을 제공하지만 고정효과모형에 비해 임의효과모형의 추정치가 더 효율적이다.
- **개체효과와 설명변수 사이에 상관관계가 존재할 때**: 고정효과모형만이 일치추정량을 제공한다.

고정효과모형과 임의효과모형, 그리고 통합최소자승모형에 의한 추정 결과를 비교해보자. [그림 8-3]은 데이터 InterTrade를 이용하여 6개 국가의 수입액과 GNP를 나타낸 산점도에 통합최소자승모형, 고정효과모형, 임의효과모형으로부터 얻어진 회귀선을 중첩하여 나타낸 것이다. 각 국가의 관측치들을 통과하는 짧은 직선은 수입액과 GNP 각각에 대해 최대값과 최소값의 절반에 해당하는 값을 통과하며 고정효과모형의 회귀선과 같은 기울기를 갖도록 그려졌다.

[그림 8-3]에서 보듯이 각 국가에 대해 그려진 짧은 직선의 y절편 값은 GNP가 클수록 작아지고 있다. 이는 개체효과(국가효과)가 설명변수 GNP와 음(-)의 상관관계를 가짐을 보여준

다. 따라서 모형의 추정 과정에 이러한 상관관계를 가지는 개체효과를 고려하지 않고 모든 개체 간 편차(변동)를 설명하는 통합최소자승모형의 경우, 기울기 추정치는 작을 수밖에 없다. 반면, 고정효과모형과 임의효과모형의 회귀선은 매우 유사하다. 그 이유는 [실습 8-9]에서 θ의 추정값이 0.9568인 점에서 알 수 있듯이, 임의효과모형의 추정 과정에서 개체 간의 변동 가운데 아주 적은 부분만을 반영하기 때문이다.

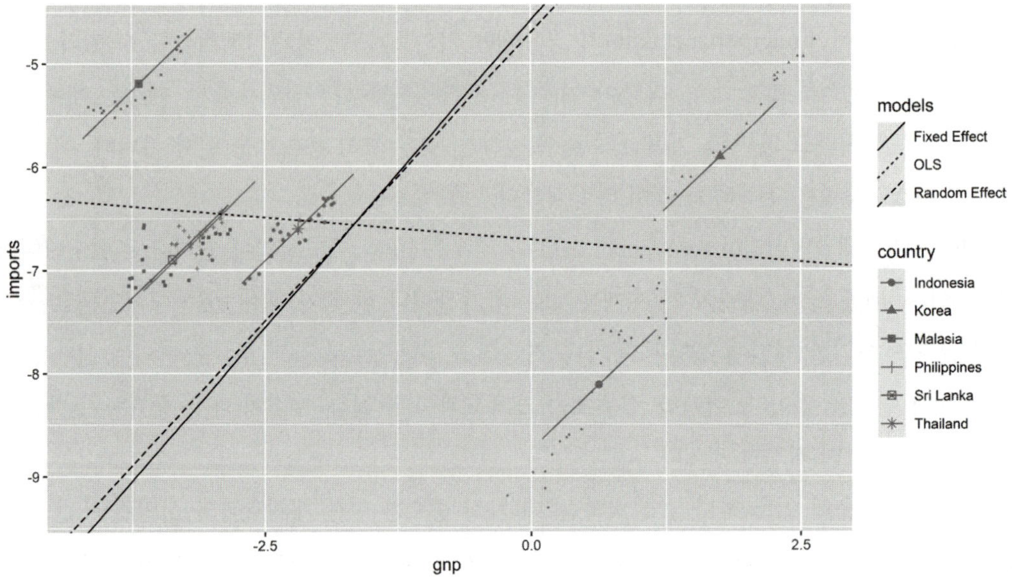

[그림 8-3] 아시아 6개국의 수입액과 GNP에 관한 추정모형별 회귀선 비교

4-5 이원 오차성분모형

한 국가 안에 있는 기업들은 전국적인 경기변동에 공통된 영향을 받기 쉽다. 이러한 공통 요인이 종속변수와 설명변수에 영향을 주어서 종속변수와 설명변수 간에 유의미한 상관관계가 있는 것처럼 보일 수 있다. 패널데이터 모형에서 이러한 공통의 경기변동을 통제하는 방법은 시간효과를 고려하는 것이다. 즉, 개체효과와 고유오차를 오차성분으로 하는 패널데이터 모형의 오차항에 시간불변 효과를 나타내는 성분 μ_t를 추가하는 것이다. 이러한 모형은 앞에서 다룬 모형인 일원 오차성분모형(one-way error component model)과 구분하여 이원 오차성분모형(two-way error component model)이라 하며, 다음과 같은 형태를 가진다.

$$y_{nt} = \alpha + \beta x_{nt} + \eta_n + \mu_t + \nu_{nt} \tag{8-11}$$

시간효과 μ_t에 대한 가정은 다음과 같다. 첫째, 평균이 0이며 등분산 σ_μ^2을 가진다. 둘째, 시간효과들은 서로 다른 시점에서 상관관계를 가지지 않는다. 즉, $E(\mu_t, \mu_s) = 0,\ \forall t \neq s$이다. 셋째, 시간효과는 개체효과, 고유오차와 상관관계를 가지지 않는다.

시간효과가 추가된 이원 오차성분모형에서 오차의 공분산은 다음과 같다.

$$\Omega = \sigma_\nu^2 W + (T\sigma_\eta^2 + \sigma_\nu^2)B_\eta + (NT\sigma_\mu^2 + \sigma_\nu^2)B_\mu - \sigma_\nu^2 \overline{J} \tag{8-12}$$

여기서 B_η은 각 변수에 대해 개체별 평균을 생성하는 행렬($B_\eta \times x = \overline{x}_n.$)이며, B_μ은 각 변수에 대해 시간별 평균을 생성하는 행렬($B_\mu \times x = \overline{x}_{\cdot t}$), $W = I - B_\eta - B_\mu + \overline{J}$은 각 변수값으로부터 개체평균과 시간평균을 빼주는 행렬이다.

1) 이원 고정효과모형

이원 고정효과모형은 2가지 방법으로 추정할 수 있다. 첫째, 개체 더미변수와 시간 더미변수를 포함하는 모형을 최소자승법으로 추정한다. 둘째, 종속변수와 설명변수를 개체평균과 시간평균으로부터의 편차($z_{nt} - \overline{z}_{n\cdot} - \overline{z}_{\cdot t} + \overline{z}$) 형태로 변형한 다음 최소자승법으로 추정한다.

2) 이원 임의효과모형

이원 임의효과모형은 일원 임의효과모형의 추정 방법을 확대하여 추정할 수 있다. 이원 임의효과모형의 추정은 2단계로 이루어진다. 첫 단계에서는 식 (8-12)로 표현되는 전체 오차의 분산을 구성하는 3가지 성분의 분산 추정치를 각각 구한다. 이를 위해 먼저 원 데이터의 종속변수와 설명변수를 within 변환한 후에 최소자승법으로 추정한다. 그다음에 추정 결과로부터 얻어진 평균자승오차를 이용하여 고유오차의 분산 추정치 $\hat{\sigma}_\nu^2$를 구한다. 두 번째로, 각 개체에 대해 between 변환을 한 종속변수와 설명변수를 각각 전체 평균으로부터의 편차값으로 변환한 다음 ($\overline{y}_{\eta\cdot} - \overline{y}_{\cdot\cdot}$)을 ($\overline{x}_{\eta\cdot} - \overline{x}_{\cdot\cdot}$)에 대해 회귀분석한다. 회귀분석 결과로부터 얻어진 평균자승오차를 이용하여 $\hat{\lambda}_1$을 구한 후에, 개체효과의 분산 추정치 $\hat{\sigma}_\eta^2 = (\hat{\lambda}_1 - \hat{\sigma}_\nu^2)/T$를 구한다. 세 번째로, 각 시점에 대해 between 변환을 한 종속변수와 설명변수를 각각 전체 평균으로부터의 편차값으로 변환한 다음에 $(\bar{y}_{\cdot t} - \bar{y}_{\cdot\cdot})$을 $(\bar{x}_{\cdot t} - \bar{x}_{\cdot\cdot})$에 대해 회귀분석한다. 회귀분석 결과로부터 얻어진 평균자승오차를 이용하여 $\hat{\lambda}_2$을 구한 후에 시간효과의 분산 추정치 $\hat{\sigma}_\mu^2 = (\hat{\lambda}_2 - \hat{\sigma}_v^2)/N$을 구한다. 두 번째 단계에서는 첫 번째 단계에서 원 데이터를 각각 변형하여 만든 3개의 회귀방정식으로 구성된 연립방정식에 대해 GLS 추정법을 적용한다.

이러한 2단계 추정 방식은 원 데이터에 다음 형태의 GLS 변환을 적용하여 추정하는 것과 동일하다.

$$\sigma_v \Omega^{-0.5} = W + \frac{\sigma_v}{\sqrt{T\sigma_\eta^2 + \sigma_v^2}} \bar{B}_\eta + \frac{\sigma_v}{\sqrt{N\sigma_\mu^2 + \sigma_v^2}} \bar{B}_\mu + \frac{\sigma_v}{\sqrt{N\sigma_\mu^2 + T\sigma_\eta^2 + \sigma_v^2}} \bar{J} \tag{8-13}$$

$\bar{B}_\eta = B_\eta - \bar{J}$는 전체 평균($\bar{J}$)으로부터의 편차로 측정된 개체별 평균을 구하는 행렬이며, $\bar{B}_\mu = B_\mu - \bar{J}$는 전체 평균으로부터의 편차로 측정된 시간별 평균을 구하는 행렬이다.

설명변수 z_{nt}에 식 (8-13)의 GLS 변환을 적용하면 다음과 같다.

$$\bar{z}_{nt} = z_{nt} - \theta_\eta \bar{z}_{n\cdot} - \theta_\mu \bar{z}_{\cdot t} + (\theta_\eta + \theta_\mu - \theta_2)\bar{\bar{z}} \tag{8-14}$$

단, $\theta_\eta = 1 - \frac{\sigma_v}{\sqrt{T\sigma_\eta^2 + \sigma_v^2}}$, $\theta_\mu = 1 - \frac{\sigma_v}{\sqrt{N\sigma_\mu^2 + \sigma_v^2}}$, $\theta_2 = 1 - \frac{\sigma_v}{\sqrt{N\sigma_\mu^2 + T\sigma_\eta^2 + \sigma_v^2}}$이다.

식 (8-13)과 (8-14)에 따르면 이원 임의효과모형의 추정치 $\hat{\beta}_{GLS}$는 다름 아닌 within 모형의 계수 추정치 $\hat{\beta}_W$와 개체에 대한 between 모형의 계수 추정치 $\hat{\beta}_B$, 그리고 시간에 대한 between 모형의 계수 추정치 $\hat{\beta}_C$를 가중평균한 값이다.

이원 오차성분모형은 함수 `plm`에 인자 `effect="twoways"`를 추가함으로써 추정할 수 있다. 일원 오차성분모형과 마찬가지로 인자 `random.method`를 달리 지정하여 3가지 오차성분의 분산 추정량을 선택할 수 있다.

[실습 8-11]은 패키지 `plm`의 데이터 `Grunfeld`를 사용하여 개체효과와 시간효과를 가진 이원 오차성분모형을 추정한 결과이다. 이 자료는 미국의 10대 대기업에 관한 1935～1954년 패널데이터로 기업의 연간투자액(inv), 실질가치(value), 실질자본스톡(capital)에 관한 정보가 포함되어 있다. 이 데이터를 사용하여 기업 투자액에 미치는 기업 가치와 자본스톡의 영향을 분석해보자.

패키지 texreg의 함수 screenreg를 이용하여 일원 고정효과모형, 이원 고정효과모형, 그리고 이원 임의효과모형의 추정 결과를 하나의 표로 요약하였다. 이원 임의효과모형의 경우는 오차를 구성하는 3가지 성분의 분산을 추정하는 방법을 서로 달리하였다. 추정 결과를 비교해보면 일원 고정효과모형과 이원 고정효과모형, 임의효과모형에서는 오차성분의 분산 추정량으로 amemiya와 walhus를 사용한 모형에서 변수 capital의 계수 추정치가 다소 큰 차이를 보임을 알 수 있다.

추정 결과의 하단에 고유오차의 표준편차 추정치(s_idios), 개체효과의 표준편차 추정치(s_id), 그리고 시간효과의 표준편차 추정치(s_time)를 모형별로 비교하여 보았다. 스와미-아로라, 월리스-후세인 추정치에서 시간효과의 표준편차 추정치가 0으로 나타난 것은 분산값이 음(-)의 값으로 추정되어 0으로 대체하였기 때문이다. 아메미야 추정치의 경우 개체효과의 분산은 전체 분산의 72.1%이고, 시간효과의 분산은 2.4%, 고유오차의 분산은 25.6%이다.

summary(re_am)를 실행하면 일원 오차성분모형의 경우와 마찬가지로 계수 추정치와 함께 세 요인의 분산, 표준편차, 전체 분산에서 차지하는 비중들이 제시된다. 식 (8-14)에서 언급한 파라미터 θ_η, θ_μ, θ_2는 함수 ercomp를 사용하여 추정 결과로부터 구할 수 있다. 아메미야 추정치(am)의 경우 각 변수에서 개체평균의 87%와 시간평균의 28%가 제거되고 있음을 알 수 있다.

실습 8-11 기업 투자의 결정 요인에 대한 이원 오차성분모형의 추정

```
> data(Grunfeld, package="plm")
> mydata<-pdata.frame(Grunfeld, index=c("firm", "year"))
> fe<-plm(inv~value+capital, mydata, model="within")
> fetw<-plm(inv~value+capital, mydata, model="within", effect="twoways")
> re_sw<-plm(inv~value+capital, mydata, model="random", effect="twoways",
             random.method ="swar")
> re_wh<-update(re_sw, random.method ="walhus")
> re_am<-update(re_sw, random.method ="amemiya")
> re_nl<-update(re_sw, random.method ="nerlove")
> library(texreg)
> screenreg(list(FE=fe, Fe_TW=fetw, SW=re_sw, WH=re_wh, AM=re_am, NL=re_nl), digits=4)
```

```
=====================================================================================
              FE          Fe_TW        SW          WH          AM          NL
-------------------------------------------------------------------------------------
value        0.1101 ***   0.1177 ***   0.1098 ***   0.1097 ***   0.1114 ***   0.1127 ***
            (0.0119)     (0.0138)     (0.0105)     (0.0101)     (0.0109)     (0.0113)
capital      0.3101 ***   0.3579 ***   0.3082 ***   0.3073 ***   0.3233 ***   0.3345 ***
            (0.0174)     (0.0227)     (0.0172)     (0.0173)     (0.0188)     (0.0197)
(Intercept)                          -57.8654 *   -57.5222 *   -63.7678 *   -68.3047 *
                                     (29.3934)    (25.0123)    (29.8515)    (33.4575)
-------------------------------------------------------------------------------------
R^2          0.7668       0.7201       0.7694       0.7706       0.7493       0.7380
Adj. R^2     0.7531       0.6705       0.7671       0.7682       0.7467       0.7353
Num. obs.  200          200          200          200          200          200
s_idios                                51.7245      56.4629      51.4212      47.5472
s_id                                   84.2333      75.4005      86.3251      91.7983
s_time                                  0.0000       0.0000      15.6135      23.1288
=====================================================================================
*** p < 0.001; ** p < 0.01; * p < 0.05

> models_retw<-list(sw=re_sw, wh=re_wh, am=re_am, nl=re_nl)
> sapply(models_retw, function(x) ercomp(x)$theta)
      sw           wh           am          nl
id    0.8639678    0.8348535    0.8679705   0.8849512
time  0            0            0.2786824   0.4549604
total 5.551115e-17 2.775558e-17 0.277634    0.4532
```

5 패널데이터 모형의 검정

패널데이터가 가진 2가지 차원 때문에 패널데이터를 분석할 때 횡단면데이터나 시계열데이터에 비해 좀 더 다양한 모형식을 적용할 수 있다. 하지만 그로 인해 패널데이터 모형에 대한 검정이 다소 복잡해지는 문제가 있다.

패널데이터 모형의 검정에서 가장 핵심적인 것은 개체효과가 존재하느냐에 대한 검정이다. 달리 말하면 모형 추정에 관측할 수 없는 이질성을 고려할 필요가 있는지를 검정하는 것이다. 개체효과가 존재한다는 점을 기각할 수 없다면 이를 고정효과로 봐서 제거할 것인지, 그렇지 않으면 설명변수와 무관한 확률변수로 간주하여 임의효과모형을 추정해야 하는지를 검정하는 절차가 필요하다.

패널데이터 분석에서 모형식에 대한 검정의 두 번째 측면은, 고유오차들이 시계열 또는 공간적인 상관관계를 가지는지를 확인하는 것이다. 하지만 이러한 상관관계의 검정도 쉽지 않다. 시계열 상관에 국한하여 설명하면, 오차의 시계열 상관이 개체효과의 존재로부터 파생한 것인지, 아니면 고유오차가 가진 시계열 상관 때문인지를 구분하는 것이 어렵기 때문이다. 이 절에서는 패널데이터 모형의 진단과 검정 방법들을 차례로 소개하고, R에서 이를 어떻게 실행하는지 설명한다.

5-1 개체효과와 시간효과 검정

패널데이터 모형에서 개체효과와 시간효과의 검정은 고정효과모형과 임의효과모형으로 구분하여 실행한다. 두 효과의 존재 여부에 대한 검정은 고정효과모형에서는 *F* 검정을 적용하고, 임의효과모형에서는 브루쉬-페이건(Breusch-Pagan) 검정을 적용한다.

1) F 검정

개체효과 또는 시간효과의 존재 여부를 검정하거나, 개체효과와 시간효과가 둘 다 존재하는지를 검정하는 통계량은 자유도만 다를 뿐 모두 *F* 분포를 따른다. 패널데이터 모형에 대한 *F* 검정을 하기 위한 함수는 `pFtest`(모형 1, 모형 2)이다.

F 검정에서 모형 1은 비제약 모형으로 대립가설하의 모형을, 모형 2는 제약 모형으로 귀무가설하의 모형을 의미한다. 예를 들어, 개체효과의 존재 여부를 검정할 때는 모형 1은 고정효과모형의 추정 결과를, 모형 2에는 통합최소자승모형의 추정 결과를 지정한다. 반면, 시간효과 여부를 검정할 경우에는 모형 1에는 이원 고정효과모형의 추정 결과를, 모형 2에는 고정효과모형의 추정 결과를 지정하면 된다. 개체효과와 시간효과가 모두 존재하는지를 검정할 경우에는 모형 1에는 이원 고정효과모형의 추정 결과를, 모형 2에는 통합최소자승모형의 추정 결과를 지정해주면 된다.

[실습 8-12]는 데이터 `Grunfeld`를 이용하여 패널데이터 모형에서 개체효과 또는 시간효과의 존재 여부를 검정한 것이다. *F* 검정 결과에 따르면 기업 투자액에 관한 모형에서 개체효과(기업효과)가 없다는 귀무가설, 그리고 개체효과와 시간효과가 모두 없다는 귀무가설은 둘 다 기각된다. 하지만 개체효과가 존재할 때 시간효과의 존재 여부를 검정한 결과 귀무가설은 기각되지 않는다.

실습 8-12 **개체효과와 시간효과의 존재 여부에 대한 F 검정**

```
> model_ols<-plm(inv~value+capital, mydata, model="pooling")
> model_fe<-update(model_ols, model="within")
> model_tw<-plm(inv~value+capital, model="within", effect="twoways", mydata)
> pFtest(model_fe, model_ols) # 개체효과의 존재 여부에 대한 F 검정

        F test for individual effects

data:  inv ~ value + capital
F = 49.177, df1 = 9, df2 = 188, p-value < 2.2e-16
alternative hypothesis: significant effects
> pFtest(model_tw, model_fe) # 시간효과의 존재 여부에 대한 F 검정

        F test for twoways effects

data:  inv ~ value + capital
F = 1.4032, df1 = 19, df2 = 169, p-value = 0.1309
alternative hypothesis: significant effects
> pFtest(model_tw, model_ols) # 개체효과와 시간효과의 존재 여부에 대한 F 검정

        F test for twoways effects

data:  inv ~ value + capital
F = 17.403, df1 = 28, df2 = 169, p-value < 2.2e-16
alternative hypothesis: significant effects
```

2) 브루쉬-페이건 검정

브루쉬-페이건(B-P) 검정에 의해 임의효과모형에서 개체효과 또는 시간효과의 존재 여부, 그리고 개체효과와 시간효과가 모두 존재하는지 여부를 검정할 수 있다. B-P 검정은 통합최소자승모형의 잔차에 기초한 라그랑지 승수 검정이다.

먼저, 개체효과의 존재 여부는 귀무가설 $\sigma_\eta^2 = 0$의 충족 여부를 검정하는 것이다. 임의효과모형의 오차 $\epsilon_{nt} = \eta_n + v_{nt}$에서 고유오차 v_{nt}는 서로 독립이며 동일한 분포(*iid*)를 가진다고 가정하기 때문에 $\sigma_\eta^2 = 0$는 개체효과 η_n이 없음을 의미한다. 시간효과의 존재 여부는 귀무가설 $\sigma_\mu^2 = 0$의 충족 여부를, 개체효과와 시간효과의 검정은 귀무가설 $\sigma_\eta^2 = \sigma_\mu^2 = 0$의 충족 여부를 검정하는 것이다.

B-P 검정은 함수 plmtest를 사용하여 다음과 같이 실행한다.

```
plmtest(model_ols, effect="time", type="kw")
```

함수 plmtest에서 model_ols는 최소자승모형의 추정 결과를 저장한 객체의 이름이다. 개체효과의 존재 여부를 검정할 때는 인자 effect가 필요하지 않으나 시간효과를 검정하려면 effect="time", 이원 오차성분모형의 적합성 여부(개체효과와 시간효과가 모두 존재하는지의 여부)를 검정하려면 effect="twoways"를 사용한다. type="honda"는 기본값으로 혼다(Honda)의 검정통계량을, type="kw"는 킹과 우(King & Wu)의 검정통계량을, type="ghm"은 구리에루(Gourieroux)의 검정통계량을 적용한다는 의미이다.[1]

[실습 8-13]은 B-P 검정을 사용하여 패널데이터 모형에서 개체효과 또는 시간효과의 존재 여부를 검정한 결과이다. 데이터 Grunfeld를 사용하여 B-P 검정을 한 결과는 [실습 8-12]의 F 검정 결과와 동일하다.

실습 8-13 개체효과와 시간효과에 관한 브루쉬-페이건 검정

```
> plmtest(model_ols)

        Lagrange Multiplier Test - (Honda) for balanced panels

data: inv ~ value + capital
normal = 28.252, p-value < 2.2e-16
alternative hypothesis: significant effects
> plmtest(model_ols, effect="time")

        Lagrange Multiplier Test - time effects (Honda) for balanced panels

data: inv ~ value + capital
normal = -2.5404, p-value = 0.9945
alternative hypothesis: significant effects
> plmtest(model_ols, effect="twoways", type="kw")

        Lagrange Multiplier Test - two-ways effects (King and Wu) for balanced panels
```

1 이들 인자값은 패널데이터 모형에서 라그랑지 승수 검정이 가지는 문제점을 보완하기 위해 Honda(1985), King & Wu(1887), Gourieroux, Holly & Monfort(1982)에 의해 수정된 검정통계량이다. 세부적인 내용은 해당 논문을 참조하라.

```
data: inv ~ value + capital
normal = 21.832, p-value < 2.2e-16
alternative hypothesis: significant effects
> plmtest(model_ols, effect="twoways", type="ghm")

	Lagrange Multiplier Test - two-ways effects (Gourieroux, Holly and Monfort) for
balanced panels

data: inv ~ value + capital
chibarsq = 798.16, df0 = 0.00, df1 = 1.00, df2 = 2.00, w0 = 0.25, w1 = 0.50, w2 = 0.25, p-value < 2.2e-16
alternative hypothesis: significant effects
```

5-2 개체효과와 설명변수의 상관관계 검정

패널데이터 모형에서 오차를 구성하는 두 성분이 설명변수와 상관관계를 가지지 않는다면, 고정효과모형과 임의효과모형의 추정량은 모두 일치추정량이다. 패널데이터 모형의 오차를 구성하는 성분 가운데 확률효과를 나타내는 고유오차는 설명변수들과 상관관계가 없다고 가정할 때, 2가지 경우가 가능하다.

첫째, $E(X^T\eta)=0$인 경우로 개체효과들이 설명변수와 상관관계를 가지지 않을 때이다. 이때 고정효과모형과 임의효과모형의 추정량은 모두 일치추정량이다. 하지만 임의효과모형의 추정량이 고정효과모형의 추정량에 비해 더 효율적이다.

둘째, $E(X^T\eta)\neq 0$인 경우로 개체효과들이 설명변수와 상관관계를 가질 때이다. 이때 고정효과모형은 추정 과정에서 개체효과를 제거하기 때문에 일치추정량이다. 반면, 임의효과모형의 추정량은 개체효과를 나타내는 오차항이 설명변수와 상관관계를 가지기 때문에 일치추정량이 되지 못한다.

1) 하우스만 검정

하우스만(Hausman) 검정은 개체효과가 설명변수와 상관관계를 가지는지를 검정한다. 고정효과모형의 within 추정량을 $\hat{\beta}_W$, 임의효과모형의 GLS 추정량을 $\hat{\beta}_{GLS}$이라 하자. 하우스만 검정 통계량은 $\hat{q}=\hat{\beta}_W-\hat{\beta}_{GLS}$라고 할 때, $\hat{q}^T V(\hat{q})^{-1}\hat{q}$이다. 이때 $V(\hat{q})=Var(\hat{\beta}_W-\hat{\beta}_{GLS})=Var(\hat{\beta}_W)-Var(\hat{\beta}_{GLS})=\sigma_v^2(X^TWX)^{-1}-(X^T\Omega X)^{-1}$이다.

위의 검정통계량은 귀무가설 $E(X^T\eta)=0$하에서 자유도 K(상수항을 제외한 설명변수의 수)

인 카이제곱분포를 따른다. 귀무가설이 기각되지 않는다면 고정효과모형과 임의효과모형 둘 다 일치추정량을 제공하나, 효율성 측면에서 임의효과모형이 더 적절하다. 반면, 귀무가설이 기각된다면 고정효과모형만이 일치추정량을 제공한다. 하우스만 검정은 패키지 plm의 함수 phtest에 의해 실행할 수 있다.

[실습 8-14]는 콘웰과 루퍼트(Cornwell & Rupert, 1988)의 임금방정식 모형에 대해 하우스만 검정을 실행한 결과이다. 분석에 사용된 데이터 Wages는 미국의 PSID(Panel Study of Income Dynamics)에서 추출한 개인 595명의 임금, 인구사회적 특성, 직종 및 고용 상태 등에 관한 정보를 포함한다. 종속변수는 lwage(임금의 로그값)이며, 설명변수는 exp(상근직 근무연수), wks(근무 주수), bluecol(사무직 여부), ind(제조업 종사 여부), south(남부지역 거주 여부), smsa(대도시 거주 여부), married(결혼 여부), sex(성별), union(노사 협약에 의한 임금 결정 여부), ed(학력, 교육연수로 측정), black(흑인 여부)이다. 콘웰과 루퍼트의 임금방정식 모형은 다음과 같다.

$$\ln wage_{it} = \alpha + \beta_1 \exp_{it} + \beta_2 \exp_{it}^2 + \beta_3 wks_{it} + \beta_4 bluecol_{it} + \beta_5 ind_{it} + \beta_6 south_{it} + \beta_7 smsa_{it} + \beta_8 married_{it} + \beta_9 union_{it} + u_{it}$$

[실습 8-14]의 하우스만 검정 결과에 따르면 개체효과와 설명변수가 서로 상관관계를 가지지 않는다는 귀무가설은 기각된다. 따라서 고정효과모형에 의한 추정량만이 일치추정량이라고 할 수 있다.

실습 8-14 고정효과모형과 임의효과모형의 하우스만 검정

```
> data(Wages, package = "plm")
> mydata_p<-pdata.frame(Wages, index=595)
> model_fe<-plm(lwage~exp+I(exp^2)+wks+bluecol+ind+south+smsa+married+union,
            model="within", data=mydata_p)
> model_re<-update(model_fe, model="random")
> phtest(model_re, model_fe)

      Hausman Test

data:  lwage ~ exp + I(exp^2) + wks + bluecol + ind + south + smsa + ...
chisq = 7569.7, df = 9, p-value < 2.2e-16
alternative hypothesis: one model is inconsistent
```

이번에는 [실습 8-11]의 데이터 Grunfeld를 사용하여 하우스만 검정을 실행해보자. [실습 8-15]의 하우스만 검정 결과에 따르면 개체효과와 설명변수가 서로 상관관계를 가지지 않는다는 귀무가설은 기각되지 않는다. 따라서 고정효과모형과 임의효과모형이 모두 일치추정량을 제공하지만, 임의효과 추정량이 고정효과 추정량에 비해 더 효율적이라고 할 수 있다.

하우스만 검정을 실행할 때 주의할 점은 오차가 등분산성 가정을 위배할 때 통상적인 하우스만 검정은 패널 모형의 오차 구조에 대해 잘못된 결론을 내릴 수 있다는 점이다. 달리 말하면, 하우스만 검정에 의해 귀무가설을 기각할 수 없는 것이 임의효과모형의 오차 구조가 적절해서가 아니라 오차가 시계열 상관이나 이분산을 가지기 때문에 나타난 결과일 수 있다는 것이다. 이에 대해서는 9장의 6-2절에서 좀 더 자세하게 설명할 것이다.

실습 8-15 **하우스만 검정의 또 다른 사례**

```
> data(Grunfeld, package="plm")
> gmodel<-inv~value+capital
> gmodel_fe<-plm(gmodel, Grunfeld, model="within")
> gmodel_re<-update(gmodel_fe, model="random")
> phtest(gmodel_fe, gmodel_re)

        Hausman Test

data: gmodel
chisq = 2.3304, df = 2, p-value = 0.3119
alternative hypothesis: one model is inconsistent
```

2) 먼들락 접근법

고정효과모형에서 시간 고정효과(time fixed effect)를 나타내는 시간불변인 설명변수는 추정 과정에서 제외된다. 그로 인해 임금방정식 모형의 설명변수인 학력처럼 중요한 변수임에도 시간불변인 까닭에 추정 과정에서 제외되어 변수의 효과를 측정할 수 없게 되는 문제점이 있다.

먼들락(Mundlak, 1978)은 고정효과모형과 임의효과모형의 절충안으로 회귀분석에 기초한 접근법을 제안하였다. 먼들락은 개체효과가 시간가변인 변수들의 개체평균으로 표현되는 식 (8-15)와 같은 선형투사함수라고 가정한다.

$$\begin{aligned}\eta_n &= \bar{x}_1.\lambda_1 + \bar{x}_2.\lambda_2 + \cdots + \bar{x}_K.\lambda_K + \kappa_n \\ &= \bar{x}_n.\lambda + \kappa_n\end{aligned} \tag{8-15}$$

식 (8-15)에서 $\bar{x}_{k}. = \left(\sum_{t=1}^{T} x_{k1t} / T, \ \sum_{t=1}^{T} x_{k2t} / T, \ \cdots, \ \sum_{t=1}^{T} x_{knt} / T \right)$는 설명변수 k의 개체평균값이며, κ_n는 일종의 임의효과를 나타내는 오차항이다. 개체효과가 설명변수와 상관관계를 가지며 설명변수의 선형함수와 임의효과의 합으로 이루어진다고 가정하는 모형을 상관 임의효과(correlated random effects, CRE) 모형이라고 부른다. 즉 CRE 모형은 개체효과 η_n 가운데 X_{it}와 선형함수 관계인 부분을 관측된 변수 값으로 통제하고 그 나머지는 임의효과라고 가정하는 모형이라 할 수 있다.

식 (8-15)의 개체효과를 포함한 패널데이터 모형(이하 먼들락 모형)은 다음과 같다.

$$y_{nt} = \beta x_{nt} + \bar{x}_{n}.\lambda + \kappa_n + \nu_{nt} \tag{8-16}$$

먼들락 모형을 활용하면 하우스만 검정과 동일한 검정을 실행할 수 있을 뿐만 아니라 오차가 이분산이나 시계열 상관을 가지면 적용할 수 없는 하우스만 검정의 문제점을 보완할 수 있다.

하우스만 검정은 식 (8-16)을 임의효과모형으로 추정한 다음에 귀무가설 $\lambda = 0$의 충족 여부를 검정하는 것이다. 귀무가설이 기각되면 개체효과와 설명변수 사이에 상관관계가 있다고 할 수 있다. 따라서 고정효과모형이 채택된다. 귀무가설을 검정할 때 견고한 공분산 행렬을 적용하면 하우스만 검정의 문제점을 보완할 수 있다.

개체효과를 표현하는 식 (8-15)에서 $x_n.$만큼 널리 사용하는 방법은 모든 기간에 걸친 설명변수 값($x_{i1}, x_{i2}, \cdots, x_{iT}$)을 사용하는 체임벌린(Chamberlain) 접근법이다. 먼들락 접근법과 체임벌린 접근법을 통칭하여 체임벌린-먼들락 방법이라 한다.

먼들락 방법에 의한 하우스만 검정은 별도의 패키지나 함수가 없기 때문에 R 코드를 직접 작성해야 한다. 그 과정이 [실습 8-16]이다. 체임벌린 방법은 패키지 `plm`의 함수 `piest`에 의해 실행할 수 있다.

[실습 8-16]은 [실습 8-14]의 콘웰과 루퍼트 자료에 대해 먼들락의 회귀모형을 추정한 결과이다. 자료에서 시간가변인 변수는 exp, exp^2, wks, ind, bluecol, south, smsa, married, union이다. 이들 변수 가운데 일부 변수는 범주형 변수이기 때문에 평균값을 구하기 위해서는 수치형 변수로 전환해야 한다. 시간가변인 설명변수의 개체평균을 나타내는 설명변수는 함수 `Between`에 의해 생성할 수 있다.

먼들락 모형과 비교하기 위해 [실습 8-14]의 고정효과모형(model_fe)과 between 모형(model_bw)의 추정 결과도 함께 제시하였다. 먼들락 모형에서 시간가변인 설명변수의 계수 추정치는 고정효과모형의 추정치와 정확하게 일치한다. 또한 먼들락 모형에서 새로 추가한 설명변수의 계수 추정치는 그에 대응하는 시간가변 설명변수의 between 모형 추정치에서 고정효과모형 추정치를 뺀 값과 동일하다(즉, $\beta_{\bar{X}} = \beta_B - \beta_W$)는 사실을 알 수 있다.

실습 8-16 고정효과모형, 임의효과모형, 먼들락 모형의 추정 결과 비교

```
# Between 모형의 추정
> model_bw<-update(model_fe, model="between")
> pvar(mydata_p)
no time variation:    sex ed black id
no individual variation: time
> mydata_p$exp2<-I(mydata_p$exp^2)
# 범주형 시간가변 설명변수를 수치형 변수로 전환
> mydata_p$bluecol<-as.numeric(mydata_p$bluecol)
> mydata_p$ind<- as.numeric(mydata_p$ind)
> mydata_p$south<-as.numeric(mydata_p$south)
> mydata_p$smsa<-as.numeric(mydata_p$smsa)
> mydata_p$married<-as.numeric(mydata_p$married)
> mydata_p$union<-as.numeric(mydata_p$union)

# 먼들락 모형의 추정
> model_mundlak<-plm(lwage~exp+I(exp^2)+wks+bluecol+ind+south+smsa+
                    married+union+Between(exp)+Between(exp2)+Between(wks)+
                    Between(bluecol)+ Between(ind)+ Between(south)+
                    Between(smsa)+ Between(married)+ Between(union),
                    model="random", mydata_p)
> screenreg(list(BETWEEN=model_bw, FEM=model_fe, MUNDLAK=model_mundlak),
                    digits=4)
==========================================================
                BETWEEN          FEM           MUNDLAK
----------------------------------------------------------
(Intercept)      5.5297 ***                   5.5297 ***
                (0.2132)                     (0.2132)
exp              0.0275 ***     0.1132 ***    0.1132 ***
                (0.0053)       (0.0025)      (0.0025)
exp^2           -0.0005 ***    -0.0004 ***   -0.0004 ***
                (0.0001)       (0.0001)      (0.0001)
wks              0.0089 *       0.0008        0.0008
                (0.0040)       (0.0006)      (0.0006)
bluecol         -0.3536 ***    -0.0215       -0.0215
                (0.0309)       (0.0138)      (0.0138)
ind              0.0460         0.0192        0.0192
                (0.0282)       (0.0154)      (0.0154)
south           -0.1083 ***    -0.0019       -0.0019
                (0.0284)       (0.0343)      (0.0343)
```

```
smsa                0.1815 ***     -0.0425 *      -0.0425 *
                   (0.0283)       (0.0194)       (0.0194)
married             0.3837 ***     -0.0297        -0.0297
                   (0.0352)       (0.0190)       (0.0190)
union               0.0891 **       0.0328 *       0.0328 *
                   (0.0324)       (0.0149)       (0.0149)
Between(exp)                                     -0.0857 ***
                                                 (0.0058)
Between(exp2)                                    -0.0001
                                                 (0.0001)
Between(wks)                                      0.0080 *
                                                 (0.0040)
Between(bluecol)                                 -0.3321 ***
                                                 (0.0338)
Between(ind)                                      0.0268
                                                 (0.0322)
Between(south)                                   -0.1064 *
                                                 (0.0445)
Between(smsa)                                     0.2239 ***
                                                 (0.0344)
Between(married)                                  0.4134 ***
                                                 (0.0400)
Between(union)                                    0.0564
                                                 (0.0357)
----------------------------------------------------------------
R^2                 0.4317          0.6581         0.6378
Adj. R^2            0.4230          0.6003         0.6362
Num. obs.         595            4165           4165
s_idios                                           0.1520
s_id                                              0.2939
================================================================
*** p < 0.001; ** p < 0.01; * p < 0.05
```

먼들락 모형의 추정 결과를 이용하여 개체효과의 내생성 여부를 검정하면 하우스만 검정과 동일한 결과를 얻을 수 있다. 그 방법은 CRE 모형을 추정한 후에 패키지 car의 함수 linearHypotheis을 적용하여 새로운 추가 변수들의 계수 추정치가 모두 0인지를 검정하는 것이다.

```
linearHypotheis(model_mundlak, H0, vcov)
```

여기서 model_mundlak은 CRE 모형의 추정 결과가 저장된 객체이며, H0는 귀무가설, vcov는 검정 과정에 적용할 공분산을 지정하는 인자이다. 먼들락 모형에 의한 하우스만 검정도 인자 vcov를 사용하여 이분산성이나 시계열 상관에 견고한 공분산(예를 들면 vcovHC)을 적용할 수 있다는 장점이 있다. 이 인자를 사용하지 않을 경우 울드리지(Wooldridge)의 보조회귀(auxiliary regression)로부터 도출되는 공분산 행렬이 적용된다(이에 대해서는 9장 6-2절에서 보다 자세하게 설명할 것이다).

[실습 8-17]은 개체효과의 내생성 여부에 대한 검정 결과로 보조회귀분석의 공분산을 적용한 경우와 이분산 일치 공분산을 적용한 경우를 보여준다. 함수 linearHypotheis에서 matchCoefs(model_mundlak,"Between")는 model_mundlak이라는 모형의 추정 결과에서 Between이 포함된 설명변수의 계수값이 모두 0이라는 귀무가설을 의미한다. 검정 결과에 따르면, 시간가변인 설명변수의 평균값에 대한 계수 추정치가 모두 0이라는 귀무가설은 적용된 공분산의 형태와 관계없이 기각된다. 즉 임금방정식의 경우 고정효과모형만이 일치추정량을 제공한다.

실습 8-17 먼들락 모형에 의한 개체효과의 내생성 검정

```
> library(car)
> linearHypothesis(model_mundlak, matchCoefs(model_mundlak, "Between"))
Linear hypothesis test

Hypothesis:
Between(exp) = 0
Between(exp2) = 0
Between(wks) = 0
Between(bluecol) = 0
Between(ind) = 0
Between(south) = 0
Between(smsa) = 0
Between(married) = 0
Between(union) = 0

Model 1: restricted model
Model 2: lwage ~ exp + I(exp^2) + wks + bluecol + ind + south + smsa +
         married + union + Between(exp) + Between(exp2) + Between(wks) +
         Between(bluecol) + Between(ind) + Between(south) + Between(smsa) +
         Between(married) + Between(union)

  Res.Df Df   Chisq  Pr(>Chisq)
1   4155
2   4146  9  3177.6   < 2.2e-16 ***
```

```
---
Signif. codes: 0 '***' 0.001 '**' 0.01 '*' 0.05 '.' 0.1 ' ' 1
> linearHypothesis(model_mundlak, matchCoefs(model_mundlak, "Between"),
                 vcov=vcovHC)
Linear hypothesis test
--중략--

  Res.Df   Df   Chisq   Pr(>Chisq)
1   4155
2   4146    9   2438.8    < 2.2e-16 ***
---
Signif. codes: 0 '***' 0.001 '**' 0.01 '*' 0.05 '.' 0.1 ' ' 1
```

5-3 오차의 시계열 상관 검정

개체효과를 가진 패널데이터 모형은 복합 오차(composite error)를 가지기 때문에 시계열 상관을 가진다. 먼저, 오차를 구성하는 시간불변 성분인 개체효과는 시간 흐름에 따라 없어지지 않는 시계열 상관을 초래한다. 그 결과 패널데이터에 적용되는 통상적인 검정법은 오차항의 기본가정인 등분산이며 시계열 상관을 가지지 않는다는 귀무가설을 기각하게 된다. 둘째, 고유오차에서도 시간 흐름에 따라 감소하는 형태의 시계열 상관, 즉 AR(1) 과정이 나타날 수 있다.

다음과 같이 고유오차가 AR(1)를 따르는 임의효과모형을 생각해보자.[2]

$$
\begin{aligned}
y &= \alpha + X\beta + \epsilon \\
\epsilon &= (I_N \otimes j_T)\eta + v \\
v_t &= \Psi v_{t-1} + \zeta_t
\end{aligned}
\tag{8-17}
$$

식 (8-17)에서 보듯이 오차항의 시계열 상관 여부를 검정할 때 시간불변인 개체효과의 존재는 그 검정 결과에 영향을 준다. 반대로, 시계열 상관의 존재도 개체효과의 존재 여부를 검정하는 데 영향을 준다.

이러한 이유로 패널데이터 모형에서 개체효과의 존재 여부와 고유오차의 자기상관 여부에

---

2 I_N은 N×N인 항등행렬이고, j_T는 요소가 모두 1의 값을 가지는 크기가 T인 벡터이다.

대한 검정은 서로 밀접하게 연관된다. 예를 들어, 단순히 오차의 등분산 여부를 검정할 때 오차에 관한 다른 가정의 충족 여부도 함께 검정하게 된다. 따라서 많은 경우에 귀무가설이 옳음에도 이를 기각해버리는 오류를 범하게 된다.

이러한 문제에 대안이 되는 검정 방법은 크게 2가지이다. 첫째, 오차의 정규성과 등분산 가정에 견고한 준모수적인 검정 방법이 있다. 둘째, 임의효과모형에서 시계열 상관 여부의 *LM* 검정 방법으로 결합 검정(joint test), 한계 검정(marginal tests), 국지적 견고 검정(locally robust tests), 조건부 검정(conditional tests)이 있다. 이들 *LM* 검정을 간단히 설명하면 다음과 같다.

- **결합 검정**: 개체효과 여부와 고유오차의 자기상관 여부를 동시에 검정하는 방법이다. 귀무가설을 기각할 경우, 둘 중 어느 것에 기인한 것인지 알 수 없다.
- **한계 검정**: 귀무가설과 대립가설에서 모두 개체효과가 없다는 전제하에 고유오차의 시계열 상관 여부를 검정한다.
- **국지적 견고 검정**: 개체효과가 없다는 가정이 위배되더라도 그 정도가 크지 않다는(달리 말하면, 견고하다는) 전제하에 고유오차의 시계열 상관 여부를 검정하는 방법이다(또는 그 반대의 경우에도 적용 가능하다). 이 방법은 오차가 정규분포를 따르며 등분산을 가진다는 가정하에서만 타당한 차선책이지만, 결합 검정에 의해 귀무가설이 기각될 때 그 원인이 개체효과의 존재 때문인지, 아니면 시계열 상관 때문인지를 파악할 수 있다는 장점이 있다.
- **조건부 검정**: 개체효과가 존재한다는 전제하에 고유오차의 시계열 상관 여부를 검정하는 방법이다.

오차의 시계열 상관이 없다는 것이 확실하다면, 이들 *LM* 검정 방법 가운데 개체효과 여부를 검정하는 최선의 방법은 브루쉬-페이건(Breusch-Pagan) *LM* 검정이며, 이는 함수 `plmtest`를 사용한다. 마찬가지로 개체효과가 없는 것이 확실하다면, 오차의 시계열 상관 여부를 검정하는 최선의 방법은 발타지와 리(Baltagi & Li, 1991)의 조건부 *LM* 검정이며 이는 함수 `pbtest`를 사용한다.

이외에도 울드리지(Wooldridge, 2010)가 제안한 방법으로 시계열데이터에 적용하는 통상적인 시계열 상관 검정을 패널데이터 모형으로 확대한 검정 방법, 고정효과모형이나 1계 차분모형의 추정 결과를 이용한 시계열 상관 검정 등이 있다.

먼저, 오차의 시계열 상관 여부에 대한 준모수적인 검정 방법부터 알아보자.

1) pwtest 검정

함수 pwtest는 울드리지(2010)가 제안한 준모수적인 검정 방법으로 귀무가설 $H_0: \sigma_\eta^2 = 0$을 검정한다. 이때, 귀무가설은 '잔차에 관측하지 못하는 효과는 없음'을 의미한다. 이 검정은 임의효과모형의 적절성(즉, 관측하지 못하는 효과는 모든 집단 내에서 일정하다) 여부와 고유오차의 시계열 상관 여부를 동시에 검정한다. 귀무가설을 기각할 수 없다면 통합최소자승모형을 적용할 수 있음을 의미한다.

[실습 8-18]은 데이터 Grundfeld에 대해 울드리지의 pwtest 검정을 실행한 결과이다. 검정 결과에 따르면 귀무가설을 기각할 수 없다. 그러나 이러한 검정 결과를 해석할 때, 귀무가설이 기각될 경우 임의효과모형의 오차 구조가 적합하다고 해석해서는 안 된다. 왜냐하면 귀무가설이 기각된 것이 다른 유형의 시계열 상관으로 인해 나타난 결과일 수도 있기 때문이다.

실습 8-18 관측되지 않는 개체효과에 대한 pwtest 검정 결과

```
> pwtest(gmodel, Grunfeld)

        Wooldridge's test for unobserved individual effects

data: formula
z = 1.4922, p-value = 0.1356
alternative hypothesis: unobserved effect
```

울드리지의 pwtest 검정 결과에 따라 귀무가설이 기각될 경우에 개체효과가 존재하는 것인지, 아니면 고유오차가 시계열 상관을 가지는 것인지 구분할 수가 없다. 이러한 단점을 해소하기 위한 검정 방법이 다음에 살펴볼 *LM* 검정이다.

2) pbsytest 검정

함수 pbsytest는 *LM* 검정으로 결합 검정이나 국지적 견고 검정에 모두 적용할 수 있다. 먼저, 개체효과의 존재 여부와 고유오차의 시계열 상관 여부를 동시에 검정하는 결합 검정의 경우 인자 test="J"를 적용한다(Baltagi & Li, 1991; Bera et al., 2001). 두 번째, 국지적 견고 검정을 실행할 경우에는 인자 test="RE"나 test="AR"을 적용한다(Bera et al., 2001). "RE"는 개체효과의 존재 여부를 검정하는 반면, "AR"은 고유오차의 시계열 상관 여부를 검정한다. 인자 "RE"를 사용할 경우, 개체효과의 분산은 음의 값을 가질 수 없기 때문에 단측 검정만 가능하다.

[실습 8-19]는 데이터 Grunfeld를 사용하여 추정한 패널데이터 모형에 대해 3가지 유형의 pbsytest 검정을 실행한 결과이다. 결과를 보면 개체효과가 존재할 뿐만 아니라 오차항이 시계열 상관을 가지고 있다.

실습 8-19 개체효과와 고유오차의 시계열 상관 검정

```
> pbsytest(gmodel, Grunfeld, test="J")

        Baltagi and Li AR-RE joint test - balanced panel

data: formula
chisq = 808.47, df = 2, p-value < 2.2e-16
alternative hypothesis: AR(1) errors or random effects
> pbsytest(gmodel,Grunfeld, test="RE")

Bera, Sosa-Escudero and Yoon locally robust test (one-sided)- balanced panel

data: formula
z = 25.787, p-value < 2.2e-16
alternative hypothesis: random effects sub AR(1) errors
> pbsytest(gmodel,Grunfeld, test="AR")

        Bera, Sosa-Escudero and Yoon locally robust test - balanced panel

data: formula
chisq = 10.31, df = 1, p-value = 0.001323
alternative hypothesis: AR(1) errors sub random effects
> pbsy_test<-matrix(ncol=3, nrow=2)
> types<-c("J", "RE", "AR")
> dimnames(pbsy_test)<-list(c("LM test", "p-value"), types)
> for(i in types) {
   result_test<-pbsytest(gmodel, Grunfeld, test=i)
   pbsy_test[1:2, i]<-c(result_test$statistic, result_test$p.value)
   }
> round(pbsy_test,4)
               J       RE       AR
LM test 808.4715  25.7866  10.3099
p-value   0.0000   0.0000   0.0013
```

3) pbltest 검정

함수 pbltest는 임의효과모형에서 고유오차의 시계열 상관 여부를 검정하는 조건부 *LM* 검정 함수이다(Baltagi & Li, 1995). 검정통계량은 임의효과모형의 최우추정에서 얻어진 잔차로부터 구해지며, 시계열 상관이 AR(1)이나 MA(1)에 관계없이 동일하다. 인자 test="onesided"는 양의 상관관계를 검정하는 단측 검정일 때, test="twosided"는 양측 검정일 때 사용한다. [실습 8-20]은 Grunfeld의 패널데이터 모형에 대해 오차의 시계열 상관 여부를 검정한 결과이다. 그 결과에 따르면 오차는 AR(1) 또는 MA(1)을 따르는 양의 시계열 상관을 가진다.

실습 8-20 오차의 시계열 상관에 관한 *LM* 검정

```
> pbltest(gmodel, Grunfeld, alternative="oneside")

        Baltagi and Li one-sided LM test

data: gmodel
z = 8.3386, p-value < 2.2e-16
alternative hypothesis: AR(1)/MA(1) errors in RE panel model
```

4) 통상적인 검정

울드리지(2010)는 임의효과모형에서 고유오차가 등분산을 가지며 자기상관이 없다는 가정(즉, *iid* 가정)하에서, 추정 결과로부터 얻어진 잔차도 등분산을 가지며 자기상관이 없다는 사실을 보였다. 따라서 만약 잔차들이 시계열 상관을 가진다면, 이는 다름 아닌 고유오차에 기인하게 된다. 왜냐하면 개체효과는 임의효과모형의 추정 과정에서 변수 변환(즉, demeaning)에 의해 제거되기 때문이다. 이러한 논리를 따른다면 임의효과모형에서 시계열 상관 여부를 검정하는 단순한 방법은 브루쉬-갓프레이(Breusch-Godfrey)나 더빈-왓슨(Durbin-Watson) 검정을 적용하는 것이다.

패널데이터 모형에서 이들 검정을 실행하는 함수는 pbgtest와 pdwtest이다. 이는 시계열데이터 모형에서 오차의 시계열 상관 여부를 검정하는 함수 bgtest나 dwtest를 패널데이터 모형으로 확장한 것에 지나지 않는다. 즉, pbgtest는 GLS 변환한 모형을 최소자승법으로 추정하여 얻어진 잔차에 함수 bgtest를 사용하여 브루쉬-갓프레이 검정을 하는 것과 같고, pdwtest는 동일한 잔차에 대해 함수 dwtest를 사용하여 더빈-왓슨 검정을 하는 것과 같다.

[실습 8-21]은 임의효과모형에서 오차의 시계열 상관 여부를 검정한 결과이다. 분석에 사용된 데이터 RiceFarms는 인도네시아의 171개 쌀 농가에 관한 패널데이터로 패키지 plm으로부터 불러올 수 있다. 변수 goutput는 kg당 쌀 생산량, seed는 kg당 종자 투입량, totlabor는 벼 수확을 제외한 농업활동에 투입된 노동량, size는 ha당 쌀 경작면적을 의미한다.

실습 8-21 임의효과모형에서 오차의 시계열 상관 검정

```
> data("RiceFarms", package="plm")
> Rice<-pdata.frame(RiceFarms, index="id")
> fm<-log(goutput)~log(seed)+log(totlabor)+log(size)
> rice_re<-plm(fm, Rice, model="random")
> pbgtest(rice_re, order=2)

        Breusch-Godfrey/Wooldridge test for serial correlation in panel models

data: fm
chisq = 35.773, df = 2, p-value = 1.706e-08
alternative hypothesis: serial correlation in idiosyncratic errors
> pdwtest(rice_re, order=2)

        Durbin-Watson test for serial correlation in panel models

data: fm
DW = 1.6958, p-value = 4.798e-07
alternative hypothesis: serial correlation in idiosyncratic errors
```

모형식 fm은 양대수(log-log) 형태의 쌀 생산량 함수를 나타낸다. rice_re는 임의효과모형의 추정 결과를 저장한 객체 이름이며, order=q는 검정할 시계열 상관의 차수(q)를 의미한다. 두 검정 결과에 따르면 임의효과모형의 고유오차가 AR(2)의 시계열 상관을 가진다는 귀무가설은 모두 기각된다.

고정효과모형에서 오차들 간에 시계열 상관이 없다면 개체효과를 제거하는 변환 과정에서 잔차는 음의 시계열 상관을 갖게 된다. 즉, $cor(\hat{\epsilon}_{nt}, \hat{\epsilon}_{ns}) = -1/(T-1)$이다. T가 증가함에 따라 이러한 상관관계는 소멸하게 되기 때문에 T가 충분히 크다면 통상적인 AR 검정 함수인 pbgtest나 pdwtest를 고정효과모형에 적용할 수 있다. [실습 8-22]의 데이터 Grunfeld와 같이 T가 충분히 큰 긴 패널데이터(long panels)인 경우가 그렇다.

실습 8-22 **고정효과모형에서 오차의 시계열 상관 검정: *T*가 충분히 큰 경우**

```
> grun.fe<-plm(inv~value+capital, data=Grunfeld, model="within")
> pbgtest(grun.fe, order=2)

        Breusch-Godfrey/Wooldridge test for serial correlation in panel models

data: inv ~ value + capital
chisq = 42.587, df = 2, p-value = 5.655e-10
alternative hypothesis: serial correlation in idiosyncratic errors
```

5) 시계열 상관의 왈드 검정

짧은 패널데이터(short panels)의 경우에 고정효과모형에서 오차의 시계열 상관을 검정하려면 별도의 방법이 필요하다. 이와 관련하여 울드리지(2010)는 고정효과모형(FE)과 1계 차분모형(FD)에 기초한 2가지 검정 방법을 제안하였다.

먼저, 고정효과모형에서 오차의 시계열 상관이 없다면, 앞서 말한 바와 같이 개체효과를 제거하는 변환 과정에서 잔차는 음의 시계열 상관을 갖게 된다. 즉, $cor(\hat{\epsilon}_{nt}, \hat{\epsilon}_{ns}) = -1/(T-1)$이다. 따라서 식 (8-18)과 같이 고정효과모형으로부터 구해진 t기 잔차를 t-1기 잔차에 대해 통합최소자승법으로 추정한 후에, 제약식 $\delta = -1/(T-1)$의 충족 여부를 검정하면 된다.

$$\hat{\epsilon}_{nt} = \alpha + \delta\hat{\epsilon}_{nt-1} + \zeta_{nt} \tag{8-18}$$

식 (8-18)의 추정 결과로부터 제약식(귀무가설)을 기각한다면 고정효과모형의 오차가 시계열 상관을 갖는다고 말할 수 있다. 이 검정은 pbgtest나 pdwtest에 의한 검정과 달리 T는 작고, N이 큰 패널데이터(short panels)에서 효과적이다.

제약식 $\delta = -1/(T-1)$에 대한 검정은 고정효과모형의 함수식에 pwartest를 적용하여 실행할 수 있다. 인자 formula는 고정효과모형의 함수식을 의미한다. 귀무가설을 검정할 때 시계열 상관을 통제하기 위해 이분산 공분산 행렬(예를 들면, vcovHC)과 인자 method="arellano"가 기본값으로 자동 적용된다. 하지만 인자 type이나 함수 vcovHC를 사용하여 이분산에 견고한 별도의 공분산을 지정할 수 있다. 아래 3가지 R 코드 중 첫 번째와 두 번째는 동일한 검정통계량을 산출한다.

```
pwartest(formula, data= )
```

```
pwartest(formula, data=, vcov=vcovHC(x, method="arellano", type="HC1"))
```

```
pwartest(formula, data=, type="HC3" )
```

만약 pwartest에 의해 시계열 상관 여부를 검정한 결과, 귀무가설이 기각된다면 잔차들이 안정적(stationary)인지를 의심해야 하며, 이때 원(original) 모형을 차분한 모형이 더 바람직할 수 있다.

두 번째로, 원 모형의 고유오차가 시계열 상관을 가지지 않는다면 원 모형을 1계 차분한 모형(FD)에서는 개체효과들이 차분하는 과정에서 모두 제거되지만, 잔차들은 서로 상관관계를 갖게 된다. 즉, $cor(\hat{e}_{nt}, \hat{e}_{ns}) = -0.5$이다. 따라서 다음의 모형을 추정함으로써 시계열 상관 여부를 검정할 수 있다.

$$\hat{e}_{nt}^{FD} = \Psi \hat{e}_{nt-1}^{FD} + \zeta_{nt} \tag{8-19}$$

식 (8-19)의 추정 결과로부터 귀무가설 $\Psi = -0.5$를 기각한다면, 원 모형의 오차가 시계열 상관을 갖는다고 말할 수 있다. 따라서 고정효과모형의 추정량이 가장 효율적이다. 반면, 귀무가설이 기각되지 않아서 1계 차분한 잔차들이 상관관계를 가지지 않는다면 원 모형의 오차 e_{nt}는 무작위 행보(random walk)를 보인다고 할 수 있다. 따라서 1계 차분모형의 추정량이 가장 효율적이다.

이 검정을 실행하기 위한 함수 pwfdtest는 아래와 같다. 인자 formula는 고정효과모형의 함수식을 의미한다. 인자 h0는 귀무가설을 지정하는 데 사용한다. h0="fe"는 원 모형의 오차가 시계열 상관을 가지지 않는다는 귀무가설을 의미하고, h0="fd"는 1계 차분한 잔차가 시계열 상관을 가지지 않는다는 귀무가설을 의미한다.

```
pwfdtest(formula, data=, h0=c("fe", "fd"))
```

[실습 8-23]은 짧은 패널데이터에서 고정효과모형의 오차가 시계열 상관을 가지는지를 2가지 방법으로 검정한 결과이다. 분석에 사용된 데이터 EmplUK는 영국의 140개 기업에 대한 패널데이터이다. 우리가 추정하려는 기업의 고용(emp)함수는 양대수 함수 형태를 가지며, 임금(wage)과 자본스톡(capital)의 함수라고 가정한다. 고정효과모형에서 오차가 시계열 상관을 가지는지를 알아보기 위해 2가지 검정을 실행하였다. pwfdtest 검정의 경우에는 인자 h0="fe"를 적용하였다.

검정 결과에 따르면 2가지 검정에서 시계열 상관이 없다는 귀무가설은 모두 기각되었다. 이러한 점은 고정효과모형의 계수 추정치를 사용하여 통계적인 추론을 하고자 할 때 시계열 상관에 견고한 오차의 공분산 추정량을 사용하는 것이 적절함을 의미한다. 이에 대해서는 9장에서 좀 더 자세하게 설명할 것이다.

실습 8-23 고정효과모형에서 오차의 시계열 상관 검정: 짧은 패널데이터의 경우

```
> data(EmplUK, package="plm")
> UKfirm<-pdata.frame(EmplUK, index="firm")
> pdim(UKfirm)
Unbalanced Panel: n = 140, T = 7-9, N = 1031
> pwartest(log(emp)~log(wage)+log(capital), data=EmplUK, type="HC3")

        Wooldridge's test for serial correlation in FE panels

data: plm.model
F = 305.17, df1 = 1, df2 = 889, p-value < 2.2e-16
alternative hypothesis: serial correlation

> pwfdtest(log(emp)~log(wage)+log(capital), data=EmplUK, h0="fe")

        Wooldridge's first-difference test for serial correlation in panels

data: plm.model
F = 131.55, df1 = 1, df2 = 749, p-value < 2.2e-16
alternative hypothesis: serial correlation in original errors
```

참고문헌

Baltagi, B.H. (2013). *Econometric Analysis of Panel Data, Fifth Edition*. John Wiley & Sons Ltd.

Baltagi, B.H. & Li, Q. (1991). "A Joint Test for Serial Correlation and Random Individual Effects." *Statistics and Probability Letters*, 11, 277–280.

Bera, A.K. Sosa-Escudero, W. & Yoon, M. (2001). "Tests for the Error Component Model in the Presence of Local Misspecification." *Journal of Econometrics*, 101, 1–23.

Cornwell, C. & Rupert, P. (1988). "Efficient Estimation with Panel Data: An Empirical Comparison of Instrumental Variables Estimators." *Journal of Applied Econometrics,* 3, 149–155.

Croissant, Y. (2021). ***plm:*** *Linear Models for Panel Data*. R package version 2.4-1, URL https://CRAN.R-project.org/package=plm.

Croissant, Y. & Millo, G. (2019). ***pder:*** *Panel Data Econometrics with R*. R package version 1.0-1, URL https://CRAN.R-project.org/package=pder.

Croissant, Y. & Millo, G. (2008). "Panel data econometrics in R: The plm package." *Journal of Statistical Software,* 27(2), 1–43.

Gourieroux, C., Holly, A. & Monfort, A. (1982). "Likelihood Ratio Test, Wald Test and Kuhn-Tucker Test in Linear Models with Inequality Constraints on the Regression Parameters." *Econometrica*, 50, 63–80.

Honda, Y. (1985). "Testing the Error Components model with Non-Normal Disturbances." *Reveiw of Economic Studies*, 52, 681–690.

King, M.L. & Wu, P.X. (1997). "Locally Optimal One-Sided Tests for Multiparameters Hypotheses." *Econometric Review*, 33, 523–529.

Mundlak, Y. (1978). "On the Pooling of Time Series and Cross Section Data." *Econometrica*, 46(1), 69–85.

Wooldridge, J.M. (2010). *Econometric Analysis of Cross-Section and Panel Data*. MIT press.

09장 오차성분 구조가 특별한 패널데이터 모형

학습목표

8장의 패널데이터 모형과는 달리 오차성분이 특별한 패널데이터 모형을 추정하는 방법에 대해 배운다. 불균형 일원 오차성분모형, 불균형 이원 오차성분모형, 패널 SUR 모형, 내포 오차성분모형, 혼합효과모형, AR(1) 오차구조를 가진 모형 등이 그 예다. 패널데이터 모형에서 오차가 이분산이나 시계열 상관을 가질 때 여러 형태의 견고한 공분산 추정치를 구하는 방법과 견고한 공분산에 근거한 가설검정 방법을 배운다.

[표 9-1] 9장에서 사용할 R 패키지와 함수

패키지	함수	기능
plm	make.pbalanced	불균형 패널을 균형 패널로 변환한다.
	plm	불균형 패널데이터 모형, 내포 오차성분모형, 패널 SUR 모형을 추정한다.
pglm	pglm	패널데이터 모형을 최우추정법으로 추정한다.
nlme	lme	고정효과와 다양한 형태의 확률효과를 가진 혼합효과모형을 추정한다.
plm	pggls	다양한 형태의 오차성분을 가진 패널데이터 모형을 일반FGLS 방법으로 추정한다.
lmtest	coeftest	견고한 표준오차를 적용한 계수 추정치를 제공한다.
sandwich	vcovHC	화이트-아렐라노(White-Arellano) 유형의 이분산과 시계열 상관에 견고한 공분산 추정량을 제공한다.
	vcovNW	뉴이-웨스트(Newey-West) 유형의 이분산과 시계열 상관에 견고한 공분산 추정량을 제공한다.
	vcovSCC	드리스콜과 크레이(Driscoll & Kraay)의 공간적 상관에 일치적인 (SCC) 공분산 추정량을 제공한다.
	vcovBK	벡과 카츠(Beck & Katz)의 패널수정표준오차(PSCE) 추정량을 제공한다.

1 불균형 패널데이터 모형

불균형 패널데이터는 관측치 수가 개체별로 동일하지 않은 경우를 말한다. [실습 9-1]은 패키지 plm의 데이터 EmplUK가 불균형 패널인지를 살펴본 것이다. 기업 1부터 기업 10까지를 골라 기업 고유번호(firm)와 연도(year)에 관한 교차표를 만들어보자. 기업 1부터 4까지는 1976년에 대한 관측치가 없고, 기업 5의 경우는 1983년에 대한 관측치가 없다. 즉, 균형 패널이 아니다.

실습 9-1 불균형 패널데이터의 사례

```
> library(plm)
> library(dplyr)
> data("EmplUK")
> EmplUK %>%
   select(year, firm) %>%
   filter(firm %in% c(1:10)) %>%
   table()
   firm
year 1 2 3 4 5 6 7 8 9 10
 1976 0 0 0 0 1 1 1 1 1  1
 1977 1 1 1 1 1 1 1 1 1  1
 1978 1 1 1 1 1 1 1 1 1  1
 1979 1 1 1 1 1 1 1 1 1  1
 1980 1 1 1 1 1 1 1 1 1  1
 1981 1 1 1 1 1 1 1 1 1  1
 1982 1 1 1 1 1 1 1 1 1  1
 1983 1 1 1 1 0 0 0 0 0  0
> EmplUK %>%
   is.pbalanced()
[1] FALSE
```

현실에서는 여러 가지 이유로 인해 불균형 패널데이터가 흔하게 나타난다. 예를 들면, 패널에 속한 기업이 파산할 수 있고, 새로운 기업이 해당 산업으로 진입함에 따라 패널에 속할 수도 있다. 또한 국가 패널의 경우 다른 국가들에 비해 특정 국가를 오랜 기간에 걸쳐 추적조사할 수도 있다.

함수 make.pbalanced와 인자 type을 이용하면 불균형 패널을 균형 패널로 전환할 수 있다. 하지만 결측치가 어떤 체계적인 이유로 발생했거나, 또는 결측치 수가 많다면 전환된 균형 패널은 편향된 표본이 될 위험이 있다.

1) 불균형 패널데이터 모형의 추정

패널데이터가 불균형일 때에도 함수 plm을 사용하여 고정효과모형이나 임의효과모형을 추정할 수 있다. [실습 9-2]에서 사용한 패키지 plm의 데이터 Hedonic은 미국 보스톤의 92개 타운(town)에 위치한 506개 센서스 구획에 있는 주택의 중위가격, 타운 특성(인구, 대기환경, 교통, 범죄, 교육 등)에 관한 16개 변수를 포함한다.

이 데이터는 원래 패널데이터가 아니다. 하지만 각 타운의 속성 중에 연구자가 관측할 수 없는 이질성을 고려하기 위해 변수 townid를 사용하여 원 데이터를 92개의 집단으로 구분한 패널데이터로 변환해보자. 이런 방식으로 생성한 패널데이터 mydata는 집단(townid)별 관측치 수가 1~30개로 서로 다른 불균형 패널이다.

실습 9-2 불균형 패널데이터의 또 다른 사례

```
> data(Hedonic, package="plm")
> mydata<-pdata.frame(Hedonic, index="townid")
> pdim(mydata)
Unbalanced Panel: n = 92, T = 1-30, N = 506
> head(mydata)[,c(1:5, 13:16)]
          mv     crim  zn    indus  chas  blacks     lstat  townid  time
1-1 10.08580  0.00632  18  2.309999   no  0.39690  -3.00074       1     1
2-1  9.98045  0.02731   0  7.070000   no  0.39690  -2.39251       2     1
2-2 10.45450  0.02730   0  7.070000   no  0.39283  -3.21165       2     2
3-1 10.41630  0.03237   0  2.179998   no  0.39464  -3.52744       3     1
3-2 10.49680  0.06905   0  2.179998   no  0.39690  -2.93163       3     2
3-3 10.26470  0.02985   0  2.179998   no  0.39412  -2.95555       3     3
```

[실습 9-3]은 불균형 패널데이터를 이용하여 주택가격의 임의효과모형을 일원 오차성분 모형으로 추정한 결과이다. 종속변수는 주택 중위가격(mv)이며, 설명변수는 crime(범죄율), zn(면적이 25,000제곱피트인 주거지역 비율), indus(비소매업종의 면적 비율), chas(주거지역과 찰스강의 경계 여부), nox(인구 1억 명당 연평균 질소산화물 농도), rm(평균 방의 수), age(1940년 이전에 건축된 자가건물 비율), dis(5개 고용센터까지 가중평균거리), rad(고속도로 접근성), tax(재산세율), ptratio(교사 1인당 학생 수), blacks(흑인 인구 비율), lstat(사회적 취약계층 비율)이다.

함수 plm의 이용 방법은 균형 패널의 경우와 동일하다. 균형 패널데이터 모형과 다른 점이 있다면 추정 결과에서 변환 계수 θ의 값이 균형 패널데이터 모형처럼 고정적이지 않고 개체 특정적이라는 점이다. 좀 더 정확하게 표현하면 θ 값은 다음과 같이 개체별로 추정되며, 각 개체의 관측치 수에 따라 달라진다.

$$\theta_n = 1 - \frac{\sigma_\nu}{\sqrt{\sigma_\nu^2 + T_n \sigma_\eta^2}} = 1 - \phi_n \tag{9-1}$$

데이터 Hedonic에서 추정한 θ 값은 0.25에서 0.80까지 변한다. 불균형 패널데이터 모형도 균형 패널데이터 모형과 마찬가지로 인자 random.method=c("swar","amemiya","walhus")에 의해 오차의 공분산 추정치를 지정할 수 있다.

실습 9-3 불균형 패널데이터에 대한 임의효과모형의 추정: 일원 오차성분모형

```
> re_sa<-plm(mv~crim+zn+indus+chas+nox+rm+age+dis+rad+tax+ptratio+blacks+
             lstat, mydata, model="random",random.method="swar")
> summary(re_sa)
-- 중략 --
Unbalanced Panel: n = 92, T = 1-30, N = 506

Effects:
                  var   std.dev   share
idiosyncratic  0.01696  0.13025   0.562
individual     0.01324  0.11505   0.438
theta:
   Min.   1st Qu.   Median    Mean   3rd Qu.    Max.
 0.2505   0.5483    0.6284   0.6141   0.7147   0.7976

Residuals:
   Min.    1st Qu.    Median      Mean    3rd Qu.     Max.
-0.62902  -0.06712  -0.00156  -0.00216  0.06858   0.54973

Coefficients:
               Estimate   Std. Error  z-value    Pr(>|z|)
(Intercept)  9.6859e+00  1.9751e-01  49.0398   < 2.2e-16 ***
crim        -7.4120e-03  1.0478e-03  -7.0738   1.508e-12 ***
zn           7.8877e-05  6.5001e-04   0.1213   0.9034166
indus        1.5563e-03  4.0349e-03   0.3857   0.6997051
chasyes     -4.4247e-03  2.9212e-02  -0.1515   0.8796041
nox         -5.8425e-03  1.2452e-03  -4.6921   2.704e-06 ***
rm           9.0552e-03  1.1886e-03   7.6182   2.573e-14 ***
age         -8.5787e-04  4.6793e-04  -1.8333   0.0667541 .
dis         -1.4442e-01  4.4094e-02  -3.2753   0.0010557 **
```

```
rad           9.5984e-02    2.6611e-02     3.6069   0.0003098 ***
tax          -3.7740e-04    1.7693e-04    -2.1331   0.0329190 *
ptratio      -2.9476e-02    9.0698e-03    -3.2499   0.0011546 **
blacks        5.6278e-01    1.0197e-01     5.5188   3.413e-08 ***
lstat        -2.9107e-01    2.3927e-02   -12.1650   < 2.2e-16 ***
---
Signif. codes: 0 '***' 0.001 '**' 0.01 '*' 0.05 '.' 0.1 ' ' 1

Total Sum of Squares:    987.94
Residual Sum of Squares: 8.9988
R-Squared:     0.99091
Adj. R-Squared: 0.99067
Chisq: 1199.5 on 13 DF, p-value: < 2.22e-16
```

불균형 패널데이터의 이원 오차성분모형은 함수 plm에서 인자 effect="twoways"를 사용하여 추정할 수 있다. 이원 고정효과모형으로 불균형 패널데이터를 분석할 때, [실습 9-4]에서 보듯이 일원 고정효과모형과 달리 함수 plm에 의한 추정 결과(plm.within)가 개체효과와 시간효과를 제거한 변수에 최소자승법을 적용한 추정 결과(lm.within)와 서로 같지 않음을 주의할 필요가 있다. [실습 9-4]는 Hedonic 데이터의 일부 변수만을 이용하여 분석한 결과이다.

실습 9-4 불균형 패널데이터에 대한 이원 고정효과모형의 추정

```
> plm.within<-plm(mv~crim+nox+rm, mydata, effect="twoways")
> lm.lsdv<-lm(mv~crim+nox+rm+factor(townid)+factor(time), mydata)
> y<-mydata$mv-Between(mydata$mv, "individual")-Between(mydata$mv,"time")+
          mean(mydata$mv)
> x1<-mydata$crim-Between(mydata$crim, "individual") -
          Between(mydata$crim,"time") + mean(mydata$crim)
> x2<-mydata$nox-Between(mydata$nox, "individual") -
          Between(mydata$nox,"time") + mean(mydata$nox)
> x3<-mydata$rm-Between(mydata$rm, "individual") -
          Between(mydata$rm,"time") + mean(mydata$rm)
> lm.within<-lm(y~x1+x2+x3-1)
> coef(plm.within)
        crim          nox           rm
-0.006239645  -0.015591487  0.016663210
> coef(lm.within)
          x1           x2           x3
-0.007437586  -0.011739307  0.016648316
> coef(lm.lsdv)[2:4]
        crim          nox           rm
-0.006239645  -0.015591487  0.016663210
```

2 패널데이터 모형의 최우추정

패널데이터 모형은 최우추정법으로 추정할 수도 있다. GLS 추정에서는 식 (9-1)의 ϕ_n이 먼저 추정되고 그다음에 β가 추정되지만, 최우추정에서는 두 파라미터가 동시에 추정된다. 최우추정법을 적용하려면 두 오차성분의 확률분포를 가정할 필요가 있다. 두 오차성분이 모두 정규분포를 따른다고 할 때, 패널데이터 모형의 로그우도함수는 다음과 같이 도출된다.

$$\ln L = \frac{\sum_{n=1}^{N} T_n}{2} \ln 2\pi - \frac{\sum_{n=1}^{N} T_n}{2} \ln \sigma_v^2 + \frac{1}{2}\sum_{n=1}^{N} \phi_n^2 - \frac{1}{2\sigma_v^2}\sum_{n=1}^{N}\sum_{t=1}^{T_n}(\epsilon_{nt} - (1-\phi_n)\bar{\epsilon}_{n.})^2$$

균형 패널데이터 모형에 국한할 때, 로그우도함수를 극대화시키는 $\hat{\beta}$, $\hat{\sigma}_v^2$, $\hat{\phi}^2$는 다음과 같이 구할 수 있다.

$$\hat{\beta} = (\widetilde{X}^T \widetilde{X})^{-1} \widetilde{X}^T \tilde{y} \tag{9-2}$$

$$\hat{\sigma}_v^2 = \frac{\hat{\epsilon}^T W \hat{\epsilon} + \hat{\phi}^2 \hat{\epsilon}^T B \hat{\epsilon}}{NT} \tag{9-3}$$

$$\hat{\phi}^2 = \frac{\hat{\epsilon}^T W \hat{\epsilon}}{(T-1)\hat{\epsilon}^T B \hat{\epsilon}} \tag{9-4}$$

식 (9-2)에서 $\tilde{X}_{nt} = X_{nt} - (1-\phi_n)\bar{X}_{n.}$, $\tilde{y}_{nt} = y_{nt} - (1-\phi_n)\bar{y}_{n.}$이다.

최우추정에서 파라미터들은 반복적인 과정을 통해 추정된다. 먼저, 고정효과모형의 추정치 $\hat{\beta}$을 이용하여 잔차를 구한 다음에, 식 (9-4)를 이용하여 변환 파라미터 $\hat{\phi}^2$를 추정한다. 그런 다음 이를 이용하여 종속변수와 설명변수를 변환한 후에 식 (9-2)를 이용하여 다시 $\hat{\beta}$을 추정한다. 이러한 과정을 $\hat{\beta}$과 $\hat{\phi}^2$이 수렴할 때까지 반복한다. $\hat{\beta}$과 $\hat{\phi}^2$을 최종적으로 구하면, $\hat{\sigma}_v^2$는 식 (9-3)을 이용해 계산할 수 있다.

패널데이터 모형의 최우추정은 패키지 `pglm`의 함수 `pglm`을 이용해 실행한다. 이때 인자 `family=gaussian`이 추가된다. [실습 9-5]는 데이터 `Hedonic`을 사용하여 임의효과모형을 최우추정법으로 추정한 결과이다. 최우추정법에 의한 계수값의 추정 결과는 함수 `plm`에 의한 임의효과모형의 추정 결과와 비교할 때 크게 다르지 않다. 다른 점은 설명변수의 계수 추정치와 함께 개체효과 표준편차의 추정치(sd.id)와 고유오차 표준편차의 추정치(sd.idios)가 제시된다는 것이다.

실습 9-5 **임의효과모형의 최우추정**

```
> library(pglm)
> out_ml<-pglm(mv~crim+zn+indus+chas+nox+rm+age+dis+rad+
             tax+ptratio+blacks+lstat, mydata, family=gaussian)
> summary(out_ml)
--중략--
Estimates:
             Estimate   Std. error  t value    Pr(> t)
(Intercept)  9.676e+00   2.069e-01   46.756    < 2e-16 ***
crim        -7.195e-03   1.028e-03   -7.001   2.54e-12 ***
zn           2.864e-05   6.894e-04    0.042   0.966858
indus        2.217e-03   4.390e-03    0.505   0.613634
chasyes     -1.197e-02   2.897e-02   -0.413   0.679361
nox         -5.867e-03   1.228e-03   -4.777   1.78e-06 ***
rm           9.202e-03   1.164e-03    7.904   2.70e-15 ***
age         -9.430e-04   4.614e-04   -2.044   0.040963 *
dis         -1.299e-01   4.692e-02   -2.768   0.005646 **
rad          9.710e-02   2.842e-02    3.416   0.000635 ***
tax         -3.741e-04   1.895e-04   -1.974   0.048423 *
ptratio     -2.980e-02   9.799e-03   -3.041   0.002357 **
blacks       5.779e-01   9.996e-02    5.781   7.43e-09 ***
lstat       -2.838e-01   2.405e-02  -11.801    < 2e-16 ***
sd.id        1.338e-01   1.329e-02   10.066    < 2e-16 ***
sd.idios     1.305e-01   4.500e-03   28.995    < 2e-16 ***
---
Signif. codes: 0 '***' 0.001 '**' 0.01 '*' 0.05 '.' 0.1 ' ' 1
--------------------------------------------
```

3 패널 SUR 모형

특정 경제현상들은 단일방정식보다는 여러 개의 방정식으로 구성된 모형에 의해 보다 잘 설명할 수 있는 경우가 많다. 마이크로데이터를 이용하여 소비, 생산과 관련된 문제를 연립방정식 모형으로 분석하는 경우가 대표적이다. 예를 들어, 생산자의 행동은 최소비용함수에 요소수요함수를 추가하여 함께 분석할 때 보다 잘 설명할 수 있다.

연립방정식 모형의 추정은 2가지 이점이 있다. 첫째는 각 방정식의 오차는 어느 하나의 관측치에 대해 서로 상관관계를 가진다. 이러한 경우 단일방정식의 추정량은 일치하지만 효율적이지는 않다. 왜냐하면 추정 과정에서 오차들 간의 상관관계를 고려하지 못하기 때문이다. 둘째, 경제이론은 종종 서로 다른 방정식에 있는 계수값이 충족시켜야 하는 제약조건을 부여한다. 연립방정식 모형의 추정은 이러한 제약조건을 추정 과정에 반영할 수 있다. 연립방정식 모형은 방정식들 간의 상관관계 때문에 SUR(seemingly unrelated regression)에 의해 추정한다. 즉, 오차의 상관관계를 오차의 공분산 행렬인 Ω로 표현한다고 할 때, $\hat{\beta} = (X^T \Omega^{-1} X)^{-1} X^T \Omega^{-1} y$와 같이 GLS 방식으로 계수값을 추정한다.

1) 추정 방법과 절차

같은 맥락에서 패널데이터 모형의 경우에도 SUR 방식에 의해 보다 효율적인 추정량을 얻을 수 있음은 자명하다. 패널데이터에 SUR 방식을 적용할 경우 모형의 추정 과정에 2가지 측면의 상관관계를 반영할 수 있다. 첫째는 방정식들 간에 존재하는 상관관계를 고려한다는 점이다. 둘째는 패널데이터 모형의 오차성분에서 나타나는 집단 내 상관관계를 고려할 수 있다는 점이다. 따라서 패널 SUR 모형(또는 SUR 오차성분모형)은 Ω의 구조가 횡단면데이터의 SUR과 다르다는 점을 제외하면 추정 절차는 동일하다. 패널 SUR 모형의 추정 방법을 단계별로 설명하면 다음과 같다.

먼저, 연립방정식 모형의 각 방정식을 최소자승법으로 추정한다. 추정 결과로부터 구한 잔차($\hat{e}$)를 within 변환과 between 변환을 하여 $W\hat{e}$과 $B\hat{e}$을 구한다.

두 번째, 오차성분의 공분산 행렬 $\hat{\Sigma}_v = (W\hat{e})^T (W\hat{e}) / N(T-1)$과 $\hat{\Sigma}_l = (B\hat{e})^T (B\hat{e}) / (N-1)$을 추정한다.

세 번째, 촐레스키 분해식을 이용하여 행렬 $\hat{\Sigma}_v^{-0.5}$와 $\hat{\Sigma}_l^{-0.5}$을 구한 다음, 식 (9-5)에 의해 구한 $\hat{\Omega}^{-0.5}$을 좌측곱하여 변환한 종속변수 $\tilde{y}$와 설명변수 $\tilde{X}$를 구한다.

$$\Omega^{-0.5} = \Sigma_v^{-0.5} \otimes W + \Sigma_l^{-0.5} \otimes B \qquad (9\text{-}5)$$

마지막으로, $\tilde{y}$와 $\tilde{X}$에 최소자승법을 적용한다.

물론 $\hat{\Sigma}_v$와 $\hat{\Sigma}_l$을 추정하는 방법에 따라 패널 SUR 모형의 추정 결과가 달라질 수 있다. 임의효과모형에서처럼 아메미야나 스와미-아로라 방식을 적용하여 각 오차성분의 공분산 행렬을 추정할 수 있다.

2) 사례연습: 전력 생산업체의 비용함수 추정

패널 SUR 모형의 추정 사례로 비용함수와 요소수요함수로 구성된 연립방정식 모형을 고려해 보자. 비용함수 $C(q, p)$는 생산요소 F의 가격 $(p_1, p_2, p_3, \cdots, p_F)$가 주어졌을 때 생산량 q를 생산하는 데 소요되는 최소비용을 의미한다. 미시경제이론에 따르면 비용함수는 다음과 같은 특성을 가진다.

- 생산요소 가격에 대해 1차 동차함수이다: $C(q, \lambda p) = \lambda C(q, p)$
- 요소수요함수는 비용함수를 요소 가격에 대해 미분하여 구한다: $\dfrac{C(q, p)}{\partial p_i} = x_i(q, p)$
- 요소수요함수의 대체가격 효과는 서로 대칭적이다: $\dfrac{\partial^2 C(q, p)}{\partial p_i \partial p_j} = \dfrac{\partial^2 C(q, p)}{\partial p_j \partial p_i}$

비용함수는 다양한 형태를 가질 수 있다. 가장 일반적인 함수 형태인 식 (9-6)과 같은 트랜스로그 비용함수를 예로 들어보자.

$$\ln C(q, p) = \beta_0 + \beta_q \ln q + \sum_{i=1}^{F} \beta_i \ln p_i + 0.5\beta_{qq}(\ln q)^2 + 0.5\sum_{i=1}^{F}\sum_{j=1}^{F} \beta_{ij} \ln p_i \ln p_j \tag{9-6}$$

위의 비용함수가 요소 가격에 대해 1차 동차함수라는 제약조건을 충족시키기 위해서는 어느 한 요소 가격으로 총비용과 다른 요소 가격을 나누어주면 된다.

$$\ln \frac{C(q, p)}{p_1} = \beta_0 + \beta_q \ln q + \sum_{i=2}^{F} \beta_i \ln \frac{p_i}{p_1} + 0.5\beta_{qq}(\ln q)^2 + 0.5\sum_{i=2}^{F}\sum_{j=2}^{F} \beta_{ij} \ln \frac{p_i}{p_1} \ln \frac{p_j}{p_1} \tag{9-7}$$

셰퍼드 정리(Shephard's lemma)를 이용하면 요소수요함수는 다음과 같이 총비용에서 각 요소가 차지하는 비중인 s_j로 나타낼 수 있다.

$$s_j = \frac{\partial \ln C}{\partial \ln p_j} = \beta_j + \sum_{i=2}^{F} \beta_{ij} \ln \frac{p_i}{p_1} \tag{9-8}$$

따라서 연립방정식 모형은 다음과 같이 비용함수를 나타내는 식 (9-6)과 각 생산요소에 대한 수요함수를 나타내는 식 (9-8)로 구성된다.

$$C = \beta_0 + \beta_l \ln p_l + \beta_k \ln p_k + \beta_q \ln q + \beta_{ll} (\ln p_l)^2 + \beta_{lk} \ln p_l \ln p_k + \beta_{kk} (\ln p_k)^2 + \beta_{qq} (\ln q)^2$$
$$s_l = \gamma_0 + \gamma_l \ln p_l + \gamma_k \ln p_k$$
$$s_k = \delta_0 + \delta_l \ln p_l + \delta_k \ln p_k$$

요소수요함수가 비용함수로부터 도출되기 때문에 이 함수들의 오차항 간에는 상관관계가 존재한다. 오차들의 상관관계를 고려하는 연립방정식 모형을 추정하면 비용함수나 요소수요함수를 각각 따로 추정할 때에 비해 더 효율적인 추정치를 얻을 수 있다.

[실습 9-6]에서 사용한 데이터 `TexasElectr`은 미국 텍사스 주에 있는 10개의 전력 생산업체에 관한 18년간의 자료이다. 이 자료에는 각 업체의 전력 생산량(output)과 생산요소인 연료, 노동, 자본에 대한 단위당 가격(pfuel, plab, pcapital), 그리고 이들 세 요소의 지출비용(expfuel, explab, expcap) 정보가 포함되어 있다.

연립방정식 모형의 추정에 앞서 가격, 생산량, 그리고 비용 변수를 해당 변수의 평균치로 나누어주자. 이러한 과정은 각 변수의 평균치에서 해당 변수값을 0이 되도록 해주기 때문에 추정 계수값을 해석하는 데 편리하다. 예를 들어, 식 (9-6)에서 β_q는 각 변수들의 평균값에서 측정한 비용의 생산탄력성을 의미하며, 식 (9-8)에서 β_j는 전체 비용에서 각 생산요소가 차지하는 비중을 의미한다.

[실습 9-6]에서는 동차성 제약조건을 충족시키기 위해 노동과 자본의 가격, 그리고 총비용을 연료 가격으로 나누었다. 각 변수를 그 평균치 또는 연료 가격으로 나누고 로그변환을 취하는 과정은 패키지 dply의 함수 `mutate`를 이용하면 편리하다.

위의 연립방정식 모형을 SUR으로 추정하기 위한 R 코드는 다음과 같다.

```
plm(list(eq1,eq2,..,eqk), data, model="random", restrict.matrix=,
            restrict.rhs= )
```

위 코드에서 eq1,eq2,..,eqk는 연립방정식을 구성하는 각 함수를 의미한다. `restrict.matrix`와 `restrict.rhs`는 제약식을 지정하는 인자이다.

연립방정식을 구성하는 함수들의 오차항 상호 간에 존재하는 상관관계는 식 (9-8)로 표현되는 비용함수와 요소수요함수의 관계식을 사용하여 모형 추정에 반영할 수 있다. 예를 들면, 요소수요함수는 비용함수로부터 도출되기 때문에 비용함수에서 로그 노동가격의 계수값은 노동 수요함수의 절편과 같다. 함수들 간의 이러한 관계식은 다음과 같이 표현할 수 있다.

- **제약조건 1** : 비용함수에서 β_l = 노동 수요함수에서 절편 γ_0
- **제약조건 2** : 비용함수에서 β_k = 자본 수요함수에서 절편 δ_0
- **제약조건 3** : 비용함수에서 β_{ll} = 노동 수요함수에서 노동가격의 계수 γ_l
- **제약조건 4** : 비용함수에서 β_{kk} = 자본 수요함수에서 자본가격의 계수 δ_k
- **제약조건 5** : 비용함수에서 β_{lk} = 노동 수요함수에서 자본가격의 계수 γ_k
- **제약조건 6** : 비용함수에서 β_{lk} = 자본 수요함수에서 노동가격의 계수 δ_l

위의 제약조건을 패널 SUR 모형의 추정에 반영하는 방법은 그리 어렵지 않다. 이들 제약조건을 하나의 연립방정식 형태로 간주한다면, 제약식(방정식) 수는 6개이고, 모형에서 추정해야 할 파라미터(미지수) 수는 14개인 연립방정식이라 할 수 있다. 이를 $R\beta = q$ 형태로 표현해보자. R은 각 파라미터에 대응하는 6×14의 계수 행렬이며, β는 추정할 파라미터 벡터이며, q는 연립방정식의 우변에 있는 상수 벡터이다. 제약식을 행렬 형태로 표현하면 식 (9-9)와 같다.

$$\begin{bmatrix} 01000000 & -1 & 0 & 0 & 0 & 0 & 0 \\ 00100000 & 0 & 0 & 0 & -1 & 0 & 0 \\ 00001000 & 0 & -1 & 0 & 0 & 0 & 0 \\ 00000100 & 0 & 0 & -1 & 0 & 0 & 0 \\ 00000100 & 0 & 0 & 0 & 0 & -1 & 0 \\ 00000010 & 0 & 0 & 0 & 0 & 0 & -1 \end{bmatrix} \begin{bmatrix} \beta_0 \\ \beta_l \\ \beta_k \\ \beta_q \\ \beta_{ll} \\ \beta_{lk} \\ \beta_{kk} \\ \beta_{qq} \\ \gamma_0 \\ \gamma_l \\ \gamma_k \\ \delta_0 \\ \delta_l \\ \delta_k \end{bmatrix} = \begin{bmatrix} 0 \\ 0 \\ 0 \\ 0 \\ 0 \\ 0 \end{bmatrix} \tag{9-9}$$

행렬 R을 만드는 방법은 다음과 같다. 먼저, 행렬의 모든 요소가 0의 값을 가진 6×14의 행렬을 만든 다음에, 각 제약식에 나타난 파라미터에 대응하는 행렬 R의 요소값을 1 또는 -1의 값으로 바꾸어준다. 이렇게 생성한 행렬 R은 restricit.matrix에 지정하고, q는 restrict.rhs에 지정하면 된다. [실습 9-6]과 같이 restrict.rhs에 지정되는 q의 요소값이 모두 0이라면 이를 생략해도 된다.

실습 9-6 패널 SUR 모형에 의한 전력 생산업체의 비용함수 추정

```
> data(TexasElectr, package="pder")
> library("dplyr")
# 각 요소가격을 그 평균값으로 나눈 후에 로그변환하고, 자본가격과 노동가격을 연료가격으로 나누기
> TexasElectr<-mutate(TexasElectr, pf=log(pfuel/mean(pfuel)),
                    pl=log(plab/mean(plab))-pf, pk=log(pcap/mean(pcap))-pf)
> TexasElectr<-mutate(TexasElectr, q=log(output/mean(output)))
# 자본비용과 노동비용을 총비용에 대한 비율로 나타내기
> TexasElectr<-mutate(TexasElectr, C=expfuel+explab+expcap, sl=explab/C,
                    sk=expcap/C, C=log(C/mean(C))-pf)
> TexasElectr<-mutate(TexasElectr, pll=0.5*(pl^2), plk=pl*pk,
                    pkk=0.5*(pk^2), qq=0.5*(q^2))
> cost<-C~pl+pk+q+pll+plk+pkk+qq
> s_lab<-sl~pl+pk
> s_cap<-sl~pl+pk
# 연립방정식 모형의 파라미터에 대한 제약식 부여하기
> R<-matrix(0, nrow=6, ncol=14)
> R[1,2]<-R[2,3]<-R[3,5]<-R[4,6]<-R[5,6]<-R[6,7]<-1
> R[1,9]<-R[2,12]<-R[3,10]<-R[4,11]<-R[5,13]<-R[6,14]<- -1
# 패널 SUR 모형의 추정
> elecfirm_sur<-plm(list(cost=C~pl+pk+q+pll+plk+pkk+qq, s_lab=sl~pl+pk,
               s_cap=sk~pl+pk), TexasElectr, model="random", restrict.matrix=R)
> summary(elecfirm_sur)

Oneway (individual) effect Random Effect Model
   (Swamy-Arora's transformation)
--중략--
Balanced Panel: n = 10, T = 18, N = 180

Effects:

 Estimated standard deviations of the error
          cost     s_lab     s_cap
id     0.142916  0.024762  0.027021
idios  0.037658  0.019550  0.017535
```

```
Estimated correlation matrix of the individual effects
           cost     s_lab    s_cap
cost   1.000000         .        .
s_lab -0.692590   1.00000        .
s_cap -0.096399   0.21048        1

Estimated correlation matrix of the idiosyncratic effects
           cost     s_lab    s_cap
cost   1.000000         .        .
s_lab  0.281336   1.00000        .
s_cap -0.076589   0.20379        1

- cost
               Estimate   Std. Error   t-value     Pr(>|t|)
(Intercept) -0.2292436    0.0417503   -5.4908   6.235e-08 ***
pl           0.1248358    0.0061426   20.3231   < 2.2e-16 ***
pk           0.3157271    0.0061197   51.5922   < 2.2e-16 ***
q            0.8545183    0.0120021   71.1972   < 2.2e-16 ***
pll          0.1369827    0.0093118   14.7107   < 2.2e-16 ***
plk         -0.0402539    0.0086695   -4.6431   4.340e-06 ***
pkk          0.1988426    0.0083183   23.9043   < 2.2e-16 ***
qq           0.1982146    0.0115011   17.2344   < 2.2e-16 ***
---
Signif. codes: 0 '***' 0.001 '**' 0.01 '*' 0.05 '.' 0.1 ' ' 1

- s_lab
               Estimate   Std. Error   t-value     Pr(>|t|)
(Intercept)  0.1248358    0.0061426   20.3231   < 2.2e-16 ***
 pl          0.1369827    0.0093118   14.7107   < 2.2e-16 ***
 pk         -0.0402539    0.0086695   -4.6431    4.34e-06 ***
---
Signif. codes: 0 '***' 0.001 '**' 0.01 '*' 0.05 '.' 0.1 ' ' 1

- s_cap
               Estimate   Std. Error   t-value     Pr(>|t|)
(Intercept)  0.3157271    0.0061197   51.5922   < 2.2e-16 ***
pl          -0.0402539    0.0086695   -4.6431    4.34e-06 ***
pk           0.1988426    0.0083183   23.9043   < 2.2e-16 ***
---
Signif. codes: 0 '***' 0.001 '**' 0.01 '*' 0.05 '.' 0.1 ' ' 1
```

비용함수에서 설명변수 q의 계수값이 1보다 작고 유의미하게 나타난 것은 미국 텍사스 주에 있는 전력 생산업체의 기술이 규모수익 체증을 보이고 있음을 의미한다. 요소수요함수 모두에서 자체가격은 음(-)의 부호를 가지며 유의미하고, 대체가격은 양(+)의 부호를 가지며 유의미하다. 이는 노동과 자본이 서로 대체관계를 가짐을 의미한다. 두 요소수요함수의 절편 추정치로부터 총비용에서 노동과 자본이 점하는 비중이 표본평균값을 기준으로 할 때 각각 12.5%와 31.6%임을 알 수 있다.

4 내포 오차성분모형

내포 오차성분모형(nested error component model)은 패널데이터의 개체들을 서로 다른 몇 개의 집단으로 구분할 수 있는 경우에 적절한 모형이다. 예를 들어, 개별 기업에 관한 패널데이터가 있다면, 각 기업이 속하는 산업 유형에 따라 개체들을 집단(예: 기계산업, 전자산업, 식품산업 등)별로 구분할 수 있다. 개인들에 관한 패널데이터라면 이들이 속한 가구나 주거지역에 따라 집단을 구분할 수 있을 것이다. 또한 학생들에 관한 패널데이터의 경우에 이들이 속한 학교에 따라 집단을 구분할 수 있다. 이때 기업, 개인, 학생을 내포 집단(nested group)이라 하고, 산업, 가구, 주거지, 학교를 원 집단(primary group)이라고 한다.

이 절에서는 다음의 특성을 가진 내포 오차성분모형에 대해 설명한다.

첫째, 시간효과는 없다고 가정한다. 둘째, 각 집단 내에서는 균형 패널이다. 예를 들어, 개체들이 속하는 집단이 산업 유형이라면 각 집단에 속하는 기업의 수는 다를 수 있다. 하지만 동일한 집단에 속하는 기업들의 관측치 수(즉, T의 값)는 서로 동일하다. 하지만 집단이 서로 다른 경우 기업들에 대한 관측치 수는 서로 다를 수 있다. 이러한 의미에서 내포 오차성분모형은 불균형 패널데이터 모형이다.

내포 오차성분모형에서 오차는 3가지 성분으로 구성된다. g를 집단, n을 개체, t를 시간을 나타내는 하첨자라고 할 때, 오차성분은 개체효과 η_{gn}, 고유오차 v_{gnt}, 그리고 집단효과 λ_g로 구분된다. 내포 오차성분모형은 다음 식으로 표현할 수 있다.

$$y_{gnt}=\alpha+\beta x_{gnt}+\lambda_g+\eta_{gn}+v_{gnt} \quad (g=1,2,3,\cdots,M;\ n=1,2,3,\cdots,N_g;\ t=1,2,\cdots,T_g) \tag{9-10}$$

내포 오차성분모형은 통계학에서 혼합효과모형 또는 다수준모형, 위계서열모형 등으로 불린다. 일반적으로 내포 오차성분모형은 FGLS로, 혼합효과모형은 최우추정법 또는 제약최우추정법으로 추정하지만 결과는 동일하다.

4-1 추정 방법

1) FGLS 추정

FGLS에서는 먼저 최소자승법으로 계수 추정치를 구한 뒤 이를 이용하여 오차성분의 분산 추정치를 구한다. 그런 다음 그 분산 추정치들을 이용하여 GLS 추정을 한다. GLS 추정 결과는 오차를 구성하고 있는 각 성분의 분산 추정치를 구하는 방식에 따라 달라질 수 있다.

월리스-후세인 방식은 3가지 오차성분의 분산을 모두 최소자승추정으로부터 얻어진 잔차의 제곱합을 이용하여 추정한 반면, 아메미야 방식은 3가지 오차성분의 분산을 모두 within 모형의 추정으로부터 얻어진 잔차의 제곱합을 이용하여 추정한다. 반면, 스와미-아로라 방식은 고유오차의 분산은 within 모형의 추정에 의해, 개체효과의 분산은 개체들에 대한 between 모형의 추정에 의해, 집단효과의 분산은 집단에 대한 between 모형의 추정에 의해 얻어진 잔차의 분산 추정치를 이용하여 추정한다.

FGLS에 의한 내포 오차성분모형의 추정은 함수 plm에 인자 model="random"과 effect="nested", 그리고 패널데이터의 구조를 지정하는 인자 index를 추가하여 실행한다. 내포 오차성분모형에서는 개체효과와 시간효과 외에 집단효과가 추가되기 때문에 인자 index를 달리 지정해야 한다. 예를 들어, 개체, 시간, 집단을 나타내는 변수가 각각 firm, year, industry라면 index는 다음과 같이 지정한다.

- index=c(id="firm", time=NULL, group="industry") 또는,
- index=c(id="firm", group="industry") 또는,
- index=c("firm", group="industry").

임의효과모형과 같이 각 효과의 분산을 추정하는 데 어떠한 방식을 적용할 것인가는 인자 random.method=c("swar", "amemiya", "walhus")에 의해 지정할 수 있다. 이에 대해서는 [실습 9-7]에서 보다 자세히 설명한다. 1단계 추정에서 얻어진 오차성분의 분산 추정치와 GLS 추정 결과로부터 얻어진 오차성분의 분산 추정치가 서로 다를 수 있기 때문에 GLS로부터 얻어진 분산 추정치를 사용하여 계수값을 다시 추정하는 과정을 계수 추정치가 수렴할 때까지 반복한다.

내포 오차성분모형의 FGLS 추정 방법은 일원 오차성분모형처럼 종속변수와 설명변수에

식 (9-11)로 표현되는 $\sigma_v \Omega_g^{-0.5}$을 좌측곱하여 변환한 다음 최소자승추정을 하는 것과 동일하다.

$$\sigma_v \Omega_g^{-0.5} = [I_{Ng} \otimes I_{Tg}] - \theta_\eta [I_{Ng} \otimes \bar{J}_{Tg}] - \theta_\lambda [\bar{J}_{Ng} \otimes \bar{J}_{Tg}] \quad (9\text{-}11)$$

식 (9-11)에서 θ_η, θ_λ는 각각 개체 변환, 집단 변환과 관련된 계수값이다. 따라서 내포 오차성분모형의 추정 방식은 임의효과모형의 추정 방식과 유사하게 종속변수와 설명변수들을 원래 값에서 개체평균과 집단평균의 일정 부분만큼 빼주는 방식으로 변환한 다음, 변환한 변수들에 대해 최소자승법을 적용하는 것이다. 개체평균과 집단평균의 얼마만큼을 빼줄 것인가는 θ_η와 θ_λ의 추정치에 의해 결정된다.

2) 혼합효과모형

내포 오차성분모형을 나타내는 식 (9-10)에서 $\alpha + \beta x_{gnt}$는 모형의 고정부문을 나타내는 반면, 오차성분인 $\lambda_g + \eta_{gn} + v_{gnt}$는 모형의 확률부문을 나타낸다. 모형의 고정부문을 고정효과(이는 고정효과모형에서 말하는 시간불변 효과와는 다르다!)라고 하고, 확률부문을 확률효과라고 해석한다면 내포 오차성분모형은 두 효과가 혼합된 모형이라 할 수 있다. 이러한 의미로 통계학 분야에서는 내포 오차성분모형을 혼합효과모형(mixed effects model)이라고 부른다.

혼합효과모형에서 η_{gn}을 집단 g와 개체 n에 대한 확률절편(random intercept)이라 하고, λ_g를 집단 g에 대한 확률절편이라 한다. 3가지 오차성분 가운데 v_{gnt}의 분산은 수준 1의 분산으로 시점 간-개체 내-집단 내 분산(between-time, within-individual, within-group variance)을 의미하며, η_{gn}의 분산은 수준 2의 분산으로 개체 간-집단 내 분산을 의미한다. λ_g의 분산은 수준 3의 분산으로 집단 간 분산을 의미한다. 일례로 8장의 임의효과모형은 시간이 수준 1이고 개체가 수준 2인 2수준(two level) 혼합효과모형이라 할 수 있다.

혼합효과모형은 최우추정법(ML)과 제약최우추정법(restricted maximum likelihood, 이하 REML)에 의해 추정한다. 먼저, 혼합효과모형의 ML 추정은 우도함수의 2단계 최적화 과정을 파라미터 값들이 수렴할 때까지 반복하여 수행하는 방식이다. 1단계에서는 고정효과의 계수값을 within 모형으로 추정하고 그로부터 오차를 구성하는 각 효과의 분산들을 추정한다. 그다음에 추정된 계수값과 분산 추정치들을 로그우도함수에 대입한 후에 로그우도함수값이 최대가 되는 파라미터 추정치들(계수 추정치와 분산 추정치)을 구한다. 이러한 과정을 파라미터 값들이 수렴할 때까지 반복적으로 실행한다.

혼합효과모형의 REML 추정은 오차성분의 분산 추정치는 ML에 의해 구하고, 계수 추정치는 GLS에 의해 구하는 방식이다. 식 (9-10)에서 확률효과의 로그우도함수값을 극대화하는 오차성분의 분산 추정치를 구한 다음, 이들 분산 추정치를 이용하여 GLS에 의해 계수 추정치를 구한다.

4-2 사례연습: 민간부문에 대한 공공자본의 생산성 분석

[실습 9-7]은 미국의 민간부문에 대한 공공자본의 생산성을 분석하기 위해 콥-더그라스 생산함수를 내포 오차성분모형으로 추정한 결과이다. 분석에 사용한 데이터 `Produc`은 미국의 48개 주에 대한 1970~1986년까지의 패널데이터로 패키지 `plm`에서 불러올 수 있다. 48개 주(state)는 9개의 지역(region)으로 구분된다. 예를 들면, 뉴욕, 뉴저지, 펜실베이니아는 중부 애틀랜틱 지역(Middle Atlanice region)에 속하는 주들이다. 따라서 원 집단은 지역(region)이고 내포 집단은 주(states)이다.

생산함수에서 종속변수는 gsp로 주 전체의 산출물(gross state product)이며, 설명변수는 민간자본액(pc), 비농업부문의 임금지불액(emp)으로 측정된 고용수준, 공공자본액이다. 공공자본액은 고속도로 및 국도, 지방도(hwy), 관배수시설(water), 기타 공공 건물 및 구조물(util)로 구성된다. 주(states)의 경기변동을 반영하기 위해 주 실업률(unemp)을 설명변수로 추가한다. 종속변수와 주 실업률을 제외한 모든 설명변수들은 로그변환한 형태로 사용한다.

모형 추정에 앞서 패널데이터의 구조를 파악하기 위해 함수 `head(Produc, 5)`를 실행하였다. 그 결과, 데이터 `Produc`에서 첫 3개의 열은 state, year, region으로 각각 개체, 시간, 집단을 나타내는 변수였다. 따라서 인자 `index=c("state", group="region")`을 사용하여 패널데이터 구조를 지정해주면 된다.

[실습 9-7]에서 오차성분의 분석 결과(`Effects`)를 보면, 기존의 두 효과에 추가하여 집단효과의 분산 추정치, 표준편차 추정치, 총분산에서 차지하는 비중이 제시된다. 또한 `theta`의 추정치 분포도 개체효과(`id`)와 집단효과(`group`)로 구분된다.

모형별로 추정 결과를 비교하기 위해 내포 오차성분모형(SA, WH, AM) 외에도 최소자승모형(OLS)과 within 모형(Within)의 추정 결과를 함께 제시하였다. 최소자승모형은 개체효과인 주(states)효과뿐만 아니라 집단효과인 지역효과를 추정 과정에 고려하지 못하기 때문에 계수 추정치가 다른 모형들과 비교하여 다소 큰 차이를 보인다. 또한 최소자승모형에서는 log(util)의 계수 추정치가 유의미하지 않다. within 모형의 추정 결과는 FGLS와 유사하지만,

R^2값은 FGLS보다 within 모형에서 더 낮다.

실습 9-7 **내포 오차성분모형에 의한 콥-더글라스 생산함수의 추정**

```
> data(Produc, package="plm")
> head(Produc, 5)
     state year region     pcap     hwy   water    util       pc   gsp    emp unemp
1 ALABAMA  1970      6 15032.67 7325.80 1655.68 6051.20 35793.80 28418 1010.5   4.7
2 ALABAMA  1971      6 15501.94 7525.94 1721.02 6254.98 37299.91 29375 1021.9   5.2
3 ALABAMA  1972      6 15972.41 7765.42 1764.75 6442.23 38670.30 31303 1072.3   4.7
4 ALABAMA  1973      6 16406.26 7907.66 1742.41 6756.19 40084.01 33430 1135.5   3.9
5 ALABAMA  1974      6 16762.67 8025.52 1734.85 7002.29 42057.31 33749 1169.8   5.5
> nest_sa<-plm(log(gsp)~log(pc)+log(emp)+log(hwy)+log(water)+log(util)+unemp,
              data=Produc, model="random", effect="nested",
              random.method="swar", index=c(group="region"))
> summary(nest_sa)
Nested effects Random Effect Model
   (Swamy-Arora's transformation)
--중략--
Balanced Panel: n = 48, T = 17, N = 816

Effects:
                   var  std.dev share
idiosyncratic 0.001352 0.036765 0.191
individual    0.004278 0.065410 0.604
group         0.001455 0.038148 0.205
theta:
            Min.   1st Qu.     Median       Mean    3rd Qu.       Max.
id    0.86492676 0.8649268 0.86492676 0.86492676 0.86492676 0.86492676
group 0.03960556 0.0466931 0.05713605 0.05577645 0.06458029 0.06458029

Residuals:
      Min.   1st Qu.    Median      Mean   3rd Qu.      Max.
 -0.106171 -0.024805 -0.001816 -0.000054  0.019795  0.182810

Coefficients:
               Estimate  Std. Error z-value   Pr(>|z|)
(Intercept)  2.08921088  0.14570204 14.3389  < 2.2e-16 ***
log(pc)      0.27412419  0.02054440 13.3430  < 2.2e-16 ***
log(emp)     0.73983766  0.02575046 28.7311  < 2.2e-16 ***
log(hwy)     0.07273624  0.02202509  3.3024  0.0009585 ***
log(water)   0.07645327  0.01385767  5.5170  3.448e-08 ***
log(util)   -0.09437398  0.01677289 -5.6266  1.838e-08 ***
unemp       -0.00616304  0.00090331 -6.8227  8.933e-12 ***
---
Signif. codes: 0 '***' 0.001 '**' 0.01 '*' 0.05 '.' 0.1 ' ' 1
```

```
Total Sum of Squares:  43.035
Residual Sum of Squares: 1.1245
R-Squared:   0.97387
Adj. R-Squared: 0.97368
Chisq: 20213.5 on 6 DF, p-value: < 2.22e-16
> ols<-plm(log(gsp)~log(pc)+log(emp)+log(hwy)+log(water)+log(util)+unemp,
           data=Produc, model="pooling")
> fe<-update(ols, model="within")
> nest_am<-update(nest_sa, random.method="amemiya")
> nest_wh<-update(nest_sa, random.method="walhus")
> screenreg(list(OLS=ols, Within=fe, SA=nest_sa, WH=nest_wh, AM=nest_am), digits=5)

==================================================================================
               OLS          Within        SA            WH            AM
----------------------------------------------------------------------------------
(Intercept)    1.92600 ***                2.08921 ***   2.08165 ***   2.13133 ***
              (0.05250)                  (0.14570)     (0.15035)     (0.16014)
log(pc)        0.31202 ***   0.23504 ***  0.27412 ***   0.27256 ***   0.26448 ***
              (0.01109)     (0.02621)    (0.02054)     (0.02093)     (0.02176)
log(emp)       0.54970 ***   0.80113 ***  0.73984 ***   0.74164 ***   0.75811 ***
              (0.01554)     (0.02976)    (0.02575)     (0.02607)     (0.02661)
log(hwy)       0.05888 ***   0.07675 *    0.07274 ***   0.07493 ***   0.07211 **
              (0.01541)     (0.03124)    (0.02203)     (0.02235)     (0.02363)
log(water)     0.11858 ***   0.07868 ***  0.07645 ***   0.07639 ***   0.07616 ***
              (0.01236)     (0.01500)    (0.01386)     (0.01387)     (0.01402)
log(util)      0.00856      -0.11478 *** -0.09437 ***  -0.09523 ***  -0.10151 ***
              (0.01235)     (0.01815)    (0.01677)     (0.01677)     (0.01705)
unemp         -0.00727 ***  -0.00518 *** -0.00616 ***  -0.00615 ***  -0.00584 ***
              (0.00138)     (0.00098)    (0.00090)     (0.00091)     (0.00091)
----------------------------------------------------------------------------------
R^2            0.99305       0.94562      0.97387       0.97231       0.96799
Adj. R^2       0.99300       0.94184      0.97368       0.97210       0.96776
Num. obs.    816           816          816           816           816
s_idios                                   0.03676       0.03762       0.03676
s_id                                      0.06541       0.06713       0.08306
s_gp                                      0.03815       0.05239       0.04659
==================================================================================
*** p < 0.001; ** p < 0.01; * p < 0.05
```

[실습 9-7]에서 SA, WH, AM은 FGLS에 의한 내포 오차성분모형의 추정 결과이다. 내포 오차성분모형의 계수 추정치는 오차성분의 분산을 추정하는 방식에 따라 큰 차이를 보이지 않는다. 추정 결과의 아래쪽에 있는 s2_gp, s2_id, sd_idios는 각각 집단효과, 개체효과, 고유오차의 표준편차 추정치를 의미한다. 이들 오차성분의 표준편차 추정치는 추정 방법에 따라

다소 차이가 난다. 집단효과의 표준편차는 WH가 가장 크고, SA가 가장 작다. 반면 개체효과의 표준편차는 AM이 가장 크다. 하지만 오차의 표준편차 차이가 계수의 추정값이나 표준오차의 차이를 초래하지는 않아 보인다. 추정모형에 관계없이 산출물 수준에 대해 도로시설(hwy)과 관배수시설(water)에 대한 공공자본액은 양(+)의 효과를 보인 반면, 기타 공공건축물(util)에 대한 공공자본액은 음(-)의 효과를 보인다.

[실습 9-8]은 혼합효과모형을 사용하여 [실습 9-7]에서 언급한 민간부문의 산출물함수를 콥-더글라스 생산함수로 추정한 결과이다. R에서 혼합효과모형의 추정은 패키지 `nlme`의 함수 `lme` 또는 패키지 `lme4`의 함수 `lmer`에 의해 실행할 수 있다. 여기에서는 함수 `lme`만을 소개하기로 한다.

함수 `lme`에서 인자 `fixed`는 모형의 고정효과 부문을 지정하는 반면, `random`은 모형의 확률효과, 즉 오차성분을 지정한다. ~1은 확률편차(random intercept)를 가진 모형을 추정한다는 의미이며, 기호 | 다음의 `region/state`는 오차성분의 위계 구조를 나타낸다. 즉, `region`이 집단효과를 나타내는 오차성분인 반면, `state`는 `region`에 내포되는 개체효과를 나타내는 오차성분이다. 달리 말하면, 기호 / 앞에는 집단(수준 3)을 나타내는 변수를, 그 뒤에는 개체(수준 2)를 나타내는 변수를 지정한다. 이러한 의미에서 통계학 분야에서는 혼합효과모형을 위계모형 또는 다수준모형이라 부른다. 인자 `method="REML"`은 혼합효과모형을 REML에 의해 추정함을, `method="ML"`은 혼합효과모형을 ML에 의해 추정함을 의미한다.

실습 9-8 **콥-더글라스 생산함수에 대한 혼합효과모형의 REML 추정**

```
> library(nlme)
> hier_reml<-lme(fixed=log(gsp)~log(pc)+log(emp)+log(hwy)+log(water)+
         log(util)+unemp,random=~1|region/state, data=Produc, method="REML")
> summary(hier_reml)
Linear mixed-effects model fit by REML
 Data: Produc
       AIC        BIC    logLik
  -2789.42  -2742.462   1404.71

Random effects:
 Formula: ~1 | region
        (Intercept)
StdDev:  0.04354664

 Formula: ~1 | state %in% region
        (Intercept)    Residual
StdDev:  0.08027366  0.03680082
```

```
Fixed effects: log(gsp) ~ log(pc) + log(emp) + log(hwy) + log(water) + log(util) +    unemp

                Value   Std.Error   DF    t-value   p-value
(Intercept)  2.1269959  0.15748617  762  13.505922   0.0000
log(pc)      0.2660310  0.02154707  762  12.346507   0.0000
log(emp)     0.7555058  0.02645559  762  28.557508   0.0000
log(hwy)     0.0718855  0.02334774  762   3.078904   0.0022
log(water)   0.0761553  0.01399523  762   5.441518   0.0000
log(util)   -0.1005396  0.01701732  762  -5.908076   0.0000
unemp       -0.0058815  0.00090925  762  -6.468532   0.0000

Correlation:
            (Intr)  lg(pc)  lg(mp)  lg(hw)  lg(wt)  lg(tl)
log(pc)     -0.493
log(emp)     0.497  -0.630
log(hwy)    -0.736  -0.025  -0.200
log(water)   0.168  -0.339  -0.196   0.015
log(util)   -0.010   0.071  -0.407  -0.341  -0.149
unemp        0.440  -0.418   0.547  -0.160  -0.129  -0.229

Standardized Within-Group Residuals:
        Min          Q1          Med          Q3         Max
 -3.20290340  -0.62138243  -0.04280174  0.48563570  4.15291870

Number of Observations: 816
Number of Groups:
          region  state %in% region
               9                 48
> attr(hier_reml$apVar, "Pars")
  reStruct.state  reStruct.region     lSigma
       -2.522314        -3.133923  -3.302235
```

[실습 9-9]는 내포 오차성분모형(AM)과 혼합효과모형(ML, REML)의 추정 결과를 비교한 것이다. 혼합효과모형의 추정 결과는 아메미야 방식을 적용한 FGLS와 유사하다. 각 모형의 추정 결과에 대해 함수 screenreg를 사용해도 오차성분의 분산이 자동으로 나타나지 않는다. 이러한 경우에 함수 attr()을 사용하면 모형의 추정 결과로부터 각 오차성분, 즉 개체(reStruct.state), 집단(reStruct. region) 그리고 고유오차(lSigma)에 대한 분산 추정치의 로그값을 구할 수 있다. 일례로, [실습 9-9]의 하단에 제시된 오차성분의 분산 추정치는 함수 attr(hier_reml$apVar, "Pars")에 의해 반환된 각 오차성분의 로그 분산값을 사용하여 별도로 계산한 것이다.

우리가 추정한 혼합효과모형 hier_ml은 집단 및 개체별로 절편이 다르다는 가정하에 추정한 것이다. 그렇다면, 모형 hier_ml의 추정 결과로부터 각 지역(region)과 주(state)에 대응하는 절편을 어떻게 구할 수 있는지 알아보자.

[실습 9-10]에서 보듯이 함수 `hier_ml$coefficients$random$region`을 실행하면 지역별 절편을 나타내는 `(Intercept)`가 산출된다. 이때, 숫자 1, 2, 3 등은 지역을 의미한다. 이 값들은 해당 지역의 절편이 아니라 지역별 절편에서 전체 절편(즉 hier_ml의 추정 결과에서 Intercept의 추정값인 2.12880)을 뺀 차이를 나타낸다. 따라서 지역 1의 실제 절편은 2.12880 + 0.00779 = 2.13659이다. 동일한 방법으로 계산한 코네티컷 주의 실제 절편은 2.12880 + 0.00907 = 2.13787이다.

실습 9-9 혼합효과모형과 내포 오차성분모형의 추정 결과 비교

```
> hier_ml<-update(hier_reml, method="ML")
> s2_gp_am<-summary(nest_am)$ercomp[["sigma2"]][3]
> s2_id_am<-summary(nest_am)$ercomp[["sigma2"]][[2]]
> s2_idios_am<-summary(nest_am)$ercomp[["sigma2"]][[1]]
> s2_gp_rem<-exp(attr(hier_reml$apVar, "Pars")[2])^2
> s2_id_rem<-exp(attr(hier_reml$apVar, "Pars")[1])^2
> s2_idios_rem<-exp(attr(hier_reml$apVar, "Pars")[3])^2
> s2_gp_ml<-exp(attr(hier_reml$apVar, "Pars")[2])^2
> s2_id_ml<-exp(attr(hier_reml$apVar, "Pars")[1])^2
> s2_idios_ml<-exp(attr(hier_reml$apVar, "Pars")[3])^2
> screenreg(list(AM=nest_am, ML=hier_ml, REML=hier_reml),
            custom.gof.rows=list("s2_gp"=c(s2_gp_am, s2_gp_ml, s2_gp_rem),
            "s2_id"=c(s2_id_am, s2_id_ml, s2_id_rem),
            "s2_idios"=c(s2_idios_am, s2_idios_ml, s2_idios_rem)),
            include.variance=FALSE, digits = 5)

=================================================================
                    AM              ML              REML
-----------------------------------------------------------------
(Intercept)          2.13133 ***     2.12882 ***     2.12700 ***
                    (0.16014)       (0.15505)       (0.15749)
log(pc)              0.26448 ***     0.26715 ***     0.26603 ***
                    (0.02176)       (0.02135)       (0.02155)
log(emp)             0.75811 ***     0.75407 ***     0.75551 ***
                    (0.02661)       (0.02630)       (0.02646)
log(hwy)             0.07211 **      0.07098 **      0.07189 **
                    (0.02363)       (0.02314)       (0.02335)
log(water)           0.07616 ***     0.07612 ***     0.07616 ***
                    (0.01402)       (0.01398)       (0.01400)
```

```
log(util)           -0.10151 ***     -0.10000 ***     -0.10054 ***
                    (0.01705)        (0.01701)        (0.01702)
unemp               -0.00584 ***     -0.00590 ***     -0.00588 ***
                    (0.00091)        (0.00091)        (0.00091)
------------------------------------------------------------------
s2_gp                0.00217          0.00145          0.00190
s2_id                0.00690          0.00628          0.00644
s2_idios             0.00135          0.00135          0.00135
R^2                  0.96799
Adj. R^2             0.96776
Num. obs.          816              816              816
AIC                              -2841.00319      -2789.42008
BIC                              -2793.95904      -2742.46210
Log Likelihood                    1430.50159       1404.71004
Num. groups: state                  48               48
Num. groups: region                  9                9
==================================================================
*** p < 0.001; ** p < 0.01; * p < 0.05
```

실습 9-10 혼합효과모형의 추정 결과로부터 지역 및 개체의 절편 구하기

```
> hier_ml$coefficients$random$region
  (Intercept)
1  0.007788663
 -- 중략 --
8  0.046124711
9  0.025756117
> hier_ml$coefficients$random$state
                  (Intercept)
1/CONNECTICUT   0.09071412997
 -- 중략 --
9/OREGON       -0.04613490313
9/WASHINGTON    0.08444790352
```

함수 anova를 사용하면 혼합효과모형의 수준에 대한 검정을 할 수 있다. 예를 들어, 콥-더글라스 생산함수의 경우에 2수준 혼합효과모형(model_ml)과 3수준 혼합효과모형(hier_ml) 중 어느 모형이 더 적절한지를 검정해보자. [실습 9-11]의 검정 결과에 따르면 2수준보다 3수준 혼합효과모형이 더 적합한 것으로 나타난다.

실습 9-11 혼합효과모형에서 수준 선택에 대한 카이제곱 검정

```
> model_ml<-lme(fixed=log(gsp)~log(pc)+log(emp)+log(hwy)+log(water)+
        log(util)+unemp, random=~1 | state, data=Produc, method="ML")
> anova(model_ml, hier_ml, test=TRUE)
         Model  df      AIC       BIC   logLik   Test   L.Ratio  p-value
model_ml     1   9 -2840.150 -2797.810 1429.075
hier_ml      2  10 -2841.003 -2793.959 1430.502 1 vs 2 2.853143   0.0912
```

5 AR(1) 고유오차를 가진 임의효과모형

혼합효과모형은 고정효과 부문과 확률효과 부문으로 구성되기 때문에 다양한 형태의 오차항을 가진 모형을 추정할 수 있는 것이 장점이다. 예를 들어, 임의효과모형의 고유오차가 시계열 상관을 가지는데 그 형태가 $v_{nt}=\rho v_{nt-1}+\epsilon_{nt}$와 같이 AR(1)이라고 하자. 이때 혼합효과모형을 사용하면 AR(1)을 따르는 오차항을 가진 임의효과모형을 손쉽게 추정할 수 있다.

[실습 9-12]는 데이터 Grunfeld를 사용하여 AR(1)을 따르는 고유오차를 가진 혼합효과모형을 추정한 것이다. 고유오차의 AR(1) 여부는 함수 acf를 이용하여 자기상관 그래프를 그려서 확인하거나, 또는 함수 pbgtest나 pdwtest에 의해 검증할 수 있다. 함수 lme에서 인자 correlation=corAR1(0, form=~year|firm)는 $v_{nt}=\rho v_{nt-1}+\epsilon_{nt}$와 같은 AR(1) 과정에 대응하는 공식이다. 기호 | 앞에는 시간을 나타내는 변수를, 기호 | 뒤에는 개체를 의미하는 변수를 지정한다. form 앞에 있는 숫자는 -1과 1 사이에 있는 임의의 숫자를 지정하면 되는데 그 값에 따라 상관계수 $\hat{\rho}$과 계수 추정치는 달라지지는 않는다.

reAR1_ml는 AR(1) 고유오차를 가진 혼합효과모형의 추정 결과이다. 이때 Phi는 시계열 상관계수의 추정치 $\hat{\rho}$을 의미한다. 함수 anova를 사용하면 혼합효과모형의 추정 결과로부터 고유오차의 AR(1) 여부를 검정할 수 있다. 검정 결과에 따르면 AR(1)을 따르는 고유오차를 가정하지 않는 혼합효과모형(re_ml)은 기각된다.

실습 9-12 AR(1) 고유오차를 가진 혼합효과모형의 추정

```
> data(Grunfeld, package="plm")
> re_ml<-lme(inv~value+capital, data=Grunfeld, random=~1|firm)
> acf(residuals(re_ml))
> reAR1_ml<-lme(inv~value+capital, data=Grunfeld, random=~1|firm,
        correlation=corAR1(0, form=~year|firm))
> summary(reAR1_ml)
Linear mixed-effects model fit by REML
 Data: Grunfeld
     AIC      BIC    logLik
  2094.802  2114.501  -1041.401
Random effects:
 Formula: ~1 | firm
        (Intercept)   Residual
StdDev:    78.04129   72.80316

Correlation Structure: AR(1)
 Formula: ~year | firm
 Parameter estimate(s):
     Phi
 0.823845

Fixed effects: inv ~ value + capital
                Value   Std.Error   DF    t-value   p-value
(Intercept) -40.27651   30.694247  188  -1.312184    0.1911
value         0.09337    0.007933  188  11.769948    0.0000
capital       0.31323    0.032170  188   9.736772    0.0000
--중략--

> anova(re_ml, reAR1_ml)
         Model  df      AIC       BIC     logLik   Test   L.Ratio  p-value
re_ml        1   5  2205.851  2222.267  -1097.926
reAR1_ml     2   6  2094.802  2114.501  -1041.401  1 vs 2  113.0496   <.0001
```

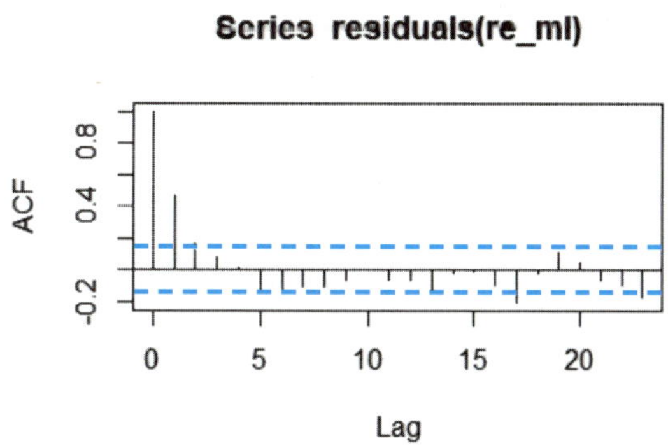

[그림 9-1] 함수 acf(residuals(re_ml))의 실행 결과

6 비구형 오차를 가진 모형의 추론과 검정

패널데이터는 집단(기업, 개인, 국가 등)과 시간 측면에서 자연스레 클러스터를 형성하는 경우가 많다. 따라서 관측치들은 공통적인 개체 특성이나 시간 특성을 공유하게 된다. 이러한 패널데이터의 구조로 인해 오차는 등분산이며 시계열 상관을 가지지 않는다는 가정을 대부분 충족하기 어렵다. 패널데이터 모형에서 오차가 비구형(non-spherical)이라면 오차의 분산 추정치는 하향 편향되어 파라미터 추정치의 유의성 여부에 대해 잘못된 판단을 할 수 있다.

패널데이터 모형에서 오차의 이분산이나 시계열 상관이 탐지되었다면 오차의 일치 공분산 행렬을 추정한 다음, 이를 이용하여 FGLS를 적용할 필요가 있다. 하지만 이러한 추정 방식은 신뢰구간의 크기를 지나치게 좁게 추정하거나 또는 효율성이 최소자승모형에 비해 그리 높지 않다는 문제가 있다(Beck & Katz, 1995). 또한 패널데이터 모형의 오차항이 이분산이나 시계열 상관을 가지는지를 검정하는 통계량도 이분산이나 시계열 상관이 없다는 가정하에 구해진 오차의 공분산을 적용하기 때문에 문제가 있다. 달리 말하면, 어떠한 공분산을 적용하느냐에 따라 검정 결과가 달라질 수 있다. 그렇다면 그 대안으로 계수값은 최소자승모형으로 추정하되, 추정된 계수값에 이분산이나 시계열 상관에 견고한 공분산을 적용하는 것이 보다 더 적절할 수 있다.

6-1 견고한 표준오차 구하기

패널데이터 분석에서도 이분산이나 시계열 상관에 견고한 오차의 공분산 추정량들이 여러 형태로 개발되었다. 먼저, 다수의 연구자들에 의해 횡단면데이터 모형에 적용한 이분산에 견고한 추정량(예를 들면, sandwich)이 패널데이터 모형으로 확대·적용되었다. 패널데이터는 횡단면과 시계열 차원을 모두 가지기 때문에 이분산과 시계열 상관에 견고하다는 의미는 횡단면과 시계열 측면에서 모두 적용된다. 이러한 점에 착안하여 패널데이터에 적합하게 고안된 견고한 공분산(예를 들면, PCSE)도 있다.

횡단면데이터 분석에 적용하였던 패키지 `lmtest`의 함수 `coeftest`와 패키지 `plm`의 함수 `vcovHC`를 사용하여 패널데이터 모형에 적용할 수 있는 다양한 형태의 견고한 공분산 추정량을 구할 수 있다. 이들 각각에 대해 알아보자.

1) 화이트-아렐라노의 견고한 공분산 추정량

화이트-아렐라노(White-Arellano, 이하 WA)의 공분산 행렬은 함수 vcovHC에 의해 구할 수 있다. 아래 3개의 R 코드는 계수 추정치에 대해 동일한 표준오차 추정치를 제공한다.

```
coeftest(zz, vcov=vcovHC)
coeftest(zz, vcov=vcovHC(zz, method="arellano", type="HC0"))
coeftest(zz, vcov=vcovHC(zz, cluster="group"))
```

여기서 zz는 패널 모형의 추정 결과가 저장된 객체 이름이다. 인자 method에 지정되는 값으로 arellano, white1, white2가 있다. 기본값 arellano는 식 (9-12)와 같이 이분산과 시계열(횡단면) 상관성을 모두 고려한 공분산으로 고정효과모형에 적합하다. white1은 식 (9-13)과 같이 통상적인 형태의 이분산을 가지지만 시계열 상관이 없는 경우로 임의효과모형에 적합하다. white2는 모든 집단이 공통 분산(common variance)을 갖도록 white1을 수정한 것으로 임의효과모형에 적합하다.

$$V_{CX} = (Z^T Z)^{-1} \sum_{n=1}^{N} Z_n^T \epsilon_n \epsilon_n^T Z_n (Z^T Z)^{-1} \tag{9-12}$$

$$V_{WH} = (Z^T Z)^{-1} \sum_{n=1}^{N} \sum_{t=1}^{T} \hat{\epsilon}_{nt}^2 z_{nt} z_{nt}^T (Z^T Z)^{-1} \tag{9-13}$$

인자 type은 공분산 행렬에서 주대각 원소의 형태, 즉 가중치(weighting schemes)를 지정하는 것으로 "HC0", "HC1", "HC2", "HC3", "HC4"의 값을 가진다. 각 공분산 행렬에 대응하는 가중치의 형태는 2장 5-2절을 참조하라.

인자 cluster="group"은 관측치가 집단(group)별로 클러스터를 형성할 때, 식 (9-13)과 같은 시계열 상관에 견고한 공분산 행렬을 구할 때 적용한다. 이는 N이 크고 T가 짧은 패널데이터에 적합하다. cluster="time"은 관측치가 시간(time)별로 클러스터를 형성할 때, 식 (9-14)와 같은 횡단면 상관관계(종속성)에 견고한 공분산 행렬을 구할 때 적용한다. 이는 T가 긴 패널데이터에 적합하다.

$$V_{CT} = (Z^T Z)^{-1} \sum_{t=1}^{T} Z_t^T \hat{\epsilon}_t \hat{\epsilon}_t^T Z_t (Z^T Z)^{-1} \qquad (9\text{-}14)$$

[실습 9-13]은 [실습 9-7]에서 다루었던 민간부문의 산출물에 대한 콥-더글라스 생산함수의 최소자승 계수 추정치들에 대해 WA 유형의 견고한 공분산 추정량을 계산한 결과이다. 견고한 공분산을 추정하는 방식별로 계수값의 표준오차(실습 9-13의 4번째 R 코드)와 유의확률 값(실습 9-13의 7번째 R 코드)을 비교하였다. 이분산이나 시계열 상관에 견고한 공분산의 경우 표준오차 값이 커지기 때문에 최소자승추정 결과와는 달리 변수 log(hwy)가 더 이상 유의미하지 않게 나타난다.

실습 9-13 패널데이터 모형에서 WA 유형의 견고한 표준오차 구하기

```
> library(lmtest)
> library(sandwich)
> zz<-plm(log(gsp)~log(pc)+log(emp)+log(hwy)+log(water)+log(util)+unemp,
          data=Produc, model="pooling")
> t(sapply(c("HC0", "HC1", "HC2", "HC3", "HC4"), function(x)
          sqrt(diag(vcovHC(zz, type = x)))))
    (Intercept)  log(pc)  log(emp)  log(hwy)  log(water)  log(util)   unemp
HC0     0.21126  0.04612   0.06674   0.05006     0.03401    0.04005  0.00290
HC1     0.21217  0.04632   0.06703   0.05028     0.03416    0.04022  0.00292
HC2     0.21259  0.04643   0.06719   0.05032     0.03419    0.04032  0.00292
HC3     0.21392  0.04673   0.06764   0.05057     0.03437    0.04059  0.00294
HC4     0.21344  0.04665   0.06757   0.05041     0.03430    0.04053  0.00294
> sterr.tab<-cbind(coeftest(zz)[,c(1,4)],
        coeftest(zz, vcov=vcovHC)[,4],
        coeftest(zz, vcov=vcovHC(zz, type="HC1"))[,4],
        coeftest(zz, vcov=vcovHC(zz, type="HC2"))[,4],
        coeftest(zz, vcov=vcovHC(zz, type="HC3"))[,4],
        coeftest(zz, vcov=vcovHC(zz, type="HC4"))[,4])
> dimnames(sterr.tab)[[2]]<-c("Coeff", "p-value: OLS", "HC0", "HC1",
                              "HC2", "HC3", "HC4")
> round(sterr.tab, 4)
              Coeff  p-value: OLS    HC0    HC1    HC2    HC3    HC4
(Intercept)  1.9260        0.0000 0.0000 0.0000 0.0000 0.0000 0.0000
log(pc)      0.3120        0.0000 0.0000 0.0000 0.0000 0.0000 0.0000
log(emp)     0.5497        0.0000 0.0000 0.0000 0.0000 0.0000 0.0000
log(hwy)     0.0589        0.0001 0.2399 0.2419 0.2423 0.2446 0.2431
log(water)   0.1186        0.0000 0.0005 0.0005 0.0006 0.0006 0.0006
log(util)    0.0086        0.4888 0.8309 0.8316 0.8320 0.8331 0.8329
unemp       -0.0073        0.0000 0.0125 0.0129 0.0131 0.0137 0.0136
```

2) 뉴이-웨스트의 견고한 공분산 추정량

뉴이-웨스트(Newey-West, 1987, 이하 NW)의 견고한 공분산 추정량은 다음과 같이 구해진다.

$$V_{NW} = V_{WH} + \sum_{l=1}^{L} \omega_l [V_{WH,l} + V_{WH,l}^T] \tag{9-15}$$

NW 공분산은 White 유형의 공분산에 시차가 각각 다른 White 유형의 공분산을 가중합한 것을 추가한 형태이다. 식 (9-15)에서 $V_{WH,l} = \sum_{t=1}^{T}\sum_{n=1}^{N} z_{nt}\hat{\epsilon}_n \hat{\epsilon}_{n,t-l}^T \; z_{n,t-l}^T$는 시차가 각기 다른 공분산을 나타내며, ω_l은 커널함수에 의한 가중치로 개체 간 거리가 멀어질수록 작은 값을 가진다. 따라서 NW 공분산은 시간이 지남에 따라 개체 간 시계열 상관이 충분히 빠른 속도로 감소하는 상황을 반영한다. NW 공분산은 패키지 `plm`의 함수 `vcovNW`에 의해 구한다. 최대 시차는 인자 `maxlag`에 의해 지정하며 기본값은 2이다.

```
coeftest(zz, vcov=vcovNW(zz, type="HC0", maxlag=2))
```

3) 드리스콜과 크레이의 SCC 추정량

드리스콜과 크레이(Driscoll & Kraay, 1998, 이하 SCC)의 공분산 추정량은 다음과 같이 계산된다.

$$V_{SCC} = V_{CT} + \sum_{l=1}^{L} \omega_l [V_{CT,l} + V_{CT,l}^T] \tag{9-16}$$

SCC(spatial correlation consistent) 추정량은 식 (9-16)에서 보듯이 NW 추정량 V_{CT}에, 시차가 각각 다른 공분산(즉, $V_{CT,l} = \sum_{t=1}^{T} Z_t^T \hat{\epsilon}_t \, \hat{\epsilon}_{t-l}^T Z_{t-l}$)에 커널함수 가중치($\omega_l$)를 곱하여 모든 시차에 대해 합한 항목을 추가한 것과 같다. 이때 가중치는 개체 간 거리가 멀어질수록 작아진다. 이러한 의미에서 SCC 추정량은 시간이 지남에 따라 시계열 상관과 교차시계열 상관이 충분히 빠른 속도로 감소하는 상황을 반영한다. 즉, T가 최소 20~25 이상으로 충분히 큰 상황에 해당한다.

SCC 추정량을 ①서로 다른 시점의 동일한 개체로부터 얻어진 잔차들 간의 시계열 상관뿐만 아니라 ②서로 다른 시점에서 서로 다른 개체들 간의 교차 시계열 상관, ③같은 시점 내의 횡단면 상관(종속성)까지도 고려한다.

SCC 추정량은 패키지 plm의 함수 vcovSCC에 의해 구할 수 있다. 최대 시차는 인자 maxlag에 의해 지정하며, 기본값은 2이다. maxlag=0일 때 SCC 추정량은 method="arellano"와 cluster="time"을 적용한 vcovHC와 같다.

```
> coeftest(zz, vcov=vcovSCC(zz, type="HC0", maxlag=2))
> coeftest(zz, vcov=vcovSCC(zz, type="HC0", maxlag=0))
> coeftest(zz, vcov=vcovHC(zz, method="arellano", cluster="time"))
```

4) 벡과 카츠의 패널수정표준오차

벡과 카츠(Beck & Katz, 1995)의 패널수정표준오차(panel corrected standard errors, 이하 PCSE)는 패널데이터 모형의 오차가 동시점 상관관계(contemporaneous correlation)와 이분산을 가질 때 적용한다. 동시점 상관관계는 수식으로 표현하면 $E(\epsilon_{i,t}\epsilon_{j,t}) \neq 0$이다. PCSE를 적용할 수 있는 가장 일반적인 경우는 오차가 시계열 상관을 가지지 않으며 종속변수 시차 값이 설명변수로 추가된 패널데이터 모형일 때이다.

PCSE 추정량은 패키지 plm의 함수 vcovBK에 의해 구해지며 인자 type을 사용할 수 있다. cluster="group"은 시계열 이분산과 상관관계에 견고한 추정량을 구할 때, cluster="time"은 횡단면 이분산과 상관관계에 견고한 추정량을 구할 때 사용한다. diagonal=TRUE를 적용할 경우, 공분산 행렬에서 주대각 이외의 모든 원소들이 0의 값을 가지게 되어 시계열이나 횡단면 상관관계가 배제된다. 그래서 시간(또는 집단)에 따른 이분산에만 견고한 공분산을 제공한다. 아래 3개의 R 코드는 동일한 추정 결과를 제공한다.

```
coeftest(zz, vcov=vcovBK)
coeftest(zz, vcov=vcovBK(zz, cluster="group"))
coeftest(zz, vcov=vcovBK(zz, cluster="group", diagonal=FALSE))
```

6-2 견고한 표준오차를 적용한 패널데이터 모형 검증

패널데이터 모형의 가정을 검정하거나 계수값에 관한 가설검정을 하는 데에도 견고한 표준오차를 사용하는 것이 중요하다. 다음의 3가지 예를 살펴보자.

1) 왈드 검정

[실습 9-14]에서처럼 데이터 Grunfeld를 이용하여 함수 형태가 서로 다른 임의효과모형 re1과 re2를 검정해보자. 관측치 수가 200개밖에 되지 않는 소규모 표본이기 때문에 type="HC3"를 적용한다. 계수 추정치의 견고한 표준오차는 coeftest(re, vcov=vcovHC(re, method="white1", type="HC3")에 의해 구할 수 있다. 왈드 검정을 이용하여 두 모형을 비교하려면 함수 function(x)를 적용해야 한다. 그렇지 않으면 [실습 9-14]에서 보듯이 에러 메시지가 나타난다.

[실습 9-14]의 vcovHC(x,...)에서 x는 보조회귀모형의 추정 결과이다. 인자 method와 type은 오차의 이분산이나 시계열 상관을 반영하는 데 사용한다. 인자 type에 지정되는 이분산 일치 추정량으로 HC0, HC1, HC2, HC3, HC4가 있다. 패널데이터인 경우에 인자 method가 추가되며, 지정되는 값으로 arellano, white1, white2가 있다.

실습 9-14 왈드 검정에서 견고한 공분산 적용하기

```
> re1<-plm(inv~value+capital, data=Grunfeld, model="random")
> re2<-update(re1, ~.-capital)
> waldtest(re1,re2,vcov=vcovHC(x, method="white1", type="HC3"))=>에러 메시지
> waldtest(re1, re2, vcov=function (x) vcovHC(x, method="white1",
          type="HC3"))
Wald test

Model 1: inv ~ value + capital
Model 2: inv ~ value
  Res.Df   Df   Chisq    Pr(>Chisq)
1    197
2    198   -1   33.226     8.203e-09 ***
---
Signif. codes: 0 '***' 0.001 '**' 0.01 '*' 0.05 '.' 0.1 ' ' 1>
```

2) 회귀 기반의 하우스만 검정

하우스만 검정은 임의효과모형에 기초하기 때문에 오차의 등분산 가정하에서만 적용할 수 있다. 이러한 문제점은 회귀 기반의 하우스만 검정에 이분산에 견고한 표준오차를 적용함으로써 해결할 수 있다. 8장의 하우스만 검정은 식 (9-17)과 같은 선형패널 모형에서 선형제약식 $\delta=0$을 검정하는 방식으로도 실행할 수 있다.

$$\tilde{y} = \tilde{Z}\gamma + WX\delta \tag{9-17}$$

여기서 $\tilde{y}$와 $\tilde{Z}$는 각 변수의 개체 값에서 개체평균의 일정 부분을 빼주는 GLS 변환을 적용한 종속변수와 설명변수이다. WX는 각 변수에서 개체별 평균값을 빼주는 within 변환을 적용한 설명변수이다. 따라서 하우스만 검정은 다름 아닌 식 (9-17)의 추정식에서 추가된 변수 WX의 유의성, 즉 $\delta=0$ 여부를 검정하는 것이다.

회귀 기반의 하우스만 검정은 [실습 9-15]에서 보듯이 함수 `phtest`에서 모형의 추정 결과 대신에 추정모형식을 사용하고 인자 `method="aux"`를 추가하면 된다. 또한 인자 `vcov`를 사용하여 `vcovHC`와 같은 견고한 공분산 행렬을 별도로 지정할 수 있다. 예를 들어, `vcov=vcovHC`는 후버-화이트(Huber-White) 이분산 일치추정량을 적용한다는 의미이다.

[실습 9-15]는 지식자본을 측정하는 R&D 투자지출액이 제조업에 미치는 효과를 Cobb-Douglas 생산함수로 분석한 것이다. 데이터 `RDSpillovers`는 1980년부터 2005년까지 세계 10개국, 119개 산업에 대한 패널데이터이다. 이 데이터는 id(국가-산업 식별번호), year(연도), country(국가), sector(제조업 분류), lny(생산액), lnl(노동투입액), lnk(물적 자본스톡), lnrd(R&D 자본스톡)를 변수로 포함한다. 이 중 명목변수와 범주형 변수를 제외한 나머지 변수들은 모두 로그변환한 형태이다.

[실습 9-15]의 하우스만 검정 결과에 따르면, 통상적인 패널데이터 모형의 공분산을 적용할 경우 귀무가설이 기각되어 고정효과모형만이 적합하다고 할 수 있다. 하지만 이분산과 시계열 상관에 견고한 공분산 행렬(vcovHC)을 적용할 경우, 귀무가설을 더이상 기각할 수 없는 정반대의 결과가 나타난다.

실습 9-15 **견고한 표준오차를 적용한 회귀 기반 하우스만 검정**

```
> data(RDSpillovers, package="pder")
> RDdata<-pdata.frame(RDSpillovers, index=c("id", "year"))
> pdim(RDdata)
Unbalanced Panel: n = 119, T = 11-26, N = 2637
> model<-lny~lnl+lnk+lnrd
> phtest(model, RDdata, method='aux', vcov=vcov)

        Regression-based Hausman test, vcov: vcov

data: model
chisq = 53.281, df = 3, p-value = 1.597e-11
alternative hypothesis: one model is inconsistent
> phtest(model, RDdata, method="aux", vcov=vcovHC)

        Regression-based Hausman test, vcov: vcovHC

data: model
chisq = 2.3056, df = 3, p-value = 0.5114
alternative hypothesis: one model is inconsistent
```

3) 견고한 표준오차를 적용한 가설검정

패널데이터 모형에서 가설검정을 할 때 견고한 표준오차를 적용할 때와 그렇지 않을 때 검정 결과가 어떻게 달라지는지를 살펴보자. [실습 9-16]의 데이터는 코클리와 스미스(Coakley & Smith, 2006)의 연구에서 사용한 패널데이터이다. 이 패널데이터는 17개 선진국에 대한 1973년 1사분기부터 1998년 4사분기까지의 분기별 자료이다. 이 자료는 각국의 구매력평가(purchasing power parity, PPP) 환율과 관련하여, country(국가), time(분기), ls(미 달러 대비 환율의 로그값), lp(물가수준의 로그값), is(단기이자율), il(장기이자율), ld(미국 대비 물가상승률), uis(미국 단기이자율), uls(미국 장기이자율) 등을 변수로 포함한다. 구매력평가 환율은 각국 통화의 실질 구매력을 기준으로 평가한 환율을 의미한다. 이는 균형 환율은 관련 당사국 간 물가수준의 차이, 즉 당사국 화폐 간 실질구매력의 차이에 의해 결정된다는 구매력평가 이론에 근거한다. 다음의 구매력평가 환율 함수를 고려해보자.

$$\Delta s_{nt} = \alpha + \beta(\Delta p - \Delta p^*)_{nt} + v_{nt}$$

여기서 Δs_{nt}는 각국 통화의 미 달러에 대한 상대적 환율의 변화율을 나타낸다. $(\Delta p - \Delta p^*)$는 미국과 다른 국가의 물가상승률 차이를 나타낸다. β는 각국의 물가상승률 차이가 환율에 반영되는 정도를 나타내는데, $\beta = 1$은 완전히 반영됨을 뜻한다.

[실습 9-16]의 가설검정에 사용한 패널데이터 모형은 국가효과만을 반영하는 일원 고정효과모형과, 국가효과와 시간효과를 모두 반영한 이원 고정효과모형이다. 통상적인 패널 모형의 표준오차를 적용할 경우(실습 9-16에서 OLS)에는 두 모형에서 $\beta = 1$이라는 귀무가설이 모두 기각된다. 하지만 집단 클러스터(즉, 집단 내 개체들의 시계열 상관)에 대해 견고한 표준오차를 적용하는 경우(실습 9-16에서 Arellano, Vcx, Vbk)에는 어느 모형에서도 귀무가설이 기각되지 않는다.

실습 9-16 패널데이터 모형에서 견고한 표준오차를 적용한 가설검정

```
> data(Parity, package="plm")
> pppfe<-plm(ls~ld, data=Parity, effect="individual")
> pppftw<-plm(ls~ld, data=Parity, effect="twoways")
> vwa<-function (x) vcovHC(x, method="arellano")
> vwt<-function (x) vcovHC(x, method="white1")
> vcx<- function (x) vcovHC(x, method="arellano", cluster="group")
> vct<- function (x) vcovHC(x, method="arellano", cluster="time")
> vnw<-function (x) vcovNW(x)
> vscc<- function (x) vcovSCC(x)
> vbk<- function (x) vcovBK(x)
> vcovlist<-c(vcov, vwa, vwt, vcx, vct, vnw, vscc, vbk)
> names(vcovlist)<-c("OLS", "Arellano", "White1", "Vcx", "Vct", "Vnw",
                     "Vscc", "Vbk")
> ptable<-matrix(nrow=length(vcovlist), ncol=2)
> dimnames(ptable)<-list(names(vcovlist), c("Country FE", "Two-way FE"))
> for(i in 1:length(vcovlist)) {
   ptable[i,1]<-linearHypothesis(pppfe, "ld=1", vcov=vcovlist[[i]])[2,4]
  }
> for(i in 1:length(vcovlist)) {
   ptable[i,2]<-linearHypothesis(pppftw, "ld=1", vcov=vcovlist[[i]])[2,4]
  }
> round(ptable,5)
              Country FE    Two-way FE
OLS             0.00000       0.00000
Arellano        0.07077       0.11979
White1          0.00000       0.00000
Vcx             0.07077       0.11979
Vct             0.00000       0.00000
Vnw             0.00003       0.00000
Vscc            0.00008       0.00001
Vbk             0.14255       0.10667
```

7 패널데이터 모형의 GGLS 추정

임의효과모형에서 오차항은 개체효과와 고유오차로 구성되어 있으며 동일한 개체에 대한 관측치는 동일한 개체효과를 가진다. 그렇기 때문에 오차항은 자기상관을 가지게 된다. 하지만 임의효과모형에서 가정하는 오차항은 2개의 파라미터 σ_v^2와 σ_η^2만으로 공분산 구조를 표현하기 때문에 다양한 형태의 개체 이질성(예를 들면, 이분산이나 공간적·시간적 자기회귀 과정)을 설명하는 데 제약이 있다.

N이 T보다 충분히 큰 패널데이터인 경우, 식 (9-18)과 같이 오차항의 분산에 대해 덜 제약적인 형태를 가정함으로써 GLS 추정 과정에 다양한 형태의 집단 내 이분산과 시계열 상관을 반영할 수 있다. 이러한 추정 방법이 울드리지(Wooldridge)의 일반 FGLS(general feasible general least squares, 이하 GGLS)이다.

$$\Sigma_T = \begin{bmatrix} \sigma_1^2 & \sigma_{12} & \cdots & \sigma_{1T} \\ \sigma_{12} & \sigma_2^2 & \cdots & \vdots \\ \cdots & & \ddots & \sigma_{T-1,T} \\ \sigma_{1T} & & & \sigma_T^2 \end{bmatrix} \tag{9-18}$$

이때 행렬 Σ_T는 대칭이며 양정부호(positive definite)를 가진다는 점 외에는 다른 형태를 가정하지 않는다. 개체 오차들은 다양한 형태의 이분산과 자기상관을 가질 수 있으나, 횡단면 차원에서 서로 다른 개체 오차들은 상관관계를 가지지 않으며, 식 (9-18)의 오차항 구조가 다른 개체들에 대해서도 동일하다고 가정한다.

이러한 가정하에 Σ_T의 구성요소 σ_{st}는 개체 n에 대한 최소자승 잔차 $\hat{\epsilon}_n = (\hat{\epsilon}_{n1}, \cdots, \hat{\epsilon}_{nT})$로부터 식 (9-19)와 같은 방식으로 추정할 수 있다.

$$\hat{\Sigma}_T = \sum_{n=1}^{N} \frac{\hat{\epsilon}_n \hat{\epsilon}_n^T}{N} \tag{9-19}$$

$N \gg T$인 패널이라면, 집단 내 오차의 공분산이 어떠한 값이라도 자유롭게 가질 수 있도록 하는 전략은 매우 매력적이다. NT만큼의 관측치를 사용하여 추정해야 하는 분산의 수는

$T(T+1)/2$이기 때문에 제약이 없는 공분산 형태를 추정하더라도 여전히 많은 수의 자유도가 유지될 수 있다. 이러한 상황은 N은 수천 개이나 T는 비교적 짧은 미시패널데이터에 잘 들어맞는다고 할 수 있다. 시뮬레이션 연구에 따르면, 표본의 수가 매우 크지 않은 경우에도 GGLS 추정량은 PCSE와 같은 견고한 표준오차를 가진 최소자승추정량보다 더 효율적인 것으로 알려져 있다.

GGLS 모형은 패키지 `plm`의 함수 `pggls`에 의해 추정할 수 있다. `pggls`의 기본 구조는 `plm`과 유사하다. GGLS 모형의 추정은 2단계 방식으로 이루어진다. 첫 단계에서 패널데이터 모형은 OLS, within 모형, FD 모형 중 어느 한 방법에 의해 추정된다. 두 번째 단계에서는 1단계 추정에서 얻어진 잔차를 이용하여 FGLS 추정에 사용할 공분산 행렬을 추정한다. 인자 `model=c("pooling", "within", "fd")`는 1단계의 잔차 추정치를 구하는 방법을 지정한다.

잔차를 이용하여 공분산 행렬을 추정할 때, 인자 `effect`를 사용하여 다양한 형태의 이분산이나 시계열 상관을 공분산 구조에 반영할 수 있다. 예를 들어, N이 큰 패널인 경우 인자 `effect="individual"`을 적용함으로써 집단 내 오차의 공분산이 어떤 형태의 집단 내 이분산과 시계열 상관에도 견고하도록 설정할 수 있다. 하지만 모든 집단에 대해 오차항의 공분산 구조가 동일하다고 가정하기 때문에 집단 간 이분산이 있다면 GGLS는 효율적이지 않을 수 있다. T가 긴 패널인 경우 `effect="time"`을 적용하여 다양한 형태의 횡단면 상관을 고려할 수 있다. 이때 시계열 상관은 배제되기 때문에 추정량은 시계열 차원에 대해서만 일치적이다.

1) 임의효과모형의 GGLS 추정(Pooled GGLS)

임의효과모형의 GGLS 추정은 함수 `pggls`에 인자 `model="pooling"`을 적용한다. 오차의 공분산 구조가 식 (9-18)과 같다고 가정할 때, 잔차들은 최소자승법에 의해 추정할 수 있다. 추정한 잔차를 이용하면 Σ_T는 식 (9-19)에 의해 추정할 수 있다.

GGLS 추정량은 $\hat{\Omega} = I_N \otimes \hat{\Sigma}_T$을 이용하여 $\hat{\gamma}_{GGLS} = (Z^T \hat{\Omega}^{-1} Z)^{-1} (Z^T \hat{\Omega}^{-1} y)$와 같이 구해진다. $\hat{\Sigma}_T$을 통해 오차의 공분산 구조가 임의효과모형의 오차 구조(즉, 모든 주대각 원소와 비대각 원소의 값이 각각 서로 비슷한 경우)를 갖는지, 아니면 AR(1)과 같이 비대각 원소의 공분산이 거리가 멀어질수록 점점 작아지는지를 식별할 수 있다. 물론 N이 크고 T가 작은 패널인 경우에는 시간 고정효과를 반영하는 시간(연도) 더미변수를 설명변수로 추가하여 횡단면 상관관계를 어느 정도 통제할 수 있다.

[실습 9-17]은 데이터 `EmplUK`를 이용하여 임의효과모형을 GGLS에 의해 추정한 결과이

다. plm과 달리 두 오차성분의 분산 추정치 대신에 오차의 공분산 추정치 행렬 $\hat{\Sigma}$이 sigma라는 이름으로 저장된다. [실습 9-17]에서 보듯이 추정된 공분산 행렬의 형태는 식 (9-18)과 유사하다. 즉, 개체효과 분산이 고유오차 분산보다 크고 두 시점 간 거리가 멀어지더라도 비대각 원소의 공분산이 줄어들지 않는 형태이다. 앞서 말한 바와 같이 공분산 추정치는 모든 개체에 대해 동일하다.

실습 9-17 GGLS에 의한 임의효과모형의 추정

```
> out<-pggls(log(emp)~log(wage)+log(capital), data=EmplUK,
          effect="individual", model="pooling")
> round(out$sigma,3)
      1976  1977  1978  1979  1980  1981  1982  1983  1984
1976 0.307 0.291 0.277 0.269 0.252 0.254 0.247 0.303 0.362
1977 0.291 0.303 0.296 0.294 0.275 0.259 0.251 0.272 0.428
1978 0.277 0.296 0.299 0.301 0.280 0.264 0.256 0.280 0.433
1979 0.269 0.294 0.301 0.314 0.291 0.273 0.263 0.287 0.452
1980 0.252 0.275 0.280 0.291 0.282 0.265 0.254 0.279 0.426
1981 0.254 0.259 0.264 0.273 0.265 0.266 0.254 0.279 0.447
1982 0.247 0.251 0.256 0.263 0.254 0.254 0.262 0.291 0.473
1983 0.303 0.272 0.280 0.287 0.279 0.279 0.291 0.300 0.486
1984 0.362 0.428 0.433 0.452 0.426 0.447 0.473 0.486 0.505
```

2) 고정효과모형의 GGLS 추정

고정효과모형의 GGLS 추정은 함수 pggls에 인자 model="within"을 적용한다. 고정효과모형의 GGLS 추정은 1단계의 within 모형 추정 결과를 이용한다. 개체효과가 존재하지만 임의효과를 가진다는 가정을 신뢰할 수 없고 고유오차가 이분산과 시계열 상관을 가진다면, 견고한 공분산을 가진 고정효과모형 추정량을 사용할 수 있다. 하지만 횡단면 차원(N)이 충분히 크고 오차의 공분산이 개체별로 일정하다는 가정이 타당하다면, within 변환한 데이터에 GGLS 추정법(즉, 고정효과 GGLS)을 적용할 경우 고정효과모형 추정량에 비해 더 효율적인 추정량을 얻을 수 있다.

고정효과모형의 GGLS(이하 FEGGLS)에서 오차의 공분산 행렬 Σ_T는 다음과 같이 추정된다.

$$\hat{\Sigma}_T^{FEGGLS} = \sum_{n=1}^{N} \frac{\hat{\epsilon}_{wn}\hat{\epsilon}_{wn}^T}{N}$$

여기서 $\hat{\epsilon}_{wn} = (\hat{\epsilon}_{wn1}, \cdots, \hat{\epsilon}_{wnT})$는 개체 n에 대한 고정효과모형으로부터 구해진 잔차 벡터이다. 고정효과 GGLS 추정량은 $\hat{\Omega}^{(FEGGLS)} = I_N \otimes \hat{\Sigma}_T^{(FEGGLS)}$와 within 변환한 데이터를 이용하여 다음과 같이 구해진다.

$$\hat{\beta}_{FEGGLS} = (X^T W \hat{\Omega}^{(FEGGLS)-1} WX)^{-1} (X^T W \hat{\Omega}^{(FEGGLS)-1} Wy)$$

고정효과 GGLS 추정은 원(original) 오차에 내재된 시계열 상관뿐만 아니라 within 변환한 오차에 내재된 시계열 상관도 추정 과정에 반영한다. 이로 인해 추정 결과로부터 얻어진 오차의 공분산 추정치 $\hat{\Sigma}$은 within 변환한 오차의 상관관계라는 점에서 원래(original) 오차의 상관관계를 평가하는 데에는 적절하지 않다.

[실습 9-18]에서 보듯이 고정효과 GGLS 추정과 임의효과 GGLS 추정 결과에 대한 하우스만 검정에 따르면 고정효과모형이 적합하다.

실습 9-18 GGLS에 의한 고정효과모형의 추정

```
> out_fe<-pggls(log(emp)~log(wage)+log(capital), data=EmplUK, model="within")
> phtest(out_fe, out)

        Hausman Test

data: log(emp) ~ log(wage) + log(capital)
chisq = 1064.6, df = 2, p-value < 2.2e-16
alternative hypothesis: one model is inconsistent
```

3) 1계 차분 GGLS

패널데이터 모형의 1계 차분 GGLS(이하 FDGGLS) 추정은 함수 pggls에 인자 model="fd"를 적용한다. 고정효과모형의 GGLS 추정과 마찬가지로, 1계 차분 GGLS 추정은 원 데이터를 1계 차분한 데이터에 GGLS 방식을 적용한다. 오차의 공분산 Σ_T은 다음과 같이 1계 차분 GGLS로부터 구한 잔차를 사용하여 추정한다.

$$\hat{\Sigma}_{T-1}^{FDGGLS} = \sum_{n=1}^{N} \frac{\Delta\hat{\epsilon}_n \Delta\hat{\epsilon}_n^T}{N}$$

여기서 $\Delta\hat{\epsilon}_n = (\Delta\hat{\epsilon}_{n1}, \cdots, \Delta\hat{\epsilon}_{nT})$는 개체 n에 대한 1계 차분모형으로부터 구해진 잔차 벡터이다. $\hat{\Omega}^{(FDGGLS)} = I_N \otimes \hat{\Sigma}_{T-1}^{(FDGGLS)}$와 1계 차분한 데이터를 이용하여 1계 차분 GGLS 추정량은 다음과 같이 구해진다.

$$\hat{\beta}_{FDGGLS} = (\Delta Z^T \hat{\Omega}^{(FDGGLS)-1} \Delta Z)^{-1} (\Delta Z^T \hat{\Omega}^{(FDGGLS)-1} \Delta y)$$

1계 차분모형은 시간불변이며 관측되지 않는 이질성을 제거한다는 측면에서 고정효과모형과 유사하다. 한 가지 차이점이 있다면 1계 차분모형에서는 각 개체에 대해 시간 하나가 소실된다는 점이다. 원 데이터가 정상 상태가 아니더라도 1계 차분한 잔차는 정상 상태가 되기 때문에 1계 차분모형은 고정효과모형보다 더 선호된다. 하지만 고정효과 GGLS 추정과 마찬가지로 1계 차분 GGLS 추정으로부터 구한 오차의 공분산도 원래 오차의 상관관계를 평가하는 데 적절하지 않다.

고정효과모형과 1계 차분모형 중에 어느 모형을 선택할 것인지는 잔차의 정상 상태 여부를 따져보면 된다. 고정효과모형의 잔차가 정상 상태가 아니라면 1계 차분모형 추정량이 더 적절하다. 오차의 시계열 상관 여부를 검정한 결과, 귀무가설을 기각한다면 잔차가 안정적이지 않다고 의심하고 1계 차분모형이 보다 적절한 지를 따져볼 필요가 있다. 그 예로 [실습 9-19]를 살펴보자.

실습 9-19 고유오차의 시계열 상관 검정

```
> library(lmtest)
> pwartest(log(emp)~log(wage)+log(capital), data=EmplUK)

        Wooldridge's test for serial correlation in FE panels

data: plm.model
F = 312.3, df1 = 1, df2 = 889, p-value < 2.2e-16
alternative hypothesis: serial correlation
> pwfdtest(log(emp)~log(wage)+log(capital), data=EmplUK, h0="fe")

        Wooldridge's first-difference test for serial correlation in panels

data: plm.model
F = 131.55, df1 = 1, df2 = 749, p-value < 2.2e-16
alternative hypothesis: serial correlation in original errors
> pwfdtest(log(emp)~log(wage)+log(capital), data=EmplUK, h0="fd")
```

```
        Wooldridge's first-difference test for serial correlation in panels

data: plm.model
F = 1.5251, df1 = 1, df2 = 749, p-value = 0.2172
alternative hypothesis: serial correlation in differenced errors
```

먼저, 원 모형의 오차성분에서 고유오차가 시계열 상관을 가지는지를 검정하는 pwartest를 실시한 결과, 시계열 상관이 없다는 귀무가설은 강하게 기각된다. Within 변환한 잔차를 사용하거나(인자 h0="fe"를 적용) 또는 1계 차분한 잔차를 사용하여(인자 h0="fd"를 적용) 동일한 검정을 실행하는 pwfdtest의 검정 결과도 모두 시계열 상관이 없다는 귀무가설을 기각한다. 이러한 검정 결과들은 고유오차가 임의보행을 따른다는 사실, 즉 안정적이지 않음을 의미한다. 따라서 보다 효율적인 모형은 고정효과모형이 아니라 1계 차분모형이라 할 수 있다.

이번에는 고정효과 GGLS 추정과 1계 차분 GGLS 추정으로부터 얻어진 잔차를 사용하여 자기회귀모형을 각각 추정해보자. [실습 9-20]에서 보듯이 고정효과 GGLS 추정의 경우는 lag(rfe)의 계수값이 0.725로 매우 유의미하게 나타나 잔차들의 자기상관 정도가 다소 높다. 반면, 1계 차분 GGLS 추정의 경우 lag(rfd)의 계수값은 0.082로 잔차의 자기상관 정도가 매우 낮음을 알 수 있다.

실습 9-20 고정효과 GGLS와 1계 차분 GGLS에 대한 잔차의 자기상관 비교

```
> rfe<-resid(out_fe) # within 모형으로부터 잔차 구하기
> dbrfe<-data.frame(rfe=rfe, id=attr(rfe, "index")[[1]], year=attr(rfe,
                   "index")[[2]])
> coeftest(plm(rfe~lag(rfe)+lag(rfe,2), dbrfe, model="pooling",
                   index=c("id", "year")))
-- 중략--
               Estimate   Std. Error   t value    Pr(>|t|)
(Intercept)  -0.0135310    0.0036712   -3.6858   0.0002445 ***
lag(rfe)      0.7251403    0.0369986   19.5991   < 2.2e-16 ***
lag(rfe, 2)  -0.2648381    0.0348887   -7.5909   9.471e-14 ***
---
Signif. codes: 0 '***' 0.001 '**' 0.01 '*' 0.05 '.' 0.1 ' ' 1
> out_fd<-pggls(log(emp)~log(wage)+log(capital), data=EmplUK, model="fd")
> rfd<-resid(out_fd) # fd 모형으로부터 잔차 구하기
> dbrfd<-data.frame(rfd=rfd, id=attr(rfd, "index")[[1]], year=attr(rfd,
                   "index")[[2]])
```

```
> coeftest(plm(rfd~lag(rfd)+lag(rfd,2), dbrfd, model="pooling",
                index=c("id", "year")))

t test of coefficients:

              Estimate   Std. Error  t value   Pr(>|t|)
(Intercept) -0.0098841   0.0047701  -2.0721   0.03868  *
lag(rfd)     0.0821853   0.0425831   1.9300   0.05407  .
lag(rfd, 2) -0.0205428   0.0441489  -0.4653   0.64188
---
Signif. codes: 0 '***' 0.001 '**' 0.01 '*' 0.05 '.' 0.1 ' ' 1
```

참고문헌

Beck, N. & Katz, J.N. (1995). "What to do (and not to do) with time-series cross-section data." *American Political Science Review*, 89(03), 634-647.

Coakley, J., Fuertes, A.M. & Smith, R. (2006). "Unobserved heterogeneity in panel time series models." *Computational Statistics & Data Analysis*, 50(9), 2361-2380.

Croissant, Y. (2021). ***pglm:*** *Panle Generalized Linear Models*. R package version 0.2-3, URL https://CRAN.R-project.org/package=pglm.

Croissant, Y. & Millo, G. (2019). *Panel data econometrics with R*. John Wiley & Sons.

Driscoll, J.C. & Kraay, A.C. (1998). "Consistent Covariance Matrix Estimation with Spatially Dependent Panel Data." *Review of Economics and Statistics*, 80(4), 549-560.

Newey, W.K. & West, K.D. (1987). "A Simple, Positive Semi-definite, Heteroskedasticity and Autocorrelation Consistent Covariance Matrix." *Econometrica*, 55(3), 703-708.

Pinheiro, J. (2021). ***nlme:*** *Linear and Nonlinear Mixed Effects Models*. R package version 3.1-152, URL https://CRAN.R-project.org/package=nlme.

10장 내생성 문제와 동태 패널 모형

학습목표

설명변수와 개체효과 간의 상관관계가 존재하는 내생성 문제를 가진 패널데이터 모형을 추정하는 방법을 배운다. 패널데이터로부터 다양한 형태의 도구변수를 생성·이용하는 일반 도구변수 추정법, 외부 도구변수를 이용한 2단계 최소자승추정법, 패널 연립방정식 모형을 추정하는 3단계 최소자승추정법에 대해 실습 사례를 통해 알아본다. 종속변수 과거값이 설명변수로 사용되는 동태 패널 모형을 추정하는 방법으로 도구변수 추정법, 차분적률법, 시스템적률법을 실습 사례를 통해 배운다.

[표 10-1] 10장에서 사용할 R 패키지와 함수

패키지	함수	기능
plm	plm	인자 instr.method를 사용하여 다양한 형태의 도구변수 추정량을 구한다.
	plm	인자 list를 사용하여 패널 연립방정식 모형을 3단계 최소자승법으로 추정한다
	pgmm	동태 패널 모형을 도구변수 추정법, 차분적률법, 시스템적률법으로 추정한다.
	sargan	동태 패널 모형에서 도구변수와 오차항의 상관 여부를 검정하는 살건-한센(Sargan-Hansen) 검정을 실행한다.
	mtest	동태 패널 모형에서 오차항의 시계열 상관 여부를 검정한다.

1 내생성 문제와 도구변수 추정

1-1 고정효과모형의 도구변수 추정

1) 횡단면데이터와 도구변수 추정

횡단면데이터를 사용하여 모형 $y=Z\gamma+\epsilon$을 추정한다고 하자. 오차는 등분산을 가지며 $V(\epsilon)=\sigma^2$이라 가정한다. 설명변수 Z 중 어느 하나가 오차 ϵ와 상관관계를 가지는 내생성 문제가 나타난다면 최소자승추정량은 일치적이지 않다. 이러한 문제를 해결하는 방법이 도구변수를 이용한 추정이다. 도구변수 추정을 적용하려면 도구변수의 개수 M이 설명변수의 개수 K보다 크거나 같아야 한다는 식별조건(rank condition)을 충족해야 한다.

도구변수 집합을 L이라 할 때, 도구변수 추정량 $\hat{\gamma}$은 $L^Ty=L^TZ\gamma+L^T\epsilon$에 GLS 추정법을 적용하여 구할 수 있다.

$$\begin{aligned}\hat{\gamma} &= (Z^TL(L^TL)^{-1}L^TZ)^{-1}(Z^TL(L^TL)^{-1}L^Ty) \\ &= (Z^TP_LZ)^{-1}(Z^TP_Ly)\end{aligned} \tag{10-1}$$

단, $P_L=L(L^TL)^{-1}L^T$이다.

도구변수 추정량은 2단계 최소자승추정량이라고 부르기도 한다. 그 이유는 최소자승법을 2번 적용하기 때문이다. 첫 단계에서는 Z를 L에 대해 회귀하여 추정량 $\hat{\gamma}=(L^TL)^{-1}L^TZ$와 예측치 $\hat{Z}_L=L\hat{\gamma}=L(L^TL)^{-1}L^TZ=P_LZ$를 구한다.[1] 두 번째 단계에서 종속변수 y를 $\hat{Z}_L$에 대해 회귀하여 식 (10-1)과 같은 2단계 최소자승추정량 $\hat{\gamma}_{2SLS}=(\hat{Z}_L^T\hat{Z}_L)^{-1}\hat{Z}_Ly$를 구한다.

도구변수 추정량의 분산은 $V(\hat{\gamma})=\hat{\sigma}^2(\hat{Z}_L^T\hat{Z}_L)^{-1}$이다. $\hat{Z}_L$의 분산이 크면 클수록, 달리 말해 Z와 L의 상관관계가 크면 클수록 도구변수 추정량은 더 효율적이다.

1 P_L은 투영행렬(projection matrix)이라 부르며, ① $P_L=P_L^T$, ② $P_L=P_L^2$라는 특성을 가진다.

2) 고정효과모형과 도구변수 추정

패널데이터 모형의 오차는 8장에서 설명한 바와 같이 두 성분으로 구성되어 있다. 따라서 설명변수와 오차가 서로 상관관계를 가진다면 하나는 설명변수와 개체효과 간의 상관관계이고, 다른 하나는 설명변수와 고유오차 간의 상관관계이다. 개체효과는 고정효과모형의 추정 과정에서 모두 제거되기 때문에 설명변수와 고유오차 간에 존재하는 상관관계만 잘 처리하면 된다.

고정효과 도구변수 추정법, 또는 고정효과 2단계 최소자승법(W2SLS)은 먼저 종속변수와 설명변수를 within 변환한 후(즉, $Wy = WZ + W\epsilon$), 다음과 같이 도구변수 L^T를 좌측곱(pre-multiply)한다.

$$L^T Wy = L^T WZ + L^T W\epsilon \tag{10-2}$$

그다음에 식 (10-2)와 같이 변환된 데이터에 GLS를 적용하면 다음과 같은 고정효과 2단계추정량을 얻게 된다.

$$\hat{\gamma}_{W2SLS} = (Z^T WL(L^T WL)^{-1} L^T WZ)^{-1} (Z^T WL(L^T WL)^{-1} L^T Wy)$$

$P_L^W = WL(L^T WL)^{1} L^T W$는 도구변수를 within 변환한 값에 대한 투영행렬이기 때문에, 고정효과 2단계 최소자승추정량은 다음과 같게 된다.

$$\hat{\gamma}_{W2SLS} = (Z^T P_L^W Z)^{-1} (Z^T P_L^W y)$$

W2SLS를 구하는 방식을 개체 간 모형에 적용하면 개체 간 2단계 최소자승(B2SLS)추정량을 구할 수 있다. 먼저 종속변수와 설명변수에 대해 between 변환을 한 다음에, 도구변수 L^T를 좌측곱한다(즉, $L^T By = L^T BZ + L^T B\epsilon$). 그다음에 GLS를 적용하면 다음과 같은 B2SLS 추정량을 구할 수 있다.

$$\hat{\gamma}_{B2SLS} = (Z^T P_L^B Z)^{-1} (Z^T P_L^B y), \text{ 단, } P_L^B = BL(L^T BL)^{-1} L^T B$$

앞서 설명한 바와 같이 W2SLS는 개체효과가 설명변수와 상관관계를 가지더라도 일치적이다. 하지만 B2SLS는 그러한 상관관계가 없을 경우에만 일치적이다. W2SLS와 B2SLS는 개체가 가지는 변동성(variability)의 두 요인 중에 어느 하나만을 고려하기 때문에 모두 효율적인 추정량은 아니다.

3) 사례연습: 안전띠 사용률이 교통사고 사망률에 미치는 효과

[실습 10-1]에서 사용한 데이터 SeatBelt는 미국 51개 주의 안전띠 사용률과 교통사고 건수 등에 대한 15년간의 패널데이터이다. 이 데이터는 패키지 pder로부터 불러올 수 있으며 다음의 변수를 포함한다. farsocc(수송용 차량의 사고로 인한 운전자 및 동승자 사망자 수), vmtrural(농촌 도로에서 운행한 차량 마일 수), vmturban(도시 도로에서 운행한 차량 마일 수), usage(안전띠 사용률), percapin(중위소득), unemp(실업률), meanage(평균연령), precentb(주 인구 중 아프리카계 미국인 비율) precenth(주 인구 중 히스패닉의 비율), densurb(도시 차량집중도: 도시 도로 1마일당 등록차량 수) densrur(농촌 차량집중도: 농촌 도로 1마일당 등록차량 수), viopcap(인구 1명당 폭력범죄 건수), proppcap(인구 1명당 절도범죄 건수), fueltax(자동차 유류세), lim65(제한속도가 시속 65마일인지 여부), lim70p(제한속도가 시속 70마일 이상인지 여부), mlda21(음주 허용 최소 연령이 21세인지 여부), bac08(혈중 알코올 최대 농도가 0.08인지 여부)이다. 이 데이터를 사용하여 안전띠 사용률이 교통사고 사망률에 미치는 영향을 분석해보자.

패널데이터 모형의 종속변수는 도로 1마일당 교통사고 사망자 수를 나타내는 occfat이다. 설명변수들 가운데 안전띠 사용률을 포함한 연속형 변수들은 모두 로그변환하였고, 나머지 lim65, lim70p, mlda21, bac08은 모두 더미변수이다.

분석에서 주목할 점은 설명변수 usage의 내생성 문제이다. 다른 모든 조건이 동일하다고 할 때, 기상 상황 때문에 운전 여건이 나쁘다면 교통사고 사망률은 증가할 것이다. 하지만 운전자들의 사고에 대한 우려감이 높아져 안전띠 사용이 늘어나게 되면 사망률은 오히려 감소할 수도 있다. 이러한 점은 사망률에 관한 방정식의 오차와 안전띠 사용 사이에 상관관계가 존재할 수 있음을 의미한다. 달리 말하면, 설명변수 log(usage)는 내생변수이다. 따라서 이러한 내생성 문제를 고려하지 않을 경우, 안전띠 사용률의 계수값이 과소하게 추정될 수 있다.

안전띠 사용의 효과를 3가지 모형을 사용하여 추정해보자. 첫 번째는 최소자승모형이다. 두 번째로는 개체효과와 설명변수 사이에 존재할 수 있는 상관관계를 고려하기 위해 패널데이터 모형을 추정해보자. 8장에서 설명한 바와 같이 고정효과모형을 사용한다면 이러한 상관관계는 제거할 수 있다. 하지만 고정효과모형을 추정하더라도 설명변수와 고유오차 사이에 존재할 수 있는 상관관계(즉, 내생성 문제)는 여전히 남는다. 그리하여 세 번째로 내생성 문제를 교정하기 위해 고정효과 도구변수 추정법으로 추정해보자.

함수 plm에 의해 고정효과모형을 도구변수 추정법으로 추정할 때 도구변수들은 2가지 방식으로 지정할 수 있다. 예를 들어 종속변수가 y, 설명변수는 x1, x2, x3이며, x2가 내생변수, z는 외부 도구변수(external instrument)라고 하자(외부 도구변수는 당초 모형 함수식에 포함되어 있지 않은 설명변수이다). 이때 모형 추정식은 다음의 두 공식을 사용하여 설정할 수 있는데, 두 공식 모두 동일한 추정 결과를 제공한다.

```
y ~ x1 + x2 + x3 | x1 + x3 + z
```

```
y ~ x1 + x2 + x3 | . - x2 + z
```

위의 공식에서 기호 | 다음에 나타나는 변수들은 도구변수를 의미하는데, 연산자 . 은 앞서 제시한 모든 설명변수들이 반복되며(즉, 도구변수로 사용됨을 의미하며), -x2는 x2가 도구변수 집합에서 제외됨을 의미한다.

분석에 사용된 3가지 모형에서 시간효과를 고려하기 위해 최소자승모형에서는 인자 effect="time"을, 고정효과모형에서는 effect="twoways"를 추가한다. 고정효과모형의 도구변수 추정에서 log(usage)에 대한 도구변수로 da, dap, dsp를 사용한다. 이 세 변수들은 모두 안전띠 사용을 강제하는 주 법률의 유무를 나타내는 더미변수들이다. 이들 변수는 안전띠 사용률과는 높은 상관관계를 가지나, 교통사고 사망률에 관한 방정식의 오차와는 무관하다고 할 수 있다.

실습 10-1 교통사고 사망률에 관한 고정효과모형의 도구변수 추정

```
> data(SeatBelt, package="pder")
> mydata<-pdata.frame(SeatBelt, index=c("state", "year"))
> mydata$occfat<-with(mydata, log(farsocc/(vmtrural+vmturban)))
> ols<-plm(occfat~log(usage)+log(percapin)+log(unemp)+log(meanage)+
          log(precentb)+log(precenth)+log(densurb)+log(densrur)+log(viopcap)+
          log(proppcap)+log(vmtrural)+log(vmturban)+log(fueltax)+
          lim65+lim70p+mlda21+bac08, mydata, effect="time")
> fe<-update(ols, effect="twoways", model="within")
> ivfe<-update(fe, . ~ . | . -log(usage) + ds + dp + dsp )
```

```
> round(rbind(ols=coef(summary(ols))[1,], fe=coef(summary(fe))[1,],
              w2sls=coef(summary(ivfe))[1,]), 5)
      Estimate  Std. Error   t-value   Pr(>|t|)
ols    0.11404     0.02547   4.47804    0.00001
fe    -0.05350     0.02252  -2.37603    0.01790
w2sls -0.13335     0.04482  -2.97508    0.00293
```

[실습 10-1]은 패널데이터 분석에서 내생성 문제를 통제하는 것이 얼마나 중요한지를 알려준다. 개체효과를 고려하지 않는 최소자승모형(ols)에서 변수 usage(안전띠 사용률)의 계수값은 양(+)의 부호를 가질 뿐만 아니라 유의미하기까지 하다. 하지만 개체효과를 제거한 고정효과모형(fe)에서는 해당 변수의 계수값은 음(-)의 부호를 가지며 유의미하다. 이러한 사실은 안전띠 사용률이 개체효과와 강한 상관관계가 있음을 의미한다. 마지막으로, 안전띠 사용률과 고유오차 간에 존재하는 상관관계를 통제하기 위해 도구변수를 사용한 세 번째 모형(ivfe)에서는 해당 변수의 계수값이 음(-)의 부호를 가지고 유의미할 뿐만 아니라 절대값으로 더 커진다.

1-2 임의효과모형의 도구변수 추정

고정효과모형의 도구변수 추정을 일반화하여 임의효과모형의 도구변수 추정까지를 포괄하는 일반 도구변수 추정(generalized error components instrumental variables estimation)에 대해 살펴보자.

먼저, 고유오차와 설명변수가 서로 상관관계를 가지지 않는다고 가정하자. 이때 모든 설명변수가 개체효과와 상관관계가 없다면 GLS 추정량은 편향되지 않고 효율적이다. GLS 추정량은 개체 내 변화를 고려할 뿐만 아니라 시간불변인 설명변수의 계수값도 추정해준다. 반대로 설명변수와 개체효과가 서로 상관관계를 가진다면 고정효과모형의 추정량만이 효율적이다.

만약 설명변수 가운데 일부 변수가 개체효과와 상관관계를 가진다면, 앞서 설명한 두 추정량 모두가 적절하지 않다. 왜냐하면 GLS 추정량은 일부 설명변수와 개체효과 사이에 존재하는 상관관계로 인해 더이상 일치적이지 않은 반면, 고정효과모형 추정량은 일치적이지만 더이상 효율적이지 않다. 그 이유는 개체효과와 무관한 설명변수까지도 추정 과정에서 모두 제거해버림으로써 이들 변수들에 의해 표현된 개체 내 변화를 모형 추정에 반영하지 못하기 때문이다.

이 경우에 최선의 방법은 한편으로는 도구변수를 사용하되, 다른 한편으로는 패널데이터에서 관찰되는 2가지 변동 요인(개체 내 변화와 개체 간 변화)을 최적 방식으로 이용하는 것이다.

이때 가장 중요한 점은 좋은 도구변수를 찾아내는 것이다. 패널데이터가 가진 데이터의 풍부함이 이러한 문제를 해결해준다. 모든 설명변수는 within 변환이나 between 변환을 통해 하나 또는 2개의 도구변수를 생성한다. 식별조건을 충족할 때 이러한 도구변수들을 사용하면 외부 도구변수가 없어도 설명변수와 개체효과 간에 존재할 수 있는 상관관계를 교정할 수 있다. 또한 고정효과모형과 달리 추정 과정에서 시간불변인 설명변수를 제거하지 않기 때문에 이러한 설명변수의 효과도 추정할 수 있다. 이 같은 방식의 도구변수 추정법은 하우스만과 테일러(Hauman & Taylor, 1981), 아메미야와 맥커디(Amemiya & MaCurdy, 1986), 브루쉬 외(Breusch et al., 1989)가 개발하였다.

반면에 일부 설명변수가 고유오차와 상관관계를 가진다면 앞서 언급한 두 추정량은 모두 일치추정량이 되지 못한다. 이러한 경우는 외부 도구변수를 사용하는 도구변수 추정법을 적용해야 한다. 이러한 추정법은 발타지(Baltagi, 1981)의 오차성분 2단계 최소자승법(error component two-stage least squares, EC2SLS)과 발레스트라와 바라다라잔-크리슈나쿠마르(Balestra & Varadharajan-Krishnakumar, 1987)의 일반 2단계 최소자승법(generalized two-stage least squares, G2SLS)이다.

1) 설명변수 유형과 일반 도구변수 추정

앞서 언급한 5가지 형태의 도구변수 추정을 포괄하는 일반 도구변수 추정법을 도출하기 위해 설명변수를 다음과 같이 3가지 유형으로 구분해보자.

- **내생변수**: 두 오차성분, 즉 개체효과뿐만 아니라 고유오차와도 상관관계를 가지는 변수
- **단순외생변수**: 개체효과와는 상관관계를 가지나 고유오차와는 무관한 외생변수
- **이중외생변수**: 두 오차성분에 모두 무관한 외생변수

단순외생변수는 그 자체를 within 변환하면 유효한 도구변수가 된다. within 변환한 외생변수는 구조상 개체효과와 직교(orthogonal)할 뿐만 아니라 패널데이터 모형의 기본 가정에 의해 고유오차와도 무관하기 때문이다. 이중외생변수는 이를 within 변환과 between 변환함으로써 2개의 도구변수를 얻을 수 있다. 이중외생변수의 특별한 경우로 시간불변인 외생변수 X가 있다고 하자. 만약 변수 X가 개체효과와 무관하다면 $WX=0$, $BX=X$이기 때문에 해당 변수 자체가 도구변수가 되지만, 그렇지 않다면 도구변수를 가지지 않는다.

일반 도구변수 추정에 대해 알아보기 위해 패널데이터 모형 $y=Z\gamma+\epsilon$를 고려해보자. 패널데이터 모형을 추정하기 위해 다음과 같이 GLS 변환을 종속변수와 설명변수에 각각 적용한다.

$$\Omega^{-0.5}y=\Omega^{-0.5}Z\gamma+\Omega^{-0.5}\epsilon$$

$L_{(1)}$을 이중외생변수 집합, $L_{(2)}$를 단순외생변수 집합이라 할 때, 외생변수 집합 $L=(L_{(1)}, L_{(2)})$에 대해 생성되는 도구변수 집합은 다음과 같이 나타낼 수 있다.

$$A=(WL, B\tilde{L})$$

여기서 $\tilde{L}$은 between 변환에 의해 도구변수를 생성할 수 있는 외생변수 집합이다.

도구변수 집합의 투영행렬을 $P_A=A(A^TA)^{-1}A^T$이라고 할 때, 식 (10-1)의 도구변수 추정을 패널데이터 모형에 적용하면 다음의 도구변수 추정량을 구할 수 있다.

$$\hat{\gamma}=(Z^T\Omega^{-0.5}P_A\Omega^{-0.5}Z)^{-1}Z^T\Omega^{-0.5}P_A\Omega^{-0.5}y \tag{10-3}$$

이때, 투영행렬 P_A는 within 변환과 between 변환에 의해 생성된 도구변수 집합 각각에 대해 정의되는 2개의 투영행렬 P_{WL}과 $P_{B\tilde{L}}$의 합으로 표현할 수 있다.

$$P_A=WL(L^TWL)^{-1}L^TW+B\tilde{L}(\tilde{L}^TB\tilde{L})^{-1}\tilde{L}^TB=P_{WL}+P_{B\tilde{L}} \tag{10-4}$$

식 (10-4)를 식 (10-3)에 대입하여 풀면, 일반 도구변수 추정량(ECIV)은 within 변환으로 생성된 도구변수를 사용한 2단계 추정량과 between 변환으로 생성된 도구변수를 사용한 2단계 추정량을 가중치 행렬 D^W와 D^B를 사용하여 선형결합한 다음 식으로 표현할 수 있다.[2]

$$\hat{\gamma}_{ECIV}=D^W\hat{\gamma}_{W2SLS}+D^B\hat{\gamma}_{B2SLS}$$

---

2 이에 대한 자세한 풀이 과정은 Baltagi(2013) 또는 Croissant & Millo(2019)를 참조하라.

2) 일반 도구변수 추정의 5가지 유형

그렇다면 일반 도구변수 추정이 앞서 언급한 5가지 유형의 도구변수 추정과 어떻게 연결되는지 살펴보자. 이때 연결고리는 외생변수 집합 L을 어떻게 정의하는가이다.

먼저, 고정효과모형은 외부 도구변수가 없고 모든 설명변수가 단순외생변수인 경우에 해당한다. 고정효과모형은 $L=Z$, $\tilde{L}=0$인 경우에 해당하기 때문에 within 추정량을 구하면 된다. 반면에 고정효과 도구변수 추정이 적용되는 경우는 모든 설명변수가 단순외생변수이거나 내생변수이고, 외부 도구변수가 단순외생변수일 때이다. 즉, $\tilde{L}=0$이고, L은 단순외생변수와 외부 도구변수로 구성된 경우이다. 따라서 식별조건이 충족된다면(달리 말해, 외부 도구변수 개수가 내생변수 개수보다 크거나 같다면) 고정효과 도구변수 추정량은 다음과 같다.

$$\hat{\gamma}=(Z^T P_{WL} Z)^{-1} Z^T P_{WL}\, y$$

첫 번째 유형의 도구변수 추정법인 발타지의 EC2SLS는 모든 도구변수가 이중외생변수인 $L=\tilde{L}$에 해당한다. 따라서 도구변수 추정에 within 변환으로 생성된 도구변수와 between 변환으로 생성된 도구변수를 모두 사용한다. EC2SLS 추정량은 다음과 같이 within 변환과 between 변환된 2개의 방정식으로 구성된 연립방정식에 대해 GLS 추정을 적용함으로써 구할 수 있다.

$$\begin{pmatrix} L^T W y \\ L^T B y \end{pmatrix} = \begin{pmatrix} L^T W Z \\ L^T B Z \end{pmatrix}\gamma + \begin{pmatrix} L^T W \epsilon \\ L^T B \epsilon \end{pmatrix}$$

두 번째 유형인 하우스만-테일러 모형(이하 HT)은 설명변수 집합이 내생변수가 없고 단순외생변수나 이중외생변수로만 구성된다. 외생변수 X를 앞서 정의한 도구변수 기호 L을 사용하여 표현하면 $L_{(1)}=X_{(1)}$, $L_{(2)}=X_{(2)}$, $L=L_{(1)}+L_{(2)}=X_{(1)}+X_{(2)}$이다. HT에서 설명변수는 시간가변인 변수 X^{v}와 시간불변인 변수 X^{c}로 구분한다. 따라서 HT에서 사용할 수 있는 도구변수 집합은 다음과 같다.

$$(W(X_{(1)}, X_{(2)}), BX_{(1)}) = (W(X^{v}_{(1)}, X^{v}_{(2)}), X^{c}_{(1)}, BX^{v}_{(1)})$$

즉 시간가변인 이중외생변수는 within 변환과 between 변환을 통해 2개의 도구변수를 생성할 수 있고, 시간가변인 단순외생변수는 within 변환을 통해 1개의 도구변수를 생성할 수 있다. 반면, 시간불변인 이중외생변수는 그 자체가 도구변수가 된다. 모형식에 있는 시간가변 이중외생변수, 시간가변 단순외생변수, 시간불변 이중외생변수, 시간불변 단순외생변수의 개수를 각각 $K^{c}_{(1)}, K^{c}_{(2)}, K^{\upsilon}_{(1)}, K^{\upsilon}_{(2)}$이라 하자. 도구변수의 개수는 $2K^{\upsilon}_{(1)} + K^{c}_{(1)} + K^{\upsilon}_{(2)}$이기 때문에 $K^{\upsilon}_{(1)} \geq K^{c}_{(2)}$이면, 달리 말해 시간가변 이중외생변수의 개수가 시간불변 단순외생변수의 개수보다 많다면 추정모형은 식별이 가능하게 된다.

세 번째 유형인 아메미야-맥커디 추정량(이하 AM)은 HT에 비해 좀 더 강한 가정을 적용한다. HT에서는 이중외생변수의 개체평균값이 개체효과와 상관관계를 가지지 않는다고 가정한다. 반면 AM은 이중외생변수들이 모든 시점에서 개체효과와 상관관계를 가지지 않는다고 가정한다. 이러한 가정으로부터 AM은 도구변수를 추가로 얻을 수 있는데 이를 $W(X^{\upsilon}_{(1)})^{*}$라고 하자.

네 번째 유형인 브루쉬-미존-슈미트(Breusch, Mizon & Schmidt) 추정량(이하 BMS)은 AM에서 사용한 도구변수를 확대한 것으로 단순외생변수를 within 변환하여 생성한 변수들이 모든 시점에서 유효한 도구변수라고 가정한다. 이러한 가정으로부터 BMS는 도구변수를 추가로 얻을 수 있는데 이를 $W(X^{\upsilon}_{(2)})^{*}$라고 하자.

HT, AM, BMS에서 사용한 도구변수들을 비교해보면 HT 도구변수들에 각각 새로운 도구변수들이 추가되고 있음을 알 수 있다. 즉, HT $\subseteq$ AM $\subseteq$ BMS이다.

- HT : $WX^{\upsilon}_{(1)}, WX^{\upsilon}_{(2)}, X^{c}_{(1)}, BX^{\upsilon}_{(1)}$
- AM : $WX^{\upsilon}_{(1)}, WX^{\upsilon}_{(2)}, X^{c}_{(1)}, BX^{\upsilon}_{(1)}, W(X^{\upsilon}_{(1)})^{*}$
- BMS : $WX^{\upsilon}_{(1)}, WX^{\upsilon}_{(2)}, X^{c}_{(1)}, BX^{\upsilon}_{(1)}, W(X^{\upsilon}_{(1)})^{*}, W(X^{\upsilon}_{(2)})^{*}$

따라서 추가된 도구변수들이 유효하다면 보다 효율적인 추정량을 구할 수 있다. 추가된 도구변수의 유효성 여부는 하우스만 검정을 통해 평가할 수 있다.

EC2SLS는 외생변수들의 within 변환과 between 변환을 도구변수로 사용하여 2단계 최소자승추정법을 적용한 것이라 설명하였다. 이에 반해 발레스트라와 바라다라잔-크리슈나쿠마르(이하 BVK)의 G2SLS에서는 GLS 추정 과정에서 도구변수 집합 L을 준차분 변환(quasi-difference transformation)한 도구변수를 사용한다. 즉, G2SLS의 도구변수 행렬은 다음과 같다.

$$WL + \phi BL = L - (1 - \phi)BL$$

G2SLS의 도구변수 집합은 EC2SLS에서 사용한 도구변수 집합의 부분집합이라 할 수 있다.

일반 도구변수 추정을 패널데이터 모형에 적용하는 방법과 관련하여 2가지 실습 사례를 살펴보자. [실습 10-2]는 외부 도구변수를 이용할 수 없는 경우이고, [실습 10-3]은 외부 도구변수를 이용할 수 있는 경우다.

1-3 사례연습: 근로자의 임금률 결정 요인

1) 하우스만-테일러 모형

[실습 10-2]에서 사용한 데이터는 패키지 plm의 Wages이다. 이 데이터는 미국의 PSID로부터 추출한 595명의 개인에 관한 1976~1982년 기간의 패널데이터이다. 발타지와 칸티-아콤(Baltagi & Khanti-Akom, 1990)은 이 데이터를 사용하여 임금률 방정식을 추정하였다.

임금률에 영향을 주는 설명변수로 wks(근로시간), south(남부지역 거주 여부를 나타내는 더미변수), smsa(대도시 거주 여부를 나타내는 더미변수), married(결혼 여부를 나타내는 더미변수), exp(경력기간), exp^2, ed(학력), bluecol(비사무직 근로자 여부를 나타내는 더미변수), ind(근로자가 근무하는 기업이 속한 산업 유형), union(노동조합 가입 여부를 나타내는 더미변수), sex(성별 더미변수), black(흑인 여부를 나타내는 더미변수)이 사용된다.

데이터 Wages에 포함된 설명변수 가운데, exp, exp^2, wks, union, ed, married가 개체효과와 상관관계를 가질 것으로 의심된다. 만약 상관관계가 없다면 임의효과모형은 고정효과모형보다 더 효율적인 추정량을 제공한다. 하지만 그렇지 않다면, 임의효과 추정량은 더이상 일치추정량이 아니다. 상관관계가 존재할 때 고정효과모형만이 일치추정량을 제공하지만, 시간 불변인 설명변수들이 추정 과정에서 제거되는 문제가 발생한다. 예를 들면, ed, black과 같은 변수들이다. 따라서 고정효과모형을 추정한다면 임금률에 미치는 학력의 효과를 알 수가 없다. 이러한 2가지 문제를 동시에 해결하는 것이 도구변수 추정법이다. 추정에 사용되는 도구변수 형태별로 추정 결과를 비교해보자.

HT 모형은 함수 plm에서 인자 model="random"과 random.method="ht"를 추가하면 추정할 수 있다. 데이터 Wages를 사용하여 임금률 방정식을 HT 모형으로 추정하기 위한 R 코드는 다음과 같다.

```
> plm(lwage~wks+south+smsa+married+exp+I(exp^2)+ed+bluecol+ind+
      union+sex+black | smsa+sex+black+bluecol+south+ind |
      exp+I(exp^2)+wks+union+ed+married, data=Wages, index=595,
      model="random", random.method="ht", inst.method = "baltagi" )
```

종속변수는 로그변환한 임금률 lwage이며, 기호 ~의 오른쪽은 기호 |에 의해 세 부문으로 구성된다. 첫 번째 부문은 모형식에 사용된 설명변수 전체 집합을 의미하며, 두 번째 부문은 외생변수(또는 이중외생변수) 집합, 세 번째 부문은 내생변수(또는 단순외생변수) 집합이다.

HT 모형의 추정에서 적용하는 도구변수는 인자 instr.method를 사용하여 다르게 지정할 수 있다. 예를 들어, instr.method="baltagi"는 within 변환과 between 변환에 의해 생성한 도구변수를 사용함을 의미한다. "am"은 AM의 도구변수 집합을, "bms"는 BMS의 도구변수 집합을, "bvk"는 BVK의 도구변수 집합을 각각 나타낸다.

먼저, 고정효과모형(fe)과 임의효과모형(re)에 관한 하우스만 검정을 실시하였다. 함수 phtest(fe,re)의 실행 결과에 따르면 개체효과와 설명변수 간에 상관관계가 없다는 가설은 유의수준 1% 미만에서도 기각된다. 이는 단지 고정효과모형만이 일치추정량을 제공한다는 의미이다.

실습 10-2 임금률에 관한 고정효과모형과 HT 모형 추정

```
> data(Wages, package="plm")
> ols<-plm(lwage~wks+south+smsa+married+exp+I(exp^2)+ed+bluecol+ind+
        union+sex+black, data=Wages, index=595, model="pooling" )
> fe<-plm(lwage~wks+south+smsa+married+exp+I(exp^2)+ed+bluecol+ind+
        union+sex+black, data=Wages, index=595, model="within" )
> re<-plm(lwage~wks+south+smsa+married+exp+I(exp^2)+ed+bluecol+ind+
        union+sex+black, data=Wages, index=595, model="random" )
> ht1<-plm(lwage~wks+south+smsa+married+exp+I(exp^2)+ed+bluecol+ind+
        union+sex+black | smsa+sex+black+bluecol+south+ind |
        exp+I(exp^2)+wks+union+ed+married, data=Wages, index=595,
        model="random", random.method="ht", inst.method = "baltagi" )
> ht2<-update(ht1, inst.method = "bvk" )
> ht3<-update(ht1, inst.method = "am" )
> phtest(fe,re)

        Hausman Test

data: lwage ~ wks + south + smsa + married + exp + I(exp^2) + ed + ...
chisq = 5075.3, df = 9, p-value < 2.2e-16
```

```
alternative hypothesis: one model is inconsistent
> phtest(fe,ht1)

        Hausman Test

data: lwage ~ wks + south + smsa + married + exp + I(exp^2) + ed + ...
chisq = 5.2577, df = 9, p-value = 0.8113
alternative hypothesis: one model is inconsistent
```

다음으로 HT 모형(ht1)을 추정하였다. 도구변수로 외생변수들을 within 변환한 변수들과 between 변환한 변수들을 사용한다(즉, 인자 inst.method="baltagi"를 적용한다). 이는 발타지(1981)가 제안한 방식이다. 추정 결과를 토대로 HT 모형과 고정효과모형에 대해 하우스만 검정을 실행하였다. 함수 phtest(fe,ht1)의 검정 결과에 따르면 p값이 0.8113으로 귀무가설을 기각할 수 없다. 이는 HT 모형에 의한 추정량이 일치추정량임을 의미한다. 이러한 하우스만 검정 결과는 [실습 10-3]에서 보듯이 발타지 유형의 도구변수를 적용한 HT 모형(ht1)의 계수 추정치들이 고정효과모형의 계수 추정치들(FEM)과 상당히 유사하다는 사실에서도 확인할 수 있다. 하지만 HT 모형은 시간불변인 변수 ed의 효과를 추정하기 때문에 고정효과모형보다 더 나은 측면이 있다.

도구변수의 형태를 달리 적용할 때 HT 모형의 추정 결과가 어떻게 달라지는지를 확인해보자. [실습 10-3]에서 볼 수 있듯, BVK의 도구변수 집합을 적용한 HT 모형(ht2)과 AM의 도구변수를 적용한 HT 모형(ht3)의 추정 결과는 모두 발타지의 도구변수를 사용한 HT 모형(ht1)의 추정 결과와 상당히 유사하게 나타났다.

실습 10-3 임금률에 관한 도구변수 유형별 추정 결과(HT 모형)

```
> library(texreg)
> screenreg(list(OLS=ols, FEM=fe, REM=re, HT_Bal=ht1, HT_BVK=ht2, HT_AM=ht3),
             digits=3)

==========================================================================================
               OLS           FEM          REM          HT_Bal       HT_BVK       HT_AM
------------------------------------------------------------------------------------------
(Intercept)    5.251 ***                  4.264 ***    2.913 ***    3.067 ***    2.927 ***
              (0.071)                    (0.098)      (0.284)      (0.194)      (0.275)
wks            0.004 ***     0.001        0.001        0.001        0.001        0.001
              (0.001)       (0.001)      (0.001)      (0.001)      (0.001)      (0.001)
```

```
southyes     -0.056 ***   -0.002       -0.017       0.007        0.005        0.007
             (0.013)      (0.034)      (0.027)      (0.032)      (0.032)      (0.032)
smsayes       0.152 ***   -0.042 *     -0.014       -0.042 *     -0.047 *     -0.042 *
             (0.012)      (0.019)      (0.020)      (0.019)      (0.019)      (0.019)
marriedyes    0.048 *     -0.030       -0.075 **    -0.030       -0.039 *     -0.030
             (0.021)      (0.019)      (0.023)      (0.019)      (0.019)      (0.019)
exp           0.040 ***    0.113 ***    0.082 ***    0.113 ***    0.108 ***    0.113 ***
             (0.002)      (0.002)      (0.003)      (0.002)      (0.002)      (0.002)
exp^2        -0.001 ***   -0.000 ***   -0.001 ***   -0.000 ***   -0.000 ***   -0.000 ***
             (0.000)      (0.000)      (0.000)      (0.000)      (0.000)      (0.000)
ed            0.057 ***                 0.100 ***    0.138 ***    0.137 ***    0.137 ***
             (0.003)                   (0.006)      (0.021)      (0.014)      (0.021)
bluecolyes   -0.140 ***   -0.021       -0.050 **    -0.021       -0.024       -0.021
             (0.015)      (0.014)      (0.017)      (0.014)      (0.014)      (0.014)
ind           0.047 ***    0.019        0.004        0.014        0.015        0.014
             (0.012)      (0.015)      (0.017)      (0.015)      (0.015)      (0.015)
unionyes      0.093 ***    0.033 *      0.063 ***    0.033 *      0.038 *      0.032 *
             (0.013)      (0.015)      (0.017)      (0.015)      (0.015)      (0.015)
sexfemale    -0.368 ***                -0.339 ***   -0.131       -0.167       -0.132
             (0.025)                   (0.051)      (0.127)      (0.126)      (0.127)
blackyes     -0.167 ***                -0.210 ***   -0.286       -0.264       -0.286
             (0.022)                   (0.058)      (0.156)      (0.153)      (0.155)
-----------------------------------------------------------------------------------------
R^2           0.429        0.658        0.390        0.609        0.610        0.609
Adj. R^2      0.427        0.600        0.388        0.608        0.609        0.608
Num. obs.  4165         4165         4165         4165         4165         4165
s_idios                                 0.152        0.152        0.152        0.152
s_id                                    0.263        0.942        0.942        0.942
=========================================================================================
*** p < 0.001; ** p < 0.01; * p < 0.05
```

2) EC2SLS와 G2SLS 추정

이번에는 패널데이터 모형에서 설명변수가 개체효과 외에 고유오차와도 상관관계를 가지며 외부 도구변수들이 존재하는 경우에 적용할 수 있는 도구변수 추정 방법들을 실습해보자. 달리 말하면, 설명변수 중에 내생변수로 의심되는 변수가 있는 경우에 적용하는 도구변수 추정법이다.

[실습 10-4]는 발타지(2006)가 수행한 미국 노스캐롤라이나 주의 범죄율 분석 결과를 재현한 것이다. 분석에 사용된 패키지 plm의 데이터 Crime은 1981~1987년 동안 노스캐롤라이나 주의 90개 카운티(county)별로 집계한 범죄발생 건수와 관련 변수들에 대한 패널데

이터이다. 종속변수는 crmrte(주민 1인당 범죄발생 건수)이며, 설명변수로는 prbarr(체포 확률), prbconv(유죄판결 확률), prbpris(징역형 확률), avgsen(평균 징역기간), polpc(카운티 주민 1인당 경찰 수), density(단위면적당 거주민 수), pctmle(15~24세 남성 비율), pctmin(소수인종 비율), region(거주지를 나타내는 범주형 변수: 서부, 중부, 기타), smsa(거주지의 대도시 여부를 나타내는 더미변수), 그리고 wcon, wtuc 등 산업별 주당 임금률을 나타내는 변수들이다. 이들 변수 가운데 region, smsa를 제외한 모든 변수는 로그변환한 형태로 사용한다.

시간효과를 고려하기 위해 FE(고정효과) 모형, RE(임의효과) 모형, 고정효과모형의 도구변수 추정에서는 변수 year를 추정식에 포함하지 않고 인자 effect="twoways"를 사용한 반면, 임의효과모형의 도구변수 추정에서는 effect="twoways"를 사용할 수 없기 때문에 추정식에 연도 더미변수 year를 추가한다.

설명변수들 가운데 내생변수로 의심이 되는 변수는 prbarr와 polpc이다. 체포 확률이 높을수록 범죄발생 건수는 증가한다. 하지만 범죄발생 건수가 증가할수록 체포 확률이 증가할 가능성도 있기 때문에 이들 두 변수 간에 내생성 문제가 존재할 수 있다. 주민 1인당 경찰 수와 범죄발생 건수 간에도 내생성 문제의 소지가 있다. [실습 10-4]의 고정효과모형의 추정 결과에 따르면 lpolpc(polpc의 로그값)의 계수값은 0.4132로 양(+)의 부호를 가진다. 이는 경찰력이 증가할수록 범죄발생 건수가 늘어난다는 의미이다. 하지만 이러한 결과는 범죄발생 건수가 증가함에 따라 더 많은 수의 경찰을 고용하려고 하기 때문에 나타난 현상일 수도 있다.

두 내생변수에 대한 도구변수는 lmix와 ltaxpc이다. lmix는 대면 접촉(face-to-face contact)으로 인해 용의자를 식별할 수 있는 범죄(예를 들면, 강도, 폭행, 강간 등)와 그렇지 않은 범죄의 비율에 대한 로그값이다. 대면 접촉성 범죄의 경우 용의자 얼굴을 인식할 수 있는 만큼 체포 확률이 높기 때문에 lmix는 lprbarr에 대한 도구변수로서 적절하다고 할 수 있다. ltaxpc는 카운티 주민 1인당 세수입의 로그값을 나타낸다. 법 집행을 선호하는 카운티일수록 치안을 강화하기 위한 세수 확대에 찬성할 가능성이 높기 때문에 ltaxpc는 lpolpc의 도구변수로 적절하다.

고정효과모형에서 lprbarr, lprbconv, lprbpris, lavgsen의 계수값은 모두 음(-)의 부호값을 가지며 유의미하다. 하지만 BE 모형은 개체효과를 통제하지 못하기 때문에 고정효과모형에 비해 앞서 언급한 네 변수의 계수 추정치들이 절대적으로 크거나 또는 부호가 바뀌는 결과가 나타난다. BE 모형과 RE 모형 각각에 대한 하우스만 검정 결과에 따르면 귀무가설은 모두 기각

되어 BE 추정량과 RE 추정량은 일치추정량이 아닌 것으로 판정된다.[3]

고정효과모형의 도구변수 추정 결과(FE2SLS)는 매우 좋지 않다. 젊은 남성의 비율(lpctymle)과 제조업 임금률(lwmfg)을 제외하고 모든 설명변수의 계수값이 유의미하지 않다. 반면 EC2SLS의 경우는 위의 네 변수의 계수 추정치들이 (절대값을 기준으로) FE 모형에 비해 다소 높게 나타난다. 하지만 EC2SLS는 변수 lpctmin과 같이 중요한 시간불변인 설명변수들의 효과를 파악할 수 있다는 장점이 있다. 반면에 FE 모형은 추정 과정에서 시간불변인 변수들이 제거된다.

실습 10-4 범죄율에 관한 도구변수 추정법: 외부 도구변수가 있는 경우

```
> data(Crime, package = "plm")
> form <- lcrmrte ~ lprbarr + lprbconv + lprbpris + lavgsen + lpolpc +
        ldensity + lwcon + lwtuc + lwtrd + lwfir + lwser + lwmfg +
        lwfed + lwsta + lwloc + lpctymle + lpctmin + region + smsa
> form2 <- lcrmrte ~ lprbarr + lprbconv + lprbpris + lavgsen + lpolpc +
        ldensity + lwcon + lwtuc + lwtrd + lwfir + lwser + lwmfg +
        lwfed + lwsta + lwloc + lpctymle + lpctmin + region + smsa + year
# Between(개체 간 효과) 모형
> be <- plm(form, data = Crime, model = "between")
# 고정효과모형
> fe <- plm(form, data = Crime, model = "within", effect = "twoways")
> fe2 <- plm(form2, data = Crime, model = "within")
> re <- plm(form, data = Crime, model = "random", effect="twoways",
            random.method = "walhus")
# 임의효과모형과 Between 모형의 하우스만 검정
> sapply(list(be, re), function(x) phtest(x, fe2)[["p.value"]])
[1] 4.705328e-05 4.251025e-05
> form_iv <- lcrmrte ~ lprbarr + lprbconv + lprbpris + lavgsen + lpolpc +
        ldensity + lwcon + lwtuc + lwtrd + lwfir + lwser + lwmfg +
        lwfed + lwsta + lwloc + lpctymle +lpctmin +
        region + smsa | . -lprbarr - lpolpc + ltaxpc + lmix
> form_iv2 <- lcrmrte ~ lprbarr + lprbconv + lprbpris + lavgsen + lpolpc +
        ldensity +lwcon + lwtuc + lwtrd + lwfir + lwser + lwmfg +
        lwfed + lwsta + lwloc + lpctymle + lpctmin + region +
        smsa +year | . -lprbarr - lpolpc + ltaxpc + lmix
```

3 RE 모형에서 인자 random.method 값으로 "swar"을 사용할 경우 에러 메시지가 발생하여 "walhus"를 사용하였다. 인자 random.method 값으로 "nerlove"나 "amemiya"를 사용할 경우 phtest의 실행 결과에 따르면 귀무가설을 기각할 수 없는 것으로 나타난다.

```
# 고정효과모형의 도구변수 추정
> fe_iv <- plm(form_iv, data=Crime, model="within", effect="twoways",
              inst.method="baltagi")
# Between 모형의 도구변수 추정
> be_iv <- plm(form_iv, data=Crime, model="between", inst.method="baltagi")
# EC2SLS 추정
> re_iv <- plm(form_iv2, data=Crime, model="random", inst.method = "baltagi")
> screenreg(list(Between=be, Fixed_Effects=fe, FE2SLS=fe_iv, BE2SLS=be_iv,
                 EC2SLS=re_iv), omit.coef="year|(Intercept)", digits=4)
```

```
=================================================================================
           Between      Fixed_Effects  FE2SLS     BE2SLS       EC2SLS
---------------------------------------------------------------------------------
lprbarr    -0.6475 ***  -0.3548 ***    -0.5755    -0.5029 *    -0.4129 ***
           (0.0878)     (0.0322)       (0.8022)   (0.2406)     (0.0974)
lprbconv   -0.5282 ***  -0.2816 ***    -0.4231    -0.5248 ***  -0.3229 ***
           (0.0667)     (0.0211)       (0.5019)   (0.0999)     (0.0536)
lprbpris    0.2965      -0.1731 ***    -0.2503     0.1872      -0.1863 ***
           (0.2307)     (0.0323)       (0.2795)   (0.3183)     (0.0419)
lavgsen    -0.2359      -0.0025         0.0091    -0.2272      -0.0102
           (0.1735)     (0.0261)       (0.0490)   (0.1785)     (0.0270)
lpolpc      0.3642 ***   0.4132 ***     0.6575     0.4084 *     0.4347 ***
           (0.0601)     (0.0266)       (0.8469)   (0.1930)     (0.0897)
ldensity    0.1684 *     0.4144         0.1394     0.2256 *     0.4290 ***
           (0.0774)     (0.2825)       (1.0212)   (0.1025)     (0.0548)
lwcon       0.1950      -0.0378        -0.0287     0.3140      -0.0075
           (0.2104)     (0.0391)       (0.0535)   (0.2591)     (0.0396)
lwtuc      -0.1957       0.0455 *       0.0391    -0.1989       0.0454 *
           (0.1705)     (0.0190)       (0.0309)   (0.1971)     (0.0198)
lwtrd       0.1286      -0.0205        -0.0178     0.0536      -0.0081
           (0.2783)     (0.0405)       (0.0453)   (0.2960)     (0.0414)
lwfir       0.1132      -0.0039        -0.0093     0.0417      -0.0036
           (0.2205)     (0.0283)       (0.0366)   (0.3056)     (0.0289)
lwser      -0.1058       0.0089         0.0186    -0.1354       0.0056
           (0.1628)     (0.0191)       (0.0388)   (0.1736)     (0.0201)
lwmfg      -0.0249      -0.3599 **     -0.2432    -0.0420      -0.2041 *
           (0.1339)     (0.1118)       (0.4195)   (0.1563)     (0.0804)
lwfed       0.1562      -0.3093        -0.4513     0.1480      -0.1635
           (0.2871)     (0.1762)       (0.5271)   (0.3256)     (0.1594)
lwsta      -0.2838       0.0529        -0.0187    -0.2031      -0.0541
           (0.2563)     (0.1135)       (0.2808)   (0.2982)     (0.1057)
lwloc       0.0103       0.1816         0.2633     0.0444       0.1631
           (0.4635)     (0.1177)       (0.3124)   (0.4944)     (0.1196)
lpctymle   -0.0950       0.6268         0.3511    -0.0947      -0.1081
           (0.1577)     (0.3636)       (1.0110)   (0.1918)     (0.1397)
```

```
lpctmin        0.1482 **                          0.1689 **   0.1890 ***
               (0.0485)                           (0.0527)    (0.0415)
regionwest     -0.2296 *                          -0.2048     -0.2268 *
               (0.1085)                           (0.1138)    (0.0996)
regioncentral  -0.1637 *                          -0.1729 **  -0.1940 **
               (0.0645)                           (0.0667)    (0.0598)
smsayes        -0.0346                            -0.0805     -0.2252
               (0.1324)                           (0.1442)    (0.1156)
--------------------------------------------------------------------------------
R^2            0.8805      0.4012      0.3913     0.8739      0.5985
Adj. R^2       0.8458      0.2729      0.2609     0.8373      0.5812
Num. obs.      90          630         630        90          630
s_idios                                                       0.1492
s_id                                                          0.2146
================================================================================
*** p < 0.001; ** p < 0.01; * p < 0.05
```

[실습 10-5]는 [실습 10-4]의 범죄율 함수를 G2SLS로 추정한 결과이다. G2SLS의 계수 추정치는 EC2SLS와 유사하지만, 추정치의 표준오차가 EC2SLS에 비해 상대적으로 높다. [실습 10-5]의 맨 아래쪽에 도구변수 추정모형에 대한 하우스만 검정 결과를 주목할 필요가 있다. FE2SLS와 EC2SLS, 그리고 FE2SLS와 G2SLS에 대한 귀무가설은 모두 기각할 수 없다. 이는 앞에서 실행한 FE 모형에 대한 BE 모형과 RE 모형의 하우스만 검정에서 귀무가설이 모두 기각된 것과 다른 결과이다. 이러한 점은 모형 내에서 내생변수가 있을 때 통상적인 하우스만 검정은 잘못된 결과를 초래할 수 있음을 보여준다.

실습 10-5 범죄율에 관한 G2SLS 추정

```
> g2sls <- plm(form_iv2, data = Crime, model = "random", inst.method = "bvk")
> summary(g2sls)
Oneway (individual) effect Random Effect Model
(Swamy-Arora's transformation)
Instrumental variable estimation
   (Balestra-Varadharajan-Krishnakumar's transformation)
--중략--

Effects:
                  var    std.dev   share
idiosyncratic  0.02227   0.14924   0.326
individual     0.04604   0.21456   0.674
theta: 0.7457
--중략--
```

```
Coefficients:
                 Estimate  Std. Error  z-value   Pr(>|z|)
(Intercept)    -0.4538501   1.7029831  -0.2665   0.789852
lprbarr        -0.4141383   0.2210496  -1.8735   0.060998 .
lprbconv       -0.3432506   0.1324648  -2.5913   0.009563 **
lprbpris       -0.1900467   0.0733392  -2.5913   0.009560 **
lavgsen        -0.0064389   0.0289407  -0.2225   0.823935
lpolpc          0.5049461   0.2277778   2.2168   0.026634 *
ldensity        0.4343449   0.0711496   6.1047  1.030e-09 ***
lwcon          -0.0042958   0.0414226  -0.1037   0.917403
lwtuc           0.0444589   0.0215448   2.0636   0.039060 *
lwtrd          -0.0085579   0.0419829  -0.2038   0.838476
lwfir          -0.0040305   0.0294569  -0.1368   0.891166
lwser           0.0105602   0.0215823   0.4893   0.624630
lwmfg          -0.2018020   0.0839373  -2.4042   0.016208 *
lwfed          -0.2134579   0.2151046  -0.9923   0.321029
lwsta          -0.0601232   0.1203149  -0.4997   0.617275
lwloc           0.1835363   0.1396775   1.3140   0.188846
lpctymle       -0.1458703   0.2268086  -0.6431   0.520131
lpctmin         0.1948763   0.0459385   4.2421  2.214e-05 ***
regionwest     -0.2281821   0.1010260  -2.2586   0.023905 *
regioncentral  -0.1987703   0.0607475  -3.2721   0.001068 **
smsayes        -0.2595451   0.1499718  -1.7306   0.083518 .
year82          0.0132147   0.0299924   0.4406   0.659500
year83         -0.0847693   0.0320010  -2.6490   0.008074 **
year84         -0.1062027   0.0387893  -2.7379   0.006183 **
year85         -0.0977457   0.0511681  -1.9103   0.056097 .
year86         -0.0719451   0.0605819  -1.1876   0.235004
year87         -0.0396595   0.0758531  -0.5228   0.601081
---
Signif. codes: 0 '***' 0.001 '**' 0.01 '*' 0.05 '.' 0.1 ' ' 1

Total Sum of Squares:    30.169
Residual Sum of Squares: 12.419
R-Squared:      0.5923
Adj. R-Squared: 0.57472
Chisq: 542.478 on 26 DF, p-value: < 2.22e-16
> sapply(list(re_iv, g2sls), function(x) phtest(x, fe_iv)[["p.value"]])
[1] 0.2433907 0.4217699
```

2 패널 연립방정식 모형

앞에서 다룬 EC2SLS나 G2SLS는 둘 이상의 방정식으로 구성된 패널 연립방정식 모형으로 확대하여 적용할 수 있다. 패널 연립방정식 모형에서 개체를 $n=1, \cdots, N$, 시간을 $t=1, \cdots, T$, 방정식을 $l=1, \cdots, L$이라 할 때, 오차항은 3개의 하첨자를 사용하여 다음과 같이 표현할 수 있다.

$$\epsilon_{lnt} = \eta_{ln} + v_{lnt}$$

개체 n과 방정식 l에 대한 오차 벡터를 $\epsilon_{ln}^T = (\epsilon_{ln1}, \epsilon_{ln2}, \cdots, \epsilon_{lnT})$라고 할 때, 연립방정식 모형의 오차 벡터는 다음과 같다.

$$\epsilon^T = ((\epsilon_{11}^T, \epsilon_{12}^T, \cdots, \epsilon_{1N}^T), (\epsilon_{21}^T, \epsilon_{22}^T, \cdots, \epsilon_{2N}^T), \cdots, (\epsilon_{L1}^T, \epsilon_{L2}^T, \cdots, \epsilon_{LN}^T))$$

$\Sigma_l = T\Sigma_v + \Sigma_\eta$이라 할 때, 패널 연립방정식 모형에서 오차의 분산·공분산 행렬은 $\Omega = \Sigma_l \otimes B + \Sigma_v \otimes W$로 표현할 수 있다.

1) 3SLS 추정 방법과 절차

패널 연립방정식 모형을 3SLS에 의해 추정하는 절차는 다음과 같다.

첫 번째, EC2SLS 또는 G2SLS으로 각 방정식을 추정한다.

두 번째, 각 방정식의 추정 결과로부터 오차의 분산·공분산 행렬의 추정치를 얻기 위해 $\hat{\Sigma}_v$와 $\hat{\Sigma}_l$을 구성하는 원소들을 다음과 같은 방법으로 구한다.

$$\hat{\sigma}_{v,jk}^2 = \frac{(y_j - Z_j\hat{\gamma}_{jW2SLS})^T Q(y_k - Z_k\hat{\gamma}_{kW2SLS})}{N(T-1)}$$

$$\hat{\sigma}_{l,jk}^2 = \frac{(y_j - Z_j\hat{\gamma}_{jB2SLS})^T P(y_k - Z_k\hat{\gamma}_{kB2SLS})}{N}$$

여기서 $P = I_N \otimes \bar{J}_T$, $Q = I_{NT} - P$ 이며, $\bar{J}_T$는 시간 차원에 대해 평균을 구하는 행렬이다.

세 번째, $\hat{\Sigma}_l$와 $\hat{\Sigma}_v$에 촐레스키 분해법을 적용하여 다음과 같이 $\hat{C}_l$과 $\hat{C}_v$를 구한다.

$$\hat{C}_l \hat{\Sigma}_l \hat{C}_l^T = I_N$$
$$\hat{C}_v \hat{\Sigma}_v \hat{C}_v^T = I_{N(T-1)}$$

네 번째, $\hat{C}_l$과 $\hat{C}_v$를 사용하여 다음과 같은 변환식을 구한다.

$$\hat{\Psi} = \hat{\Omega}^{-0.5} = \hat{C}_l \otimes B + \hat{C}_v \otimes W$$

다섯 번째, 종속변수와 설명변수에는 $\hat{\Psi}$를 좌측곱하고, 도구변수에는 $(\hat{C}_l^{-1})^T \otimes B + (\hat{C}_v^{-1})^T \otimes W$를 좌측곱하여 각각 변환한다.

여섯 번째, 변환된 데이터에 2SLS 추정을 적용한다.

3SLS에서 도구변수를 적용하는 방식은 2SLS의 경우와 마찬가지로 도구변수를 within 변환과 between 변환을 하여 사용할 수도 있고, 도구변수를 준차분 변환하여 사용할 수도 있다. 도구변수의 적용 방식은 인자 `inst.method`에 의해 구분한다.

2) 사례연습: 개발도상국가의 국제무역함수

패널 연립방정식 모형을 3SLS으로 추정하는 방법을 키나이와 라히르(Kinai & Lahir, 1993)의 연구를 사례로 하여 실습해보자. 이들은 개발도상국의 국제교역에 영향을 주는 요인을 규명하였는데, 특히 가격과 소득탄력성의 추정에 중점을 두었다. 개발도상국의 경우 국제교역이 국가의 성장과 채무를 결정하기 때문에 이 연구는 매우 중요하게 평가받고 있다.

이들이 사용한 데이터는 31개의 개발도상국에 대한 1964~1986년까지의 패널데이터로 패키지 `pder`의 데이터 `ForeignTrade`로부터 불러올 수 있다. 분석에 포함된 국가들은 여러 측면에서 큰 차이를 보이기 때문에 오차가 이분산을 가질 가능성이 높다. 이러한 오차의 이분산 문제를 통제하기 위해 저자들은 데이터의 변수들을 1인당으로 환산한 후에 로그변환하였다.

```
> data(ForeignTrade, package="pder")
> mydata<-pdata.frame(ForeignTrade, index=c("country", "year"))
> head(mydata, 3)
```

```
                    country year  exports   imports    resimp      gnp         pgnp     gnpw
Indonesia-1963 Indonesia  1963 -7.62723 -9.19358 -13.61314 -0.22242           NA       NA
Indonesia-1964 Indonesia  1964 -7.61279 -8.96084 -14.74513  0.12960 -0.005550435 -2.21541
Indonesia-1965 Indonesia  1965 -7.65318 -8.96664 -14.96593  0.01653  0.055664506 -2.16165
                      pm        px      cpi       pw  exrate  consump   invest   income
Indonesia-1963 -0.5642178 -2.236618 -3.21888       NA      NA -0.31931 -1.48524 -0.36945
Indonesia-1964 -0.2816000 -1.961690 -2.81341 -0.58577 0.02402  0.02576 -1.31476  0.00851
Indonesia-1965 0.3495800  -1.339650 -1.51413-0.56591  0.04505 -0.03884 -1.36559 -0.11283
                     pop  reserves    money trend     pwcpi importspmpx    pmcpi     pxpw
Indonesia-1963        NA -22.80672 -2.26672    NA        NA         NA       NA       NA
Indonesia-1964  11.53733 -23.70597 -2.09646     1 0.9964306   -7.28075 7.136978 2.810449
Indonesia-1965  11.56238 -23.93257 -2.14720     2 0.3458868   -7.27741 6.468871 2.783749
```

키나이와 라히르의 패널 연립방정식 모형은 수입수요함수, 수출수요함수, 수출공급함수라는 3개의 방정식으로 구성된다. 수입공급함수는 수입에 대한 세계공급(world supply)이 완전(무한)탄력적이라고 가정하여 분석에서 제외되었다. 이 연립방정식 모형을 3SLS로 추정해보자. 그리고 3SLS의 추정 결과와 비교하기 위해 연립방정식 모형의 각 함수를 단일방정식으로 보아 2SLS로 추정해보자.

먼저 수입수요함수를 설명해보자. 종속변수 imports는 (1인당 명목수입액/수입단가)의 로그값이다. 설명변수는 pmcpi, gnp, lag(resimp), lag(imports)이다. 이때 pmcpi는 (수입가격/국내 CPI)의 로그값, gnp는 1인당 실질 GNP의 로그값, resimp는 미국 달러로 측정한 외환보유고를 명목수입액으로 나눈 값이다. 설명변수에 종속변수의 1계 시차 값을 사용한 것은 수입수요에 충격이 발생할 때 조정이 즉각적으로 이루어지지 않고 다소 지연됨을 반영하기 위한 것이다.

수출수요함수의 종속변수는 exports로 (1인당 명목수출액/수출단가)의 로그값이다. 설명변수는 pxpw, gnpw, lag(exports)이다. pxpw는 (수출가격/대체품 국제가격)의 로그값, gnpw는 미국의 1인당 실질 GNP의 로그값이다. 이때 대체품 국제가격은 미국의 생산자물가지수(1980 = 100)를 사용한다.

수출공급함수의 설명변수는 pwcpi, pgnp, importspmpx이다. pwcpi는 (국제가격/국내 CPI)의 로그값, pgnp는 1인당 실질 GNP 추세치의 로그값, importspmpx는 (명목수입액/수출가격)의 로그값이다. 이때 국제가격은 미국의 생산자물가지수를 사용한다. 국가 i의 t년도 1인당 실질 GNP 추세치 y_{it}^*는 y_{i0}를 국가 i의 1인당 실질 GNP의 초기값, g_i를 국가 i의 1964~1986년 평균 성장률이라 할 때, $y_{it}^* = y_{i0} \times \exp(g_i \times t)$에 의해 계산한다. 수출공급함수의 설명변수로 importspmpx를 사용한 것은 개도국의 경우 중간재나 자본재 수입이 수출용 제품을 생산하는 데 중요한 요소이기 때문이다.

연립방정식 모형을 추정하기에 앞서 수입수요함수를 단일방정식으로 간주하여 추정해보자. 수입수요함수의 설명변수에서 pmcpi, gnp, resimp가 내생변수이며, 이들 변수의 1계 시차변수인 lag(imports)와 lag(resimp)도 내생변수이다. 내부 외생변수는 gnpw와 pgnp이다. 외부 도구변수로 이용할 수 있는 변수들은 lag(consump, 1인당 국내소비액), lag(cpi, 국내 CPI, 1980 = 100), lag(income, 1인당 국내 가처분소득), lag(px, 수출단가), lag(reserves, 외환보유고, 미 달러 기준), lag(gnp, 1인당 실질 GNP), pm(수입단가, 미 달러 기준, 1980 = 100), lag(invest, 1인당 국내 고정투자액), lag(money, 1인당 국내 화폐공급액), pw(미국의 생산자지수), trend(추세더미, 1964 = 1)이다.

[실습 10-6]은 개도국의 수입수요함수를 추정한 결과이다. 고정효과모형의 도구변수 추정결과(FEIV)에서 종속변수의 1계 시차변수의 계수 추정치는 0.9512로 매우 크고 유의미하다. 따라서 가격의 장기 탄력성은 $-0.0587/(1-0.9512) = -1.204$이다. gnp의 계수 추정치는 양의 부호를 가지나 유의미하지 않다.

키나이와 라히르는 2가지 형태의 EC2SLS 모형을 추정하였다. 첫 번째는 통상적인 형태의 EC2SLS 모형(실습 10-6의 ec2sls_0)이다. 두 번째는 좀 더 효율적인 추정치를 얻기 위해 오차성분의 분산을 추정할 때 널러브 방식에서 자유도를 조정한 EC2SLS 모형(실습 10-6의 ec2sls_1)이다. 두 번째 모형은 첫 번째 모형에서 `random.method="nerlove"`와 `random.dfcorr=c(1,1)`만 바꾸어주면 된다. 두 형태의 EC2SLS는 고정효과모형의 도구변수 추정과 달리 모든 계수값이 올바른 부호를 가지며 10% 수준에서 모두 유의미한 것으로 나타난다. 하지만 EC2SLS 추정량은 모든 도구변수들이 개체효과와 무관하다는 전제하에서만 일치적이다.

모형 ec2sls_1의 기본 가정이 충족이 되는지 알아보는 방법은 고정효과 도구변수 모형과 모형 ec2sls_1의 함수식을 동일하게 한 다음에 이들에 대해 하우스만 검정을 실행하는 것이다. 이때 '모형 ec2sls_1의 추정량은 일치추정량이다'가 귀무가설이다. 하우스만 검정 결과에 따르면 귀무가설은 5% 수준에서 기각된다. 이러한 결과는 모형 ec2sls_1의 추정에 사용된 도구변수가 개체효과와 서로 상관관계를 가짐을 의미한다. 모형 ec2sls_0에 대한 하우스만 검정 결과도 이와 동일하다.

하우스만 검정 결과에 따르면 고정효과모형의 도구변수 추정량이 수입수요의 탄력성을 보다 정확하게 구하는 문제의 답이 될 수 있다. 하지만 키나이와 라히르는 이러한 문제를 극복하기 위해 도구변수를 이중외생 도구변수와 단순외생 도구변수 2가지로 구분하였다. 이중외생 도구변수는 HT 모형에서 언급한 바와 유사하게 개체효과와 상관되지 않아서 within 변환과 between 변환을 통해 2개의 도구변수로 사용할 수 있다. 단순외생 도구변수는 개체효과와 상관관계를 가지기 때문에 within 변환하여 도구변수로 사용할 수 있다.

[실습 10-6]의 ec2sls_2는 키나이와 라히르의 수정 전략을 반영한 모형이다. 이들이 도구변수를 2가지 형태로 구분하여 적용하는 방식은 HT 모형에서 외생변수를 구분할 때 적용한 방식과 동일하다. 모형 ec2sls_2에서 기호 ~의 오른쪽은 기호 |에 의해 세 부문으로 구성되는데, 첫 번째 부문은 설명변수 집합을, 두 번째 부문은 이중외생 도구변수 집합을, 세 번째 부문은 단순외생 도구변수 집합을 각각 나타낸다.

실습 10-6 개발도상국 수입수요함수의 FEIV와 EC2SLS 추정

```
> fe_iv<-plm(imports~pmcpi+gnp+lag(imports)+lag(resimp) |
          lag(consump)+lag(cpi)+lag(income)+ lag(gnp) + pm+
          lag(invest)+lag(money)+gnpw+pw+lag(reserves) +
          lag(exports)+trend+pgnp+lag(px), mydata, model="within")
> coef(fe_iv)["pmcpi"]/(1-coef(fe_iv)["lag(imports)"])
   pmcpi
-1.203928
> ec2sls_0<-update(fe_iv,model="random", random.method="swar",
              inst.method="baltagi")
> ec2sls_1<-update(fe_iv, model="random", random.method="nerlove",
              random.dfcorr=c(1,1), inst.method="baltagi")
> sapply(list(ec2sls_0,ec2sls_1), function(x) phtest(x, fe_iv)[["p.value"]])
[1] 9.483021e-09 3.106138e-02
> ec2sls_2<-plm(imports~pmcpi+gnp+lag(imports)+lag(resimp) |
            lag(consump)+lag(cpi)+lag(income)+ lag(px)+
            lag(reserves) +lag(exports) |
            lag(gnp)+ pm+lag(invest)+lag(money)+gnpw+pw++trend+pgnp,
            mydata, model="random", random.method="nerlove",
            random.dfcorr=c(1,1), inst.method="baltagi")
> phtest(ec2sls_2, fe_iv) [["p.value"]]
[1] 0.1282417
> screenreg(list(FEIV=fe_iv, EC2SLS=ec2sls_2),
             stars=c(0.001, 0.01, 0.05, 0.10), digits=4)

=====================================
                FEIV        EC2SLS
-------------------------------------
pmcpi          -0.0587 *    -0.0542 *
               (0.0292)     (0.0218)
gnp             0.0289       0.0136 .
               (0.0412)     (0.0070)
```

```
lag(imports)     0.9512 ***      0.9482 ***
                (0.0307)        (0.0129)
lag(resimp)      0.0522 ***      0.0420 ***
                (0.0083)        (0.0067)
(Intercept)                      0.4194 ***
                                (0.1267)
-----------------------------------------
R^2              0.8747          0.9236
Adj. R^2         0.8684          0.9231
Num. obs.      713             713
s_idios                          0.1400
s_id                             0.0847
=========================================
*** p < 0.001; ** p < 0.01; * p < 0.05; . p < 0.1
```

수정된 EC2SLS(실습 10-6의 ec2sls_2)에 대한 하우스만 검정에 따르면, 귀무가설을 기각할 수 없어서 추정량은 일치적이라 할 수 있다. 수정된 EC2SLS는 고정효과모형의 도구변수 추정과 매우 유사한 계수 추정치를 가지나, 표준오차는 더 작아져서 이전에 비해 더 효율적인 추정량을 제공하고 있음을 알 수 있다. 이러한 결과는 EC2SLS가 개체 간 변동까지도 모형 추정에 반영하기 때문에 나타난 것이라고 할 수 있다.

고정효과모형의 도구변수 추정(FEIV)과 수정된 EC2SLS에 의한 계수값 추정 결과를 토대로 수입수요의 가격탄성치를 단기와 장기로 구분하여 계산한 것이 [실습 10-7]이다.

실습 10-7 수입수요의 장 · 단기 가격 탄성치: FEIV와 수정된 EC2SLS 추정

```
> elast<-sapply(list(fe_iv, ec2sls_2), function(x) c(coef(x)["pmcpi"],
            coef(x)["pmcpi"]/(1-coef(x)["lag(imports)"])))
> dimnames(elast)<-list(c("Short-Run Elasticity", "Long-Run Elasticity"),
                       c("FEIV", "M_EC2SLS"))
> round(elast, 5)
                         FEIV   M_EC2SLS
Short-Run Elasticity -0.05873   -0.05420
Long-Run Elasticity  -1.20393   -1.04652
```

다음으로 3SLS를 적용하여 패널 연립방정식 모형을 추정해보자. [실습 10-8]은 패널 연립방정식 모형의 추정 결과이다. 3SLS는 2SLS와 SUR을 혼합한 형태라고 할 수 있다. 따라서 연립방정식 모형을 추정하기 위한 R 코드는 연립방정식을 구성하는 각 함수식을 지정하는 것부터 시작한다. 각 함수식의 형태가 정해지면, 그다음에는 plm을 적용하여 각 함수식을 동시에 추정한다. 이를 위해서는 연립방정식을 구성하는 각 함수식의 이름을 나열하는 인자 list()를 추가해야 한다. 이 점이 단일방정식의 추정과 비교하여 다른 점이다.

EC3SLS의 추정 결과에서 수입수요함수의 계수 추정치는 EC2SLS과 매우 유사하다. 하지만 추정 결과에서 보듯이 두 방정식에서 개체효과 간의 상관계수는 0.138이고, 고유오차 간의 상관계수는 0.0975이다. 이처럼 두 방정식의 오차성분 간에 존재하는 상관관계를 모형 추정에 반영한 EC3SLS는 EC2SLS에 비해 표준오차가 다소 줄어든 계수 추정치를 제공한다.

실습 10-8 **저개발국 국제교역에 관한 패널 연립방정식 모형의 EC3SLS 추정**

```
> eqimp<-imports~pmcpi+gnp+lag(imports)+lag(resimp) |
                    lag(consump)+lag(cpi)+lag(income)+ lag(px)+
                    lag(reserves) +lag(exports) | lag(gnp) + pm+
                    lag(invest)+lag(money)+gnpw+pw++trend+pgnp
> eqexp<-exports~pxpw+gnpw+lag(exports) |
                    lag(gnp)+pw+lag(consump)+pm+lag(px)+ lag(cpi) |
                    lag(money) +gnpw+pgnp+pop+lag(invest) +
                    lag(income)+lag(reserves)+exrate
> sys_eq<-plm(list(import.demand=eqimp, export.demand=eqexp),
                data=ForeignTrade, index=c("country", "year"), model="random",
                inst.method ="baltagi", random.method ="nerlove",
                random.dfcor=c(1,1))
> summary(sys_eq)
Oneway (individual) effect Random Effect Model
   (Nerlove's transformation)
--중략--

Balanced Panel: n = 31, T = 24, N = 744

Effects:

 Estimated standard deviations of the error
       import.demand  export.demand
id          0.061871        0.078159
idios       0.143934        0.120007

 Estimated correlation matrix of the individual effects
                 import.demand  export.demand
import.demand            1.000              .
export.demand            0.138              1
```

```
Estimated correlation matrix of the idiosyncratic effects
              import.demand  export.demand
import.demand      1.000000              .
export.demand      0.097493              1

- import.demand
              Estimate   Std. Error  t-value    Pr(>|t|)
(Intercept)   0.3987408   0.1189935   3.3509  0.0008266 ***
pmcpi        -0.0540741   0.0217007  -2.4918  0.0128231 *
gnp           0.0110320   0.0053078   2.0784  0.0378497 *
lag(imports)  0.9504604   0.0118726  80.0549  < 2.2e-16 ***
lag(resimp)   0.0394789   0.0063424   6.2246  6.347e-10 ***
---
Signif. codes: 0 '***' 0.001 '**' 0.01 '*' 0.05 '.' 0.1 ' ' 1

- export.demand
              Estimate   Std. Error  t-value    Pr(>|t|)
(Intercept)   0.143674    0.139492    1.0300   0.303195
pxpw         -0.061469    0.019467   -3.1576   0.001624 **
gnpw          0.114402    0.053359    2.1440   0.032201 *
lag(exports)  0.946533    0.013310   71.1143   < 2.2e-16 ***
---
Signif. codes: 0 '***' 0.001 '**' 0.01 '*' 0.05 '.' 0.1 ' ' 1
> elast_3<-coef(sys_eq, "import.demand")["pmcpi"]/
        (1-coef(sys_eq, "import.demand")["lag(imports)"])
> elast_3
   pmcpi
-1.091532
```

3 동태 패널 모형

동태 패널 모형은 식 (10-5)에서 보듯이 $y_{n(t-1)}$, $y_{n(t-2)}$ 등과 같은 종속변수의 과거값을 설명변수로 사용하는 모형을 말한다.

$$y_{nt} = \alpha + \rho y_{n(t-1)} + \beta^T x_{nt} + \eta_n + v_{nt} \tag{10-5}$$

동태 패널 모형이 적용되는 사례는 많이 있다. 전기의 소비량을 설명변수로 갖는 소비함수나, 전기의 고용량을 설명변수로 포함하는 고용함수 등이 대표적인 사례이다. 동태 패널 모형에서 ρ는 종속변수에 가해진 충격이 어느 정도 지속적으로 종속변수에 영향을 주는지를 나타낸다. 이로 인해 설명변수 값의 변화가 종속변수에 주는 영향도 이전과는 달라진다. 예를 들어, x_{nt}에서 어느 한 설명변수 값이 Δx만큼 증가했다면, 조정 과정을 거친 종속변수에 대한 총효과(장기효과)는 $\frac{\beta\Delta x}{(1-\rho)}$가 될 것이다. 만약 $y_{nt}=\alpha+\rho y_{n(t-1)}+\beta^T x_{nt}+\gamma^T x_{n(t-1)}+\eta_n+v_{nt}$와 같이 설명변수에 $x_{n(t-1)}$이 포함된 모형이라 한다면 종속변수에 대한 총효과는 $\frac{(\beta+\gamma)\Delta x}{(1-\rho)}$가 된다.

그렇다면, 동태 패널 모형은 그동안 우리가 배웠던 방법으로 추정하면 될까? 편의상 식 (10-6)과 같은 가장 간단한 형태의 동태 패널 모형을 가정하자.

$$y_{nt}=\rho y_{n(t-1)}+\eta_n+v_{nt} \tag{10-6}$$

식 (10-6)에서 설명변수가 고유오차 v_{nt}와 무관하더라도, $y_{n(t-1)}$에는 η_n이 포함되어 있기 때문에 $y_{n(t-1)}$과 η_n이 서로 상관된다. 따라서 최소자승모형이나 임의효과모형은 ρ에 대해 편향된 추정량을 초래한다. 개체효과와 고유오차가 서로 상관관계가 없고, 고유오차가 시계열 상관을 갖지 않는다고 할 때, ρ의 최소자승추정량은 식 (10-7)에서 보듯이 상향 편향된 값을 가진다.

$$plim\,\hat{\rho}_{ols}=\rho+\frac{(1-\rho^2)\sigma_\eta^2}{(1-\rho)\sigma_\eta^2+(1-\rho)\sigma_v^2} \tag{10-7}$$

그렇다면 고정효과모형은 적용이 가능한가? 고정효과를 제거하기 위해 within 변환을 하더라도 변환된 설명변수와 변환된 고유오차 간에 여전히 상관관계가 존재한다. within 변환을 할 때 1계 시차 종속변수는 $y^*_{n(t-1)}=y_{n(t-1)}-\{1/(T-1)\}(y_{n2}+\cdots+y_{nT})$이고, 고유오차는 $v^*_{n(t-1)}=v_{n(t-1)}-\{1/(T-1)\}(v_{n2}+\cdots+v_{nT})$이다. 그 결과, $y^*_{n(t-1)}$에 있는 $y_{n(t-1)}$가 $v^*_{n(t-1)}$에 있는 $-\{1/(T-1)\}v_{n(t-1)}$과 음의 상관관계를 가지게 된다. 식 (10-8)에서 알 수 있듯이 T가 무한히 크지 않은 한 고정효과모형 역시 편향된 추정량을 초래하는데, 최소자승추정량과 달리 하향 편향된다.

$$plim\,\hat{\rho}_{fe}=\rho-\left(\frac{1+\rho}{T-1}\right)\frac{1-\frac{1}{T}\frac{1-\rho^T}{1-\rho}}{1-\frac{2\rho}{(1-\rho)(T-1)}\left(1-\frac{1-\rho^T}{T(1-\rho)}\right)} \tag{10-8}$$

3-1 앤더슨-히사오 도구변수 추정

식 (10-6)의 추정 방법으로 1계 차분하는 방법을 생각해보자. 식 (10-6)을 1계 차분하여 개체효과를 제거하면 $\Delta y_{nt} = \rho \Delta y_{n(t-1)} + \Delta v_{nt}$와 같은 차분방정식을 얻게 된다. $\Delta y_{n(t-1)} = y_{n(t-1)} - y_{n(t-2)}$이고, $\Delta v_{nt} = v_{nt} - v_{n(t-1)}$이기 때문에 $y_{n(t-1)}$는 고유오차 $v_{n(t-1)}$를 포함한다. 따라서 설명변수 $\Delta y_{n(t-1)}$과 차분한 고유오차 Δv_{nt}가 서로 상관되어 여전히 문제가 남는다.

이러한 문제를 해결하기 위해 앞에서 논의한 도구변수 추정을 적용하는 방법을 고려해보자. 식 (10-6)의 차분방정식 $\Delta y_{nt} = \rho \Delta y_{n(t-1)} + \Delta v_{nt}$에서 설명변수는 $\Delta y_{n(t-1)}$ 하나이기 때문에 도구변수도 하나만 있으면 된다. 만약 고유오차가 시계열 상관을 갖지 않는다면, 차분방정식의 오차항은 $\Delta v_{nt} = v_{nt} - v_{n(t-1)}$이기 때문에 v_{nt}와 $v_{n(t-1)}$에 상관되지 않는 변수들은 모두 도구변수로 사용할 수 있다. 따라서 $\Delta y_{n(t-2)}$나 $y_{n(t-2)}$를 도구변수로 사용할 수 있다. 이러한 방식의 도구변수 추정을 제안한 연구자들은 앤더슨과 히사오(Anderson & Hisao, 1982)이다. 이들에 따르면 실제로 $y_{n(t-2)}$가 $\Delta y_{n(t-2)}$보다 더 좋은 도구변수로 알려져 있다.

[실습 10-9]의 데이터는 아세모글루 외(Acemoglu et al., 2008)의 연구에서 사용한 것으로 패키지 `pder`의 데이터 `DemocracyIncome`으로부터 불러올 수 있다. 이 데이터는 211개 국가에 대한 1인당 GDP의 로그값(income), 민주주의 수준을 나타내는 지표값(democracy)을 1950~2000년까지 5년을 주기로 집계한 패널데이터이다. 민주주의와 소득 간의 인과적인 연관성 여부를 분석하기 위해 종속변수의 과거값을 설명변수로 사용한다. 모형식에서 종속변수는 democracy이며, 설명변수는 democracy와 income의 1계 시차 값, 그리고 연도별 더미변수이다. 더미변수 sample은 저자들의 논문에서 선택된 관측치 여부를 나타낸다. sample=1은 논문에서 선택한 관측치만을 대상으로 모형을 추정함을 의미한다.

이 데이터를 이용하여 최소자승추정, 고정효과모형 추정, 그리고 앤더슨-히사오의 도구변수 추정의 결과를 비교해보자. 먼저, 최소자승추정은 함수 `plm`에서 인자 `model="pooling"`를 적용(실습에서 ols_1)하거나 또는 인자 `model="within"`과 함께 `effect="time"`을 적용(실습에서 ols_2)하면 된다. 함수 `lm` 대신에 `plm`을 사용하는 이유는 시차 변환을 나타내는 함수 `lag`는 시계열데이터나 패널데이터에만 적용할 수 있기 때문이다.

둘째, 고정효과모형의 추정(실습에서 fe)에서는 인자 `model="within"` 외에 연도효과를 고려하기 위해 인자 `effect="twoways"`를 적용한다.

셋째, 앤더슨과 히사오의 도구변수 추정(실습에서 ahsia)은 인자 `model="pooling"`을 적용하며, 도구변수는 기호 |에 의해 설명변수들과 구분된다. $\Delta y_{n(t-1)}$의 도구변수로 $y_{n(t-2)}$, $\Delta x_{n(t-1)}$

의 도구변수로 $x_{n(t-2)}$를 사용한다. 고유오차 $\Delta v_{nt}=v_{nt}-v_{n(t-1)}$은 1계 차분 형태를 가지기 때문에 개체 내에서 시계열 상관을 가진다. 즉 $E(\Delta v_{nt}\Delta v_{n(t-1)})=-\sigma_v^2$이다. 따라서 coeftest(ahisao, vcov=vcovHC(ahisao))를 사용하여 이분산에 견고한 오차를 사용하는 것이 바람직하다.

먼저, 최소자승추정 결과에서 $\Delta y_{n(t-1)}$의 계수 추정치 0.7064는 민주주의 수준이 상당 정도의 지속성을 가지고 있음을 보여준다. 한편 소득의 계수 추정치는 0.072318로 양의 부호를 가지며 유의미하다. 소득이 민주주의 수준에 미치는 장기 탄성치를 계산하면 $\frac{0.072318}{(1-0.706)}=0.246$이다. 따라서 1인당 GDP로 측정된 소득수준이 10% 증가할 때 민주주의 수준에 미치는 총효과는 0.024이다. 비록 총효과의 크기는 작지만 소득수준과 민주주의 수준 사이에 양의 인과관계가 있음을 보여준다. 하지만 이러한 결과는 전술한 바와 같이 $\Delta y_{n(t-1)}$이 설명변수로 사용될 경우 최소자승추정량이 상향 편향됨에 기인할 수 있다.

국가별 고정효과를 제거한 고정효과모형에서 $\Delta y_{n(t-1)}$의 계수 추정치는 0.3786으로 여전히 유의미하지만 최소자승추정치에 비해 크게 감소하는 것으로 나타난다. 또한 소득변수의 계수 추정치는 최소자승추정치에 비해 작고 더이상 유의미하지 않다. 전술한 바와 같이 고정효과모형의 추정치는 하향 편향됨을 알 수 있다.

실습 10-9 동태적 패널 모형의 앤더슨-히사오 도구변수 추정

```
> data(DemocracyIncome, package="pder")
> mydata<-pdata.frame(DemocracyIncome, index=c("country", "year"))
# ols_1과 ols_2는 동일한 추정 결과를 반환한다
> ols_1<-plm(democracy~lag(democracy)+lag(income)+year-1, data=mydata,
            model="pooling", subset=sample==1)
> ols_2<-plm(democracy~lag(democracy)+lag(income), data=mydata,
            model="within", effect="time", subset=sample==1)
> coef(summary(ols_2))
                Estimate  Std. Error  t-value      Pr(>|t|)
lag(democracy)  0.706370   0.0242931  29.0770   6.9786e-133
lag(income)     0.072318   0.0083429   8.6682    1.9151e-17
> fe<-plm(democracy~lag(democracy)+lag(income), data=mydata,
            model="within", effect="twoways", subset=sample==1)
> coef(summary(fe))
                Estimate  Std. Error  t-value      Pr(>|t|)
lag(democracy)  0.378628    0.033444  11.32118   1.2515e-27
lag(income)     0.010415    0.026401   0.39449   6.9333e-01

# Anderson & Hisao 도구변수 추정
> ahisao<-plm(diff(democracy)~lag(diff(democracy))+lag(diff(income))+year-1 |
             lag(democracy,2) + lag(income, 2) +year-1, data=mydata,
             model="pooling", subset=sample==1)
```

```
> library(lmtest)
> coeftest(ahisao,vcov=vcovHC(ahisao))[1:2,]
                       Estimate  Std. Error   t value     Pr(>|t|)
lag(diff(democracy))   0.46866     0.098543   4.75590   2.3304e-06
lag(diff(income))     -0.10358     0.106353  -0.97392   3.3038e-01
```

마지막으로, 고정효과를 제거하고 설명변수의 내생성 문제를 해결한 앤더슨-히사오의 도구변수 추정 결과에 따르면 $\Delta y_{n(t-1)}$의 계수 추정치는 0.4687로 유의미하다. 이 값은 최소자승추정치와 고정효과모형 추정치의 범위 [0.3786, 0.7064] 내에 있다. 도구변수 추정에서 소득의 계수 추정치는 음(-)의 부호를 가지며 이분산에 견고한 표준오차로 교정하더라도 p값이 0.33으로 더 이상 유의미하지 않다. 이상의 결과는 국가별 고정효과와 설명변수의 내생성 문제를 통제할 경우 소득수준과 민주주의 수준 사이에는 더이상 양의 인과관계가 나타나지 않음을 보여준다.

3-2 차분적률법

동태 패널 모형에서 앤더슨과 히사오의 도구변수 추정은 매우 유용하지만, 2가지 문제점을 가진다. 첫째, 고유오차의 1계 차분을 취할 때 나타나는 시계열 상관을 모형의 추정에 반영하지 못한다는 점이다. 둘째, $\Delta y_{n(t-1)}$의 도구변수로 $y_{n(t-2)}$ 이외에도 $y_{n(t-3)}, \cdots, y_{n0}$를 사용할 수 있다는 점이다. 달리 말하면 도구변수의 개수가 시점 t마다 다르다. 아렐라노와 본드(Arellano & Bond, 1991)는 이 2가지 문제점을 고려한 추정 방법으로 차분적률법(difference GMM)을 제안하였다.

이번에는 설명변수 x_{nt}를 추가한 동태 패널 모형 $y_{nt}=\rho y_{n(t-1)}+\beta^T x_{nt}+\eta_n+v_{nt}$에서 개체효과를 제거하기 위해 1계 차분한 다음의 모형을 고려하자.

$$\Delta y_{nt}=\rho\Delta y_{n(t-1)}+\beta^T\Delta x_{nt}+\Delta v_{nt} \tag{10-9}$$

아렐라노와 본드가 착안한 것은 식 (10-9)의 차분방정식 모형을 추정할 때 $\Delta y_{n(t-1)}$의 도구변수로 $y_{n(t-2)}$ 이외에도 $y_{n(t-3)}, \cdots, y_{n0}$를 사용할 수 있다는 점이다. 앤더슨-히사오의 경우와 달리 차분적률법에서는 도구변수 개수가 시점 t마다 달라짐을 주목할 필요가 있다. 식 (10-9)에서 $y_{n3}-y_{n2}=\rho(y_{n2}-y_{n1})+\beta^T(x_{n3}-x_{n2})+(v_{n3}-v_{n2})$이기 때문에 추정에 처음 사용하는 관측치는 세 번째 관측치이다. 이 때 유효한 도구변수는 y_{n1}이다. 네 번째 관측치에서는 오차가 $(v_{n4}-v_{n3})$이기 때문에 유효한 도구변수는 y_{n2}와 y_{n1}이다. 시점 t가 하나씩 늘어날 때마다 도구변수가 추가되기 때문에 n번째 관측치에서 도구변수는 다음과 같은 행렬 형태를 가진다.

$$L_n = \begin{bmatrix} y_{n1} & 0 & 0 & 0 & 0 & 0 & \cdots & 0 & 0 & 0 & 0 & x_{n3} \\ 0 & y_{n1} & y_{n2} & 0 & 0 & 0 & \cdots & 0 & 0 & 0 & 0 & x_{n4} \\ 0 & 0 & 0 & y_{n1} & y_{n2} & y_{n3} & \cdots & 0 & 0 & 0 & 0 & x_{n5} \\ \vdots & \vdots & \vdots & \vdots & \vdots & \vdots & \ddots & \vdots & \vdots & \ddots & \vdots & \vdots \\ 0 & 0 & 0 & 0 & \cdots & \cdots & \cdots & y_{n1} & y_{n2} & \cdots & y_{n(T-2)} & x_{n(T-2)} \end{bmatrix} \tag{10-10}$$

식 (10-10)과 같은 형태의 도구변수 추정을 적용하면 첫 단계 회귀식은 t마다 다르기 때문에 그 계수 추정치도 t마다 달라진다. 따라서 모든 t에 대해 자료를 통합하여 첫 단계 회귀식을 추정하는 앤더슨-히사오의 도구변수 추정과 달리, 첫 단계 회귀식의 모형과 계수를 t마다 다르게 할 필요가 있다. 또한 차분방정식의 오차항(Δv_{nt})에 존재하는 시계열 상관을 고려하여 효율성을 높이는 추정을 할 필요가 있다.

이러한 경우에 적용할 수 있는 추정법이 적률법(generalized method of moments, GMM)이다. 추정에 차분방정식을 사용하기 때문에 차분적률법(difference GMM)이라고 한다. 앤더슨-히사오의 도구변수 추정법이 t기의 방정식에 하나의 도구변수만을 사용하는 반면, 차분적률법은 가용한 도구변수를 모두 이용하기 때문에 효율성이 더 높다.

개체 n에 대한 차분방정식의 잔차 벡터가 $\Delta\hat{v}_n$이고 도구변수 행렬을 L_n이라고 할 때, GMM 추정량은 적률함수 $\left(\sum_{n=1}^{N}\Delta\hat{v}_n^T L_n\right)A\left(\sum_{n=1}^{N}L_n^T\Delta\hat{v}_n\right)$을 최소화하는 해로부터 다음과 같이 구해진다.

$$\hat{\beta} = \left[\left(\sum_{n=1}^{N}\Delta x_n^T L_n\right)A\left(\sum_{n=1}^{N}L_n^T\Delta x_n\right)\right]^{-1} \times \left[\left(\sum_{n=1}^{N}\Delta x_n^T L_n\right)A\left(\sum_{n=1}^{N}L_n^T\Delta y_n\right)\right]$$

위 식에서 A는 적률의 가중치 행렬로서 대개 적률 분산·공분산 행렬의 역수가 사용된다.

GMM에는 1단계 추정법과 2단계 추정법이 있다. 1단계 추정은 오차항이 등분산을 가지며 자기상관이 없을 때 적용한다. 반면 2단계 추정은 오차항이 이분산이나 자기상관을 가질 때 적용하는데, 1단계 추정량에 비해 더 효율적인 추정량을 얻을 수 있다. GMM의 2단계 추정에서는 1단계 추정에서 구한 오차의 추정치 $\Delta\hat{v}_n^{(1)}$을 이용하여 2단계 추정에 필요한 가중치 행렬을 구한다.

1) 차분적률법에 의한 모형 추정

차분적률법은 패키지 plm의 함수 pgmm을 사용하여 다음과 같이 실행할 수 있다.

```
> pgmm(democracy~lag(democracy)+lag(income)|lag(democracy,2:99)|
  lag(income,2), mydata, model="onestep",effect="twoways", subset=sample==1)
```

함수 pgmm에서 인자의 사용방법은 plm과 동일하며 기호 ~의 오른쪽은 세 부문으로 구분된다. 첫 부문은 설명변수들을 포함하며, 첫 번째 기호 | 다음에는 GMM 도구변수들을 포함하고, 두 번째 기호 | 다음에는 통상적인 도구변수들을 포함한다.

인자 model="onestep"은 1단계 차분적률법을 적용한다는 의미이다. 2단계 차분적률법으로 추정하려면 인자 model="twosteps"를 적용한다. 개체효과 외에도 시간효과를 고려하려면 인자 effect="twoways"를 사용한다. 이는 차분을 통해 개체효과를 제거하고(즉, 차분방정식을 회귀식으로 하여) 연도 더미변수들이 통상적인 도구변수로 추가됨을 의미한다. 반면 개체효과만을 고려하고 연도 더미변수를 도구변수로 사용하지 않는다면, effect="individual"을 적용한다. lag(democracy, 2:99)가 의미하는 바는 종속변수의 2계 시차 값부터 시작하여 모든 가능한 과거값이 GMM 도구변수로 사용됨을 뜻한다.

[실습 10-10]은 1단계 차분적률법의 추정 결과이다. 추정에 GMM 도구변수로 모든 가능한 종속변수의 과거값을 사용한다. 인자 effect="twoways"를 적용하기 때문에 시간 더미변수들도 도구변수로 사용된다. 통상적인 도구변수로는 소득의 2계 시차 값인 lag(income, 2)를 사용하였는데, 이는 첫 단계 회귀식 추정에서 lag(income, 2)의 계수값이 모든 t에 대해 동일함을 의미한다. 시간 더미변수들의 계수 추정치는 coefficients(dgmm_1)을 적용하면 구할 수 있다.

1단계 GMM 추정의 경우 오차항이 이분산이나 자기상관을 가진다면 계수 추정치들이 견고한 표준오차를 갖도록 교정할 필요가 있다. 함수 pgmm에서 모든 계수 추정치의 표준오차는 윈드마이어(Windmeijer, 2005)의 표준오차 교정법에 의해 교정한 값이다.

실습 10-10 **1단계 차분적률법 추정**

```
> dgmm_1<-pgmm(democracy~lag(democracy)+lag(income) | lag(democracy,2:99) |
                         lag(income, 2), mydata, model="onestep",
                         effect="twoways", subset=sample==1)
> summary(dgmm_1)
Twoways effects One step model
--- 중략 ---

Coefficients:
                 Estimate  Std. Error  z-value    Pr(>|z|)
lag(democracy)  0.504994    0.090490   5.5806   2.396e-08 ***
lag(income)    -0.090108    0.080291  -1.1223     0.2617
---
Signif. codes: 0 '***' 0.001 '**' 0.01 '*' 0.05 '.' 0.1 ' ' 1

Sargan test: chisq(44) = 70.7447 (p-value = 0.0064468)
Autocorrelation test (1): normal = -6.243466 (p-value = 4.2798e-10)
Autocorrelation test (2): normal = 0.821229 (p-value = 0.41152)
Wald test for coefficients: chisq(2) = 38.15745 (p-value = 5.1786e-09)
Wald test for time dummies: chisq(9) = 44.06759 (p-value = 1.3715e-06)
```

[실습 10-11]은 2단계 차분적률법 추정 결과이다. 추정 결과의 아랫부분은 GMM 추정에 필요한 2가지 기본 가정에 대한 검정 결과와 계수 추정치, 그리고 시간 더미변수의 유의성에 대한 검정 결과이다. GMM 추정이 타당하려면 2가지 기본 가정을 만족해야 한다. 이에 대해서는 이 장의 3-3절에서 자세하게 설명한다.

실습 10-11 **2단계 차분적률법 추정**

```
> dgmm_2<-update(dgmm_1, model="twostep")
> summary(dgmm_2)
Twoways effects Two steps model
--- 중략 ---
Coefficients:
                 Estimate    Std. Error  z-value   Pr(>|z|)
lag(democracy)  0.5540073    0.1078303   5.1378   2.78e-07 ***
lag(income)     0.0018436    0.0605379   0.0305    0.9757
---
Signif. codes: 0 '***' 0.001 '**' 0.01 '*' 0.05 '.' 0.1 ' ' 1
```

```
Sargan test: chisq(44) = 49.8814 (p-value = 0.25098)
Autocorrelation test (1): normal = -4.457875 (p-value = 8.2776e-06)
Autocorrelation test (2): normal = 0.8592423 (p-value = 0.39021)
Wald test for coefficients: chisq(2) = 28.13308 (p-value = 7.78e-07)
Wald test for time dummies: chisq(9) = 33.6682 (p-value = 0.00010211)
```

2) 차분적률법과 도구변수의 수

차분적률법에서 도구변수 수는 시간 t가 늘어남에 따라 이차함수 형태로 증가한다. 예를 들어, [실습 10-11]에서 $\Delta y_{n(t-1)}$의 GMM 도구변수는 $T=11$이기 때문에 세 번째 관측치의 경우는 y_{n1}이며, 네 번째 관측치의 경우는 y_{n1}, y_{n2}, 마지막 관측치의 경우는 $y_{n1}, y_{n2}, \cdots, y_{n(11-2)}$이다. 그러므로 GMM 도구변수의 수는 $0.5\times(11-1)\times(11-2)=45$개이다. 여기에 시간 더미변수 9개, 소득의 2계 시차변수 하나가 도구변수로 추가된다. 따라서 도구변수의 총 개수는 55개이다.

도구변수 수가 J개일 때, GMM 추정에 사용되는 가중치 행렬의 차원은 $J\times J$이기 때문에 표본에 있는 N개의 개체로부터 추정해야 하는 가중치 행렬 원소의 수는 $J\times(J+1)/2$가 된다. 따라서 개체 N이 J보다 크지 않다면, 가중치 행렬이 특이행렬이 되는 과적합(over-fitting) 문제가 나타난다.

이러한 문제를 살펴보기 위해 패키지 pder의 데이터 DemocracyIncome25를 사례로 들어보자. 이 데이터는 DemocracyIncome과 동일한 변수를 가지지만 25년을 수기로 기록한 패널데이터이다. 국가 수는 25개, 시간 수는 7개이다. [실습 10-12]에서 도구변수 수는 GMM 도구변수 $0.5\times(7-1)\times(7-2)\times2=30$개, 시간 더미변수 5개를 합하여 모두 35개로, 개체 수 25개를 초과한다. 이러한 경우 '*the second-step matrix is singular, a general inverse is used*'와 같이 2단계 추정에 사용되는 가중치 행렬이 특이행렬이라는 메시지가 나타난다.

실습 10-12 **도구변수의 수가 개체 수를 초과하는 경우의 차분적률법 추정**

```
> data("DemocracyIncome25", package="pder")
> pdim(DemocracyIncome25)
Balanced Panel: n = 25, T = 7, N = 175
> dif_gmm_full<-pgmm(democracy~lag(democracy)+lag(income) |
               lag(democracy,2:99) + lag(income, 2:99),
               DemocracyIncome25, model="twosteps", effect="twoways")
경고메시지(들):
In pgmm(democracy ~ lag(democracy) + lag(income) | lag(democracy, :
  the second-step matrix is singular, a general inverse is used
```

과적합 문제는 모든 도구변수 추정에서 나타나지만, 도구변수 수가 증가할수록 심해진다. 얼마나 많은 수의 도구변수가 지나치게 많은 것인지에 대한 학술적인 기준은 없다. 윈드마이어(2005)의 시뮬레이션 연구에 따르면 도구변수의 수를 28개에서 13개로 줄이면 2단계 추정량의 평균 편향이 40%가량 줄어드는 것으로 보고되었다. 따라서 추정에 사용한 도구변수 총수를 제시하고, 도구변수 수를 줄일 때 추정 결과가 얼마나 견고한지를 보여주는 것이 좋은 방법이라고 할 수 있다.

도구변수 수가 개체 수에 비해 과다하게 많아서 내생변수를 과적합하는 문제가 발생할 때 도구변수 수를 제한하는 방법으로 2가지가 있다. 첫 번째 방법은 시차의 차수를 제한하는 것이다. 예를 들어, $t=11$일 때 최대시차를 4로 제한한다면 GMM 도구변수의 수는 3번째 관측치의 경우 1개, 4번째 관측치의 경우 2개, 5번째부터 11번째 관측치에 대해서는 각각 3개씩 21개로, 모두 합하여 24개이다. 모든 시차가 적용될 경우 GMM 도구변수의 수는 45개이다.

두 번째 방법은 적률조건을 무너뜨려 식 (10-10)과 같은 $\Delta y_{n(t-1)}$에 대한 도구변수 행렬을 하나의 열로 전환하는 것이다. 이때 GMM 도구변수 행렬은 다음의 형태를 갖는다.

$$
L_n = \begin{bmatrix}
y_{n1} & 0 & 0 & 0 & \cdots & 0 & 0 & 0 \\
y_{n2} & y_{n1} & 0 & 0 & \cdots & 0 & 0 & 0 \\
y_{n3} & y_{n2} & y_{n1} & 0 & \cdots & 0 & 0 & 0 \\
\vdots & \vdots & \vdots & \vdots & \ddots & \vdots & \vdots & \vdots \\
y_{n(T-3)} & y_{n(T-4)} & y_{n(T-5)} & y_{n(T-6)} & \cdots & y_{n2} & y_{n1} & 0 \\
y_{n(T-2)} & y_{n(T-3)} & y_{n(T-4)} & y_{n(T-5)} & \cdots & y_{n3} & y_{n2} & y_{n1}
\end{bmatrix}
$$

이러한 방법은 함수 `pgmm`에서 인자 `collapse=TRUE`를 사용하여 적용할 수 있다.

[실습 10-13]은 도구변수의 수를 늘릴 때 차분적률법의 계수 추정치가 어떻게 달라지는지를 알아보기 위해 [실습 10-11]의 모형 dgmm_2에 추가하여 3가지 방식의 차분적률법을 적용한 결과이다. 첫 번째 방식(dgmm_full)은 lag(democracry)의 도구변수에 lag(income)의 도구변수를 새로이 추가한 차분적률법이다. 두 번째 방식(dgmm_col)은 인자 `collapse=TRUE`를 적용한 차분적률법이다. 세 번째 방식(dgmm_lag24)은 최대시차를 4로 제한하여 도구변수 수를 줄인 차분적률법이다.

각 방식별로 도구변수의 개수를 살펴보자. dgmm_2의 경우는 lag(democracy)의 GMM 도구변수 45개, 시간 더미변수 9개, 2계 시차 소득변수 lag(income, 2) 1개로 총 55개이다.

dgmm_full의 경우는 lag(democracy)에 추가하여 lag(income)의 GMM 도구변수가 적용되기 때문에 GMM 도구변수 총수는 90개, 시간 더미변수 9개로 총 99개이다. dgmm_col의 경우는 GMM 도구변수는 각각 9개씩 18개, 시간 더미변수 9개로 총 27개이다. dgmm_lag24의 경우는 lag(democracy)와 lag(income)의 GMM 도구변수가 각각 24개씩 48개, 시간 더미변수 9개로 총 57개이다.

추정 결과를 보면 $\Delta y_{n(t-1)}$의 계수 추정치는 도구변수 수에 따라 큰 차이를 보이지 않으며 모두 범위 [0.3786, 0.7064] 내에 속한다. 소득의 계수 추정치는 모형 dgmm_lag24를 제외하면 모두 10% 수준에서 유의미하지 않다. dgmm_lag24에서 소득의 계수 추정치가 -0.1258로 유의미하지만, sargan(dgmm_lag24)의 실행 결과에서 알 수 있듯이 도구변수의 적합성을 평가하는 검정을 통과하지 못한다. 이는 모형 추정에 사용된 도구변수가 오차항과 상관관계가 있음을 보여주는 것으로, 모형 설정을 잘못한 데에서 비롯된 결과라 할 수 있다. 다음 절에서 시차의 수가 변할 때 도구변수의 적합성 검정 결과가 어떠한 영향을 받는지를 살펴볼 것이다.

실습 10-13 도구변수 수에 따른 차분적률법의 추정 결과 비교

```
> dgmm_full<-pgmm(democracy~lag(democracy)+lag(income) |
                  lag(democracy,2:99) + lag(income, 2:99), mydata,
                  model="twosteps", effect="twoways", subset=sample==1)
> dgmm_col<-pgmm(democracy~lag(democracy)+lag(income) |
                  lag(democracy,2:99) + lag(income, 2:99),
                  mydata, model="twosteps", effect="twoways",
                  subset=sample==1, collapse = TRUE)
> dgmm_lag24<-pgmm(democracy~lag(democracy)+lag(income) |
                  lag(democracy,2:4) + lag(income, 2:4), mydata,
                  model="twosteps", effect="twoways", subset=sample==1)
> sapply(list(dgmm_2, dgmm_full, dgmm_col, dgmm_lag24),
                  function(x) coef(x) [1:2])
                  [,1]      [,2]      [,3]      [,4]
lag(democracy)  0.5540    0.4689    0.5027    0.4678
lag(income)     0.0018   -0.0862   -0.0422   -0.1258
```

3-3 시스템적률법

차분적률법의 가장 큰 단점은 도구변수로 사용하는 종속변수의 시차 값이 약한 도구변수(weak instruments)라는 점이다. 달리 말하면, 종속변수의 시차 값이 그 자체를 1계 차분한 설명변수와 낮은 상관관계를 가진다는 점이다. 이를 $T=3$인 차분방정식 $\Delta y_{n3}=\rho\Delta y_{n2}+\Delta v_{n3}$으로 설명해보자. 이때 유일한 도구변수는 y_{n1}이다. 동태 패널 모형을 2SLS로 추정할 때 1단계 추정식은 $\Delta y_{n2}=(\rho-1)y_{n1}+\eta_n+v_{n2}$로 $(\rho-1)$의 OLS 추정량은 다음과 같다.

$$\hat{\pi}=(\rho-1)+\frac{1/N\sum_{n=1}^{N}y_{n1}(\eta_n+v_{n2})}{1/N\sum_{n=1}^{N}y_{n1}^2}$$

$k=(1-\rho)^2/(1-\rho^2)$이라고 할 때 위 식의 극한값을 구하면 다음과 같다.

$$plim\ \hat{\pi}=(\rho-1)\frac{k}{k+(\sigma_\eta^2/\sigma_v^2)} \qquad (10\text{-}11)$$

식 (10-11)이 의미하는 바는 종속변수가 임의보행을 따르거나(즉, $\rho=1$로 단위근을 가지거나) 또는 개체효과 분산(σ_η^2)이 고유오차 분산(σ_v^2)에 비해 매우 크다면, $plim\ \hat{\pi}$은 0의 값을 가지게 되어 약한 도구변수 문제가 발생한다는 점이다. y_{nt}가 임의보행에 가까우면 과거값이 미래 변화에 대해 제공할 수 있는 정보가 적기 때문에 $y_{n(t-1)}$은 $\Delta y_{n(t-1)}$의 도구변수로 적절하지 않다. 이러한 약한 도구변수 문제를 해결하기 위해 블런델과 본드(Blundell & Bond, 1998)가 제안한 방법은 차분방정식의 추정에 새로운 도구변수(적률조건)를 추가하는 것이다. 즉, 수준방정식 $y_{nt}=\rho y_{n(t-1)}+\eta_n+v_{nt}$에 대한 다음의 적률조건을 추가하는 것이다.

$$E[\Delta y_{n(t-s)}(\eta_n+v_{nt})]=0,\ s=1,\ \cdots,\ t-1$$

블런델과 본드가 제안한 방법은 식 (10-5)의 동태 패널 모형에서 고정효과를 제거하기 위해 설명변수를 차분하는 대신에 도구변수를 차분하여 고정효과와 무관하도록 하는 것이다. 이러한 방법은 y_{nt}가 임의보행을 따를 때 적절하다고 할 수 있다. 왜냐하면 y_{nt}가 임의보행을 따를 때, 과거값이 현재의 변화값을 예측하는 것보다 과거의 변화값이 현재값을 보다 더 잘 예측하기 때문이다. 그렇다면 새로운 도구변수는 오차항과 무관한가? 예를 들어, $\Delta y_{n(t-1)}$과 ϵ_{nt}는 모두 η_n을 포함하기 때문에 도구변수가 오차항과 무관하다는 조건은 충족하기 어렵다. 하지만 데이터 생성 과정이 특정 조건을 만족하면 $E(\Delta y_{n(t-s)}\epsilon_{nt}) = 0$가 성립할 수 있다.

그 조건을 $s = 1$인 경우에 한해 설명해보자. 적률조건 $E(\Delta y_{n(t-1)}\epsilon_{nt}) = 0$에 $y_{n(t-1)}$ 대신에 $\rho y_{n(t-2)} + \eta_n + v_{n(t-1)}$을 대입하면 다음과 같다.

$$E[(\eta_n + v_{nt})((\rho - 1)y_{n(t-2)} + \eta_n + v_{n(t-1)})] = 0 \tag{10-12}$$

식 (10-12)에서 고유오차는 서로 상관되지 않기 때문에 $E[\eta_n((\rho - 1)y_{n(t-2)} + \eta_n)] = 0$이다. 이 식은 시점이 t일 때에도 성립하기 때문에 식 (10-12)는 다음과 같다.

$$E[\eta_n((\rho - 1)y_{nt} + \eta_n)] = 0 \tag{10-13}$$

정상 상태를 가정하여 $|\rho| < 1$일 때, 식 (10-13)을 $1 - \rho$로 나누어 정리하면,

$$E\left[\eta_n\left(y_{nt} - \frac{\eta_n}{1-\rho}\right)\right] = 0 \tag{10-14}$$

식 (10-14)에서 $\dfrac{\eta_n}{1-\rho}$은 y_{nt}가 정상 상태에 도달할 때의 장기평균값이다. 식 (10-14)가 의미하는 바는 시점 t에서 실제값 y_{nt}과 장기평균값의 차이가 고정효과와 무관해야 한다는 것이다. 이 조건이 첫 시점에서 충족된다면 이후 시점에도 충족되어야 하기 때문에 식 (10-14)는 모든 개체들이 서로 다른 크기의 고정효과를 가지더라도 분석 기간의 어느 시점에서도 정상 상태로부터의 차이가 서로 유사해야 함을 뜻한다. 달리 말해, 고정효과가 커서 빠르게 성장하는 개체가 고정효과가 작아 느리게 성장하는 개체에 비해 정상 상태에 체계적으로 가깝거나 또는 멀어져서는 안 된다는 의미이다.

블런델-본드의 추정 방법은 아렐라노-본드의 차분적률법을 유지한 상태에서 수준방정식에 대한 적률조건을 추가하는 것이다. 즉, $X_n^+ = \begin{pmatrix} \Delta X_n \\ X_n \end{pmatrix}$, $y_n^+ = \begin{pmatrix} \Delta y_n \\ y_n \end{pmatrix}$와 같이 각 개체의 관측치에 1계 차분한 관측치를 서로 포개어 관측치 수가 2배가 되도록 한다. 따라서 새로운 추정

식은 수준방정식과 차분방정식으로 구성된 연립방정식이라고 할 수 있다. 블런델-본드의 추정 방법은 연립방정식을 단일방정식으로 간주하여 GMM을 적용하기 때문에 시스템적률법(system GMM)이라 한다. 시스템적률 추정량은 차분 형태와 수준 형태로 표현된 오차 벡터 $\epsilon_n^+ = (\Delta\epsilon_n, \epsilon_n) = (\Delta\nu_n, \epsilon_n)$과 다음과 같은 도구변수 행렬 L_n^+의 곱으로 표현되는 적률조건으로부터 구한다.

$$L_n^+ = \begin{bmatrix} L_n & 0 & 0 & \cdots & 0 \\ 0 & \Delta y_{n2} & 0 & \cdots & 0 \\ 0 & 0 & \Delta y_{n3} & \cdots & 0 \\ 0 & 0 & 0 & \cdots & \Delta y_{n(t-1)} \end{bmatrix}$$

시스템적률법에서 사용하는 도구변수 행렬 L_n^+의 형태를 살펴보자. 먼저, 1계 차분한 내생변수의 아렐라노-본드 도구변수는 수준변수(즉, 원 값의 내생변수)에 대해서 모두 0으로 설정된다. 반면, 수준변수의 도구변수는 1계 차분한 내생변수에 대해서 모두 0으로 설정된다. 차분방정식의 내생변수에 대해 가용한 모든 시차를 가진 수준변수를 도구변수로 적용한 것처럼 수준방정식의 내생변수에 대해서도 가용한 모든 시차를 가진 차분변수를 도구변수로 사용한다. 하지만 수준도구변수와 차분도구변수들 중 일부는 서로 중복되어 불필요하게 된다.

시스템적률법도 1단계 추정과 2단계 추정이 있다. 하지만 차분적률법과 달리 1단계 추정량은 고유오차가 독립항등분포(*iid*) 가정을 충족하더라도 효율적이지 않다. 이 문제를 해결하려면 2단계 시스템적률법을 사용하면 된다. 2단계 차분적률법과 마찬가지로 2단계 시스템적률법에서도 견고한 분산 추정량을 적용하는 것이 바람직하다.

1) 시스템적률법에 의한 모형 추정

시스템적률법은 차분적률법과 마찬가지로 함수 `pgmm`을 이용한다. 차분적률법과의 차이점은 인자 `transformation="ld"`가 추가된다는 점이다(ld는 level difference를 의미한다). 동태 패널 모형을 `pgmm`에 의해 시스템적률법으로 추정할 때 윈드마이어(2005)에 의한 견고한 분산 교정이 자동적으로 이루어진다.

[실습 10-14]의 시스템적률법 추정 결과에 따르면 차분적률법과 달리 소득과 민주주의 간에 유의미한 양(+)의 관계를 보인다. 그리고 살건-한센의 도구변수 적합성과 오차항의 시계열 상관 여부 검정 결과도 모두 타당한 것으로 나타난다.

실습 10-14 **시스템적률법 추정**

```
> sys_gmm11<-pgmm(democracy~lag(democracy)+lag(income) |
          lag(democracy, 2:99) | lag(income, 2), mydata, model="onestep",
          effect="twoways", transformation="ld", subset=sample==1)
> sys_gmm12<-update(sys_gmm11, model="twosteps")
> sys_gmm21<-pgmm(democracy~lag(democracy)+lag(income) |
          lag(democracy, 2:99)+ lag(income, 2:99), mydata, model="onestep",
          effect="twoways", transformation="ld", subset=sample==1)
> sys_gmm22<-update(sys_gmm21, model="twosteps")
> screenreg(list(sys_gmm11, sys_gmm12, sys_gmm21, sys_gmm22), digits=4)
```

	Model 1	Model 2	Model 3	Model 4
lag(democracy)	0.5768 ***	0.6176 ***	0.5601 ***	0.5598 ***
	(0.0614)	(0.0571)	(0.0542)	(0.0540)
lag(income)	0.1207 ***	0.1200 ***	0.1124 ***	0.1144 ***
	(0.0171)	(0.0179)	(0.0161)	(0.0166)
n	211	211	211	211
T	11	11	11	11
Num. obs.	2321	2321	2321	2321
Num. obs. used	1826	1826	1826	1826
Sargan Test: chisq	85.1879	55.6784	124.6844	122.9244
Sargan Test: df	54.0000	54.0000	106.0000	106.0000
Sargan Test: p-value	0.0043	0.4114	0.1038	0.1249
Wald Test Coefficients: chisq	944.7741	839.7177	653.3971	592.3482
Wald Test Coefficients: df	2	2	2	2
Wald Test Coefficients: p-value	0.0000	0.0000	0.0000	0.0000
Wald Test Time Dummies: chisq	51.6849	48.5886	56.6976	55.7217
Wald Test Time Dummies: df	9	9	9	9
Wald Test Time Dummies: p-value	0.0000	0.0000	0.0000	0.0000

*** p < 0.001; ** p < 0.01; * p < 0.05

2) 도구변수의 과대식별 검정

[실습 10-11]의 하단에 나타나 있는 살건(Sargan) 검정은 적률조건의 충족 여부에 대한 검정 결과라고 언급한 바가 있다. 이 검정통계량이 의미하는 바에 대해 알아보자. 적률법의 타당성은 ①도구변수들이 외생적이며, ②오차항이 시계열 상관을 가지지 않아야 한다는 가정에 기초한다. 두 번째 가정은 다음 절에 살펴보기로 하고, 첫 번째 가정이 의미하는 것부터 설명해보자.

첫 번째 가정은 도구변수와 오차항이 서로 상관관계가 없다는 적률조건이 실제로 충족하는가에 대한 것이다. 이러한 가정의 충족 여부는 과다식별 검정의 일종인 살건-한센 검정을 통해 판정할 수 있다. 적률함수의 표본평균값을 $\bar{m} = \frac{1}{N}\sum_{n=1}^{N} L_n^T \Delta v_n$이라 하고, J와 K를 각각 도구변수와 설명변수의 개수라고 할 때, 추정모형의 과다식별 여부(H0: 도구변수와 오차항이 서로 상관관계가 없다)를 검정하기 위한 왈드 검정 통계량 $\bar{m}^T V(\bar{m})\bar{m}$은 자유도가 $J-K$인 카이제곱분포를 따른다. 이때 자유도 $J-K$는 과다식별된 도구변수의 수를 의미한다.

살건-한센 검정은 함수 sargan에 의해 실행하며 차분적률법이나 시스템적률법에 모두 적용할 수 있다. 하지만 추정식의 고유오차가 이분산이나 시계열 상관을 가질 때 살건-한센 검정 통계량은 일치적이지 않다. 따라서 2단계 GMM 추정량에 대해 검정을 실행하는 것이 좋다.

살건-한센 검정은 도구변수 수에 매우 민감하다. [실습 10-15]에서 보듯이 도구변수 수가 많아질 때 검정력이 점점 약해져서 적률조건의 타당성을 기각하지 못하는 이른바 과다도구변수(instruments proliferation)의 문제가 발생할 수 있다. 아래 [실습 10-15]에서 보듯이 도구변수의 수를 제한할 때(즉, 모형 dgmm_lag24의 경우) 유의수준 10%에서 귀무가설이 기각됨을 알 수 있다.

실습 10-15 도구변수 수와 살건-한센 검정력의 관계

```
> sapply(list(dgmm_2, dgmm_full, dgmm_col, dgmm_lag24), function(x) sargan(x)[["p.value"]])
  chisq    chisq    chisq    chisq
0.25098  0.23641  0.21531  0.07105
```

도구변수 수가 많아짐에 따라 귀무가설을 기각할 가능성이 줄어든다는 점을 고려할 때, 시스템적률법의 경우 살건-한센 검정을 도구변수 전체에 대해 실행하기보다는 추가되는 수준도구변수에 대해서만 실행하는 것이 더 낫다. 추가되는 도구변수 집합에 대해서만 살건-한센 검정을 하는 방법은 도구변수가 추가될 때 검정통계량이 얼마나 증가했는가를 따져보는 것이다. 검정통계량의 증가분은 추가된 도구변수의 수를 자유도로 하는 카이제곱분포를 따른다.

시스템적률법을 적용할 때 추가되는 수준도구변수에 대한 살건-한센 검정을 실행해보자. 모형 sys_gmm22와 모형 dgmm_full의 살건-한센 검정 결과를 토대로 수준도구변수를 추가할 때 검정통계량의 증가분은 $123 - 97 = 26$이며, 추가되는 수준도구변수의 수는 18개이기 때문에 자유도는 18이다. [실습 10-16]에서 sargan(sys_gmm22)[["statistic"]]은 모형 sys_gmm22에 대한 살건-한센 검정통계량을 산출하라는 의미이며, sargan(sys_gmm22) [["parameter"]]는 그에 대응하는 자유도를 산출하라는 의미이다. 1-pchisq(q,df)는 자유도 $df=18$인 카이제곱분포에서 $q=25.76$에 대한 p값을 구하라는 의미이다. 검정 결과에 따르면 귀무가설을 기각할 수 없어 새로 추가되는 수준도구변수가 적합함을 알 수 있다.

실습 10-16 도구변수 부분집합에 대한 살건-한센 검정

```
> sargan(sys_gmm22)[["statistic"]]-sargan(dgmm_full)[["statistic"]]
chisq
 25.76
> sargan(sys_gmm22)[["parameter"]]-sargan(dgmm_full)[["parameter"]]
df
18
> q<-sargan(sys_gmm22)[["statistic"]]-sargan(dgmm_full)[["statistic"]]
> df<-sargan(sys_gmm22)[["parameter"]]-sargan(dgmm_full)[["parameter"]]
> 1-pchisq(q, df)
chisq
0.1053
```

3) 고유오차의 자기상관 검정

[실습 10-11]의 아래쪽에 나타난 자기상관 검정 결과는 적률법의 두 번째 조건인 오차항의 시계열 상관 여부를 검정한 것이다. 추정모형식이 차분방정식일 때 고유오차의 1계 시계열 상관 여부를 검정하는 것이 적절하지 않다. 왜냐하면 $\Delta v_{nt}=v_{nt}-v_{n(t-1)}$과 $\Delta v_{n(t-1)}=v_{n(t-1)}-v_{n(t-2)}$가 모두 $v_{n(t-1)}$을 포함하고 있기 때문이다. 만약 고유오차 v_{nt}에 시계열 상관이 없다면 $E(\Delta v_{nt}\Delta v_{n(t-1)})=-E(v^2_{n(t-1)})<0$이기 때문에 Δv_{nt}와 $\Delta v_{n(t-1)}$ 간에 음의 상관관계가 존재한다. 반면, 고유오차의 2계 시계열 상관 여부를 검정하는 것은 적절하다. 그 이유는 $\Delta v_{nt}=v_{nt}-v_{n(t-1)}$과 $\Delta v_{n(t-2)}=v_{n(t-2)}-v_{n(t-3)}$의 상관관계를 검정하기 때문이다. 따라서 고유오차가 시계열 상관을 갖지 않는다는 조건이 충족되려면, 1계 시계열 상관 검정에서는 검정통계량 값이 유의미한 음수 값을 가지고, 2계 이상의 시계열 상관 검정에서는 유의미하지 않다는 결과를 얻어야 한다.

실습 10-17 **적률법에서 오차항의 시계열 상관 검정**

```
> mtest(dgmm_full, order=2)

        Arellano-Bond autocorrelation test of degree 2

data: democracy ~ lag(democracy) + lag(income) | lag(democracy, 2:99) + ...
normal = 0.71, p-value = 0.5
alternative hypothesis: autocorrelation present

> mtest(sys_gmm12, order=2)
--중략--
normal = 0.93, p-value = 0.4
alternative hypothesis: autocorrelation present
```

고유오차의 시계열 상관에 대한 아렐라노-본드 검정은 함수 mtest(dgmm_2, order=2)에 의해 실행할 수 있다. 이때 인자 order는 시계열 상관의 차수를 의미한다. [실습 10-17]에서 모형 dgmm_full과 sys_gmm12에 대한 검정 결과에 따르면 두 모형에서 모두 귀무가설을 기각할 수 없기 때문에 오차항은 시계열 상관을 가지지 않는다고 할 수 있다.

4) 적률법에 의한 계수 추정치의 견고한 표준오차 구하기

차분적률법이나 시스템적률법에서 고유오차항이 이분산이나 시계열 상관을 가진다면 가중치 행렬은 일치추정량이 되지 않기 때문에 1단계 추정량의 분산은 견고하지 않다. 따라서 추정량의 표준오차를 이분산이나 시계열 상관에 견고한 표준오차로 교정할 필요가 있다. 2단계 추정에 사용되는 가중치 행렬의 추정량 역시 1단계 추정량 $\hat{\beta}^{(1)}$과 Δy에 의존하기 때문에 통상적인 방식에 의한 분산의 계산은 적절하지 않다. 이러한 문제를 해결하기 위해 윈드마이어(2005)가 2단계 추정량 분산의 일치추정량을 구하는 방법을 제시하였다. 함수 pgmm은 윈드마이어 방식으로 표준오차를 교정하여 1단계 추정량과 2단계 추정량에 대해 견고한 표준오차를 산출한다.

3-4 사례연습: 기업의 고용조정에 대한 결정 요인

동태 패널 모형을 나타내는 식 (10-5)를 OLS 추정부터 시작하여, 한 단계씩 추정 방법을 수정해가면서 마지막으로 차분적률법과 시스템적률법으로 추정해보자. 사례연습에는 아렐라노와 본드(1991)가 기업의 고용함수를 추정하기 위해 사용한 데이터를 이용한다. 이 데이터는 영국의 140개 기업을 1976년부터 1984년까지 연간 단위로 조사한 불균형 패널이다.

기업이 근로자를 고용하거나 해고할 때는 비용이 수반된다. 따라서 기업의 자본스톡, 임금, 산출물 수요 등의 요인이 변할 때, 기업은 고용수준을 즉각 조정하기보다는 다소 더디게 조정한다고 기대할 수 있다. 이 요인들의 변화에 대한 고용수준의 조정과정은 요인들의 시차 값으로 표현되는 시간 경과뿐만 아니라 균형 고용수준과 과거 실제 고용수준의 차이에 의해서도 달라진다. 이러한 점은 조정 과정을 나타내는 함수가 종속변수의 시차 값들을 설명변수로 가지는 동태 모형임을 시사한다.

[실습 10-18]에서 사용한 패널데이터는 패키지 `plm`의 데이터 `EmplUK`로부터 불러올 수 있다. firm은 기업의 식별번호를 의미한다. emp는 기업의 고용수준, wage는 기업의 임금수준, capital은 기업의 총자본스톡, output은 해당 기업이 속한 산업의 산출물 수준으로 수요의 대리변수이다. 이들 4개 변수들은 모두 로그값으로 표현된다. 아렐라노와 본드(1991)의 고용방정식은 다음과 같다.

$$\begin{aligned} emp_{nt} = {} & \rho_1 emp_{n(t-1)} + \rho_2 emp_{n(t-2)} + \beta_0 wage_{nt} + \beta_1 wage_{n(t-1)} + \\ & \gamma_0 capital_{nt} + \gamma_1 capital_{n(t-1)} + \gamma_2 capital_{n(t-2)} + \\ & \delta_0 output_{nt} + \delta_1 output_{n(t-1)} + \delta_2 output_{n(t-2)} + \eta_n + \lambda_t + v_{nt} \end{aligned} \tag{10-15}$$

[실습 10-18]은 식 (10-15)를 OLS, 고정효과모형, 1단계 차분적률법, 2단계 차분적률법으로 추정한 결과이다. 모형별로 $emp_{n(t-1)}$의 계수 추정치 $\hat{\rho}$을 비교해보자.

먼저, OLS 추정 결과에서 $\hat{\rho}$은 1.0446으로 $|\rho| < 1$임을 감안할 때 과다하게 추정되고 있다. 이는 $emp_{n(t-1)}$이 오차항의 고정효과와 상관관계를 가짐으로 인해 나타난 편향된 결과이다. 패널 모형에서 이러한 상관관계로 인한 편향을 동태적 패널 편향(dynamic panel bias)이라 부른다. OLS 모형은 비록 클러스터 견고한 표준오차를 적용함으로써 동일한 기업 내에 존재할 수 있는 시간에 따른 오차들 간의 상관관계를 고려할 수는 있지만, 연구자가 관측할 수 없는 기업 간 이질성으로 인한 고용수준의 차이는 고려하지 못하는 문제가 있다.

반면, 고정효과를 제거한 모형에서(실습 10-18의 FE)는 $\hat{\rho}$이 0.7329로 나타나 $|\rho| < 1$인 범위 내에 있다. 하지만 전술한 바와 같이 변환된 설명변수와 변환된 고유오차의 상관관계로 인해 ρ값이 과소하게 추정된다. OLS 모형과 고정효과모형의 계수 추정치 $\hat{\rho}$에 나타난 편향이 서로 반대 방향임을 감안한다면 ρ의 일치추정량은 이들 두 추정치 [0.733, 1.045] 범위 내에 있

고, 동적 안정성을 보장하기 위해서는 1보다 작은 값이어야 한다.

실습 10-18 동태 패널 모형의 추정 방법별 결과 비교

```
> data(EmplUK, package = "plm")
> head(EmplUK, 2)
  firm   year   sector    emp     wage   capital   output
1    1   1977        7  5.041  13.1516    0.5894  95.7072
2    1   1978        7  5.600  12.3018    0.6318  97.3569
> mydata<-pdata.frame(EmplUK, index=c("firm", "year"))
# 최소자승추정
> ols<-plm(log(emp) ~ lag(log(emp), 1:2) + lag(log(wage), 0:1) +
          lag(log(capital),0:2) + lag(log(output), 0:2) + year - 1,
          mydata, model = "pooling")
# 고정효과모형
> within<-plm(log(emp) ~ lag(log(emp), 1:2) + lag(log(wage), 0:1) +
          lag(log(capital),0:2) + lag(log(output), 0:2) ,
          mydata, model = "within", effect="twoways")
# 앤더슨-히사오의 도구변수 추정
> ahsiao<-plm(diff(log(emp)) ~ lag(diff(log(emp)),1)+lag(diff(log(emp)),2) +
          lag(diff(log(wage)), 0:1) + lag(diff(log(capital)),0:2) +
          lag(diff(log(output)), 0:2) +year-1 |
          lag(log(emp),2)+ lag(diff(log(emp)),2)+lag(diff(log(wage)), 0:1) +
          lag(diff(log(capital)),0:2) + lag(diff(log(output)), 0:2) +year -1 ,
          mydata, model="pooling")
# 아렐라노-본드의 1단계 차분적률법
> dif_gmm1 <- pgmm(log(emp) ~ lag(log(emp), 1:2) + lag(log(wage), 0:1) +
          lag(log(capital),0:2) + lag(log(output), 0:2) | lag(log(emp), 2:99),
          data = EmplUK, effect = "twoways",model = "onestep")
# 아렐라노-본드의 2단계 차분적률법
> dif_gmm2 <- update(dif_gmm1, model = "twosteps")
> screenreg(list(OLS=coeftest(ols, vov.=vcovHC), FE=within,
                DGMM_onestep=dif_gmm1, DGMM_twostep=dif_gmm2),
                omit.coef="year| (Intercept) ", digits=4)

=================================================================================
                          OLS            FE          DGMM_onestep   DGMM_twostep
---------------------------------------------------------------------------------
lag(log(emp), 1:2)1      1.0446 ***     0.7329 ***     0.6862 ***     0.6287 **
                        (0.0511)       (0.0393)       (0.1446)       (0.1934)
lag(log(emp), 1:2)2     -0.0765        -0.1395 ***    -0.0854        -0.0652
                        (0.0481)       (0.0400)       (0.0560)       (0.0451)
lag(log(wage), 0:1)0    -0.5237 ***    -0.5597 ***    -0.6078 ***    -0.5258 ***
                        (0.1716)       (0.0570)       (0.1782)       (0.1546)
```

```
lag(log(wage), 0:1)1              0.4768 ***     0.3150 ***     0.3926 *       0.3113
                                 (0.1693)       (0.0610)       (0.1680)       (0.2030)
lag(log(capital), 0:2)0           0.3434 ***     0.3884 ***     0.3568 ***     0.2784 ***
                                 (0.0480)       (0.0310)       (0.0590)       (0.0728)
lag(log(capital), 0:2)1          -0.2019 ***    -0.0805 *      -0.0580         0.0141
                                 (0.0641)       (0.0385)       (0.0732)       (0.0925)
lag(log(capital), 0:2)2          -0.1156 ***    -0.0278        -0.0199        -0.0402
                                 (0.0354)       (0.0328)       (0.0327)       (0.0433)
lag(log(output), 0:2)0            0.4329 ***     0.4687 ***     0.6085 ***     0.5919 ***
                                 (0.1764)       (0.1231)       (0.1725)       (0.1731)
lag(log(output), 0:2)1           -0.7679 ***    -0.6286 ***    -0.7112 **     -0.5660 *
                                 (0.2478)       (0.1580)       (0.2317)       (0.2611)
lag(log(output), 0:2)2            0.3125 **      0.0580         0.1058         0.1005
                                 (0.1304)       (0.1345)       (0.1412)       (0.1611)
-------------------------------------------------------------------------------------------
R^2                               0.9944         0.6665
Adj. R^2                          0.9943         0.5796
Num. obs.                       751            751             1031           1031
n                                                               140            140
T                                                               9              9
Num. obs. used                                                  611            611
Sargan Test: chisq                                              48.7498        31.3814
Sargan Test: df                                                 25.0000        25.0000
Sargan Test: p-value                                            0.0030         0.1767
Wald Test Coefficients: chisq                                   408.2859       269.1608
Wald Test Coefficients: df                                      10             10
Wald Test Coefficients: p-value                                 0.0000         0.0000
Wald Test Time Dummies: chisq                                   11.5790        15.4317
Wald Test Time Dummies: df                                      6              6
Wald Test Time Dummies: p-value                                 0.0720         0.0172
===========================================================================================
*** p < 0.001; ** p < 0.01; * p < 0.05
> coef(summary(ahsiao))[1:2,]
                           Estimate  Std. Error    z-value   Pr(>|z|)
lag(diff(log(emp)), 1)    2.3076249   1.9995458   1.154075  0.2484696
lag(diff(log(emp)), 2)   -0.2240268   0.1814341  -1.234756  0.2169214
```

세 번째로, 앞의 두 추정법이 가진 문제를 교정하기 위해 AH 추정법을 적용해보자. 종속변수와 설명변수를 1계 차분한 방정식을 추정하되 시차 종속변수의 도구변수로 종속변수의 2계 시차 값을 사용한다. AH 추정법은 일치추정량을 제공해야 하지만 그 결과는 좋지 않다. 계수 추정치가 OLS 추정치뿐만 아니라 고정효과모형의 추정치를 벗어나며 1보다 크게 나타나고 있기 때문이다.

[실습 10-18]에서 아렐라노-본드의 차분적률법에 의한 추정 결과는 DGMM_ onestep과

DGMM_twostep이다. $\hat{\rho}$이 각각 0.6862, 0.6287로 유의미하다. 하지만 추정 계수값은 [0.733, 1.045] 범위 내에 있지 않다. 이러한 결과는 임금과 자본이 강외생적(strictly exogenous)인 변수가 아닐 수 있다는 점에 기인한다. DGMM_onestep과 DGMM_twostep 모형을 추정할 때 이 두 변수를 강외생적이라 가정하여 도구변수를 적용하지 않았음을 기억하라.

[실습 10-19]에서 gmm_add1과 gmm_add2는 임금과 자본을 잠재적인 내생변수로 간주하여 가용한 모든 시차 값을 도구변수로 사용하여 차분적률법으로 추정한 것이다. 그 추정 결과인 SGMM_nol_one과 SGMM_nol_two에서 보듯이 임금과 자본의 도구변수를 적용할 경우 설명변수 `lag(log(emp), 1:2)1`의 계수 추정치 $\hat{\rho}$이 각각 0.818, 0.8243으로 나타나 해당 범위에 속한다.

마지막으로 시스템적률법에 의한 추정 결과를 살펴보자. 시스템적률법은 다소 단순화한 모형에 적용하였다. 모든 설명변수의 2계 시차 값을 가진 변수와 산업 전체의 수요를 나타내는 변수 output은 추정모형에서 제외하였다. 노동과 자본은 이전과 마찬가지로 잠재적인 내생변수로 간주하여 GMM 도구변수를 적용하였다.

[실습 10-19]에서 sys_gmm1은 시스템적률법의 1단계 추정을, sys_gmm2는 시스템적률법의 2단계 추정을 의미한다. 그 추정 결과를 요약한 SGMM_one과 SGMM_two에서 보듯이 설명변수 `lag(log(emp), 1)`의 계수 추정치 $\hat{\rho}$이 각각 0.9356, 0.9322로 나타나 차분적률법에 의한 추정 결과에 비해 다소 높음을 알 수 있다.

실습 10-19 차분적률법과 시스템적률법에 의한 고용함수의 추정

```
> gmm_add1 <- pgmm(log(emp) ~ lag(log(emp), 1:2)+ lag(log(wage), 0:1) +
                   lag(log(capital), 0:2) + lag(log(output), 0:2) |
                   lag(log(emp), 2:99) + lag(log(wage), 2:99) +
                   lag(log(capital), 2:99),
                   data = EmplUK, effect = "twoways", model = "onestep")
> gmm_add2 <- update(gmm_add1, model = "twosteps")
> sys_gmm1 <- pgmm(log(emp) ~ lag(log(emp), 1)+ lag(log(wage), 0:1) +
                   lag(log(capital), 0:1) | lag(log(emp), 2:99) +
                   lag(log(wage), 2:99)+ lag(log(capital), 2:99),
                   data = EmplUK, effect = "twoways", model = "onestep",
                   transformation = "ld")
> sys_gmm2 <- update(sys_gmm1, model = "twosteps")
> screenreg(list(SGMM_nol_one=gmm_add1, SGMM_nol_two=gmm_add2,
                   SGMM_one=sys_gmm1, SGMM_two=sys_gmm2), digits=4)
```

```
==============================================================================================
                                SGMM_nol_one   SGMM_nol_two   SGMM_one       SGMM_two
----------------------------------------------------------------------------------------------
lag(log(emp), 1:2)1                0.8180 ***     0.8243 ***
                                  (0.0846)       (0.0953)
lag(log(emp), 1:2)2               -0.1123 *      -0.1013
                                  (0.0494)       (0.0524)
lag(log(wage), 0:1)0              -0.6817 ***    -0.7114 ***    -0.6310 ***    -0.6345 ***
                                  (0.1403)       (0.1499)       (0.1181)       (0.1188)
lag(log(wage), 0:1)1               0.6557 ***     0.6314 ***     0.4826 ***     0.4947 ***
                                  (0.1992)       (0.1755)       (0.1369)       (0.1318)
lag(log(capital), 0:2)0            0.3526 **      0.3766 **
                                  (0.1199)       (0.1326)
lag(log(capital), 0:2)1           -0.1537        -0.1686
                                  (0.0849)       (0.1111)
lag(log(capital), 0:2)2           -0.0305        -0.0581
                                  (0.0316)       (0.0435)
lag(log(output), 0:2)0             0.6509 ***     0.6623 ***
                                  (0.1866)       (0.1677)
lag(log(output), 0:2)1            -0.9162 ***    -0.9429 ***
                                  (0.2597)       (0.2545)
lag(log(output), 0:2)2             0.2787         0.3606
                                  (0.1826)       (0.1930)
lag(log(emp), 1)                                                 0.9356 ***     0.9322 ***
                                                                (0.0263)       (0.0269)
lag(log(capital), 0:1)0                                          0.4839 ***     0.4853 ***
                                                                (0.0539)       (0.0604)
lag(log(capital), 0:1)1                                         -0.4244 ***    -0.4232 ***
                                                                (0.0585)       (0.0644)
----------------------------------------------------------------------------------------------
n                                140            140            140            140
T                                  9              9              9              9
Num. obs.                       1031           1031           1031           1031
Num. obs. used                   611            611           1642           1642
Sargan Test: chisq                84.4977        73.7165       118.7630       110.7009
Sargan Test: df                   74.0000        74.0000       100.0000       100.0000
Sargan Test: p-value               0.1896         0.4874         0.0971         0.2183
Wald Test Coefficients: chisq    278.0509       221.0028     11174.8216     11221.9009
Wald Test Coefficients: df        10             10              5              5
Wald Test Coefficients: p-value    0.0000         0.0000         0.0000         0.0000
Wald Test Time Dummies: chisq     11.5689        15.9109        14.7114        13.7338
Wald Test Time Dummies: df         6              6              7              7
Wald Test Time Dummies: p-value    0.0723         0.0142         0.0399         0.0561
==============================================================================================
*** p < 0.001; ** p < 0.01; * p < 0.05
```

참고문헌

Acemoglu, A.D., Johnson, S. & Robinson, J.A. (2008). "Income and Democracy." *American Economic Review*, 98(3), 808-842.

Amemiya, T. & MaCurdy, T.E. (1986). "Instrumental Variable Estimation of an Error Components Models." *Econometrica*, 54(4), 869-880.

Anderson, T. & Hisao, C. (1981). "Estimation of Dynamic Models With Error Components." *Journal of the American Statistical Association*, 76, 598-606.

Arellano, M. & Bond, S. (1991). "Some Tests of Specification for Panel Data: Monte Carlo Evidence and an Application to Employment Equations." *Review of Economic Studies*, 58, 277-297.

Balestra, P. & Varadharajan-Krishnakumar, J. (1987). "Full Information Estimations of a System of Simultaneous Equations with Error Components." *Econometric Theory*, 3, 223-246.

Baltagi, B.H. (1981). "Simultaneous Equations with Error Components." *Journal of Econometrica*, 17, 21-49.

Baltagi, B.H. (2006). "Estimating an Economic Model of Crime Using Panel Data from North Carolina." *Journal of Applied Econometrics*, 21(4), 543-547.

Baltagi, B.H. & Khanti-Akom, S. (1990). "On Efficient Estimation with Panel Data: An Empirical Comparison of Instrumental Variables Estimators." *Journal of applied Econometrics*, 5(4), 401-406.

Blundell, R. & Bond, S. (1998). "Initial Conditions and Moment Restrictions in Dynamic Panel Data Models." *Journal of Econometrics*, 87, 115-143.

Breusch, T.S., Mizon, G.E. & Schmidt, P. (1989). "Efficient Estimation Using Panel Data." *Econometrica*, 57(3), 695-700.

Croissant, Y. & Millo, G. (2019). *Panel data econometrics with R*. John Wiley & Sons.

Croissant, Y. & Millo, G. (2019). ***pder:*** *Panel Data Econometrics with R*. R package version 1.0-1, URL https://CRAN.R-project.org/package=pder.

Hausman, J. and Taylor, W. 1981. "Panel Data and Unobservable Individual Effects." *Econometrica*, 49, 1377-1398.

Kinai, T. & Lahiri, K. (1993). "On the Estimation of Simultaneous-Equations Error-Components Models with an Application to a Model of Developing Country Foreign Trade." *Journal of Applied Econometrics*, 8, 81-92.

Windmeijer, F. (2005). "A Finite Sample Correction for the Variance of Linear Efficient Two-Step GMM Estimators." *Journal of Econometrics*, 126, 25-51.

11장 종속변수가 제한된 값을 가진 패널 모형

학습목표

패널데이터 모형에서 종속변수가 이항선택이나 다항선택 형태일 때, 중도절단된 값을 가질 때, 그리고 가산형 변수 형태일 때, 모형을 추정하는 방법을 배운다.

[표 11-1] 11장에서 사용할 R 패키지와 함수

패키지	함수	기능
pglm	plgm	인자 family=binomial을 지정함으로써 패널 이항선택모형을 추정한다.
		인자 family=ordinal을 지정함으로써 패널 서열선택모형을 추정한다.
		인자 family=tobit을 지정함으로써 패널 토빗모형을 추정한다.
		인자 family=poisson 또는 family=negbin을 지정함으로써 패널 가산자료모형을 추정한다.
survival	clogit	패널 다항선택모형으로 조건부로짓모형을 추정한다.
censReg	censReg	임의효과 토빗모형을 추정한다.
plm	pldv	패널 고정효과 절삭 토빗모형을 추정한다.

이번 장에서는 종속변수가 이산형 변수이거나 또는 중도절단된 값을 가지는 패널데이터를 분석하는 방법에 대해 다룬다. 우리는 plm을 적용하는 선형패널 모형에서 개체효과들은 적절한 변환 과정(예를 들면, 1계 차분이나 집단 내 변환)을 통해 제거되거나, 또는 임의효과모형을 통해 직접 추정할 수 있음을 배웠다. 하지만 여기서 다룰 패널데이터 모형에서는 이러한 변환 과정을 통해 개체효과를 제거하는 것이 가능하지 않다. 따라서 개체효과를 나타내는 파라미터들의 추정은 소위 '부수적인 모수'라는 문제를 초래하게 된다. 더욱이 이러한 문제는 함수 plm으로 추정하는 선형패널 모형과 달리, 우리가 관심을 두는 설명변수의 파라미터 β를 오염시켜 일치

추정량을 구하지 못하는 결과를 초래한다. 이 때문에 종속변수가 제한된 값을 가지는 패널 모형에서는 고정효과모형이 적절함에도 불구하고 이를 추정하지 못하는 경우가 발생한다.

이 장에서 다룰 패키지는 `pglm`, `censReg` 그리고 `pldv`이다. `pglm`은 일반선형모형을 사용하여 횡단면자료를 분석하는 데 적용한 패키지 `glm`을 패널데이터로 확장한 것이다. 패키지 `pglm`은 패널 이항선택모형뿐만 아니라 포아송 회귀모형, 음이항 회귀모형과 같은 가산자료모형, 그리고 서열선택모형에도 적용할 수 있다는 점이 `glm`과 비교할 때 다소 다른 점이다. 패널데이터에서 종속변수 값이 중도절단된 경우에 적용할 수 있는 패널 토빗이나 패널 단절모형은 패키지 `censReg`의 함수 `censReg`, 그리고 패키지 `plm`의 함수 `pldv`를 사용하여 추정할 수 있다.

1 패널 이항선택모형

패널 이항선택모형은 식 (11-1)과 같은 식으로 표현할 수 있다. 이때 오차항은 개체효과를 나타내는 η_n과 고유오차를 나타내는 v_{nt}의 합으로 표현된다.

$$y_{nt}^* = \gamma^T z_{nt} + \eta_n + v_{nt} \tag{11-1}$$

y_{nt}^*를 관측치 y_{nt}의 잠재변수라고 할 때, y_{nt}^*와 y_{nt}는 다음과 같은 관계를 갖는다.

$$\begin{aligned} y_{nt}^* > 0 &\Rightarrow y_{nt} = 1 \\ y_{nt}^* \le 0 &\Rightarrow y_{nt} = 0 \end{aligned}$$

1) 임의효과 이항선택모형

임의효과 이항선택모형에서 개체효과 η_n은 임의효과를 나타내는 확률변수로서 설명변수와 무관하다고 가정한다. 임의효과 이항선택모형을 추정하려면 먼저 η_n이 $N(0, \sigma_\eta^2)$와 같이 임의의 분포를 따른다고 가정할 필요가 있다. η_n값이 주어지면 v_{nt}가 로지스틱 분포나 표준정규분포를 따른다고 가정하여 y_n의 우도함수를 구한다. 임의효과 이항선택모형의 우도함수는 수많은 적분으로 구성되어 있어서, 가우스-에르미트 구적법(Gauss-Hermite quadrature)에 의해 수치적인 근사값을 구하는 방식에 의해 도출된다. 최종 우도함수는 우도함수 근사값을 η_n의 분포에 대해 가중평균하여 구한다. 임의효과 추정치는 최종 우도함수를 최대화하는 값이다.

[실습 11-1]은 정치가의 재선에 영향을 주는 요인을 임의효과 이항선택모형으로 추정한 결과이다. 실습에서 사용한 데이터 Reelection은 패키지 pder로부터 불러올 수 있다. 정치가들은 선거 이전에 감세나 재정지출을 늘리는 등의 재정확대 정책을 시행하는 것으로 알려져 있다. [실습 11-1]에서는 현직 정치가들이 재선을 위해 선거 전에 재정확대 정책을 실행하는지를 분석한다.

데이터 Reelection은 75개 국가에 대한 패널데이터로, 국가명, 연도, 현직 정치가의 출마 여부와 재선 여부 외에도 재정확대 여부, 정치 체계, 선거 방식 등에 관한 변수를 포함한다. 분석은 현직 정치가가 선거에 출마하는 경우에 국한하기 때문에, narrow==TRUE인 관측치만을 대상으로 한다. 종속변수 reelect는 더미변수로서 재선되면 1, 그렇지 않으면 0의 값을 가진다. 재정지출 확대 여부와 관련된 설명변수는 ddefterm과 ddefey이다. 이 두 변수는 GDP 대비 재정지출의 비중 변화를 측정한다. ddefterm은 선거 직전의 두 해 재정지출 비중의 평균과 과거 두 해 재정지출 비중의 평균 차이를 나타낸다. defey는 선거가 있는 해 재정지출 비중과 그 이전 해 재정지출 비중의 차이를 나타낸다. 그 외의 통제변수로 재임기간 중 GDP 성장률 gdppc, 개도국 여부를 나타내는 더미변수 dev, 다수투표제 채택 여부를 나타내는 더미변수 maj, 신생민주주의 국가 여부를 나타내는 더미변수 nd이다.

패널 이항선택모형은 패키지 pglm의 함수 pglm을 이용하여 추정한다. 임의효과 이항선택모형을 추정하려면 model=random을 사용한다. 이때 프로빗모형을 적용하고자 한다면 인자 family=binomial(link='probit')을 사용하고, 로짓모형을 적용하고자 한다면 인자 family=binomial(link='logit')을 사용한다. 정치가의 재선 여부에 대한 영향 요인을 임의효과 이항선택모형으로 분석하기 위한 함수 pglm의 기본 구조는 다음과 같다.

```
> pglm(reelect~ddefterm+ddefey+gdppc+dev+nd+maj,
    data=Reelection, family=binomial(link='probit'), subset=narrow)
> pglm(reelect~ddefterm+ddefey+gdppc+dev+nd+maj,
    data=Reelection, family=inomial(link='logit'), subset=narrow)
```

만약 함수 pglm에서 인자 model="pooling"을 적용하면 함수 glm을 사용하여 프로빗모형이나 로짓모형을 추정한 결과와 같다. 따라서 다음의 2가지 R 코드는 동일한 결과를 산출한다.

```
> glm(reelect~ddefterm+ddefey+gdppc+dev+nd+maj,
  data=Reelection, family=binomial(link='logit'), subset=narrow)
```

```
> pglm(reelect~ddefterm+ddefey+gdppc+dev+nd+maj, data=Reelection,
       family=binomial(link='logit'), model="pooling", subset=narrow)
```

[실습 11-1]은 로짓모형, 프로빗모형, 임의효과 프로빗모형, 임의효과 로짓모형의 추정 결과를 서로 비교한 것이다. 재선될 확률은 개도국(dev)일수록 그리고 다수투표제를 채택한 나라일수록 높다. GDP 성장률은 재선 확률에 유의미한 양(+)의 효과를 가진다. 재정확대에 관련된 두 변수는 모든 모형에서 재선 확률에 양(+)의 효과를 가지며 유의수준 10% 이하에서 유의미하다. 이러한 결과는 선거가 있는 해나 재임기간 동안 실시한 재정확대 정책이 재선 확률을 높이는 효과가 있다고 해석할 수 있다. 하지만 두 변수의 계수값이 서로 큰 차이를 보이지 않는다는 것은 특별히 선거를 치르는 해의 재정확대가 재선 확률을 더 높이지는 않음을 의미한다.

임의효과모형의 추정 결과에서 sigma는 개체효과를 나타내는 파라미터 η_n의 표준편차 추정치이다. 개체효과 추정치의 표준편차가 유의미하기 때문에 임의효과모형이 적절함을 알 수 있다.

함수 screenreg는 pglm에 의한 추정 결과를 자동으로 불러오지 못하는 단점이 있다. 파라미터 추정값과 표준오차, p값 등을 불러오기 위해서는 패키지 lmtest의 함수 coeftest를, 분석에 사용된 관측치의 수(즉, Num.obs.)를 불러오기 위해서는 함수 nObs를(독자들은 nobs가 아님을 주의하라!) 그리고 로그우도값을 불러오기 위해서는 함수 logLik()를 적용할 필요가 있다.

실습 11-1 pglm을 이용한 임의효과 이항선택모형의 추정

```
> library(pglm)
> library(lmtest)
> data(Reelection, package="pder")
> elect.l<-glm(reelect~ddefterm+ddefey+gdppc+dev+nd+maj, Reelection,
   family=binomial(link='logit'), subset=narrow)
> elect.p<-update(elect.l, family=binomial(link='probit'), subset=narrow)
> elect.pl<-pglm(reelect~ddefterm+ddefey+gdppc+dev+nd+maj, Reelection,
   family=binomial(link='logit'), subset=narrow)
```

```
> elect.pp<-update(elect.pl, family=binomial(link='probit'))
> library(texreg)
> screenreg(list(logit=elect.l, probit=elect.p, re_logit=coeftest(elect.pl),
             re_probit=coeftest(elect.pp)),stars=c(0.001,0.01,0.05,0.10),
             custom.gof.rows=list("Log Likelihood"=c(logLik(elect.l),
             logLik(elect.p), logLik(elect.pl), logLik(elect.pp)),
             "Num. obs."=c(nobs(elect.l), nobs(elect.p), nObs(elect.pl),
             nObs(elect.pp))), include.loglik=FALSE, include.nobs=FALSE,
             digits=3, reorder.gof = c(3,4,1,5,2), )

=====================================================================
                   logit        probit       re_logit     re_probit
---------------------------------------------------------------------
(Intercept)        -1.328 **    -0.822 ***   -1.537 **    -0.942 **
                   (0.410)      (0.248)      (0.489)      (0.294)
ddefterm           14.413 .      8.381 .     14.086 .      8.223 .
                   (7.746)      (4.685)      (8.211)      (4.853)
ddefey             14.171 *      8.555 *     13.793 *      8.339 .
                   (6.660)      (4.039)      (6.998)      (4.257)
gdppc              17.017 *     10.652 *     19.380 *     12.076 **
                   (6.911)      (4.198)      (7.618)      (4.602)
dev                 0.822 *      0.504 *      0.893 *      0.541 *
                   (0.358)      (0.218)      (0.430)      (0.258)
nd                  0.683 .      0.425 .      0.810 .      0.495 .
                   (0.380)      (0.232)      (0.439)      (0.264)
maj                 0.768 *      0.472 *      0.847 *      0.515 *
                   (0.314)      (0.192)      (0.381)      (0.230)
sigma                                        -0.594 *     -0.366 *
                                             (0.245)      (0.145)
---------------------------------------------------------------------
AIC               343.708      343.851
BIC               368.497      368.640
Log Likelihood   -164.854     -164.926     -163.435     -163.434
Deviance          329.708      329.851
Num. obs.         255          255          255          255
=====================================================================
*** p < 0.001; ** p < 0.01; * p < 0.05; . p < 0.1
```

2) 패널 조건부로짓모형

임의효과 이항선택모형은 개체효과가 설명변수들과 무관하다는 가정을 전제로 한다. 만약 이러한 가정이 충족되지 않는다면 임의효과 이항선택모형으로 얻은 추정치는 더이상 일치추정량이 아니다.

앞서 설명한 바와 같이 고정효과 프로빗모형의 경우 개체효과를 나타내는 파라미터들은 1계 차분을 통해 제거할 수 없기 때문에 부수적인 모수의 문제가 발생하게 되어 추정이 불가능하다. 반면, 고정효과 로짓모형은 패널 조건부로짓모형에 의해 추정이 가능하다. 예를 들어, T = 2인 경우에 y_{n1}과 y_{n2}에 대한 조건부 결합확률밀도함수는 개체효과가 제거된 다음과 같은 형태로 표현할 수 있다.

$$P(y_{n1}, y_{n2} \mid y_{n1} + y_{n2} = 1) = \frac{e^{y_{n1}\beta^T x_{n1} + y_{n2}\beta^T x_{n2}}}{e^{\beta^T x_{n1} + \beta^T x_{n2}}} \tag{11-2}$$

따라서 패널 조건부로짓모형을 추정하기 위한 로그우도함수는 식 (11-2)로부터 도출할 수 있다.[1]

[실습 11-2]는 패널 조건부로짓모형을 이용하여 근로자의 노동조합 가입(union)에 영향을 주는 요인을 분석한 것이다. 분석에 사용한 패널데이터 `UnionWage`에 포함된 설명변수는 wage(시간당 임금률), exper(잠재경력연수 = 나이 - 6 - 교육연수), rural(농촌거주 여부), com(인종을 나타내는 범주형 변수로 black, hispanic, other 값을 가짐), region(거주지를 나타내는 범주형 변수로 NorthEast, NothernCentral, South, Other 값을 가짐)이다.

패널 조건부로짓모형은 패키지 `survival`의 함수 `clogit`에 의해 추정할 수 있다. `strata(id)`는 데이터의 층화구조(stratification), 달리 말하면 패널데이터 구조를 반영하는 변수이다. 따라서 데이터는 반드시 패널데이터 프레임이어야 한다.

패널 조건부로짓모형을 추정할 때 한 가지 주의해야 할 점은 종속변수 값이 TRUE(1의 값을 가질 때) 또는 FALSE(0의 값을 가질 때)이어야 한다는 점이다. 만약 종속변수 값이 (yes, no) 또는 (1, 0)의 형태로 입력되었다면 함수 `ifelse`를 이용하여 이를 TRUE 또는 FALSE로 변환해야 한다.

[실습 11-2]에는 패널 조건부로짓모형 외에 다른 이항선택모형의 추정 결과도 함께 제시하였다. 첫 번째 모형(logit)은 로짓모형이며, 두 번째 모형(logit_fe)은 고정효과를 반영하기 위해 시간불변 변수인 인종(com)을 설명변수로 추가한 모형이다. 세 번째 모형(re_logit)은 임의효과 로짓모형이며, 네 번째 모형(c_logit)은 패널 조건부로짓모형이다. 설명변수 가운데 인종을 나타

1 조건부로짓모형에서 개체효과를 나타내는 파라미터가 어떻게 제거되어 고정효과모형의 추정이 가능하게 되는지는 Baltagi(2013) 또는 Croissant & Millo(2019)를 참고하라.

내는 변수(com)만이 시간불변이고 나머지 변수들은 모두 시간가변이다.

추정 결과에 따르면 wage와 exper의 계수 추정치는 임의효과모형과 고정효과모형 사이에 큰 차이가 없음을 보여준다. 반면, 고정효과를 반영하지 않은 로짓모형(glm_l)에서 exper의 값은 음(-)의 부호를 가지나, 절대값이 작고 유의미하지 않다. 임의효과모형에서 개체효과의 표준편차 추정치와 인종을 나타내는 변수의 계수값이 유의미하다. 패널 조건부로짓모형은 다른 모형에 비해 로그우도값이 상대적으로 낮게 나타난다.

실습 11-2 패널 조건부로짓모형과 다른 이항선택모형의 추정 결과 비교

```
> library(survival)
> library(texreg)
> library(lmtest)
> data(UnionWage, package="pglm")
> mydata<-pdata.frame(UnionWage, index=c('id','year'))
# 로짓모형
> glm_l<-glm(union~wage+exper+rural+region, UnionWage,
        family=binomial('logit'))
# 임의효과 로짓모형
> re_l<-pglm(union~wage+exper+rural+region+com,
        family=binomial(link='logit'), data=mydata, model="random")
# 고정효과 로짓모형(패널 조건부로짓모형)
> mydata$union<-ifelse(mydata$union=="yes", TRUE, FALSE)
> c_logit<-clogit(union~wage+exper+rural+region+strata(id), data=mydata)
> screenreg(list(logit=glm_l, logit_fe=coeftest(l_fe),
        random_logit=coeftest(re_l), cond_logit=coeftest(c_logit)),
        custom.gof.rows=list("Log Likelihood"=c(logLik(glm_l), logLik(l_fe),
        logLik(re_l), logLik(c_logit)),
        "Num. obs."=c(nobs(glm_l), nObs(l_fe), nObs(re_l), c_logit$n)),
        include.loglik=FALSE, include.nobs=FALSE, digits=4,
        reorder.gof = c(3,4,1,5,2))

=====================================================================================
                    logit         logit_fe       random_logit    cond_logit
-------------------------------------------------------------------------------------
(Intercept)         -2.5454 ***   -2.9833 ***    -4.0056 ***
                    (0.1726)      (0.1871)       (0.3714)
wage                 0.7268 ***    0.8406 ***     0.9067 ***      0.6854 ***
                    (0.0762)      (0.0786)       (0.1474)        (0.1660)
exper               -0.0101       -0.0240        -0.0711 **      -0.0641 **
                    (0.0132)      (0.0134)       (0.0230)        (0.0248)
ruralyes             0.0572        0.1976 *       0.3100          0.1565
                    (0.0919)      (0.0945)       (0.2064)        (0.2898)
regionNorthEast      0.2901 *      0.3775 **      0.2206          1.4125
                    (0.1160)      (0.1227)       (0.3618)        (0.7903)
```

```
regionNothernCentral     0.4286 ***     0.6272 ***     0.5206         0.4557
                        (0.1086)       (0.1192)       (0.3126)       (0.5788)
regionSouth              0.1821         0.1925        -0.3853        -0.2301
                        (0.1058)       (0.1132)       (0.3084)       (0.7025)
comblack                                0.9816 ***     1.5097 ***
                                       (0.1085)       (0.3433)
comhispanic                             0.6250 ***     0.8590 **
                                       (0.1091)       (0.3188)
sigma                                                  3.0374 ***
                                                      (0.1797)
---------------------------------------------------------------------------------
AIC                   4743.0346
BIC                   4787.6962
Log Likelihood       -2364.5173      -2316.3567     -1640.8950      -727.0827
Deviance              4729.0346
Num. obs.             4360            4360           4360            4360
=================================================================================
*** p < 0.001; ** p < 0.01; * p < 0.05
```

2 패널 서열선택모형

패널 서열선택모형에서 개체효과의 값이 주어졌을 때, y_n의 서열선택 값에 대한 결합확률은 다음과 같은 식으로 표현할 수 있다.

$$P(y_n \mid \eta_n) = \prod_{t=1}^{T} \prod_{j=1}^{J} 1(y_{nt} = j)[F(\mu_j - \beta^T x_{nt} - \eta_n) - F(\mu_{j-1} - \beta^T x_{nt} - \eta_n)] \quad (11\text{-}3)$$

개체효과가 정규분포를 따른다고 가정하면 비조건부 확률 $P(y_n)$을 구할 수 있다. $P(y_n)$은 다수의 적분을 포함하고 있기 때문에 가우스-에르미트 구적법으로 근사값을 구한 다음 이로부터 추정에 필요한 로그우도함수를 도출한다.[2]

임의효과 서열선택모형은 함수 pglm으로 추정한다. 이때 프로빗모형을 적용하려면

2 더 자세한 풀이는 Croissant & Millo(2019)를 참조하라.

family=ordinal(link=probit), 로짓모형을 적용하려면 family=ordinal(link=logit)을 사용한다. 그 외의 인자는 임의효과 이항선택모형과 동일하다.

[실습 11-3]은 로 외(Raux et al., 2009)의 연구에서 사용한 데이터 Fairness를 사용하여 임의효과 서열선택모형을 추정한 결과이다. 저자들은 고속열차 좌석과 주차공간 사례를 통해 초과수요가 발생한 상품을 배분하는 방식의 공정성 평가에 영향을 주는 요인을 분석하였다. 데이터 Fairness는 고속열차 좌석(tgv)과 주차공간(parking)을 배분하는 7가지 방식의 공정성을 서열 평가한 소비자 401명에 대한 설문조사 결과이다. 데이터 Fairness는 패키지 pglm에서 불러올 수 있는데, 첫 열이 개체를 나타내는 id이지만 시간을 나타내는 변수가 없는 패널 데이터이다.

변수 good은 초과수요가 나타나는 상품을 의미하며, tgv(고속열차)와 parking(주차공간) 2개의 값을 가진다. 배분 방식을 나타내는 범주형 변수 rule은 7개의 값을 가지는데 그 의미는 [표 11-2]와 같다.

[표 11-2] 고속열차 좌석과 주차공간의 배분 방식

변수 rule 값	배분 방식	고속열차 좌석	주차공간
peak	증편 없이 피크타임 요금 부과	추가 요금을 지불	추가 요금을 지불
moral	도덕적인 규칙에 의해	노약자, 장애자 등에 우선 배정	노약자, 장애자 등에 우선 배정
lottery	추첨 방식	여석은 추첨에 의해 배분	남는 공간은 추첨에 의해 배분
admin	행정적인 규칙에 따라	매표원이 여석을 배분	주차관리인이 남는 공간을 배분
queuing	대기 순서에 따라	먼저 온 승객부터 우선하여 좌석 배정	먼저 온 사람부터 우선하여 공간 배정
compensation	보상 방식	익일 차편을 타면 보상금 지불	주차하지 않으면 보상금 지불
addsupply	증편하되 피크타임 요금 부과	추가 요금 지불 시 증편	추가 요금 지불 시 추가 공간 제공

종속변수 answer은 각 배분 방식에 대한 소비자의 평가점수로 0(매우 불공정)~3(매우 공정)의 값을 가진다. 설명변수는 초과수요로 인한 배분의 반복적 발생 여부(recurring), 응답자의 대졸 여부(education), 운전면허증 소유 여부(driving)이다.

응답자 각자가 고속열차 좌석과 주차공간의 7가지 배분 방식에 대해 공정함 정도를 평가하기 때문에 고정효과모형이 더 적절할 수도 있다. 하지만 부수적인 모수의 문제 때문에 고정효과 서열선택모형을 추정할 수 없다. 한편, 조건부로짓모형을 고려할 수 있으나, 위 사례에서 설명변수들이 개체 특정적인 변수들이기 때문에 추정 과정에서 모두 제거되는 문제가 발생한다.

[실습 11-3]에서는 4가지 유형의 서열선택모형을 추정하였다. 첫 번째와 두 번째는 패키지 MASS의 함수 polr을 사용하여 서열로짓모형과 서열프로빗모형을 추정한 결과이고, 세 번째는 임의효과 서열로짓모형, 네 번째는 임의효과 서열프로빗모형을 추정한 결과이다. 함수 polr에 의해 서열선택모형을 추정할 때 종속변수 answer을 수치형 서열변수로 지정할 필요는 없다. 하지만 pglm을 이용하여 임의효과 서열선택모형을 추정할 때 종속변수는 수치형 서열변수이어야 한다. 따라서 함수 pglm에서 종속변수를 지정할 때 answer 대신에 as.numeric(answer)라고 해야 한다. 인자 R은 가우스-에르미트 구적법에서 근사값을 구하는 점의 개수이다.

임의효과 서열선택모형에서 개체효과의 표준편차 추정치 sigma가 유의미하게 나타난 것은 사후적으로 임의효과모형이 적절함으로 의미한다. 식 (11-3)에서 임계치를 나타내는 μ_{j-1}와 μ_j의 추정치 mu_1과 mu_2가 모두 유의미하며 mu_2 > mu_1인 점은 추정된 임의효과 서열선택모형이 배분 방식에 대한 공정함의 평가체계(즉, 서열 선호관계)를 잘 반영한다고 해석할 수 있다. 서열로짓모형(ologit)과 서열프로빗모형(oprobit)의 추정 결과에서 0|1, 1|2, 2|3은 각각 임계치 추정치에 해당한다.

실습 11-3 임의효과 서열선택모형의 추정 결과 비교

```
> library("MASS")
> library(lmtest)
> data(Fairness, package="pglm")
> mydata<-pdata.frame(Fairness, index="id")
> head(mydata, 3)
     id  answer  good      rule  driving  education  recurring  time
1-1   1       0   tgv     admin      yes         no         no     1
1-2   1       0   tgv   lottery      yes         no         no     2
1-3   1       3   tgv   queuing      yes         no         no     3
# 서열선택모형
> parking_ol<-polr(answer~recurring+driving+education+rule, data=Fairness,
                   subset=good=="parking", Hess=TRUE, method="logistic")
> parking_op<-update(parking_ol, method="probit")
# 임의효과 서열선택모형
> parking_opl<-pglm(as.numeric(answer)~recurring+driving+education+rule,
               data=mydata, subset=good=="parking", Hess=TRUE,
               family=ordinal(link='logit'), R=10, model="random")
```

```
> parking_opp<-update(parking_opl, family=ordinal(link='probit'))
> screenreg(list(ologit=parking_ol, oprobit=parking_op,
          re_ologit=coeftest(parking_opl), re_oprobit=coeftest(parking_opp)),
          custom.gof.rows=list("Log Likelihood"=c(logLik(parking_ol),
          logLik(parking_op), logLik(parking_opl), logLik(parking_opp)),
          "Num.obs."=c(nobs(parking_ol),
          nobs(parking_op),nObs(parking_opl), nObs(parking_opp))),
          include.loglik=FALSE, include.nobs=FALSE, digits=3,
          reorder.gof = c(3,4,1,5,2), stars=c(0.001, 0.01, 0.05, 0.10))

=========================================================================
                   ologit       oprobit      re_ologit    re_oprobit
-------------------------------------------------------------------------
recurringyes        -0.120       -0.070       -0.135       -0.077
                    (0.075)      (0.044)      (0.102)      (0.059)
drivingno            0.413 ***    0.237 ***    0.456 ***    0.255 **
                    (0.101)      (0.060)      (0.138)      (0.080)
educationno         -0.480 ***   -0.280 ***   -0.564 **    -0.309 **
                    (0.138)      (0.079)      (0.185)      (0.105)
ruleadmin           -0.133       -0.061       -0.138       -0.066
                    (0.144)      (0.086)      (0.148)      (0.088)
rulelottery          0.330 *      0.217 *      0.372 *      0.238 **
                    (0.141)      (0.085)      (0.145)      (0.086)
ruleaddsupply        1.892 ***    1.141 ***    2.038 ***    1.221 ***
                    (0.143)      (0.083)      (0.147)      (0.085)
rulequeuing          2.973 ***    1.731 ***    3.177 ***    1.848 ***
                    (0.152)      (0.086)      (0.159)      (0.089)
rulemoral            4.597 ***    2.656 ***    4.928 ***    2.837 ***
                    (0.166)      (0.093)      (0.178)      (0.098)
rulecompensation     4.231 ***    2.458 ***    4.534 ***    2.622 ***
                    (0.162)      (0.091)      (0.172)      (0.096)
0|1                  0.369 ***    0.249 ***
                    (0.108)      (0.066)
1|2                  2.034 ***    1.199 ***
                    (0.119)      (0.069)
2|3                  4.527 ***    2.613 ***
                    (0.144)      (0.080)
(Intercept)                                   -0.403 ***   -0.269 ***
                                              (0.121)      (0.072)
mu_1                                           1.789 ***    1.019 ***
                                              (0.070)      (0.038)
mu_2                                           4.439 ***    2.515 ***
                                              (0.115)      (0.059)
sigma                                          0.918 ***    0.529 ***
                                              (0.089)      (0.050)
-------------------------------------------------------------------------
```

```
AIC                5482.722      5490.689
BIC                5553.360      5561.326
Log Likelihood    -2729.361     -2733.344     -2701.400     -2705.814
Deviance           5458.722      5466.689
Num. obs.          2661          2661          2661          2661
==========================================================================
*** p < 0.001; ** p < 0.01; * p < 0.05; . p < 0.1
```

그렇다면 추정 결과로부터 어느 배분 방식이 가장 공정한가에 대한 서열을 어떻게 매길 수 있을까? 우선 배분 방식을 나타내는 변수의 계수값 추정치가 양(+)의 부호를 가지며 값이 크면 클수록 해당 배분 방식이 기준 배분 방식(즉, peak)에 비해 더 공정함을 의미한다. 따라서 변수 education, driving, recurring의 각 값으로 구성된 조합에 대한 서열선택모형의 함수값을 구하면 된다. 예를 들면, 임의효과 프로빗모형에서 대졸 미만의 학력을 가지며 운전면허가 없는 경우, 주차공간 배분 방식 peak에 대한 공정함의 평가 추정치는 $0.255-0.309=-0.054$이다. 주차공간 배분 방식 admin에 대한 공정함의 평가 추정치는 $0.255-0.309-0.066=-0.020$이며, 배분 방식 lottery에 대한 공정함의 평가 추정치는 $0.255-0.309+0.238=0.184$이다. 이보다 더 정확한 평가 추정치를 얻으려면 배분 방식을 나타내는 변수와 다른 설명변수와의 결합효과를 나타내는 변수를 추가한 임의효과모형을 추정하는 것이 바람직하다.

3 패널 토빗모형

개체효과를 가진 패널데이터에 적용하는 중도절단 회귀모형은 다음과 같은 함수 형태를 가진다.

$$y_{it}^{*} = x_{it}\beta + \mu_i + v_{it}$$

$$y_{it} = \begin{cases} a \text{ if } y_{it}^{*} \le a \\ y_{it}^{*} \text{ if } a < y_{it}^{*} < b \\ b \text{ if } y_{it}^{*} \ge b \end{cases}$$

$i=1, \cdots, N$는 개체를, $t=1, \cdots, T$는 개체들에 대해 관측된 시간을 나타내며, μ_i는 개체효과를, v_{it}는 고유오차를 각각 나타낸다.

3-1 임의효과 토빗모형

패널 토빗모형의 경우 선형 패널 모형과 달리 집단 내 변환을 적용하여 개체효과를 제거하는 것이 불가능하다. 따라서 패널 토빗모형을 고정효과모형으로 추정할 경우 앞서 언급한 부수적인 모수의 문제로 인해 시간의 수(T_i)가 무한대로 크지 않다면 설명변수의 파라미터 추정량은 일치추정량이 되지 못한다.

하지만 임의효과 토빗모형의 추정은 가능하다. 개체효과 μ_i가 설명변수 x_{it}와 서로 독립적이라면, 임의효과모형에 의한 패널 토빗모형의 파라미터 추정량은 일치추정량이 된다. 개체효과 μ_i는 $N(0, \sigma_\mu^2)$를 따르고, 고유오차는 $N(0, \sigma_\nu^2)$를 따른다고 가정한다면, 개체 i에 대한 우도함수는 다음과 같다.

$$L_i = \int_{-\infty}^{\infty} \left\{ \prod_{t=1}^{T_i} \left[\Phi\left(\frac{a - x_{it}\beta - \mu_i}{\sigma_\nu} \right) \right]^{I_{it}^a} \left[\Phi\left(\frac{a - x_{it}\beta - \mu_i - b}{\sigma_\nu} \right) \right]^{I_{it}^b} \left[\frac{1}{\sigma_\nu} \phi\left(\frac{y_{it} - x_{it}\beta - \mu_i}{\sigma_\nu} \right) \right]^{(1 - I_{it}^a - I_{it}^b)} \right\} \phi\left(\frac{\mu_i}{\sigma_\mu} \right) d\mu_i \qquad (11\text{-}4)$$

식 (11-4)에서 I_{it}^a는 $y_{it} = a$일 때 1의 값을, $y_{it} > a$일 때 0의 값을 가지는 함수이다. I_{it}^b는 $y_{it} = b$일 때 1의 값을, $y_{it} > b$일 때 0의 값을 가지는 함수이다. 식 (11-4)를 전체 개체에 대하여 합한 로그우도함수는 $\log L = \sum_{i=1}^{N} \log L_i$와 같다(Hemingsen, 2020).

식 (11-4)의 우도함수로부터 파라미터 추정치를 구하는 방식은 2가지이다. 첫 번째 방식은 가우스-에르미트 구적법을 적용하여 로그우도함수의 근사값을 계산한 다음에 비선형 최적화 알고리즘을 사용하여 로그우도함수값을 최대화하는 파라미터 추정치를 구하는 것이다. 두 번째 방식은 시뮬레이션에 의한 최우추정법(maximum simulated likelihood)을 적용하여 로그우도함수값을 극대화하는 파라미터 추정치를 구하는 것이다.

R에서 임의효과 토빗모형은 패키지 censReg의 함수 censReg이나 패키지 pglm의 함수 pglm을 이용하여 추정할 수 있다. 함수 censReg는 첫 번째 방식인 가우스-에르미트 구적법을 사용하여 임의효과 토빗모형을 추정한다. 함수 censReg의 기본 구조는 7장에서 설명한 토빗모형을 추정할 때와 거의 동일하다. 한 가지 다른 점은 함수 pdata.frame을 사용하여 데이터프레임을 패널데이터로 지정할 필요가 있다는 것이다. 함수 pglm에 의한 임의효과 토빗모형

의 추정에서 nr과 R이 의미하는 바는 앞에서 언급한 것과 같다.

[실습 11-4]에 사용된 데이터는 HealthIns이다. 이 데이터는 패키지 pglm으로부터 불러올 수 있는데, 5,908명에 대한 연간 의료비 지출액(med), 보험료율(cions), 병원 방문횟수(mdu), 만성질환의 수(disease), 성별(sex), 연령(age), 가구원 수(size), 자녀 여부(child) 등에 관한 정보를 포함하는 불균형 패널데이터이다. T_i의 값은 1~5년이다. 종속변수 med에서 2,209번째 관측치가 이상치로 의심이 되어 제외하였고, 모형 추정 시 수렴에 도달하기 쉽도록 측정 단위를 천 단위로 변환하였다.

[실습 11-4]는 censReg에 의한 횡단면 토빗모형, censReg에 의한 임의효과 토빗모형(RE_tobit_1), plgm에 의한 임의효과 토빗모형(RE_tobit_2)의 추정 결과들을 서로 비교한 것이다. 임의효과 토빗모형을 censReg로 추정하든, pglm으로 추정하든 그 결과는 거의 같다. 단지 censReg의 경우에 개체효과의 표준편차 추정치와 고유오차의 표준편차 추정치가 로그값으로 제시되는 것만 다를 뿐이다.

실습 11-4 censReg과 pglm에 의한 임의효과 토빗모형의 추정

```
> library(pglm);library(plm);library(censReg);library(lmtest)
> data(HealthIns, package="pglm")
> HealthIns2<-HealthIns[-2209,]
> HealthIns2$med2<-HealthIns2$med/1000
> mydata<-pdata.frame(HealthIns2, index=c('id', 'year'))
> head(mydata, 3)
              id year       med mdu coins  disease  sex      age size child        med2
125024-1 125024    1  8.451119   0     0 13.73189 male 42.87748    4    no 0.008451119
125024-2 125024    2 62.075470   2     0 13.73189 male 43.87748    4    no 0.062075470
125024-3 125024    3  0.000000   0     0 13.73189 male 44.87748    4    no 0.000000000
> pdim(mydata)
Unbalanced Panel: n = 5908, T = 1-5, N = 20185
> tobit<-censReg(med2~coins+disease+sex+age+size+child, left=0,
                 right=+Inf, HealthIns2)
> re_tobit_1<-censReg(med2~coins+disease+sex+age+size+child, left=0,
                 right=+Inf, mydata)
> re_tobit_2<-pglm(med2~coins+disease+sex+age+size+child, data=mydata,
            family="tobit", method="nr", R=10, model="random")
```

```
> screenreg(list(tobit=tobit, RE_tobit_1=re_tobit_1,
            RE_tobit_2=coeftest(re_tobit_2)),
            custom.gof.rows=list("Log Likelihood"=c(logLik(tobit),
            logLik(re_tobit_1), as.numeric(logLik(re_tobit_2)))),
            reorder.gof = c(5,6,7,4,2,3,1), include.loglik=FALSE,
            digits=3, stars=c(0.001, 0.01, 0.05, 0.10))

=============================================================
                    tobit        RE_tobit_1     RE_tobit_2
-------------------------------------------------------------
(Intercept)         -0.097 ***   -0.106 ***     -0.105 ***
                    (0.026)      (0.031)        (0.031)
coins               -0.029 ***   -0.030 ***     -0.030 ***
                    (0.003)      (0.003)        (0.003)
--중략--
logSigma            -0.313 ***
                    (0.006)
logSigmaMu                       -1.279 ***
                                 (0.030)
logSigmaNu                       -0.377 ***
                                 (0.006)
sd.idios                                         0.679 ***
                                                (0.004)
sd.id                                            0.295 ***
                                                (0.008)
-------------------------------------------------------------
Left-censored       4453         4453
Uncensored          15732        15732
Right-censored      0            0
Num. obs.           20185        20185
AIC                 40863.442    40327.143
BIC                 40926.743    40398.357
Log Likelihood      -20423.721   -20154.572     -20112.085
=============================================================
*** p < 0.001; ** p < 0.01; * p < 0.05; . p < 0.1
```

모형 RE_tobit_1에서 logSigmaMu는 개체효과의 표준편차 추정치의 로그값을, logSigmaNu는 고유오차의 표준편차 추정치의 로그값을 각각 의미한다. 모형 RE_tobit_2에서 sd.idios는 고유오차의 표준편차 추정치를, sd.id는 개체효과의 표준편차 추정치를 각각 의미한다.

3-2 고정효과 토빗모형: 절삭 토빗모형

고정효과 토빗모형은 횡단면데이터를 이용하여 토빗모형을 추정할 때 사용하는 대칭절삭추정법(symmetrical trimmed estimation)을 패널데이터로 확장하는 방식으로 추정할 수 있다. 오노레(Honore, 1992)가 이러한 방법을 처음 제안하였고, 앨런 외(Alan et al., 2013)는 절삭 최소자승(trimmed least squares) 또는 절삭 최소절대편차(trimmed least absolute deviation)에 의한 추정 방법을 종속변수 양측이 중도절단된 패널 모형으로 확장하였다.

절삭 토빗모형의 추정 방법을 쉽게 설명하기 위해 모든 개체에 대해 $T=2$인 다음의 패널데이터 모형을 예를 들어보자.

$$\begin{cases} y_{n1}^* = \alpha + \beta x_{n1} + \eta_n + \nu_{n1} \\ y_{n2}^* = \alpha + \beta x_{n2} + \eta_n + \nu_{n2} \end{cases}$$

중도절단된 표본에서 관측값 y_{nt}와 잠재값 y_{nt}^*의 관계는 다음과 같다.

$$\begin{cases} y_{n1} = \max(y_{n1}^*, 0) \\ y_{n2} = \max(y_{n2}^*, 0) \end{cases}$$

모형의 추정 원리는 7장에서 설명한 대칭절삭 최소자승법과 마찬가지로 중도절단된 표본의 대칭성을 회복하기 위해 $y_{n1} < -\beta\Delta x_n$와 $y_{n2} < \beta\Delta x_n$에 해당하는 영역을 표본으로부터 제거하는 것이다. $y_n = (y_{n1}, y_{n2})$가 대칭적인 영역에 있을 확률로부터 적률을 구하는 과정을 통해 최종적으로 절삭 최소자승추정량은 식 (11-5)의 1계 조건으로부터 구해진다. 여기서 { }는 대괄호 안의 값이 참이면 1, 그렇지 않으면 0의 값을 가진다.

$$\begin{aligned} T_n = \sum_{n=1}^{N} & (\max(y_{n2}, \beta\Delta x_n) - \max(y_{n1}, \beta\Delta x_n) - \beta\Delta x_n)^2 \\ & -2 \times 1\{y_{n1} < -\beta\Delta x_n\}(y_{n1} + \beta\Delta x_n) y_{n2} \\ & -2 \times 1\{y_{n2} < \beta\Delta x_n\}(y_{n2} - \beta\Delta x_n) y_{n1} \end{aligned} \tag{11-5}$$

반면, 절삭 최소절대편차 추정량은 식 (11-6)의 1계 조건으로부터 구해진다.

$$S_n = \sum_{n=1}^{N}(1-1\{y_{n1} < \max(0, \beta\Delta x_n)\} \times (1-1\{y_{n2} < \max(0, \beta\Delta x_n)\} \\ \times |\Delta y_n < -\beta\Delta x_n| \quad (11-6)$$

절삭 토빗모형의 추정은 패키지 plm의 함수 pldv를 사용하며, 그 기본 구조는 다음과 같다.

```
FEtobit_ls<-pldv(formula, mydata, model="fd", objfun="lsq", sample="cens")
```

여기서 formula는 추정에 사용한 모형식을 의미한다. mydata는 모형 추정에 사용한 패널데이터이다. model="fd"는 1계 차분 방식으로 고정효과 토빗모형을 추정함을 의미한다. objfun="lsq"는 잔차들의 최소자승합을 최소화하는 절삭 최소자승추정법을 의미한다. 반면, objfun="lad"는 잔차들의 절대값을 합한 값을 최소화하는 절삭 최소절대편차 추정법을 의미한다. sample="cens"는 종속변수 값이 중도절단됨을 의미하고, sample="trunc"는 단절됨을 의미한다.

[실습 11-5]에서 사용한 데이터는 패키지 pder의 LateBudgets이다. 이 데이터는 앤더슨 외(Andersen et al., 2012)의 연구에서 사용한 것으로 1988~2007년 동안 미국의 주별로 수집된 패널데이터이다. 이 논문의 저자들은 절삭 토빗모형을 적용하여 미국의 주정부에서 예산안 의결이 지체되는 기간에 영향을 주는 요인을 분석하였다. 데이터에 포함된 변수 가운데 dayslate는 예산안 시행이 지체된 날의 수를 나타내며, 양 또는 음의 값을 가진다. 양의 값을 가지는 daylate는 지체된 일수를 나타내고, 음의 값을 가진 dayslate는 예산안이 회계연도 말 이전에 시행되었음을 의미하는 것으로 시행된 날부터 회계연도 말까지 남아 있는 일수를 나타낸다. 따라서 예산안이 연도 말 이전에 시행되어 지체되지 않은 경우에는 이를 0의 값으로 처리할 필요가 있다. 따라서 지체된 일수를 나타내는 종속변수 dayslatepos의 하한값은 0이고 다수의 관측치가 0의 값을 가지기 때문에 좌측 중도절단된 표본 문제가 나타난다.

[실습 11-5]의 분석에 사용한 설명변수와 그 의미는 다음과 같다.

- **재정 상황에 대한 충격 정도**: unempdiff(연간 실업률 변화)
- **주정부의 장악력을 나타내는 변수**: splitleg(주의회 상하원의 다수당이 서로 다른지 여부)와 splitbranch(주의회 상하원이 주지사와 다른 당에 의해 지배되는지 여부)
- **예산안 지연에 관한 변수**: elecyear(해당 연도에 선거가 치러졌는지 여부), shutdown(예산안 지연 시 주 법률에 의해 셧다운을 시행할 수 있는지 여부)
- **정치 및 입법에 관한 변수**: newgov(주지사가 신임 주지사인지 여부), govexp(주지사 재임기간). demogov(주지사가 민주당 소속인지 여부), lameduck(주지사가 레임덕인지 여부), fulltimeleg(입법부의 직원 근무 형태를 나타내는 5점 척도로, 1 = 시간제 시민법률가, …, 5 = 상근 전문법률가를 각각 의미함), nocarry(주법률이 예산 적자를 다음 회계연도로 이월하는 것을 금지하는지 여부), endbalance(연도 말 일반기금과 안정화기금의 수지 비율)
- **인구사회적 변수**: pop(주 인구수), black(흑인 인구 비율), graduate(대졸 학력 인구 비율), elderly(65세 이상 인구 비율), kids(5~17세 아동 비율), censusrep(1990년 미국 센서스 응답률로 사회자본의 대리변수로 사용됨)

논문의 저자들은 실업률이 예산안 채택에 미치는 영향이 비대칭적인지를 알아보기 위해 변수 unempdiff로부터 2가지 설명변수를 생성한다. 하나는 실업률 증가를 나타내는 변수 unemprise이며, 다른 하나는 실업률 감소를 나타내는 변수 unempfall이다. 또한 두 변수 splitbranch와 splitleg 중 어느 하나라도 'yes'인 값을 가지면 주정부 장악력이 양분되어 있음을 의미하는 변수 divgov를 추가로 생성한다. [실습 11-5]의 전반부는 모형에 사용한 종속변수와 설명변수를 어떻게 생성하였는지를 보여준다.

[실습 11-5]에서는 3가지 모형의 추정 결과를 비교한다. 첫 번째는 통상적인 토빗모형(tobit), 두 번째는 임의효과 토빗모형(RE_tobit), 세 번째는 절삭 토빗모형에 의한 고정효과 토빗모형(FE_tobit)이다. 해당 데이터는 주(state)별 데이터이기 때문에 주의 고정효과를 모형에 반영할 필요가 있다.

패널데이터 구조를 무시한 토빗모형인 첫 번째 모형에서는 예산안 지연 일수와 실업률 간에 유의미한 연관성이 나타나지 않은 반면, 두 패널 토빗모형에서는 실업률이 예산안 지연에 유의미한 영향을 주는 것으로 나타난다. 하지만 실업률 증가와 감소가 예산안 지연 일수에 주는 영향은 각각 다르게 나타난다. 한편, 세 모형 모두 주정부의 장악력이 양분되어 있을 때가 그렇지 않을 때에 비해 예산안 지연 일수가 증가하고 있음을 보여준다.

실습 11-5 **절삭 토빗모형에 의한 고정효과모형 추정**

```
> library(plm)
> data(LateBudgets, package="pder")
> LateBudgets$dayslatepos<-pmax(LateBudgets$dayslate,0)
> LateBudgets$unemprise<-pmax(LateBudgets$unempdiff,0)
> LateBudgets$unempfall<- -pmin(LateBudgets$unempdiff,0)
> LateBudgets$divgov<-with(LateBudgets,
      factor(splitbranch=="yes" | splitleg=="yes", labels=c("no","yes")))
> mydata<-pdata.frame(LateBudgets, index=c("state", "year"))
> model<-dayslatepos~unemprise+unempfall+divgov+elecyear+
      endbalance+shutdown+supmaj+lameduck+newgov+govexp+demgov+
      nocarry+fulltimeleg+pop+black+graduate+elderly+kids+censusresp
> FEtobit<-pldv(model, mydata, model="fd", objfun="lsq", lower=0,
           sample="cens")
> REtobit<-censReg(model, mydata, left=0, right=+Inf)
> tobit<-censReg(model, LateBudgets, left=0, right=+Inf)
> screenreg(list(tobit=tobit, RE_tobit=REtobit, FE_tobit=FEtobit))

=======================================================
               tobit        RE_tobit      FE_tobit
-------------------------------------------------------
(Intercept)    283.19 **    131.99         -0.28
              (108.38)     (127.15)       (18.26)
unemprise        9.62        11.08 *        9.05
                (6.00)       (5.00)       (10.95)
unempfall        1.95        -0.12        -31.63 ***
                (7.40)       (6.22)        (6.89)
divgovyes       24.37 ***    12.57 *       19.89 *
                (6.34)       (5.65)        (8.77)
elecyear       -10.56        -4.53        -24.64 *
                (6.89)       (5.95)       (10.19)
endbalance      -0.56        -0.60         -3.86
                (0.52)       (0.45)       (62.78)
shutdownyes    -40.10 ***   -27.42 ***
                (8.00)       (7.90)
supmajyes        2.12        11.88
               (10.98)      (10.72)
lameduckyes      2.31         9.52        -22.05 ***
                (7.42)       (6.67)        (4.06)
newgovyes       11.10         1.74          5.58
                (8.21)       (7.20)       (10.53)
--중략--
logSigma         3.84 ***
                (0.06)
logSigmaMu                    3.98 ***
                             (0.10)
```

```
logSigmaNu                         3.56 ***
                                   (0.06)
------------------------------------------------------
AIC                  2057.74     1916.26
BIC                  2154.19     2017.31
Log Likelihood      -1007.87     -936.13
Num. obs.             730         730        682
Left-censored         565         565
Uncensored            165         165
Right-censored         0           0
R^2                                          0.03
Adj. R^2                                     0.01
======================================================
*** p < 0.001; ** p < 0.01; * p < 0.05
```

4 패널 가산자료모형

패널 가산자료모형으로 포아송 회귀모형과 음이항 회귀모형을 설명한다. 횡단면 가산자료모형의 경우처럼 과대산포로 인한 문제나 집단 내 오차의 상관관계 등을 고려하여 패널 가산자료모형으로부터 얻어진 파라미터 추정치의 유의성 여부를 판단할 때 클러스터 표준오차(cluster robust standard error)를 적용할 필요가 있다.

4-1 추정 방법

패널 포아송 회귀모형에서 기간 t에서 개체 n의 포아송 파라미터는 다음과 같다.

$$\theta_{nt} = \eta_n \lambda_{nt} = \eta_n \exp(\beta x_{nt})$$

따라서, 개체효과 η_n이 주어졌을 때 y_{nt}를 관측할 확률은 다음과 같다.

$$P(y_{nt} \mid x_{nt}, \eta_n, \beta) = \frac{e^{-\theta_{nt}} \theta_{nt}^{y_{nt}}}{y_{nt}!} = \frac{e^{-\eta_n \lambda_{nt}} (\eta_n \lambda_{nt})^{y_{nt}}}{y_{nt}!} \tag{11-7}$$

이때 y_{nt}의 조건부 기대값은 $E(y_{nt}|\eta_n, x_{nt}) = \eta_n \exp(x_{nt}\beta)$이다.

1) 고정효과 포아송 모형

고정효과 포아송 모형에서는 개체효과 η_n이 설명변수 x_{nt}와 상관관계를 갖게 된다. 하지만 앞서 언급한 다른 비선형 패널 모형과 달리 이들 개체효과를 제거할 수 있기 때문에 부수적인 모수 문제의 영향을 받지 않는다. 고정효과 포아송 모형은 개체효과가 제거된 로그우도함수를 도출하거나, 개체효과를 차분하는 방식을 제거함으로써 추정할 수 있다.

2) 임의효과 포아송 모형

하우스만 외(Hausman et al., 1984)에 의해 개발된 임의효과 포아송 모형은 식 (11-7)에서 개체효과 η_n이 평균이 1이고 분산이 $1/\delta$인 감마분포를 따르거나 개체효과의 로그값이 정규분포, 예를 들면 $N(0, \sigma_\eta^2)$을 따른다고 가정한다. 하지만 개체효과가 로그정규분포를 따르는 경우 결합 확률밀도함수가 닫힌 해(closed-form solution)가 존재하지 않는 형태가 되어 근사적으로 해를 구해야 하는 어려움이 있다.

3) 패널 음이항 모형

고정효과 음이항 모형이나 임의효과 음이항 모형의 추정 방식은 포아송 모형과 크게 다르지 않다. 추정 과정에 대한 자세한 설명은 생략하고 고정효과 음이항 모형에 대응하는 개체 n의 결합 확률밀도함수만을 제시하면 다음과 같다.

$$P(y_n | x_n, \beta, Y_n) = \left(\prod_{t=1}^{T} \frac{\Gamma(\lambda_{nt} + y_{nt})}{\Gamma(\lambda_{nt}) + \Gamma(y_{nt} + 1)} \right) \frac{\Gamma(\Lambda_n)\Gamma(Y_n + 1)}{\Gamma(\Lambda_n + Y_n)}$$

여기서 $Y_n = \sum_{t=1}^{T} y_{nt}$, $\Lambda_n = \sum_{t=1}^{T} \lambda_{nt}$이다.

반면, 임의효과 음이항 모형에 대응하는 개체 n의 결합 확률밀도함수는 다음과 같다.

$$P(y_n, x_n, \beta) = \frac{\Gamma(a+b)\Gamma(a+\Lambda_n)\Gamma(b+Y_n)}{\Gamma(a)\Gamma(b)\Gamma(a+b+\Lambda_n+Y_n)}\left(\prod_{t=1}^{T}\frac{\Gamma(\lambda_{nt}+y_{nt})}{\Gamma(\lambda_{nt})+\Gamma(y_{nt}+1)}\right) \quad (11\text{-}8)$$

여기서 a와 b는 각각 개체효과 η_n에 대해 가정한 베타분포의 두 모수들을 의미한다. 패널 음이항 모형으로부터 얻어지는 추정량의 효율성 정도는 횡단면 음이항 모형의 경우에 비해 그리 크지 않다.

4-2 사례연습: 제조업의 특허 건수와 R&D 지출의 연관성

패널 가산자료모형은 패키지 pglm의 함수 pglm을 사용하여 추정한다. 패널 포아송 모형을 추정할 경우에는 인자 family=poisson을 사용하고, 패널 음이항 모형을 추정할 경우에는 인자 family=negbin을 사용한다. 이를 제외한 나머지 인자는 pglm으로 임의효과 이항선택모형을 추정하는 경우와 동일하다.

[실습 11-6]에 사용한 자료는 패키지 pglm의 데이터 PatentsRDUS이다. 이 데이터는 홀 외(Hall et al., 1986)의 논문 〈Patents and R and D: Is there a Lag?〉에서 사용한 것이다. 논문의 저자들은 기업 패널데이터에 분포시차 모형을 적용하여 미국 제조업체의 특허 건수와 R&D 활동 간의 연관성을 분석하였다.

데이터에 포함된 변수는 cusip(기업 고유번호), ardssic(응용연구개발산업의 분류 코드), scisect(기업이 과학 분야의 산업에 속하는지 여부), capital72(1972년 실질가격으로 평가한 자본가치), sumpat(1972~1979년 특허 신청 건수 누계), rd(1972년 실질가격으로 측정한 연간 R&D 지출액), patents(연간 특허 부여 건수)이다.

[실습 11-6]은 데이터 PatentsRDUS를 사용하여 전술한 4가지 유형의 패널 가산자료모형을 추정한 결과를 비교한 것이다. 고정효과 포아송 모형의 경우 계수값의 표준오차와 유의수준이 출력되지 않아 함수 ginv(-1*p_fe$hessian)을 실행하여 헤시안 행렬로부터 표준오차를 구하였다. 추정 결과는 모형별로 큰 차이를 보이지 않는다. 특허 승인 건수에 영향을 주는 R&D 지출액은 당기 효과가 크고 유의미한 반면, 전기 효과는 당기에 비해 그 크기가 작거나 유의미하지 않다.

임의효과 포아송 모형의 추정 결과에서 sigma는 개체효과의 표준편차 추정치를 나타내며, 임의효과 음이항 모형의 추정 결과에서 a, b는 식 (11-8)에서 언급한 베타분포를 따르는 개체효과 분포의 두 모수 α, β의 추정치이다.

실습 11-6 **패널 가산자료모형의 추정 결과 비교**

```
> library(pglm); library(lmtest); library(texreg); library(MASS)
> data("PatentsRDUS")
> p_re<-pglm(patents~lag(log(rd),0:5)+scisect+log(capital72)+factor(year),
             PatentsRDUS,family=poisson, model="random", method="nr",
             index=c("cusip", "year"))
> p_fe<-update(p_re, family=poisson, model="within")
> nb_re<-update(p_re, family=negbin, model="random")
> nb_fe<-update(p_re, family=negbin, model="within")
> standard_se_p<-ginv(-1*p_fe$hessian)
> screenreg(list(RE_Poisson=coeftest(p_re),FE_Poisson=coeftest(p_fe, standard_se_p),
         RE_NeBin=coeftest(nb_re), FE_NeBin=coeftest(nb_fe)),
         stars=c(0.001, 0.01, 0.05, 0.10))

=====================================================================
                   RE_Poisson   FE_Poisson   RE_NeBin    FE_NeBin
---------------------------------------------------------------------
(Intercept)          0.41 **                  0.90 ***    1.66 ***
                    (0.15)                   (0.17)      (0.34)
lag(log(rd), 0:5)0   0.40 ***     0.32 ***    0.35 ***    0.27 ***
                    (0.04)       (0.05)      (0.07)      (0.07)
lag(log(rd), 0:5)1  -0.05        -0.09 .     -0.00       -0.10
                    (0.05)       (0.05)      (0.08)      (0.08)
lag(log(rd), 0:5)2   0.11 *       0.08 .      0.10        0.03
                    (0.04)       (0.04)      (0.07)      (0.07)
lag(log(rd), 0:5)3   0.03         0.00        0.02       -0.02
                    (0.04)       (0.04)      (0.06)      (0.07)
lag(log(rd), 0:5)4   0.01        -0.00        0.04        0.02
                    (0.04)       (0.04)      (0.06)      (0.06)
lag(log(rd), 0:5)5   0.04         0.00        0.07       -0.01
                    (0.03)       (0.03)      (0.05)      (0.05)
scisectyes           0.26 *       0.45 ***    0.12        0.02
                    (0.11)       (0.00)      (0.11)      (0.20)
log(capital72)       0.29 ***     0.25 ***    0.16 ***    0.21 **
                    (0.04)       (0.00)      (0.04)      (0.08)
--중략--

sigma                1.17 ***
                    (0.09)
```

```
a                                          2.69 ***
                                          (0.26)
b                                          2.02 ***
                                          (0.22)
=====================================================
*** p < 0.001; ** p < 0.01; * p < 0.05; . p < 0.1
```

이때 주의할 점은 [실습 11-6]의 패널 가산자료모형에서 파라미터 추정치의 표준오차는 클러스터 표준오차가 아니라는 것이다. 클러스터 표준오차를 별도로 구하는 작업이 필요하다.

4-3 클러스터 표준오차 구하기

패널 가산자료모형의 파라미터 추정치 $\hat{\theta}$에 대한 클러스터 공분산 행렬은 $z = \hat{\theta} - \theta_0$라고 할 때 다음과 같이 표현할 수 있다.

$$zz' = \left[-\sum_{n=1}^{N} h(y_n \mid \theta) \right]^{-1} \left[\sum_{j} \sum_{n \in c_j} g(y_n \mid \theta) g(y_n \mid \theta)^T \right] \left[-\sum_{n=1}^{N} h(y_n \mid \theta) \right]^{-1} \qquad (11\text{-}9)$$

이는 앞 장에서 설명한 파라미터 추정치의 표준오차를 이분산에 견고한 샌드위치 추정량(sandwich estimator)으로 교정하는 방법과 동일하다. 식 (11-9)의 우변에서 첫 번째와 세 번째 항은 빵(bread)을 나타내는데 $\sum_{n=1}^{N} h(y_n \mid \theta)$는 로그우도함수의 2계 미분값인 헤시안 행렬(Hessian Matrix)이다. 식 (11-9)의 가운데 항은 고기(meat)를 나타내는데 $\sum_{n=1}^{N} g(y_n \mid \theta)$는 로그우도함수의 1계 미분값인 그래디언트(gradient)이다. c는 집단(클러스터)을, j는 집단의 수를 각각 나타낸다.

샌드위치 추정량은 패키지 sandwich의 함수 vcovCL이나 vcovHC 등을 사용하여 손쉽게 구할 수 있다. 하지만 pglm의 경우 함수 vcovCL이 제대로 작동하지 않아 식 (11-9)을 적용하여 직접 계산해야 한다. pglm은 최우추정법을 사용하기 때문에 추정치와 더불어 그래디언트와 헤시안 행렬을 제공한다.

[실습 11-7]은 식 (11-9)에 pglm에 의한 임의효과 포아송 모형의 추정 결과로부터 구한 그래디언트(p_re$gradientObs)와 헤시안 행렬값(p_re$hessian)을 적용하여 클러스터 표준오차를 구하는 방법을 설명한 것이다. PatentsRDUS[esample_p_re,]는 실제 추정 과정

에 사용한 표본만을 추출하라는 의미이다.

실습 11-7 임의효과 포아송 모형에서 클러스터 표준오차 구하기

```
> esample_p_re<-as.numeric(rownames(as.matrix(p_re$gradientObs)))
> fc_p_re<-PatentsRDUS[esample_p_re,]$year
> m_p_re<-length(unique(fc_p_re))
> k_p_re<-14
> u_p_re<-p_re$gradientObs
> u.clust_p_re<-matrix(NA, nrow=m_p_re, ncol=k_p_re)
> for(j in 1:k_p_re) {
    u.clust_p_re[,j]<-tapply(u_p_re[,j], fc_p_re, sum)
  }
> cl.vcov_p_re<-ginv(-p_re$hessian)%*%(t(u.clust_p_re)%*%(u.clust_p_re))%*%
                  ginv(-p_re$hessian)
> coeftest(p_re, cl.vcov_p_re)

z test of coefficients:

                      Estimate  Std. Error  z value   Pr(>|z|)
(Intercept)           0.410788    0.154695   2.6555  0.0079197 **
lag(log(rd), 0:5)0    0.403454    0.128348   3.1434  0.0016698 **
lag(log(rd), 0:5)1   -0.046177    0.110363  -0.4184  0.6756510
lag(log(rd), 0:5)2    0.107924    0.097798   1.1035  0.2697945
lag(log(rd), 0:5)3    0.029773    0.087585   0.3399  0.7339063
lag(log(rd), 0:5)4    0.010696    0.072190   0.1482  0.8822160
lag(log(rd), 0:5)5    0.040611    0.064775   0.6270  0.5306868
scisectyes            0.257000    0.741524   0.3466  0.7289043
log(capital72)        0.291693    0.052174   5.5907  2.261e-08 ***
factor(year)1976     -0.044962    0.015652  -2.8726  0.0040717 **
factor(year)1977     -0.048386    0.035000  -1.3825  0.1668303
factor(year)1978     -0.174162    0.056818  -3.0653  0.0021748 **
factor(year)1979     -0.225898    0.065049  -3.4727  0.0005152 ***
sigma                 1.169690    0.176366   6.6322  3.307e-11 ***
---
Signif. codes: 0 '***' 0.001 '**' 0.01 '*' 0.05 '.' 0.1 ' ' 1
```

나머지 세 모형에 대해서도 추정치 개수를 의미하는 k_p_re의 값만 바꾸어주면 클러스터 표준오차를 구할 수 있다. 추정치 개수는 고정효과 포아송 모형에서 12개, 임의효과 음이항 모형에서 15개, 고정효과 음이항 모형에서 13개이다. [실습 11-8]은 4가지 모형의 추정 결과에 대해 클러스터 표준오차를 적용한 결과이다.

실습 11-8 패널 가산자료모형의 추정 결과 비교: 클러스터 표준오차 적용

```
> round(rbind(standard_se=coeftest(p_re)[1:4,2],
        cluster_robust_se= coeftest(p_re, cl.vcov_p_re)[1:4,2]),5)
                  (Intercept)  lag(log(rd), 0:5)0  lag(log(rd), 0:5)1  lag(log(rd), 0:5)2
standard_se           0.14674             0.04350             0.04822             0.04471
cluster_robust_se     0.15469             0.12835             0.11036             0.09780
> round(rbind(standard_se=coeftest(p_re)[5:8,2],
        cluster_robust_se= coeftest(p_re, cl.vcov_p_re)[5:8,2]),5)
                  lag(log(rd), 0:5)3  lag(log(rd), 0:5)4  lag(log(rd), 0:5)5  scisectyes
standard_se                  0.04132             0.03771             0.03157     0.11227
cluster_robust_se            0.08759             0.07219             0.06477     0.74152
```

고정효과 포아송 모형, 임의효과 음이항 모형, 고정효과 음이항 모형에 대응하는 클러스터 공분산인 cl.vcov_p_fe, cl.vcov_nb_re, cl.vcov_nb_fe도 위와 동일한 방식으로 구할 수 있다.

```
> screenreg(list(RE_Poisson=coeftest(p_re, cl.vcov_p_re),
                FE_Poisson=coeftest(p_fe, cl.vcov_p_fe),
                RE_NeBin=coeftest(nb_re, cl.vcov_nb_re),
                FE_NeBin=coeftest(nb_fe, cl.vcov_nb_fe)),
                stars=c(0.001, 0.01, 0.05, 0.10))

=========================================================================
                    RE_Poisson  FE_Poisson    RE_NeBin      FE_NeBin
-------------------------------------------------------------------------
(Intercept)           0.41 **                   0.90 *        1.66 ***
                     (0.15)                    (0.44)        (0.48)
lag(log(rd), 0:5)0    0.40 **      0.32         0.35 ***      0.27 **
                     (0.13)       (0.60)       (0.09)        (0.09)
lag(log(rd), 0:5)1   -0.05        -0.09        -0.00         -0.10
                     (0.11)       (0.34)       (0.10)        (0.12)
lag(log(rd), 0:5)2    0.11         0.08         0.10          0.03
                     (0.10)       (0.23)       (0.08)        (0.08)
lag(log(rd), 0:5)3    0.03         0.00         0.02         -0.02
                     (0.09)       (0.21)       (0.08)        (0.09)
lag(log(rd), 0:5)4    0.01        -0.00         0.04          0.02
                     (0.07)       (0.14)       (0.07)        (0.07)
lag(log(rd), 0:5)5    0.04         0.00         0.07         -0.01
                     (0.06)       (0.27)       (0.06)        (0.06)
scisectyes            0.26         0.45 ***     0.12          0.02
                     (0.74)       (0.00)       (0.53)        (0.84)
log(capital72)        0.29 ***     0.25 ***     0.16 *        0.21
                     (0.05)       (0.00)       (0.08)        (0.13)
factor(year)1976     -0.04 **     -0.04 *      -0.04 **      -0.04 *
                     (0.02)       (0.02)       (0.02)        (0.02)
factor(year)1977     -0.05        -0.04        -0.06         -0.04
                     (0.04)       (0.07)       (0.04)        (0.04)
```

```
factor(year)1978    -0.17 **      -0.16         -0.18 **      -0.14 *
                    (0.06)        (0.15)        (0.06)        (0.06)
factor(year)1979    -0.23 ***     -0.20         -0.23 ***     -0.20 ***
                    (0.07)        (0.22)        (0.06)        (0.06)
sigma                1.17 ***
                    (0.18)
a                                                2.69 **
                                                (0.93)
b                                                2.02 ***
                                                (0.32)
=====================================================================
*** p < 0.001; ** p < 0.01; * p < 0.05; . p < 0.1
```

참고문헌

Alan, S., Honoré, B.E., Hu, L. & Leth-Petersen, S. (2013). "Estimation of Panel Data Regression Model with Two-sided Censoring or Truncation." *Journal of Econometric Methods*, 3(1), 1-20.

Andersen, A.L., Lassen, D.D. & Nielsen, L.H. (2012). "Late Budgets." *American Economic Journal: Economic Policy*, 4(4), 1-40.

Baltagi, B.H. (2013). *Econometric Analysis of Panel Data, Fifth Edition*. John Wiley & Sons Ltd.

Croissant, Y. (2021). ***pglm:*** *Panel Generalized Linear Models*. R package version 0.2-3, URL https://CRAN.R-project.org/package=pglm.

Croissant, Y. (2021). ***plm:*** *Linear Models for Panel Data*. R package version 2.4-1, URL https://CRAN.R-project.org/package=plm.

Croissant, Y. & Millo, G. (2019). *Panel data econometrics with R*. John Wiley & Sons.

Croissant, Y. & Millo, G. (2019). ***pder:*** *Panel Data Econometrics with R*. R package version 1.0-1, URL https://CRAN.R-project.org/package=pder.

Hall, B.H., Griliches, Z. & Hausman, J.A. (1986). "Patents and R&D: Is There a Lag?" *International Economic Review*, 27(2), 265-283.

Hausman, J.A., Hall, B.H. & Griliches, Z. (1984). "Econometric Models for Count Data with and Application to the Patents-R&D Relationship." *Econometrica*, 52, 909-938.

Henningsen, A. (2020). ***censReg:*** *Maximum Likelihood estimation of censored regression (Tobit) models with cross-sectional and panel data*. R package version 0.5-32, URL https://CRAN.R-project.org/package=censReg

Honoré, B.E. (1992). "Trimmed LAD and Least Squares Estimation of Truncated and Censored Regression Models with Fixed Effects." *Econometrica*, 60(3), 533-565.

Raux, C., Souche, S. & Croissant, Y. (2009). "How Fair is Pricing Perceived To Be? An Empirical Study." *Public Choice*, 139(1), 227-240.

Therneau, H. (2013). ***survival:*** *Survival Analysis*. R package version 3.2-11, URL https://CRAN.R-project.org/package=survival.

3부

인과효과 분석

12장 매칭분석

학습목표

반사실적 관점에서 정책효과(처치효과)를 측정하는 파라미터 값을 추정하는 방법을 배운다. 매칭 전후로 공변량의 균형을 달성하는 법, 공변량의 균형 정도를 평가하는 각종 통계량과 그림을 구하는 방법을 학습한다. 매칭 표본으로부터 처치효과 추정치와 표준오차, 신뢰구간을 구하는 여러 방법에 대해 알아본다.

[표 12-1] 12장에서 사용할 R 패키지와 함수

패키지	함수	주요 기능
MatchIt	matchit	최근접 이웃 매칭 등 다양한 매칭 방법을 제공한다.
	summary.matchit	매칭 전후 공변량의 균형을 평가하는 요약통계량을 제공한다.
	plot.matchit	매칭 전후 공변량의 균형 정도를 나타내는 다양한 플롯을 제공한다.
	match.data	매칭된 표본을 데이터프레임으로 변환한다.
CEM	cem	적확 구획 매칭을 실행한다.
cobalt	bal.tab	매칭 전후 공변량의 균형 정도를 평가하는 요약통계량을 제공한다.
	bal.plot	
	love.plot	
boot	boot	부트스트랩에 의한 처치효과 추정치의 표준오차를 추정한다.
	boot.ci	부트스트랩에 의한 처치효과 추정치의 신뢰구간을 추정한다.
lmtest	coef	처치효과 추정치에 대한 클러스터 표준오차를 추정한다.
sandwich	vcov.	

1 매칭분석의 원리

사회과학의 중요한 목적 가운데 하나는 어떤 정책이 우리가 관심이 두고 있는 특정 산출물(예를 들면, 실업률, 출산율, 학업 성취도 등)에 대해 효과가 있는가 하는 인과효과를 분석하는 것이다. 예를 들면, 최저임금 인상의 고용에 관한 효과, 정치정보 제공의 정치 참여에 대한 효과, 교육 개혁의 학생 성과에 관한 효과, 아동 관련 복지급여의 아동 건강에 대한 효과 등이다. 이러한 효과를 정책분석 분야에서는 처치효과(treatment effect)라 부른다. 일반적으로 처치효과를 분석할 때 중요한 점은 정책에 가입하는 집단과 그렇지 못한 집단이 확률적인 실험을 통해 구분되어야 한다는 점이다. 이러한 조건을 비교가능성(comparability)이라고 한다.

하지만 현실적으로 확률적인 실험을 통해 대상자를 정책에 참여하는 집단(처치집단이라 부른다)과 그렇지 않은 집단(통제집단이라 부른다)으로 구분하여 배정하는 것은 윤리적 측면이나 실행 여부 측면에서 불가능한 것이 일반적이다. 이처럼 확률에 의한 방식으로 처치 여부를 배정하는 것이 가능하지 않을 때 처치효과를 분석하는 가장 신뢰할 만한 방법 중 하나가 매칭(matching)분석이다(Stuart, 2010).

매칭분석을 구성하는 4가지 기본 요소는 개체 i, 처치 여부 T_i, 개체 특성을 나타내는 공변량(covariates), 그리고 성과변수(outcomes) Y_i이다. 개체는 개인, 가계, 기업, 국가 등 다양한 형태를 가질 수 있으며, 처치는 이러한 개체를 대상으로 시행되는 정책이나 프로그램을 의미한다. 각 개체들은 잠재적인(potential) 성과값 $Y_i(1)$, $Y_i(0)$를 가질 수 있다. $Y_i(1)$은 개체 i가 처치집단에 배정될 때 관측되는 성과값이고, $Y_i(0)$는 통제집단에 배정될 때 관측되는 성과값이다. 이때 '잠재적'이라는 용어를 사용한 것은 실제로 각 개체들이 $Y_i(0)$와 $Y_i(1)$ 둘 다를 가질 수 없기 때문이다. 어떤 개체가 처치집단에 배정된다면 $Y_i(1)$만 관측되는 반면, 통제집단에 배정된다면 $Y_i(0)$만 관측된다. 즉, 실제로 관측되는 성과값은 다음과 같이 표현된다.

$$Y_i = (1 - T_i) \cdot Y_i(0) + T_i \cdot Y_i(1) = \begin{cases} Y_i(1) & \text{개체 } i\text{가 처치집단에 속할 때} \\ Y_i(0) & \text{개체 } i\text{가 통제집단에 속할 때} \end{cases}$$

이러한 현상은 소위 인과관계 추론의 근본 문제(fundamental problem of casual inference)를 초래한다. 처치집단의 배정이 확률에 의한 것이 아니라면, 처치집단에 속하는 개체와 비교할 수 있는 개체가 존재하지 않는 결측치 문제(missing value problem)가 발생한다.

매칭분석은 처치집단을 배정할 때 확률 방식을 적용할 수 없는 경우에 $Y_i(1)$의 반사실적인 성과값(counterfactual outcomes), 즉 개체 i가 처치집단에 배정되지 않았다면 얻게 될 성과값을 찾는 것이다. 한 가지 예로 [표 12-2]를 살펴보자.

정책 프로그램의 참여 여부가 개인(i)의 소득에 주는 영향을 추정한다고 하자. 이때 각 개인이 개체(i)이며, 정책 프로그램이 처치이다. 더미변수 D는 정책 프로그램의 참여 여부를 나타내며 특정 개체가 참여했다면 1의 값을, 참여하지 않았다면 0의 값을 가진다고 하자. 개인의 소득은 처치효과를 나타내는 성과변수이다. 개인의 특성을 나타내는 공변량 X는 단 하나의 변수인 교육수준이라고 하자.

[표 12-2] 매칭분석의 단순한 사례

i(개체)	D(처치 여부)	X(교육수준)	성과(소득)
1	0	2	60
2	0	3	80
3	0	5	90
4	0	12	200
5	1	5	100
6	1	3	80
7	1	4	90
8	1	2	70

개체들은 처치 여부에 따라 두 집단으로 구분된다. 정책에 참여했다면 처치집단, 그렇지 않았다면 통제집단이다. 처치집단에 속한 각 개인에 대한 비교 대상은 통제집단에 속한 사람들 중에 가장 비슷한 속성(즉, 교육수준)을 가진 사람으로 선택한다고 하자. 이런 방식으로 매칭을 한 결과는 [표 12-3]과 같다.

[표 12-3] 매칭 결과

i	D	교육수준	소득	매칭	Y_1	Y_0	차이
1	0	2	60	-	-	-	-
2	0	3	80	-	-	-	-
3	0	5	90	-	-	-	-
4	0	12	200	-	-	-	-
5	1	5	100	[3]	100	90	10
6	1	3	80	[2]	80	80	0
7	1	4	90	[2,3]	90	85	5
8	1	2	70	[1]	70	60	10

위 사례에서 처치집단에 속한 개인은 5, 6, 7, 8인 반면, 비교집단에 속한 개인은 1, 2, 3, 4이다. 처치효과는 정책에 참여한 각 개인에 대해 실제로 관측되는 성과값 Y_1과 추정된 잠재적인 성과값 Y_0의 차이를 구한 다음에 이를 평균하는 것이다. 이러한 방식으로 추정한 처치효과는 $(10+0+5+10)/4=6.25$이다.[1]

2 매칭분석의 기본 가정

정책 참여 여부를 확률적 실험(예를 들면, 추첨)에 의해 결정한다면 처치집단과 통제집단의 모든 관측 가능한 속성이나 또는 관측 불가능한 속성들은 동일한 분포를 가진다. 이를 균형(balancing)이라고 한다. 하지만 확률에 의한 배정이 불가능할 경우, 처치집단과 통제집단은 정책의 참여 여부 외에도 집단 속성을 나타내는 공변량 X에 대해 서로 다른 값을 가진다. 따라서 정책효과를 측정할 때 잠재적인 편향을 피하려면 두 집단이 가지는 X값의 차이를 고려해야 한

1 여기서 계산한 정책효과는 엄밀하게 말하면 처치집단에 대한 처치효과의 평균값(average treatment on the treated)이다. 이 개념에 대해서는 나중에 자세하게 설명한다.

다. 달리 말하면, X값의 차이로 인해 정책효과가 나타날 수 있다는 것이다. 이때 X값의 차이를 고려한다는 말은 'X에 대해 통제한다' 또는 'X를 조건으로 한다'라는 의미와 같다.

'X에 대해 통제한다'는 의미를 [표 12-2]의 사례를 들어 좀 더 자세하게 설명해보자. X는 교육수준을 측정하는 변수로서 초졸, 중졸, 고졸, 대졸 이상으로 구분되며, 각각에 대해 1, 2, 3, 4의 측정값을 부여한다고 하자. 개체들을 교육수준에 대해 통제하려면 먼저 개체들을 X값에 따라 분류한다. 그 후에 $X=1$인 개체들을 하나의 계층으로 분류하고, 그다음에 $X=2$, $X=3$, $X=4$인 개체들을 각각 서로 다른 계층으로 분류하여 전체 개체들을 모두 4개의 계층으로 구분한다. 계층이 구분되면 각 X값에 대해 처치집단의 평균 소득과 통제집단의 평균 소득을 각각 구한다. 정책효과는 계층별로 계산한 평균 소득의 차이를 다시 평균하여 구한다. 이러한 방식으로 공변량 X(교육수준)를 통제함으로써 두 집단의 교육수준 차이로 나타날 수 있는 정책효과를 배제할 수 있다.

1) 조건부 독립성 가정

위에서 언급한 방식으로 정책효과를 추정하려면 2가지 조건이 충족되어야 한다. 첫째는 처치집단과 통제집단의 특성을 나타내는 공변량 X를 연구자가 관찰할 수 있어야 한다. 이를 '조건부 독립 가정(conditional independence assumption, CIA)'이라고 한다. 이 가정을 좀 더 자세하게 설명하면, 연구자가 관찰할 수 있는 공변량 X가 있을 때, 이들 공변량을 통제한 후의 잠재적인 성과값은 처치 여부와 무관하다는 가정이다.[2] 따라서 X를 통제한다면 처치 여부를 결정하는 방식은 확률에 의한 배정과 다르지 않다는 의미다. 이를 수식으로 표현하면 다음과 같다.

$$(Y_1, Y_0) \perp D \mid X$$

CIA가 충족된다면 비록 처치집단과 통제집단이 속성 측면에서 서로 다를지라도 이러한 차이를 통제함으로써 선택으로 인한 편향을 줄일 수 있다. CIA 조건이 충족된다는 것은 통제집단의 개체를 사용하여 처치집단에 대한 잠재적인 성과값을 구할 수 있음을 뜻한다. 달리 말하면, 조건 CIA가 충족된다면 처치집단과 통제집단은 동일한 통제변수를 가지게 되어 두 집단

2 이러한 가정을 selection on observables, 또는 unconfoundedness라고 부르기도 한다.

의 성과값 차이는 오직 처치 여부 때문이라 말할 수 있다.

2) 성향점수

CIA 충족 여부를 평가할 때 가장 중요한 점은 두 집단이 서로 '유사하다(similar)'는 것을 어떻게 정의할 것인가이다. 두 집단의 유사성을 [표 12-2]의 사례처럼 연구자가 관찰할 수 있는 단 하나의 속성에 의해 판별할 수 있다면 매칭은 정책효과를 추정하는 데 발생할 수 있는 편향을 성공적으로 제거할 수 있다. 하지만 두 집단의 유사성 여부가 하나의 속성이 아니라 무수히 많은 속성들에 의해 결정된다면 그 속성들을 모두 고려하여 두 집단의 유사성을 식별하는 것은 대단히 어려운 일이다. 이러한 문제를 차원의 저주(curse of dimensionality)라고 부른다.

공변량 X에 속하는 변수의 수가 많을 때 CIA 가정을 충족하기가 현실적으로 쉽지 않다. 이에 대한 해결책으로 소위 '성향점수(propensity score)'가 있다. 성향점수는 관측 가능한 변수들이 주어졌을 때, 전체 표본에서 어느 한 개체가 정책에 참여할 확률로 정의한다. 성향점수 값이 같다면 이는 처치집단과 통제집단의 X가 서로 동일한 분포를 가짐을 의미한다. 따라서 성향점수를 이용하면 관측 가능한 모든 변수들에 대해 매칭을 하지 않더라도 정책효과를 측정하는 데 유효한 짝을 구할 수 있다. 좀 더 엄밀하게 말하면 X를 조건으로 할 때 잠재적인 성과 Y_0가 처치 여부 D와 서로 독립적이라면, Y_0는 성향점수 $P(X)$를 조건으로 할 때에도 처치 여부 D와 독립이라고 할 수 있다. 이를 수식으로 표현하면 다음과 같다.

$$(Y_1, Y_0) \perp D \mid P(X)$$

성향점수에 의한 매칭을 실행하려면 비교적 많은 수의 X에 대한 정보를 가진 자료가 필요하다. 그리고 적절한 비교집단을 구축하려면 통제집단에 속하는 개체의 수가 충분하게 많아야 한다. 이러한 이유로 성향점수에 의한 매칭은 상당히 많은 수의 관측치를 가진 마이크로데이터에 적합한 방법이다.

3) 공통영역의 존재 조건

두 번째 충족 조건은 공통영역의 존재 조건(common support condition)이다. 이 조건은 X의 각 값에 대해 처치집단과 통제집단에 속할 확률이 0보다 커야 함을 의미한다. 달리 말하면, X의 각 값에 대해 처치집단에 속한 개체와 필적할 만한 개체가 적어도 하나 이상은 통제집단에 반드시 있어야 함을 뜻한다. 이러한 조건을 수식으로 표현하면 다음과 같다.

$$0 < P(D = 1 | X) < 1$$

이 조건을 중첩 조건(overlap condition)이라고 하는데, 매칭에 적절한 짝을 찾기 위해서는 [그림 12-9]와 같이 처치집단과 통제집단이 속성 측면에서 서로 겹치는 영역이 충분히 있어야 한다는 뜻이다.

조건부 독립성 가정과 공통영역의 존재 조건이 충족될 때 처치 여부의 배정은 '강하게 무시할 만하다(strongly ignorable)'라고 한다. 이 용어가 의미하는 바는 비실험적인 데이터로 처치효과를 분석하더라도 두 조건이 충족된다면 처치 여부는 마치 확률에 의해 배정한 것과 같기 때문에 성과변수와는 무관하다는 것이다.

3 매칭 절차와 방법

3-1 함수 matchit에 의한 매칭

매칭 방법은 매우 다양하다. 매칭 방법에 따라 매칭된 개체들의 공변량 균형 정도와 정책효과 추정치의 정확성이 차이가 난다. 따라서 가장 적절한 매칭 방법은 사전에 정해지는 것이 아니라 분석 자료의 특성과 매칭분석의 목적에 따라 달리 결정된다. 이 절에서는 패키지 `MatchIt`의 함수 `matchit`에서 제공하는 인자, 예를 들면 `method`, `distance`, `caliper`, `ratio`, `exact`, `malhvar` 등을 병행하여 매칭의 품질을 높일 수 있는 방법을 설명할 것이다.

매칭분석에 사용할 데이터는 `lalonde`이다. 이 데이터에 포함된 설명변수는 직업훈련 참여 여부(treat, 0 또는 1의 값을 가진 더미변수), 연령(age), 학교교육 기간(educ), 인종(race, 범주변수로 white, black, hispanic의 값을 가짐), 결혼 여부(married, 0 또는 1의 값을 가진 더미변수), 고교졸업 여부(nondegree, 0 또는 1의 값을 가진 더미변수), 1974년 실질소득(re74), 1975년 실질소득(re75)이다. 종속변수, 즉 성과변수는 1978년 실질소득(re78)이다. 데이터 `lalonde`는 패키지 `MatchIT`에서 불러올 수 있다. 설명변수 중 treat가 처치 여부를 나타내는 변수이며 나머지 설명변수들은 treat와 성과변수에 영향을 주는 공변량으로 이를 교란변수(confounding variables)라고 부른다. 매칭분석의 목적은 이들 교란변수들을 적절하게 통제할 때 직업훈련의 참여가 1978년 실질소득의 향상을 가져오는지를 분석하는 것이다.

매칭분석의 첫 단계는 원자료부터 처치집단과 통제집단에서 서로 유사한 공변량을 갖는 개체들만을 추려내는 것이다. 달리 말하면, 일종의 부분집합을 선택하는 것이다. 이때 두 집단의 공변량이 서로 유사한 확률적인 동질성 정도를 균형(balance)이라 하고, 이러한 균형을 달성하도록 하는 과정을 매칭이라 부른다.

데이터 `lalonde`에 있는 공변량이 매칭 이전의 처치집단과 통제집단에서 얼마나 유사한지 알아보자. 공변량의 불균형 정도는 함수 `matchit`에 의해 파악할 수 있다.

실습 12-1 매칭분석에 사용할 데이터 `lalonde`

```
> library(MatchIt)
> data("lalonde")
> str(lalonde)
'data.frame':	614 obs. of 9 variables:
$treat    : int 1 1 1 1 1 1 1 1 1 1 ...
$age      : int 37 22 30 27 33 22 23 32 22 33 ...
$educ     : int 11 9 12 11 8 9 12 11 16 12 ...
$race     : Factor w/ 3 levels "black","hispan",..: 1 2 1 1 1 1 1 1 1 3 ...
$married  : int 1 0 0 0 0 0 0 0 0 1 ...
$nodegree : int 1 1 0 1 1 1 0 1 0 0 ...
$re74     : num 0 0 0 0 0 0 0 0 0 0 ...
$re75     : num 0 0 0 0 0 0 0 0 0 0 ...
$re78     : num 9930 3596 24909 7506 290 ...
> m.out_null<-matchit(treat~age+educ+nodegree+race+married+re74+re75,
            data=lalonde, method=NULL, distance="glm")
```

함수 `matchit`의 첫 번째 인자는 성향점수를 추정하기 위한 모형식으로, 종속변수에는 처치 여부를 나타내는 변수가, 설명변수에는 공변량이 사용된다. 두 번째 인자는 공변량이 속한 데이터를 지정한다. 세 번째 인자 `method`는 매칭 방법을 지정한다. 매칭 이전의 원자료에서 공변량의 균형 정도를 평가하려면 `method=NULL`이라 지정하면 된다. 네 번째 인자 `distance`는 개체 간 거리를 측정하는 방법을 지정한다. 인자값으로 `glm`은 일반선형모형을 뜻하는 것으로 추가적인 조건을 부여하지 않으면 기본값인 로짓모형을 사용하여 성향점수 거리를 추정한다.

성향점수는 앞서 설명한 바와 같이 공식에 포함된 모든 공변량의 일차원 요약값이다. 성향점수는 공식에 포함된 공변량을 설명변수로 하는 일반선형모형의 추정 결과로부터 구한 treat의 예측치로, treat가 1의 값을 가질 확률(달리 말하면, 각 개체가 처치집단에 속할 확률)을 의미한다.

매칭분석에서 거리(distance)는 매칭하려는 두 개체가 얼마나 가까운지를 평가하는 측정값이다. 개체 i와 j의 거리 D_{ij}는 다양한 측정값으로 평가할 수 있는데, 함수 `matchit`에서 거리를 지정하는 방법은 매칭 방법별로 다소 다르다.

첫째, 적확 매칭에서 거리 D_{ij}는 다음과 같이 측정하며 별도의 인자 `distance`를 적용하지 않는다. 이때 X_i는 개체 i의 공변량을 의미한다.

$$D_{ij} = \begin{cases} 0 \ \text{ if } X_i = X_j \\ \infty \ \text{ if } X_i \neq X_j \end{cases}$$

둘째, 마할라노비스(Mahalanobis) 거리가 있다. 이는 $D_{ij} = (X_i - X_j)^T \Sigma^{-1} (X_i - X_j)$와 같이 측정하며, 인자 `distance="mahalanobis"`를 적용한다. Σ는 추정하려는 처치효과가 ATT라면 통제집단에 대한 공변량 X의 분산·공분산 행렬을 의미하는 반면, 처치효과가 ATE라면 통제집단과 처치집단 전체에 대한 공변량 X의 분산·공분산 행렬을 의미한다(ATT와 ATE의 의미에 대해서는 12장의 5-1절을 참조하라). 만약 공변량 X가 범주형 변수를 포함하고 있다면 이를 수치형 더미변수로 전환하여 거리를 계산해야 한다. `distance="mahalanobis"`를 사용할 경우 캘리퍼(caliper), 공통영역 제약 등이 실행되지 않으며, 인자 `link`, `distance.options` 등도 무시된다.

셋째, 성향점수 거리로 $D_{ij} = |e_i - e_j|$와 같이 측정한다. e_i는 개체 i의 성향점수로 공변량(X_i)이 주어졌을 때 개체 i가 처치를 받을 확률이다.

$$e_i(X_i) = P(T_i = 1 \mid X_i)$$

성향점수는 함수 `matchit`에서 거리를 측정하는 기본값이다. 성향점수는 인자 `distance="glm"`과 일반선형모형의 형태를 규정하는 인자 `link="logit"` 또는 `link="probit"`을 함께 사용하여 추정한다. `link="logit"`은 기본값으로 로짓모형에 의해 성향점수를 추정함을 의미한다.

넷째, 선형 성향점수 거리로 $D_{ij} = |logit(e_i) - logit(e_j)|$와 같이 측정한다. 선형 성향점수는 성향점수가 0 또는 1에 근접하여 몰려 있지 않도록 하는 효과가 있다. 이러한 이유로 선형 성향점수에 근거한 매칭은 성향점수 자체를 이용할 때에 비해 편향(개체 간 불균형 정도)을 줄이는 데 효과적이다. 선형 성향점수는 인자 `distance="glm"`과 함께 `link="linear.logit"`이나 `link="linear.probit"`을 사용하여 추정한다.

다섯째, 거리를 측정하는 여러 방식을 조합하여 매칭에 사용할 수도 있다. 이 점에 대해서는 매칭 방법을 설명할 때 다시 언급할 것이다.

3-2 매칭 유형별 실행 방법

함수 `matchit`에 의해 실행할 수 있는 매칭 방법과 그에 대응하는 인자 `method`의 사용법은 다음과 같다.

- 적확 매칭(exact matching) : `method="exact"`
- 최근접 이웃 매칭(nearest neighbor matching) : `method="nearest"`
- 유전자 매칭(genetic matching) : `method="genetic"`
- 최적 짝 매칭(optimal pair matching) : `method="optimal"`
- 최적 완전 매칭(optimal full matching) : `method="full"`
- 적확 구획 매칭(coarsened exact matching) : `method="cem"`
- 층화 매칭(subclassification) : `method="subclass"`

1) 최근접 이웃 매칭

최근접 이웃 매칭은 처치집단의 각 개체에 대해 통제집단의 개체들 가운데 가장 근접한 r개(일반적으로 $r = 1$)를 선택한다. 가장 근접한 개체를 몇 개 선택할 것인가는 인자 `ratio`에 따라 결정한다. 두 개체의 근접함 정도는 인자 `distance`에 지정한 값(예: 성향점수나 마할라노비스 거리 값 등)을 기준으로 한다.

인자 `m.order`는 각 처치개체에 대해 통제개체를 매칭할 때 어떤 개체부터 시작할 것인지에 대한 순서를 결정한다. 예를 들어, m.order="largest"는 기본값으로 두 개체 사이의 거리값이 가장 큰 것부터, m.order="smallest"는 두 개체 사이의 거리값이 가장 작은 것부터, m.order="data"는 데이터에 나타난 처치개체의 순서에 따라 매칭하는 것을 각각 의미한다. m.order="random"은 처치집단에서 개체 하나를 임의추출하여 그 개체와 거리가 가장 가까운 통제개체를 매칭하는 것을 의미한다. 이때 옵션 set.seed를 적용하여 사전에 시드 값(seed)을 설정해놓지 않으면 동일한 공변량을 사용하더라도 다른 매칭 결과가 나타날 수 있다.

최근접 이웃 매칭에서는 '처치집단에 속한 모든 개체에 대해 매칭이 얼마나 잘 되었나' 하는 전체적인 매칭의 품질보다는 각 개체의 매칭 품질만을 고려한다. 이러한 이유로 최근접 이웃 매칭을 '욕심쟁이 매칭(greedy matching)'이라 한다.

최근접 이웃 매칭은 함수 matchit에서 인자 method="nearest"를 적용하여 실행한다. 최근접 이웃 매칭에서 두 개체가 최근접이라 하더라도 실제로는 거리가 먼 개체들이 서로 짝을 이룰 수 있다. 이러한 문제점을 해결하기 위해 caliper를 적용하거나 다른 매칭 방법을 병행하여 사용하는 것이 바람직하다. 아래의 몇 가지 예시는 데이터 lalonde에 최근접 이웃 매칭을 적용한 사례이다.

m.out1은 마할라노비스 거리를 기준으로 최근접 이웃 매칭을 하라는 의미이다.

```
m.out1<-matchit(treat~age+educ+nodegree+race+married+re74+re75,
                data=lalonde, method="nearest", distance="mahalanobis")
```

m.out2는 로짓모형으로 추정한 성향점수에 의해 최근접 이웃 매칭을 하되, 인자 caliper를 사용하여 매칭되는 두 개체의 성향점수 차이가 0.1을 초과하면 매칭에서 제외한다는 의미이다.

```
m.out2<-matchit(treat~age+educ+nodegree+race+married+re74+re75,
                data=lalonde, method="nearest", distance="glm", caliper=.1)
```

공변량 가운데 인종이나 결혼 여부는 그 유사성 여부를 성향점수로 측정하기가 어렵다. 이때는 먼저 전체 집단을 인종과 결혼 여부에 따라 몇 개의 부분집합으로 구분한 다음, 각 부분집합에 대해 매칭을 실행하는 것이 더 효과적이다. m.out3는 전체 표본을 변수 married와 race 값에 따라 여러 개의 부분집합으로 구분한 다음 부분집합별로 마할라노비스 거리에 근거한 최근접 이웃 매칭을 하되, 변수 re74와 re75에서 개체 간 차이가 표준화 값으로 각각 0.2와 0.15를 벗어난 개체는 매칭에서 제외하라는 의미이다. std.caliper=TRUE는 표준화한 캘리퍼 값을 적용한다는 뜻이다.

```
m.out3<-matchit(treat~age+educ+nodegree+race+married+re74+re75,
                data=lalonde, method="nearest", distance="mahalanobis",
                exact~married+race, caliper=c(re74=.2, re75=.15), std.caliper=TRUE)
```

2) 최적 짝 매칭

최적 짝 매칭은 매칭된 짝 전체에 대해 개체 간 거리 절대값의 총합(평균)이 최소가 되도록 매칭 표본을 구축한다. 이러한 측면에서 최적 짝 매칭은 처치집단의 각 개체에 대해 가장 근접한 개체를 통제집단에서 선택하는 최근접 이웃 매칭과 다르다고 할 수 있다. 최근접 이웃 매칭과 달리, 최적 짝 매칭에서는 선택된 짝에서 두 개체의 거리가 극단적으로 큰 경우가 좀처럼 나타나지 않으며 매칭 순서에 따라 결과가 달라지지 않는(그리하여 인자 match.order가 필요하지 않은) 장점이 있다. 매칭 표본을 비교해보면 최적 짝 매칭과 최근접 이웃 매칭은 서로 동일하거나 유사한 통제개체들을 가진다. 하지만 매칭된 짝에서 개체 간 거리는 최적 짝 매칭의 경우가 훨씬 더 가깝다. 최적 짝 매칭은 처치개체에 대해 매칭할 수 있는 적절한 통제개체들이 많지 않을 때 매우 유용한 방법이다.

최적 짝 매칭은 method="optimal"에 의해 실행할 수 있는데, 패키지 optmatch를 추가로 설치할 필요가 있다. 최적 짝 매칭도 인자 ratio를 적용하여 하나의 처치개체에 대해 다수의 통제개체를 매칭하거나, 또는 다른 매칭 방법과 병행하여 실행할 수 있다. 최적 짝 매칭을 적용한 다음의 몇 가지 예를 살펴보자.

m.out4가 의미하는 바는 하나의 처치개체에 대해 2개의 통제개체가 매칭이 되는 짝을 구성하되, 성향점수로 측정한 두 개체의 거리 총합이 매칭된 짝 전체에 대해 최소가 되도록 구성한다는 것이다.

```
m.out4<-matchit(treat~age+educ+nodegree+race+married+re74+re75,
                data=lalonde, method="optimal", ratio=2)
```

m.out5는 먼저 표본을 인종(race)을 기준으로 부분집합을 구분한 다음에 부분집합별로 매칭을 실행하되, 로짓모형으로 추정한 성향점수를 기준으로 하여 매칭된 짝에 속한 두 개체의 성향점수 거리 총합이 최소가 되도록 한다는 것이다.

```
m.out5<-matchit(treat~age+educ+nodegree+race+married+re74+re75,
                data=lalonde, method="optimal", exact=~race)
```

3) 완전 매칭

완전 매칭(또는 최적 완전 매칭)은 최적인 방식으로 모든 개체를 하나의 부분집합(subclass)에 속하도록 배정한다는 측면에서 일종의 층화 매칭이다. 하지만 사전에 부분집합의 수를 먼저 지정하는 층화 매칭과 달리, 완전 매칭에서는 매칭 과정에서 부분집합의 수를 최적으로 결정한다.

완전 매칭에서 각 부분집합은 유사한 거리값(또는 성향점수)을 가진 처치개체와 통제개체로 구성된다. 유사한 거리값을 가지는 처치개체와 통제개체의 비율에 따라, 각 부분집합은 하나의 처치개체와 하나 또는 둘 이상의 통제개체로 구성되거나, 또는 하나의 통제개체와 하나 또는 둘 이상의 처치개체로 구성된다. 여기서 최적이라는 의미는 부분집합의 수를 결정하고 각 개체를 부분집합에 배정할 때, 각 부분집합에 속한 처치개체와 통제개체의 거리 절대값을 가중평균한 값이 최소가 되도록 한다는 것이다. 달리 말하면, 부분집합을 생성할 때 처치개체와의 거리가 유사한 통제개체의 수가 많다면 많은 수의 통제개체들로 구성된 매칭된 부분집합을 생성하는 반면, 그러한 통제개체의 수가 적다면 적은 수의 통제개체들로 구성된 매칭된 부분집합을 생성하는 것이다.

완전 매칭은 거리 매칭과 층화 매칭을 결합한 형태이다. 하지만 층화 매칭과 달리 매칭이 되지 않아 버려지는 개체가 없고, 각 부분집합에서 두 개체의 거리가 매우 클 가능성이 적다는 것이 장점이다. 하지만 인자 discard를 추가하면 버려지는 개체들이 나타날 수 있다.

최근접 이웃 매칭, 최적 짝 매칭과 비교하여 완전 매칭이 가진 장점을 다음의 예를 가지고 설명해보자. 이 예에서 처치개체 수는 4개, 통제개체 수는 5개이다. 두 개체의 매칭은 가구소득이라는 공변량을 가지고 실행한다고 하자.

먼저, 1:1 최근접 이웃 매칭을 한다고 할 때, 매칭 결과는 {Ab}, {Bd}, {Ce}, {Dc}이다. 그리고 매칭된 짝의 거리를 합산한 총거리는 17(=0+1+1+15)이다. 다음으로 최적 짝 매칭으로 1:1 매칭을 한다고 할 때, 매칭 결과는 {Ab}, {Bc}, {Cd}, {De}이다. 이때, 매칭된 짝의 거리를 합산한 총거리는 13(= 0 + 2 + 10 + 1)이다. 앞서 설명한 바와 같이 최근접 이웃 매칭과 최적 짝 매칭의 결과를 비교하여 보면 매칭 표본에 포함된 통제개체들은 서로 동일하다. 하지만 총거리 측면에서 최적 짝 매칭이 더 낫다. 완전 매칭의 결과는 {Aab}, {Bcd}, {CDe}이다. 앞의 두 매칭에서 통제개체 중 개체 a가 버려졌던 것과 달리, 완전 매칭에서는 9개의 모든 개체들이 매칭된 부분집합에 포함되며, 총거리도 7(= 2 + 0 + 2 + 1 + 1 + 1)로 가장 짧다.

[표 12-4] 완전 매칭의 장점

처치개체		통제개체	
가구 식별번호	가구소득(천만 원)	가구 식별번호	가구소득(천만 원)
A	42	a	44
B	35	b	42
C	24	c	37
D	22	d	34
		e	23

완전 매칭의 산출물로 각 부분집합에 속한 개체들에 대한 가중치가 변수 weights에 저장된다. 완전 매칭의 실행 결과가 객체 m.out6에 저장되었다면 가중치들은 함수 match.data(m.out6)를 통해 확인할 수 있다. 이때 가중치들의 총합은 전체 표본의 수와 같다. 가중치는 성향점수와 달리 추정모형에 의존하지 않기 때문에 처치효과를 추정하는 데 성향점수 가중치의 대안으로 활용할 수 있다.

완전 매칭은 후술할 k:1 매칭에 비해 매칭 표본의 균형 정도를 향상시키는 장점이 있다. 하지만 각 개체마다 부여된 가중치로 인해 유효 표본의 수(effective sample size)가 줄어들어 정확도 측면에서 손실이 발생한다는 단점이 있다. 완전 매칭은 k:1 매칭이 효과적이지 않거나, 처치효과 추정치로 ATE를 사용할 경우에 좋은 대안이 될 수 있다.

완전 매칭의 문제점은 처치개체(또는 통제개체)에 매칭하는 통제개체(또는 처치개체)의 수가 크게 차이가 날 경우에 처치효과 추정치의 분산이 매우 커질 수 있다는 점이다. 이러한 문제점을 개선하는 방법은 개체별로 매칭하는 개체의 최대 수와 최소 수를 제한하는 것이다. 이는 인자 min.control, max.control에 의해 실행할 수 있다. 또는 인자 caliper나 공통영역 제약을 지정하는 인자 discard를 사용하여 처치집단의 성향점수 최소값보다 적은 통제개체를 매칭에서 제외할 수도 있다. 완전 매칭은 method="full"에 의해 실행하는데, 사전에 패키지 optmatch가 설치되어야 한다. [실습 12-2]는 데이터 lalonde에 완전 매칭을 적용한 사례이다. 완전 매칭을 적용한 표본을 데이터프레임 형태로 가져오려면 match.data(m.out6)를 실행한다. 각 부분집합에 포함된 개체의 수를 확인하려면 table(full_data $subclass)를 실행한다. [실습 12-2]에서 보듯이 부분집합의 개수는 104개이며, 각 부분집합에 포함된 개체 수는 적게는 2개부터 많게는 91개까지 있다.

실습 12-2 완전 매칭의 실행

```
> m.out6<-matchit(treat~age+educ+nodegree+race+married+re74+re75,
                  data=lalonde, method="full")
> full_data<-match.data(m.out6)
> table(full_data$subclass)
  1   2   3   4   5   6   7   8   9  10  11  12  13  14  15  16  17  18  19  20
  2  13   2   7   3   5   3   2   4   2   8   3   2   2   9   4   2   9   6  14
 21  22  23  24  25  26  27  28  29  30  31  32  33  34  35  36  37  38  39  40
  3   2   2   6   3   4   2   4   3   3   2   2   2   3   3  14   5   3   3   2
 41  42  43  44  45  46  47  48  49  50  51  52  53  54  55  56  57  58  59  60
  6   2   5   3   2  10   2   4   8   3   2  14   7   2  14   2   2   4  40   2
 61  62  63  64  65  66  67  68  69  70  71  72  73  74  75  76  77  78  79  80
  2   3   2  91   5   3   2  13   3   3   2   3  70   2   5   6   2   2  13   2
 81  82  83  84  85  86  87  88  89  90  91  92  93  94  95  96  97  98  99 100
  2   2   2   2   7   3   2   2   3   2   2   2   2   3   6   4   3   4   2   5
101 102 103 104
  2   2   4   5
```

완전 매칭도 인자나 옵션을 추가하여 다른 매칭법과 혼용할 수 있다. m.out7이 의미하는 바는 완전 매칭을 실행할 때 변수 age, educ, re74, re75에 대한 마할라노비스 거리를 기준으로 하여 각 부분집합에 속한 두 개체의 거리를 가중평균한 값이 최소가 되도록 구성한다는 것이다. 이때 caliper=.01을 적용하기 때문에 로짓모형으로부터 추정한 성향점수를 기준으로 하여 두 개체 간 거리가 0.01을 초과하는 개체들은 매칭에서 제외된다.

```
m.out7<-matchit(treat~age+educ+nodegree+race+married+re74+re75,
                data=lalonde, method="full", caliper=.01, mahvars=~age+educ+re74+re75)
```

m.out8이 의미하는 바는 주어진 공변량 전체에 대한 마할라노비스 거리를 기준으로 완전 매칭을 실행하되, 변수 re74와 re75에 대한 개체 간 거리가 각각 500을 초과하는 개체는 매칭에서 제외된다는 의미다. 인자 `std.caliper=FALSE`는 표준화 값이 아닌 원래 값을 기준으로 캘리퍼를 적용한다는 의미다.

```
m.out8<-matchit(treat~age+educ+nodegree+race+married+re74+re75,
            data=lalonde, method="full", distance="mahalanobis",
            caliper=c(re74=500, re75=500), std.caliper=FALSE)
```

4) 유전자 매칭

유전자 매칭은 공변량의 균형이 최적 수준에 도달할 때까지 반복 알고리즘을 통하여 여러 세대에 걸쳐 반복적으로 계속 매칭하는 방법이다. 유전자 매칭에서는 식 (12-1)로 표현되는 일반 마할라노비스 거리(the generalized Mahalanobis distance)에 근거한 최근접 이웃 매칭을 적용한다.

$$\delta_{GMD}(X_i, X_j, W) = \sqrt{(X_i - X_j)^T (S^{-1/2})^T W (S^{-1/2})(X_i - X_j)} \qquad (12\text{-}1)$$

여기서 X는 각 개체에 대한 공변량으로 p개 변수로 구성되며, S^{-1}은 공변량의 공분산 행렬(S)에 대한 촐레스키 분해값, W는 가중치 행렬로서 다음과 같이 주대각선에 보정계수(scaling factor) w를 가진 대각행렬이다.

$$W = \begin{bmatrix} w_1 & & & & \\ & w_2 & & & \\ & & \cdot & & \\ & & & \cdot & \\ & & & & w_p \end{bmatrix}$$

모든 공변량에 대해 $w_k = 1$이라면, 두 개체의 거리는 통상적인 마할라노비스 거리가 된다. 식 (12-1)의 X는 공변량뿐만 아니라 성향점수(또는 성향점수의 로짓값)도 포함할 수 있다. 가중치 w_k는 전체적인 균형을 달성하는 데 기여하는 각 변수의 상대적인 중요성을 나타낸다.

유전자 매칭은 최적화 방법의 하나인 유전자 알고리즘을 이용하여 매칭된 표본에서 공변량 X가 균형에 도달하도록 하는 p개의 가중치 w_k를 찾아내는 것이다. 유전자 알고리즘을 통해 공변량이 균형에 도달하도록 하는 최적 가중치를 찾아내는 절차를 간단히 설명하면 다음과 같다.

먼저, 세대별로 생성되는 가중치 W의 개수를 사전에 정한다. 이는 함수 matchit에서 인자 pop.size에 의해 결정된다. 예를 들어, 기본값인 pop.size=100이면 첫 세대에서 100개의 W가 생성되고, 각각의 W에 대해 식 (12-1)의 거리를 기준으로 최근접 이웃 매칭된 표본에서 공변량의 균형 정도를 평가한다. 균형 정도가 수렴 기준에 도달하지 않는다면 그다음 세대로 넘어가 다시 100개의 W를 생성하고, 균형 정도가 수렴 기준에 도달하는지를 평가한다. 이러한 과정은 공변량의 균형이 수렴 기준에 도달할 때까지 여러 세대에 걸쳐 진행한다.

몇 세대를 거쳐 공변량의 균형이 수렴 기준에 도달하면, 달리 말하여 공변량의 균형 정도가 최적이면 유전자 알고리즘은 가중치 W와 최근접 이웃 매칭에 의해 매칭된 표본을 출력한다. 최적화는 공변량 X의 균형 여부를 검정하는 검정통계량의 p값 중 가장 큰 값(달리 말하면 개체 간 거리가 가장 큰 것)을 최소화하는 방식으로 이루어진다. 균형 여부를 검정할 때 다항 범주형 변수나 연속형 변수에 대해서는 콜모고로프-스미르노프(Kolmogorov-Smirnov, 이하 K-S) 검정을 적용하고, 이항 범주형 변수에 대해서는 대응표본 t-검정을 적용한다.

유전자 매칭은 함수 matchit에서 인자 method="genetic"을 이용하며, 기본값으로 성향점수가 식 (12-1)의 공변량 X에 포함된다. 공변량 X에 성향점수를 포함하는 것을 원치 않는다면 distance="mahalanobis"를 적용하면 된다. 유전자 매칭에서 성향점수를 공변량에 포함시키지 않을 경우에 성향점수에 의한 최근접 이웃 매칭에 비해 더 나은 균형값을 제공하고 평균제곱오차도 더 작은 것으로 알려져 있다(Diamond & Sekhon, 2013).

```
> mm.out1<-matchit(treat~age+educ+nodegree+race+married+re74+
                   re75, data=lalonde, method="genetic", pop.size=10)
> mm.out2<-matchit(treat~age+educ+nodegree+race+married+re74+
                   re75, data=lalonde, method="genetic", replace=TRUE, ratio=2,
                   distance="mahalanobis", pop.size=10)
> mm.out3<-matchit(treat~age+educ+nodegree+race+married+re74+re75,
                   data=lalonde, method="genetic", mahvars=~age+educ+re74+re75,
                   caliper=c(.05, educ=2), std.caliper=c(TRUE, FALSE), pop.size=10)
```

mm.out2는 일반 마할라노비스 거리를 측정할 때 mm.out1과 달리 성향점수를 포함하지 않고, 처치개체 1개에 대해 2개의 통제개체를 매칭하되 복원 매칭을 허용함을 의미한다. mm.out3는 인자 mahvars에 지정한 변수인 age, educ, re74, re75만을 사용하여 일반 마할라노비스 거리를 측정하되, 표준화 성향점수의 차이가 0.05 이내이고 변수 educ 값의 차이가 2 이내인 개체에 대해서만 유전자 매칭을 실행하라는 의미이다. 이때 성향점수는 공식에 있는 공변량을 사용하여 추정하지만, 마할라노비스 거리를 측정하는 데에는 사용하지 않는다.

5) 적확 매칭

적확 매칭은 층화 매칭의 한 형태로 모든 개체들을 부분집합에 배정하되, 각 부분집합에 속한 처치개체에 대해 모든 공변량 값이 서로 동일한 통제개체들을 매칭한다. 만약 부분집합에 속한 개체들이 모두 처치개체이거나 통제개체라면 그러한 개체들은 매칭에서 제외된다. 적확 매칭은 가장 강력한 매칭 방법이다. 이 매칭법은 공변량에 기인한 편향을 제거하기 위한 방편으로 처치 여부를 나타내는 모형이나 성과를 나타내는 모형의 함수 형태를 요구하지 않기 때문에 매칭 표본에서 처치집단과 통제집단의 공변량 분포는 정확하게 균형을 달성한다.

적확 매칭은 몇 가지 문제점이 있다. 첫째, 매칭 후에 남는 개체들이 너무 적어 처치효과의 추정치를 매우 한정된 모집단에 대해 일반화할 수밖에 없다는 점이다. 이러한 측면에서 적확 매칭에서는 처치효과 추정치의 정확도가 떨어질 수 있다. 둘째, 적확 매칭은 특히 연속형 공변량의 경우에 효과적이지 않다. 연속형 변수의 경우 두 개체가 동일한 값을 갖기가 어렵기 때문이다. 또한 공변량의 수가 많을 경우 모든 공변량 조합에 대해 서로 동일한 값을 가지는 두 개체가 거의 존재하지 않을 수 있다. 이러한 문제점을 '차원의 저주'라고 한다. 따라서 범주형 변수에 대해서는 적확 매칭을 적용하고, 다른 유형의 변수에 대해서는 다른 매칭을 적용하는 혼합 매칭을 사용하는 것이 두 매칭 방식의 장점을 모두 활용할 수 있다.

적확 매칭은 matchit에서 인자 method="exact"를 적용한다. 적확 매칭(그리고 적확 구획 매칭)에서 인자 distance는 무시된다. 앞에서 설명한 바와 같이 일부 변수(x1, x2)에만 적확 매칭을 적용하고 다른 변수들에 대해서는 다른 매칭을 적용하려면 인자 exact=~x1+x2를 사용한다.

```
mm.out4<-matchit(treat~age+educ+nodegree+race+married+re74+re75,
                 data=lalonde, method="exact")
```

6) 층화 매칭

데이터에 포함된 공변량의 수가 많거나 또는 일부 공변량이 편차가 매우 큰 값을 가질 때 적확 매칭을 실행하는 것이 종종 불가능할 수 있다. 이러한 경우에 대안으로 적용할 수 있는 매칭 방법이 층화 매칭이다. 층화의 목적은 부분집합을 생성하여 각 부분집합 내에서 통제집단과 처치집단의 공변량 분포가 가능한 한 유사하도록 하는 것이다. 계층을 구분하는 방법은 매우 다양하다. 예를 들면 인자 distance에 의해 추정한 성향점수 또는 마할라노비스 거리를 기준으로 하여 유사한 개체들을 하나의 층으로 구분할 수 있다.

층화 매칭은 인자 method="subclass"에 의해 실행할 수 있다. 층의 수는 기본값이 6개이지만, 데이터 크기에 따라 인자 subclass를 사용하여 달리 정할 수 있다.

```
mm.out5<-matchit(treat~age+educ+nodegree+race+married+re74+re75,
                 data=lalonde, method="subclass")
```

```
mm.out6<-matchit(treat~age+educ+nodegree+race+married+re74+re75,
                 data=lalonde, method="subclass", subclass=10, distance="glm")
```

층화 매칭도 다른 매칭, 예를 들면 최근접 이웃 매칭 등과 병행함으로써 매칭의 균형 정도나 처치효과 추정치의 정확도를 높이는 것이 가능하다.

7) 적확 구획 매칭

적확 구획 매칭은 적확 매칭을 실행할 수 없거나 매칭 표본에 속하는 관측치가 너무 적어서 처치효과 추정치의 정확성을 확보할 수 없을 때 적용한다. 이 매칭 방법의 기본 개념은 공변량을 '거칠게 만든(coarsening)' 후에 매칭을 실행하는 것이다. 거칠게 만든다는 의미는 다음과 같다. 예를 들면, 연령 변수가 38세, 52세와 같은 형태로 측정되었다면 서로 매칭하는 짝을 찾기가 어려울 것이다. 이러한 경우에 연령 변수를 20대 이하, 30대, 40대, 50대, 60대, 70대 이상인 구획으로 구분한다면 30대 연령층에 속하는 처치개체와 통제개체를 서로 매칭하기가 이전보다는 더 수월할 것이다.

적확 구획 매칭은 패키지 MatchIt에서 인자 method="cem"을 적용하여 실행할 수 있지만, 별도의 패키지 cem을 이용하는 것이 더 편리하다.

3-3 매칭 품질을 높이기 위한 인자들

1) 공통영역 제약의 설정

성향점수는 직접적인 매칭뿐만 아니라 공통영역이나 캘리퍼를 지정하는 데에도 사용할 수 있다. 공통영역을 벗어난 개체들은 서로 매칭이 되었다고 해도 거리가 너무 멀다. 따라서 공통영역을 설정함으로써 해당 영역에 포함되지 않는 개체들은 매칭 대상에서 제외할 수 있다.

공통영역 제약은 인자 discard를 사용하여 부여할 수 있는데 인자 값으로 "treated", "control", "both"가 있다. 예를 들어 discard="treated"는 처치집단에서 공통영역을 벗어난 개체를 버리라는 의미이다. 공통영역 제약을 부과할 경우, 그 영역을 벗어난 개체를 제거하여 다시 성향점수를 추정하고자 한다면 인자 reestimate=TRUE를 사용하면 된다. 이때 주의할 점은 공통영역 제약을 부과함으로써 일부 처치개체들이 매칭 대상에서 제외된다면 처치효과 추정치는 더이상 ATT가 아니라는 점이다.

2) 캘리퍼 설정

캘리퍼는 매칭 표본에서 보다 더 나은 균형을 얻기 위한 장치로써, 두 개체의 거리가 사전에 지정한 값을 벗어난 개체들은 매칭에서 제외된다. 캘리퍼는 성향점수나 공변량 값을 사용하여 다음과 같이 지정할 수 있다.

- caliper=.01 : 짝을 이루는 두 개체의 성향점수 차이가 0.1을 벗어나면 매칭에서 제외하라는 의미이다.
- caliper=c(re74=500, re75=500) : 짝을 이루는 두 개체에서 변수 re74, re75의 값 차이가 각각 500을 벗어나면 매칭에서 제외하라는 의미이다.
- caliper=c(.05, educ=2) : 짝을 이루는 두 개체에서 성향점수 차이가 0.05를 벗어나거나, 변수 educ의 값 차이가 2를 벗어나면 매칭에서 제외하라는 의미이다. 캘리퍼 값을 지정할 때 원래 값이나 표준화 값을 기준으로 할 수 있다. 인자 std.caliper=TRUE는 표준화 값을 기준으로 캘리퍼를 지정한다는 의미이다.

3) 다대일(k:1) 매칭

매칭 과정에서 처치집단의 개체 하나에 통제집단의 개체 하나가 서로 매칭이 되도록 하는 일대일(1:1) 매칭이 일반적이다. 하지만 2:1 또는 3:1처럼 둘 이상의 통제개체가 하나의 처치개체에 매칭이 되도록 함으로써 매칭의 정확도를 높이는 효과를 얻을 수 있다. 하지만 k:1 매칭에서 $k > 4$일 때 매칭의 정확도는 오히려 감소하기 때문에 대체로 1:1 또는 2:1이 우수하다고 보고되고 있다.

함수 matchit에서 2:1 매칭은 인자 ratio=2를 적용하면 된다. 모든 개체에 대해 동일한 비율의 다대일 매칭을 적용할 수도 있지만 개체마다 서로 다른 비율의 다대일 매칭을 적용하는 것도 가능하다. 일반적으로 고정비율보다 가변비율에 의한 다대일 매칭은 정확도가 낮지만 더 나은 균형을 가져다주는 이점이 있다. 가변비율을 적용하려면 인자 ratio=2와 함께 min.controls=1, max.controls=12를 사용하여 매칭되는 통제개체 수의 최소값과 최대값을 지정해주면 된다.

4) 복원 매칭와 비복원 매칭

통제집단의 어느 한 개체가 처치집단에 속하는 다수의 서로 다른 개체와 매칭이 되는 것을 허용하려면 인자 relpace=TRUE를 적용한다. 매칭분석을 할 때 복원을 허용하는 것은 매칭 표본의 균형 정도를 높이는 장점이 있지만, 매칭 표본의 크기를 감소시켜 처치효과 추정치의 정확도를 떨어뜨리는 단점도 있다. 이때 주의할 점은 처치효과의 추정에 사용하기 위한 매칭 표본을 생성할 때 함수 match.data 대신에 get_matches를 적용한다는 점이다.

3-4 매칭 방법의 선택

우리는 앞에서 다양한 매칭 방법에 대해 알아보았다. 그렇다면 이러한 방법 중에 어느 것을 선택할 것인지에 대한 의문이 생긴다. 매칭 방법을 선택하는 몇 가지 기준을 설명하면 다음과 같다.

첫째, 매칭 방법을 선택하는 기준은 매칭 이후 공변량(그리고 성향점수)의 균형 정도와 유효 표본의 크기이다. 공변량의 균형 정도를 평가하는 방법은 12장 4절에 자세히 설명할 것이다. 처음 실행한 매칭 방법이 공변량의 균형을 달성하는 데 성공적이더라도 다른 매칭 방법을 시도하여 불균형을 더 줄일 여지가 있는지를 살펴봐야 한다. 그렇게 함으로써 편향되지 않고 견고한 처치효과 추정치를 얻을 수 있다.

둘째, 분석 목적이 ATE에 대한 추정치를 얻는 것이라면 완전 매칭과 층화 매칭을 사용할 필요가 있다. 반면, 분석 목적이 ATT 또는 ATM이라면 어떠한 매칭 방법도 무방하다(ATE, ATT, ATM에 대한 자세한 설명은 12장 5-1절을 참조하라). 만약 목표 모집단에 대한 처치효과 추정치를 구하는 것이 그다지 중요하지 않다면 부가적인 인자를 이용하여 특정 개체를 매칭에서 제외할 수도 있다. 예를 들면, 캘리퍼나 공통영역을 설정하거나, 또는 적확 매칭이나 적확 구획 매칭을 사용하여 공변량의 부분집합에 대해 매칭분석을 하는 것이다.

셋째, 적확 매칭과 적확 구획 매칭은 공변량 전체의 결합분포를 균형화하기 때문에 매우 강력한 매칭 방법이다. 적확 매칭이 가능하다면 이를 사용해야 한다. 공변량이 연속형 변수라면 적확 구획 매칭을 실행할 수 있다. 그러나 매칭 이후에도 목표 모집단을 유지하고 충분한 수의 매칭 표본이 남도록 하는 데 주의할 필요가 있다. 통제집단의 수가 처치집단에 비해 훨씬 크지 않다면, 일부 처치개체들은 매칭 과정에서 버려짐으로 인해 매칭으로 얻은 처치효과 추정치가 당초 구하고자 했던 모집단 추정치를 제대로 반영하지 못하게 된다. 따라서 적확 (구획) 매칭은 매우 이상적인 경우에나 적용할 수 있지만, 그러한 상황이 나타난다면 우선 적용할 필요가 있다. 이에 대한 차선책은 인자 exact를 적용하여 일부 공변량에 대해서는 적확 매칭을 실행하고, 나머지 공변량에 대해서는 다른 매칭 방법을 적용하는 것이다.

넷째, ATE를 추정하면 층화 매칭이나 완전 매칭을 적용할 수 있다. 완전 매칭은 균형 기준을 최적화하기 때문에 더 나은 균형 결과를 얻을 수 있다는 측면에서 효과적이다. 완전 매칭에서도 일부 공변량에 대해서는 적확 매칭을 적용하거나 또는 성향점수가 아닌 마할라노비스 거리를 이용할 수 있다. 그러나 데이터가 매우 크다면 완전 매칭은 가능하지 않다. 이러한 경우에는 층화 매칭이 좀 더 빠른 매칭 결과를 제공한다. 층화 매칭을 할 때 층의 수는 선행연구에서 권고하는 것처럼 5~6개로 일률적이기보다는 데이터 크기에 맞게 조정할 필요가 있다. 데이터가 클수록 더 많은 수의 층을 사용하면 매칭 결과가 더 좋아지는 경향이 있다.

다섯째, ATT를 추정하면 비교적 다양한 매칭 방법을 적용할 수 있다. 그중 유전자 매칭은 공변량 균형을 직접적으로 최적화하기 때문에 좋은 균형 결과를 얻을 수 있다. 하지만 데이터가 크면 클수록 매칭 결과를 얻는 데 많은 시간이 소요된다. 이때 대안으로 최적 짝 매칭이나 비복원 최근접 이웃 매칭을 적용할 수 있다. 최적 짝 매칭을 적용하기 힘들 만큼 데이터가 크다면 최근접 이웃 매칭이 더 적합할 수 있다. 최근접 이웃이나 최적 짝 매칭의 경우에도 일부 공변량에 대해 적확 매칭을 적용하거나, 성향점수 대신에 마할라노비스 거리를 이용하거나, 또는

k:1 매칭을 병행하는 것이 모두 가능하다. 복원 최근접 이웃 매칭, 완전 매칭, 층화 매칭은 모두 통제개체에 동일하지 않은 가중치를 부여함으로써 균형 정도를 향상시킨다. 하지만 이로 인해 유효 표본의 크기가 줄어드는 문제가 발생한다.

여섯째, 목표 모집단에 대한 불편향 처치효과 추정치를 얻으려면 매칭 과정에서 처치개체들의 일부가 탈락되지 않도록 목표 모집단을 유지하는 것이 매우 중요하다. 하지만 이런저런 이유로(예: 학교나 병원처럼 모집단이 임의로 선택된 개체일 경우) 목표 모집단을 유지하는 것이 그다지 중요하지 않거나, 목표 모집단에 대한 처치효과 추정치를 구하는 것이 목적이 아니라면, 당초 표본의 특성을 유지하지 않아도 되기 때문에 좀 더 다양한 매칭 방법들을 적용할 수 있다. 예를 들면 성향점수나 특정한 공변량에 대해 캘리퍼를 적용하거나, 모든 공변량이나 그 일부에 대해 적확 매칭이나 적확 구획 매칭과 같은 엄격한 매칭 방법을 적용할 수 있다.

마지막으로, 다양한 매칭 방법 가운데 모든 경우에 대해 우월한 매칭 방법은 없다. 분석에 사용되는 데이터 특성에 따라 적합한 매칭 방법이 달라질 수밖에 없다. 공변량의 균형 정도와 유효 표본의 크기 측면에서 최선의 매칭 방법을 찾기 위해 여러 매칭 방법을 이것저것 시도해보는 것이 가장 바람직하다.

[실습 12-3]은 함수 matchit를 실행한 결과이다. 실행 결과가 저장된 개체 m.out.full에는 매칭 방법, 거리 측정 방법, 원 개체의 수와 매칭 표본에 속한 개체의 수, 추정하고자 하는 처치효과의 유형, 매칭에 적용된 공변량에 관한 정보가 포함되어 있다. matchit의 실행 결과가 저장된 개체를 이용하여 추가적인 분석들을 진행할 수 있다. 그중 하나가 다음 절에서 살펴볼 공변량의 균형 평가이다.

실습 12-3 **함수 matchit에 의한 완전 매칭의 실행 결과**

```
> m.out_full<-matchit(treat~age+educ+nodegree+race+married+re74+re75,
             data=lalonde, method="full")
> m.out_full
A matchit object
 - method: Optimal full matching
 - distance: Propensity score
             - estimated with logistic regression
 - number of obs.: 614 (original), 614 (matched)
 - target estimand: ATT
 - covariates: age, educ, nodegree, race, married, re74, re75
```

4 공변량의 균형 평가

공변량 균형(covariate balance)은 처치집단과 통제집단의 공변량 분포가 유사한 정도를 의미한다. 공변량 균형은 매칭을 이용하여 인과효과를 추정할 때 3가지 역할을 한다. 첫째, 매칭에 의해 최적화할 목표로서의 역할이다. 둘째, 매칭 표본의 품질을 평가하는 도구로서의 역할이다. 셋째, 추정된 효과가 실제 효과에 근접한다는 증거로서의 역할이다. 공변량 균형이 달성되면 처치효과 추정치는 모형 설정의 오류에 덜 민감해지며 실제 처치효과에 근접하게 된다.

이 절에서는 패키지 `MatchIt`에서 균형 평가에 사용할 수 있는 도구뿐만 아니라 이와 병행하여 작동하는 패키지 `cobalt`가 제공하는 함수의 기능도 함께 알아본다. 각종 문헌에서 공통으로 추천하는 균형 평가 방법은 통계량에 의한 균형 평가법과 시각화에 의한 균형 평가법이다.

4-1 통계량에 의한 균형 평가

처치집단과 통제집단의 각 공변량에 대해 표준화 평균값의 차이(standardized mean differences, 이하 SMD), 분산비율(variance ratios), eCDF Mean, eCDF Max 등을 확인하는 것이다.

1) 표준화 평균값의 차이

표준화 평균값의 차이는 공변량을 해당 표준편차로 나눈 값을 기준으로 하여 통제집단과 처치집단에서 구한 공변량의 평균값 차이이다. 이때 표준편차는 처치효과의 유형에 따라 달라진다. ATT를 구한다면 표준편차는 매칭 이전의 처치집단만을 대상으로 계산한 공변량의 표준편차를 의미한다. 반면 ATE를 구한다면 표준편차는 전체 집단을 대상으로 계산한 공변량의 표준편차이다.

표준화 평균값의 차이가 0에 근접할수록 균형 정도가 더 우수하다. 일반적으로 표준화 평균값의 차이는 절대값을 기준으로 0.1보다 작아야 하는데, 성과변수 값에 영향을 줄 것으로 판단되는 중요한 공변량의 경우에는 0.05보다 작은 것을 추천한다.

2) 분산비율

분산비율은 처치집단의 공변량 분산과 통제집단의 공변량 분산 간의 비율을 의미한다. 분산비율이 1에 가까울수록 두 집단에서 공변량의 분산이 서로 비슷하기 때문에 균형 정도가 우수함을 의미한다. 분산비율은 [실습 12-4]에서 보듯이 nodegree와 같은 더미변수 형태의 공변량에 대해서는 계산할 수 없다. 관련 문헌에 따르면 분산비율로 대개 0.5와 2 사이의 값을 균형 기준으로 추천한다.

3) 누적밀도함수 통계량

누적밀도함수 통계량(empirical CDF statistics)은 처치집단과 통제집단에 대한 공변량 분포의 차이를 나타내며 누적밀도함수값 차이의 평균값(eCDF Mean)과 최대값(eCDF Max)이 있다. 누적밀도함수값 차이의 최대값은 공변량 전체 분포의 균형 정도를 평가하기 때문에 표준화 평균값 차이의 유용한 보조 수단으로 사용된다. 그리고 누적밀도함수값 차이의 평균값은 누적밀도함수값 차이의 최대값만을 가지고 균형 정도를 평가할 때 간과할 수 있는 측면을 보완한다.

4) 매칭된 개체의 표준화 거리(standardized pair distance)

매칭 표본에서 각 짝에 속한 개체들 간의 거리 평균값을 의미한다. 이때 거리는 변수의 원래 값이나 표준화 값으로 나타낼 수 있다. 표준화 값이 기본값이며, 표준화 값의 적용 여부는 인자 `standardize`에 의해 결정할 수 있다.

요약통계량에 의한 공변량의 균형 평가는 매칭 결과가 저장된 개체에 함수 `summary`를 적용하여 실행할 수 있다. [실습 12-4]는 완전 매칭으로부터 생성한 매칭 표본의 균형 정도를 평가한 결과이다. 매칭 표본의 균형 정도를 평가할 때, 함수 `matchit`의 공식에 포함하지 않은 새로운 변수나 변수 형태(예: 제곱, 세제곱, 결합항 등)에 대해서도 균형을 평가할 수 있다. 이때 적용하는 인자가 `addlvariables`이다. [실습 12-4]에서는 `addlvariables`를 사용하여 연령 제곱, 변수 re74와 re75에서 소득이 없는 관측치의 비율, 교육과 연령의 결합(educ:race)에 대해서도 균형 정도를 평가하였다.

완전 매칭의 결과가 저장된 객체(m.out_full)에 함수 `summary`를 적용하면 실행 결과는 크게 네 부분으로 구분되어 나타난다.

첫 부분은 매칭 전 처치집단과 통제집단에 대한 공변량의 균형 정도를 평가한 요약통계량들을 보여준다. 요약통계량은 처치집단의 평균값(Means Treated), 통제집단의 평균값(Means Control)을 포함하여 앞에서 언급한 4개의 값들이다. 이들 요약통계량에 따르면 모든 공변량 값이 처치집단과 통제집단에 대해 서로 상당히 다름을 확인할 수 있다. 매칭 이전의 공변량 균형 정도에 대한 평가 결과를 원하지 않는다면 함수 summary에 인자 un=FALSE을 추가한다.

두 번째 부분은 완전 매칭에 의해 생성된 매칭 표본에서 공변량의 균형 정도를 평가한 요약통계량들이다. 첫 부분에서 제시된 요약통계량 외에 매칭된 개체들 간의 표준화 거리(Std. Pair Dist.)가 추가된다. 모든 요약통계량이 보여주듯이 완전 매칭 이후에 성향점수 거리(distance)와 모든 공변량의 균형 정도가 향상되었다. 하지만 연령(age), 결혼 여부(married), I(re74==0) 등 일부 공변량에서 균형 정도가 상대적으로 낮음을 감안하면 다른 매칭 방법을 고려할 필요가 있다.

세 번째 부분은 매칭 이후에 균형 정도가 매칭 이전에 비해 얼마나 향상되었는지를 요약통계량의 퍼센트 변화율로 나타낸 것이다. 퍼센트 변화율은 0과 100 사이의 값을 가진다. 간혹 요약통계량의 퍼센트 변화율이 음의 값을 가질 수 있다. 공변량의 균형 정도가 매칭 이전에 좋았다면 매칭 이후에 다소 악화된 것처럼 나타날 수도 있기 때문에 음의 값을 가지는 퍼센트 변화율을 심각하게 생각할 필요는 없다.

실습 12-4 **summary를 이용한 매칭 표본의 균형 평가: 완진 매칭의 경우**

```
> m.out_full<-matchit(treat~age+educ+nodegree+race+married+re74+re75,
                     data=lalonde, method="full")
> summary(m.out_full, addlvariables=~I(age^2)+I(re74==0)+educ:race)
--중략--
Summary of Balance for All Data:
                         Means Treated  Means Control  Std. Mean Diff.  Var. Ratio  eCDF Mean  eCDF Max
distance                        0.5774         0.1822           1.7941      0.9211     0.3774    0.6444
age                            25.8162        28.0303          -0.3094      0.4400     0.0813    0.1577
educ                           10.3459        10.2354           0.0550      0.4959     0.0347    0.1114
nodegree                        0.7081         0.5967           0.2450           .     0.1114    0.1114
--중략---
I(age^2)                      717.3946       901.7786          -0.4276      0.3627     0.0813    0.1577
I(re74 == 0)TRUE                0.7081         0.2611           0.9833           .     0.4470    0.4470
educ:raceblack                  8.6973         2.0466           1.5803      0.9801     0.3537
0.6451educ:racehispan           0.5784         1.2634          -0.2940      0.4869     0.0457    0.0781
educ:racewhite                  1.0703         6.9254          -1.7671      0.3652     0.2791    0.5554
```

```
Summary of Balance for Matched Data:
                    Means Treated  Means Control  Std. Mean Diff.  Var. Ratio  eCDF Mean  eCDF Max
distance                   0.5774         0.5761           0.0061      0.9917     0.0041    0.0486
age                       25.8162        24.7372           0.1508      0.4859     0.0827    0.3212
educ                      10.3459        10.2846           0.0305      0.5696     0.0224    0.0617
nodegree                   0.7081         0.7068           0.0030           .     0.0014    0.0014
--중략--
I(age^2)                 717.3946       715.3017           0.0049      0.4198     0.0827    0.3212
I(re74 == 0)TRUE           0.7081         0.4634           0.5382           .     0.2447    0.2447
educ:raceblack             8.6973         8.4565           0.0572      0.8806     0.0247    0.0608
educ:racehispan            0.5784         0.6086          -0.0130      0.8606     0.0054    0.0178
educ:racewhite             1.0703         1.2195          -0.0450      0.8013     0.0080    0.0227
                    Std. Pair Dist.
distance                   0.0192
age                        1.2869
educ                       1.2522
nodegree                   1.0135
--중략--
I(age^2)                   1.2890
I(re74 == 0)TRUE           1.0394
educ:raceblack             0.2148
educ:racehispan            0.5394
educ:racewhite             0.7882

Percent Balance Improvement:
                    Std. Mean Diff.  Var. Ratio  eCDF Mean  eCDF Max
distance                       99.7        89.9       98.9      92.5
age                            51.3        12.1       -1.6    -103.7
educ                           44.5        19.8       35.4      44.6
nodegree                       98.8           .       98.8      98.8
--중략--
I(age^2)                       98.9        14.4       -1.6    -103.7
I(re74 == 0)TRUE               45.3           .       45.3      45.3
educ:raceblack                 96.4      -531.4       93.0      90.6
educ:racehispan                95.6        79.1       88.1      77.2
educ:racewhite                 97.5        78.0       97.1      95.9
```

네 번째 부분은 집단별로 매칭된 개체 수와 매칭이 되지 않은 개체 수, 그리고 공통영역 제약으로 인해 매칭에서 제외된 개체 수를 각각 보여준다. Matched(ESS)는 유효 표본의 크기(efficient sample size)를 의미한다. 유효 표본의 크기는 매칭에 의해 가중치가 부여된 표본과 유사한 가상적인 표본의 크기를 의미하며, 통제개체에 부여된 가중치를 w라고 할 때

$ESS = \frac{(\sum w)^2}{\sum w^2}$ 에 의해 구해진다. 가중치 w의 평균이 1이 되도록 조정하면 유효 표본의 크기는 $ESS = \frac{n}{1+\text{var}(w)}$ 과 같게 된다. 따라서 매칭된 통제개체가 동일한 가중치를 가지지 않는다면(즉, 여러 개의 통제개체가 하나의 처치개체에 매칭이 된다면) ESS는 매칭 이전의 표본 크기(n)보다 작아진다. 처치효과를 추정할 때 가중치가 사용되기 때문에 ESS가 n과 크게 차이가 난다면 처치효과 추정치의 정확성이 떨어질 수 있다.

```
Sample Sizes:
              Control  Treated
All             429.       185
Matched(ESS)    52.96      185
Matched         429.       185
Unmatched         0.         0
Discarded         0.         0
```

매칭 이후에 공변량이 균형을 갖는지는 모든 요약통계량의 값을 토대로 평가해야 한다. 만약 특정 요약통계량의 값이 만족스럽지 않다면 해당 매칭 방법이 공변량의 균형을 달성하는 데 적합하지 않음을 의미할 수도 있다.

4-2 시각적 방법에 의한 균형 평가

매칭 전후의 공변량 균형 정도를 시각적으로 확인할 수 있는 함수들을 알아보자.

1) plot(summary)

함수 plot(summary)는 각 공변량에 대한 표준화 평균값의 차이를 매칭 이전과 이후로 구분하여 그림으로 보여준다. 이때 그림의 가독성을 높이기 위해 다음과 같은 인자를 추가할 수 있다.

- abs: 표준화 평균값의 차이를 절대값으로 나타낼지를 결정하는 인자이다. 기본값은 TRUE이다.
- var.order: y축에 공변량을 어떠한 순서로 나타내는가를 결정한다. 옵션으로 data(데이터에 나타난 공변량 순서), unmatched(매칭 이전의 표준화 평균값의 차이가 작은 공변량부터 큰 공변량 순서), matched(매칭 이전의 표준화 평균값의 차이가 작은 공변량부터 큰 공변량 순서),

alphabetical(공변량의 알파벳 순서)이 있다. 이 가운데 unmatched가 가독성이 좋은 그림을 제공한다.

- threshold: x축에 표시할 표준화 평균값의 차이에 대한 임계치를 지정한다. 기본값은 c(0.1, 0.05)로 0.1은 점선으로, 0.05는 실선으로 표시된다.
- position: 범례의 위치를 나타내며 기본값은 "bottomright"이다.

[그림 12-1]은 매칭 표본 m.out_full에 대해 함수 plot을 실행한 결과이다. 아래의 두 R 코드는 동일한 플롯인 [그림 12-1]을 제공한다.

```
> plot(summary(m.out_full, addlvariables=~I(age^2)+I(re74==0)+educ:race),
        var.order="unmatched", position="bottomright")
```

```
> m.sum<-summary(m.out_full, addlvariables=~I(age^2)+I(re74==0)+educ:race)
> plot(m.sum, var.order="unmatched", position="bottomright")
```

[그림 12-1]에서 흰색 동그라미는 매칭 이전의 균형 정도를, 검은색 동그라미는 매칭 이후의 균형 정도를 나타낸다. 공변량의 균형 정도는 매칭 이전에는 매우 낮았지만, 매칭 이후에 눈에 띄게 향상되었음을 확인할 수 있다. 매칭 이후에 age, married, I(re74==0)를 제외한 모든 공변량에 대한 표준화 평균값의 차이가 임계치 0.05(즉, 점선으로 표시된 수직선) 이내에 있음을 알 수 있다.

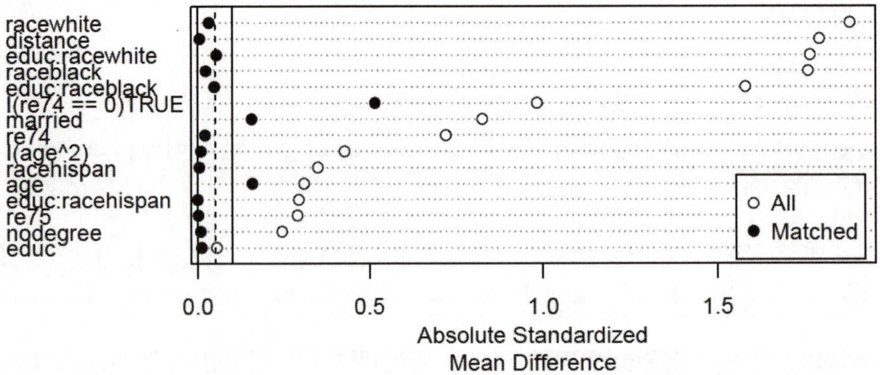

[그림 12-1] plot(summary)의 실행 결과

2) plot(matchit)

함수 matchit의 실행 결과가 저장된 객체에 함수 plot을 실행하면 매칭 전후의 공변량 균형 정도를 나타내는 그림을 얻을 수 있다. 이때 그림의 가독성을 높이기 위해 다음과 같은 인자를 추가할 수 있다.

- type: 플롯(plot)의 형태를 설정한다. 옵션으로 qq, ecdf, jitter, histogram을 사용할 수 있다. 옵션 "jitter"를 사용할 경우, 매칭 표본에 속하는 처치개체와 통제개체에 대한 성향점수의 jitter plot이 생성된다.
- interactive: 함수 plot을 실행하면 단지 3개의 공변량에 대해 매칭 전후의 균형 정도를 나타내는 플롯만을 보여준다. 이때 interactive의 기본값 TRUE를 적용하면 R의 콘솔창에 "리턴 키를 치라"는 메시지가 나타난다. 리턴 키를 치면 모든 공변량에 대한 플롯을 순차적으로 얻을 수 있다.
- which.xs: 매칭 전후의 균형 정도를 나타낼 공변량을 지정한다. 이를 지정하지 않으면 기본값으로 모든 공변량에 대해 매칭 전후의 균형 정도를 나타낸다.

먼저 eQQ 플롯부터 구해보자. [그림 12-2]는 다음의 R 코드를 실행한 결과이다.

```
> plot(m.out_full, typ="qq", which.xs = c("age", "nodegree", "re74"))
```

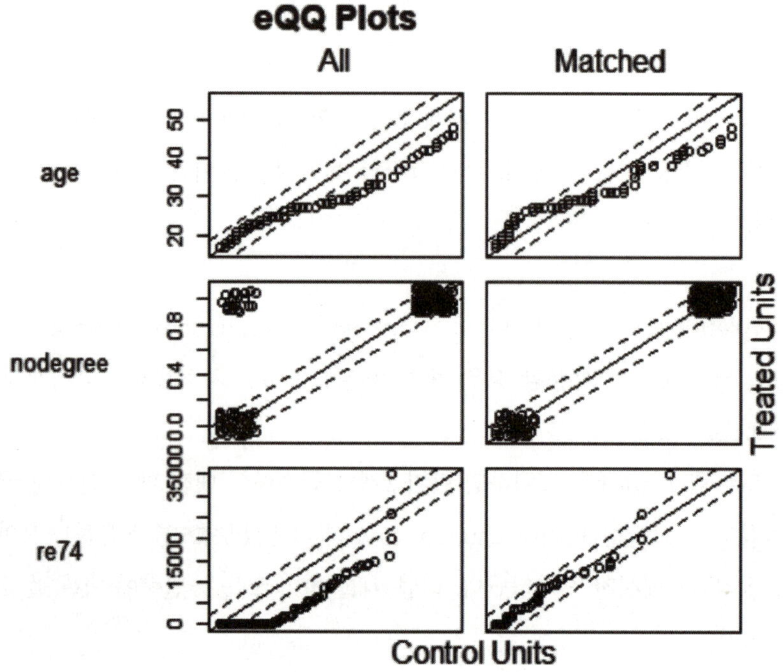

[그림 12-2] plot(matchit)의 실행 결과: eQQ 플롯

eQQ 플롯은 처치개체와 통제개체에 대한 공변량의 분위수들을 그래프로 표현한 것이다. x축은 통제개체에 대한 공변량의 분위수를, y축은 처치개체에 대한 공변량의 분위수를 각각 나타낸다. 플롯의 모든 점들이 실선에 근접하면 근접할수록 두 집단에서 해당 공변량은 동일한 분포를 가진다고, 즉 균형을 이룬다고 평가할 수 있다. [그림 12-2]에서 보듯이 변수 age는 매칭 이후에도 여전히 균형이 되지 않는다. 하지만 nodegree와 re74는 매칭 이전보다는 이후에 균형 정도가 크게 향상되었음을 확인할 수 있다.

다음은 eCDF 플롯을 그려보자. [그림 12-3]은 다음의 R 코드를 실행한 결과이다.

```
> plot(m.out_full, typ="ecdf", which.xs = c("educ", "married", "re75"))
```

[그림 12-3]에서 x축은 공변량 값을, y축은 그에 대응하는 누적밀도함수값을 나타낸다. 짙은 색 실선은 처치개체의 공변량에 대한 누적밀도함수를, 옅은 색 실선은 통제개체의 공변량에 대한 누적밀도함수를 나타낸다. 2개의 실선이 서로 많이 겹칠수록 균형 정도가 더 높다고 할

수 있다. 공변량 educ의 균형 정도가 매칭 이전에도 나쁘지 않았지만 매칭 이후에는 더 향상되었음을 알 수 있다. 공변량 married와 re75도 매칭 이후에 균형 정도가 눈에 띄게 향상되었다.

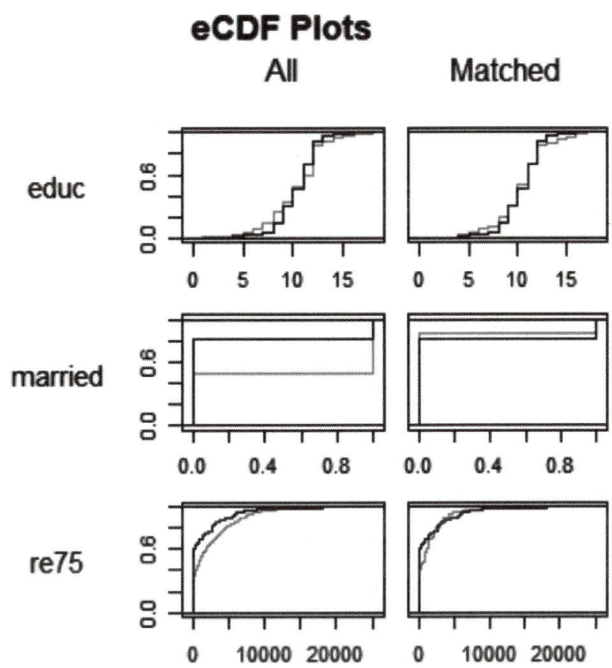

[그림 12-3] plot(matchit) 실행 결과: eCDF 플롯

4-3 층화 매칭에서의 균형 평가

층화 매칭에서는 공변량의 균형을 표본 전체뿐만 아니라 세분된 층(subclass)별로도 평가할 수 있다. 층별로 공변량의 균형을 나타내는 요약통계량을 구하려면 함수 summary에 인자 subclass=TRUE를 추가해야 한다. 그렇지 않으면 표본 전체에 대해 공변량의 균형을 나타내는 요약통계량이 나타난다. 특정한 하나의 층에 대해서만 공변량의 균형을 평가할 수도 있다. 예를 들어, 인자 subclass=1을 적용하면 Subclass 1을 대상으로 공변량의 균형에 관한 요약통계량을 구할 수 있다.

[실습 12-5]는 층의 수가 4개인 층화 매칭에서 매칭 이후에 공변량의 균형 정도를 나타내는 요약통계량을 층별로 구분하여 보여준다. 매칭 이전의 공변량 균형 정도는 필요하지 않아 인자 un=FALSE를 적용하여 출력하지 않았다.

실습 12-5 층화 매칭에서 공변량의 균형 평가하기

```
> sub.out<-matchit(treat~age+educ+race+nodegree+married+re74+re75, data=lalonde,
                   method="subclass", subclass=4)
> summary(sub.out, subclass=TRUE, un=FALSE)
--중략--
Summary of Balance by Subclass:

- Subclass 1
          Means Treated  Means Control  Std. Mean Diff.  Var. Ratio  eCDF Mean  eCDF Max
distance         0.2392         0.0954           0.6525      2.4941     0.3135    0.5083
age             26.4783        28.8000          -0.3245      0.3938     0.0897    0.1598
educ            10.3043        10.2137           0.0451      0.6201     0.0253    0.0836
--중략--
- Subclass 2
          Means Treated  Means Control  Std. Mean Diff.  Var. Ratio  eCDF Mean  eCDF Max
distance         0.6039         0.6115          -0.0346      0.9049     0.0829    0.1949
age             25.5556        24.4091           0.1602      0.4607     0.1141    0.3697
educ             9.9333         9.7727           0.0799      0.4482     0.0837    0.1879
--중략--

- Subclass 3
          Means Treated  Means Control  Std. Mean Diff.  Var. Ratio  eCDF Mean  eCDF Max
distance         0.6934         0.6906           0.0124      1.2811     0.0549    0.1892
age             24.0213        22.9643           0.1477      0.5094     0.1282    0.2812
educ            10.1702        10.2857          -0.0574      1.0402     0.0376    0.0988
--중략--

- Subclass 4
          Means Treated  Means Control  Std. Mean Diff.  Var. Ratio  eCDF Mean  eCDF Max
distance         0.7673         0.7533           0.0632      2.9610     0.1651    0.4453
age             27.2128        23.7857           0.4790      0.5212     0.1496    0.4590
educ            10.9574        11.4286          -0.2343      0.7013     0.0589    0.1261
--중략--

Sample Sizes by Subclass:
            1    2    3    4   All
Control   365   22   28   14   429
Treated    46   45   47   47   185
Total     411   67   75   61   614
```

[실습 12-5]에서 보듯이 층별로 공변량의 균형 정도를 평가하는 다양한 요약통계량 값이 나타난다. 층화 매칭의 결과물에서 맨 하단은 층별 처치개체와 통제개체의 수, 그리고 표본 전체에 대한 처치개체와 통제개체의 수를 각각 보여준다. 층화 매칭을 실행한 이후에 공변량의

균형 정도를 시각적으로 평가하기 위해서는 이전과 마찬가지로 함수 plot(summary) 또는 plot(matchit)를 적용한다. [그림 12-4]는 러브 플롯(love plot)이라 부르며, 다음의 R 코드를 실행한 결과이다.

```
> sub<-summary(sub.out, subclass=TRUE)
> plot(sub, var.order="unmatched", abs=FALSE, position="bottomright")
```

[그림 12-4]에서 검정 동그라미는 표본 전체에 대한 공변량별 균형 정도를 나타내고, 옅은 색 숫자는 공변량이 속해 있는 층의 번호를 나타내며, 숫자와 그 위치는 해당 숫자 층에서의 균형 정도를 나타낸다. 일부 공변량은 매칭 이후에도 특정 층에서 균형이 충족되지 않음을 확인할 수 있다. 예를 들면, 층 1에서는 distance외에도 raceblack, racehispanic, racewhite, married 등에서 균형이 충족되지 않고, 층 2에서는 nodegree, married, 층 4에서는 educ, age에서 균형이 충족되지 않는다. 이 경우에 층 내에서 계산한 처치효과 추정치는 비편향이라고 말하기 어렵다.

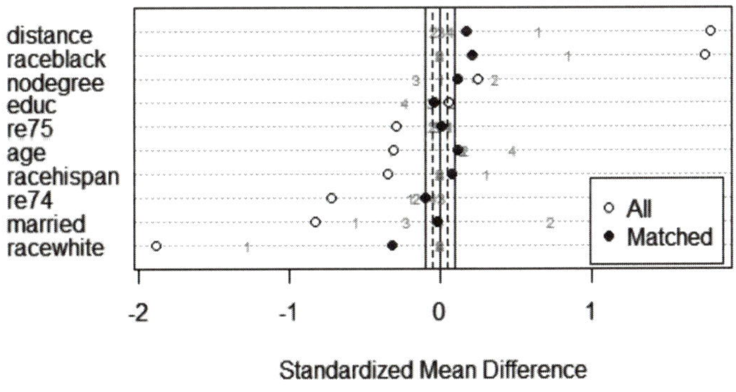

[그림 12-4] 층화 매칭에 대한 plot(summary)의 실행 결과

[그림 12-5]는 층화 매칭 결과(sub.out)에 대해 다음 R 코드를 실행한 결과이다.

```
> plot(sub.out, type="ecdf", which.xs=c("educ", "married", "re75"),
 subclass=1)
```

인자 type과 which.xs가 의미하는 바는 이전과 동일하다. 다른 점은 인자 subclass를 추가함으로써 특정 층(그림 12-5의 경우는 층 1)에 대해 누적확률밀도함수값으로 평가한 공변량의 균형 정도를 확인할 수 있다는 것이다. 만약 인자 subclass=FALSE를 추가하면 특정 층이 아닌 매칭 표본 전체에 대해 층별 가중치를 적용하여 계산한 누적 확률밀도함수값으로 공변량의 균형 정도를 보여준다.

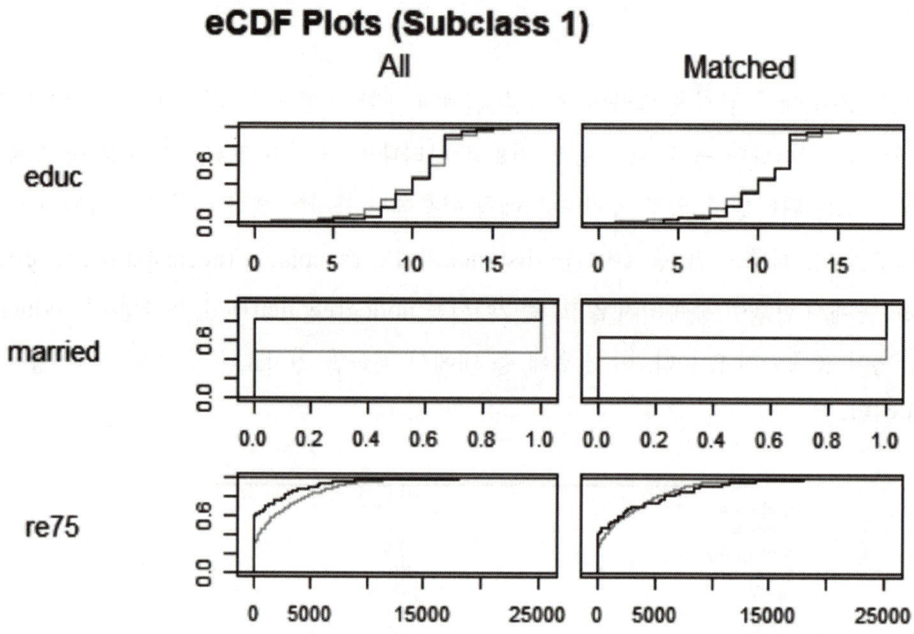

[그림 12-5] 층화 매칭에 대한 plot(matchit)의 실행 결과

4-4 패키지 cobalt에 의한 균형 평가

매칭 이전과 이후에 공변량의 균형 정도를 평가할 목적으로 고안된 또 다른 패키지는 cobalt이다. 이 패키지는 summay(matchit)이나 plot(summary) 또는 plot(matchit)과 동일하거나 유사한 분석 결과를 보여준다. 하지만 패키지 cobalt는 전자에 비해 다양한 옵션을 사용할 수 있기 때문에 매칭 방법별로 균형 정도를 비교할 수 있을 뿐만 아니라 시각적으로도 보다 다채로운 결과를 제공한다.

1) bal.tab

패키지 cobalt에서 함수 bal.tab은 summary(matchit)과 마찬가지로 공변량의 균형을 평가하는 다양한 요약통계량을 제공한다. [실습 12-6]은 함수 bal.tab을 실행한 결과이다. m.out_full은 완전 매칭 결과가 저장된 개체이며, un=TRUE는 매칭 이전에 대해서는 공변량의 균형을 평가하는 요약통계량을 제시하지 말라는 의미이다. stats는 공변량의 균형을 평가하는 요약통계량을 산출하는데, "m"은 평균값 차이, "v"는 분산비율, "ks"는 K-S 통계량(즉, eCDF Max)이다.

summary(matchit)과 비교하면, 매칭 전후의 공변량 균형을 평가하는 요약통계량을 하나의 표에 좌우로 보여준다는 점을 제외하고 거의 유사하다. 각 요약통계량에서 .Un은 매칭 이전을, .Adj는 매칭 이후를 나타낸다. 인자 un=TRUE를 적용하지 않으면 매칭 이전의 공변량 균형에 대한 요약통계량이 산출되지 않는다.

실습 12-6 함수 bal.tab에 의한 공변량의 균형 정도 평가: 완전 매칭의 경우

```
> library(cobalt)
> bal.tab(m.out_full, un=TRUE, stats=c("m", "v", "ks"))
--중략--
Balance Measures
                 Type   Diff.Un  V.Ratio.Un  KS.Un  Diff.Adj  V.Ratio.Adj  KS.Adj
distance     Distance    1.7941      0.9211 0.6444    0.0061       0.9917  0.0486
age           Contin.   -0.3094      0.4400 0.1577    0.1508       0.4859  0.3212
educ          Contin.    0.0550      0.4959 0.1114    0.0305       0.5696  0.0617
nodegree       Binary    0.1114           . 0.1114    0.0014            .  0.0014
race_black     Binary    0.6404           . 0.6404    0.0086            .  0.0086
race_hispan    Binary   -0.0827           . 0.0827   -0.0017            .  0.0017
race_white     Binary   -0.5577           . 0.5577   -0.0069            .  0.0069
married        Binary   -0.3236           . 0.3236    0.0520            .  0.0520
re74          Contin.   -0.7211      0.5101 0.4470   -0.0101       1.3198  0.2447
re75          Contin.   -0.2903      0.9563 0.2876   -0.0207       1.8985  0.2481

Sample sizes
                     Control  Treated
All                     429.      185
Matched(ESS)           52.96      185
Matched(Unweighted)     429.      185
```

한 가지 주의할 점은 이항 형태의 공변량인 경우, 요약통계량은 표준화 평균값의 차이가 아니라 원자료 평균값의 차이로 계산된다는 점이다. 예를 들어, nodegree에서 0.114는 0.708(처치집단 평균)에서 0.597(통제집단 평균)을 뺀 값이다.

요약통계량을 표준화 평균값의 차이로 표현하려면, 인자 binary="std"를 추가하면 된다. 매칭에 사용되지 않는 변수, 제곱항, 또는 결합항 등으로 구성된 새로운 함수 형태에 대해 균형을 평가하려면 adl, poly, int와 같은 옵션을 사용한다. 예를 들어, 변수 I(re74==0)와 I(re75==0)를 추가하고 모든 공변량의 결합항과 연속형 변수의 제곱값에 대한 균형을 평가하려면 아래의 R 코드를 실행하면 된다.

```
> bal.tab(m.out_full, addl=~I(re74==0)+I(re75==0), int=TRUE, poly=2,
          un=TRUE, stats=c("m", "v", "ks"))
```

함수 bal.tab을 사용하면 서로 다른 매칭 방법에 대해 공변량의 균형 정도를 동시에 비교할 수 있다. [실습 12-7]은 bal.tab을 사용하여 완전 매칭과 (비복원) 최근접 이웃 매칭에 의한 공변량의 균형을 서로 비교한 것이다. 최근접 이웃 매칭과 비교할 때, 완전 매칭은 변수 age와 married를 제외하면 공변량의 균형 측면에서 우월하지만 유효 표본의 수가 상대적으로 적다는 문제가 있다.

실습 12-7 bal.tab에 의한 완전 매칭과 최근접 이웃 매칭의 공변량 균형 비교

```
> m.out_nn<-matchit(treat~age+educ+race+nodegree+married+re74+re75,
                    data=lalonde)
> bal.tab(treat~age+educ+race+nodegree+married+re74+re75, data=lalonde,
          un=TRUE, weights=list(full=m.out_full, nn=m.out_nn))
Balance Measures
                 Type  Diff.Un  Diff.full  Diff.nn
age            Contin. -0.3094     0.1508   0.0718
educ           Contin.  0.0550     0.0305  -0.1290
race_black      Binary  0.6404     0.0086   0.3730
race_hispan     Binary -0.0827    -0.0017  -0.1568
race_white      Binary -0.5577    -0.0069  -0.2162
nodegree        Binary  0.1114     0.0014   0.0703
married         Binary -0.3236     0.0520  -0.0216
re74           Contin. -0.7211    -0.0101  -0.0505
re75           Contin. -0.2903    -0.0207  -0.0257
```

```
Effective sample sizes
     Control  Treated
All    429.       185
full   52.96      185
nn     185.       185
```

2) love.plot

함수 love.plot은 기능면에서 plot(summary)와 유사하지만 시각적으로 더 다채로운 플롯을 제공한다. 함수 love.plot의 구조는 bal.tab과 유사하다. 완전 매칭과 최근접 이웃 매칭에 의한 공변량의 균형 정도를 매칭 이전과 비교하기 위해, 요약통계량으로 표준화 평균값의 차이와 K-S 통계량을 산출해보자. 이때 매칭 전후와 매칭 방법별로 서로 다른 도형과 색깔을 사용하여 요약통계량에 관한 플롯을 만들어보자.

다음의 R 코드에서 drop.distance=TRUE는 플롯에서 거리를 나타내는 변수는 제외하라는 의미이고, abs=TRUE는 요약통계량을 절대값으로 표현하라는 의미이다. weight=list()는 비교하려는 매칭 방법을 지정한다. 인자 ploy=2를 추가하면, age^2, $educ^2$, $re74^2$, $re75^2$ 등 연속형 변수의 제곱값에 대한 균형 정도를 평가하는 통계량이 나타난다. 나머지 인자들이 의미하는 바는 함수 summary나 plot에서 사용하는 인자와 동일하다. 공변량의 균형을 평가하는 두 요약통계량은 완전 매칭의 경우는 파란색 삼각형으로, 최근접 이웃 매칭의 경우는 빨간색 사각형으로, 매칭 이전의 경우는 녹색 원모양으로 표시된다. [그림 12-6]은 실행 결과이다.

```
> love.plot(m.out_full, stats=c("m", "ks"), poly=2, abs=TRUE,
         weights=list(nn=m.out_nn), drop.distance=TRUE,
         thresholds = c(m=.1), var.order = "unadjusted", binary="std",
         shapes=c("triangle","square","circle"),
         colors=c("blue","red","green"),
         sample.names=c("Original", "Full Matching", "NN Matching")
         position="bottom")
```

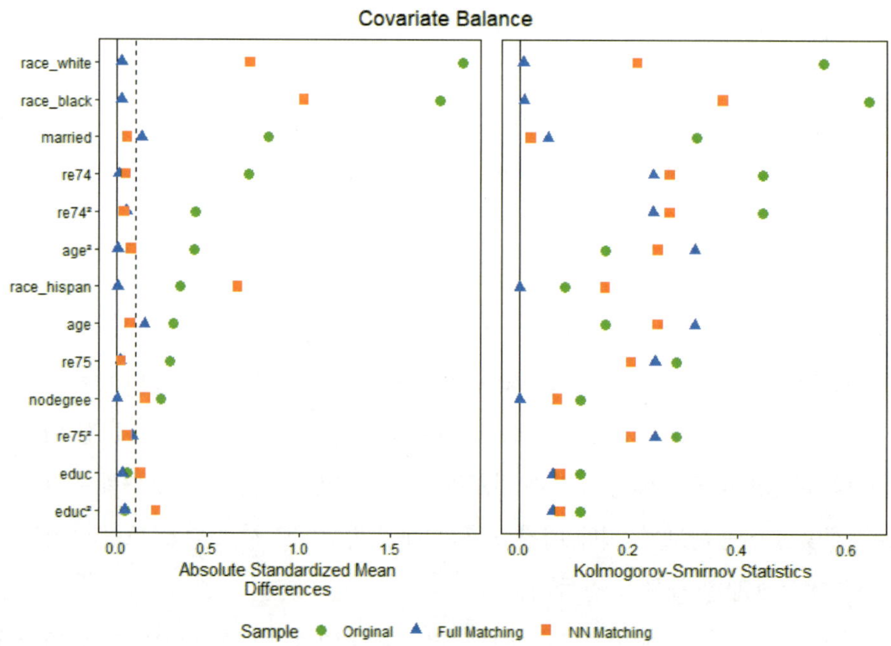

[그림 12-6] love.plot에 의한 매칭 전후와 매칭 방법별 공변량의 균형 비교

3) bal.plot

함수 bal.plot은 공변량의 균형 정도를 분포 측면에서 시각적으로 평가하는 플롯을 제공한다. 분포 형태를 지정하는 인자 type의 값으로 커널밀도("density"), 히스토그램("histogram"), 누적밀도함수("ecdf")를 지정할 수 있다. type의 기본값으로 연속형 공변량은 커널밀도함수를, 범주형 공변량은 막대그래프를 생성한다.

다음은 공변량 educ와 race에 대한 bal.plot을 생성하기 위한 R 코드이다.

```
> bal.plot(m.out_full, var.name="educ", which="both")
> bal.plot(m.out_full, var.name="race", which="both")
```

위의 코드에서 인자 var.name은 균형을 평가할 공변량의 이름을 지정한다. 인자 which는 공변량의 균형을 매칭 이전과 이후를 모두("both") 평가할 것인지, 아니면 매칭 이전("unadjusted") 또는 이후("adjusted", 기본값)만을 평가할 것인지를 지정한다. 기본값으로 정해진 색(적색과 녹색)이 아닌 다른 색(예: 흰색과 검은색)을 지정하려면, 인자

colors=c("white", "black")를 사용하면 된다. 이때 전자의 값은 통제집단 색깔을, 후자의 값은 처치집단 색깔을 지정한다.

[그림 12-7]은 위의 두 R 코드를 실행한 결과이다. educ와 같은 연속형 공변량은 커널밀도 함수가 서로 중첩되면 될수록, race와 같은 범주형 공변량은 두 막대의 높이가 서로 같으면 같을수록 공변량 분포의 균형 정도가 좋음을 의미한다.

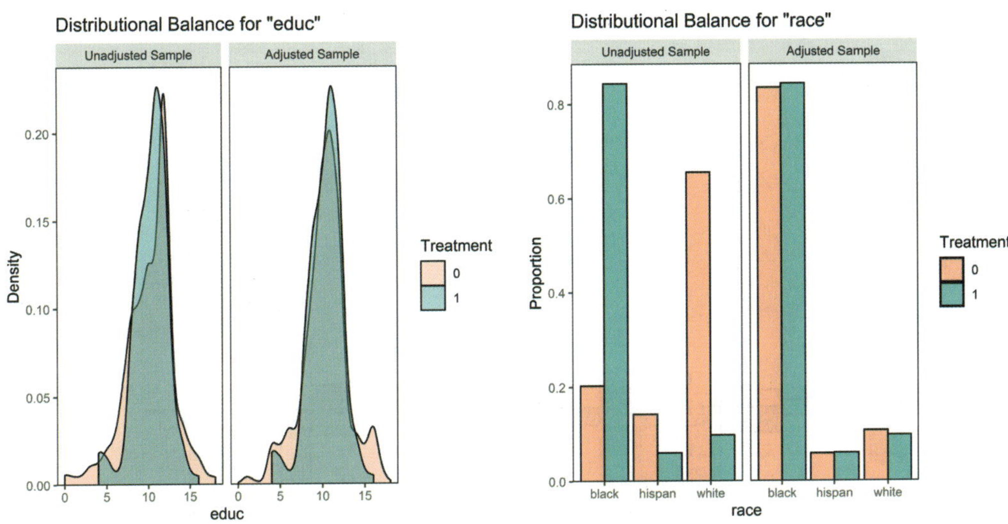

[그림 12-7] bal.plot에 의한 공변량 분포의 균형 평가

특정 공변량 대신에 거리를 측정하는 값에 bal.plot을 적용함으로써 매칭 방법의 전체적인 균형 정도를 분포 측면에서 평가할 수 있다. [실습 12-4]의 완전 매칭에서 거리 측정값인 distance에 대해 bal.plot을 적용하는 방법은 다음과 같다.

```
> bal.plot(m.out_full, var.name="distance", which="both",
                type="histogram", mirror = TRUE)
```

위 코드에서 mirror=TRUE는 처치집단과 통제집단에 대응하는 성향점수의 히스토그램을 위아래로 나타내라는 의미이다.

[그림 12-8]은 위 코드를 실행한 결과이다. 왼쪽 그림(Unadjusted Sample)은 매칭 이전에 처치집단과 통제집단에 대한 성향점수 분포를 나타내는 반면, 오른쪽 그림(Adjusted Sample)은 매칭 이후의 처치집단과 통제집단에 대한 성향점수 분포를 나타낸다. 매칭 이후의 성향점수 분

포가 처치집단과 통제집단에 대해 매우 유사해짐을 확인할 수 있다. 하지만 성향점수가 1의 값에 근접하는 구간(즉, 막대그래프의 맨 오른쪽 구간)에서는 처치개체와 매칭하는 통제개체가 존재하지 않는다. 목표 모집단에 대한 처치효과 추정치를 구하는 것이 그리 중요하지 않다면 공통영역이나 캘리퍼를 사용하여 이러한 불일치 문제를 조정할 수 있다.

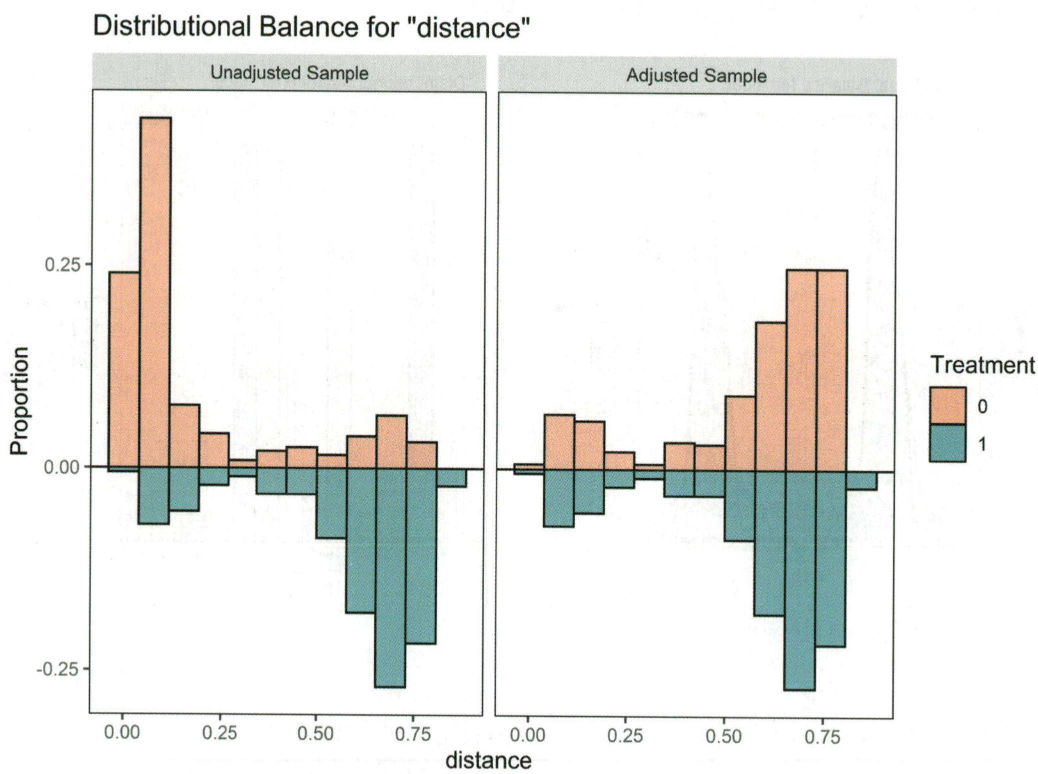

[그림 12-8] bal.plot에 의한 매칭 전후의 성향점수 분포 비교

함수 bal.plot에서 인자 weights를 사용하여 매칭 방법별로 공변량 분포의 균형 정도를 비교할 수 있다. [그림 12-9]는 변수 age 분포의 균형 정도를 완전 매칭, 최근접 이웃 매칭, 그리고 매칭 이전에 대해 비교한 것이다. 50세를 전후로 변수 age의 분포가 서로 겹치지 않는 부분이 있다. 이러한 불일치는 매칭 이후에도 여전히 존재함을 알 수 있다.

```
> bal.plot(treat~age+educ+race+nodegree+married+re74+re75,
  data=lalonde, var.name="age", which="both",
  weights=list(Full_Matching=m.out_full, NN_Matching=m.out_nn))
```

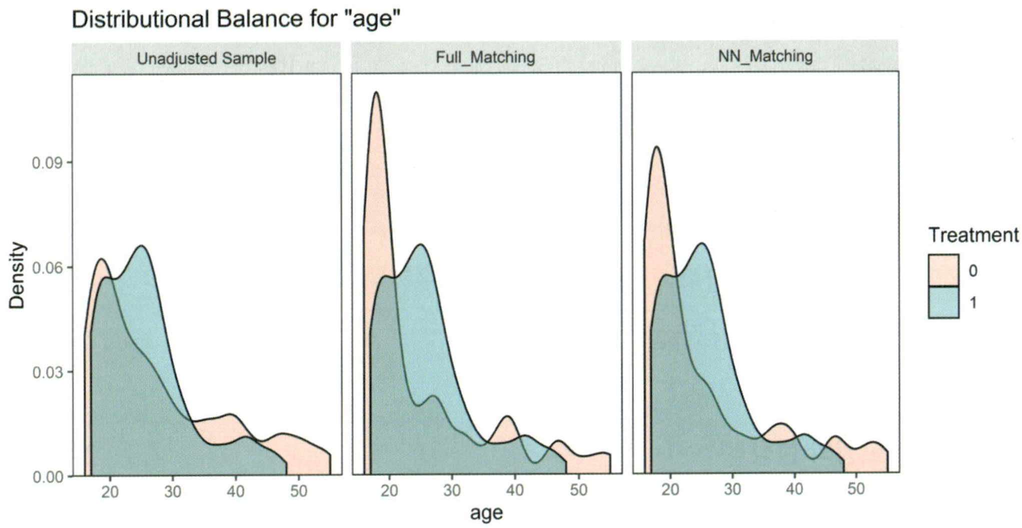

[그림 12-9] bar.plot에 의한 매칭 전후와 매칭 방법별 연령 분포의 균형 비교

5 처치효과 추정

5-1 처치효과 추정 시 고려해야 할 점

1) 처치효과 추정치의 형태

처치효과를 추정할 때 먼저 결정해야 하는 것은 어떤 모집단(target population)에 대응하는 처치효과 추정치를 구할 것인가이다. 처치효과 추정치로 ATT, ATE, ATM이 있다.

ATT는 처치를 받은 집단에 대한 처치의 평균효과(average treatment effect in the treated)이다. ATT는 매칭분석에서 가장 일반적으로 추정하고자 하는 처치효과이다. 가중치 부여나 특정 개체의 배제를 통해 처치집단에 속하는 개체의 수를 변경하지 않는 매칭 방법이라면 어떤 매칭 방법을 사용하더라도 ATT를 추정할 수 있다. ATT를 구하려면 함수 `matchit`을 실행할 때 인자 `estimand="ATT"`를 지정하면 된다. 물론 ATT를 구하는 것이 기본값이기 때문에 굳이 지정할 필요는 없다.

ATE는 매칭분석에 사용한 표본에 대응하는 전체 모집단에 대한 처치의 평균효과(average

treatment effect)를 의미한다. ATE를 추정하려면 표본으로부터 개체를 버리지 않는 매칭 방법을 사용해야 한다. 패키지 `MatchIt`에서는 완전 매칭이나 층화 매칭의 경우에만 ATE를 추정할 수 있으며, 인자 `estimand="ATE"`를 지정한다.

매칭 과정에서 공통영역 제약이나 캘리퍼, 또는 적확(구획) 매칭을 적용했다면 이때 추정된 처치효과는 ATT도 ATE도 아닌 ATM(average treatment effect in the remaining matched sample)이다. ATM은 단지 남아 있는 매칭 표본에서 구한 처치의 평균효과로 어떤 특정 목표 모집단에 대응하는 값으로 보기는 어렵다.

2) 성과변수 모형의 설정

성과변수는 처치효과를 측정하는 변수이다. 성과변수가 데이터 `lalonde`의 변수 re78처럼 연속형 변수라면, 처치효과는 매칭 표본에서 처치집단과 통제집단에 대한 성과변수 평균값의 차이로 측정한다. 하지만 성과변수가 이항변수라면 처치효과는 위험 차이(risk difference, RD), 위험 비율(risk ratio, RR), 또는 오즈비(odds ratio, OR)로 측정된다. 그리고 사건 발생의 소요 시간(time-to-event)을 분석하는 생존모형이라면 처치효과는 위험 비율(hazard ratio, HR)로 측정된다. 이 장에서는 성과변수가 연속형 변수인 경우에 한해서 설명한다.

3) 처치효과 추정과 공변량 사용

처치효과를 추정하기 위한 성과변수 모형, 즉 처치효과를 추정하기 위한 회귀모형에 공변량을 포함하는 것을 의아해 할 수 있다. 성과변수 모형에 공변량을 포함시킨다면 굳이 매칭을 한 이유가 무엇일까? 매칭은 처치효과 추정치가 성과변수 모형의 함수 형태에 따라 달라지는 이른바 모형 의존성을 줄여준다. 하지만 매칭 이후에 공변량을 성과변수 모형에 설명변수로 포함시키는 것은 다음과 같은 역할을 한다. 첫째, 효과 추정치의 정확성을 높여준다. 둘째, 남아 있을지 모를 공변량의 불균형에 기인한 편향을 줄여준다. 셋째, 이러한 2가지 효과를 결합함으로써 이중으로 견고한 처치효과 추정치를 얻게 해준다. 달리 말하면, 적절한 매칭방식으로 공변량의 불균형을 줄이고 성과변수 모형의 함수 형태를 정확하게 사용함으로써 처치효과의 일치추정량을 얻을 수 있다.

이러한 이유로 많은 문헌에서 매칭 이후에 처치효과를 추정할 때 공변량을 성과변수 모형에 포함할 것을 권장한다. 특히 공변량 균형을 평가하는 요약통계량의 하나인 표준화 평균값의 차이가 0.1보다 큰 공변량은, 성과변수 모형에 설명변수로 포함하는 것이 정확한 처치효과 추정치를 얻는 데 유용하다. 따라서 표본의 크기가 그리 작지 않다면 매칭에 사용한 공변량뿐만 아니라 그 외 성과변수에 큰 영향을 줄 것으로 판단되는 공변량을 처치효과 추정모형에 설명변수로 포함해야 한다.

그렇다면 성과변수 모형에 공변량을 어떤 형태로 포함시키는 것이 좋을까? 성과변수 모형이 특별한 함수 형태를 가져야 하는 명백한 이유가 없다면, 성향점수 추정에 사용된 공변량 형태를 그대로 사용하는 것이 좋다. 필요하면 성과변수 모형에 처치변수와 다른 공변량의 결합효과를 나타내는 항들을 포함할 수도 있다. 이때 주의할 점은 공변량을 해당 평균값으로부터의 편차를 나타내는 형태로 변형하여 사용해야 한다는 점이다. 이는 [실습 12-14]에서 다시 설명한다.

성과변수 모형에서는 처치변수가 아닌 공변량의 계수값을 해석하거나 유의성 여부를 검증하지 않는 것이 중요하다. 왜냐하면 이들 공변량의 계수 추정치는 인과효과를 의미하지 않으며, 심각한 오류를 가진 값일 수 있기 때문이다. 앞서 설명한 바와 같이 처치효과 추정치는 독립성 또는 무오류성이라는 가정이 충족된다는 전제하에서만 인과효과로 해석할 수 있다.

4) 처치효과 추정치의 표준오차와 신뢰구간 추정

처치효과 추정치의 표준오차는 여러 가지 이유로 인해 불확실성을 내포할 수 있다. 첫째, 매칭 과정에서 성향점수 추정치를 이용한다면, 이를 추정하는 함수 형태에서 비롯된 불확실성이 있을 수 있다. 둘째, 매칭 과정에서 발생하는 불확실성이 있을 수 있다. 예를 들어 매칭에 사용된 표본에서 통제개체들이 달리 추출되었다면 처치개체들은 다른 통제개체들과 매칭되었을 수 있다. 셋째, 표집오차로 인해 처치효과의 추정치가 모집단의 파라미터를 대표하지 못하는 불확실성이 나타날 수 있다. 이러한 불확실성을 모두 반영하는 표준오차 추정법은 없다. 하지만 시뮬레이션에 근거한 많은 선행연구에서 매칭 표본에서 적합한 표준오차로 입증된 것이 클러스터 표준오차와 부트스트랩(bootstrap) 표준오차이다.

처치효과 추정에 사용하는 가중치가 모두 동일하지 않다면, 샌드위치 표준오차로 알려진 이분산 견고 표준오차나 후버-화이트(Huber-White) 표준오차 등을 처치효과 추정치의 표준오차를 추정할 때 사용할 수 있다. 하지만 매칭 짝에 포함된 개체들의 상호의존성으로 감안하기 위해 클러스터 표준오차를 사용할 수 있다. 많은 선행연구들은 통상적인 이분산 견고 표준오차는 처치효과의 표본오차를 과도하게 또는 과소하게 추정하는 반면, 클러스터 표준오차는 효율적이라고 보고한다. 따라서 처치효과 추정치의 표준오차를 추정할 때 특별한 사유가 없는 한 클러스터 표준오차를 추천한다.

함수 lm에 의해 처치효과를 추정할 때, 통상적인 이분산 견고 표준오차와 그에 대응하는 신뢰구간을 계산하려면 lmtest::coeftest와 lmtest::coefci를 sandwich::vcovHC와 함께 사용한다. 그리고 클러스터 표준오차와 그에 대응하는 신뢰구간은 sandwich::vcovHC 대신 sandwich::vcovCL에 의해 구할 수 있다.

5) 부트스트랩에 의한 처치효과의 표준오차 구하기

부트스트랩은 복원추출 방식으로 표본을 추출하고, 추출한 표본으로부터 처치효과를 추정하는 과정을 반복적으로 실행하여 처치효과 추정치의 표본분포를 얻는 방식이다. 여기에서는 보디리 외(Bodory et al., 2020)의 와일드 부트스트랩(wild bootstrap)과 아바디와 스파이스(Abadie & Spiess, 2019)의 블록 부트스트랩(block bootstrap)을 소개한다. 특히 블록 부트스트랩은 매칭 표본으로부터 반복적으로 표본을 추출할 때 매칭 짝(matched pairs) 형태로 추출하기 때문에 클러스터 표준오차를 추정해야 하는 상황에 적합하며, 클러스터 표준오차의 근사치를 제공하는 것으로 알려져 있다.

처치효과 추정치의 신뢰구간을 추정하는 부트스트랩 방법은 다양하지만, 그중 성능이 우수한 bias-corrected accelerated(BCa) 부트스트랩 신뢰구간을 사용한다. R에서 부트스트랩은 패키지 boot의 함수 boot()에 의해 실행한다. 반복 횟수는 최고 999까지 하되 499, 599, 699 등과 같이 100의 배수에서 1을 뺀 숫자를 적용하는 것이 좋다. 부트스트랩 신뢰구간은 함수 boot을 실행한 다음 함수 boot.ci로 구할 수 있다. 이때 BCa 신뢰구간을 구하려면 인자 type="bca"를 적용한다.

5-2 매칭 방법별 처치효과의 추정

1) 매칭 표본의 생성

처치효과를 추정하기 위해서는 먼저 매칭 표본을 생성해야 한다. 매칭 표본은 함수 matchit을 실행한 결과가 저장된 객체에 함수 match.data 또는 get_matches를 적용하여 생성할 수 있다.

앞에서 실행한 완전 매칭으로부터 생성된 매칭 표본을 가져와보자. [실습 12-8]에서 보듯이 매칭 표본은 각 개체의 공변량 값 외에도 거리(distance), 매칭 가중치(weights)와 층(subclass)에 관한 정보를 추가로 포함한다.

실습 12-8 match.data를 이용한 매칭 표본의 생성

```
> md_full<-match.data(m.out_full)
> head(md_full)
     treat age educ   race married nodegree re74 re75        re78  distance weights subclass
NSW1     1  37   11  black       1        1    0    0   9930.0460 0.6387699       1        1
NSW2     1  22    9 hispan       0        1    0    0   3595.8940 0.2246342       1      103
NSW3     1  30   12  black       0        0    0    0  24909.4500 0.6782439       1        8
NSW4     1  27   11  black       0        1    0    0   7506.1460 0.7763241       1       15
NSW5     1  33    8  black       0        1    0    0    289.7899 0.7016387       1       24
NSW6     1  22    9  black       0        1    0    0   4056.4940 0.6990699       1       32
```

처치효과 추정치는 매칭 표본에서 처치개체의 성과변수 평균과 통제개체의 성과변수 평균의 차이이다. 처치효과는 다음의 R 코드를 사용하여 구할 수 있다.

```
> library(dplyr)
> md_full %>%
  group_by(treat) %>%
  summarize(outcome=weighted.mean(re78, weights), n=n())
# A tibble: 2 x 3
  treat  outcome     n
  <int>    <dbl> <int>
1     0    4611.   429
2     1    6349.   185
```

하지만 클러스터 표준오차를 구하거나, 공변량을 추가하여 좀 더 효율적인 추정치를 얻고자 한다면 회귀식을 이용하는 방법을 사용할 필요가 있다.

매칭이 성공적으로 이루어지면 처치효과는 매칭 표본에서 처치 여부를 나타내는 더미변수에 매칭 가중치를 적용한 가중 회귀분석에 의해 추정할 수 있다. 이때 매칭에 사용한 공변량을 설명변수로 포함하면 매칭 이후에 남아 있을 공변량의 불균형으로부터 발생하는 편향에 견고하며, 보다 정확한 추정치를 얻을 수 있다.

매칭이 이루어진 다음에 성과변수에 대한 회귀모형을 이용하여 처치효과의 계수값과 표준오차, 신뢰구간을 추정하는 방법은 매칭 방법별로 몇 가지 유형으로 구분할 수 있다. 처치효과 추정 방법의 유형을 매칭 방법으로 구분하면 [표 12-5]와 같다.

[표 12-5] 매칭 방법에 따른 처치효과 추정 방법의 유형

유형	매칭 방법
비복원 짝 매칭의 경우	비복원 최근접 이웃 매칭
	최적 짝 매칭
	비복원 유전자 매칭
	적확 구획 매칭(인자 k2k=TRUE 적용)
복원 짝 매칭의 경우	복원 최근접 이웃 매칭
	복원 유전자 매칭
완전 매칭의 경우	완전 매칭
계층 매칭의 경우	성향점수 층화 매칭
	적확 매칭
	적확 구획 매칭(인자 k2k=FALSE 적용)

2) 비복원 짝 매칭

[실습 12-9]는 성향점수를 기준으로 최근접 1:1 이웃 매칭을 실행하되 비복원 방식을 적용할 경우의 처치효과를 추정한 결과이다. 매칭 결과 공변량 균형을 달성했는지에 대한 평가는 앞에서 자세하게 설명했기 때문에 여기서는 단순히 매칭 이후 공변량의 균형 정도가 충분한 수준에 도달하였다고 가정하자.

매칭 표본 m.out_nn은 크기가 370개이며, 185개의 매칭 짝(subclass)으로 구성된다. 처치효과는 매칭 표본에 re78을 종속변수, treat을 설명변수로 하는 성과변수 모형을 매칭 가중치를 적용한 가중 최소자승법으로 추정하여 구할 수 있다. 하지만 매칭 이후에도 존재할지 모를 공변량의 불균형 문제를 해소하기 위해 매칭에 사용된 설명변수를 성과변수 모형에 설명변수로 추가함으로써 좀 더 효율적인 처치효과 추정치를 구할 수 있다.

공변량을 포함할 경우(fit_nn1)의 처치효과 추정치는 1,344.9로, 공변량을 포함하지 않은 경우의 추정치 894.4와 비교할 때 다소 큰 차이가 있다. 공변량을 포함하지 않을 때(fit_nn2) 처

치효과는 10% 유의수준에서도 유의미하지 않은 반면, 공변량을 포함할 경우 처치효과는 1% 미만의 유의수준에서 유의미하다. 추가한 공변량의 계수 추정치는 해석할 필요가 없다. 간혹 상수항의 계수값을 처치가 없을 경우에 나타날 잠재적 성과값의 평균으로 해석할 수 있다. 하지만 이렇게 해석하려면 성과변수 모형을 추정할 때 각 공변량을 평균값에 대한 편차 형태로 변형하여 사용해야 한다. 이때 평균값은 목표 모집단의 평균값이다.

추정치의 표준오차를 구할 때 매칭 짝(subclass)에 속한 개체들의 상관관계를 고려하기 위해 클러스터 표준오차를 사용한다. 클러스터 표준오차는 함수 coeftest에 인자 vcov.=vcovCL과 cluster=~subclass를 함께 적용하여 구할 수 있다.

실습 12-9 최근접 이웃 1:1 비복원 매칭의 경우 처치효과 추정치 구하기

```
> m.out_nn<-matchit(treat~age+educ+nodegree+race+married+re74+re75,
                    data=lalonde, method="nearest")
> m.out_nn
A matchit object
 - method: 1:1 nearest neighbor matching without replacement
 - distance: Propensity score
             - estimated with logistic regression
 - number of obs.: 614 (original), 370 (matched)
 - target estimand: ATT
 - covariates: age, educ, nodegree, race, married, re74, re75
> md_nn<-match.data(m.out_nn)
> head(md_nn)
     treat age educ   race married nodegree re74 re75       re78  distance weights subclass
NSW1     1  37   11  black       1        1    0    0  9930.0460 0.6387699       1        1
NSW2     1  22    9 hispan       0        1    0    0  3595.8940 0.2246342       1       98
NSW3     1  30   12  black       0        0    0    0 24909.4500 0.6782439       1      109
NSW4     1  27   11  black       0        1    0    0  7506.1460 0.7763241       1      120
NSW5     1  33    8  black       0        1    0    0   289.7899 0.7016387       1      131
NSW6     1  22    9  black       0        1    0    0  4056.4940 0.6990699       1      142
> library(lmtest)
> library(sandwich)
> fit_nn1<-lm(re78~treat, data=md_nn, weights=weights)
> coeftest(fit_nn1, vcov.=vcovCL, cluster=~subclass)["treat",]
   Estimate   Std. Error     t value    Pr(>|t|)
894.3674803  715.7634216   1.2495295   0.2122656

> fit_nn2<-lm(re78~treat+age+educ+nodegree+race+married+re74+re75,
              data=md_nn, weights=weights)
> coeftest(fit_nn2, vcov.=vcovCL, cluster=~subclass)["treat",]
    Estimate   Std. Error      t value     Pr(>|t|)
1.344936e+03 7.308368e+02 1.840268e+00 6.655185e-02
```

처치효과 추정치의 표준오차와 신뢰구간을 부트스트랩 방식으로 구해보자. 최근접 1:1 매칭으로부터 얻어진 매칭 표본은 185개의 짝(subclass)으로 구성되어 있다. 따라서 추정치의 표준오차를 추정하는 데 완전 부트스트랩(full bootstrap)보다는 블록 부트스트랩이 더 적절하다고 할 수 있다.

[실습 12-10]은 블록 부트스트랩을 적용하여 표준오차를 추정하는 R 코드이다. 부트스트랩 통계량에서 `t1*`는 처치효과 추정치와 부트스트랩 표준오차에 관한 정보를 포함한다. 처치효과 추정치의 신뢰구간은 함수 `boot.ci`에 `type="bca"`를 적용하여 구할 수 있다. [실습 12-11]은 부트스트랩 방식으로 구한 BCa 신뢰구간이다.

실습 12-10 블록 부트스트랩에 의한 처치효과 추정치의 표준오차 구하기

```
> library(boot)
> pair_ids <- levels(md_nn$subclass)
> est_stderrs <- function(pairs, index) {
      numreps <- table(pairs[index])
      ids <- unlist(lapply(pair_ids[pair_ids %in% names(numreps)],
             function(p) rep(which(md_nn$subclass == p), numreps[p])))
      mf_boot <- md_nn[ids,]
      fit_boot <-lm(re78~treat+age+educ+nodegree+race+married+re74+re75,
                weights=weights, data=mf_boot)
      return(coef(fit_boot)["treat"])
   }
> set.seed(1234)
> boot_est <- boot(pair_ids, est_stderrs, R = 499)
> boot_est

ORDINARY NONPARAMETRIC BOOTSTRAP
--중략--

Bootstrap Statistics :
    original      bias    std. error
t1* 1344.936   -9.247718    782.8948
```

실습 12-11 부트스트랩에 의한 처치효과 추정치의 신뢰구간 구하기

```
> boot.ci(boot_est, type="bca")
BOOTSTRAP CONFIDENCE INTERVAL CALCULATIONS
Based on 499 bootstrap replicates

CALL :
boot.ci(boot.out = boot_est, type = "bca")

Intervals :
Level     BCa
95%   ( -33, 3055 )
Calculations and Intervals on Original Scale
Some BCa intervals may be unstable
```

3) 복원 짝 매칭

복원 짝 매칭을 적용할 때, 처치효과 추정치와 견고한 표준오차를 구해보자. [실습 12-12]는 최근접 이웃 매칭에서 복원 매칭과 2:1 매칭을 적용한 결과이다.

실습 12-12 복원 짝 매칭에서 처치효과 구하기

```
> m.out_pair<-matchit(treat~age+educ+nodegree+race+married+re74+re75,
                      data=lalonde, method="nearest", ratio=2, replace=TRUE)
> m.out_pair
A matchit object
 - method: 2:1 nearest neighbor matching with replacement
 - distance: Propensity score
             - estimated with logistic regression
 - number of obs.: 614 (original), 310 (matched)
 - target estimand: ATT
 - covariates: age, educ, nodegree, race, married, re74, re75
```

복원 매칭을 적용할 경우 서로 다른 처치개체들이 동일한 통제개체와 매칭된다. 그 결과, 매칭 표본에서 동일한 통제개체들이 여러 번 나타난다. 따라서 처치효과 추정치와 표준오차를 추정할 때, 매칭 표본의 구조를 고려할 필요가 있다. 복원 매칭에 의해 생성된 매칭 표본은 2가지 방법으로 구할 수 있다. 함수 match.data와 get_matches를 이용하는 것이다.

먼저, match.data를 적용할 때 생성되는 매칭 표본 mm_pair는 변수 subclass가 포함되

지 않는 것을 제외하면 앞에서 살펴본 바와 같다. subclass가 생성되지 않는 이유는 개체들이 하나가 아닌 여러 개의 subclass에 배정되기 때문이다. 하지만 동일한 통제개체가 여러 개의 처치개체와 매칭되기 때문에 통제개체의 가중치는 매칭되는 처치개체의 수에 따라 1이 아닌 서로 다른 값을 가지게 된다. 따라서 처치효과 추정치를 추정할 때 이들 가중치를 반드시 반영해야 한다.

```
> mm_pair<-match.data(m.out_pair)
> nrow(mm_pair)
[1] 310
> head(mm_pair, 4)
     treat age  educ    race married nodegree re74 re75        re78  distance weights
NSW1     1  37    11   black       1        1    0    0   9930.0460 0.6387699       1
NSW2     1  22     9 hispan        0        1    0    0   3595.8940 0.2246342       1
NSW3     1  30    12   black       0        0    0    0  24909.4500 0.6782439       1
NSW4     1  27    11   black       0        1    0    0   7506.1460 0.7763241       1
```

함수 get_matches를 이용하여 생성한 매칭 표본 mg_pair는 처치개체 하나에 대해 매칭되는 통제개체들이 여러 개(k:1 매칭의 경우 k개) 나타나며, 변수 subclass와 weights가 추가된다. 동일한 통제개체가 매칭에 여러 번 사용되었다면, 매칭 표본에 그 수만큼 행이 추가되고 그에 대응하는 subclass 값도 각각 달라진다.

```
> mg_pair<-get_matches(m.out_pair)
> nrow(mg_pair)
[1] 555
> head(mg_pair, 4)
        id subclass weights treat age educ   race married nodegree        re74     re75      re78  distance
1     NSW1        1     1.0     1  37   11  black       1        1     0.00000    0.000  9930.046 0.6387699
2   PSID69        1     0.5     0  30   17  black       0        0 17827.37000 5546.419 14421.130 0.6385542
3  PSID387        1     0.5     0  55    4  black       0        1     0.00000    0.000     0.000 0.6357539
4     NSW2        2     1.0     1  22    9 hispan       0        1     0.00000    0.000  3595.894 0.2246342
```

함수 table(table(md_pair$id[md_pair$treat==0]))을 실행하면 복원 매칭과 2:1 매칭을 적용할 때 서로 다른 처치개체에 대해 동일한 통제개체가 몇 개씩 매칭되는지를 보여준다. 가장 많이 매칭될 때, 동일한 통제개체가 25개의 서로 다른 처치개체에 매칭되고 있음을 알 수 있다.

```
> table(table(mg_pair$id[mg_pair$treat==0]))
 1  2  3  4  5  6  7  8  9 10 11 12 18 25
60 16 15 10  9  3  3  3  1  1  1  1  1  1
> table(table(mg_pair$subclass[mg_pair$treat==0]))
  2
185
```

매칭 표본 mm_pair에서 가중치는 어떤 개체들이 서로 짝을 이루는지에 관계없이 처치개체에 매칭되는 통제개체의 수에 따라 일률적으로 결정된다. 예를 들면, 매칭되는 통제개체의 수가 1이면 0.3378, 2면 0.6757, 3이면 1.0134, …, 18개면, 6.0811, 25개면 8.4459 등이다.

```
> table(mm_pair$weights[mm_pair$treat==0])
0.337837837837838  0.675675675675676  1.01351351351351  1.35135135135135  1.68918918918919
               60                 16                15                10                 9
 2.02702702702703   2.36486486486486   2.7027027027027  3.04054054054054  3.37837837837838
                3                  3                 3                 1                 1
 3.71621621621622   4.05405405405405  6.08108108108108  8.44594594594595
                1                  1                 1                 1
```

견고한 표준오차의 추정 방법은 매칭된 짝에 속한 개체들의 상관관계(pair membership)를 고려할 것인가 아니면 무시할 것인가에 따라 달라진다. 먼저, 표본오차 추정 과정에서 매칭된 짝에 속한 개체들의 상관관계를 고려하지 않는다면 매칭 표본 mm_pair를 사용하여 처치효과 추정치와 견고한 표준오차를 추정하면 된다.

```
> fit_1<-lm(re78~treat+age+educ+nodegree+race+married+re74+re75,
            data=mm_pair, weights=weights)
> coeftest(fit_1, vcov.=vcovHC)
```

다음으로 표본오차를 추정할 때 매칭된 짝에 속한 개체들의 상관관계를 고려하고자 한다면, 매칭 표본 mg_pair를 사용해야 한다. 클러스터 표준오차를 구하기 위해서는 변수 subclass 외에 개체 번호를 나타내는 변수 id를 사용하여 동일한 통제개체에 대해서 여러 처치개체가 매칭되고 있음을 반영할 필요가 있다.

```
> fit_2<-lm(re78~treat+age+educ+nodegree+race+married+re74+re75,
            data=mg_pair, weights=weights)
> coeftest(fit_2, vcov.=vcovCL, cluster=~subclass+id)
```

두 방법에 대한 처치효과의 추정치는 각각 1,716, 1,745로 큰 차이는 없지만 표준오차와 *p*값은 서로 큰 차이를 보임을 확인할 수 있다. 전자에 비해 후자의 경우 표준오차가 상대적으로 작아 *p*값은 더 작게 나타난다.

```
> coeftest(fit_1, vcov.=vcovHC)["treat", ]
    Estimate      Std. Error       t value        Pr(>|t|)
1715.9549865    934.3047052     1.8366117      0.0672565
> coeftest(fit_2, vcov.=vcovCL, cluster=~subclass+id)["treat",]
    Estimate      Std. Error       t value        Pr(>|t|)
1.744915e+03   8.804430e+02   1.981861e+00   4.799675e-02
```

다음으로 부트스트랩에 의한 방식으로 처치효과 추정치의 표준오차를 구해보자. 아바디와 임벤스(Abadie & Imbens, 2008)는 복원 매칭의 경우 부트스트랩에 의해 구해진 표준오차가 유효하지 않다고 했지만, 시뮬레이션 기법을 이용한 다수의 연구(Hill & Reiter, 2006; Bodory et al., 2020)에 따르면 블록 부트스트랩이 아닌 완전 부트스트랩(full bootstrap)은 적절한 신뢰구간에 근사하는 결과를 제공하는 것으로 알려져 있다.

[실습 12-13]은 복원 매칭에서 완전 부트스트랩에 의해 처치효과 추정치의 표준오차와 신뢰구간을 구하기 위한 R 코드이다. boot.ci에서 type="perc"는 부트스트랩 추정치의 2.5 분위수와 97.5 분위수를 이용하여 신뢰구간을 구하라는 의미이다.

실습 12-13 부트스트랩에 의한 처치효과 추정치와 신뢰구간: 복원 짝 매칭

```
> est_stderrs<-function(data, i) {
  m.pair_boot<-matchit(treat~age+educ+nodegree+race+married+re74+re75,
                   data=data[i,], method="nearest", ratio=2, replace=TRUE)
  mm_boot<-match.data(m.pair_boot)
  fit_boot<-lm(re78~treat+age+educ+nodegree+race+married+re74+re75,
                   data=mm_boot, weights=weights)
return(coef(fit_boot)["treat"])
}
```

```
> set.seed(1234)
> boot_est<-boot(lalonde, est_stderrs, R=499)
> boot_est
--중략--
Bootstrap Statistics :
    original      bias    std. error
t1* 1715.955  -551.9793    1023.823
> boot.ci(boot_est, type="perc")
--중략--
Intervals :
Level   Percentile
95%   (-822, 3237 )
Calculations and Intervals on Original Scale
```

4) 완전 매칭

완전 매칭 이후에 처치효과 추정치 ATE는 성과변수 모형에 매칭 가중치를 적용한 가중 최소자승법으로 추정할 수 있다. 완전 매칭에서는 모든 개체들이 하나의 층(subclass)에 배정되며, 각 층은 하나의 처치개체와 하나 또는 둘 이상의 통제개체로 구성되거나, 하나의 통제개체와 하나 또는 둘 이상의 처치개체로 구성된다. 따라서 처치효과 추정치의 표준오차는 비복원 짝 매칭처럼 클러스터 표준오차를 구하는 방식으로 구해진다.

ATE를 추정할 때에도 매칭에 사용한 공변량을 설명변수로 추가할 수 있다. 하지만 경우에 따라서는 처치변수와 공변량의 결합효과를 나타내는 항을 설명변수로 추가함으로써 더 나은 처치효과 추정치를 구할 수 있다. 성과변수 모형에 처치변수 외에 결합효과 항을 추가할 경우 처치효과 추정치를 한계효과로 해석하기 위해서는 표준화한 공변량을 사용해야 한다. 이때 절편의 추정치는 처치가 없을 때 얻게 되는 성과변수의 잠재적인 평균값이라 할 수 있다.

[실습 12-14]는 완전 매칭 이후에 처치효과 추정치와 클러스터 표준오차를 2가지 방법으로 추정한 것이다. 첫 번째 방법(fit_ate_1)은 처치변수 외에 공변량을 설명변수로 추가한 성과변수 모형을 매칭 가중치를 적용하여 가중 최소자승법으로 추정한 것이다. 두 번째 방법(fit_ate_2)은 성과변수 모형에 처치변수와 공변량의 결합효과를 반영한 것이다. 공변량을 표준화하기 위해 함수 scale을 사용하였다. 인자 scale=FALSE는 변수를 표준화할 때 해당 변수에서 평균값을 빼지만 표준편차로 나누지는 말라는 의미이다. 만약 ATT를 구하는 경우에 함수 scale을 사용하여 공변량을 표준화하려면 처치개체만을 대상으로 구한 평균값을 적용해야 한다.

부트스트랩에 의한 표준오차와 신뢰구간의 추정도 가능하다. 방법은 [실습 12-10]에서 했던 비복원 짝 매칭의 경우와 동일하다.

실습 12-14 **완전 매칭 이후 처치효과 추정치와 표준오차 구하기**

```
> m.out_full<-matchit(treat~age+educ+race+married+nodegree+re74+re75,
            data=lalonde, method="full", distance="glm", link="probit",
            estimand = "ATE")
> m.data_full<-match.data(m.out_full)
> head(m.data_full)
     treat age educ   race married nodegree re74 re75     re78 distance weights subclass
NSW1     1  37   11  black       1        1    0    0  9930.05  0.63568 0.60261        1
NSW2     1  22    9 hispan       0        1    0    0  3595.89  0.22982 1.50651      105
NSW3     1  30   12  black       0        0    0    0 24909.45  0.68136 0.40174        9
NSW4     1  27   11  black       0        1    0    0  7506.15  0.76906 0.34435       15
NSW5     1  33    8  black       0        1    0    0   289.79  0.69541 0.40174       25
NSW6     1  22    9  black       0        1    0    0  4056.49  0.69437 0.40174      254
> fit_ate_1<-lm(re78~treat+age+educ+race+married+nodegree+re74+re75,
              weights=weights, data=m.data_full)
> coeftest(fit_ate_1, vcov.=vcovCL, cluster=~subclass)["treat",]
 Estimate  Std. Error  t value  Pr(>|t|)
649.45133  1593.80298  0.40749   0.68380
> m.data_full$black<-ifelse(m.data_full$race=="black", 1,0)
> m.data_full$hispanic<-ifelse(m.data_full$race=="hispanic", 1,0)
> m.full_cen<-m.data_full
> cov_cen<-c("age","educ","black","hispanic","married","nodegree","re74",
           "re75")
> m.full_cen[cov_cen]<-scale(m.full_cen[cov_cen], scale=FALSE)
> fit_ate_2<-lm(re78~treat*(age+educ+race+married+nodegree+re74+re75),
              weights=weights, data=m.full_cen)
> coeftest(fit_ate_2, vcov=vcovCL, cluster=~subclass)[1:2, ]
            Estimate Std. Error t value   Pr(>|t|)
(Intercept)  5258.39     656.56  8.0091 6.0917e-15
treat         591.55    1384.64 0.42722 6.6937e-01
```

5) 계층 매칭

여기서 의미하는 계층 매칭(stratum matching)은 적확 매칭, 적확 구획 매칭, 그리고 성향점수 층화 매칭을 포함한다. 계층 매칭을 한 이후에 처치효과 추정치를 구하는 방법은 2가지이다. 첫 번째는 계층별로 처치효과를 추정한 다음에 이를 합치는 것이다. 두 번째는 계층 전체에 대한 처치효과 추정치를 구하기 위해 계층 가중치(stratum weights)를 이용한 가중 최소자승법을 적용하는 것이다. 후자의 방법을 계층화에 의한 한계평균가중법(marginal mean weighting through stratification, MMWS)이라고 한다. 두 방식은 적절하게 사용하면 서로 유사하거나 동일한 처치효과 추정치를 제공한다. 하지만 MMWS가 적용하기 더 쉽기 때문에 선호된다.

계층 매칭에서 가중치가 생성되는 방식은 완전 매칭과 같다. 완전 매칭에서 처치효과 추정에 사용한 방법들은 MMWS에 그대로 적용할 수 있다. 유일한 차이점은 계층 매칭에서는 층(subclass)의 수가 적기 때문에(실습 12-15의 경우 7개에 불과) 클러스터 표준오차를 적용하는 것이 적절하지 않다는 점이다.

적확 매칭을 사용하지 않는다면 계층별로 공변량이 균형을 이루지 않을 수 있기 때문에 계층별로 구한 처치효과 추정치가 오류일 가능성이 있다. 비록 계층별 처치효과 추정치가 정확하게 구해지더라도, 이는 한계효과가 아니라 해당 계층에 속하는 개체들에 대한 조건부 효과(conditional effect)로 해석해야 한다.

먼저 MMWS에 의해 처치효과 추정치를 구하는 방법부터 알아보자. [실습 12-15]는 층의 수가 7개인 계층 매칭을 적용한다고 할 때 MMWS에 의한 처치효과 추정치와 표준오차를 구한 결과이다. 표준오차는 클러스터 표준오차가 아닌 이분산 견고 표준오차를 구하는 방식을 적용한다. 성과변수 모형에 공변량을 추가하면 편향이 줄어든 처치효과 추정치를 구할 수 있다. 하지만 첫 번째 방식에 의한 처치효과 추정치와 표준오차를 두 번째 방식과 비교하기 위해 공변량을 추가하지 않았다.

실습 12-15 **계층 매칭과 MMWS에 의한 처치효과 추정치 및 표준오차 구하기**

```
> m.out_s<-matchit(treat~age+educ+nodegree+race+married+re74+re75,
          data=lalonde, method="subclass", subclass=7, estimand = "ATT")
> m.data_s<-match.data(m.out_s)
> head(m.data_s)
     treat age educ   race married nodegree re74 re75      re78 distance weights subclass
NSW1     1  37   11  black       1        1    0    0   9930.05  0.63877       1        4
NSW2     1  22    9 hispan       0        1    0    0   3595.89  0.22463       1        1
NSW3     1  30   12  black       0        0    0    0  24909.45  0.67824       1        4
NSW4     1  27   11  black       0        1    0    0   7506.15  0.77632       1        7
NSW5     1  33    8  black       0        1    0    0    289.79  0.70164       1        5
NSW6     1  22    9  black       0        1    0    0   4056.49  0.69907       1        5
> fit_s_1<- lm(re78~ treat, weights=weights, data = m.data_s)
> coeftest(fit_s_1, vcov.=vcovHC)

t test of coefficients:
```

```
             Estimate  Std. Error  t value  Pr(>|t|)
(Intercept)      4873         571     8.54   <2e-16 ***
treat            1476         814     1.81     0.07 .
---
Signif. codes: 0 '***' 0.001 '**' 0.01 '*' 0.05 '.' 0.1 ' ' 1
```

다음으로, 계층별로 처치효과를 추정한 다음에 이로부터 전체 처치효과를 구하는 방법에 대해 알아보자. [실습 12-16]은 계층별로 구한 처치효과 추정치로부터 전체 처치효과 추정치와 표준오차, 그리고 신뢰구간을 구한 결과이다. 계층별 처치효과 추정치는 함수 lm(re78~subclass+subclass:treat-1, data=m.data_s)을 이용하여 구할 수 있다. 위 공식에서 절편은 제외했기 때문에 계층별 절편(층 1의 경우 subclass1)과 처치효과 추정치(층 1의 경우 subclass1:treat)가 구해진다.

계층별 처치효과 추정치의 표준오차를 구할 때, 계층별로 잔차의 분산이 서로 다를 수 있음을 고려하여 견고한 표준오차를 구하는 인자 vcov.=vcovHC를 적용할 필요가 있다. 계층별 처치효과 추정치는 계층별로 공변량의 균형이 달성되어야만 신뢰할 수 있다. 따라서 특정 계층에서 공변량의 균형이 달성되지 않았다면 이들 추정치는 처치효과 추정치로 해석하지 말아야 한다.

계층 전체에 대한 처치효과 추정치는 계층별로 추정한 처치효과 추정치를 가중평균하여 구할 수 있다. 가중평균의 계산에 사용되는 가중치(sub_w)는 계층별 절편에 대해서는 0의 값을 가지며, 계층별 처치효과 추정치에 대해서는 계층별 처치개체의 수를 전체 처치개체의 수로 나눈 값을 가진다.

실습 12-16 계층 매칭에서 계층별 처치효과와 전체 처치효과 추정치 구하기

```
> fit_s_2<- lm(re78~subclass + subclass:treat - 1, data = m.data_s)
> coeftest(fit_s_2, vcov.=vcovHC)

t test of coefficients:

              Estimate  Std. Error  t value  Pr(>|t|)
subclass1         7574         414    18.28   < 2e-16 ***
subclass2         5464        1051     5.20   2.8e-07 ***
subclass3         3085        1448     2.13   0.03353 *
subclass4         5883        1654     3.56   0.00041 ***
subclass5         3147        1373     2.29   0.02226 *
subclass6         6848        1785     3.84   0.00014 ***
```

```
subclass7            2077          2107      0.99   0.32452
subclass1:treat       238          1556      0.15   0.87872
subclass2:treat       505          1648      0.31   0.75941
subclass3:treat      3738          1967      1.90   0.05788 .
subclass4:treat      -289          2160     -0.13   0.89347
subclass5:treat      3547          2123      1.67   0.09523 .
subclass6:treat     -1878          2017     -0.93   0.35203
subclass7:treat      4473          3247      1.38   0.16879
---
Signif. codes: 0 '***' 0.001 '**' 0.01 '*' 0.05 '.' 0.1 ' ' 1
> sub_w<-with(m.data_s, c(rep(0, nlevels(subclass)),
            table(subclass[treat==1])/sum(treat==1)))
> (att_mean <- weighted.mean(coef(fit_s_2), sub_w))
[1] 1476.1
> (att_se <- sqrt(drop(sub_w %*% vcovHC(fit_s_2) %*% sub_w)))
[1] 821.48
> c(ci_low=att_mean-1.96*att_se, ci_high=att_mean+1.96*att_se)
 ci_low ci_high
 -134.0   3086.2
> summary(margins::margins(fit_s_2, variable="treat",
                 data=m.data_s[m.data_s$treat==1,], vcov=vcovHC(fit_s_2)))
 factor       AME        SE      z      p      lower     upper
  treat 1476.0907  824.5947 1.7901 0.0734  -140.0852 3092.2667
```

계층 전체에 대한 처치효과 추정치(att_mean)는 함수 weighted.mean에 의해 구할 수 있나. 계층 전체에 대한 처치효과 추정치의 표준오차(att_se)는 견고한 공분산 행렬인 vcovHC(fit_s_2)에 가중치(sub_w)를 곱한 가중제곱합을 이용해 구할 수 있다. 가중제곱합 sub_w%*%vcovHC(fit_s_2)%*%sub_w는 행렬이기 때문에 함수 drop을 적용하여 그 속성을 제거해야 제곱근 값을 구할 수 있다. 이러한 방식으로 구한 계층 전체에 대한 처치효과 추정치는 1476.1이고, 표준오차는 821.48이다.

함수 c(ci_low=att_mean-1.96*att_se, ci_high=att_mean+1.96*att_se)는 전체 계층에 대한 처치효과 추정치의 95% 신뢰구간을 구하기 위한 R 코드이다. 전체 계층에 대한 처치효과 추정치와 표준오차, 신뢰구간을 구하는 일련의 과정은 패키지 margins의 함수 summary(margins)를 이용하면 편리하다.

처치효과 추정치를 ATT가 아니라 ATE로 구하고자 한다면 [실습 12-16]의 R 코드는 어떻게 달라져야 할까? 먼저, 매칭 과정에서 인자 estimand="ATE"를 적용해야 한다. 다음으로, 계층별 절편에는 가중치 0을 적용하지만 계층별 처치효과 추정치에는 계층별 관측치 수를 전체 관측치 수로 나눈 값을 가중치로 적용한다. 매칭 표본이 m.data_s2일 때 ATE 추정을 위한 가중치를 구하는 R 코드는 다음과 같다.

```
> sub_w<-with(m.data_s2, c(rep(0, nlevels(subclass)),
                        table(subclass)/nrow(m.data_s2)))
```

성과변수 모형의 추정 결과가 저장된 객체를 fit_s_3이라고 할 때, 함수 margins를 이용하여 ATE 추정치와 표준오차, 신뢰구간을 구하기 위한 R 코드는 다음과 같다.

```
> summary(margins::margins(fit_s_3, variable="treat", vcov=vcovHC(fit_s_3)))
```

우리는 ATE를 구할 때 편의상 성과변수 모형에 공변량을 추가하지 않았다. 하지만 공변량을 추가할 경우 편이를 줄임으로써 보다 더 정확한 처치효과 추정치를 구할 수 있음은 물론이다. 공변량만을 추가할 수도 있지만 처치변수와 공변량의 결합효과, 그리고 공변량과 계층 더미변수(subclass)의 결합효과, 또는 처치변수, 공변량, 계층 더미변수의 결합효과를 모두 다 포함하는 것이 가능하다. 성과변수 모형에 결합효과를 추가하려면 공변량을 표준화하는 작업이 선행되어야 한다. 성과변수 모형에 여러 형태의 결합효과를 나타내는 항이 추가될 경우에 함수 margins을 이용하면 처치효과 추정치와 기타 필요한 통계량을 손쉽게 구할 수 있다.

6 매칭분석과 표집 가중치의 활용

일반적으로 마이크로데이터는 개체별로 부여된 표집 가중치(sampling weights 또는 survey weights)를 포함한다. 이러한 가중치는 표본으로부터 얻은 통계량이 목표 모집단의 특성을 보다 더 정확하게 반영하도록 할 목적으로 부여한다. 매칭분석에 관한 많은 연구들은 매칭분석의 여러 과정에서 표집 가중치를 적용할 필요가 있음을 지적한다. 예를 들면, 다음과 같은 경우이다. 첫째, 매칭 표본을 생성할 때 추정된 성향점수를 이용하는 매칭 방법을 적용하는 경우이다. 둘째, 공변량의 균형을 평가하는 경우이다. 셋째, 처치효과 추정치를 구하는 경우이다.

1) 매칭

데이터 lalonde에 표집 가중치를 나타내는 변수 SW가 포함되어 있다고 가정하자. 매칭 과정에서 표집 가중치를 적용하는 방법은 매칭 방법에 따라 크게 2가지로 구분할 수 있다. 성향점수 추정치를 이용하는 매칭과 그렇지 않은 매칭이다. 표집 가중치는 성향점수 추정치를 이용하는 매칭에서는 매칭 과정에서부터 포함되지만, 그렇지 않은 매칭(예: 적확 구획 매칭, 마할라노비스 거리를 적용한 최적 짝 매칭 등)에서는 매칭 과정이 아닌 공변량의 균형 평가와 처치효과 추정에만 적용한다.

먼저, 성향점수 추정치를 이용하는 매칭의 사례로 완전 매칭을 고려해보자. 이러한 경우에는 표집 가중치를 고려하여 성향점수를 추정해야하기 때문에 함수 matchit을 실행할 때 다음과 같이 인자 s.weights를 추가해야 한다.

```
> m.full_s<-matchit(treat~age+educ+race+married+nodegree+re74+re75,
                    data=lalonde, method="full",
                    distance="glm", link="probit", estimand="ATE", s.weights=~SW)
```

매칭 결과인 m.full_s를 출력해보면 성향점수의 추정 과정에서 표집 가중치가 사용되었음을 확인할 수 있다. 표집 가중치는 변수 s.weights에 저장되며, 변수 weights에 저장된 매칭 가중치(matching weights)와 구분된다.

두 번째로, 매칭 과정에 표집 가중치를 적용하지 않았다면 함수 add_s.weights에 의해 사후적으로 표집 가중치를 매칭 결과에 추가하면 된다.

```
m.full<-matchit(treat~age+educ+race+married+nodegree+re74+re75, data=lalonde,
               method="full",distance="glm", link="probit", estimand= "ATE")
m.full_s<-add_s.weights(m.full, ~SW)
```

2) 공변량의 균형 평가

매칭 결과에 표집 가중치가 포함되었다면 공변량의 균형을 평가하는 함수 summary(matchit)나 plot(matchit)은 이들 표집 가중치를 반영한 요약통계량이나 플롯을 산출한다. 매칭 이전의 공변량에 대한 요약통계량을 산출할 때에는 표집 가중치가 가중치로 적용된다. 매칭 이후의 공변량에 대한 요약통계량을 산출할 때에는 매칭 가중치와 표집 가중치의 곱이 적용된다.

처치효과 추정치를 구할 때에도 매칭 가중치와 표집 가중치의 곱이 가중치로 적용된다. 앞에서 설명한 2가지 방식으로부터 생성한 매칭 결과 가운데 어느 것을 사용하더라도 표집 가중치가 포함되었다면 공변량의 균형을 평가할 때 특별히 추가해야 하는 인자는 없다. 두 매칭 결과는 공변량의 균형 정도와 통제개체에 대한 유효 표본의 크기 측면에서 서로 상충될 수 있다. 예를 들면, 표집 가중치를 성향점수 추정에 사용하여 얻은 매칭 표본 m.full_s가 공변량의 균형 측면에서는 매칭 표본 m.full보다 더 낫지만, 통제개체의 유효 표본 크기는 더 작을 수 있다.

```
> summary(m.full_s)
> summary(m.full)
```

3) 처치효과의 추정

매칭 결과에 표집 가중치가 포함되어 있다면 처치효과 추정치를 구하는 과정은 앞에서 논의한 것과 동일하다. 즉, 매칭 결과에 match.data나 get_matches를 적용하여 매칭 표본을 생성한 다음 매칭 가중치(weights)를 사용하여 최소자승법으로 처치효과를 구하는 것이다. 다음은 처치효과를 구하기 위한 R 코드이다.

```
> md_full_s<-match.data(m.full_s)
> fit1<-lm(re78~treat+age+educ+race+married+nodegree+re74+re75,
             data=md_full_s, weights=weights)
> coeftest(fit1, vcov.=vcovCL, cluster=~subclass)["treat",]
```

참고문헌

Abadie, A. & Imbens, G.W. (2008). "On the Failure of the Boostrap for Matching Estimators." *Econometrics*, 76(6), 1553-1557.

Bodory, H., Camponovo, L, Huber, M. & Lechner, M. (2020). "The Finite Sample Performance of Inference Methods for Propensity Score Matching and Weighting Estimators." *Journal of Business & Economic Statistics*, 38(1), 183-200.

Diamond, A. & Sekhon, J.S. (2013). "Genetic Matching for Estimating Causal Effects: A General Multivariate Matching Methods for Achieving Balance in Observational Studies." *Review of Economics & Statistics*, 95(3), 932-945.

Greifer, N. (2021). ***cobalt:*** *Covariate Balance Tables and Plots*. R package version 4.3.1, URL https://CRAN.R-project.org/package=cobalt.

Hill, J. & Reiter, J.P. (2006). "Interval Estimation for Treatment Effects Using Propensity Score Matching." *Statistics in Medicine*, 25(13), 2230-2256.

Ho, D.E. (2021). ***MatchIt:*** *Nonparametric Preprocessing for Parametric Causal Inference*. R package version 4.2.0, URL https://CRAN.R-project.org/package=MatchIt.

Ho, D.E., Imai, K., King, G. & Stuart, E.A. (2011). "MatchIt: Nonparametric Preprocessing for Parametric Causal Inference." *Journal of Statistical Software*, 42(8), 1-28.

Iacus, S.M., King, G. & Porro, G. (2021). ***cem:*** *Coarsened Exact Matching*. R package version 1.1.29, URL https://CRAN.R-project.org/package=cobalt.

Iacus, S.M., King, G. & Porro, G. (2012). "Causal Inference without Balance Checking: Coarsened Exact Matching." *Political Analysis*, 20(1), 1-24.

Stuart, E.A. (2010). "Matching Methods for Causal Inference: A Review and a Look Forward." *Statistical Science*, 25(1), 1-21.

13장 회귀단절모형 분석

학습목표

회귀단절모형은 처치집단과 통제집단 사이에 공통영역이 존재하지 않을 경우에 처치효과를 분석하기 위한 연구 설계이다. 처치 배정과 참여가 서로 일치하는 계단형 회귀단절모형에서 처치효과를 추정하는 방법을 배운다. 세부적으로 처치효과의 시각화 방법, 외삽법과 국소 다항식 추정에 의한 처치효과 추정과 추론, 그리고 RD 분석 결과의 타당성 여부를 검정하는 방법 등을 알아본다.

[표 13-1] 13장에서 사용할 R 패키지와 함수

패키지	함수	기능
rdroubst	rdrobust	국소 다항식을 이용한 처치효과 추정과 추론 결과를 제공한다.
	rdbwselect	데이터에 기초하여 대역폭(bandwidth)을 선택하는 다양한 방식과 그 결과를 제공한다.
	rdplot	그래프에 의한 RD 분석 결과를 제공한다.
rddensity	rddensity	국소 다항식에 근거한 밀도함수 추정을 이용하여 확률밀도함수의 불연속 여부를 검정한다.
lpdensity	lpdensity	배정변수의 밀도를 국소 다항식 추정방식으로 구한다.
	plot	배정변수의 밀도를 나타내는 플롯을 제공한다.

1 RD 분석의 원리

회귀단절모형 분석(regression discontinuity design, 이하 RD 분석)은 확률에 의한 방식으로 처치 여부를 결정하는 것이 가능하지 않을 때 처치효과를 분석하는 가장 신뢰할 만한 방법 중의 하나이다. 12장의 매칭분석과 같은 인과관계 모형과 비교하여 다른 점은 RD 분석은 추정 전략이 아니라 연구 설계라는 점이다.

1) RD 분석의 구성요소

RD 분석을 구성하는 요소는 배정변수(score 또는 running variable, forcing variable이라 함), 분계점(cutoff 또는 threshold), 처치(treatment)이다. 다른 비실험적인 모형 분석과 달리 RD 분석에서 처치 배정은 연구자에게 이미 알려지고 입증 가능한 규칙을 따른다. 예를 들면, 연령이 65세 이상인 사람을 처치 대상으로 하거나, 월 소득이 100만 원 미만인 사람만을 처치 대상으로 하는 경우이다. 이때 연령, 월 소득이 배정변수에 해당하고, 65세, 100만 원은 분계점에 해당한다. 처치 배정은 실험에서는 사전에 결정되지만 RD 분석에서는 사후에 결정된다.

RD 분석은 크게 계단형(sharp RD)과 경사형(fuzzy RD)으로 구분한다. RD 분석을 수리적인 형태로 표현해보자. 하첨자 i에 의해 구분되는 n개의 개체가 있다고 하자. 개체 i의 배정변수 값을 X_i, 분계점을 c, 그리고 개체 i의 처치 상태를 T_i라고 하자. 개체 i는 $T_i = 1$이면 처치집단에, $T_i = 0$이면 통제집단에 배정된다고 하자. 이때 개체 i의 처치 상태 T_i는 배정변수 X_i의 함수에 의해 다음과 같이 결정된다고 하자.

$$T_i = \begin{cases} 1 \text{ if } X_i \geq c \\ 0 \text{ if } X_i < c \end{cases} \tag{13-1}$$

식 (13-1)에 따르면, 개체 i가 처치집단에 속하게 될 확률은 분계점 c에서 0에서 1로 불연속적으로 변한다. 이러한 경우를 계단형 RD 분석이라 하며 그림으로 표현하면 [그림 13-1]의 a)와 같다. 계단형 RD 분석에서는 처치집단에 배정되는 조건과 실제로 참여하는 조건(즉, 수락 조건)이 서로 동일하다.

[그림 13-1]의 b)에서는 분계점 왼쪽에 있는 개체들은 모두 통제집단에 참여하고 있는 반면, 분계점 오른쪽에 있는 개체들은 일부만 처치집단에 참여하고 있음을 알 수 있다. 이를 경사형 RD 분석이라 한다. 이보다 더 빈번한 사례로 분계점 좌우에 있는 개체들 가운데 일부만 처치집단에 참여하는 경우도 있다. 전자를 단측 비수락(one-sided non-compliance)이라고 하고, 후자를 양측 비수락(two-sided non-compliance)이라고 한다. 이처럼 처치집단에 대한 배정 조건과 수락 조건이 서로 다르다면, 다시 말해 어떤 개체가 배정조건을 충족하나 실제로 처치집단에 참여하지 않는 경우가 있다면, 이는 경사형 RD 분석에 해당한다. 따라서 경사형 RD 분석에서는 분계점에서 처치집단에 속할 확률의 변화는 1보다 작다.

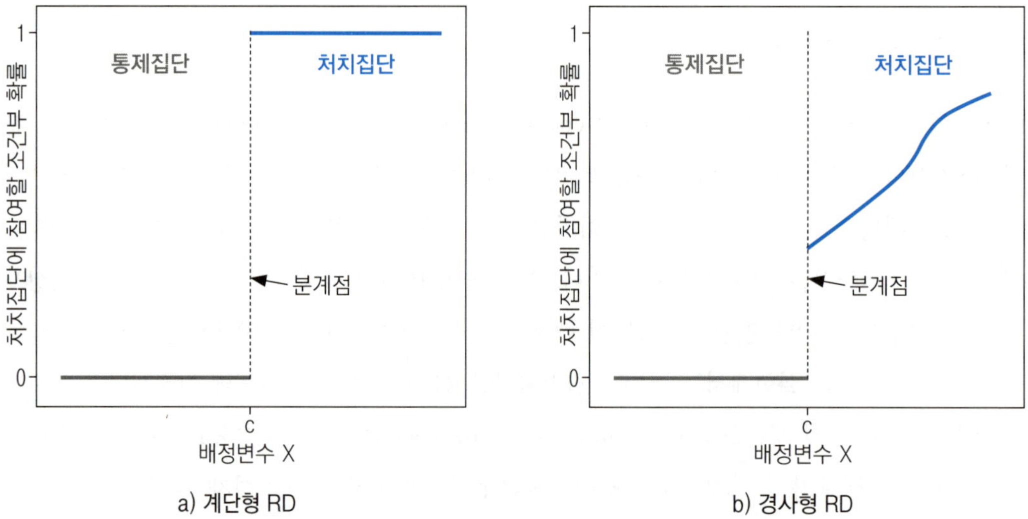

[그림 13-1] 계단형 RD와 경사형 RD

2) RD 처치효과의 국소적 특성

계단형 RD 분석에서도 인과관계 추론의 근본 문제가 동일하게 발생한다. 이를 [그림 13-2]로 설명해보자. 먼저, $E[Y_i(1) \mid X_i = x]$는 개체들이 처치집단에 배정될 때 배정변수 값 x에 대해 계산한 잠재적인 성과값의 평균이다. $E[Y_i(0) \mid X_i = x]$는 개체들이 통제집단에 배정될 때 배정변수 값 x에 대한 잠재적인 성과값의 평균이다. 통계학에서는 이와 같이 조건부 평균값을 구하는 함수를 회귀함수라고 한다.

회귀함수 $E[Y_i(1) \mid X_i = x]$는 분계점 우측에 있는 배정값에 대해서만 관측되지만(파란색 실선으로 표현), 분계점 좌측에 있는 배정값에 대해서는 관측할 수가 없다(파란색 점선으로 표현). 동일한 현상이 $E[Y_i(0) \mid X_i = x]$에서도 나타나며, 이는 [그림 13-2]에서 각각 회색 실선과 점선으로 표현된다. 따라서 배정변수 값에 x에 대해 실제로 관측되는 성과값의 평균은 다음과 같다.

$$E[Y_i \mid X_i] = \begin{cases} E[Y_i(1) \mid X_i] \text{ if } X_i \geq c \\ E[Y_i(0) \mid X_i] \text{ if } X_i < c \end{cases}$$

[그림 13-2]에서 특정 배정값에서의 평균 처치효과 $E[Y_i(1) \mid X_i = x] - E[Y_i(0) \mid X_i = x]$는 해당 배정값에서 측정한 두 회귀곡선의 수평적인 거리이다. 하지만 이 거리는 직접적으로 추정할 수 없다. 동일한 x값에서 두 곡선을 모두 다 관측할 수 없기 때문이다. 이를 인과관계 추론의 근본 문제라고 부른다.

이러한 문제점을 해결할 방법이 없지는 않다. 분계점 c와 같은 값을 가진 개체와 c보다 작지만 근접한 값($c-\epsilon$, 단 $\epsilon > 0$)을 가진 개체가 있다고 하자. 전자는 처치집단에 배정되나, 후자는 통제집단에 배정받을 것이다. 그러나 c와 $c-\epsilon$에서 측정한 잠재적 성과값의 평균이 서로 크게 다르지 않다면 $X_i = c$인 개체와 $X_i = c-\epsilon$인 개체는 처치 여부를 제외하면 서로 유사하다고 할 수 있다. 따라서 관측된 성과값을 사용하여 c에서 수직 거리를 근사적으로 측정할 수 있게 된다.

[그림 13-2]의 점 c에서 측정한 수직거리 τ_{SRD}는 계단형 RD의 처치효과 추정치로 $E[Y_i(1) \mid X_i = c] - E[Y_i(0) \mid X_i = c] \equiv \mu_+ - \mu_-$이다. 이때 주의할 점은 계단형 RD 분석에서는 매칭 분석과 달리 공통영역이 존재하지 않는다는 것이다. 통제집단 개체와 처치집단 개체 가운데 동일한 배정값을 가지는 개체가 없기 때문이다. 이러한 이유로 인해 RD 분석에서 통제집단과 처치집단을 비교하려면 국소 외삽법(local extrapolation)을 이용하여 분계점에서의 잠재적 성과값을 추정할 수밖에 없다. 따라서 τ_{SRD}는 전역적인 평균 처치효과가 아니라 $X_i = c$인 배정값을 가진 처치개체들에 대한 국소(local) 평균 처치효과이라 할 수 있다.

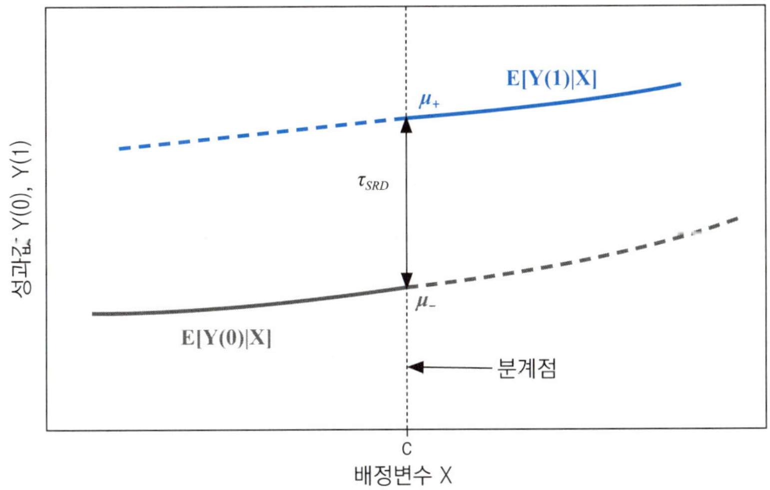

[그림 13-2] 계단형 RD 분석에서 처치효과

3) 비교가능성 가정

분계점을 좌우로 하여 서로 다른 집단에 속하지만 유사한 배정함수값을 가진 개체들이 존재한다는 가정을 비교가능성 가정(comparability assumption)이라고 한다. 비교가능성 가정은 RD 분석의 기본 개념으로 연속성 가정이라고도 한다. 이 가정이 의미하는 바를 살펴보자. 회귀함수 $E[Y_i(1) \mid X_i = x]$와 $E[Y_i(0) \mid X_i = x]$가 $x = c$에서 연속이라면 계단형 RD 분석에서 다음의 식이 성립한다.

$$E[Y_i(1) - Y_i(0) \mid X_i = c] = \lim_{x \downarrow c} E[Y_i(1) \mid X_i = x] - \lim_{x \uparrow c} E[Y_i(0) \mid X_i = x] \qquad (13\text{–}2)$$

식 (13–2)가 의미하는 바는 잠재적 성과값의 평균이 분계점 c에서 배정변수의 연속함수이라면 분계점에서의 평균처치효과는 두 극한값의 차이와 같다는 것이다. 여기서 두 극한값은 각각 처치집단과 통제집단에서 관측된 성과값의 극한값이다. 따라서 연속성 가정을 충족한다면, 분계점 좌우에 있는 개체들 가운데 분계점에 근접한 개체만을 사용하여 처치효과를 추정할 수 있다. 분계점 좌우에 인접한 관측치들은 분계점에 매우 근접해 있기 때문에 서로 유사한 배정값을 가지며, 연속성 가정으로 인해 개체들의 잠재적 성과값도 유사한 평균을 가질 것이다. 연속성 가정은 분계점 바로 우측의 개체들이 처치집단이 아니라 통제집단에 배정될 때의 평균 성과값을 근사하는 데 분계점 바로 좌측의 관측치를 이용할 수 있다는 정당성을 부여한다.

이 장에서 다루는 RD 분석은 다음과 같은 경우에 국한한다. 첫째, 배정변수는 연속형 변수이며 일차원 값을 가진다. 둘째, 분계점은 하나이다. 셋째, 처치 여부의 배정은 완전하다. 즉, 분계점보다 크거나 같은 배정변수 값을 가진 개체들은 모두 처치집단에 배정되며, 분계점보다 작은 배정변수 값을 가진 개체들은 모두 통제집단에 배정되는 계단형 RD 분석만을 다룬다.

RD 분석에서 처치효과 추정치를 식별하고 이를 추정하는 방법은 크게 2가지이다. 하나는 연속성 가정에 근거하여 국소 다항함수를 추정하는 방식이고, 다른 하나는 국소 무작위 배정에 근거하여 처치집단과 통제집단의 평균값 차이를 계산하는 방식이다. 국소 무작위 배정에 기초한 RD 분석에서는 분계점 근처에 있는 각 개체의 처치 여부를 확률에 의해 배정한다. 이 장에서 소개하는 RD 분석은 모두 연속성 가정에 기초한 것이다. 국소 무작위 배정에 따른 RD 분석의 결과를 얻으려면 패키지 `rdlocrand`를 사용한다.

2 사례연습: 지자체장 선거와 여성청소년의 학업 성취도

계단형 RD 분석의 실습에 사용할 데이터는 마이어슨(Meyersson, 2014)의 연구 "Islamic Rule and the Empowerment of the Poor and Pious"에서 사용한 자료이다. 이 데이터로 분석할 연구 주제는 '터키의 지방자치단체장 선거에서 이슬람당 소속의 후보가 당선될 경우 여성청소년의 학업 성취도에 어떠한 영향을 주겠는가?'이다.

1) 선택으로 인한 편향의 존재

두 지자체의 단순 비교를 통해 여성청소년의 학업 성취도에 미치는 영향을 분석한다고 하자. 만약 이슬람당 소속 후보가 집권하는 지자체와 반대당 소속 후보가 집권하는 지자체의 특성을 구분 짓는 요인들이 여성청소년의 학업 성취도에도 영향을 준다면, 이러한 단순 비교는 잘못된 결과를 초래할 수 있다. 예를 들면, 이슬람당 소속 후보가 당선된 지자체일수록 종교적인 보수주의 색채가 짙다. 또한 종교적 보수주의 색채가 높은 지자체일수록 여성청소년이 학업을 하는 것을 꺼릴 가능성도 높다. 종교적 보수주의 색채가 짙은 지자체일수록 이슬람당 소속 후보를 선호하기 때문에 이러한 선택으로 인한 편향은 이슬람당 소속 후보의 지자체장 당선이 여성청소년의 학업 성취도에 미치는 효과를 오염시킬 것이다. 따라서 이러한 선택으로 인한 편향 요인을 적절하게 통제하지 않고 두 지자체에 대해 여성청소년의 학업 성취도를 단순 비교한다면 통제하지 못한 요인들의 영향으로 잘못된 결과가 나타날 수 있다.

2) RD 분석의 유용성

위 사례에서 보듯이 RD 분석은 처치효과를 통제집단과 처치집단에 존재하는 체계적인 차이로부터 분리할 필요가 있을 때 적용하는 방법이다. RD 분석의 유용성을 실제 자료를 가지고 설명해보자. [실습 13-1]은 [그림 13-3]의 a)와 b)를 그리기 위한 R 코드이다. 패키지 `rdrobust`의 함수 `rdplot`이 가진 기능에 대해서는 나중에 설명하고 [그림 13-3]이 의미하는 바를 먼저 살펴보자.

실습 13-1 처치집단과 통제집단의 산점도와 회귀선 그리기

```
> library(foreign)
> mydata<-read.dta("D:/MDAR/islamic_vote.dta")
> library(rdrobust)
> fig13_3a<-rdplot(mydata$Y, mydata$X, nbins = c(2500, 500), p = 0,
                  col.lines = "red", col.dots = "black", title = "",
                  x.label = "Islamic Margin of Victory",
                  y.label = "Female High School Percentage", y.lim = c(0,70))
> fig13_3b<-rdplot(mydata$Y[abs(mydata$X) <= 50],
                  mydata$X[abs(mydata$X) <= 50], nbins = c(2500, 500), p = 4,
                  col.lines = "red", col.dots = "black", title = "",
                  x.label = "Islamic Margin of Victory",
                  y.label = "Female High School Percentage", y.lim = c(0,70))
```

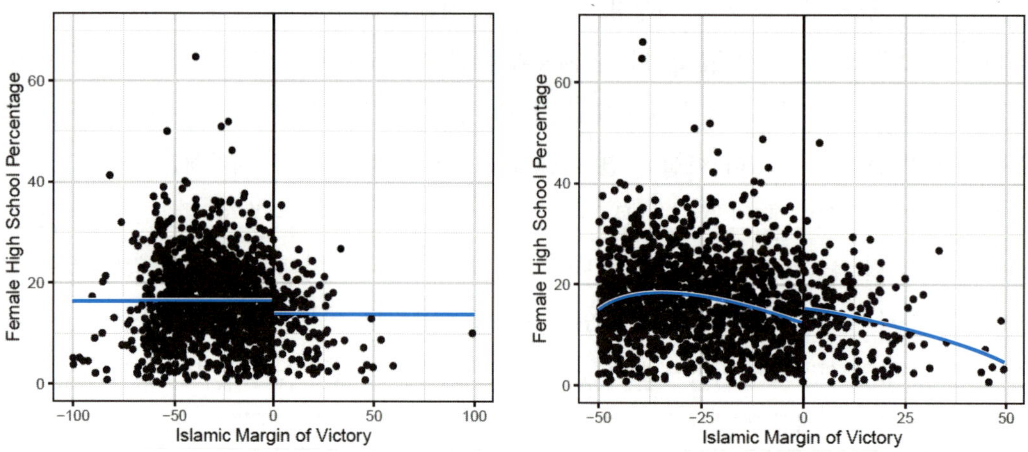

a) 표본 전체와 표본평균값 적용　　b) 득표 차 50% 이내와 다항회귀식 적용

[그림 13-3] 이슬람당 득표 차와 여성청소년의 학업 성취도에 관한 산점도

[그림 13-3]에서 X축은 각 지방자치단체장 선거에서 이슬람당의 득표 차(vote margin)를 나타내는 퍼센트 비율이다. 득표 차는 1994년 지방자치단체장 선거에서 이슬람당 소속 후보의 퍼센트 득표율에서 반대당 소속 후보들 중 득표율이 가장 높은 후보의 퍼센트 득표율을 뺀 값이다. Y축은 각 지자체에서 여성청소년의 학업 성취도를 나타낸다. 학업 성취도는 2000년 기준으로 15~20세인 여성들 가운데 2000년까지 고등학교를 졸업한 여성이 차지하는 퍼센트 비율로 측정된다. 각 점들은 개체인 지자체를 나타내며, 분계점 0의 오른쪽은 처치집단에 속한 개체(이슬람당이 집권한 지자체)를, 왼쪽은 통제집단에 속한 개체(반대당이 집권한 지자체)를 나타낸다.

[그림 13-3]의 a)는 원자료를 사용하여 이슬람당의 득표 차와 여성청소년의 학업 성취도에 대한 산점도를 나타난 것이다. [그림 13-3]의 b)는 이슬람당의 득표 차가 절대값 기준으로 50% 이내인 개체를 대상으로 산점도를 다시 그린 것이다. [그림 13-3]의 a)에서 빨간색 실선은 각 지자체에서 측정한 여성청소년의 학업 성취도를 평균한 값을 의미한다. 학업 성취도의 평균값은 이슬람당이 집권한 지자체의 경우 14.0%인데 반해, 반대당이 집권한 지자체의 경우는 16.6%이다. [그림 13-3]의 a)에서 보듯이 원자료의 단순 비교에 따르면 이슬람당이 집권한 지자체에서 여성청소년의 학업 성취도가 낮다고 할 수 있다.

[그림 13-3]의 b)에서 산점도는 전체 관측치의 83%를 포함한다. 빨간색 실선은 4차 다항함수를 이용(함수 `rdplot`에서 인자 `p=4`를 적용)하여 두 집단에 대해 각각 추정한 회귀선이다. 추정 회귀선은 두 집단에서 모두 음의 기울기를 가지기 때문에 이슬람당의 득표율이 높을수록 여성청소년의 학업 성취도가 감소함을 의미한다. 이러한 결과는 [그림 13-3]의 a)와 동일하다. 하지만 분계점에서 두 회귀선의 거리 차를 계산해보면 이슬람당 소속 지자체장 당선이 여성청소년의 학업 성취도에 미치는 효과는 양(+)의 값을 가진다. 이는 [그림 13-3]의 a)에서 단순 비교를 통해 얻어진 음(-)의 효과와 비교할 때 정반대의 결과다. 두 집단은 분계점에서 처치 여부를 제외하면 거의 유사하기 때문에 회귀선의 거리 차를 계산해봄으로써 이슬람당 소속 지자체장 당선이 여성청소년의 학업에 미치는 인과효과를 구할 수 있다. 이는 RD 분석을 통해 처치집단과 통제집단에 존재하는 모든 체계적인 차이로부터 처치효과를 분리한 결과이다.

3 RD 플롯에 의한 처치효과의 시각화

RD 분석의 매력적인 특징은 그래프에 의해 인과효과를 시각적으로 파악할 수 있다는 점이다. 먼저, RD 분석을 적용할 실습용 데이터의 변수들을 정의해보자.

- **개체(unit)**: 지방자치단체이다. 지방자치단체의 수는 총 2,629개이다.
- *X*(**배정변수**): 1994년 지방자치단체장 선거에서 이슬람당의 득표 차(vote margin)다. 득표 차는 이슬람당 소속 후보의 퍼센트 득표율에서 반대당 소속 후보들 중 득표율이 가장 높은 후보의 퍼센트 득표율을 뺀 것이다.

- *Y*(성과변수): 여성청소년의 학업 성취도를 나타내며, 2000년 기준으로 15~20세인 여성들 가운데 2000년까지 고등학교를 졸업한 여성의 퍼센트 비율이다.
- *T*(처치 여부): 1994년 지방자치단체장 선거에 이슬람당 후보가 당선되면 1, 그렇지 않으면 0의 값을 가진다. 따라서 이슬람당 후보가 당선된 지자체는 처치집단에, 반대당 후보가 당선된 지자체는 통제집단에 배정된다.
- **분계점** c: 지자체장 선거에서 득표 차가 0보다 크면 이슬람당 후보가 당선되기 때문에, 즉 처치집단에 배정되기 때문에 분계점 $c=0$이다.

1) 배정변수와 성과변수의 산점도

[실습 13-2]는 원자료를 이용하여 배정변수 *X*에 대한 성과변수 *Y*의 산점도를 그리기 위한 R 코드이다. 그 결과가 [그림 13-4]이다. 처치집단과 통제집단은 분계점 $c=0$에 의해 구분되며, 처치집단 관측치는 파란색으로, 통제집단 관측치는 검은색 점으로 표현하였다. [그림 13-4]에서 보듯이 원자료에서는 양(+)의 인과효과를 나타내는 점프나 불연속을 찾기가 어렵다. 이처럼 원자료를 가지고 산점도를 그릴 때, 비록 인과효과가 크더라도 어느 집단에서 성과변수 값이 더 높은지 식별하기가 쉽지 않다. RD 플롯은 이러한 경우에 적용할 수 있는 RD 분석의 기법이다.

실습 13-2 **처치집단과 통제집단에 대한 배정변수와 성과변수의 산점도 그리기**

```
> library(ggplot2)
> mydata %>% ggplot(aes(x=X, y=Y, color=T)) +
          geom_point(size=0.5, alpha=0.5) +
          geom_vline(xintercept=0)+ labs(x="Score", y="Outcomes") +
          guides(color=FALSE)
```

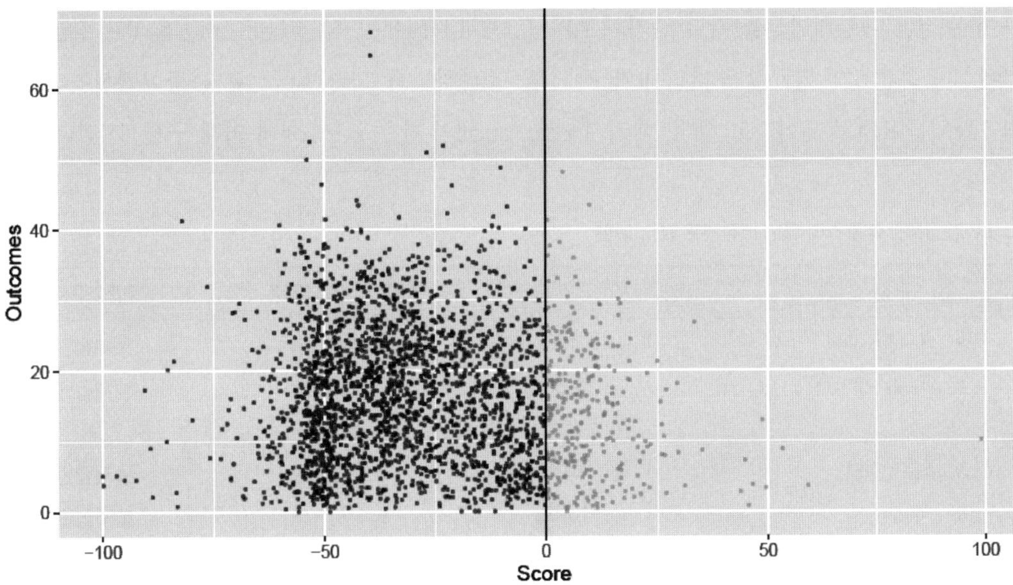

[그림 13-4] 통제집단과 처치집단에 관한 (X, Y) 산점도

2) RD 플롯의 기본 원리

RD 플롯의 기본 원리를 설명하면 다음과 같다. 통제집단과 처치집단에 대한 배정변수 값을 각각 20개의 구간(bins)으로 균등하게 나누어보자. 통제집단과 처치집단을 구분하기 위해 하첨자 -와 +를 사용하여, 통제집단의 각 구간(bins)은 $B_{-,1}, B_{-,2}, \cdots, B_{-,20}$라 하고, 처치집단의 각 구간은 $B_{+,1}, B_{+,2}, \cdots, B_{+,20}$라고 하자. 통제집단과 처치집단에 속하는 구간별 성과값의 국소 평균은 다음과 같이 계산된다.

$$\overline{Y}_{-,j} = \frac{1}{\#\{X_i \in B_{i,-j}\}} \sum_{i:X_i \in B_{i,-j}} Y_i$$

$$\overline{Y}_{+,j} = \frac{1}{\#\{X_i \in B_{i,+j}\}} \sum_{i:X_i \in B_{i,+j}} Y_i$$

단, #{ }는 각 구간에 속한 관측치의 수를 의미한다.

[표 13-2]는 20개 구간에 속한 관측치 수와 구간별 평균 성과값을 계산한 결과이다. 이렇게 계산된 20개 구간의 Y 평균값을 해당 구간에 속한 X의 평균값에 대해 도시해보자. 그런 다음 통제집단과 처치집단에 있는 20개의 점들에 대해 4차함수 형태의 부드러운 함수식을 이용

하여 추정한 다항회귀선을 각각 추가해보자. [그림 13-5]에서 각 점들은 구간별 X의 평균값과 그에 대응하는 Y의 평균값을 나타내며, 각 점을 통과하도록 그려진 곡선은 다항회귀선이다. [그림 13-5]를 RD 플롯이라고 하며, 패키지 rdrobust의 함수 rdplot에 의해 구할 수 있다.

[표 13-2] 균등간격 구간에 의한 배정변수 값의 분할

구간	성과값의 국소 평균	관측치 수	집단 구분
$B_{-,1}$=[−100,−95]	$\bar{Y}_{-,1} = 4.63$	4	통제집단
$B_{-,2}$=[−95,−90]	$\bar{Y}_{-,2} = 10.89$	2	통제집단
⋮	⋮	⋮	⋮
$B_{-,19}$=[−10,−5]	$\bar{Y}_{-,19} = 12.95$	149	통제집단
$B_{-,20}$=[−5,0]	$\bar{Y}_{-,20} = 13.83$	148	통제집단
$B_{+,1}$=[0,5]	$\bar{Y}_{+,1} = 15.37$	109	처치집단
$B_{+,2}$=[5,10]	$\bar{Y}_{+,2} = 13.96$	83	처치집단
⋮	⋮	⋮	⋮
$B_{+,19}$=[90,95]	$\bar{Y}_{+,19} = \text{NA}$	0	처치집단
$B_{+,20}$=[95,100]	$\bar{Y}_{+,20} = 10.06$	1	처치집단

```
> rdplot(mydata$Y, mydata$X, nbins = c(20,20), binselect = 'es', title = '',
         x.label = "Score", y.label = "Outcomes", y.lim = c(0,25))
```

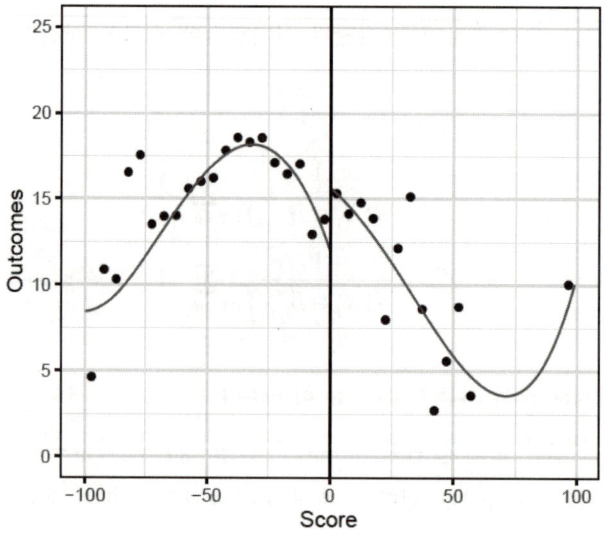

[그림 13-5] RD 플롯의 예

RD 플롯에서 다항회귀선은 배정변수의 모든 값에 대한 회귀함수가 어떠한 형태를 가지는지를 보여준다. [그림 13-5]의 다항회귀선으로부터 주어진 X와 Y의 값에 대해 관측된 회귀함수가 비선형이며, 특히 통제집단에서 비선형 정도가 더욱 뚜렷함을 알 수 있다. 분계점 좌우에 표시된 각각 20개의 점들은 다항회귀선 주변에서 성과변수 Y의 평균값이 가진 국소 분포 형태를 보여준다.

[그림 13-5]에서 다항회귀선이 분계점에서 양(+)의 점프를 하고 있음은 처치집단의 성과변수 평균값이 통제집단의 성과변수 평균값에 비해 더 크다는 사실을 보여준다. 이처럼 배정변수 값을 구간별로 구분하여 그로부터 성과변수의 평균을 계산한 다음에 다항회귀선을 도출하는 과정은 [그림 13-4]의 단순한 산점도에서는 파악할 수 없는 패턴, 즉 분계점에서 평균 성과값이 분절되는 패턴을 보여준다.

[그림 13-5]에서 처치집단과 통제집단에 대해 각각 20개의 구간을 설정하였다(그리하여 20개의 점들이 나타났다). [표 13-2]에서 보듯이 어떤 구간에는 관측치 수가 많지만, 다른 구간에서는 관측치가 매우 적거나 아예 없는 경우가 있다. 이러한 결과는 동일한 크기의 구간을 양 집단에 대해 동일한 수만큼 생성했기 때문이다. 구간의 수를 달리 설정한다면 [그림 13-5]와는 다른 형태의 RD 플롯이 나타날 수도 있다. 그렇다면 구간의 수를 어떻게 정할 것인가? 이는 다음 절의 주제이다.

3) 구간의 형태 지정하기

일반적으로 RD 플롯에서 구간은 2가지 형태를 가진다. 하나는 동일한 크기의 구간이며, 다른 하나는 동일한 수의 관측치를 가지나 크기는 다를 수 있는 구간이다. 전자는 균등간격(evenly-spaced) 구간이라 하고, 후자는 분위수간격(quantile-spaced) 구간이라고 한다.

배정변수 값의 범위가 $[x_l, x_u]$일 때 분계점 우측에 있는 배정변수 값에 적용된 구간의 수를 J_+, 분계점 좌측에 있는 배정변수 값에 적용된 구간의 수를 J_-라고 하자. 이때 각 구간들은 다음과 같이 정의할 수 있다.

- 통제집단 구간: $B_{-j} = \begin{cases} [x_l, b_{-,1}) & j=1 \\ [b_{-,j-1}, b_{-,j}) & j=2,\cdots,J_- -1 \\ [b_{-,J_- -1}, c) & j=J_- \end{cases}$

- **처치집단 구간**: $B_{+j} = \begin{cases} [c, b_{+,1}) & j=1 \\ [b_{+,j-1}, b_{+,j}) & j=2,\cdots,J_+-1 \\ [b_{+,J_+-1}, x_u] & j=J_+ \end{cases}$

통제집단과 처치집단(또는 그 부분집합)에서 분위수 i를 각각 $X_{-,(i)}$, $X_{+,(i)}$라고 하자.[1] 균등 간격 구간과 분위수 간격 구간에서 $b_{-,j}$와 $b_{+,j}$는 각각 다음과 같다.

- **균등간격 구간**: $b_{-,j} = x_l + \frac{j(c-x_l)}{J_-}$, $b_{+,j} = c + \frac{j(x_u-c)}{J_+}$이며, 통제집단에서 각 구간의 길이는 $\frac{(c-x_l)}{J_-}$인 반면, 처치집단에서 각 구간의 길이는 $\frac{(x_u-c)}{J_+}$이다.
- **분위수간격 구간**: $b_{-,j} = X_{-,(\lfloor j/J_- \rfloor)}$, $b_{+,j} = X_{+,(\lfloor j/J_+ \rfloor)}$이다. 여기서 $\lfloor x \rfloor$는 어떤 x보다 크지 않은 정수 중 가장 큰 정수를 의미하는 바닥함수이다. 분위수간격 구간에서는 구간별로 관측치 수가 동일해야 하기 때문에 구간의 길이는 집단별, 구간별로 서로 다를 수 있다. 왜냐하면 특정 구간에서 관측치 수가 적다면 그 구간의 길이는 더 늘어나야 하기 때문이다.

균등간격 구간을 적용할지, 아니면 분위수간격 구간을 적용할지에 따라 국소 평균값 추정치의 변동성, 즉 분산의 크기가 달라진다. 따라서 관측치 분포가 균일하지 않을 때 균등간격 구간을 적용하면 국소 평균값 추정치의 분산은 커진다. 이는 [표 13-2]에서 관측치 수가 구간별로 큰 차이를 보인다는 사실로부터 알 수 있다.

RD 플롯에서 구간의 형태는 `binselect=c('es', 'qv')`에 의해 지정할 수 있다. 여기서 `'es'`는 균등간격 구간을, `'qv'`는 분위수간격 구간을 의미한다. 그렇다면 구간을 정하는 방법에 따라 RD 플롯의 결과가 어떻게 달라지는지 살펴보자.

[실습 13-3]은 균등간격 구간(`binselect='es'`)을 적용한 RD 플롯이다. 함수 `rdplot`의 실행 결과가 저장된 객체에 함수 `summary`를 적용하면 산점도 외에 다양한 통계량을 구할 수 있다. [실습 13-3]에서 균등간격 구간을 지정하여 RD 플롯 분석을 실행한 결과는 크게 다섯 부문으로 나누어진다.

---

1 여기서 부분집합이라는 표현을 사용한 이유는 나중에 설명하겠지만 대역폭의 크기에 따라 각 집단에 속한 관측치의 일부만 사용할 수도 있기 때문이다.

첫 번째 부문은 분석에 사용된 관측치 수가 2,629개이며, kernel=uniform은 국소 평균값을 구할 때 각 관측치에 동일한 가중치를 부여했음을 의미한다.

실습 13-3 균등간격 구간을 적용한 RD 플롯과 통계량 구하기

```
> fig13_6a<-rdplot(mydata$Y, mydata$X, nbins = c(20,20), binselect = 'es',
        title = '', x.label = "Score", y.label = "Outcomes", y.lim = c(0,25))
> summary(fig13_6a)
Call: rdplot

Number of Obs.              2629
Kernel                   Uniform

Number of Obs.              2314        315
Eff. Number of Obs.         2314        315
Order poly. fit (p)            4          4
BW poly. fit (h)         100.000     99.051
Number of bins scale           1          1

Bins Selected                 20         20
Average Bin Length         5.000      4.953
Median Bin Length          5.000      4.953

IMSE-optimal bins             11          7
Mimicking Variance bins       40         75

Relative to IMSE-optimal:
Implied scale              1.818      2.857
WIMSE variance weight      0.143      0.041
WIMSE bias weight          0.857      0.959
```

두 번째 부문에서 첫 행은 통제집단으로 배정된 관측치 수(2,314개)와 처치집단으로 배정된 관측치 수(315개)를 의미한다. 두 번째 행은 분계점 좌우에 있는 모든 배정변수 값에 대해 전역적인 다항회귀식을 각각 추정할 때 적용한 차수가 4차임을 의미한다. 세 번째 행은 다항추정식을 추정할 때 관측치의 범위를 지정하는 값인 대역폭 h를 알려준다. 다항함수를 추정할 때 통제집단에서는 범위 $[c-h, c]$에 속한 모든 관측치를 사용하는 반면, 처치집단에서는 범위 $[c, c+h]$에 속한 모든 관측치를 사용한다. 마지막 행은 보정계수(scaling factor)로 지정한 값을 나타낸다. 보정계수는 사전에 정한 구간의 수를 보정계수 값만큼 늘리거나 또는 줄이는 데 사용한다. 보정계수 기본값은 1이며, 이는 보정계수를 적용하지 않음을 의미한다.

세 번째 부문에서 첫 행은 선택된 구간의 수와 형태를 알려준다. 즉, 통제집단과 처치집단에 대해 각각 20개의 구간이 선택되었고, 구간의 길이는 통제집단에서는 $\frac{c-x_l}{J_-}=\frac{0-(-100)}{20}=\frac{100}{20}=5$, 처치집단에서는 $\frac{x_u-c}{J_+}=\frac{99.051-0}{20}=4.953$이다.

네 번째와 다섯 번째 부문은 최적 구간의 수를 구하는 방법에 관한 것으로 이는 나중에 설명한다.

[실습 13-4]는 분위수간격 구간(binselect='qs')을 적용한 RD 플롯으로부터 얻어진 통계량을 나타낸 것이다. 각 통계량의 의미는 구간 길이의 평균값과 중앙값을 제외하면 [실습 13-3]과 크게 다르지 않기 때문에 자세한 설명은 생략한다.

실습 13-4 분위수간격 구간을 적용한 RD 플롯과 통계량 구하기

```
> fig13_6b<-rdplot(mydata$Y, mydata$X, nbins=c(20,20), binselect='qs',
          title='', x.label="Score", y.label="Outcomes", y.lim=c(0,25))
> summary(fig13_6b)
Call: rdplot

Number of Obs.              2629
Kernel                   Uniform

Number of Obs.              2314       315
Eff. Number of Obs.         2314       315
Order poly. fit (p)            4         4
BW poly. fit (h)         100.000    99.051
Number of bins scale           1         1

Bins Selected                 20        20
Average Bin Length         4.995     4.957
Median Bin Length          2.950     1.011

IMSE-optimal bins             21        14
Mimicking Variance bins       44        41

Relative to IMSE-optimal:
Implied scale              0.952     1.429
WIMSE variance weight      0.537     0.255
WIMSE bias weight          0.463     0.745
```

[그림 13-6]은 균등간격 구간(왼쪽 그림)과 분위수간격 구간(오른쪽 그림)을 적용할 때의 RD 플롯을 비교한 것이다. 두 RD 플롯이 상당히 다름을 확인할 수 있다. 예를 들어, 배정변수 값이 [-100, -75]에 속할 때, 균등간격 구간을 적용한 RD 플롯에서는 5개 구간이 나타나는 반면, 분위수간격 구간을 적용한 RD 플롯에서는 단 1개의 구간만이 나타난다([-100, -75]에 있는 점의 수를 세어보라). 이러한 차이점은 배정변수 값이 -100인 근처에서 관측치가 거의 없기 때문에 나타난 결과이다.

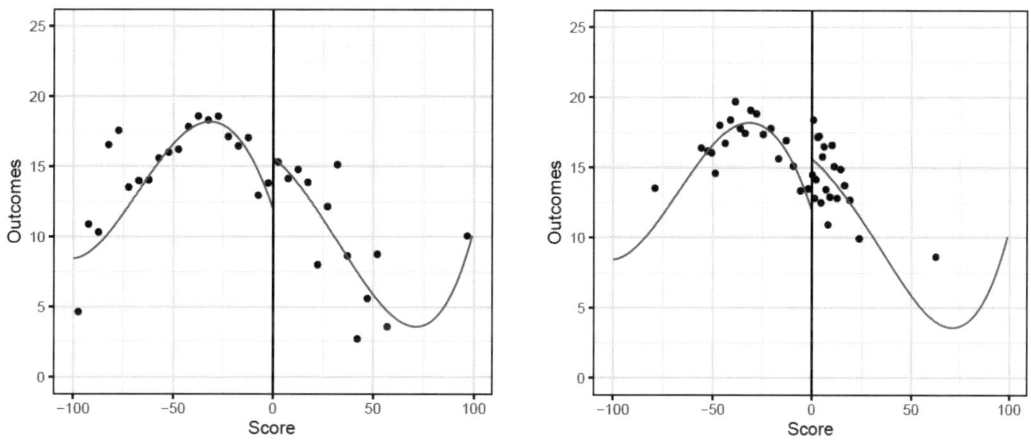

[그림 13-6] 균등간격 구간과 분위수간격 구간에 의한 RD 플롯 비교

이처럼 관측치 분포가 균일하지 않을 때 균등간격 구간을 적용한다면 구간별로 관측치 수가 달라져 높은 분산을 가진 국소 평균의 추정치가 나타난다. 그러나 분위수 간격 구간의 경우는 구간당 관측치 수가 동일하도록 구간을 설정하기 때문에 이러한 문제를 회피할 수 있다.

4) 구간의 수 정하기

RD 플롯을 생성할 때 구간의 형태를 정했다면 그다음에 할 일은 적정 구간의 수를 정하는 것이다. 구간의 수를 정하는 방법은 크게 2가지이다.

첫째는 구간별로 추정한 국소 평균의 평균자승오차를 합한 값(integrated mean squared error, IMSE)을 최소화하는 방식(이하 IMSE 방식)이다. 평균자승오차는 분산과 편향의 제곱값으로 구성된다. 구간의 수를 늘리면 구간 길이가 작아지기 때문에 편향은 줄어들어 더 나은 국소 평균 추정치를 얻을 수 있다. 하지만 구간의 수를 늘릴수록 구간별 관측치 수는 적어지기 때문에 구간 내 변동성은 오히려 더 커진다. 달리 말하면, 편향은 줄어들고 대신에 분산은 커지는 현상인 이른바 편향과 분산의 교환관계가 발생하게 된다. IMSE 방식은 평균자승오차의 총합이 근사적으로 최소가 되도록 편향 제곱값과 분산이 서로 균형을 이루는 구간의 수 J_-와 J_+를 구하는 것이다.

두 번째는 분산 모방법(mimicking variance method, 이하 MV 방식)이다. 분산 모방법은 통제집단과 처치집단의 구간별 평균이 [그림 13-4]에 나타난 원자료와 동일한 수준의 변동성을 가지도록 구간 수 J_-와 J_+를 정하는 방법이다.

균등간격 구간을 사용하되 최적 구간의 수를 IMSE 방식으로 정하려면 함수 rdplot에서 인수 binselect='es'를 적용하되, 이전과 달리 인자 nbins는 사용하지 않는다. 분위수간격 구간을 사용하되 IMSE 방식으로 최적 구간의 수를 정하려면 인수 binselect='qs'를 적용하되, nbins는 사용하지 않는다.

- 균등간격 구간 + IMSE 방식:

```
> rdplot(mydata$Y, mydata$X, binselect='es', title='', x.label="Score",
                    y.label="Outcomes", x.lim=c(-100,100), y.lim=c(0,25))
```

- 분위수간격 구간 + IMSE 방식:

```
> rdplot(mydata$Y, mydata$X, binselect='qs', title='', x.label="Score",
                    y.label="Outcomes", x.lim=c(-100,100), y.lim = c(0,25))
```

최적 구간의 수를 MV 방식으로 정하려면 균등간격 구간은 인수 binselect='esmv'를, 분위수간격 구간은 인수 binselect='qsmv'를 각각 사용하면 된다.

- 균등 간격 구간 + MV 방식:

```
> rdplot(mydata$Y, mydata$X, binselect='esmv', title='', x.label="Score",
                y.label="Outcomes", x.lim=c(-100,100), y.lim=c(0,25))
```

- 분위수 간격 구간 + MV 방식:

```
> rdplot(mydata$Y, mydata$X, binselect='qsmv', title='', x.label="Score",
                y.label="Outcomes", x.lim=c(-100,100), y.lim=c(0,25))
```

위의 4가지 방식으로 rdplot을 각각 실행한 결과는 지면을 고려하여 따로 제시하지 않는다. 그 대신 각각의 rdplot 실행 결과에 대해 함수 summary를 적용한 결과로부터 구한 통계량들을 정리한 것이 [표 13-3]이다. [그림 13-6]은 4개의 rdplot으로부터 얻어진 RD 플롯을 서로 비교하기 위해 하나로 모아 놓은 것이다.

일반적으로 $J_{-}^{MV} > J_{-}^{ES}$ 와 $J_{+}^{MV} > J_{+}^{ES}$ 이다. 즉, MV 방식이 IMSE 방식에 비해 더 많은 수의 구간을 초래한다. [표 13-3]에서 보듯이 MV 방식에 의한 최적 구간의 수는 균등간격 구간의 경우 분계점 좌측에서 40개, 우측에서 75개로 나타난다. 이는 IMSE 방식을 적용할 때 나타난 구간의 수인 분계점 좌측 11개, 우측 7개에 비해 상당히 많다. 이처럼 MV 방식은 RD 플롯에 국소 평균을 나타내는 점들이 많이 나타나도록 함으로써 데이터의 변수가 가진 변동성을 더 잘 반영한다는 장점이 있다. 분산 가중치와 편향 가중치를 비교해보면 MV 방식은 분산보다는 편향에 더 높은 가중치를 부여함을 알 수 있다.

그렇다면 최적 구간의 수를 정하는 여러 방법 중에 어느 것을 선택하는 것이 좋을까? 우선 자료가 가진 변동성을 잘 보여주는 MV 방식을 실행하되 균등간격과 분위수간격 구간 중 어느 것을 택할지는 배정변수의 분포나 특징을 고려하여 결정하는 것이다. 만약 회귀함수의 전역적인 특성을 알아보고자 한다면 IMSE 방식에 의해 구간의 수를 결정할 수도 있다.

[표 13-3] 최적 구간의 수를 구하는 방법별 결과 비교

	IMSE 방식				MV방식			
	균등간격		분위수간격		균등간격		분위수간격	
	통제 집단	처치 집단	통제 집단	처치 집단	통제 집단	처치 집단	통제 집단	처치 집단
구간 수	11	7	21	14	40	75	44	41
구간 길이의 평균값	9.091	14.15	4.757	7.082	2.500	1.321	2.270	2.418
구간 길이의 중앙값	9.091	14.15	2.833	1.429	2.500	1.321	1.376	0.506
IMSE 최적 구간 수	11	7	21	14	11	7	21	14
분산 모방법 최적 구간 수	40	75	44	41	40	75	44	41

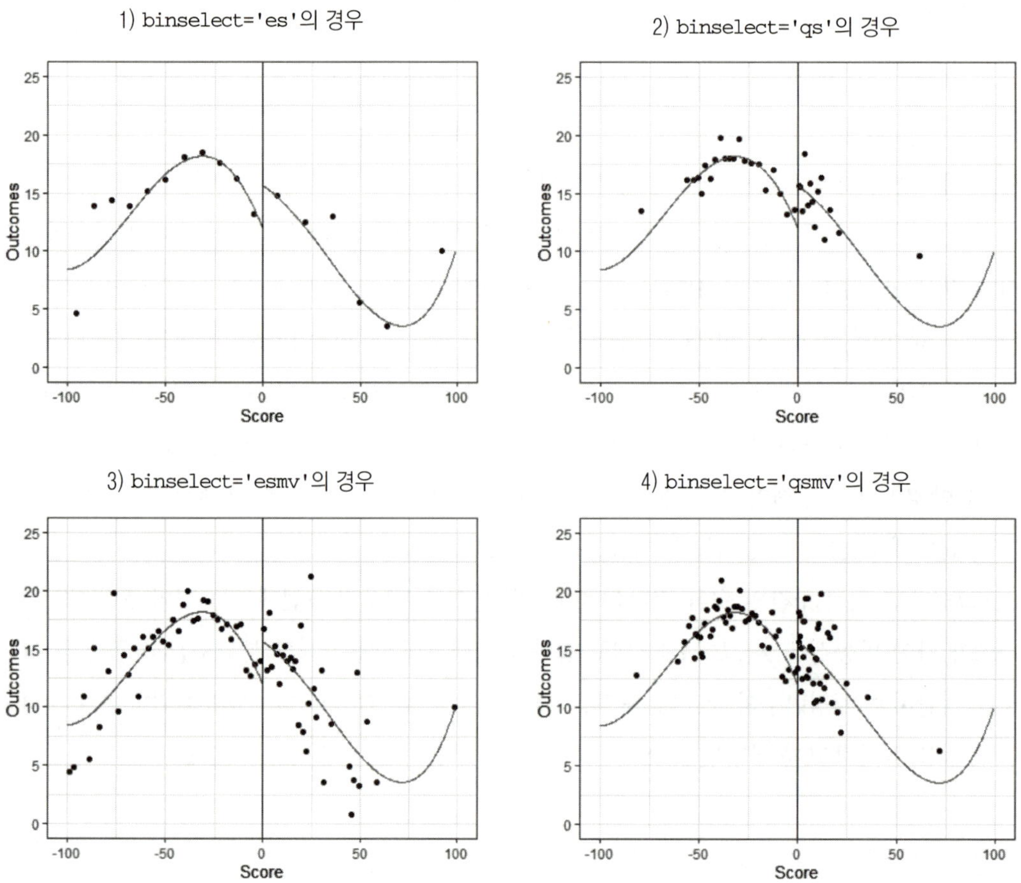

[그림 13-7] 최적 구간의 수를 정하는 방식별 RD 플롯 비교

4 처치효과의 추정치 구하기

RD 분석에서 처치효과는 연속성 가정과 국소 외삽법(local extrapolation)에 근거하여 추정한다. 이는 식 (13-1)의 회귀함수 $E[Y_i \mid X = x]$를 근사하기 위해 분계점 좌우에 있는 일부 관측치를 사용하여 국소 다항식을 추정하는 것을 의미한다. 만약 인과효과의 추정에 모든 관측치를 이용했다면 이때 적용된 다항추정식은 전역적이며 모수적인 특성을 가진다. 이 책에서는 RD 분석의 표준적인 기법으로 알려진 국소 다항함수식을 적용한 처치효과 추정법에 대해 설명한다.

4-1 외삽법에 의한 국소 다항식의 추정

RD 분석의 가장 기본적인 특징은 배정변수 값이 분계점 c와 정확히 같은 관측치가 없다는 점이다. 배정변수가 연속형 변수라고 가정했기 때문에 배정변수 값이 c이거나 또는 c에 매우 근접한 관측치가 존재하지 않는다(실제 있다고 하더라도 그 수는 매우 적다). 따라서 처치효과 추정치 τ_{SRD}를 구하려면 국소 외삽법에 의존해야 한다. 달리 말하면, 회귀함수 $E[Y_i(0) \mid X_i = c]$와 $E[Y_i(1) \mid X_i = c]$를 분계점에서 떨어진 관측치들을 이용하여 외삽법에 의해 추정(근사)해야 한다는 것이다. 회귀함수를 추정할 때 가장 중요한 점은 연구자가 알 수 없는 회귀함수인 평균값을 어떻게 근사할 것인가이다. 왜냐하면 추정 결과가 RD 분석의 견고성과 신뢰성에 직접적으로 영향을 주기 때문이다.

RD 분석에서는 회귀함수 $E[Y_i(0) \mid X_i = c]$와 $E[Y_i(1) \mid X_i = c]$를 근사하기 위해 다항함수식의 비모수적인 추정법을 적용한다. RD 처치효과를 추정하기 위해 모든 관측치를 이용하는 전역적인 다항함수 근사법은 결코 바람직하지 않다. 왜냐하면 이러한 방식은 전역적으로 좋은 근사 결과를 제공하지만, 분계점 주변에서는 근사 정도가 그리 좋지 않기 때문이다. RD 처치효과 추정치는 분계점에서 정의되기 때문에 전역적인 다항식을 사용할 경우 신뢰할 수 없는 추정치를 얻게 되어 인과효과에 대해 잘못된 결론을 내릴 수 있다. 이 때문에 분계점 가까이에서 회귀함수를 추정하는 국소 다항식 근사법이 바람직하다.

국소 다항식 근사법은 분계점 근처인 $c-h$와 $c+h$ 사이에 있는 관측치만을 이용하여 통제집단과 처치집단 각각에 대해 선형 회귀선을 추정한다. 이때 $h(>0)$는 대역폭이라 불리며, RD 분석이 수행되는 분계점 주변 영역의 크기를 결정한다. 대역폭이 주어지면 회귀식을 추정할 때 c에 가까운 관측치에는 멀리 떨어진 관측치보다 더 큰 가중치를 부여한다. 이때 가중치는 커널함수 $K(\bullet)$에 의해 결정된다.

국소 다항식은 다음과 같은 단계를 따라 추정한다.

① 다항식의 차수 p와 커널함수 $K(\bullet)$의 형태를 정한다.

② 대역폭 h를 정한다.

③ 분계점 우측에 있는 관측치($X_i \geq c$)를 사용하여 성과변수 Y_i를 상수항, (X_i-c), $(X_i-c)^2$, $\cdots$, $(X_i-c)^p$에 대해 가중 최소자승추정을 한다. 이때 각 관측치에 대해 가중치 $K[(X_i-c)/h]$를 적용한다. $\mu_+ = E[Y_i(1) \mid X_i = c]$의 점 추정치는 다음과 같은 국소 가중 회귀식으로부터 추정되는 상수항 값 $\hat{\mu}_+$이다.

$$\hat{\mu}_+ : \hat{Y}_i = \hat{\mu}_+ + \hat{\mu}_{+,1}(X_i - c) + \hat{\mu}_{+,2}(X_i - c)^2 + \cdots\cdots + \hat{\mu}_{+,p}(X_i - c)^p$$

④ 분계점 좌측에 있는 관측치($X_i < c$)를 사용하여 성과변수 Y_i를 상수항, $(X_i - c)$, $(X_i - c)^2$, ⋯, $(X_i - c)^p$에 대해 가중 최소자승추정을 한다. 이때 각 관측치에 대해 가중치 $K[(X_i - c)/h]$를 적용한다. $\mu_- = E[Y_i(0) \mid X_i = c]$의 점추정치는 다음과 같은 국소 가중 회귀식으로부터 추정되는 상수항 값 $\hat{\mu}_-$이다.

$$\hat{\mu}_- : \hat{Y}_i = \hat{\mu}_- + \hat{\mu}_{-,1}(X_i - c) + \hat{\mu}_{-,2}(X_i - c)^2 + \cdots\cdots + \hat{\mu}_{-,p}(X_i - c)^p$$

⑤ 계단형 RD 점 추청치 $\hat{\tau}_{SRD} = \hat{\mu}_+ - \hat{\mu}_-$를 계산한다.

[그림 13-8]은 $p = 1$, $h = h_1$일 때 국소 다항식 근사법에 의해 $\hat{\mu}_+$, $\hat{\mu}_-$, $\hat{\tau}_{SRD}$를 구하는 방법을 예시로 나타낸 것이다. 이 파라미터들을 추정할 때 구간으로 구분된 자료(binned data)가 아닌 원자료(raw data)를 이용한다는 점을 주의할 필요가 있다.

국소 다항식 근사법을 실행하려면 3가지 요소의 값들을 사전에 정할 필요가 있다. 즉, 커널 함수 형태 $K(\bullet)$, 다항식의 차수 p, 대역폭 h이다. 다음 절에서 이 요소들의 값을 어떻게 정하는지 설명할 것이다.

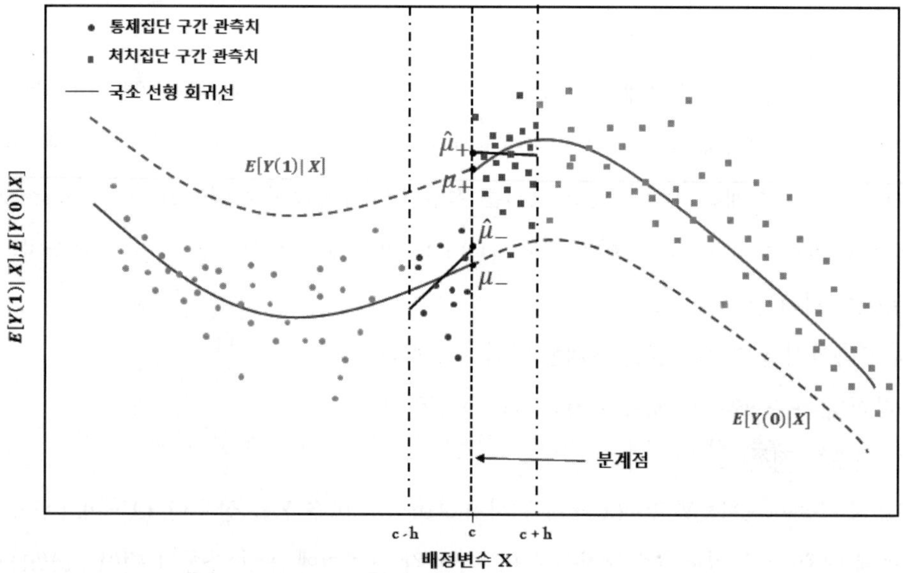

[그림 13-8] 국소 다항식 추정에 의한 RD 처치효과의 추정

1) 커널함수와 다항식 차수의 선택

커널함수 $K(\bullet)$는 배정변수 값 X_i와 분계점 c 사이의 거리에 근거하여 $(X_i - c)/h$에 음이 아닌 가중치를 부여한다. 커널함수로 삼각 커널함수, 균등 커널함수, epanechnikov 커널함수가 사용된다. 하지만 이 3가지 중 어떤 커널함수(그리하여 어떤 가중치)를 선택하느냐에 따라 추정과 추론의 결과가 크게 달라지지는 않는다.

연구자들이 선호하는 다항식의 차수는 1차, 즉 국소 선형 RD 추정치이다. 이러한 이유로 RD 분석에서 p의 기본값은 1이다. 언뜻 보기에 선형함수식이 추정에 적합하지 않아 보일 수 있으나, 대역폭을 적절하게 선택한다면 회귀함수식의 선형 근사는 신뢰할 만한 결과를 제공한다.

2) 대역폭의 선택

대역폭은 회귀함수를 근사하기 위해 국소 다항식을 추정할 때 적용되는 분계점 주변 영역의 폭이다. 대역폭에 따라 추정과 추론 결과가 달라지기 때문에 대역폭을 어떻게 선택하는가는 RD 분석에서 매우 중요한 문제이다.

[그림 13-9]를 예로 들어보자. 실제 회귀함수 $E[Y_i(1) \mid X_i = x]$와 $E[Y_i(0) \mid X_i = x]$는 상당히 휘어진 형태를 보인다. 따라서 선형함수식으로 이러한 함수들을 근사하는 것은 적절하지 않다. 범위 $[c-h_2, c+h_2]$에서 선형 근사는 점 c와 d 사이의 거리인 $\hat{\mu}_+(h_2) - \hat{\mu}_-(h_2)$ 만큼의 RD 처치효과 추정치를 제공한다. 하지만 이는 실제 처치효과 추정치 τ_{SRD}와 비교할 때 크게 차이가 난다. 이처럼 대역폭 h_2 내에서 추정한 선형함수식은 함수 설정의 오류로 인해 만족스럽지 못한 결과를 보여준다.

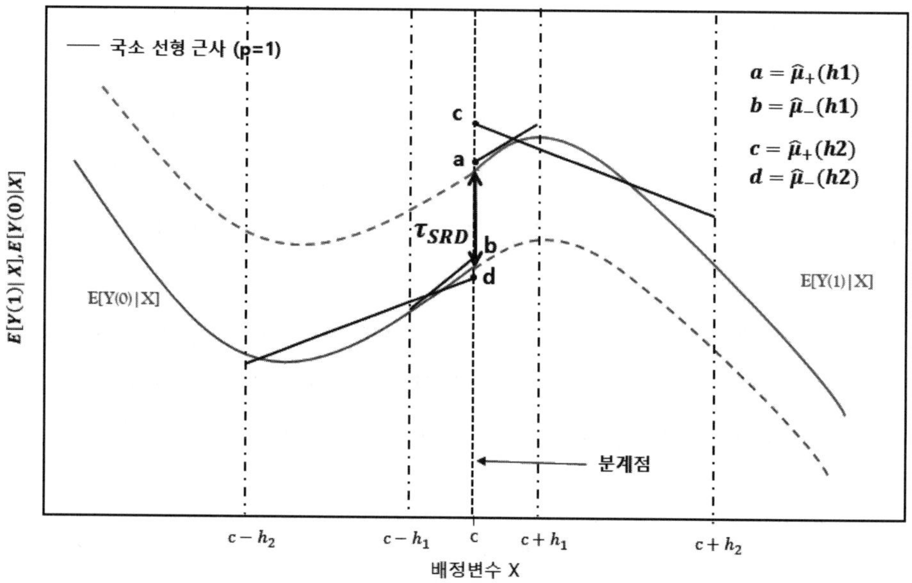

[그림 13-9] 대역폭 크기와 처치효과의 관계

이번에는 대역폭을 h_2에서 h_1으로 줄여보자. 이때 선형 근사에 의한 RD 처치효과의 추정치는 점 a와 b 사이의 거리인 $\hat{\mu}_{+}(h_1)-\hat{\mu}_{-}(h_1)$으로 실제 모집단의 처치효과 τ_{SRD}에 더 근접하게 된다. 이는 대역폭을 작게 함으로 인해 선형 근사에 의한 함수 설정의 오류가 감소했기 때문이다. 이러한 예시는 다항식의 차수가 정해졌을 때, 대역폭의 크기를 작게 함으로써 근사의 정확성을 향상시킬 수 있음을 보여준다.

그렇다면 대역폭 h를 줄일수록 더 바람직한가? 대역폭을 줄이면 함수 설정의 오류는 줄어든다. 하지만 관측치 수가 줄어들어 계수 추정치의 분산이 커지게 된다. 반면 대역폭을 크게 하면 함수 설정의 오류는 커지지만 범위 $[c-h, c+h]$에 있는 관측치 수가 늘어나기 때문에 계수 추정치의 분산은 줄어들게 된다.

처치효과 추정치의 평균자승오차는 $MSE(\hat{\tau}_{SRD}) = Bias^2(\hat{\tau}_{SRD}) + Variance(\hat{\tau}_{SRD})$로 표현된다. 따라서 대역폭은 편향과 분산의 교환관계를 고려하여 처치효과 추정치의 평균자승오차를 최소화하는 방식으로 선택된다. 대역폭은 분계점 좌우에 대해 동일하게 또는 각각 다르게 선택할 수 있다. 만약 통제집단과 처치집단에서 편향과 분산이 서로 크게 다르다면, 집단별로 각각 다른 대역폭을 사용하는 것이 적절하다.

R에서 평균자승오차를 최소화하는 대역폭(이하 MSE 최적 대역폭)은 패키지 `rdrobust`의 함수 `rdbwselect`에 의해 선택할 수 있다. 최적 대역폭은 다항식 차수와 커널함수 형태

를 어떻게 정하느냐에 따라 달라진다. 일례로 [실습 13-5]는 다항식 차수 $p=1$이고 삼각커널함수를 적용할 때 MSE 최적 대역폭을 구하는 방법을 나타낸 것이다. 함수 rdbwselect에서 인자 bwselect='mserd'는 분계점 좌우에 대해 동일한 MSE 최적 대역폭을 구하라는 의미이다. 만약 분계점 좌우에 대해 서로 다른 MSE 최적 대역폭을 구하려면 인자 bwselect='msetwo'를 사용한다. [실습 13-5]는 bwselect='mserd'를 적용한 경우, [실습 13-6]은 bwselect='msetwo'를 적용한 경우의 결과물이다.

실습 13-5 MSE 최적 대역폭 구하기: 분계점 좌우의 대역폭이 동일한 경우

```
> h1<-rdbwselect(mydata$Y, mydata$X, kernel='triangular', p=1,
                 bwselect='mserd')
> summary(h1)
--중략--
Number of Obs.      2314      315
Order est. (p)         1        1
Order bias  (q)        2        2
Unique Obs.         2311      315

=========================================================
               BW est. (h)              BW bias (b)
         Left of c    Right of c    Left of c    Right of c
=========================================================
  mserd     17.240        17.240       28.576        28.576
=========================================================
```

실습 13-6 MSE 최적 대역폭 구하기: 분계점 좌우의 대역폭이 서로 다른 경우

```
> h2<-rdbwselect(mydata$Y, mydata$X, kernel='triangular', p=1,
                 bwselect='msetwo')
> summary(h2)
--중략--
Number of Obs.      2314      315
Order est. (p)         1        1
Order bias (q)         2        2
Unique Obs.         2311      315

=========================================================
               BW est. (h)              BW bias (b)
         Left of c    Right of c    Left of c    Right of c
=========================================================
  msetwo    19.967        17.360       32.279        29.729
=========================================================
```

[실습 13-5]와 [실습 13-6]의 결과물을 보면 맨 윗부분에는 총 관측치 수와 사용된 커널 함수 형태, 중간 부분에는 분계점 좌우의 관측치 수와 RD 효과 추정에 사용된 다항식의 차수, 맨 아래쪽에는 MSE 최적 대역폭이 BW est(h)로 표시되어 있다. Left of c는 분계점 좌측의 대역폭을 나타내고, Right of c는 분계점 우측의 대역폭을 나타낸다. 인자 bwselect='mserd'로 지정할 경우 분계점 좌우의 대역폭은 17.240으로 동일하다. 반면 인자 bwselect='msetwo'로 지정할 경우 대역폭은 좌측이 19.967, 우측이 17.360으로 각각 다르다. 한편 BW bia(b)는 RD 효과 추정치의 견고한 표준오차와 신뢰구간을 계산하는 데 필요한 편향 정도를 추정할 때 사용하는 대역폭이다. 이에 대한 자세한 내용은 나중에 설명한다.

4-2 처치효과 추정치를 구하는 여러 방법

대역폭이 구해지면 함수 rdrobust에 의해 처치효과 추정치를 구할 수 있다. 그 전에 최소자승법으로 국소 다항식 근사에 의한 처치효과를 어떻게 구하는지를 알아본다면 rdrobust에 의한 해법을 이해하는 데 도움이 될 것이다.

지자체장 선거에서 이슬람당 후보의 당선이 여성청소년의 학업 성취도에 미치는 처치효과를 구해보자. 대역폭은 MSE 최적 방식을 적용하지 않고 임의로 $h=20$으로 정하자. 다항식 차수는 1차이며, 삼각커널함수 가중치를 적용한다.

[실습 13-7]은 분계점 좌우의 20% 범위 내에 있는 관측치만을 대상으로 가중치를 적용한 선형회귀식을 통제집단과 처치집단에 대해 각각 추정한 결과이다. 가중 선형회귀함수의 추정 결과에 따르면 이슬람당 후보가 지자체장에 당선된 경우에 여성청소년의 학업 성취도는 평균 15.631%(즉, right_intercept 값)인 반면, 반대파당 후보가 지자체장에 당선된 경우 여성청소년의 학업 성취도는 평균 12.694%(즉, left_ intercept 값)이다. 따라서 RD 처치효과는 두 값의 차이인 2.937%이다.

실습 13-7 **가중 최소자승법에 의한 RD 처치효과의 추정**

```
> mydata$w<-NA
> attach(mydata)
> mydata$w[X>=-20 & X<0]<-1-abs(X[X>=-20 & X<0]/20)
> mydata$w[X>=0 & X<=20]<-1-abs(X[X>=0 & X<=20]/20)
> out_1<-lm(Y~X, weights=w, data=filter(mydata, X>=-20 & X<0))
> left_intercept<-out_1$coefficient[1]
> out_2<-lm(Y~X, weights=w, data=filter(mydata, X>=0 & X<=20))
```

```
> right_intercept<-out_2$coefficient[1]
> difference<-right_intercept-left_intercept
> print(paste("The RD treatment effect is", difference))
[1] "The RD treatment effect is 2.93732"
```

이번에는 처치 여부를 나타내는 변수 T_i와 교차항 $(X_i - c)*T_i$를 설명변수로 추가한 회귀식을 가중 최소자승법으로 추정해보자. 단, 통제집단과 처치집단을 구분하지 않고 전체 집단에 대해 하나의 선형회귀식을 추정하는 것이다. 이때 변수 T_i의 계수 추정치는 앞서 추정한 두 절편 값의 차이와 동일하다. [실습 13-8]에서 보듯이 T_i의 계수 추정치가 정확히 2.937과 같음을 확인할 수 있다.

다음으로 RD 처치효과를 추정하는 함수 rdrobust를 사용하여 그 결과가 동일한지를 비교해보자. [실습 13-9]는 함수 rdrobust를 실행한 결과이다. 자세한 설명은 잠시 미루고 몇 가지만 살펴보자. 우선 대역폭은 20으로 설정했기 때문에 BW est(h), BW bias(b)는 모두 20으로 나타난다. RD 처치효과는 [실습 13-9] 아래에 나타난 표에서 Coef.열의 Conventional행에 나타난 2.937이다.

실습 13-8 **국소 선형회귀함수에 의한 RD 처치효과 추정**

```
> out_1<-lm(Y~X+T+T*X, weights=w, data=filter(mydata, X>=-20 & X<=20))
> summary(out_1)
--중략--
Coefficients:
            Estimate  Std. Error  t value  Pr(>|t|)
(Intercept) 12.69432    0.69669   18.221   < 2e-16 ***
X           -0.23764    0.08393   -2.831   0.00474 **
T            2.93732    1.07778    2.725   0.00655 **
X:T          0.10001    0.14895    0.671   0.50210
---
Signif. codes: 0 '***' 0.001 '**' 0.01 '*' 0.05 '.' 0.1 ' ' 1

Residual standard error: 6.773 on 884 degrees of freedom
Multiple R-squared: 0.01128,     Adjusted R-squared: 0.007926
F-statistic: 3.362 on 3 and 884 DF, p-value: 0.01827
```

실습 13-9 rdrobust에 의한 RD 처치효과 추정: 대역폭이 20일 때

```
> out_2<-rdrobust(mydata$Y, mydata$X, kernel = 'triangular', p = 1, h = 20)
> summary(out_2)
--중략--
BW est. (h)        20.000       20.000
BW bias (b)        20.000       20.000
rho (h/b)           1.000        1.000
Unique Obs.          2311          315

=============================================================================
        Method     Coef.    Std. Err.         z     P>|z|       [ 95% C.I. ]
=============================================================================
  Conventional     2.937        1.343     2.187     0.029     [0.305 , 5.569]
        Robust         -            -     1.379     0.168    [-1.117 , 6.414]
=============================================================================
```

마지막으로, 임의로 대역폭을 선택하는 대신에 MSE 최적 대역폭을 적용하여 RD 처치효과를 추정해보자. 이는 2가지 방법으로 실행할 수 있다. 먼저 함수 rdbwselect에 의해 구한 최적 대역폭을 rdrobust의 인자 h에 지정하는 방법이다. 두 번째는 rdrobust에서 인자 bwselect를 이용하는 것이다. 굳이 비교하자면 두 번째 방법이 편리하다.

[실습 13-10]은 rdrobust에서 인자 bwselect를 사용한 결과이다(독자들은 srd_1과 srd_2의 결과가 서로 동일한지 확인해보라). 함수 rdrobust를 실행할 때 나타나는 결과는 크게 세 부문으로 구분된다. 첫 부문에서는 총 관측치 수, 대역폭 지정 방식(mserd 또는 msetwo), 선택된 커널함수 형태 등이 제시된다. 두 번째 부문에서는 분계점 좌우의 관측치 수(Number of obs.), RD 처치효과의 추정에 사용된 유효 관측치 수(Eff. Number of obs.), 다항식의 차수(p), 대역폭(h) 등이 제시된다. 유효 관측치 수는 분계점 좌우의 대역폭 내에 속하는 관측치 수를 의미한다. 즉 $X_i \in [c-h, c]$인 관측치가 607개, $X_i \in [c, c+h]$인 관측치가 267개이다. Order Bias(q), BW bias(b), rho(h/b)가 의미하는 바는 나중에 설명할 것이다.

대역폭을 분계점 좌우로 달리할 때 RD 처치효과 추정치(srd_3)는 2.969이다. 이는 지자체장 선거에서 이슬람당 후보가 당선된 지자체가 그렇지 않은 지자체에 비해 여성청소년의 학업 성취도가 약 3%가량 더 높음을 의미한다. 분계점에서 계산한 여성청소년의 학업 성취도 평균값은 이슬람당 소속 후보가 당선된 지자체의 경우는 15.664%(즉, $\hat{\mu}_+$을 의미하며, srd_2$beta_p_r을 이용해 구할 수 있다)인 반면, 반대파당 소속 후보가 당선된 지자체의 경우는 12.695%이다(즉, $\hat{\mu}_-$을 의미하며 srd_2$beta_p_l을 이용해 구할 수 있다). 따라서 처치효

과는 통제집단의 평균값을 기준으로 할 때 약 $(2.969/12.696) \times 100 = 23.38\%$의 증가 효과가 있음을 의미한다.

실습 13-10 함수 rdrobust에 의한 RD 처치효과의 추정

```
> bws<-h2$bws[,c(1,2)]
> srd_1<-rdrobust(mydata$Y, mydata$X, kernel = 'triangular', p = 1, h = bws)
> srd_2<-rdrobust(mydata$Y, mydata$X, kernel = 'triangular', p = 1,
        bwselect='msetwo')
> summary(srd_2)
--중략--
=============================================================================
       Method   Coef.  Std. Err.        z   P>|z|       [ 95% C.I. ]
=============================================================================
 Conventional   2.969       1.391   2.134   0.033    [0.243 , 5.695]
       Robust       -           -   1.810   0.070   [-0.245 , 6.152]
=============================================================================
> srd_3<-rdrobust(mydata$Y, mydata$X, kernel = 'triangular', p = 1,
                bwselect ='mserd')
> srd_3$coef[1,1]
[1] 3.019526
```

앞서 설명한 대로 처치효과의 크기는 커널함수 형태, 대역폭 형태, 다항식 차수 등에 따라 달라질 수 있다. 대역폭을 좌우로 동일하게(즉, bwselect='mserd') 설정한다면 처치효과는 3.02%로 늘어난다. RD 분석을 하고자 하는 독자들은 이들 인자의 다양한 조합에 따라 처치효과가 어떻게 달라지는지를 제시할 필요가 있다.

1) RD 처치효과의 시각적 표현

함수 rdplot을 사용하면 처치효과를 시각적으로 표현할 수 있다. [그림 13-10]은 다음의 R 코드에 있는 rdplot을 실행한 결과이다.

```
> bws_opt<-srd_3$bws[1,1]
> fig13_11<-rdplot(mydata$Y[abs(mydata$X)<=bws_opt],
               mydata$X[abs(mydata$X)<=bws_opt], p=1, kernel='triangular')
```

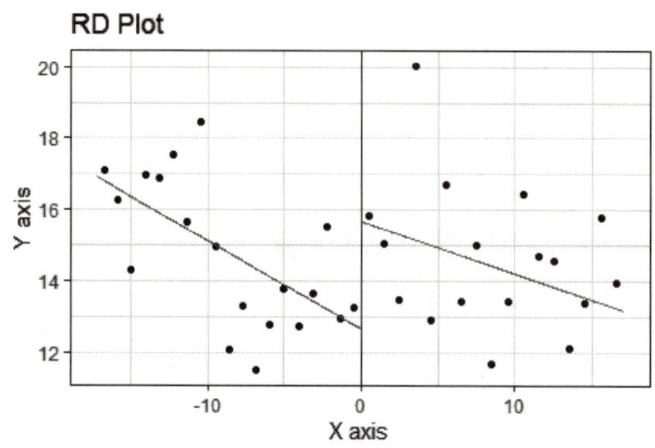

[그림 13-10] rdplot으로 시각화한 RD 처치효과

[그림 13-10]에 나타난 점의 수는 분계점 우측에서 19개, 좌측에서 17개이다. summary(fig13_11)를 실행해보면 대역폭이 17.24에 속하는 구간의 수가 분계점 좌측에서 19개, 우측에서 17개임을 확인할 수 있다. 2개의 실선은 분계점 좌우에 있는 관측치(좌측 528개, 우측 265개)들에 대해 각각 선형 근사방식으로 추정한 회귀선이다. 분계점에서 두 실선 사이의 수직 거리가 3.02와 같다.

2) 처치효과 추정치의 신뢰구간 구하기

우리는 앞서 BWbias(b), rho(h/b) 등에 대한 설명은 미루어왔다. 이 모든 것은 처치효과 추정치의 신뢰구간과 관련된다. [실습 13-10]의 하단에 있는 표를 보면 RD 처치효과 추정치의 신뢰구간으로 2가지가 나타나 있다. 즉, '통상적(Conventional)'이라는 이름의 신뢰구간과 '견고한(Robust)'이라는 이름의 신뢰구간이다. 처치효과의 견고한 신뢰구간이 어떤 형태를 가지는지를 알아보기 위해 rdrobust에 인자 all=TRUE를 적용한 결과가 [실습 13-11]이다.

실습 13-11 RD 처치효과 추정치의 신뢰구간

```
> srd_3<-rdrobust(mydata$Y, mydata$X, kernel = 'triangular', p=1,
                  bwselect="mserd", all=TRUE)
> summary(srd_3)
--중략--
BWest. (h)       17.240    17.240
BWbias (b)       28.576    28.576
rho (h/b)         0.603     0.603
Unique Obs.        2311       315
```

```
=================================================================================
        Method     Coef.   Std. Err.        z    P>|z|        [ 95% C.I. ]
=================================================================================
    Conventional    3.020       1.427   2.116    0.034     [0.223 , 5.816]
  Bias-Corrected    2.983       1.427   2.090    0.037     [0.186 , 5.780]
          Robust    2.983       1.680   1.776    0.076    [-0.309 , 6.276]
=================================================================================
```

[실습 13-11]의 하단에 있는 표에는 3가지 방법에 의한 신뢰구간이 모두 나타난다. 각 신뢰구간이 의미하는 바는 다음과 같다.

- Conventional는 통상적인 신뢰구간인 $CI_{us} = \left[\hat{\tau}_{SRD} \pm 1.96\sqrt{\nu} \right]$를 의미한다.
- Bias-Corrected는 처치효과 추정치의 편향을 교정한 신뢰구간인 $CI_{bc} = \left[\hat{\tau}_{SRD} - \hat{B} \pm 1.96\sqrt{\nu} \right]$를 의미한다.
- Robust는 처치효과 추정치의 편향과 분산의 편향을 모두 교정한 신뢰구간인 $CI_{rb} = \left[\hat{\tau}_{SRD} - \hat{B} \pm 1.96\sqrt{\nu_{bc}} \right]$를 의미한다.

위의 식에서 $\hat{\nu} = \hat{\nu}_{+} + \hat{\nu}_{-}$이며 $\hat{\nu}_{+}$는 $\hat{\mu}_{+}$의 분산 추정치이고, $\hat{\nu}_{-}$는 $\hat{\mu}_{-}$의 분산 추정치이다. 통상적인 신뢰구간은 처치효과 추정치에 함수 설정의 오류로 인한 편향이 있음에도 불구하고 처치효과 추정치가 근사적으로 표준정규를 따른다는 가정, 즉 $\hat{\tau}_{SRD} - \tau_{SRD} / \sqrt{\nu} \sim N(0,1)$하에 만들어진 것이다. 하지만 신뢰구간이 타당하려면 이러한 편향을 고려해야 한다. $\hat{B}$는 함수 설정의 오류에 기인한 편향의 추정치를 의미하며, 이러한 편향을 추정할 때 사용한 대역폭이 BW bia(b)로 28.576이다. $\hat{\nu}_{bc}$는 편향을 교정한 처치효과 추정치($\hat{\tau}_{SRD} - \hat{B}$)의 분산으로, 편향으로 인한 변동성을 고려하기 때문에 $\hat{\nu}_{bc} > \hat{\nu}$인 관계가 성립한다.

그렇다면 왜 $\hat{\tau}_{SRD}$ 대신에 편향을 교정한 처치효과 추정치 $\hat{\tau}_{SRD} - \hat{B}$을 사용하지 않는 것일까? 그 이유는 $\hat{\tau}_{SRD}$의 추정에 MSE 최적인 대역폭을 사용할 경우 MSE 측면에서 $\hat{\tau}_{SRD} - \hat{B}$이 $\hat{\tau}_{SRD}$에 비해 최적이 아니기 때문이다. 따라서 rdrobust에 의한 처치효과 추정치는 MSE 최적인 $\hat{\tau}_{SRD}$를 사용하되, 추정치에 대한 추론(즉, p값과 신뢰구간 추정)에서는 함수 설정의 오류에 기인한 편향을 교정한 처치효과 추정치와 분산 추정치를 사용하는 것이다.

[실습 13-11]에서 $\hat{\tau}_{SRD} = 3.020$, $\hat{\tau}_{SRD} - \hat{B} = 2.983$이기 때문에 $\hat{B} = 0.037$이다. 또한 $\sqrt{\hat{\nu}} = 1.427 < \sqrt{\hat{\nu}_{bc}} = 1.680$임을 알 수 있다. 통상적인 신뢰구간은 0의 값을 포함하지 않지만, 견고한 신뢰구간은 0의 값을 포함하고 있음을 알 수 있다.

4-3 처치효과 추정 시 공변량 추가하기

지금까지 국소 다항식 근사방식을 이용하여 RD 처치효과를 추정하는 데 배정변수만을 설명변수로 사용하였다. 배정변수만을 설명변수로 사용해도 무방하지만, 다른 공변량들이 특정 조건을 충족한다면 이를 설명변수에 추가할 때 추정의 효율성이 높아지는 장점이 있다. 하지만 모든 공변량을 설명변수로 사용할 수 있는 것은 아니다. 공변량을 설명변수로 사용하려면 이들 공변량이 분계점 좌우에서 반드시 균형(balance)을 이루어야 한다. 그 의미를 수식으로 표현해 보자.

공변량 Z_i가 분계점 좌우로 다음과 같은 값을 가진다고 하자.

$$Z_i = \begin{cases} Z_i(0) \text{ if } X_i < c \\ Z_i(1) \text{ if } X_i \geq c \end{cases}$$

이들 공변량을 포함한 회귀식에서 $\hat{\tau}_{SRD}$가 RD 처치효과의 일치추정량이 되기 위한 조건은 이들 공변량에 대한 RD 처치효과가 0이어야 한다는 것이다. 달리 말하면, 분계점에서 처치집단의 공변량과 통제집단의 공변량이 서로 동일한 평균값을 가져야 한다. 즉 $E[Z_i(0) \mid X_i = c] = E[Z_i(1) \mid X_i = c]$이다. 이러한 조건은 공변량이 선결변수(predetermined variables)임을 의미하는 것으로, 달리 말하면 공변량 값들이 처치 여부가 결정되기 전에 이미 정해져 있어야 함을 뜻한다.

공변량 Z_i를 포함하여 처치효과를 추정하기 위한 가중 회귀식은 다음과 같다.

$$\begin{aligned} \tilde{\tau}_{SRD} : \tilde{Y}_i = \tilde{\alpha} + \tilde{\tau}_{SRD} T_i + \tilde{\mu}_{-,1}(X_i - c) + \cdots\cdots + \tilde{\mu}_{-,p}(X_i - c)^p \\ + \tilde{\mu}_{+,1} T_i (X_i - c) + \cdots\cdots + \tilde{\mu}_{+,p} T_i (X_i - c)^p + Z_i' \tilde{\gamma} \end{aligned} \qquad (13\text{–}3)$$

$\tilde{\tau}_{SRD}$는 공변량 Z_i의 영향을 제거한 이후에 분계점에서 측정한 평균 성과값의 변화를 나타낸다. 독자들은 식 (13–3)에서 처치변수 T_i와 공변량 Z_i의 결합효과를 나타내는 항을 추가하려고 할지도 모른다. 하지만 $Z_i\tilde{\gamma}$ 대신에 $(1-T_i)Z_i\tilde{\gamma}_- + T_iZ_i\tilde{\gamma}_+$를 추가한다면 앞서 언급한 공변량 Z_i에 대한 처치효과가 0이어야 한다는 전제조건이 더이상 유효하지 않게 된다. 따라서 두 변수 T_i와 Z_i의 결합효과를 나타내는 항은 식 (13–3)에 포함하지 않는 것이 적절하다.

MSE 최적 대역폭은 공변량의 함수이기 때문에 공변량을 선형회귀식에 설명변수로 추가한다면 최적 대역폭이 새롭게 설정되고, 그로 인해 RD 처치효과의 계수 추정치도 달라진다. 함수 rdrobust에서 공변량을 포함하는 방법은 인자 covs를 사용하는 것이다.

4-4 클러스터 데이터와 처치효과 추정

RD 분석을 할 때 개체들이 군집화된(clustering) 데이터를 사용하는 경우가 종종 있다. 예를 들면, 각 가구에 속하는 구성원 개인, 각 산업에 속한 개별 기업, 도 단위의 행정구역에 속한 시군들이 각각 개체가 되는 경우가 대표적이다.

이러한 경우에 동일 집단에 속한 개체들 간에 상관관계가 존재한다. 따라서 RD 처치효과의 추정치를 구할 때 클러스터 분산 추정치를 사용할 필요가 있다. MSE 최적 대역폭은 분산 추정치에 따라 달라지기 때문에 클러스터 분산 추정치를 사용한다면 그로 인해 MSE 최적 대역폭이 달라지며, 결국 RD 처치효과의 계수 추정치도 이전과 달라진다. rdrobust에서 클러스터 분산 추정치를 적용하는 방법은 인자 cluster를 사용하는 것이다. [실습 13-12]는 covs와 cluster를 동시에 적용하여 RD 처치효과를 다시 추정한 것이다.

[실습 13-12]에서 선결변수인 공변량은 이슬람당의 득표율(vshr_islam1994), 득표한 당의 수(partycount), 지자체 인구 수의 로그값(lpop1994), 지자체가 소속 구역(district)의 중심지인지 여부(merkezi, 더미변수), 지자체가 소속 주(province)의 중심지인지 여부(merkezp, 더미변수), 지자체가 소속 부광역지(sub-metro)의 중심지인지 여부(subbuyuk, 더미변수), 지자체가 소속 광역지(metro)의 중심지인지 여부(buyuk)이다. 또한 각 지자체는 주별로 군집을 이루기 때문에 군집 변수로 prov_num을 이용한다.

실습 13-12 인자 covs와 cluster를 적용한 RD 처치효과 구하기

```
> Zvars<-cbind(mydata$vshr_islam1994, mydata$partycount, mydata$lpop1994,
        mydata$merkezi, mydata$merkezp, mydata$subbuyuk, mydata$buyuk)
> srd_cov<-rdrobust(mydata$Y, mydata$X, covs=Zvars, kernel = 'triangular',
        p=1, bwselect ='mserd', cluster=mydata$prov_num)
> summary(srd_cov)
--중략--
=============================================================================
        Method   Coef.  Std. Err.     z    P>|z|     [ 95% C.I. ]
=============================================================================
  Conventional   3.146      1.301  2.419   0.016   [0.597 , 5.696]
        Robust       -          -  2.121   0.034   [0.243 , 6.154]
=============================================================================
```

5 RD 분석의 가정 검정

RD 분석은 배정변수가 연속이라는 가정, 달리 말하면 성과변수가 배정변수의 연속함수라는 가정에 근거한다. 만약 이러한 가정이 타당하지 않다면 RD 분석의 결과 또한 신뢰할 수 없다. 예를 들어, 고교 1학년 성적이 평균 80점 이상인 학생은 특별반에 편성된다고 하자. 이때 담임 선생님들은 자신이 맡고 있는 1학년 학생들이 특별반에 더 많이 편성되도록 배정변수 값을 조작(manipulation)할 가능성이 있다. 이러한 조작 가능성은 분계점 좌우에 있는 두 집단 간에 체계적인 차이를 초래하여 RD 분석의 기본 가정인 연속성 가정이 위배될 수 있다.

RD 분석에서 연속성 가정은 연구자가 기본적으로 관측할 수 없는 속성이지만, 이를 검정할 수 있는 방법이 몇 가지 있다. 첫째, 선결변수가 분계점 좌우에서 연속인지를 검정하는 방법, 둘째, 배정변수 밀도가 분계점 좌우에서 서로 유사한지를 검정하는 방법, 셋째, 가상의 분계점에서 RD 처치효과가 존재하는지를 검정하는 방법, 넷째, 분계점 좌우의 관측치에 대해 처치효과가 유의미한지를 검정하는 방법이다.

5-1 선결변수의 균형 여부 검정

선결변수나 플라시보 성과변수들이 분계점 좌우의 통제집단과 처치집단에서 서로 유사한가를 검정하는 것이다. 만약 이들 변수가 두 집단 간에 서로 다르다면, 이러한 차이가 성과변수 차이와 연관되기 때문에 RD 분석의 기본 가정인 연속성 가정은 성립하기가 어렵다. 먼저, 선결변수와 플라시보 성과변수의 의미를 알아보자.

선결변수는 처치 여부가 결정되기 전에 이미 그 값이 알려진 변수이다. 반면 플라시보 성과변수는 처치 여부가 결정된 다음에 그 값이 알려진 변수이지만 그 둘 사이의 인과관계를 고려할 때, 처치 여부에 의해 영향을 전혀 받지 않는 변수를 말한다. 예를 들어, 처치가 깨끗한 물에 대한 접근 여부를 의미하며, 성과변수는 아동의 사망률이라고 하자. 이때 처치효과는 수질과 연관된 질병으로 인한 아동 사망률의 감소를 의미하지, 자동차 사고로 인한 아동 사망률의 감소를 의미하는 것은 아닐 것이다. 따라서 자동차 사고로 인한 아동 사망률은 플라시보 성과변수라고 할 수 있다. 다른 예로 아동의 안전벨트 사용을 권고하는 교통안전 프로그램의 효과를 분석한다고 하자. 이때 자동차 사고로 인한 아동 사망률은 플라시보 성과변수가 될 수 없다.

검정 방법은 2가지이다. 첫 번째는 함수 `rplot`에 의해 선결변수나 플라시보 성과변수가 분계점 좌우에서 서로 동일한지, 달리 말하면 선결변수가 분계점 좌우에서 연속인지를 육안으로 살펴보는 방법이다. 두 번째는 함수 rdrobust를 이용하여 배정변수가 이들 변수에 대해 유의미한 영향을 주는지를 통계적으로 검증하는 것이다.

함수 rplot을 사용하여 두 선결변수 lpop1994와 vshr_islam1994의 연속성 여부를 그림으로 나타낸 것이 [그림 13-11]이다.

```
> rdplot(mydata$lpop1994, mydata$X, x.label = "Score", y.label = "",
        title = "")
> rdplot(mydata$vshr_islam1994, mydata$X, x.label = "Score", y.label = "",
        title = "")
```

두 선결변수에 대한 그래프 분석은 모두 분계점에서 어떠한 단절도 없음을 보여준다. 하지만 연속성 가정의 충족 여부를 엄밀하게 검증하려면 통계적인 검증절차가 필요한데, 이는 rdrobust 분석을 실행하는 것이다.

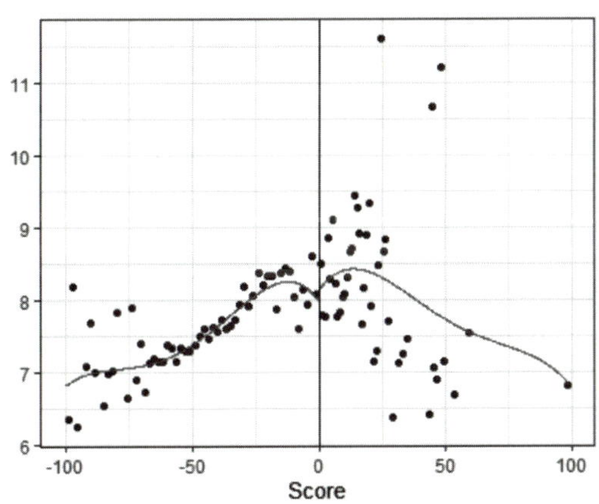

a) lpop1994에 대한 rplot

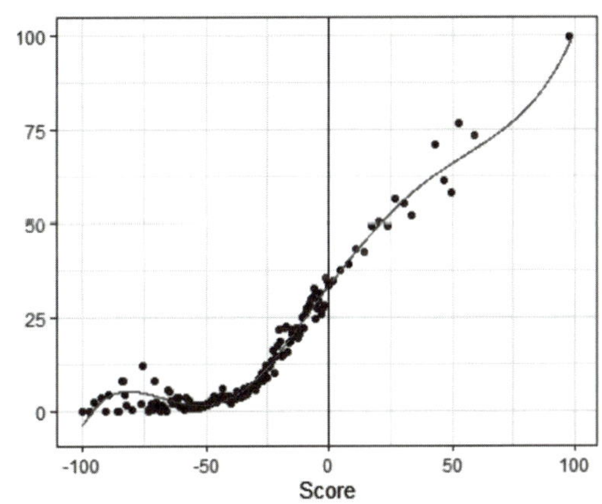

b) vshr_islam1995에 대한 rplot

[그림 13-11] rplot에 의한 선결변수의 연속성 여부 평가

선결변수 lpop1994에 대해 rdrobust의 기본값인 MSE 최적 대역폭과 삼각커널함수를 적용하여 국소 선형 근사방식으로 RD 처치효과를 구한 것이 [실습 13-13]이다.

실습 13-13 선결변수 lpop1994에 대한 rdrobust 분석

```
> test_lpop<-rdrobust(mydata$lpop1994, mydata$X, bwselect='mserd')
> summary(test_lpop)
--중략--
=============================================================================
        Method     Coef.    Std. Err.        z    P>|z|        [ 95% C.I. ]
=============================================================================
  Conventional     0.012        0.278    0.045    0.964    [-0.532 , 0.557]
        Robust         -            -    0.001    0.999    [-0.644 , 0.645]
=============================================================================
```

lpop1994에 대한 rdrobust 분석 결과에 따르면, 처치효과의 계수 추정치는 0.012이나 유의미하지는 않다. 선결변수에 대해 rdrobust를 실행할 때 우리의 관심사는 점 추정치가 아닌 통계적인 추론이기 때문에 MSE보다는 CER 최적 대역폭을 적용하는 것이 취지에 더욱 부합할 것이다. [실습 13-13]에서 bwselect='mserd', 즉 CER 대역폭을 적용하더라도 계수 추정치는 유의미하지 않기 때문에 선결변수가 분계점 좌우에서 연속이라는 가정은 그대로 유지된다. 그 외 나머지 선결변수에 대한 rplot과 rdrobust의 실행 결과를 제시하진 않았지만, 이 선결변수들은 모두 분계점 좌우에서 연속하는 것으로 나타나 RD 분석의 기본 가정이 충족된다.

5-2 배정변수 밀도의 균형 여부 검정

RD 분석의 가정이 타당한지를 검정하는 두 번째 방법은 분계점 주위에 국소 이웃하는 범위 내에 있는 관측치의 수가 분계점 좌우에 따라 서로 다른지 확인하는 것이다. 이 검정의 기본 취지는 개체들이 자신의 배정변수 값에 영향을 주려고 해도, 조작이 없다면 무작위적인 작용에 의해 분계점 좌우에 동일한 수의 개체가 분포하게 되어 연속적인 확률밀도함수가 나타난다는 것이다. 반면에 관측치 수가 분계점에서 갑작스럽게 변한다면 RD 분석은 신뢰할 수 없는 결과를 초래한다.

[그림 13-12]는 분계점 좌우에 있는 배정변수 값에 대해 가상으로 2개의 히스토그램을 그린 것이다. 왼쪽 히스토그램을 보면 분계점 좌우에 근접해 있는 2개의 구간을 기준으로 할 때 밀도가 유사하다. 하지만 오른쪽 히스토그램을 보면 사정이 다르다. 분계점 좌우에 인접한 구간에서 배정변수의 밀도를 비교해보면 처치집단의 관측치 수가 통제집단의 관측치 수에 비해

월등히 많다. 이러한 사실은 이 구간에 속한 개체들이 통제집단이 아닌 처치집단에 배정받기 위해 자신의 배정변수 값을 체계적으로 높였을(조작했을) 것이라는 점을 시사한다.

이번에는 통계적인 검정 방법을 이용하여 통제집단과 처치집단에서 배정변수의 밀도가 서로 유사한지를 확인해보자. 분계점 좌우의 근접한 구간에서 관측치의 밀도함수를 통제집단과 처치집단에 대해 각각 추정한 다음에 추정된 밀도함수가 연속하는지를 검증하면 된다. 이러한 검정 방법을 밀도의 불연속성 검정이라 부른다.

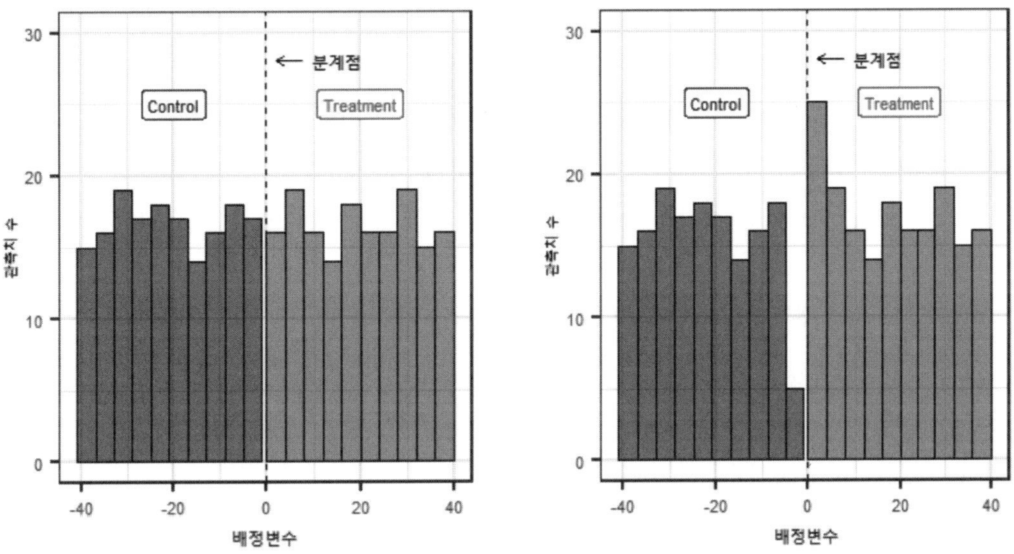

a) 분계점 좌우의 인접한 구간에서 배정변수 밀도가 서로 유사한 경우

b) 분계점 좌우의 인접한 구간에서 배정변수 밀도가 서로 다른 경우

[그림 13-12] 통제집단과 처치집단의 배정변수에 대한 히스토그램

배정변수 밀도함수의 연속성 여부를 검정하는 함수는 패키지 rddensity의 함수 rddensity이다. [실습 13-14]는 배정변수 X에 대해 함수 rddensity를 실행한 결과이다. 기본값인 c=0는 분계점이 0임을, 기본값인 p=2는 국소 밀도함수를 이차함수 형태로 추정함을 의미한다. fitselect="unrestricted"는 기본값으로, 통제집단과 처치집단에 속하는 두 표본에 대해 분포의 제약을 부여하지 않음을 의미한다. 이때 대역폭은 통제집단과 처치집단에 대해 서로 다르게 설정된다. 두 표본이 동일한 분포함수를 가진다는 제약을 부여하려면 fitselect="restricted"를 적용한다. 이때 대역폭은 두 집단에 대해 동일하게 설정된다. 분석 결과에 따르면, 귀무가설에 대한 검정통계량 *t*값은 −1.3937이며, *p*값은 0.1634로 귀무가

설을 기각할 수 없다. 이러한 검정 결과는 fitselect="restricted"를 설정하더라도 달라지지 않는다.

[실습 13-14]의 하단은 기본값인 bino=TRUE에 의해 실행한 이항 검정 결과이다. 이항 검정의 귀무가설은 분계점 좌우의 각 창(window)에 속하는 관측치들이 통제집단과 처치집단에 무작위로 배정된다는 것이다. 창 길이(window length)는 두 집단에 속한 관측치의 합이 20개가 되는 값부터 시작하여 첫째 창의 절반 길이(0.426)만큼씩 늘어난다. 이항 검정은 10개의 구간에 대해 각각 실행된다.

첫 번째 창에 대한 이항 검정 결과를 해석해보자. 창의 절반 길이가 0.426일 때, 즉 $X_i \in [-0.426, 0.426]$에 속하는 관측치 수는 통제집단이 11개, 처치집단이 9개이다. 이러한 관측치 수가 무작위(즉 50%의 확률)로 생성되었다는 귀무가설에 대한 검정통계량의 p값은 0.8238이다. 이러한 이항 검정 결과는 통제집단과 처치집단에 속하는 개체의 수가 동전을 던져 처치 여부를 결정하면 나타나는 수와 일치한다는 의미이다. 달리 말하면, 조작이 없다는 뜻이다.

실습 13-14 배정변수 밀도함수의 연속성에 대한 rddensity 검정 결과

```
> library(rddensity)
> myout<-rddensity(mydata$X, massPoints=FALSE)
> summary(myout)

Manipulation testing using local polynomial density estimation.
--중략--

Method              T              P > |T|
Robust        -1.3937              0.1634

P-values of binomial tests (H0: p=0.5).

Window Length / 2      <c    >=c     P>|T|
0.426                  11      9    0.8238
0.852                  18     26    0.2912
1.278                  32     34    0.9022
1.704                  42     48    0.5984
2.130                  52     57    0.7018
2.556                  68     62    0.6612
2.982                  74     71    0.8682
3.408                  94     79    0.2871
3.834                 113     86    0.0650
4.261                 131     90    0.0070
```

[그림 13-13]은 실제 배정변수의 히스토그램(왼쪽 그림)과 추정 밀도함수(오른쪽 그림)를 나타낸 것이다. 추정 밀도함수에서 음영은 밀도함수 추정치의 95% 신뢰구간을 나타낸다. 처치집단과 통제집단에 대한 밀도함수 추정치의 신뢰구간이 분계점에서 서로 겹치고 있음을 알 수 있다. 이러한 점은 배정변수의 밀도함수는 분계점에서 연속임을 뜻하며, 이는 통계적 검정 결과와도 같다.

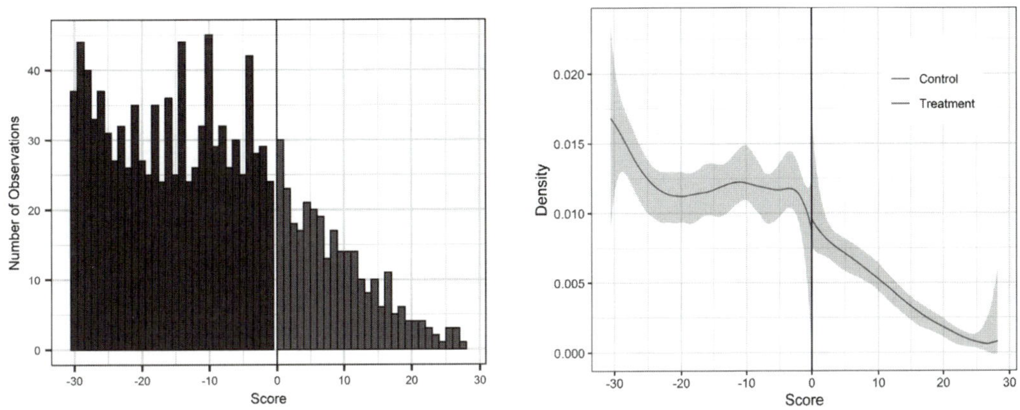

a) 배정변수의 히스토그램

b) 배정변수의 추정 밀도함수

[그림 13-13] 배정변수의 히스토그램과 추정 밀도함수

실습 13-15 배정변수의 히스토그램과 추정 밀도함수 그리기

```
# 그림 13-13의 a)에 대한 R 코드
> bw_left<-as.numeric(rddensity(mydata$X)$h[1])
> bw_right<-as.numeric(rddensity(mydata$X)$h[2])
> tempdata <-as.data.frame(mydata$X); colnames(tempdata) = c("v1")
> plot_hist<-ggplot(data=tempdata, aes(tempdata$v1)) +
      theme_bw(base_size = 17) + theme(text = element_text(size=10))+
      geom_histogram(data=tempdata, aes(x=v1, y= ..count..),
            breaks=seq(-bw_left, 0, 1), fill="blue", col="black",
            alpha=1) +
      geom_histogram(data = tempdata, aes(x = v1, y= ..count..),
            breaks = seq(0, bw_right, 1), fill = "red", col = "black",
            alpha = 1) +
      labs(x = "Score", y = "Number of Observations") +
      geom_vline(xintercept = 0, color = "black")
> plot_hist
# 그림 13-13의 b)에 대한 R 코드
> library(lpdensity)
> X<-mydata$X
```

```
> est1<-lpdensity(data = X[X < 0 & X >= -bw_left],
                 grid=seq(-bw_left, 0, 0.1),
                 bwselect="imse-dpi",
                 scale=sum(X<0 & X>=-bw_left)/length(X))
> est2<-lpdensity(data = X[X >= 0 & X <= bw_right],
                 grid = seq(0, bw_right, 0.1),
                 bwselect = "imse-dpi",
                 scale=sum(X>= 0 & X<= bw_right)/length(X))
> plot_den <-plot(est1, est2, CIshade=0.2, lcol=c(4, 2), CIcol=c(4, 2),
                     legendGroups=c("Control", "Treatment"))+
                 labs(x = "Score", y = "Density") +
                 geom_vline(xintercept=0, color="black") +
                 theme(legend.position =c(0.8,0.8))
> plot_den
```

[실습 13-15]의 함수 lpdensity에서 사용한 인자들의 의미는 다음과 같다.

- grid는 밀도가 구해지는 점의 간격을 의미한다. grid=seq(-bw_left,0,0.1)은 [-bw_left, 0] 범위 내에서 밀도함수를 추정하되, 밀도를 추정하는 점(grid point)의 간격을 0.1씩 늘려나감을 뜻한다.
- scale=sum(X<0 & X>=-bw_left)/length(X))는 밀도 추정치와 밀도의 표준오차 추정치를 구할 때, 그 크기를 sum(X<0 & X>=-bw_left)/length(X))만큼 줄이라는 의미이다.
- length(X)는 전체 관측치 수를 나타내며, sum(X<0 & X>=-bw_left)는 [-bw_left, 0] 범위에 속하는 관측치 수를 나타낸다.

[실습 13-15]에서 scale 값은 965/2629 = 0.367이다. bwselect="imse-dpi"는 대역폭을 선택하는 방식을 지정하는 것으로, 모든 점(all grid points)에 대한 밀도함수 추정치의 평균자승오차 총합이 최소가 되는 공통의 대역폭을 선택하라는 의미이다. est1은 통제집단에 대해 추정한 밀도함수를, est2는 처치집단에 대해 추정한 밀도함수를 각각 나타낸다. 함수 summary(est1)을 실행하면 통제집단이나 처치집단에 대하여 각 점에서의 밀도 추정치, 추정치의 표준오차와 신뢰구간, 그리고 적용된 대역폭 등을 확인할 수 있다.

[실습 13-15]의 함수 plot에서 사용한 인자들의 의미는 다음과 같다.

- lcol=c(4, 2)는 분계점 좌우의 점 추정치를 나타내는 선의 색깔을 지정한다. c(4, 2)의 앞 숫자는 분계점 좌측에 있는 선의 색깔을 지정하며, 뒷 숫자는 분계점 우측에 있는 선의 색깔을 지정한다. 4는 파란색, 2는 빨간색을 나타낸다.
- CIshade=0.2는 신뢰구간의 음영 정도를 지정하며 값이 작을수록 투명하다.
- CIcol=c(4, 2)는 배정변수의 밀도 추정치에 대한 신뢰구간의 색깔을 지정한다. 앞 숫자는 분계점 좌측에 있는 신뢰구간의 색깔을, 뒷 숫자는 분계점 우측에 있는 신뢰구간의 색깔을 지정한다.

5-3 플라시보 분계점에서 처치효과 유무 검정

RD 분석의 기본 가정이 타당한지를 검정하는 또 다른 방법은 분계점을 달리 하여 가상 또는 플라시보(placebo) 분계점에서 처치효과가 여전히 유의미한지를 살펴보는 것이다. RD 분석의 중요한 가정은 처치가 없을 때 회귀함수가 분계점에서 연속이라는 것이다. RD 분석을 할 때 각 개체에 대한 처치 여부가 이미 배정되었기 때문에 이 가정의 충족 여부를 검정하는 것이 현실적으로 가능하지 않다. 반면, 회귀함수가 가상의 분계점에서 연속인지를 검정하는 것은 가능하다. 플라시보 분계점에서 회귀함수의 연속성 여부가 원래 분계점에서의 연속성을 보장하는 데 충분하지는 않다. 하지만 회귀함수가 다른 분계점에서 불연속적이라면 RD 분석의 타당성에 의문을 제기할 수 있다.

플라시보 분계점에서 처치효과를 검정하는 방법은 당초 분계점에서 처치효과를 추정하는 방법과 동일하게 함수 rdrobust를 적용하는 것이다. 이때 귀무가설은 플라시보 분계점에서 유의미한 처치효과가 없다는 것이다. 플라시보 분계점에서 처치효과를 추정할 때 원래의 처치효과로 인한 오염을 배제하는 것이 중요하다. 그 방법은 다음과 같다. 당초 분계점보다 큰 값을 가진 플라시보 분계점의 경우에는 처치집단만을 대상으로 처치효과를 추정하고, 당초 분계점보다 작은 값을 가진 플라시보 분계점의 경우에는 통제집단만을 대상으로 처치효과를 추정하는 것이다.

[실습 13-16]은 통제집단에서는 –3부터 –1까지, 처치집단에서는 1부터 3까지 플라시보 분계점을 각각 달리할 때의 처치효과를 구한 결과이다. 지면을 고려하여 플라시보 분계점 각각에 대하여 MSE 최적 분계점, RD 처치효과 추정치와 *p*값, 그리고 95% 신뢰구간, 플라시보 분계

점 좌우의 개체 수만을 요약한 것이 [표 13-4]이다. 그 결과에 따르면 분계점 3을 제외한 모든 플라시보 분계점에서 플라시보 처치효과 추정치가 절대값 기준으로 실제 처치효과보다 작을 뿐만 아니라, 모든 플라시보 처치효과 추정치의 p값이 0.4보다 높게 나타나 유의미하지 않다. 이는 성과변수 값이 플라시보 분계점에서 불연속이지 않음을 의미한다.

실습 13-16 플라시보 분계점에서의 처치효과 유무 검정

```
> X<-mydata$X
> Y<-mydata$Y
> for(k in -3:-1) {
 out_pb_l<-rdrobust(Y[X < 0], X[X < 0], c = k)
 summary(out_pb_1)
 }
> out_pb_r<-rdrobust(Y, X, c = 0)
> summary(out_pb_r)
> for(k in 1:3) {
 out_pb_r<-rdrobust(Y[X >= 0], X[X >= 0], c = k)
 summary(out_pb_r)
 }
```

[표 13-4] 플라시보 분계점에 대한 rdrobust 실행 결과

플라시보 분계점	MSE 최적 대역폭	RD 처치효과	견고한 표준오차 적용		관측치 수	
			p값	95% 신뢰구간	분계점 좌측	분계점 우측
-3	3.936	1.688	0.421	[-3.508, 8.397]	135	74
-2	4.643	-2.300	0.991	[-9.414, 9.518]	152	47
-1	4.511	-3.004	0.992	[-11.296, 11.408]	139	24
0	17.240	3.020	0.076	[-0.309, 6.276]	529	266
1	2.362	-1.131	0.787	[-9.967, 13.147]	30	49
2	2.697	-1.973	0.488	[-15.333, 7.313]	53	50
3	2.850	3.766	0.668	[-8.700, 13.569]	68	56

5-4 분계점에 인접한 개체의 민감도 분석

RD 분석에서 가정의 타당성을 검정하는 또 다른 방법은 처치효과 추정 결과가 분계점에 근접한 개체들에 대해 얼마나 민감한가를 살펴보는 것이다. 이러한 방법은 2가지 측면에서 의미가 있다. 첫째, 배정변수 조작이 발생한다면 그것은 분계점에 근접한 개체들에서 발생할 가능성이 높다. 따라서 이들 개체를 배제할 경우에도 유사한 처치효과가 나타나는가를 살펴보는 것은 가정의 타당성 여부를 검정하는 측면에서 의미가 있다. 둘째, 조작의 여지가 없더라도 RD 처치효과가 기본적으로 외삽에 의해 추정되는 만큼 국소 다항식을 추정할 때 분계점에 근접한 개체일수록 그 영향력은 커진다. 따라서 처치효과 추정 결과가 외삽 정도에 따라 얼마나 달라지는지를 살펴본다는 측면에서 의미가 있다.

민감도 분석 방법은 분계점 좌우의 인접한 개체를 배제한 부분집합에 대해 rdrobust 분석을 하는 것이다. 예를 들어, 배정변수 $|X_i| < 0.3$인 개체들을 배제하고 분석하는 것이다. 이러한 의미에서 이를 도넛구멍 접근법(donut hole approach)이라 한다. [실습 13-17]은 배정변수 $|X_i| < 0.3$인 개체를 배제하고 rdrobust 분석을 한 결과이다.

실습 13-17 분계점에 인접한 개체들에 대한 민감도 분석

```
> out_s <-rdrobust(Y[abs(X) >= 0.3], X[abs(X) >= 0.3])
> summary(out_s)
--- 중략 ---

Number of Obs.            2307        309
Eff. Number of Obs.        482        248
Order est. (p)               1          1
Order bias (q)               2          2
BW est. (h)             16.043     16.043
BW bias (b)             27.520     27.520
rho (h/b)                0.583      0.583
Unique Obs.               2304        309

=============================================================================
        Method     Coef.   Std. Err.        z    P>|z|      [ 95% C.I. ]
=============================================================================
  Conventional     3.414       1.517    2.251    0.024    [0.441 , 6.387]
        Robust         -           -    1.923    0.054   [-0.067 , 6.965]
=============================================================================
```

민감도 분석에 따르면 MSE 최적 대역폭은 17.240에서 16.043으로 줄어들고, 유효 관측치 수도 795(=529+266)개에서 730(=482+248)개로 감소한다. 유효 관측치 수의 감소분 65개는 전체 관측치 수의 감소분 13(=2,629-2,616)개에 비해 훨씬 크다. 이러한 관측치 수의 변화로 인해 처치효과는 3.020에서 3.414로 변한다. 하지만 처치효과의 변화 폭은 이전에 비해 그리 크지 않으며 10% 유의수준에서 여전히 유의미하다.

민감도 분석에서 배제할 배정변수 값의 범위가 일률적으로 정해지지 않기 때문에 배제할 X_i 값의 범위를 달리하면서 처치효과의 변화 정도를 확인하는 것이 중요하다. 다음은 배제할 배정변수 X_i 값의 범위를 0.1에서 0.5까지 변화시킬 때, 각각에 대해 처치효과를 구하는 R 코드이다.

```
> for(k in seq(0, 0.5, 0.1)) {
  out_s<-rdrobust(Y[abs(X) >= k], X[abs(X) >=k])
  summary(out_s)
  }
```

배제 범위를 0.1에서 0.5까지 늘려나갈 때 처치효과는 3.020에서 3.745로 늘어나지만 그 변화 정도가 그리 크지 않고, 10% 수준에서 모두 유의미하다는 사실을 확인할 수 있다. 지면을 고려하여 결과 제시는 생략하였다.

6 RD 분석의 다른 형태

이 장에서는 계단형 RD 분석에 국한하여 연속성 가정하에 처치효과를 식별하여 추정하는 방법을 알아보았다. 이와는 달리 국소 무작위 배정(local randomization method) 가정에 기초한 계단형 RD 분석법도 있다. 국소 무작위 배정 가정에 근거한 RD 분석에서는 분계점 근처에 있는 각 개체의 처치 여부를 확률적인 과정을 통해 배정하며, 패키지 `rdlocrand`를 사용한다.

또 다른 형태의 RD 분석으로 다수의 분계점을 가진 RD 분석, 다수의 배정변수를 가진 RD 분석 등이 있다. 분계점이나 배정변수가 하나가 아닌 여러 개일 경우에 RD 분석을 하려면 패키지 `rdmulti`를 이용한다. 관심 있는 독자들은 해당 패키지를 참조하기 바란다.

참고문헌

Calonico, S. (2021). ***rdrobust:*** *Robust Data-Driven Statistical Inference in Regression-Discontinuity Designs*. R package version 1.0.6, URL https://CRAN.R-project.org/package=rdrobust.

Calonico, S., Cattaneo, M.D. & Titinuik, R. (2014). "Robust Data-Driven Inference in the Regression-Discontinuity Design." *Stata Journal*, 14, 909-946.

Cattaneo, M.D. (2021). ***rddensity:*** *Manipulation Testing Based on Density Discontinuity*. R package version 2.2, URL https://CRAN.R-project.org/ package=rddensity.

Cattaneo, M.D. (2021). ***lpdensity:*** *Local Polynomial Density Estimation and Inference*. R package version 2.2, URL https://CRAN.R-project.org/ package=lpdensity.

Cattaneo, M.D. Idrobo, N. & Titiunik, A. (2018). *A Practical Introduction to Regression Discontinuity Designs: Foundations*. Cambridge University Press.

Meyersson, E. (2014). "Islamic Rule and the Empoverment of the Poor and Pious." *Econometrica*, 82, 229-269.

찾아보기

T

ㄹ

ㅁ

ㅂ

ㅅ

ㅇ

ㅈ

ㅊ

ㅋ

ㅌ

ㅍ

ㅎ